Geml/Geisbüsch/Lauer

Das kleine Marketing-Lexikon

Richard Geml/Hans-Georg Geisbüsch
Hermann Lauer

Das kleine Marketing-Lexikon

VERLAG WIRTSCHAFT UND FINANZEN GMBH
EIN UNTERNEHMEN DER
VERLAGSGRUPPE HANDELSBLATT DÜSSELDORF

Satz: Richarz Publikations-Service GmbH, St. Augustin
Gesamtherstellung: Parzeller & Co., Fulda
Ausstattung: Thomas Brink, Viersen

ISO 9706

ISBN 3-87881-100-4

Vorwort

Das »KLEINE MARKETING-LEXIKON« wendet sich an alle, die sich praxisnah und verständlich über aktuelle Fragen und Begriffe aus dem Marketingbereich informieren wollen. Als Nachschlagewerk bietet es sowohl für Praktiker als auch für Dozenten und Studierende einen Überblick über Themen und Schlagworte, die in Praxis und Theorie des Marketing eine Rolle spielen. Dabei kann und will es kein Lehrbuch ersetzen, sondern dem interessierten Leser die Möglichkeit geben, sich zu einzelnen Themen klar und schnell zu informieren.

Bei der Auswahl der Begriffe folgten die Autoren dem bewährten Motto der Reihe »DAS KLEINE LEXIKON« und haben sich auf die wichtigsten Aspekte und Stichworte beschränkt. Dabei waren sie um eine verständliche und übersichtliche Darstellung bemüht; die Aufnahme der Informationen wird durch zahlreiche Schaubilder und Tabellen erleichtert. Die Vielzahl von Verweisen soll einerseits auf Hauptstichwörter hinweisen, andererseits machen sie auf bedeutungsgleiche Begriffe aufmerksam (z.B. englisches und deutsches Schlagwort) und sollen auch Zusammenhänge verdeutlichen.

Unser Dank gilt den Gastautoren, die das Werk mit dem Wissen aus ihrem beruflichen Umfeld bereichert haben. Die einzelnen Autoren sind in der folgenden Übersicht aufgeführt.

Kempten, Trier und Saarbrücken im Juli 1995

Richard Geml, Hans-Georg Geisbüsch, Hermann Lauer

Autorenverzeichnis

Geisbüsch, Hans-Georg, Prof. Dr., Dipl.-Kfm., Dipl.-Volkswirt, lehrt Betriebswirtschaftslehre an der Fachhochschule Trier. Fachgebiete: Finanzierung/Bilanzierung, Marketing (Gb)

Geml, Richard, Prof. Dr., Dipl.-Kfm., lehrt Marketing an der Fachhochschule Kempten – Neu-Ulm und leitet das Mittelstands-Institut an der Fachhochschule Kempten (Ge)

Lauer, Hermann, Prof., Dipl.-Volkswirt, lehrt Marketing und Allgemeine Betriebswirtschaftslehre an der Hochschule für Technik und Wirtschaft des Saarlandes in Saarbrücken (IHL)

Gastautoren:

Hanser, Peter, Dipl.-Ök., für das Ressort Forschung verantwortlicher Redakteur der Zeitschrift »absatzwirtschaft« in Düsseldorf

Hauser, Wilhelm, Dipl.-Betriebswirt, Leiter der Betriebswirtschaftlichen Abteilung der Karlsberg Brauerei KG Weber und Geschäftsführer der Saarländischen Getränkelogistik Zentrale GmbH in Homburg

Lorig, Werner, Prof. Dr., Dipl.-Chemiker, lehrt Lebensmittelchemie und Qualitätsprüfung an der Fachhochschule Trier

Meurer, Jo, Prof., lehrt Mode-Design an der Fachhochschule Trier

Schmidt, Dietrich, Prof., lehrt Bürgerliches Recht, Handels- und Gesellschaftsrecht sowie Wirtschaftsrecht an der Hochschule für Technik und Wirtschaft des Saarlandes in Saarbrücken

Schneider, Dietram, Prof. Dr., Dipl.-Kfm, lehrt Betriebswirtschaftslehre und Unternehmensführung an der Fachhochschule Kempten – Neu-Ulm

Schüring, Hendrik, Prof., Dipl.-Wirtschaftsingenieur, lehrt Vertriebsmanagement, Direktmarketing und Export an der Fachhochschule Wiesbaden und ist Leiter des Instituts für angewandte Vertriebsforschung in Mainz

Weitz, Robert, Dr., Dipl.-Volkswirt, Geschäftsführer des Hauptverbandes des Deutschen Einzelhandels (HDE) in Köln, Leiter der Abteilung Volks- und Betriebswirtschaft, Städtebau und Verkehr

Weyhenmeyer, Hans, Dr., ehemaliger Justitiar des Hauptverbandes des Deutschen Einzelhandels (HDE) in Köln

Witt, Michael, Dipl.-Kfm., Geschäftsführender Gesellschafter der Klinke & Co. GmbH in Saarbrücken

Ziegenbein, Klaus, Prof. Dr., Professor für Controlling an der Fachhochschule Trier

Besonderen Dank für vorbereitende Arbeiten und die datentechnische Aufbereitung des Manuskriptes schulden die Autoren den Herren Dieter Geisbüsch (Dipl.-Betriebswirt, FH), Ulrich Marschand (M. A.), Steve Matuschka (Dipl.-Betriebswirt, FH) sowie Frau Kathrin Hener.

A

ABC-Analyse

Die einzelnen Produkte und Kunden eines Unternehmens haben i.d.R. eine unterschiedliche Bedeutung. Mit Hilfe der ABC-Analyse kann die jeweilige Bedeutung ermittelt werden. Als Kriterien für die Analyse dienen der Umsatz und der Deckungsbeitrag.
Bei der ABC-Analyse der Produkte wird untersucht, wie sich der Gesamtumsatz des Unternehmens auf die einzelnen Produkte verteilt. Die Produkte werden nach ihrem Umsatzanteil in drei Klassen eingeteilt:

A = Produkte mit hohem Umsatzanteil
B = Produkte mit mittlerem Umsatzanteil
C = Produkte mit geringem Umsatzanteil

Beispiel:

Produktklasse	A	B	C	Ges.
Zahl der Produkte %	20	30	50	100
Umsatz der Produkte %	80	10	10	100
Konzentrationsgrad	4,00	0,33	0,20	1,00

$$\text{Konzentrationsgrad} = \frac{\text{Umsatzanteil}}{\text{Produkteanteil}}$$

Das Beispiel zeigt, daß mit einem kleinen Anteil von Produkten (20 %) ein hoher Umsatzanteil (80 %) getätigt wird. Dieses in der Praxis häufig zu beobachtende Phänomen wird Pareto-Prinzip genannt.

Das Ergebnis der ABC-Analyse kann in Form einer Konzentrationskurve dargestellt werden. Die einzelnen Punkte dieser Kurve zeigen die kumulierten Produkt- und Umsatzanteile:

ABC-Analyse der Produkte

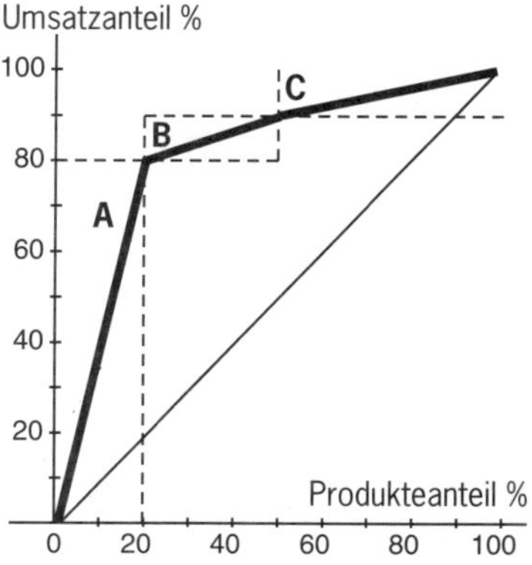

Aus der Umsatzverteilung ist ersichtlich, welche Produkte die Hauptumsatzträger sind. Die Hauptumsatzträger sind jedoch nicht immer die hauptsächlichen Gewinnbringer. Daher sollte auch analysiert werden, wie sich der gesamte Deckungsbeitrag des Unternehmens auf die einzelnen Produkte verteilt. Die entsprechende Konzentrationskurve zeigt, wieviel Prozent des Deckungsbeitrages auf wieviel Prozent der Produkte entfallen.

Welche Konsequenzen aus der produktorientierten ABC-Analyse zu ziehen sind, hängt von den Zielen des Unternehmens ab:

- Unter Kostengesichtspunkten kann eine hohe Umsatzkonzentration auf wenige Produkte erwünscht sein.
- Wenn das Risiko minimiert werden soll, wäre es günstig, die starke Abhängigkeit von wenigen Produkten abzubauen.
- Unter Ertragsgesichtspunkten könnte es eventuell vorteilhaft sein, einen Teil der C-Produkte zu eliminieren. Dazu sind jedoch weitere Analysen erforderlich. Es muß geprüft werden, ob zwischen einzelnen Produkten Komplementär-Beziehungen und damit → Synergie-Effekte bestehen.

Wenn der Deckungsbeitrag einzelner Produkte gering, null oder negativ ist, sollte zusätzlich eine kundenbezogene Deckungsbeitragsrechnung durchgeführt werden (→ Vertriebserfolgsrechnung). Dabei könnte sich z. B. herausstellen, daß der unbefriedigende Deckungsbeitrag einzelner Produkte auf den Sonderkonditionen weniger Großabnehmer beruht. Das wäre jedoch kein Problem der → Produktelimination, sondern eine Frage der Kundenselektion.

Bei der ABC-Analyse der Kunden wird untersucht, wie sich der gesamte Umsatz des Unternehmens auf die einzelnen Kunden verteilt. Die Kunden werden nach ihrem Umsatzanteil in drei Klassen eingeteilt:

A = Kunden mit hohem Umsatzanteil
B = Kunden mit mittlerem Umsatzanteil
C = Kunden mit geringem Umsatzanteil

Beispiel:

Kundenklasse	A	B	C	Ges.
Kundenanteil %	15	20	65	100
Umsatzanteil %	65	20	15	100
Konzentrationsgrad	4,33	1,00	0,23	1,00

$$\text{Konzentrationsgrad} = \frac{\text{Umsatzanteil}}{\text{Kundenanteil}}$$

Das Ergebnis der ABC-Analyse wird durch die Konzentrationskurve veranschaulicht:

ABC-Analyse der Kunden

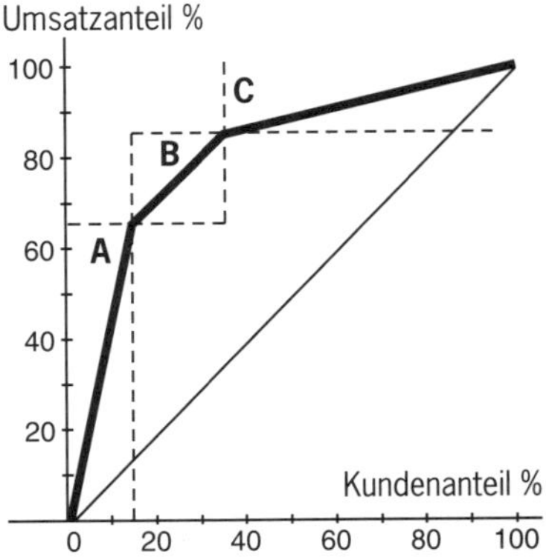

Die Umsatzkonzentration auf wenige Großkunden wirkt sich i.d.R. negativ auf die → Konditionen bzw. Deckungsbeiträge aus. Deshalb sollten die Kunden auch nach ihrem anteiligen Deckungsbeitrag klassifiziert werden. Dabei können große Diskrepanzen zwischen dem Deckungsbeitrags- und Umsatzanteil auftreten.

Zusammenfassende Beurteilung:

Die ABC-Analyse der Produkte und Kunden eines Unternehmens liefert wertvolle Ansatzpunkte für eine differenzierte Marketing-Politik nach Prioritäten (→ Kundenbehandlung). Nachteilig ist, daß die Analyse jeweils nur auf dem Umsatz oder Deckungsbeitrag in der Vergangenheit beruht. Bei der Produkt- und Kundenbewertung sind weitere Einflußgrößen zu berücksichtigen (→ Kunden-Portfolio, → Produktbewertung). Die Analyse sollte außerdem zukunftsbezogen sein, d. h. auf potentiellen Umsätzen und Deckungsbeiträgen basieren. HL

Abgestimmtes Verhalten

Ein a.V. im Sinne des Kartellrechts liegt vor, wenn mehrere Unternehmen auf einem bestimmten Gebiet mit wettbewerbsbeschränkendem Charakter ihre Zusammenarbeit bewußt koordinieren. § 25 Absatz 1 → GWB, der das a.V. verbietet, schließt eine Lücke, die dadurch entstanden war, daß durch § 1 nur Wettbewerbsbeschränkungen aufgrund von Verträgen und Beschlüssen erfaßt werden. Beispiele für a.V.: sog. »Gentlemen Agreements« oder »Frühstückskartelle«, bei denen jeweils eine Verständigung über ein bestimmtes Verhalten vorliegt, ohne sich jedoch hierzu rechtlich im Sinne eines Vertrages verpflichten zu wollen. Kein a.V. ist das bloße Nachahmen des Verhaltens eines anderen (z. B. des Marktführers), auch wenn hierdurch die gleiche Wirkung ausgelöst wird wie bei einem a.V.

A.V. ist verboten; Zuwiderhandlungen können zu Schadensersatzverpflichtungen oder zu Geldbußen führen (§§ 35, 38 Abs. 1 Z. 8 und Abs. 4 → GWB).

Dietrich Schmidt

Ablauforganisation

→ Marketing-Organisation

Abnehmerforschung

Bei → Konsumgütern und Dienstleistungen sind Endverbraucher, bei → Investitions- und → Produktionsgütern Verwender bzw. Weiterverarbeiter Zielgruppe der Abnehmerforschung. Von grundsätzlichem Interesse sind:

Die Zahl der für den Kauf eines Produktes in Frage kommenden Konsumenten bzw. Abnehmer sowie deren Struktur und Hintergrunddaten, die für das Kaufverhalten von Einfluß bzw. entscheidend sind. Dabei interessieren:

- Kaufgewohnheiten
- Einstellungen
- Meinungen
- Lebensstile
- Bedürfnisse
- Images und Motive.

Entsprechend der Aufgabenstellung werden sehr unterschiedliche Verbrauchererhebungen durchgeführt.

Ein wichtiges Gebiet der Abnehmerforschung ist die psychographische → Marktsegmentierung. Die Auskunftspersonen werden entsprechend der Ähnlichkeit ihrer Profile gruppiert; diese bestehen beispielsweise aus Merkmalen des Kaufverhaltens oder aus → Einstellungen. Um die Auskunftspersonen einteilen zu können, wird ihnen eine Vielzahl von Fragen gestellt. Diese erfordern meistens einen gewissen Grad an Zustimmung zu Aussagen. Dann wird ein → Cluster-Verfahren angewandt, um herauszufinden, inwieweit Segmente mit einheitlichen Kriterien herauszuarbeiten sind. Die Cluster-Analyse teilt grundsätzlich Objekte so in Gruppen ein, daß jedes Objekt den anderen Objekten in seiner Gruppe ähnlicher ist als den Objekten außerhalb der Gruppe. Ge

Absatz

Der Absatz ist

1) eine betriebswirtschaftliche Funktion im Sinne von Vertrieb. Diese Funktion umfaßt alle Bemühungen zur Vermarktung von Waren, Dienstleistungen, Informationen und Nutzungen durch Verkaufen, Tauschen, Vermieten und Verpachten.

2) eine betriebswirtschaftliche Strömungsgröße, d. h. die Menge der von einem Unternehmen in einem bestimmten Zeitraum veräußerten Produkte:

$$\text{Absatz} = \frac{\text{Umsatz}}{\text{Preis}} = \frac{\text{DM/ Zeitraum}}{\text{DM/ Mengeneinheit}}$$

$$= \text{Menge/Zeitraum}$$

HL

Absatz, direkter

→ Direkt-Vertrieb.

Absatz, indirekter

→ Indirekter Vertrieb.

Absatzforschung

→ Marktforschung. → Marketingforschung.

Absatzgebiet

Im Rahmen eines Marketingkonzeptes ist zu entscheiden, wo die Produkte des Unternehmens abgesetzt werden sollen. Die Festlegung des Absatzgebietes ist eine strategische Entscheidung (→ Marktareal-Strategie).

Im Prinzip gibt es vier arealstrategische Alternativen:

Inländische Arealstrategien

1) Teilweise Abdeckung des Inlandsmarktes.
2) Vollständige Abdeckung des Inlandsmarktes.

Ausländische Arealstrategien

3) Teilweise Abdeckung des Auslandsmarktes.
4) Vollständige Abdeckung des Auslandsmarktes.

Der Absatz kann gesteigert werden durch

- verstärkte Bearbeitung des bisherigen Gebietes (Gebietsdurchdringung, Intensivierung) und/oder
- Bearbeitung neuer Gebiete (Gebietserschließung, Extensivierung).

Der Absatz kann intensiviert werden durch die optimale Gestaltung der Größe und Grenzen der einzelnen Verkaufsbezirke. Die Abgrenzung der Bezirke sollte zweckmäßigerweise nach Stadt- und Landkreisen erfolgen, weil dadurch die Ermittlung des regionalen Absatz-Potentials (→ Absatzkennziffern) wesentlich erleichtert wird. Die Größe der Bezirke ist so festzulegen, daß eine Ausschöpfung der Absatz-Chancen möglich sowie eine hinreichende Auslastung und gleichmäßige Belastung der einzelnen Verkäufer im Außendienst gewährleistet ist (→ Gebietsauswahl).

Soll der Absatz durch die Bearbeitung neuer Gebiete gesteigert werden, gibt es viele Möglichkeiten. So könnte z. B. ein lokaler Anbieter seine Aktivitäten auf den regionalen Markt ausdehnen. Ein regional tätiger Anbieter könnte seine Leistungen jetzt national vermarkten (→ Ubiquität). Ein nationaler Anbieter könnte seine Absatzbemühungen auf das Ausland ausdehnen.

HL

Absatzhelfer

Absatzhelfer sind rechtlich selbständige Personen und Institutionen, die in den → indirekten Vertrieb eingeschaltet sind. Dazu gehören Agenturen (→ Agentur-System), Auktionatoren (Versteigerer), → Barter-Clubs, → Handelsvertreter, Kommissionäre, Makler und Spediteure. Im Gegensatz zu den → Absatzmittlern erwerben die Absatzhelfer kein Eigentum an den betreffenden Produkten, da sie i.d.R. nur auf fremde Rechnung tätig werden. HL

Absatzkanal

→ Absatzwege.

Absatzkennziffern

Absatzkennziffern (AKZ) stellen das Absatz-Potential für bestimmte Produkte pro Stadt- und Landkreis in Prozent vom gesamten → Absatzgebiet (z. B. Bundesrepublik Deutschland) dar. Die einzelnen AKZ werden nach den Verkaufsbezirken des Unternehmens zusammengefaßt.
Die regionalen AKZ sind die Grundlage für die Planung und Kontrolle der Umsätze in den verschiedenen Bezirken. Ein Vergleich mit den in Prozent ausgedrückten Umsätzen der zuständigen Verkäufer zeigt, in welchem Ausmaß die jeweiligen Marktchancen ausgenutzt worden sind. Der Maßstab für die Ausnutzung der Marktchancen ist der Marktanteilskoeffizient (MAK):

$$\text{MAK} = \frac{\text{Umsatzanteil des Verkäufers in \%}}{\text{Absatzkennziffer des Bezirks in \%}}$$

Ein MAK-Wert größer als 1 besagt, daß der betreffende Verkäufer das vorhandene Marktpotential überdurchschnittlich ausgenutzt hat. Ein MAK-Wert kleiner als 1 bedeutet entsprechend, daß das Potential unterdurchschnittlich ausgeschöpft worden ist.
Die Ursachen der Abweichungen sollten eingehend untersucht werden. Dabei stellt sich häufig heraus, daß diese nicht nur von den Verkäufern zu vertreten sind. Beispiele dafür sind besondere Einflüsse der Konkurrenz (Werksausstrahlung) und unterschiedliche Intensität der Werbung in den einzelnen Bezirken.
Nach der Analyse der Abweichungsursachen können Maßnahmen eingeleitet werden, um das Marktpotential in den schwach ausgeschöpften Bezirken stärker zu durchdringen.

Zur Berechnung regionaler AKZ sind grundsätzlich folgende Informationen erforderlich:

- Zahl der Bedarfsträger für das betreffende Produkt pro Stadt- und Landkreis. Beispiel: Potentielle Käufer von Autozubehör sind Fahrzeughalter.
- Demographische und sozioökonomische Faktoren, die den Absatz des jeweiligen Produktes beeinflussen. Demographische Faktoren sind z. B. das Geschlecht, das Alter, die → Kaufkraft usw. Sozioökonomische Faktoren sind z. B. unterschiedliche Verbrauchsgewohnheiten und die Meinungsführerschaft gewisser Personen (→ Meinungsführer).

Wenn die einzelnen Variablen die gleiche Bedeutung für den Absatz haben, werden die Prozentsätze der Variablen pro Bezirk addiert und durch die Zahl der Variablen dividiert. Die regionale AKZ ist in diesem Fall das einfache arithmetische Mittel.
In der Regel beeinflussen die einzelnen Variablen den Absatz der Produkte unterschiedlich. Dann müssen die Werte der Variablen entsprechend gewichtet und anschließend addiert werden. Die regionale AKZ ist in diesem Fall ein gewogenes arithmetisches Mittel.
Die Gewichtungsfaktoren der unabhängigen Variablen können von der Verkaufsleitung zusammen mit den Verkäufern geschätzt oder mit Hilfe der Marktforschung ermittelt werden.
Das beschriebene Verfahren zur Berechnung von AKZ gilt nur für den Bedarf der Endabnehmer. Die Nachfrage der Endabnehmer innerhalb eines Gebietes ist jedoch i.d.R. nicht mit den Absatzmöglichkeiten der Industrie beim dort ansässigen Handel identisch. Die Abweichungen zwischen dem Bedarf der Händler (→ Absatzmittler) und Endabnehmer sind um so größer, je kleiner die Verkaufsbezirke sind. Deshalb kann es je nach → Absatzweg und Zahl bzw. Größe der Verkaufsbezirke erforderlich werden, das regionale Absatzpotential sowohl für den Bedarf der Verbraucher als auch für die Nachfrage der Absatzmittler zu berechnen. Die beiden AKZ werden anschließend zu einer speziellen AKZ zusammengefaßt, wobei die Bedeutung der verschiedenen → Absatzwege für das Unternehmen durch entsprechende Gewichtung zu berücksichtigen ist. Die GfK-Nürnberg publiziert jedes Jahr aktuelle »Basiszahlen zur Berechnung regionaler Absatzkennziffern«. Sie übernimmt auch die Berechnung firmenspezifischer AKZ und berät ihre Mitglieder bzw. Kunden bei der Anwendung. HL

Absatzkredit

Absatzkredite werden von Lieferanten gewährt, um potentielle Abnehmer zum Kauf zu veranlassen. Kredite an Abnehmer treten in Geld- und Güterform auf:
Beim Geldkredit erhält der Kunde einen bestimmten Geldbetrag – i.d.R. langfristig – zur Verfügung gestellt. Kredite in Geldform werden z. B. von Brauereien an Gaststätten vergeben.
Beim Güterkredit wird dem Kunden eine bestimmte Gütermenge geliefert, die erst später bezahlt werden muß. Für den Zeitraum zwischen Lieferung und Bezahlung verfügt der Abnehmer

über Fremdkapital in Güterform. Beim Lieferanten entsteht eine entsprechende Forderung.

Der Lieferanten-Kredit als Marketing-instrument

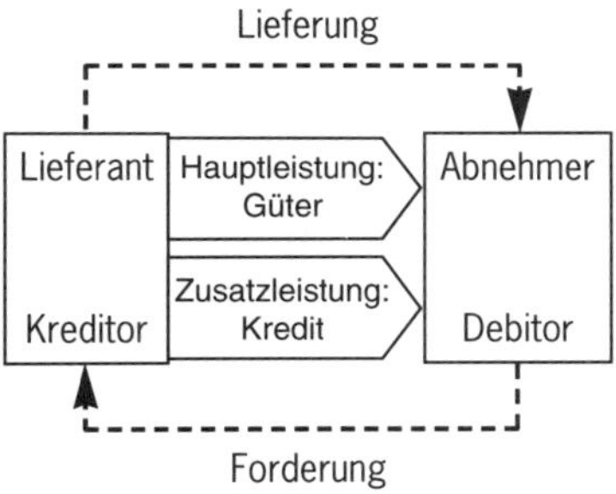

Beim Absatz gegen nachträgliche Bezahlung werden vom Lieferanten gleichzeitig zwei Leistungen erbracht:

- einerseits die Lieferung von Gütern (Hauptleistung) und
- andererseits die Gewährung von Kredit (Zusatzleistung).

Zwischen diesen Leistungen besteht eine komplementäre Beziehung, d. h. der Kredit fördert den Absatz der Güter. Der Verzicht auf kreditpolitische Aktivitäten müßte durch den verstärkten Einsatz anderer → Marketing-Instrumente ausgeglichen werden, vor allem durch höhere → Rabatte. Dabei ist zu beachten, daß sich die Kreditpolitik nur teilweise durch die Rabattpolitik ersetzen läßt. Durch die Gewährung von Kredit werden Kaufentscheidungen ausgelöst, zu denen es ohne Kredit überhaupt nicht oder nicht in diesem Ausmaß kommen würde.

Der Absatzkredit in Güterform ist de jure kurzfristig, d. h. die Summe aus Valutafrist, Skontofrist, Skontobezugsspanne (= Zielfrist – Skontofrist) plus evtl. Verzugsfrist ist i.d.R. wesentlich kürzer als ein Jahr. Wenn der Kredit jedoch bei jeder Lieferung gewährt und in Anspruch genommen wird, steht er dem Kunden de facto langfristig zur Verfügung (Revolving-Effekt). Um das Risiko des Forderungsausfalls zu vermindern, sollte die Bonität (Kreditwürdigkeit) der Abnehmer regelmäßig überprüft und das Kreditvolumen entsprechend limitiert werden. Anderenfalls ist die Existenz des Lieferanten durch die Insolvenz von Kunden bedroht (Domino-Effekt). HL

Absatzlogistik

Die traditionelle Hauptaufgabe der Absatzlogistik ist die zeitgerechte Versorgung der Kunden mit den benötigten Waren.

In zunehmendem Maße wird die Absatzlogistik als aktives absatzpolitisches Instrument eingesetzt. In der Vergangenheit waren Preis, Qualität der Waren, Markenbedeutung sowie Werbe- und Verkaufskonzeption die wichtigsten Kriterien des Kunden, um sich für einen Artikel oder Hersteller zu entscheiden. Durch das starke Anwachsen von Sortimenten und die dadurch entstehenden Probleme des Handlings und der Lagerung gewinnt nunmehr der von einem Hersteller oder Lieferanten angebotene → Logistikservice zunehmende Bedeutung (siehe Abbildung).

Die Gesamtattraktivität eines Produktes oder eines Lieferanten erfährt durch die Logistikleistung oftmals eine neue Di-

Anforderungen des Kunden an Lieferanten

Kriterium			Beurteilung
Traditionelle Anforderungen	– Preis der Ware – Qualität der Ware – Verkaufsförderungskonzeption – Markenbedeutung – Werbekonzeption	Attraktivität des Produktes	direkt vergleichbar indirekt vergleichbar indirekt vergleichbar indirekt vergleichbar indirekt vergleichbar
Anforderungen mit zunehmender Bedeutung	– Logistikservice – Vollsortiment in einer Lieferung – Komissionierte Anlieferung – Plazierung der Ware – zeitgenaue Anlieferung – Verhältnis von Umschlagsdauer und Lieferzeitraum		nur subjektiv vergleichbar

mension. Als zusätzliche Serviceleistungen im Rahmen der Logistik seien genannt: Regalpflege beim Kunden, Bestelleinholung vor Ort, Palettenhandling.
Zahlreiche Beispiele belegen, daß die Absatzlogistik heute als Wettbewerbsfaktor eingesetzt wird und durch diesen konzentrierten Einsatz Wettbewerbsvorteile erwachsen.
Beispielhaft sei hier das Tiefkühlkostsegment genannt. In diesem Bereich haben sich namhafte Lieferanten etabliert, die dem Kunden die Ware ins Haus liefern, wofür dieser auch einen höheren Preis akzeptiert. Dieser Heimservice hat dazu geführt, daß die Heimdienstlieferanten einen beachtlichen Teil des gesamten Tiefkühlkostmarktes bestreiten.

Eine fundamentale Rolle kann der Absatzlogistik bei der Erschließung neuer Märkte und Regionen zukommen. In räumlich immer größer werdenden Märkten besitzt derjenige Anbieter Wettbewerbsvorteile, der seine Waren flächendeckend – auch in entfernten Regionen – dem Kunden anbieten kann.
Die zunehmende Liberalisierung des Warenverkehrs innerhalb der Europäischen Union wird dazu führen, daß die Unternehmen Wettbewerbsvorteile erzielen, die große Räume logistisch bedienen können. Es ist im Einzelfall zu entscheiden, ob die logistische Abdeckung dieser Räume von zentralen Distributionsstandorten aus oder dezentral über kundennahe Auslieferungsstandorte er-

folgt. Die Vorteile, die sich aus dezentralen, kundennahen Standorten ergeben, müssen gegen die dadurch zusätzlich entstehenden Kosten abgewogen werden.
Den für den Kunden wohl umfassendsten Logistikservice bieten die sich zunehmend etablierenden Systemlieferanten (→ Systemlogistik). Hierbei wird ein Vollsortiment eines bestimmten Bereiches, d. h. alle vom Kunden gewünschten Artikel dieses Bereiches – unabhängig vom Hersteller – in einer Lieferung angeboten. Wilhelm Hauser

Absatzmenge

→ Operatives Marketing-Controlling
→ Planinhalte

Absatzmittler

Absatzmittler sind rechtlich und wirtschaftlich selbständige Personen bzw. Institutionen, die in den → indirekten Vertrieb eingeschaltet sind; sie handeln im Gegensatz zu den → Absatzhelfern im eigenen Namen und auf eigene Rechnung, d. h. sie werden Eigentümer der betreffenden Waren. Absatzmittler sind Händler aller Art (→ Großhandel und → Einzelhandel). Im weiteren Sinn kann man auch Leasing-Gesellschaften dazu zählen. HL

Absatzplanung

→ Marketing-Planung.

Absatzpolitisches Instrumentarium

Die Werkzeuge zur Gestaltung des Absatzmarktes werden als Marketing-Instrumente oder absatzpolitische Instrumente bezeichnet. Das absatzpolitische Instrumentarium umfaßt vier Gruppen von Werkzeugen, die durch folgende Fragen gekennzeichnet sind:

- *Produktpolitik*
  Welche und wie viele Leistungen sollen wann angeboten werden?
- *Distributionspolitik*
  Wo sollen welche Leistungen an wen und auf welchen Wegen wann vertrieben werden?
- *Konditionenpolitik*
  Wieviel soll für welche Leistungen wann und in welcher Form erlöst werden?
- *Kommunikationspolitik*
  Wer soll durch welche Informationen und auf welchen Wegen wann und wie beeinflußt werden?

Die Kombination der absatzpolitischen Instrumente wird als → Marketing-Mix bezeichnet. HL

Absatzprognose

→ Prognose.

Absatzsegment

→ Vertriebserfolgsrechnung.

Absatzstrategie

→ Marketing-Strategie.

Absatztheorie, klassische

→ Marketing-Theorie-Ansätze.

Absatzvolumen

→ Planinhalte.

Absatzwege

Als Absatzweg bezeichnet man den Weg, den ein Produkt vom Hersteller bis zu den Verwendern durchläuft. Synonyme Bezeichnungen sind: Absatzkanal, Distributionskanal, Vertriebsschiene und Vertriebsweg.
Man unterscheidet zwischen direktem und indirektem Absatzweg, je nachdem, ob das Produkt vom Hersteller unmittelbar oder über → Absatzmittler an die Verwender vertrieben wird. Der direkte Absatzweg ist stufenlos und kurz (→ Direkt-Vertrieb). Indirekte Absatzwege sind ein- oder mehrstufig, d. h. relativ lang (→ Indirekter Vertrieb).

Grundsätzlich gibt es folgende Absatzwege:
1) Direkt-Verkauf
2) Indirekter Verkauf
3) Direkt-Leasing
4) Indirektes Leasing
5) Direkter Tausch (Kompensation)
6) Indirekter Tausch (Barter). HL

Absatzwirtschaft

Der Begriff der Absatzwirtschaft ist mehrdeutig:

Die Absatzwirtschaft ist eine betriebliche Funktion, d. h. sie umfaßt alle Bemühungen eines Unternehmens zur Vermarktung der hergestellten Produkte. Absatzwirtschaft bedeutet insofern Vertrieb.

Werden die Bemühungen des Unternehmens nicht nur zur Deckung des Bedarfs eingesetzt, sondern auch zur Weckung von Bedarf bzw. Nachfrage, so bedeutet Absatzwirtschaft ungefähr dasselbe wie (Absatz-) → Marketing.

Im institutionellen Sinn gehören zur Absatzwirtschaft sämtliche Einrichtungen bzw. Personen, die sich direkt oder indirekt mit der Vermarktung von Produkten aller Art befassen, d. h. → Akquisiteure, → Absatzmittler und → Absatzhelfer.

Die »absatzwirtschaft« ist die führende »Zeitschrift für Marketing« in Deutschland. Herausgeber: Absatzwirtschaftliche Gesellschaft Nürnberg e.V. und Deutsche Marketing-Vereinigung e.V., Düsseldorf. Verlag: Verlagsgruppe Handelsblatt GmbH, Düsseldorf. HL

Abschlußvertreter

→ Handelsvertreter.

Abschöpfungsstrategie

Bei der Abschöpfungsstrategie (auch Skimming-Strategie genannt) wird der Preis so hoch angesetzt, daß er zumindest auf kurze Sicht ein Maximum an Deckungsbeiträgen erbringt. In frühen Lebenszyklusphasen werden hohe Gewinne erzielt, die oft zu einer schnellen Amortisation der Aufwendungen für Forschung und Entwicklung (FuE) führen; der Preis kann später reduziert werden. Gefahren bei dieser Strategie sind, daß hohe Renditen Wettbewerber anziehen und zur Umgehung eventueller → Patente oder → Gebrauchsmusterschutzrechte einen hohen Anreiz bieten. Bei dieser Strategie kommen auch die Vorteile einer Degression der Stückkosten durch den Mehrumsatz nicht immer oder nur teilweise zum Tragen. Diese Strategie wird häufig bei Produkten mit echtem → USP (Unique Selling Proposition = Nutzenvorteil) angewandt. Ge

Abwerbung

Die A. von Arbeitnehmern eines Konkurrenten ist Ausdruck eines freien Wettbewerbs und daher grundsätzlich zulässig. Ausnahmsweise ist sie jedoch wettbewerbswidrig, wenn entweder der abgeworbene Arbeitnehmer zum Bruch seines bisherigen Vertrages verleitet wird oder – etwa durch massenhafte Abwerbung – der Konkurrent nachhaltig geschädigt werden soll. Der betroffene Wettbewerber kann Unterlassung oder Schadensersatz verlangen (§ 1 → UWG). Dietrich Schmidt

Ad-hoc-Studie

Marktforschungsstudie zur Klärung eines aktuellen Informationsproblems im Gegensatz zu längerfristig angelegten oder laufenden Untersuchungen, wie etwa einem → Panel.

Administrative Logistik

Ziel der administrativen Logistik ist es, durch umfassenden Informationsaustausch zwischen Lieferant und Kunde die physischen Warenbewegungen optimal durchzuführen.

So kann beispielsweise durch eine direkte Datenverbindung zwischen Hersteller und Lieferant (siehe Schaubild) erreicht werden, daß der Lieferant das Produktionsprogramm seines Kunden genau kennt. Durch diese Informationen kann der Lieferant sein Produktionsprogramm auf den Bedarf seines Kunden einstellen und die Ware zeitgerecht anliefern. Auf diese Weise können z. B. hohe Lagerbestände, Leerfahrten und Wartezeiten bei der Anlieferung vermieden werden.

Wilhelm Hauser

Direkte Datenverbindung Kunde Lieferant

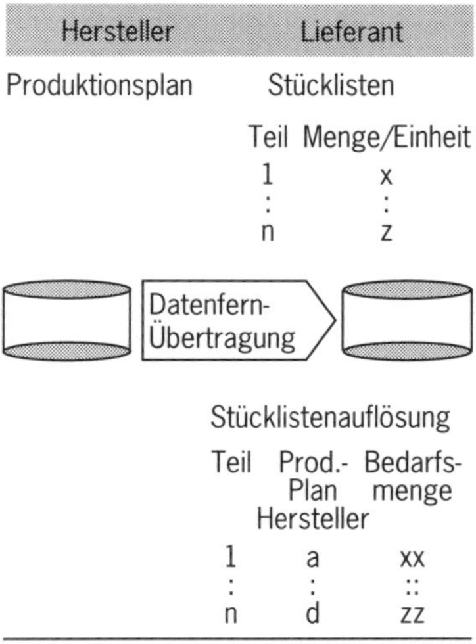

Adoption

Unter Adoption versteht man die Akzeptanz (Annahme) einer → Innovation, z. B. eines neuen Produktes, durch einzelne Personen. Die Adoption äußert sich in der Entscheidung, das neue Produkt zu kaufen bzw. zu verwenden.

Die Menschen lassen sich nach ihrer Innovationsbereitschaft in fünf Gruppen (Adopter-Typen) unterteilen:

- Innovatoren (Neophile)
- Frühaufnehmer
- frühe Mehrheit
- späte Mehrheit und
- Nachzügler.

Für den Markterfolg eines Produktes sind besonders die Frühaufnehmer wichtig, weil diese als → Meinungs-

führer fungieren, d. h. andere Personen stark beeinflussen.
Die Adoption ist die Voraussetzung für die → Diffusion des Produktes. Adoptionsprozeß und Diffusionsprozeß bestimmen den Lebenszyklus eines Produktes (→ Produkt-Lebenszyklus). HL

After Sales Service

→ Service.

Agentur-System

Das Agentur-System ist eine Form des vertraglich geregelten Vertriebs (→ Kontraktmarketing). Agenturen sind → Absatzhelfer, die in fremdem Namen und auf fremde Rechnung arbeiten, teilweise mit und ohne Lagerhaltung. Der Unterschied zu Kommissionären besteht darin, daß diese in eigenem Namen auf fremde Rechnung arbeiten. Dem Hersteller bzw. Lieferanten obliegt die Finanzierung der Agenturware, und er ist zur Rücknahme verpflichtet, falls es sich um Ladenhüter handelt; er trägt somit das volle Produktions- bzw. Absatzrisiko. Als Eigentümer der Ware kann der Hersteller bzw. Lieferant den Agenturen die Verkaufspreise vorschreiben. Das Agentur-System entspricht in dieser Hinsicht faktisch der vertikalen → Preisbindung. Beispiel: Telefunken. HL

Agenturvergütung

Für die Agenturvergütung, also die Abrechnung der Leistungen von → Werbeagenturen, gibt es zwei Grundformen (international übliche Standards), nämlich das Provisionssystem und das Service Fee-System.
Die Werbeagentur erhält beim Provisionssystem eine Provision in Höhe von üblicherweise 15% des Streuetats als Mittlerprovision oder AE-Provision (Anzeigen-Expeditionsprovision). Basis des Service Fee-Systems ist die Weitergabe aller Rabatte und Provisionen, die der Agentur vom Werbeträger eingeräumt werden, an den Kunden (Werbeträgerrechnungen als Kundennetto). Hierauf wird dann die Service Fee (z. B. 17,65%) aufgeschlagen. Dieses System soll die Unabhängigkeit und Unvoreingenommenheit der Werbeagentur gegenüber den Werbeträgern ermöglichen (Werbeagentur nicht durch Rabatte der Werbeträger »beeinflußbar«). Zumeist findet sich das Service Fee-System in Verbindung mit Pauschalberatungsverträgen, in denen die weiteren Leistungen der Werbeagentur über ein (monatliches) Pauschalhonorar vergütet werden. Gb

Agglomeration

wörtlich: Zusammenballung, Anhäufung.
Anhäufung von Anbietern an einem zentralen Ort, steht im Gegensatz zur → Deglomeration (Vereinzelung, dezentraler Standort). Bei der → Standortentscheidung im stationären Einzelhandel zu berücksichtigen.
Für den Konsumenten haben geschlossene, vollständige und abwechslungsreiche Gesamtangebote an Einzelhandels-, Dienstleistungs- und Handwerksbetrieben ihren Reiz. In früheren Jahrhunderten boten die Marktveranstaltungen zu bestimmten Jahreszeiten ein solches umfassendes Angebot, das die Bevölkerung aus oft weit entfernten Wohnorten anlockte (Magneteffekt).

Zu den typischen Agglomerationsstandorten zählen:

- innerstädtische Einkaufszentren (in Großstädten), etwa in Fußgängerzonen. Diese werden oft als gewachsene Einkaufszentren bezeichnet.
- Vorortseinkaufszentren oder Einkaufszentren in Neben- oder Unterzentren (Kleinstädte).
- Sog. Integrierte Einkaufszentren sind künstlich geschaffen. Sie werden entweder in der Peripherie von Großstädten auf der »grünen Wiese« gebaut (mit dem Auto gut erreichbar, ausreichende und kostenlose Parkmöglichkeiten) oder als innerörtliche Einkaufszentren unter einem Dach mit bewirtschafteten Parkmöglichkeiten geschaffen.
- Eine relativ junge Spielart an organisierten Einkaufszentren stellen die sog. Fachmarktzentren dar. Sie sind oft um ein reduziertes Nonfood-Programm bereinigte SB-Warenhäuser, wobei eine »Einkaufs-Mall« (Mall: engl.= schattiger Weg) geschaffen wird (auch um freigewordene Flächen zu nutzen). Alles das, was der Konsument häufig oder ständig benötigt, soll ihm hier unter einem Dach in einer Vielzahl von Fachgeschäften sowie ergänzender Dienstleistungen (z. B. Fastfood, Restaurant, Friseur...) geboten werden. Es ist zu beobachten, daß gut konzipierte und geführte Fachmarktzentren den Verbraucher nur noch selten in die lästig zu erreichenden innerstädtischen Großstadtzentren zwingen, also etwa, wenn er ganz besondere Konsumgüter (Luxusartikel, extrem auswahl- und beratungsbedürftige Textilien etc.) zu kaufen wünscht. Gb

AIDA-Formel

Stufenkonzept der Werbewirkung (→ Werbung). Die AIDA-Formel wurde 1898 von Lewis entwickelt. Nach dieser Formel gilt es für den Werbenden:

- **A**ttention (Aufmerksamkeit) zu erregen,
- **I**nterest (Interesse) zu wecken,
- **D**esire (Verlangen, Besitzwunsch) auszulösen und schließlich
- **A**ction (Aktion, also: Kaufhandlung) zu erreichen.

Dieses Modell wurde teilweise auch abgewandelt, so etwa zu IADA (Interesse als Voraussetzung für Aufmerksamkeit) oder AIDCA (»Confidence«, also Vertrauen als Voraussetzung für einen Kauf). Gb

AID-Analyse

Ein Verfahren der Multivariaten-Analyse (→ Multivariate Verfahren) zur Segmentierung von Gesamtheiten nach Maßgabe der bedeutsamsten Merkmale; die AID-Analyse (Automatic-Interaction-Detector) beruht auf der → Varianzanalyse.

Aided Recall

→ Recall Test.

Akkreditiv

Beim unwiderruflichen Akkreditiv weist der Abnehmer – häufig bei Auslandsgeschäften – seine Bank unwiderruflich an, der Bank des Lieferanten bei Übergabe der Verladedokumente die Summe anzuweisen. Der Lieferant bringt die Ladung auf den Weg (Schiff, Zug, LKW oder Flugzeug) und erhält die entsprechenden Dokumente, die an die Bank des Abnehmers weitergereicht werden. Damit hat der Abnehmer die Sicherheit, daß die Ware einem Dritten (dem Durchführer des Transportes) übergeben wurde und die Bank des Abnehmers weist an die Bank des Lieferanten das Geld an. Somit ist für beide Seiten eine hinreichende Sicherheit gegeben. Ge

Akquisiteur

Bei enger Begriffsfassung bedeutet Akquisiteur Kundenwerber oder Anzeigenwerber.
Nach weiter (moderner) Begriffsfassung sind Akquisiteure Verkäufer im → Außendienst, d. h. → Reisende und → Handelsvertreter. Die Hauptaufgabe der Akquisiteure besteht in der → Akquisition. HL

Akquisition

Unter Akquisition (Jargon: Akquise) versteht man 1) die Aktivitäten des → Außendienstes zur Anbahnung und Pflege von Geschäftsbeziehungen, d. h. zwecks Gewinnung und Bindung von Kunden.
Akquisition bedeutet 2) Erwerb (Kauf) von Unternehmen, z. B. zwecks → Diversifikation. HL

Akquisitorische Distribution

Die akquisitorische Distribution ist ein Teilbereich der betrieblichen → Distributionspolitik. In diesem Bereich sind folgende Entscheidungen zu treffen:

- Bestimmung der Abnehmer-Zielgruppen;
- Wahl der → Absatzwege;
- Wahl und Steuerung der → Absatzmittler;
- Wahl und Steuerung der → Akquisiteure. HL

Akquisitorisches Potential

Der Begriff geht auf Erich Gutenberg zurück. Das akquisitorische Potential umfaßt die Gesamtheit der Vorteile, die ein Unternehmen aus der Sicht der aktuellen und potentiellen Kunden bietet: das Ansehen des Unternehmens, das Verhalten der Mitarbeiter, die Qualität der Produkte, der → Service usw. können einem Anbieter eine Vorzugsstellung gegenüber der Konkurrenz verschaffen.
Das akquisitorische Potential beruht auf den → Präferenzen der Nachfrager, die durch die bisherigen Entscheidungen und Maßnahmen des Anbieters aufgebaut worden sind. Das entstandene Maß an Goodwill wirkt sich positiv auf gegenwärtige und künftige Kaufentscheidungen aus. Je größer das akquisitorische Potential ist, desto höhere Verkaufspreise kann das Unternehmen auf dem Markt durchsetzen, ohne daß die Nachfrage wesentlich zurückgeht bzw. Kunden zur Konkurrenz abwandern (→ Präferenz-Strategie). HL

Aktionsrabatt

→ Rabatte.

Aktivierung

→ Konsumentenverhalten: Psychische und soziale Determinanten.

Unter Aktivierung oder Aktivation versteht man spezifische und unspezifische Erregungen oder innere Spannungen. Ist von Aktivierung die Rede, so ist zumeist die unspezifische Aktivierung gemeint. Hierbei handelt es sich um allgemeine innere Spannung oder Erregung, welche Wachheit und Leistungsfähigkeit des Organismus bestimmt. Spezifische Aktivierungsvorgänge sind mit bestimmten Antriebskräften, etwa Liebe, Hunger oder Durst verbunden und lassen im Zusammenspiel mit kognitiven Vorgängen Emotionen, Triebe, Motive und Einstellungen entstehen, die menschliches Verhalten bestimmen.

Man unterscheidet des weiteren zwischen der tonischen Aktivierung (Aktivierungsniveau, Wachheitsgrad, Aufmerksamkeitsniveau; mittelfristig) und der phasischen Aktivierung als kurzfristiger Aktivierungsschwankung durch Reizeinwirkung (z. B. Werbeanstoß). Die Stärke der phasischen Aktivierung ist auch von der tonischen Aktivierung abhängig; beide wirken gewissermaßen synergetisch zusammen (→ Synergie-Effekt). So ist es beispielsweise günstiger, Werbeaktivitäten dann zu tätigen, wenn beim Rezipienten eine ausreichende tonische Aktivierung angenommen werden kann. Aber auch bei ausreichender tonischer Aktivierung kann bei Konzentration auf eine wesentliche und wichtige Tätigkeit (Arbeit, Lesen, Kontemplation...) Werbung als störend empfunden werden.

Die Aktivierung wird als skalierbar betrachtet (von Koma über Tiefschlaf, leichten Schlaf, Schläfrigkeit, Entspannung, Munterkeit, Aufregung und Angst bis hin zum Schrecken).

Nach der umgekehrten U-Funktion ist die Werbewirkung von der Aktivierungsstärke abhängig. Bis hin zu einem Maximum (wache Aufmerksamkeit) steigt die Werbewirkung mit steigender Aktivierungsstärke; ist die Aktivierungsstärke zu hoch, sinkt durch Hervorrufen starker Erregung bis hin zur Panik die Werbewirkung wieder.

Am geeignetsten zur Messung von Aktivierung erscheint die Hautwiderstandsmessung. Auch die Befragung (Rating-Skala, auf der ein Erregungswert angekreuzt wird) oder die Blickregistrierung sind mögliche Methoden der Aktivierungsmessung. Gb

Anmutung

Die Anmutung bezeichnet den ersten unreflektierten und spontanen Eindruck (positive oder negative Gefühle, Stimmungen), den ein Gegenstand auslöst. Dieser Eindruck in einer frühen Phase der Wahrnehmung färbt die spätere Wahrnehmung. Eine positive Anmutung wirkt aktivierend (→ Aktivierung), eine negative Anmutung baut emotionale Barrieren gegenüber dem Gegenstand auf, eine neutrale Anmutung bewirkt keine ausreichende Aktivierung.

Die Anmutung hat für die Werbewirkung (→ Werbung) insbesondere aufgrund der heutigen Informationsüberflutung (→ Informationsverhalten des Konsumenten, → Werbeüberflutung) und der sich daraus ergebenden starken Informationsselektion eine große Bedeutung.
Gb

Anspruchsanpassung

→ Anspruchsniveau.

Anspruchsniveau

Marketing-Manager gehen von bestimmten Zielen aus, die mit der Verwirklichung ihrer Entscheidungen erreicht werden sollen. Die Ziele haben drei Dimensionen:
- Inhalt (was?)
- Ausmaß (wieviel?)
- Zeit (wann?).

Ein zielstrebiger Manager plant, was und wieviel er wann erreichen will.

Das Zielausmaß (z. B. Marktanteil von 5 %, Umsatzsteigerung um 10 %) wird auch als Anspruchsniveau (Level of Aspiration) bezeichnet. Das Anspruchsniveau muß realistisch sein. Das ist dann der Fall, wenn das angestrebte Zielausmaß auch erreicht werden kann.

Das Anspruchsniveau der Entscheidungsträger ist von folgenden Faktoren abhängig:
- von Erfahrungen, die in der Vergangenheit mit ähnlichen Problemen gemacht wurden
- von dem, was bzw. wieviel konkurrierende Referenz-Unternehmen erreicht haben (→ Benchmarking)
- von dem Streben nach Erfolg bzw. Vermeidung von Mißerfolg und
- von der subjektiven Wahrscheinlichkeit des Erfolges bzw. Mißerfolges.

Der Zeitbezug der Ziele weist darauf hin, daß es sich dabei um dynamische Erscheinungen handelt. Die Ziele bzw. Ansprüche ändern sich im Laufe der Zeit. Die Veränderung des Zielausmaßes kann mit Hilfe der Theorie der Anspruchsanpassung erklärt werden. Im Rahmen dieser Theorie wird folgende Hypothese aufgestellt:

Wenn die Ziele in der Vergangenheit schwer zu erreichen waren, dann senkt der Entscheidungsträger sein Anspruchsniveau (Zielausmaß). Wenn die Ziele bisher leicht zu realisieren waren, dann wird das Anspruchsniveau erhöht. Anders formuliert: Die Zielsetzung für die Zukunft ist vom Ausmaß der Zielerreichung in der Vergangenheit abhängig. Im Falle der Zielunterschreitung senkt der Entscheidungsträger sein Anspruchsniveau. Im Falle der Erreichung und Überschreitung des Zielausmaßes wird das Anspruchsniveau erhöht.

Diese plausible Hypothese ist empirisch gut bestätigt. Die Theorie der Anspruchsanpassung verdeutlicht die Wichtigkeit von Erfolgserlebnissen. Nichts ist erfolgreicher als der Erfolg. Der Erfolg äußert sich im Grad der Zielerreichung. HL

Antwortmöglichkeiten

→ Fragebogen.

Anzeigen-Test

Für das Abtesten einer Anzeige vor der Streuung gibt es verschiedene Testverfahren. Häufig Anwendung finden:

a. die getarnte Leseverhaltensbeobachtung mit einer Videokamera
b. der Foldertest und
c. die Registrierung des Blickverlaufs auf photoelektrischer Basis.

a. Getarnte Leseverhaltensbeobachtung
Die Testpersonen werden zunächst in einer neutralen Wartezimmer-Atmosphäre mit der neuesten, ihnen noch unbekannten Ausgabe einer regelmäßig gelesenen Zeitschrift konfrontiert, in die eine Testanzeige für die Leser unmerklich eingeheftet ist. Die Testpersonen sitzen dabei in normaler Lesehaltung vor einem Tisch, auf dem die Zeitschrift aufliegt. Die Beobachtung des Blickverlaufs mittels einer Fernsehkamera, die in einer Lampe unsichtbar untergebracht ist und geräuschlos arbeitet, findet durch die simultane Aufnahme der Augenbewegungen und der jeweils aufgeschlagenen Seite statt.
Es kann gemessen werden:
- wieviele Leser werden auf die Anzeige **aufmerksam** und beachten sie
- Betrachtungsdauer
- welche Bild- und Textelemente werden wie lange betrachtet.

Diese Methode wird mit weiteren Erhebungen über die Erinnerung von Produkten und Marken und der Beurteilung der erinnerten Anzeigen verbunden.

b. Foldertest
Die Testpersonen blättern eine Mappe mit Anzeigen (oder Entwürfen) durch. Anschließend werden ihnen Fragen zu darin vorgestellten Produkten und zu testenden Anzeigen gestellt. Dabei geht es um:
- Erinnerung der Produktkategorie
  - Erinnerung einzelner Marken
  - Bilderinnerung
  - Texterinnerung
- allgemeine Bewertung der Anzeigen.

c. Registrierung des Blickverlaufs auf photoelektrischer Basis
Hierbei handelt es sich um eine unmittelbare Aufzeichnung von Blickverläufen. Den Testpersonen wird eine Spezialbrille aufgesetzt, die den Blickverlauf aufzeichnet. Ge

Apparative Verfahren

→ Werbetests.

Apperzeptionstest

→ Motivforschung.

Arbeitnehmererfindung

Erfindung eines Arbeitnehmers, die zu einem → Patent oder → Gebrauchsmuster führen kann, sowie technische Verbesserungsvorschläge. Abweichend vom Patentgesetz kann der Arbeitgeber nach dem Gesetz über A. vom 25.07.1957 die Erfindung oder den technischen Verbesserungsvorschlag eines Arbeitnehmers gegen Zahlung einer angemessenen Vergütung ganz übernehmen oder befristet nutzen. D. Schmidt

Arbeitslastverfahren

→ Gebietsauswahl.

Argumentation

Argumentation bedeutet allgemein Beweisführung, Begründung. Wer Kunden überzeugen will, muß bestmöglich argumentieren. Die beste Argumentation ist jene, die auf die Wünsche der Kunden eingeht. Die Qualität der Argumente ist also relativ, d. h. kundenabhängig. Gute Verkaufsargumente sind Kaufgründe,

d. h. sie passen zu den Kundenwünschen wie ein Schlüssel zum Schloß.
Es erhebt sich die Frage, ob einseitig (nur mit Vorteilen) oder zweiseitig (mit Vor- und Nachteilen) argumentiert werden soll. Einseitige Argumentation ist dann wirkungsvoller, wenn der Kunde von vornherein der Empfehlung des Verkäufers zuneigt und wenn er die Nachteile weder kennt noch später kennenlernen wird.
Will man Kunden überzeugen, die anderer Ansicht oder gleichgültig sind, sollte man zweiseitig argumentieren. Dafür sprechen folgende Gründe:

- man nimmt den Kunden den Wind aus den Segeln, d. h. man entkräftet im voraus mögliche Gegenargumente
- die Glaubwürdigkeit des Verkäufers und der von ihm genannten Vorteile steigt
- die Kunden werden gegen die Beeinflussungsversuche der Konkurrenz immunisiert.

Gegen die zweiseitige Argumentation spricht die Gefahr, daß der Kunde bei der Konkurrenz kauft, wenn die erwähnten Nachteile für ihn wichtig sind.
Die Argumentation ist besonders dann erfolgreich, wenn sie gehirngerecht erfolgt. Gehirngerechte Argumentation bedeutet, daß beim Kunden beide Gehirnhälften aktiviert werden: die linke Gehirnhälfte durch (abstrakte) Worte und die rechte Gehirnhälfte durch (konkrete) Bilder, wobei Bilder stärker aktivieren als Worte (→ Aktivierung). Durch bildhaftes Sprechen können mit Worten Bilder erzeugt werden, die sich der Kunde vorstellen kann. Das Veranschaulichen der Argumente ist besonders wichtig beim Verkauf von Dienstleistungen, weil diese Produkte immateriell und abstrakt sind.

HL

Artikelnumerierungssysteme

Artikelnumerierungssysteme sind numerische Codierungssysteme, die der Identifikation und Klassifikation von Artikeln dienen. Bekannte Beispiele sind das EAN- und das UPC-System.

Das EAN-System (früher: Europäische Artikelnumerierung, heute: Internationale Artikelnumerierung) ist ein gesamteuropäisches Codierungssystem. Die europäische Artikelnummer umfaßt in der Normalversion 13 Stellen (Länderkennzeichen, einheitliche Betriebsnummer, individuelle Artikelnummer des Herstellers und Prüfziffer). Daneben gibt es eine 8-stellige Kurznummer für kleinvolumige Artikel und zur handelsinternen (Instore-) Auszeichnung. Das UPC-System (Universal Product Code) ist ein amerikanisch/kanadisches Codierungssystem, das in der Normalversion 12 und in der kurzen Version 7 Stellen umfaßt.

Artikelnumerierungssysteme sind die Voraussetzung für die Erfassung artikelspezifischer Informationen im Handel (→ Scanning) bzw. in → Warenwirtschaftssystemen.

HL

Audit

→ Marketing-Controlling.

Aufbauorganisation

→ Marketing-Organisation.

Aufmerksamkeit

Unter Aufmerksamkeit versteht man die Bereitschaft eines Individuums, Reize aus seiner Umwelt aufzunehmen.
Die Aufmerksamkeit ist eine vorübergehende Erhöhung der phasischen → Aktivierung (kurzfristige Aktivierungsschwankungen), die zur Sensibilisierung des Individuums gegenüber bestimmten Reizen und einer herabgesetzten Verarbeitungsbereitschaft gegenüber anderen Reizen führt (→ AIDA-Formel).
Gb

Ausgleichskalkulation

Die Ausgleichskalkulation rechnet einzelnen Artikeln Kosten in dem Maße zu, wie dies vom Markt her möglich ist. Ein Unternehmen kann etwa gezwungen sein, bei bestimmten Angeboten aus Wettbewerbsgründen zu einer niedrigen Marge anzubieten oder es versucht über einen attraktiven Preis einzelner Artikel Kunden anzulocken. Es wird dann versucht, die Gesamtrendite durch höhere Aufschläge bei anderen Artikeln zu sichern. Dieses Vorgehen kommt besonders häufig im Handel vor und wird auch als Mischkalkulation oder kalkulatorischer Ausgleich bezeichnet. Ge

Außendienst

Der Außendienst umfaßt alle Verkäufer, die durch Kundenbesuche Aufträge akquirieren. Der Kontakt zu den Kunden kann durch betriebseigene und/ oder betriebsfremde → Akquisiteure hergestellt werden. Betriebseigene Akquisiteure (Eigenpersonal) sind angestellte → Reisende, betriebsfremde Akquisiteure (Fremdpersonal) sind Miet-Reisende (→ Außendienst-Leasing) und → Handelsvertreter. HL

Außendienst-Leasing

Außendienst-Leasing bedeutet das Mieten von → Reisenden für eine bestimmte Zeit. Die Miet-Reisenden sind ausschließlich für den Mieter tätig und können für folgende Aufgaben eingesetzt werden:

- Vertretung von Vakanzen bei Krankheit und Urlaub.
- Unterstützung des eigenen → Außendienstes bei der Durchführung von Promotion-Aktionen und bei der Einführung neuer Produkte.
- Betreuung von weniger bedeutenden → Absatzmittlern, die der eigene Außendienst aus Zeit- und/oder Kostengründen nicht mehr besucht, deren Bearbeitung jedoch zur Erhaltung der → numerischen Distribution erforderlich ist.
- Erschließung neuer → Absatzwege und neuer Kunden.
- Erschließung neuer → Absatzgebiete im In- und Ausland, ohne eine Infrastruktur mit hohen Fixkosten aufbauen zu müssen.

Vorteile des Leasing-Außendienstes:

- Miet-Reisende sind kostengünstiger als angestellte Reisende.
- Die Kosten des Leasing-Personals sind variabel im Gegensatz zu den Fixkosten des Eigenpersonals.
- Leasing-Verkäufer sind flexibel einsetzbar.
- Die Trennung von Miet-Reisenden ist im Vergleich zu angestellten Reisen-

den einfach und schnell sowie ohne Mitbestimmung des Betriebsrates möglich.
- Bei der Trennung von Miet-Reisenden sind keine Abfindungen oder Ausgleichszahlungen fällig.

Nachteile des Leasing-Außendienstes:
- im Vergleich zu → Handelsvertretern sind die Kosten höher;
- Machtverlust des Verkaufsleiters durch Abbau der eigenen Verkaufsmannschaft;
- negative Reaktionen der Kunden, weil das Außendienst-Leasing teilweise mit dem Ruf mangelnder Seriosität behaftet ist; da Leasing-Reisende unter dem Namen des Mieters auftreten, wird das schlechte Image auf ihn transferiert.

Bei der Auswahl von Leasing-Verkäufern sollte unbedingt geprüft werden, ob deren Qualifikation den Anforderungen entspricht; evtl. Qualifikationsdefizite müssen durch Schulung beseitigt werden. Wenn diese Voraussetzungen erfüllt sind, kann ein Unternehmen durch Außendienst-Leasing die Effizienz im Vertrieb steigern. HL

Außendienst-Portfolio

Das Außendienst-Portfolio ermöglicht eine Beurteilung der einzelnen Außendienst-Mitarbeiter unter zwei Aspekten:
- Attraktivität der Mitarbeiter und
- Handlungsspielraum des Unternehmens gegenüber den Mitarbeitern.

Die Attraktivität der Verkäufer kann durch den Leistungsgrad (= Ist-Leistung/Soll-Leistung) gemessen werden. Als Leistungsmaßstab wird z. B. der Umsatz oder der Deckungsbeitrag verwendet. Verkäufer mit einem Leistungsgrad von 1,0 erfüllen genau die erwartete Leistung. Leistungsgrade über bzw. unter 1,0 bedeuten entsprechend überdurchschnittliche bzw. unterdurchschnittliche Leistungen.
Der Handlungsspielraum umfaßt die Möglichkeiten des Unternehmens, die Leistungen der einzelnen Mitarbeiter zu beeinflussen. Ein einfacher Ansatz zur Messung des Handlungsspielraumes ist das Alter der Mitarbeiter. Man geht davon aus, daß der Handlungsspielraum mit zunehmendem Alter sinkt, weil die Lernbereitschaft und -fähigkeit abnimmt.
Die folgende Abbildung zeigt ein Außendienst-Portfolio mit vier Feldern:

Außendienst-Portfolio

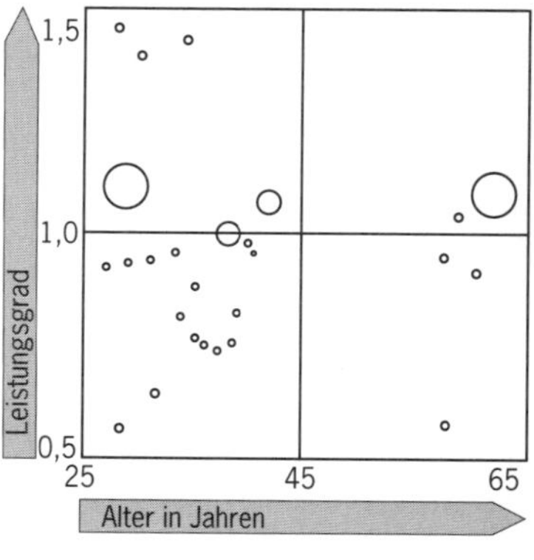

Die Größe der Kreise entspricht dem Umsatz bzw. Deckungsbeitrag der einzelnen Mitarbeiter.

Aus der Portfolio-Analyse lassen sich folgende Maßnahmen ableiten:

Feld oben links
Jüngere Außendienst-Mitarbeiter mit überdurchschnittlichen Leistungen sollten durch materielle und/oder immaterielle Anreize an das Unternehmen gebunden werden.

Feld oben rechts
Außendienst-Mitarbeiter in der zweiten Berufshälfte, die überdurchschnittliche Leistungen erbringen, sollten durch Beförderung gehalten werden.

Feld unten links
Jüngere Außendienst-Mitarbeiter mit unterdurchschnittlichen Leistungen haben Qualifikations- und/oder Motivationsdefizite. Falls diese Defizite durch Training nicht beseitigt werden können, muß man die betreffenden Verkäufer versetzen oder entlassen.

Feld unten rechts
Ältere Außendienst-Mitarbeiter mit unterdurchschnittlichen Leistungen müssen aus rechtlichen und sozialen Gründen toleriert werden. Wenn die Verkaufsleistungen durch Training nicht zu verbessern sind, können diese Mitarbeiter in den Innendienst versetzt werden. HL

Außendienststeuerung

Für die Steuerung des Verkaufsaußendienstes gibt es grundsätzlich vier Möglichkeiten, die wie folgt systematisiert werden können:

Die Steuerung des Verkaufsaußendienstes

Basis / Instrumente	Einsatz	Ergebnis
Zielvorgaben	①	②
Leistungsanreize	③	④

1) Die Verkäufer können durch Zielvorgaben gesteuert werden, die sich auf ihren Arbeitseinsatz beziehen. In diesem Fall gibt die Verkaufsleitung vor, welche Kunden wann bzw. wie oft zu besuchen sind.

2) Die Zielvorgaben können sich auf zu erreichende Verkaufsergebnisse beziehen, d. h. Umsatz (→ Absatzkennziffern), Marktanteil, Deckungsbeitrag (→ Vertriebserfolgsrechnung) und/oder → Konditionen.

3) Die Verkäufer können durch Leistungsanreize gesteuert werden, die den Einsatz belohnen, d. h. Prämien pro Kundenbesuch.

4) Die Verkäufer können durch ergebnisbezogene Leistungsanreize gesteuert werden, d. h. durch Umsatz-Provision, Umsatz-Konditionen-Provision oder Deckungsbeitragsprovision.

Die Vorteilhaftigkeit der einzelnen Steuerungsarten hängt von verschiedenen Kriterien ab: Zunächst ist zu fragen, ob das Unternehmen mit → Reisenden oder mit → Handelsvertretern arbeitet. Handelsvertreter sind i.d.R. schlechter steuerbar, weil sie selbständig sind und meistens für mehrere Firmen arbeiten. Handelsvertreter lassen sich vor allem durch ergebnisorientierte Leistungsanreize (Umsatz-Provision) motivieren.

Reisende sind leichter steuerbar, weil sie als Angestellte die Weisungen des Unternehmens befolgen müssen. Wenn Reisende das Verkaufsergebnis (Umsatz, Marktanteil, Deckungsbeitrag, Konditionen) durch ihre Tätigkeit wesentlich beeinflussen können, so empfiehlt sich eine ergebnisorientierte Steuerung durch Zielvorgaben und/oder durch Leistungsanreize. Besitzt die Verkaufsleitung Informationen über das regionale Umsatz-Potential (→ Absatzkennziffern), so ist z. B. eine Steuerung über Umsatzvorgaben möglich. Eine ergebnisbezogene Steuerung durch Leistungsanreize wäre dagegen angebracht, wenn die Reisenden über bessere Marktkenntnisse verfügen als die Verkaufsleitung.

Eine einsatzbezogene Steuerung der Reisenden ist dann zu empfehlen, wenn das Umsatzergebnis überwiegend durch andere Marketing-Instrumente beeinflußt wird, z. B. durch die → Werbung und/oder durch das → Key Account Management. Besitzt die Verkaufsleitung verläßliche Informationen über die Attraktivität der einzelnen Kunden (→ Kunden-Portfolio), so können die Reisenden durch differenzierte Besuchsvorgaben gesteuert werden (→ Kundenbehandlung). Die Erfüllung der Besuchsvorgaben könnte mit Prämien belohnt werden.

Reisende sind nach allgemeiner Auffassung leichter und vielseitiger steuerbar als Handelsvertreter. Dabei wird jedoch übersehen, daß der Betriebsrat nach dem Betriebsverfassungsgesetz ein umfassendes Mitbestimmungsrecht bei der Lohngestaltung hat, d. h. auch bei der Entlohnung von Reisenden. Dadurch sind die Möglichkeiten der Verkaufsleitung begrenzt, den Einsatz und das Verkaufsergebnis von Reisenden über die Entlohnung zu steuern. Diese Tatsache könnte in der Zukunft manche Unternehmen veranlassen, Reisende (Eigenpersonal) durch Handelsvertreter (Fremdpersonal) und/oder durch → Direct Marketing zu ersetzen. HL

Außenhandel

ist jeder die Staatsgrenzen überschreitende Warenverkehr. Zum Außenhandel zählen alle Umsätze von:

- Waren, die vom Inland in das Ausland verbracht werden (Export, Ausfuhr); dabei kann der Export indirekt über ein deutsches Exporthaus oder direkt über einen ausländischen Partner erfolgen (Importeur, Agent, Reisende oder Verkaufsniederlassung)
- Waren, die vom Ausland in das Inland gelangen (Import, Einfuhr) und
- Waren, die nach Durchfuhr durch ein zweites in ein drittes Land gelangen (Transit).

→ Internationales Marketing. Ge

Ausstellung

Wenn eine Branche – Hersteller oder stationärer Einzelhandel – in regelmäßigen Abständen (jedes Jahr), sporadisch oder zu bestimmten Terminen, ein großes oder gar komplettes Angebot (aller relevanten Anbieter) vorführt, wenn dies in Messehallen oder Zelten auf der grünen Wiese erfolgt und die Veranstaltung zeitlich begrenzt ist, spricht man von einer (Verkaufs-) Ausstellung. → Messen hingegen richten sich grundsätzlich nur an Fachpublikum (gewerbliche Abnehmer, also Verarbeitungsbetriebe und → Absatzmittler). Dies wird über Einkäuferausweise der Fachverbände oder Kammern der Wirtschaft oft streng kontrolliert. Der Übergang zwischen Messe und Ausstellung wird dann fließend, wenn im Rahmen einer Messe ein oder zwei Publikumstage eingelegt werden.

Nach § 65 GewO ist eine Ausstellung eine zeitlich begrenzte Marktveranstaltung, auf der eine Vielzahl von Ausstellern ein repräsentatives Angebot eines oder mehrerer Wirtschaftszweige oder Wirtschaftsgebiete ausstellt und vertreibt oder über dieses Angebot zum Zweck der Absatzförderung informiert.

Voraussetzung für erfolgreiche Verkaufsausstellungen ist die → Agglomeration möglichst aller relevanten Angebote. Den Ge-/Verbrauchern soll an einem Ort und gleichzeitig ein Gesamtüberblick über einen Ausschnitt des Konsumangebotes ermöglicht werden.

Vielfach übernehmen bekannte Markenhersteller mit → indirektem Vertrieb in Abstimmung oder enger Kooperation mit lokalen Vertriebspartnern die Planung, personelle Besetzung und Standkosten. Die Verbände der einschlägigen Industrie und der Absatzmittler sind bemüht, die Ausstellungsorte und Ausstellungshäufigkeit in Grenzen zu halten, um eine diesbezügliche → Informationsüberflutung beim Ge-/Verbraucher zu vermeiden. In die gleiche Richtung wirkt die mangelnde Verantwortbarkeit des häufig sehr hohen Aufwandes, der sich insb. für Standgebühren, Standaufbauten und Personal ergibt. Gb

Austauschgüter

Gegensatz: → Kontraktgüter

Von A. wird gesprochen, wenn weder Käufer noch Verkäufer zum Zeitpunkt des Kaufs dieses Gutes Einfluß auf Qualität und sonstige Charakteristika, wie z. B. Größe und Verpackung, ausüben können.

Typische Beispiele hierfür sind Fertigpackungen mit → Markenartikeln, insb. u. a. Convenience Goods (→ Produktkategorien). Im Gegensatz hierzu wird von → Kontraktgütern gesprochen, wenn die Leistungserstellung nur im Zusammenspiel von Anbieter und Nachfrager mit je singulären und komplexen Eigenschaften erfolgt, also bei speziellen technischen Anlagen, besonderen Dienstleistungen oder auch bei Maßbekleidung.

Bei A. sind Such-, Erfahrungs- und Vertrauenseigenschaften für die Kaufentscheidungen mehr oder weniger wirksam.

- *Sucheigenschaften* bedeuten, daß der Käufer durch Inspizieren, Anprobe und Erprobung seinen Nutzen vorhersehen kann, ehe er sich zum Kauf entscheidet.
- *Erfahrungseigenschaften* beinhalten, daß der Käufer erst durch Erfahrung mit der Nutzung, also nach dem Kauf den Nutzen des Gutes feststellen kann.
- *Vertrauenseigenschaften* liegen dann vor, wenn der Käufer die

Qualität eines Kaufgegenstandes weder vor noch nach dem Kauf objektiv beurteilen kann, er also z. B. auf eine teure Spitzenmarke (hoffentlich zu recht) voll vertraut.

In der → Marketing-Kommunikation sind die Austauschgüter, je nachdem, ob sie stärkere Such-, Erfahrungs- oder Vertrauenseigenschaften für die typischen Käufer haben, unterschiedlich zu behandeln (Werbung, Mediaselektion, Werbeinhalte). Gb

Auswahlfehler

→ Auswahlverfahren.

Auswahlverfahren

In der Marktforschung wird zwischen Vollerhebung und Teilerhebung unterschieden. Lediglich bei wenigen Abnehmern, etwa bei → Produktions- und → Investitionsgütern mit kleinem Kundenkreis, käme eine Vollerhebung in Betracht.

Die meisten Erhebungen arbeiten wegen der großen Zahl der Grundgesamtheit aus Zeit- und insbesondere Kostengründen mit Teilerhebungen; dabei ist über die Auswahl einer Stichprobe aus der Grundgesamtheit zu entscheiden. Grundsätzlich gibt es zwei Gruppen von Auswahlverfahren: zufallsgesteuerte und nicht zufallsgesteuerte.

Bei den zufallsgesteuerten Auswahlverfahren, auch probabilistische Auswahl oder Random-Verfahren genannt, haben alle Elemente eine berechenbare Wahrscheinlichkeit, in die Stichprobe zu gelangen, und es ist möglich, Auswahlfehler zu messen (→ Zufallsauswahl). Dabei ist zwischen einfacher Zufallsauswahl und Sonderformen zu unterscheiden.

Bei der nicht zufallsgesteuerten Auswahl gibt es diese Möglichkeiten nicht. Die nicht zufallsgesteuerte Auswahl kann auch »repräsentativ« sein. Bei den nicht zufallsgesteuerten Auswahlverfahren ist die willkürliche und die bewußte Auswahl zu unterscheiden. Bei der bewußten,

Einteilung der Auswahlverfahren

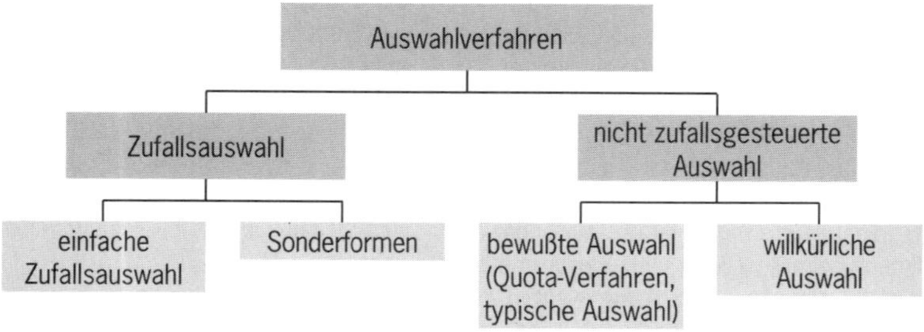

nicht zufallsgesteuerten Auswahl gibt es die typische Auswahl, bei der eine Anzahl charakteristisch erscheinender Elemente aus der Grundgesamtheit herausgegriffen wird, und das → Quota-Verfahren.

Die willkürliche Auswahl ist die Erhebung von Daten an irgendeinem Ort, beispielsweise in der Fußgängerzone oder auf dem Bahnhofsplatz. Einer solchen willkürlichen Auswahl liegt keine Vorüberlegung zugrunde, wen man erreichen möchte und wo man diese Zielgruppen am besten erreicht. Ge

Auswertung

→ Datenauswertung.

B

Banken-Marketing

Spätestens mit der Beseitigung letzter Fesseln im Wettbewerb, wie dem Fortfall der Bedürfnisprüfung vor der Einrichtung neuer Zahlstellen oder Filialen und des Habenzinsabkommens unter den deutschen Banken und Sparkassen Ende der 60er Jahre begannen auch die Kreditinstitute aller Art in Deutschland Marketing anzuwenden.

Durch besonders kundenfreundliche Lösungen (Kreditprogramme, Anlagemöglichkeiten) bei speziellen Zielgruppen will man im Wettbewerb neue Kunden an sich ziehen, bisherige Kunden an sich binden. Rendite ist dann die »Belohnung« für gute Leistungen der Anbieter.

Für große Firmenkunden, für bedeutende Privatkunden bieten spezielle Bankinstitute besondere Leistungen, während der typische »kleine Mann« bei einer Universalbank vor Ort durch eine Zweigstelle in der Wohnungsnähe alle Bankleistungen aus einer Hand geboten bekommt, vom Gehaltskonto bis zum Bausparvertrag oder (kleinen) Wertpapierdepot.

Die wichtigste Bankleistung ist die absolute *Sicherheit*, die unbezweifelbare Solidität, denn Spareinlagen, Wertpapierdepots, Bauspar-Anspar-Guthaben müssen nicht nur auf lange Sicht, sondern absolut *dauerhaft* sicher sein. Auf die Bank des Vertrauens sollte mehr Verlaß sein als auf fast jegliche andere Institution oder Person. Dies gilt es per Marketing-Kommunikation, durch die → Corporate Identity, das → Corporate Design und das → Corporate Behavior den potentiellen und bestehenden Bankkunden zu verdeutlichen. Also hat man kompetente und einsatzfreudige Vorstände und Aufsichtsräte, leistet sich absolut konservative Wirtschaftsprüfer, besitzt das absolute Vertrauen der Rating-Agenturen, der Bankenaufsicht und des jeweils zuständigen Einlagesicherungsfonds, der Fachjournalisten und insbesondere der Zielkunden.

→ Marketing-Personal-Politik ist für Banken unbedingt erforderlich, jeder Mitarbeiter ist diskret (Bankgeheimnis), hilfsbereit und in seiner Funktion sachkundig.

Das Marketing-Instrumentarium basiert – wie üblich – im Einsatz auf ständiger und intensiver Marktbeobachtung, ergänzt durch sporadische Markterkundung, etwa indem man in der Schweiz oder Österreich ermittelt, welche Sparprogramme unterschiedlichster Art und Zielsetzung dort mit welchem Erfolg eingesetzt werden. Marktforschung betreiben dann die Zentralen der Bankengruppen bzw. Großbanken sowie die Wirtschaftsverbände des Kreditgewerbes.

Darauf aufbauend werden die Produkte und Leistungen entwickelt bzw. angepaßt. Distributionsentscheidungen bei Banken betreffen die Frage, ob und wo sich Zahlstellen/Filialen rentieren und inwieweit elektronische Medien im Kundenverkehr eingesetzt werden sollen.

Konditionen und Preise (meist in der Form von Soll- oder Habenzinsen) sind wichtige Wettbewerbs-Instrumente, wobei stets zu betonen ist, daß »*Sicherheit*« und jeweils für die Kundschaft allergünstigste Konditionen selten miteinander zu vereinbaren sind. Die Erfahrung lehrt, daß, bevor ein Kreditinstitut vom Bundesaufsichtsamt für Kreditwesen geschlossen wurde, es dort zumeist überaus günstige Konditionen für die Kunden gab. In der Kommunikationspolitik besitzt Public Relations für eine Bank eine absolute Priorität. Der zumeist fachunkundigen Kundschaft gilt es, durch den Filter der Wirtschaftsjournalistik die eigene Solidität und Leistungsfähigkeit zu vermitteln.

Prospekte für einzelne Bankdienstleistungen müssen auf die Zielkunden hin abgefaßt und gestaltet sein, Fachkunde muß also in die Sprache der Laien übersetzt werden.

Ob Fernsehwerbung, pompöse Schalterhallen und das massenhafte Verschenken von Sparbüchern mit z. B. 5-DM-Guthaben zu allen möglichen Anlässen noch wirklich genügend motivieren, darf angezweifelt werden. Manche Banken erwecken den Eindruck, als ob Marketing für sie so etwas wie Verkauf von Massen-Markenartikeln wie Zigaretten, Kaugummi oder Waschpulver wäre. Die Kundenferne mancher Spitzenbankiers und ihrer Stäbe begünstigt den kritisierten Einsatz von Massenwerbung, man hat einen bedeutenden Werbeetat, die Werbung des Instituts/der Gruppe ist vielfach wahrnehmbar, ob sie allerdings wirklich hilft, die Unternehmensziele zu erreichen, ist anzuzweifeln. Man hält die Kunden, da man sie nicht kennt, für noch unwissender als sie wirklich sind. Gb

Bargeldlose Zahlung

Der in den deutschsprachigen Ländern gut entwickelte bargeldlose Zahlungsverkehr hat in der Nachkriegszeit zu teilweise anderen Zahlungsgewohnheiten geführt als in vergleichbaren Industrieländern, insbesondere den USA. Trotz des von der Kreditwirtschaft vorangetriebenen Überweisungs- und Lastschriftverkehrs ist Deutschland ein »Barzahlungsland« geblieben; die im Ausland verbreiteten → Kreditkarten haben hier erst ab der zweiten Hälfte der achtziger Jahre eine – inzwischen allerdings schnell zunehmende – Verbreitung gefunden. Heute werden von den am Zahlungsverkehr beteiligten Gruppen – Banken/Sparkassen, Einzelhandel, sonstige Dienstleistungszweige, Kreditkartenorganisationen – unterschiedliche und zum Teil bewußt gegeneinander gerichtete Marketingstrategien eingesetzt, um einzelne Zahlungsarten zu fördern oder einzuschränken. Die Kreditinstitute versuchen, Bargeld als für sie kostenträchtigste Zahlungsart zurückzudrängen und bieten ihren Kunden neben dem Scheck (insbesondere dem garantierten Euroscheck) Kreditkarten und andere bankeigene Zahlungskarten (z.B. die S-Card der Sparkassen) an. Der Trend geht zur beleglosen, vollelektronisch abgewickelten Bezahlung. Der Einzelhandel setzt seine Prioritäten anders. Am liebsten gesehen wird unverändert Bargeld, das trotz der Handling-Kosten für den Einzelhandel die kostengünstigste Zahlungsart ist. Am kritischsten gesehen werden Kreditkarten, die für viele Geschäfte und Standorte zwar unverzichtbar geworden sind, wegen der als

zu hoch empfundenen Provisionen (Disagio), die an die Kreditkartenorganisationen zu zahlen sind, überwiegend aber immer noch eher als notwendiges Übel angesehen werden.
Die Entwicklung eigener Zahlungskarten (→ Kundenkarten) ist, verglichen z. B. mit den USA, eher von Experimenten geprägt als von erfolgreichen Kartenprojekten. Als Alternative zu Kreditkarten und Kundenkarten haben Kreditwirtschaft und Einzelhandel gemeinsam Debitkarten-Projekte entwickelt (wichtigster Unterschied zur Kreditkarte: Der Zahlbetrag wird dem Karteninhaber nicht für beispielsweise vier Wochen kreditiert, sondern umgehend von seinem Konto abgebucht). Jahrelange Anlaufversuche, ungenau als POS-Zahlungen (Point of Sale) bekanntgeworden, mündeten in das vom Zentralen Kreditausschuß geregelte Zahlungsverfahren »Electronic Cash«. Bezahlt wird hier mit der Eurochequekarte und der persönlichen Geheimzahl (PIN). Einzelne Banken und Unternehmen haben einfachere und deshalb kostengünstigere, aber nicht dem hohen Sicherheitsstandard von Electronic Cash entsprechende Varianten entwickelt. Weltweit sind wegen der überall zunehmenden Kartenkriminalität Debitkarten auf dem Vormarsch, ebenso die Ausstattung der Karten mit einem Chip. Dadurch werden die Rationalisierung und Kosteneinsparung ebenso vorangetrieben wie die Verbreiterung der Zahlungsmöglichkeiten, z. B. an Kartentelefonen und im öffentlichen Nahverkehr, bis hin zur »elektronischen Geldbörse« für die Bezahlung von Kleinbeträgen.

Hans Weyhenmeyer

Barrabatt

→ Rabatt.

Barter

→ Absatzwege.

Barter-Club

Barter-Clubs sind → Absatzhelfer bzw. Beschaffungshelfer bei indirekten Tauschgeschäften (→ Absatzwege).

HL

Bartergeschäft

→ Kompensationsgeschäfte.

Beachtungswert (von Werbung)

Ermittlung von Werbewirkungen auch in der Stärke der Wahrnehmung (nicht nur: ja oder nein).
Es genügt nicht, daß die meisten Zielpersonen einer Werbung (als potentiell erachtete und angezielte Ge-/Verbraucher) vom → Werbemedium zu einer bestimmten Zeit erreicht werden können (→ Kontaktmaßzahlen, → Reichweite). Für die Mediaplanung entscheidender ist es, zu wissen, wo Zielpersonen die Werbung wahrnehmen und bereit sind, die Werbebotschaft teilweise, z. B. als Markenerinnerung, oder ganz, also inklusive der aktuellen Botschaft wahr- und aufzunehmen.
So wird ein repräsentatives Sample per demoskopischer Befragung nicht nur danach befragt, mit welchen Medien jeder einzelne ständig, häufig, gelegentlich oder nie Kontakt hat, sondern es wird auch danach gefragt, ob man die Wer-

Welche Unternehmen sind für Barter-Clubs geeignet ?

Merkmale	eher geeignet	weniger geeignet
Wettbewerbsstrategische Ausrichtung	offensiv	defensiv
Ausweitung des Absatzgebietes	erwünscht	unerwünscht
Produkt-/Marktcharakteristik	ortsungebunden	ortsgebunden
Stellung der angebotenden Produkte im Lebenszyklus	Einführungs- oder Degenerationsphase	Wachstums- oder Reifephase
Kapazitätsauslastung	niedrig	hoch
Substitutionskonkurrenz mit bestehender Absatz- und Beschaffenheitsorganisation	gering	stark
Bedarf an neuen Lieferanten- oder Abnehmerbeziehungen	hoch	niedrig
Bindung an bestehende Lieferanten	gering	stark
Markttransparenz innerhalb der Branche	niedrig	hoch
Wettbewerbsintensität innerhalb der Branche	hoch	niedrig

bung (je nach Medienart und Medium jeweils wie intensiv) beachtet, also:

- beachte ich sehr
- beachte ich
- beachte ich weniger
- keine Antwort.

Dabei stellte sich beispielsweise heraus, daß, Singles, die als Landwirte oder Selbständige tätig sind, Werbung am wenigsten beachten.
Eine Kombination aus Mediakontakten und jeweiliger Mediabeachtung, besser noch nach jeweiliger Werbeplazierung getrennt, würde noch präzisere Daten für eine sinnvolle Mediaplanung liefern.
Gb

Bedarf

Unter Bedarf versteht man ein konkretisiertes → Bedürfnis (→ Motiv, → Motivation) (z. B. nach einem Produkt, einer Leistung) in Verbindung mit der (relevanten) → Kaufkraft zur Bedürfnisbefriedigung (z. B. zum Kauf des Gutes).
Man unterscheidet den gewerblichen Bedarf, den öffentlichen Bedarf (öffentliche Hand) und den privaten Bedarf. Dabei kann es sich jeweils um Erst-, Ersatz-, Erweiterungs- und Rationalisierungsbedarf handeln.
Gb

Bedürfnis

→ Motiv, → Motivation, → Konsumentenverhalten: Psychische und soziale Determinanten.

Unter einem Bedürfnis versteht man den Mangel an bestimmten Objekten in der Umwelt. Bekanntestes Modell, das die Bedürfnisse klassifiziert, ist die Bedürfnispyramide von Maslow (→ Motivation).

Gb

Befragung

Eine Befragung kann persönlich, schriftlich oder telefonisch, neuerdings auch über Btx oder computergestützt erfolgen. Jede dieser Methoden hat ihre spezifischen Vor- und Nachteile.

Bei *persönlichen Interviews* werden Interviewer eingesetzt. Diese nehmen mit den Auskunftspersonen Kontakt auf, stellen die Fragen und halten die Antworten fest. Meistens arbeiten die Interviewer mit vorgegebenen Fragebögen, die sie während des Interviews ausfüllen (standardisiert).

Die Vorteile der persönlichen Befragung sind:

- größerer Fragenumfang als bei einem Telefoninterview oder bei schriftlicher Befragung möglich
- flexible Reaktion bei der Befragung, beispielsweise auf nicht verstandene Fragen;
- Möglichkeit, komplizierte Zusammenhänge zu erfassen und abzufragen.

Der Hauptnachteil der persönlichen Befragung liegt bei den hohen Kosten und der Möglichkeit, daß der Interviewer die Antworten beeinflußt.

Bei der *schriftlichen Befragung* ist die Rücklaufquote häufig sehr niedrig. Sie variiert nach Befragungsgegenstand und Zielgruppe. Verbraucherbefragungen erreichen häufig eine besonders niedrige Rücklaufquote, Expertenbefragungen liegen etwas günstiger (z. B. Händler, Fachleute etc.). Die Rücklaufquote kann durch Verlosungsaktionen bei den Teilnehmern erhöht werden. Dies birgt jedoch wiederum die Gefahr, daß die Auskunftspersonen bei den Antworten beschönigen, beispielsweise Produkte bewußt besser beurteilen, weil sie annehmen, daß die positiven Antworten eine höhere Gewinnchance haben.

Nachteile der schriftlichen Befragung können ferner darin liegen, daß eine Verzerrung eintritt, weil die Beantworter der Fragen einen stärkeren Bezug zum Untersuchungsgegenstand haben als die Nichtbeantworter. Vorteile ergeben sich durch die niedrigen Kosten und durch die Möglichkeit der Wahrung der Anonymität, welche bei manchen Themen eine Rolle spielt.

Telefoninterviews bringen sehr schnelle Informationen für relativ geringe Kosten, der Informationsumfang ist jedoch beschränkt. Die Mitwirkung der Interviewpartner ist häufig zu erreichen. Es ist jedoch zu bedenken, daß bei den Telefoninhabern gewisse Personenkreise unterrepräsentiert und andere wiederum überrepräsentiert sind.

Das Telefoninterview wird beispielsweise bei einfachen Fragen über gegenwärtige oder kürzlich erfolgte Mediennutzung eingesetzt bzw. auch bei den Fragen nach Erinnerung an einzelne Produktgruppen, Marken und Aussagen in der Werbung.

Ge

Behavior Scan

In dem von der Gfk-Testmarktforschung in Haßloch (Rheinland-Pfalz) durchgeführten Mini-Testmarkt wird die Wirkung von Werbung auf das Kaufverhalten untersucht. Über Kabelfernsehen können Testspots den Testhaushalten eingespeist werden. Die Wirkung wird über die Abverkäufe in den Geschäften des Ortes durch Scannerkassen (→ Scanning) gemessen. Es kann auch die Wirkung von Plakaten und Anzeigen untersucht werden.

Die Einwohner von Haßloch kaufen etwa 95 % der Lebensmittel im Ort; die Einwohner entsprechen hinsichtlich Einkommen, Einkaufsausgaben, Alter und Haushaltsgröße etwa dem deutschen Durchschnitt.

Ein ähnliches Projekt führt Nielsen unter der Bezeichnung Telerim durch. Ge

Behinderungsverbot

Das B. richtet sich an → marktbeherrschende Unternehmen und solche, von denen kleinere Unternehmen abhängen: Gemäß § 26 Abs. 2 → GWB ist es diesen Unternehmen untersagt, andere Unternehmen bei der Entfaltung ihrer wirtschaftlichen Aktivitäten zu behindern. Ein gegen das B. verstoßendes Verhalten kann von der Kartellbehörde untersagt werden; ferner kann ein hiervon betroffenes Unternehmen von behindernden Unternehmen Unterlassung und bei Verschulden Schadensersatz verlangen.

Dietrich Schmidt

Behinderungswettbewerb

Beim B. wird ein Konkurrent mit wettbewerbswidrigen Mitteln an der wirtschaftlichen Entfaltung gehindert, wie etwa beim Boykott oder einer ruinösen Preisunterbietung. Der B. verstößt als Form des → unlauteren Wettbewerbs gegen § 1 → UWG. Dietrich Schmidt

Benchmarking

Benchmark bedeutet die nach dem gegenwärtigen Stand des Wissens maximal erreichbare Leistung. Benchmarking ist der Prozeß, die Leistung des eigenen Unternehmens an einer Benchmark zu messen und daraus Ziele zur Steigerung der Effizienz abzuleiten. Das Benchmarking bezieht sich meistens auf einzelne Funktionen wie z. B. → Absatz, Personal, Produktion, Forschung und Entwicklung. Das funktionale Benchmarking läßt sich intern oder extern durchführen.

Beim internen Benchmarking versucht man von Zweigwerken, Tochtergesellschaften oder von anderen Abteilungen des Unternehmens zu lernen.

Beim externen Benchmarking vergleicht man die eigene Leistung mit den Bestleistungen anderer Unternehmen. Das konkurrenzorientierte Benchmarking darf nicht mit der Konkurrenzanalyse verwechselt werden (→ Wettbewerbsforschung). Die Konkurrenzanalyse würde sich auf das Ergebnis (z. B. Marktanteil) konzentrieren, während das Benchmarking den gesamten Prozeß der Leistungsentstehung berücksichtigt. Beim Benchmarking sucht man nach Möglichkeiten, betriebliche Abläufe (z. B. durch Beschleunigung) zu verbessern. Das funktionale Benchmarking kann auch branchenübergreifend durchgeführt werden. Ein Beispiel

dafür ist der Vergleich zwischen den Marketing-Abteilungen der Firmen AT & T und Ciba-Geigy, der im Jahre 1991 erfolgte. Diese Firmen gehören völlig unterschiedlichen Branchen an (Kommunikation und Pharmazie), und trotzdem können sie aus dem Leistungsvergleich voneinander lernen.
Ein branchenfremder Vergleich ist sehr anregend und oft hilfreicher als der Vergleich mit dem besten Konkurrenten. Es ist sehr unwahrscheinlich, daß sich das in einer bestimmten Funktion beste Unternehmen gerade in der eigenen Branche befindet. Dazu kommt, daß man weder falsche Informationen (→ Desinformation) noch wettbewerbsrechtliche Probleme oder Industriespionage befürchten muß.
Benchmarking ist eine praktikable Methode, um die Wettbewerbsfähigkeit eines Unternehmens zu erhalten oder zu verbessern. Wer aufhört, besser zu werden, hat aufgehört, gut zu sein (→ Anspruchsniveau). HL

Beobachtung

Beobachtung ist die Erfassung von Tatbeständen, ohne Personen danach zu fragen. Es gibt eine Vielzahl von Informationen, die durch Beobachtung gewonnen werden können; dazu gehören etwa erkennbar genutzte Produkte (z. B. Automarken), aber auch die Abverkaufsmengen und die Preise von Produkten. Die Beobachtung ist insbesondere dort einzusetzen, wo eine Auskunft nicht erfolgt; dazu zählen beispielsweise Maßnahmen der Konkurrenz. Die Grenzen der Beobachtung liegen da, wo es sich um nicht beobachtbare Fakten handelt, etwa bei Meinungen, Einstellungen, Images, Erinnerungen usw. Ge

Beschaffungslogistik

Die Beschaffungslogistik behandelt im wesentlichen die Organisation der Beschaffung von Materialien, Dienstleistungen und Anlagen.
In der Beschaffungslogistik ergeben sich zahlreiche Probleme bzw. Zielkonflikte. So soll z. B. ein niedriger Beschaffungspreis oftmals über eine hohe Bestellmenge erreicht werden. Hohe Bestellmengen und die damit verbundenen hohen Lagerbestände entsprechen auch dem Sicherheitsbedürfnis der verbrauchenden Abteilungen des Unternehmens. Hohe Lagerbestände verursachen aber hohe Kapitalkosten, desweiteren werden durch das zunehmende Anwachsen von Sortimenten und durch hohe Lagerbestände immer mehr Flächen für die Vorhaltung der Materialien benötigt
Dieses Problem versuchte man durch die Festlegung optimaler Bestellmengen zu lösen. Dabei ging man von unbegrenzt zur Verfügung stehenden Flächen aus. In den meisten Unternehmen sind jedoch die Flächen begrenzt, so daß sich aus dieser Problemstellung heraus die Anforderung nach einer möglichst verbrauchsnahen Anlieferung durch den Lieferanten (→ Just-in-time) stellt.
Lösungsansatz für eine möglichst verbrauchsnahe Anlieferung könnte z. B. eine direkte Datenverbindung des Abnehmers mit dem Lieferanten sein (→ Administrative Logistik; Abbildung S. 17). Durch eine solche direkte Datenverbindung kann

der Lieferant unmittelbar auf interne Daten des Kunden zugreifen und kennt somit z. B. das Produktionsprogramm seines Abnehmers für einen bestimmten Zeitraum. Dadurch kann er seine Reaktionszeit bei der Anlieferung entsprechend planen. Als weitere Optimierungsmöglichkeiten im Bereich der Beschaffungslogistik seien beispielhaft genannt:

- externe → *Lagerhaltung* beim Lieferanten und
- Anlieferung als Rückladung im → *Werkverkehr.*

Wilhelm Hauser

Beschaffungsmarketing

Beschaffung wird unter Marketing-Gesichtspunkten gesehen und ist somit abhängige Variable der Ermittlung und Umsetzung der Wünsche der Zielkunden.

In früheren Jahrzehnten (ca. bis 1960) war der preisgünstigste Einkauf ausreichender Quantitäten (bei Agrargütern die Sicherung des Anschlusses an die jeweils neue Ernte) eine wesentliche Voraussetzung für dauerhaften Unternehmenserfolg. Das Paradigma dieser Zeit lautete »Im Einkauf liegt der Segen«.

Also hatten Konsumgenossenschaften Fabriken für fast alle wesentlichen Bedarfsgruppen, rühmte sich ein Stahlkonzern, eigene Steinkohlenbergwerke, Erzgruben und Transportunternehmen (insb. Schiffahrt) zu besitzen.

Marktwirtschaftlich orientierte Wirtschaftsgebiete/Nationen haben aber seitdem einen solchen Überfluß an Rohstoffen und Rohstoffverarbeitungskapazitäten geschaffen, die Verarbeitungskapazitäten der Niedriglohnländer sind so leistungsfähig und flexibel, daß ein dauerhafter, struktureller (aber relativer) Überfluß an Produkten, Materialien und Leistungsangeboten fast aller Art vorliegt. Deshalb kann jedes Unternehmen froh sein, wenn es sich rechtzeitig von der früher sinnvollen Produktionstiefe (also inkl. vorgelagerte Produktions- und Leistungsstufen) trennen konnte. Im Extremfall produziert ein Textilkonfektionär nichts mehr in eigener Regie. Er prüft den Markt, den Konsumtrend (Mode, Kaufgewohnheiten, relevante Kaufkraft, Wettbewerb usw.), läßt aufgrund dieser Vorgaben (Lastenheft, F/E-Briefing) entwerfen, und betreibt Produktionsvorbereitung. Produziert wird dann im Auftrag in einem Niedriglohnland, vermarktet werden die Erzeugnisse aber unter der → Herstellermarke des Konfektionärs. Auch sonst gilt die Nutzung vorgelagerter Werkbänke als Trend. Das Paradigma »Im Einkauf liegt der Segen« hat seine Gültigkeit verloren, im Vordergrund steht der Verkauf, insb. über Dauerabsatzmittler an Dauerkunden. Es gilt nicht primär, preiswert einzukaufen, sondern absolut qualitäts- und liefersicher. Eingekauft wird das, was für den Vertrieb an Dauerkunden die bestmögliche Lösung für deren Bedürfnisse ermöglicht. Der Einkauf ist somit abhängige Variable des Vertriebes. Die Einkäufer müssen alle ihre Kräfte darauf konzentrieren, dauerhaft und nachhaltig bei der Befriedigung der Bedürfnisse der Zielkunden einen komplementären Beitrag zu leisten (→ Marketing-Mix). Diese Tendenz gilt um so mehr für → High Interest Products und erst

recht für exklusive Spitzenmarken. Bei markenloser oder markierter Ware im Bereich von Convenience Goods (→ Produktkategorien) mögen Qualitätsschwankungen noch erträglich sein, insgesamt aber setzt sich fortlaufend die Tendenz durch, von Lieferanten nur noch Vorprodukte und Produkte zu kaufen, die die → Europäische Qualitätsnorm »ISO 9000« erfüllen. Lieferanten, die dies nicht erfüllen, werden wohl auf Dauer ausgelistet werden.
Modernes Beschaffungsmarketing ist also primär die Schaffung, Pflege und Erhaltung absolut zuverlässiger Lieferantenbeziehungen, wobei strikte Einhaltung von Qualitätsrichtlinien und Lieferterminen Grundvoraussetzung für Einkaufsgespräche ist. Häufig muß dabei → Just-in-time geliefert werden. Dann aber gilt es, durch gemeinsames Bemühen um Rationalisierung einen wettbewerbsfähigen Preis möglich zu machen, der in die Kalkulation des Abnehmers paßt (→ Einkaufspolitisches Instrumentarium). Gb

Bestimmungsfaktoren der Marketing-Organisation

Die wichtigsten Bestimmungsfaktoren für die Marketing-Organisation sind:

- die Unternehmensgröße,
- die Art der angebotenen Leistungen sowie die Wettbewerbsintensität der Märkte,
- die Marketing-Aufgaben und
- die Ressourcen (Finanzmittel, Personen und Sachmittel etc.).

Zwischen der Unternehmensgröße und der Größe der Marketing-Organisation ist eine gewisse positive Korrelation festzustellen. Das Leistungsangebot beeinflußt die Marketing-Organisation insoweit, als verschiedene Produkte bzw. Dienstleistungen eine unterschiedliche Marketing-Intensität und damit auch eine unterschiedliche Größe der Marketing-Organisation voraussetzen.

In vergleichbaren Umsatzgrößenklassen verfügen Konsumgüterhersteller, dabei insbesondere Markenartikler, häufig über eine größere Marketing-Organisation als Unternehmen in anderen Wirtschaftszweigen. Eine steigende Bedeutung ist auch bei Dienstleistungsunternehmen (Banken, Versicherungen, Hotels, Reiseveranstalter) sowie beim Handel zu bemerken, während Hersteller von → Produktions- und Investitionsgütern oft nur einen kleineren Marketingbereich haben. Viele Unternehmen, meist mittelständische und insbesondere kleine, haben keine Organisationseinheit, die den Namen »Marketing« trägt.

Auf wettbewerbsintensiven Märkten sind naturgemäß die Marketing-Organisationen wichtiger und damit größer als in weniger wettbewerbsintensiven Bereichen.

Ein weiterer Bestimmungsfaktor der Marketing-Organisation sind die Marketing-Aufgaben, die unternehmensspezifisch zu sehen sind: In vielen marketing-aktiven Unternehmen werden die Absatzmärkte zunehmend differenziert und das Produktangebot diversifiziert, die Produktlebenszyklen verkürzen sich und die Nachfrager haben an Marktmacht gewonnen. Gründe für diese Entwicklungen sind veränderte Verhaltensweisen und Strukturen der Endverbraucher sowie Wachstum und Konzentration im Handel und bei sonstigen Abnehmern. Diese Entwicklung erfordert zunehmend ein intensives Marketing und damit auch Personen in entsprechenden Abteilungen, die sich damit beschäftigen (→ Marketing-Personal).

Die Größe der Marketing-Organisation hängt auch von den inneren Ressourcen eines Unternehmens ab. Eine Ausweitung des Marketing setzt entsprechende Finanzmittel für Personal, Gebäude, Sachmittel, Werbeaufwand etc. voraus. Marketing-Personal kann entweder aus dem eigenen Unternehmen rekrutiert oder von außen angeworben werden. Bei einer Intensivierung des Marketing ist häufig eine Besetzung neuer Stellen von außen anzutreffen. Konsequente Marketing-Planung und -Kontrolle ersetzt intuitive Entscheidungen durch exakte Analyse von Daten, was an Sachmitteln eine gut funktionierende EDV voraussetzt. Ge

Betriebsformen des Handels

→ Handelskonzeptionen.

Betriebsvergleich (B.V.)

Betriebsvergleich ist der systematische und methodische Vergleich betrieblicher Größen zur Beurteilung wirtschaftlicher Tatbestände. B.V. dient als Basis für Planung, Kontrolle und Steuerung des Betriebsgeschehens.

Arten des Betriebsvergleichs:

- Einbetrieblicher Vergleich; als Zeitvergleich (verschiedene Perioden), Soll-Ist-Vergleich oder Vergleich verschiedener Filialen oder Betriebsstätten
- Zwischenbetrieblicher Vergleich; als Vergleich konkreter Betriebe oder Kennziffernvergleich
- Interner oder externer Betriebsvergleich. Der externe B.V. kann lediglich auf veröffentlichtes Material (z. B. Bilanz, G.u.V., Anhang usw. sowie Presseberichte und Befragungen) zurückgreifen. Interne Vergleiche haben vollen Datenzugang.

Wirtschaftsverbände des Handels, der Industrie und zum Teil auch des Handwerks organisieren, i.d.R. zusammen mit Forschungsinstituten an Universitäten, seit Jahrzehnten *(Fremd-)Betriebsvergleiche*. Größen wie Kostenarten, Umsatzanteile einzelner Warengruppen, Umsatz pro qm Betriebsfläche oder Bilanzkennziffern (z. B. Debitoren in % der Bilanzsumme oder des Umsatzes des Vormonats, Eigenkapitalrendite, Gesamtkapitalrendite etc.) werden systematisch erfaßt und teils nach Betriebsgrößen, Betriebstypen (z. B. Discount oder Fachgeschäft) oder nach Standorten (innerstädtische Einkaufsstraße in Ia-Lage, integriertes EKZ auf der grünen Wiese etc.) unterteilt dargestellt. Der einzelne Teilnehmer am Betriebsvergleich kennt lediglich die ihm zugeteilte eigene Betriebsnummer (da anonymisiert) und kann nun seine Kennziffern mit denen vergleichbarer oder anders ausgerichteter Wettbewerber vergleichen. Somit kann die eigene Position festgestellt und die eigene Strategie und Taktik überdacht werden.

Zur Erreichung eines optimalen → Marketing-Mix erscheint die aktive Nutzung und evtl. Verbesserung eines Betriebsvergleiches der Branche und Wirtschaftsstufe, in der man tätig ist, in der Regel unabdingbar.

Betriebsvergleiche enger Verbundgruppen, wie z. B. eines Franchisesystems (→ Franchising), sind i.d.R. ein wichtiges Hilfsmittel, diese Verbundgruppe durch Anregungen aus dem regelmäßig durchgeführten Betriebsvergleich und dessen Auswertung lebendig und im Wettbewerb aktiv zu halten.

Filialgroßunternehmen führen regelmäßig den sog. *Eigenbetriebsvergleich* durch, wobei die Kennziffern verschiedener Filialen, wiederum nach Größe, Lage und spezieller Konzeption unterschieden, verglichen werden, um Abweichungen zu analysieren und Hinweise auf eventuellen Handlungsbedarf zu erhalten.

Zeitvergleiche, also der Vergleich der Zahlen aus verschiedenen Perioden, sind bei Fremd- und Eigenbetriebsvergleichen ergänzend üblich. Insbesondere werden Vorjahr und Berichtsjahr (wie bei Bilanzen) miteinander verglichen. Langfristanalysen lassen gelegentlich längerfristige Trends erkennen und somit längerfristig auch Handlungsbedarf erkennen (z. B. langfristiges Ansteigen der Lohn-/Lohnnebenkosten führen zu Rationalisierung oder Ausweichen in Niedriglohnländer). Gb

Beziehungsmanagement

→ Database Marketing.

Bias

→ Interviewer-Bias.

Bildzeichen

Bildhafte Gestaltung der → Marke einer Ware oder Dienstleistung, wie z. B. der Stern bei Mercedes, der Löwe bei Peugeot oder der Kranich bei der Lufthansa. Dietrich Schmidt

Black Box Modell

→ Konsumentenverhalten, Modelle.

Die S-R- (Stimulus-Response-) Modelle des Konsumentenverhaltens werden auch als Black Box-Modelle bezeichnet, da bei ihnen, im Gegensatz zu den S-O-R-(Stimulus-Organism-Response-)Modellen, das Insystem des Konsumenten als »Black Box« betrachtet wird und somit lediglich die Stimuli (Reiz, Input) und die Responses (Reaktion, Reaktionsvariable) betrachtet werden. Gb

Blickaufzeichnung

→ Werbetests.

Blickverlauf

→ Werbetests.

Blindtest

→ Produkttest.

Bonus

→ Rabatte.

Brainstorming

Das Brainstorming ist eine Kreativitätstechnik, mit der von einem Team Ideen produziert werden können. Diese Technik beruht auf dem Prinzip der freien

Assoziation und gegenseitigen Beeinflussung der Teilnehmer (→ Synergie-Effekt). Für eine Brainstorming-Sitzung gelten folgende Regeln:

- An einer Sitzung sollten mindestens vier und höchstens neun Personen teilnehmen.
- Die Teilnehmer sollten gleichberechtigt sein.
- Man sollte nicht zu viele Experten in das Team aufnehmen.
- Das jeweilige Thema bzw. Problem sollte so spezifisch wie möglich formuliert werden.
- In einer Sitzung sollte nur ein Thema bzw. Problem behandelt werden.
- Die Sitzung sollte maximal eine Stunde dauern.
- Keinerlei Kritik und Lob während der Sitzung, weder verbal noch körpersprachlich.
- Der Phantasie freien Lauf lassen.
- Es sollten möglichst viele Ideen produziert werden.
- Die Ideen sollten während der Sitzung schriftlich oder mittels Tonband festgehalten werden.
- Keine Urheberrechte der Teilnehmer an einzelnen Ideen.
- Die Bewertung der Ideen erfolgt nach der Sitzung durch Fachleute. HL

Brand

→ Markenstrategien, → Marke.

Brand-Management

Unternehmen, die viele Produkte oder Marken (Brands) herstellen, organisieren das Marketing oft nach Produktgruppen oder Marken. Das Brand- bzw. Produkt-Management kommt bei vielen Unternehmen zu den Funktionsbereichen des Marketing hinzu (→ Produkt-Manager).

Das Brand-Management-System wurde 1927 erstmals bei Procter & Gamble eingeführt; da die so betreuten Produkte sehr erfolgreich waren, übernahmen im Laufe der Zeit viele Unternehmen diese Organisationsform. In der klassischen Produkt-Management-Organisation ist der Produkt- oder Brand-Manager der »Geschäftsführer« eines Produktes oder einer Marke. Seine direkte Entscheidungsbefugnis ist zwar recht gering, er hat jedoch hinsichtlich aller Maßnahmen ein Vorschlagsrecht.

Vielfach untersteht er einem Produktgruppen-Manager, der – wie das Wort schon sagt – für eine Produktgruppe, also einige Brand-Manager zuständig ist. Der Produktgruppen-Manager berichtet an den Marketing-Direktor und dieser an die Geschäftsleitung. Über diesen Organisationsweg kann der Brand-Manager Vorschläge machen bzw. Empfehlungen aussprechen. Daneben obliegt ihm die Koordination des Einsatzes der absatzpolitischen Instrumente und die Erfolgskontrolle. Dabei arbeitet er mit folgenden betriebsinternen und -externen Stellen bzw. Organisationen zusammen:

- Einkauf
- Forschung und Entwicklung
- Produktion
- Verkauf
- Werbung
- Werbeagentur
- Marktforschung
- Marktforschungs-Institut etc.

Die Stellung des Brand-Managements in der Marketing-Organisation

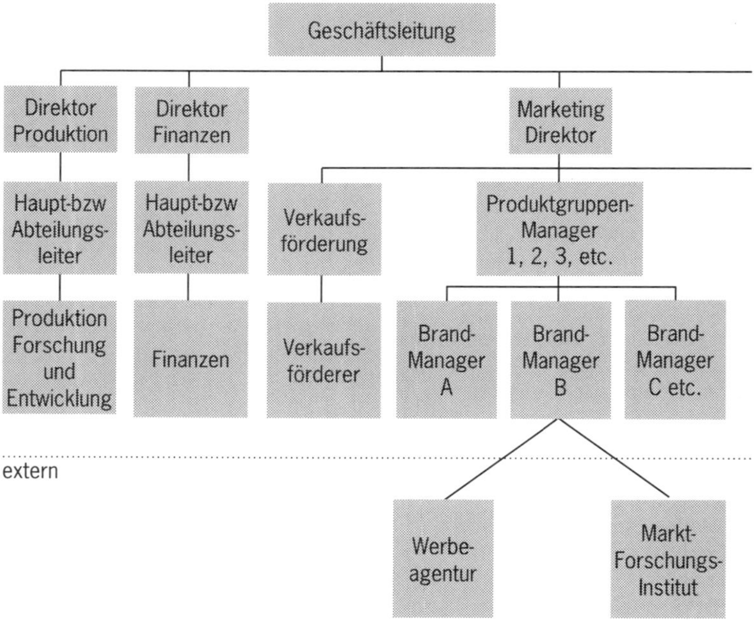

Der Vorteil des Brand-Management-Systems liegt darin, daß mehr Intensität auf eine Marke verwendet wird. Auch kleinere Marken werden nicht mehr so sehr vernachlässigt. Der Manager, der sich nur mit seiner Marke beschäftigt, kann recht schnell auf Marktveränderungen reagieren. In vielen Unternehmen ist das Produkt-Management ein Sprungbrett und Ausbildungs- bzw. Erfahrungsplatz für Nachwuchskräfte. Hauptnachteil ist das Abweichen von Kompetenz und Verantwortung.

Direkte Kompetenzen stehen dem Brand-Manager oft nicht bzw. eingeschränkt zu, insbesondere nicht in anderen Funktionsbereichen wie Produktion, Einkauf, Verkauf etc. Aus diesem Grunde trägt der Produkt- bzw. Brand-Manager oft nicht Ergebnisverantwortung, da er ja auf viele Kostenfaktoren keinen Einfluß hat. Häufig trägt er jedoch die Verantwortung für den Umsatz, da er hierauf über die Marketing-Instrumente Einfluß nehmen kann. Sofern sich Faktoren seinem Einfluß entziehen (zum Bei-

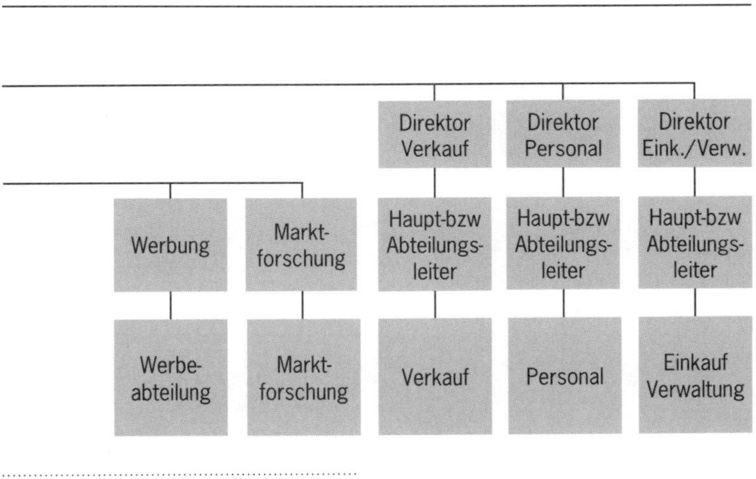

spiel gemessen am Wettbewerb zu hohe Preise wegen zu hoher Kosten), kann er über seine Vorgesetzten der Geschäftsleitung entsprechende Vorschläge unterbreiten. Ge

Brand-Manager

→ Brand-Management.

Break Even-Analyse

Mit Hilfe der Break Even-Analyse wird der sog. Break Even Point (BEP) bestimmt. Der BEP ist derjenige Punkt, bei welchem der Umsatz (U) und die Gesamtkosten (K) eines Produktes gleich sind:

(1) $U = K$

Bezeichnet man die Absatzmenge mit q, den Verkaufspreis mit p, die Grenzkosten mit v und die Fixkosten mit F, so folgt daraus:

(2) $q \times p = F + q \times v$

Löst man diese Gleichung nach q auf, so ergibt sich der Break Even-Absatz (q_B):

(3) $$q_B = \frac{F}{p-v}$$

Der Break Even-Absatz ist jene Menge, die mindestens verkauft werden muß, um alle durch die Herstellung bzw. Beschaffung und Vermarktung des Produktes verursachten Kosten zu decken. Der entsprechende Break Even-Umsatz (U_B) ergibt sich wie folgt:

(4) $$U_B = q_B \times p$$

Der BEP stellt also die Gewinnschwelle eines Produktes dar. Ist der tatsächliche Absatz oder Umsatz größer als der berechnete Break Even-Absatz bzw. Break Even-Umsatz, so ergibt sich ein Gewinn. Im umgekehrten Fall entsteht ein Verlust. Die Differenz (p-v) stellt den Deckungsbeitrag pro Mengeneinheit dar. Multipliziert man diesen Wert mit der Absatzmenge, so ergibt sich der gesamte Deckungsbeitrag (D) des betreffenden Produktes pro Periode:

(5) $$D = q \times (p-v)$$

Im BEP ist der gesamte Deckungsbeitrag des Produktes gleich dessen Fixkosten:

(6) $$D = F$$

Die aufgezeigten Zusammenhänge werden in der folgenden Abbildung veranschaulicht:

Break Even-Analyse

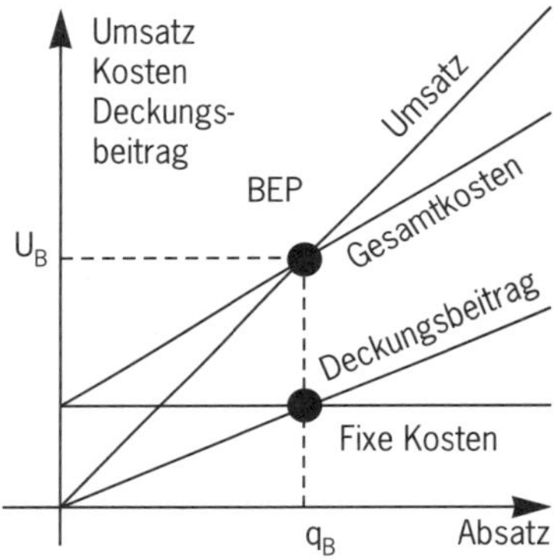

Die Break Even-Analyse ist ein Hilfsmittel für die Sortimentspolitik, Preisbildung und Werbeplanung (→ Operatives Marketing-Controlling). HL

Briefing

(von engl. brief = kurz, bündig; briefing = Einsatzbefehl) Schriftlich formulierte Vorgaben eines Unternehmens oder einer sonstigen Organisation für eine Werbeagentur. Das Briefing ist somit zentrales Element der → Werbeplanung. Für die Werbeagentur und damit Werbedesigner, Werbetexter und Mediaplaner schafft es durch detaillierte Informationen über den (potentiellen) Auftraggeber, seine Produkte, seine Einbettung in die Absatzmärkte und die Höhe des Werbeetats eine Grundlage für die Entwicklung eines sinnvollen Werbekonzeptes. In Idealform stellt das Briefing also ein Porträt des Werbung planenden Unternehmens dar.

Ein wirklich gut ausgearbeitetes Briefing hat vielfach auch den Nebeneffekt,

Briefing

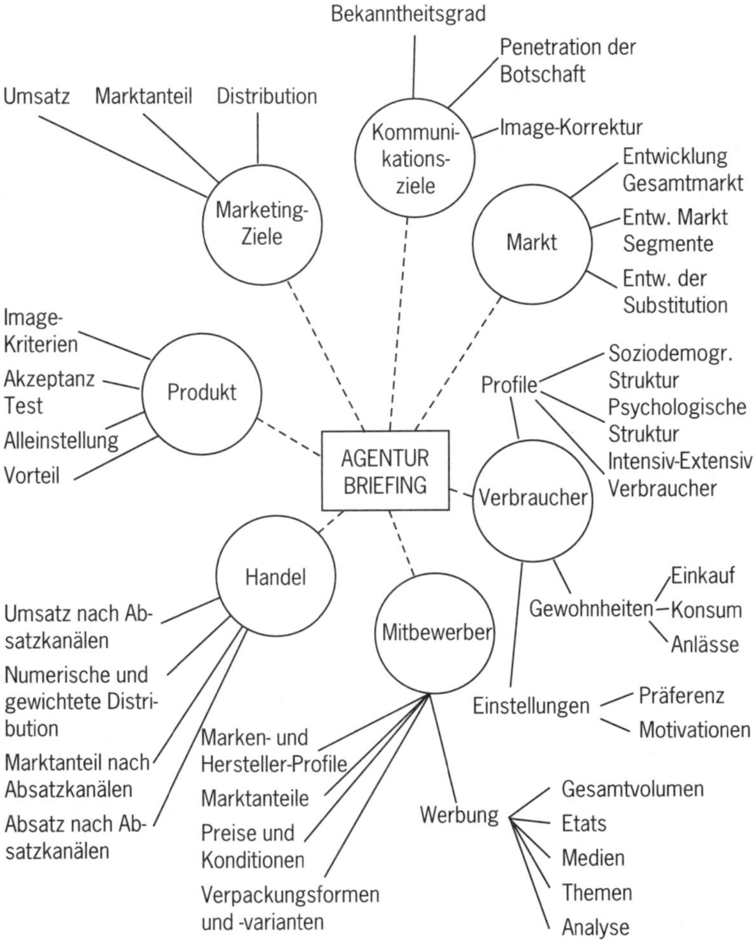

Quelle: D. Pflaum, Lexikon der Werbung, Artikel: „Briefing"; Landsberg/Lech 1983, S.35

daß im auftraggebenden Unternehmen einmal systematisch zusammengestellt wird, wer/was eigentlich im »Marketing« plant/will. Es ist also eine Ist-Aufnahme, eine unbedingte Vorstufe zur planenden Erarbeitung einer Sollvorstellung. Zudem eignen sich gut ausgearbeitete Briefings hervorragend dazu, Mitarbeiter des eigenen Unternehmens, etwa Techniker, Juristen, Betriebsrat, Aufsichtsrat oder Personalverantwortliche über die Marketingziele, den Wettbewerb und die zu erbringenden Leistungen zu informieren.

Inhalte eines Briefings sind bzw. können sein:
- Das Unternehmenskonzept, die Firmenphilosophie
- Richtlinien zu → Corporate Identity und → Corporate Design
- Die Vorstellung der Produkte/Leistungen, insbesondere auch bezüglich der jeweiligen USP (→ Unique Selling Proposition)
- Die relevanten Wettbewerber und deren Produkte
- Die bisherige Werbung (Medien, Design, Texte, Etats)
- Die Werbung der maßgeblichen Wettbewerber
- Die Zielkunden als Ergebnis von → Segmentierung (Kernsegmente, Randsegmente...)
- Die bisherigen → Absatzmittler und die angezielten Absatzmittler (insb.: Welche Handelskonzeptionen werden präferiert?)
- Geplanter Etat (DM/Periode)
- Besondere Verkaufsziele/Distributionsziele für die relevante Planungsperiode, geplante Verkaufsförderung
- Zuständige Spezialisten im Hause des werbetreibenden Unternehmens, Verantwortliche für Entscheidungen
- Terminvorstellungen
- Besondere Vorgaben, z. B. über zu boykottierende und unbedingt zu berücksichtigende Medien
- Vorhaben im Bereich von → Sponsoring und → Product Placement
- Ist auch POS-Werbung zu berücksichtigen? Ist diese schon festgelegt (Datum) oder ist integrativ zu entscheiden? Gb

Bruttoreichweite

→ Reichweite.

Budget

Einige Unternehmens- und Marketing-Ziele werden durch die Budgetierung sichtbar gemacht. Das Budget ist eine Gegenüberstellung der Einnahmen und Ausgaben. Auf der Einnahmenseite steht der Umsatz, der sich aus der Menge mal dem Listenpreis minus den Erlösschmälerungen ergibt. Auf der Ausgabenseite finden sich die variablen Stückkosten, die Marketing- und Vertriebskosten sowie die umzulegenden Gemeinkosten.

Die Höhe der Marketing-Ausgaben ist eine wichtige strategische Frage. Die Festlegung des Budgets erfolgt häufig nach folgenden Methoden, die auch kombiniert eingesetzt werden können:
- Orientierung an der Konkurrenz;
- bezogen auf den Umsatz (Percentage Of Sales Method);
- bezogen auf die verkauften Einheiten (Per Unit Method);

- orientiert am Vorjahres-Budget;
- nach vorhandenen Finanzmitteln und
- Orientierung an den Zielen, was streng genommen die richtige Methode ist.

Das Marketing-Budget eines Produktes setzt sich wie folgt zusammen:
Bruttoumsatz basierend auf dem Listenpreis abzüglich der folgenden Positionen:

- Erlösschmälerungen
  - Rabatte (→ Rabatte)
  - Retouren
- Marketing-Kosten, die direkt dem Produkt zuzurechnen sind; sie setzen sich aus folgenden Positionen zusammen:
  - Mediaschaltung
  - Produktionskosten der Werbemittel (Film, Anzeige, Radio-Spot etc.)
  - Verkaufsförderung
- Marketing-Kosten, die entweder direkt zugerechnet werden können oder über die Gemeinkosten umzulegen sind:
  - Marktforschung
  - Forschung und Entwicklung
  - Kosten der Produktgruppe (Gehälter plus Lohnzusatzkosten, Raumkosten, Sachkosten)
  - Vetrieb/Verkauf
  - Sonstige Gemeinkosten (Geschäftsleitung). Ge

Bürokommunikation

→ Computer Aided Selling.

Business Reengineering

Business Reengineering ist ein neues Leitbild für die Organisation von Unternehmen und bedeutet die Abkehr von arbeitsteiligen und funktionalen Organisationen. Michael Hammer und James Champy (Business Reengineering, Campus Verlag, Frankfurt/New York 1994) definieren Reengineering als das grundlegende Überdenken und radikale Redesign von geschäftlichen Abläufen, um drastische Verbesserungen bzw. Quantensprünge zu erreichen, sowohl was die Kosten, Qualität, Service und Schnelligkeit betrifft. Dieser Veränderungsprozeß basiert auf vier zentralen Elementen:

Fundamental: Reengineering beginnt mit grundlegenden Fragen über das Unternehmen und seine Arbeitsprozesse: Warum machen wir, was wir machen? Und warum machen wir es so, wie wir es machen? Damit konzentriert sich dieser Ansatz nicht auf das, was ist, sondern auf das, was sein soll.

Radikal: Radikal bedeutet, die Ignoranz der vorhandenen Strukturen und Abläufe und das Finden völlig neuer Wege zum Erreichen des definierten Ziels. In diesem Sinne bedeutet Reengineering Geschäfts-Neuerfindung, nicht -verbesserung.

Dramatisch: Ziel ist die Erreichung von Quantensprüngen und nicht nur von marginalen Zuwächsen. Das setzt einen Bedarf an vollkommener Veränderung voraus.

Prozeßorientiert: Statt wie gewohnt die Aufgaben im Unternehmen zu zerlegen und Experten zu übertragen, beinhaltet Reengineering die Orientierung an Prozessen. Hammer und Champy definieren den Unternehmensprozeß als eine Ansammlung von Aktivitäten, die eine oder mehrere Arten von Inputs benötigt und einen Output erzeugt, der für den Kunden von Bedeutung ist. Die Lieferung der bestellten Waren an den Kunden ist der Wert, den der Ablauf erzeugt.

Damit rücken die Kunden in den Mittelpunkt des Unternehmens. Die vom Marketingansatz ausgehenden Kräfte werden verstärkt. Ineffektive Marketingressorts und -funktionen verschwinden. Marketing wird modernen Geschäftsprozessen zugeordnet. Peter Hanser

Business to Business-Marketing

Bezeichnung für →Direct Marketing, das sich an gewerbliche Abnehmer richtet. (→Direktwerbung)

Buying Center

→ Märkte nach Art der Nachfrager, → Nachfrager (organisiert, unorganisiert), → Käuferverhalten.

Typisch für das Kaufverhalten gewerblicher Abnehmer bzw. organisierter Nachfrager (organisationales Kaufverhalten). Ein Buying Center umfaßt alle Personen oder Gruppen, die, sei es als Einkäufer, Nutzer, Entscheider, Beeinflusser oder Informationsselektierer, an einem Kaufvorgang beteiligt sind.

Hersteller von Rüstungsgütern aller Art beispielsweise haben in der BRD das Verteidigungsministerium und damit auch den Bundesfinanzminister sowie den Bundestag, und dort insbesondere die Ausschüsse für Verteidigung und Finanzen, als technische Beschaffungsbehörde das Bundeswehrbeschaffungsamt als Gegenüber. Dies ist ein typischer Fall von Buying Center. Auch Natopartner bedienen sich in der Regel der Amtshilfe dieser Behörde, wenn sie Rüstungsgüter in der BRD einkaufen wollen. Gb

C

Call Center

Unternehmen können ihre telefonische, kundenbezogene Kommunikation einer Abteilung, dem Call Center, übertragen. Basis eines Call Centers ist ein Telefonsystem mit einer automatischen Anrufverteilung, das Anrufe nach Prioritäten sortiert, alle eingehenden Anrufe gleichmäßig auf alle Telefonist(inn)en verteilt oder Anrufe in eine Warteschlange einreiht, falls alle Plätze belegt sind. Dieses Call Center kann selbständig im Unternehmen betrieben oder als Service bei einem Dienstleister eingekauft werden (→ Outsourcing). Die Einsatzmöglichkeiten reichen von der Marktforschung über die Verkaufsabwicklung sowie die Außendienstunterstützung/-optimierung bis hin zur Stammkundenpflege und Neukundengewinnung. Der Dialog mit dem Kunden erfolgt dabei weitgehend computergestützt. Eine entsprechende Software unterstützt den Gesprächsablauf am Bildschirm und zeichnet gleichzeitig die wichtigsten Daten (Kunde, Bemerkungen usw.) auf und aktualisiert die Database. Zudem kann eine statistische Auswertung von Direct-Marketing-Maßnahmen auf diese Weise durchgeführt werden. Peter Hanser

Carry over-Effekt

→ Werbung.

CAS

→ Computer Aided Selling.

Cash and Carry

→ Handelskonzeptionen.

Category Management

Industrie und → Absatzmittler realisieren gemeinsam Marktpotentiale im Wettbewerb um die Ge- und Verbraucher.
Die Geschäftsloyalität (auch Handelsgruppenloyalität, Handelskonzeptionsloyalität) ist weitgehend bei den Konsumenten gesunken. Im eng oligopolistischen Wettbewerb der marktbeeinflussenden Großen des Handels und zwischen den Konzeptionen im Handel (Discount, Verbrauchermärkte, SB-Warenhäuser, Fachmarktzentren, integrierte und gewachsene EKZs der zentralen Orte, attraktivere Angebote der Mittel- und Unterzentren) wechselt der Ge- und Verbraucher hin und her, je nachdem, was er einkaufen will, wieviel Zeit er hat, welches Preis- und Qualitätsniveau er anstrebt und wer, wo, was als Sonderangebot bietet.
Auch die Markenloyalität sank gegenüber früheren Jahrzehnten deutlich ab. Auch hier führte der zirkuläre Wettbewerb im engen Oligopol zu stark ähnlichen Angeboten, wird es schwieriger, feste → Präferenzen zu erreichen und zu verteidigen.
Ziel des Category Managements als einer Spielart des → Key Account Managements ist es, durch *vertikale Kooperation*, also gemeinsam zwischen Hersteller und meist einer Handelsgruppe, einen

hohen Marktanteil, dauerhafte Käufer (Präferenzen) und für beide Vertikalpartner auf Dauer befriedigende Renditen zu erreichen.

Daher bringt der Hersteller die *Erfahrung* mit dem Produkt, seinen Eigenarten, seinen speziellen Zielgruppen, seinen Wettbewerbern und der hier bewährten, getesteten und schlüssigen Verkaufstechnik und Werbepolitik (→ Merchandising) mit ein. Der Handel stellt seine lokalen Läden zur Verfügung, wo die Produkte präsentiert, beraten, verkauft und durch den lokalen Service betreut werden können.

Dabei kann es sinnvoll sein, daß der Category Manager des Industriebetriebes im Handel für jede Verkaufsstelle Regalplazierung, Mengendarbietungsoptimierung, Bestellung von Nachschub, Preise und POS-Werbung verantwortet. Der Category Manager führt auch ständig Marktbeobachtung, sporadisch Marktuntersuchungen und im Hintergrund professionelle Marktforschung für das relevante Produkt und sein Verkaufsumfeld durch. Der Händler stellt seine Verkaufsstelle, Schaufensterplatz, Regalfläche, Kassierung, Auslieferung und evtl. Beratung (nach Anweisung, Schulung durch den Hersteller).

Category Management hat als ein Nebenziel, das zerrüttete Verhältnis zwischen der Industrie und der Nachfragemacht des Handels (immer neue Forderungen auf zusätzliche Rabatte und Nebenleistungen, Gate Keeper Effekte) durch eine sinnvollere Vertikalkooperation, aus der beide Partner Gewinn erzielen können, zu ersetzen. Denn jeder neue Rabatt, jede neue Preisminderung bzw. erpreßte Sonderleistung kommt im engeren oligopolistischen Nachfragewettbewerb der wenigen Großgruppen des Handels bald auch allen anderen Nachfrageoligopolisten zugute, einmal, weil man sich als marktbeeinflussender Einkäufer die »Meistbegünstigung« zusichern läßt (keiner erhält günstiger Preise/Konditionen), zum anderen, weil im engen Oligopol relativ hohe Markttransparenz herrscht, Sonderkonditionen also selten länger geheim bleiben. Zwar führte die Nachfragemacht-Ausübung jedenfalls kurzfristig zu günstigeren Preisen für die Verbraucher, langfristig folgt aber nun der Versuch, auf vertikal-kooperative Weise zu »auskömmlichen« Preisen zu gelangen, schieden insbesondere mittelständische Anbieter durch Konkurs oder Aufkauf aus dem Markt aus, verringerte sich jedenfalls die Zahl der Wettbewerber (der → Wettbewerbseinheiten, strategische) drastisch. Gb

CBT

Computer Based Training. → Computer Aided Selling.

CD-ROM (Compact Disc, Read Only Memory)

Seit der technischen Revolution für den Medienbereich, verursacht durch die Einführung von Desktop-Publishing im Jahre 1986, wird die Veränderung unserer Medienlandschaft wesentlich geprägt durch immer leistungsfähigere Computer-Technologien. Diese Umwälzung heißt »Digitales Publizieren«, oder besser noch »Multimedia«. Über spezielle Digitalisierungs-

Hardware werden Farbbilder in bester Qualität, Sprache, Musik, Text oder Hintergrundgeräusche auf DAT-Kassetten aufgezeichnet und unmittelbar in den Produktionscomputer übernommen.

Informationen werden daher zukünftig nicht nur als gedrucktes Wort bzw. Bild auf Papier übermittelt, sondern digital auf einer Compact Disk (CD) gespeichert.

Über ein Computer-Fernseh-Telefon lassen sich jegliche Informationen aktuell per Datenübertragung via Telefon, Satellit oder Breitbandkabel On-Line abrufen. Das bedeutet, daß nicht Zeitschriften oder Prospekte bzw. Kataloge aus Datenbeständen produziert, sondern, daß im Sinne der Mehrfachnutzung diese zu Papier gebrachten Daten, ganz oder zu Teilen in zusätzlichen Medien, z. B. Video, Diashow oder CD-ROMs wieder erscheinen.

Die Herstellung dieser CD-ROMs ist zur Zeit der absolute Renner unter allen digitalen Produktionen. Die Gründe liegen auf der Hand:

1. Es ist ein standardisiertes Medium.
2. Umfangreiche Datenmengen können sehr kostengünstig verwaltet werden.
3. Durch die noch bestehenden Systeminkompatibilitäten der einzelnen Hersteller gibt es für CD-ROMs mindestens zwei Marktsegmente, nämlich DOS Windows und APPLE Macintosh.

Die neue Generation von APPLE Macintosh Computern, egal wie klein oder groß, können durch ihre CD-ROM-Laufwerke Multimediaproduktionen von einer CD-ROM abspielen.

Beim DOS-System scheitert die Benutzung von CD-ROMs meistens am Nichtvorhandensein einer Soundkarte bzw. eines Standardfarbmonitors. Dieses Marktsegment stellt aber dank der installierten Basis die größte Zielgruppe dar, deshalb bietet Adobe ab 1995 über PDF (Portable Document Format) eine systemübergreifende Lösung an, so daß über CD-ROM APPLE und DOS nähergebracht werden.

APPLE und IBM arbeiten schon an der nächsten Generation von Computern, deren Hauptanwendung der Multimediabereich ist. Softwareplattform wird die CD-ROM sein.

Trotz aller Vorteile, die die CD-ROM bis heute bietet, ist sie nur (noch) für einen bestimmten Kundenkreis zugänglich, nämlich den der Computeranwender. Nach Wunsch von APPLE und IBM sollten bald durch die Entwicklung von Power-PCs alle Haushalte Anwender werden.

Michael Witt

Checklisten

Für komplexe Marketing-Pläne ist der Einsatz von Checklisten und Formblättern zu empfehlen. Diese geben in schriftlicher, systematischer Aufstellung alle wichtigen Maßnahmen wieder, die bei einer Aufgabe zu erfüllen sind. Es gibt verschiedene Arten von Checklisten: zum Abhaken, Eintragen, Veranlassen und zum Überwachen von Terminen sowie Kombinationen. Checklisten und Formblätter vereinfachen die Planung, wichtige Punkte werden nicht vergessen und insbesondere für kleine und mittlere

Unternehmen ermöglichen sie erst eine eigene Marketing-Planung.

CIF

Gehört zu den wichtigen → Incoterms; es ist die Abkürzung für Cost, Insurance and Freight (Transportkosten, Versicherung, Fracht).

City-Logistik

In den Innenstadtbereichen von Großstädten gibt es heute schon zeitliche Beschränkungen für die Warenanlieferung. Da in diesen beschränkten Belieferungszeiträumen nicht alle Lieferanten den Kunden andienen können, ergibt sich der Zwang zur Systemlogistik (Belieferung mit Vollsortiment bei einer Anlieferung). In diesem Fall spricht man von »City-Logistik«. Durch diese Beschränkungen sollen die Innenstädte vom Verkehr entlastet und die Schadstoffemissionen verringert werden. Wilhelm Hauser

City-Marketing

→ Stadtmarketing.

Clienting

(engl.: client = Kunde, Mandant; ursprünglich Schutzbefohlener oder Schützling eines römischen Sippenherrn (Patron), für den der Patron auch z. B. vor Gericht eintrat, ihn beriet, betreute und disziplinierte, wobei der Klient zu »Dank« verpflichtet war).

Clienting bedeutet kundenfreundliches Verhalten aller Mitarbeiter im Außen- und Innendienst, um die Klienten (Kunden) langfristig an das Unternehmen zu binden (→ Kundenbindung). Das Ziel des Clienting ist Kundenzufriedenheit. Zufriedene Kunden sind treue Kunden, die bei dem Unternehmen immer wieder kaufen und positive Mund-zu-Mund-Werbung betreiben.

Die Treue der Kunden beruht auf dem Vertrauen, von dem Unternehmen gut bedient zu werden. Dieses Vertrauen muß durch das Verhalten der einzelnen Mitarbeiter laufend gerechtfertigt werden.

Wenn es das Ziel des heutigen Marketing ist, Dauerkunden auch als Empfehler gegenüber Neukunden zu schaffen und zu sichern, wenn Kunden oft schon bei geringsten Enttäuschungen (→ Kognitive Dissonanz) ihre Stammlieferanten für immer wechseln, dann gewinnt der Aspekt der umfassenden Kundenförderung, der Schaffung möglichst enger Kundenbindung höchste Priorität. Also schafft man → Kunden-Clubs (z. B. für Spitzenfahrzeuge, Spitzenmotorräder, für bestimmte, regelmäßige Opern- oder Musikfestspiele), unterrichtet mittels Kundenzeitschriften die Stammkunden über die neueste Entwicklung von relevanter Technik sowie Mode und Stil, übermittelt aktuelle Angebote für Stammkunden z. B. als Erste, bietet Service-Telefone und evtl. bei besonders teuren und hochwertigen Produkten einen Betreuer aus dem Management des Anbieters für Reklamationen, Anregungen zur Verbesserung von z. B. Produkt oder Service.

Ziel ist es eben: Sowohl → Absatzmittler als auch Konsumenten sollen emotional und durch ökonomische Vorteile als Vertrauenskunden geworben und gesichert werden.

Wer Clienting mit Erfolg betreiben will, wird der → Marketing-Personal-Politik eine besondere Bedeutung zumessen müssen, denn die angestrebten Dauerkunden erwarten Kundenfreundlichkeit, kundenfreundliche Lösungen auf allen Ebenen und in allen Positionen des »Patrons«, auf den man sich, ist er wirklich vertrauenswürdig, um so leichter verläßt, je weniger man als Konsument von der sich ständig verändernden und komplexen Technik noch versteht. Eine solche Vertrauensposition kann aber nur bei Vermeidung jeglicher Störung oder Enttäuschung (→ Kognitive Dissonanz) gelingen und im Streitfall, bei Pannen abrupt und oft, falls die Medien einen »Sündenfall« richtig aufgreifen, mit einer Massenabwanderung von Kunden enden. Die Volatibilität der Verbraucher, erst recht der organisierten Nachfrager, ist eben sehr hoch.
Das Clienting konzentriert sich auf die Betreuung nach dem Kauf (→ After Sales Service). Die Kunden müssen in ihrer Entscheidung bestätigt werden, das richtige Produkt beim richtigen Lieferanten gekauft zu haben. Die Beziehungen zu den Kunden müssen gepflegt werden, damit die Konkurrenz nicht in dieses Netzwerk »einbrechen« kann.
Das Clienting ist nicht nur unter Marketing-Aspekten, sondern auch betriebswirtschaftlich sinnvoll: einen Kunden zu halten erfordert nur etwa ein Fünftel soviel Aufwand, wie einen verlorenen Kunden durch einen neuen zu ersetzen; zudem ist es sehr schwierig, abgesprungene Kunden zu ersetzen, weil i.d.R. ein Mangel an Kunden besteht (→ Käufermarkt). Gb/HL

Club-System

→ Kunden-Club.

Cluster

Eine Gruppe von Objekten (etwa Verbrauchern), die sich untereinander anhand bestimmter definierter Merkmale ähnlicher sind als andere Objekte außerhalb der Gruppe.

Clusteranalyse

Ein Verfahren der → Multivariaten-Analyse; dabei werden bestimmte Objekte, in der Regel Abnehmer bzw. Verbraucher eines bestimmten Produktes, zu Gruppen zusammengefaßt. Dies geschieht mittels der Clusteranalyse, die Objekte so in Gruppen einteilt, daß jedes Objekt den anderen Objekten in seiner Gruppe ähnlicher ist als den Objekten außerhalb der Gruppe. Dafür sind Distanzmaße festzulegen. Diese können entweder direkt durch Befragung erhoben oder durch einen Vergleich der Objekte bei einer Anzahl von Eigenschaften berechnet werden.
Die Clusteranalyse wird mittels Software-Programmen durchgeführt
(→ Abnehmerforschung und → Marktsegmentierung). Ge

Co-Branding

Große Unternehmen/Marken arbeiten unter gemeinsamer Herausstellung ihrer Firmen- bzw. Einzelmarken zusammen oder verwenden die Marke eines anderen Unternehmens. Beispiele hierfür sind das gemeinsame Auftreten von Quelle und Visa oder die Verwendung der Marke Camel für Schuhe und Kleidung.

Computer Aided Selling (CAS)

Unter diesem Begriff des »computerunterstützten Verkaufens« versteht man heute die Gesamtheit aller Einsatzmöglichkeiten für den Computer, insbesondere aber für den PC, die unmittelbar oder mittelbar verkaufswirksam (genauer: akquisitionswirksam) sind, sich also auf den Erfolg des Vertriebes auswirken. CAS ist ein Sammelbegriff für sehr unterschiedliche Anwendungen, die mit dem Einzug der PC und ihrer anwenderfreundlichen Software in den Vertrieb entwickelt und ständig verbessert wurden (seit ca. 1985). CAS ist ein Teilgebiet der Methodik zur Vertriebsrationalisierung mit besonders eindrucksvollen Erfolgen, wobei die Branchen – je nach Problemstellung – sehr unterschiedliche Schwerpunkte gelegt haben. Interessant ist, daß sich sinngemäß viele Anwendungen von einer Branche auf die andere übertragen lassen.

Die wichtigsten Einsatzgebiete des CAS:

1) Der Einsatz von Kundendatenbanken-Software
und der darauf aufbauenden Methodik des → Database Marketing. Informationen über Kunden (Firmen und Haushalte), über Gesprächspartner, über Vorgänge und Projekte, über Kontakte und Aktivitäten werden in relationalen Datenbankstrukturen verwaltet und zur Steuerung der gesamten Kommunikation eingesetzt, die personenbezogen ausgerichtet wird.

2) Elektronische Kataloge
Mit ihnen werden Produkte aus umfangreichen oder komplexen Sortimenten verwaltet und im Beratungsgespräch präsentiert, wobei nicht nur numerische Daten, sondern zunehmend auch Abbildungen zum Tragen kommen. Im Zuge der Multimedia-Entwicklungen werden auch Abbildungen – bis hin zu Fotos in Videoqualität – und das gesprochene Wort eingesetzt. Elektronische Kataloge sind generell firmenspezifische Entwicklungen. Sie können ausgebaut werden zu Konfigurationssystemen: dem Interessenten werden aufgrund von Vorgaben Produkte grafisch am Bildschirm (und dann auch auf einem Ausdruck) zusammengestellt, wobei auch Elemente der sog. künstlichen Intelligenz (KI) mit einfließen können (Prüfung der Zulässigkeit bestimmter Konfigurationen, Prüfung von Regelwerken etc.). Beide Varianten des Kataloges sind in der Lage, Kalkulationen und Angebote auszudrucken. Eine Sonderform des elektronischen Kataloges stellen die in Form von Disketten und → CD-ROM per Post oder anderweitig verteilten Systeme dar, die der Anwender selbst auf seinen Maschinen lädt und zur Eigeninformation nutzt. Eine Alternative hierzu ist das Datex-J- (Btx) System, das ebenso »passiv« eingesetzt werden kann. Schließlich finden sich immer häufiger solche Systeme als Auskunftssysteme im Fachhandel und im Publikumsverkehr (z. B. auf Flughäfen), wo sie von Kaufwilligen aktiv genutzt werden.
3) Die mobile Datenerfassung
Sie stellt das wohl älteste Einsatzgebiet des CAS dar. Einsatzschwerpunkte fin-

den sich in Branchen, deren Verkäufer vor Ort, insbesondere im Handel und in Lagern, Bestände überprüfen, Produkte präsentieren, Bestellungen und Nachlieferungen aufnehmen. Diese Daten werden dann nicht mehr auf Formulare übertragen und verschickt, sondern in einem Computer programmgesteuert erfaßt, automatisch komplettiert und zu versendbaren Datensätzen aufbereitet. Die Datensätze gehen unverzüglich (tagfertig) an die Zentrale. Dadurch wird der Distributionsprozeß um 2–3 Tage beschleunigt, der Kunde schneller bedient und der Informationsstand der Zentrale entsprechend aktualisiert.

4) Vertriebs-Informationssysteme (VIS)

Die oft nur theoretisch diskutierten Vertriebs-Informationssysteme werden im Rahmen des CAS möglich gemacht. Dazu müssen Informationen aus dem Host (Auftragseingänge, Umsätze, Kosten) mit Informationen aus der Kundendatenbank (→ Database Marketing) zusammengeführt und in Form von Zeitreihen aufbereitet werden. Die VIS-Datenbank wird mit Hilfe der inzwischen sehr ausgereiften Auswertungssoftware verarbeitet (Tabellenkalkulation mit Graphik, Kartographie, Statistikprogramm u.v.m.).

5) Interne Kommunikation und Verwaltung

Dieses noch junge Anwendungsgebiet vernetzt alle Mitarbeiter des Vertriebes in der Zentrale und regional. Alle Betroffenen bearbeiten gemeinsam eine Dokumenten-Datenbank, die sich erheblich von Kundendatenbanken und anderen formatierten Datenbanken der Vergangenheit unterscheidet. Im Vordergrund stehen Nachrichten und längere Texte (»Dokumente«), einzeln archiviert oder in Form von Vorgängen zusammengefaßt. Die Mitarbeiter informieren sich gegenseitig und bearbeiten Vorgänge gemeinsam.

Die wesentlichen Methoden, die hierfür entwickelt worden sind, sind:

- der softwaregestützte Arbeitsplatz
- das Electronic Mail
- das Work-Flow-Management (Bearbeitung von Vorgängen im Umlaufverfahren)
- das Work-Group-Computing (gemeinsames Bearbeiten von Vorgängen durch alle Betroffenen)
- das Dokumentenarchiv (als zentrale Ablage aller aktuellen Unterlagen in Zugriff) sowie
- das Informationsforum (die laufende Eingabe von Informationen, die alle Betroffenen berühren).

Für den Betrieb solcher »papierloser Verwaltungsvorgänge« wurden spezielle Softwareprodukte entwickelt, die sich jedoch immer mehr angleichen und die früheren Programme der Bürokommunikation wesentlich ergänzt haben. Wesentliche Impulse gab das von dem Softwarehaus Lotus entwickelte NOTES-System.

6) Computerunterstütztes Lernen (Computer Based Training, CBT)

Zur Schulung und Unterweisung von Mitarbeitern werden Lernprogramme eingesetzt, wie sie auf breiter Front insbesondere von Softwareherstellern angeboten werden. Sie werden firmenspezifisch entwickelt nach den Prinzipien der programmierten Unterweisung. Durch den Zugriff auf Internspeicher sind die Lernprogramme echt interaktiv, so daß beliebige Sprünge und Verzweigungen möglich sind. Je nach verfügbarem Speicherraum können neben reinen Textinformationen und einfachen Graphiken auch Animationen, Fotos und auch kurze Videospots (komprimiert gespeichert) eingesetzt werden. Als wichtige Datenträger hierfür haben sich durchgesetzt:

- die → CD-ROM und die Foto-CD, aber auch
- die Workstation auf der Basis von Bildplatten.

Zur Erstellung solcher Lernprogramme gibt es inzwischen eine Vielzahl von sog. Autorenprogrammen. Die Erstellung wird unterstützt durch bereits vorgefertigte Abbildungen, die in großer Zahl zur Verfügung gestellt werden sowie durch eingescannte Abbildungen.

7) CAS für den technischen Kundendienst

Für Servicetechniker werden spezielle Systeme entwickelt, die zum einen auf die Kundendatenbank, zum anderen aber auf Produkt- und Teile-Datenbanken zugreifen. Mit ihnen steuern die Techniker ihre Touren, bereiten ihren Einsatz vor, informieren sich über Wartung, Instandhaltung und Reparatur. Unterstützt werden sie zusätzlich durch Fehlersuchsysteme, Ersatzteilkataloge (vgl. elektronische Kataloge) u. a. Arbeitshilfen.

8) Drucken bei Bedarf, Printing on Demand (POD)

Dieses Gebiet wird erst noch entwickelt, wird aber in einigen Jahren von Bedeutung sein. Vorgesehen ist es, alle Texte und Abbildungen für interne und werbliche Unterlagen aufbereitet und gespeichert verfügbar zu halten, z. B. als DTP (Desktop-Publishing)-Dateien, Tabellenkalkulations-Dateien, Textdateien, Bit-Maps etc. Bei Bedarf werden die Informationen in gewünschter Form zusammengestellt und einmal ausgedruckt, sowohl in schwarzweiß als auch farbig. Doch zum jetzigen Zeitpunkt (1995) sind die funktionierenden Systeme (z. B. Ausdruck über intelligente Farbdrukker) noch zu schwerfällig und aufwendig.

Voraussetzungen für das CAS:

CAS-Systeme setzen voraus, daß alle betroffenen Mitarbeiter mit einem PC ausgerüstet sind. Mobile Mitarbeiter arbeiten mit Laptops oder Notebooks, Mitarbeiter im Innendienst mit Desk-PC im Netz. Die mobilen Mitarbeiter sind im Rahmen von Wide Area Networks (WAN) miteinander in Verbindung. Für die Datenübertragung gibt es automatisch arbeitende und replizierende Softwaresysteme. Als Datenübertragungskanäle verwendete man in den achtziger Jahren die Datex-P- und Btx-Netze. Diese wurden schnell verdrängt durch ISDN und Mobilfunk. Hendrik Schüring

Computer Based Training (CBT)

→ Computer Aided Selling.

Conjoint Analyse oder -Measurement (CM)

Ein → Multivariate-Verfahren; sie ermittelt aus Gesamturteilen (Präferenzen, → Präferenz-Strategie, → Einstellungen)

den Beitrag einzelner Merkmalsausprägungen. Zur Beurteilung eines neuen Produktes werden etwa Verbrauchern Kombinationen von Ausprägungen von Produkteigenschaften in Form von Entwürfen oder Beschreibungen vorgegeben. Die Testpersonen haben diese nach der Maßgabe der Bevorzugung in eine Reihenfolge zu bringen. Im Gegensatz zu direkten und isolierten Produktbeurteilungen auf einzelnen Attributen hat CM den Vorteil, daß die Probanden Produktganzheiten beurteilen bzw. simultan (»conjoint«) Merkmalsausprägungen abwägen, bevor sie zu einem Urteil kommen (Nieschlag/Dichtl/Hörschgen). Ge

Consumer Relations

Großunternehmen erleiden nicht selten eine große (nicht nur »geographische«, sondern auch »geistige«) Entfernung von ihren (End-)Ge- und Verbrauchern. Dies um so mehr, wenn vollständig über selbständige → Absatzmittler abgesetzt wird, also kein direkter Ge- und Verbraucher-Kontakt besteht. Dies gilt um so stärker, wenn Standard-Markenartikel für den Konsum hergestellt werden (Convenience Goods → Produktkategorien), bei denen weder Service notwendig ist, noch Reklamationen vorkommen.

Ein Mitglied des Managements, meist aus der PR-Stabsabteilung (→ PR), soll dann als eine Art »Anwalt« der Verbraucher tätig sein, deren Interesse gegenüber Produktentwicklung, Verpackungsdesign, Werbung usw. vertreten. Dieses »Wohlverhalten« gilt es, im Rahmen von PR und Werbung auch den Betroffenen und ihren »Vertretern« (Verbraucherberatung, Verbraucherverbände, Warentestinstitute usw.) zu verkünden. Gb

Controlling

Stehen Führungskräfte (Manager) im Unternehmen vor dem Problem, die ihnen übertragenen Führungsaufgaben nicht alle selbst wahrnehmen zu können, kommt es zur Delegation von Führungskompetenz und Verantwortung. Da allerdings bei solcher Delegation nicht davon ausgegangen werden darf, daß sich Mitarbeiter stets so wie ihre Vorgesetzten verhalten, weil sie abweichende Ziele verfolgen, unterschiedliche Risikoneigungen haben und vor allem eine andere informatorische Ausgangsbasis besitzen, muß mit Asymmetrien gerechnet werden, die ein erfolgsorientiertes, führungsunterstützendes und funktionsübergreifendes Steuerungssystem im Unternehmen erforderlich machen. Ein solches Steuerungssystem ist das Controlling, dessen Träger in kleinen und mittleren Unternehmen der Unternehmer selbst oder ein von ihm beauftragter Mitarbeiter sein kann, das allerdings in großen und international tätigen Unternehmen aus Gründen der Objektivität und Neutralität institutionalisiert sein sollte.

Institutionalisiertes Controlling verursacht Transaktionskosten, wie Kosten der Informationsbeschaffung, -verarbeitung, -speicherung und -übermittlung zum Zwecke der Koordination, und zwar in den Steuerungsphasen Planung (Vorsteuerung) und Kontrolle (Nachsteuerung). Umgekehrt können aber auch

Opportunitätskosten entstehen, wenn im Falle eines eingeschränkten oder gar fehlenden Controlling gegebene Chancen verpaßt werden, die für das Unternehmen einen entgangenen Nutzen (Erfolg) darstellen.
Controlling ist eine Querschnittsaufgabe, derzufolge neben anderen betrieblichen Funktionsbereichen auch das dezentrale Marketing (der Geschäftsbereiche) mit dem zentralen Marketing (des Gesamtunternehmens) zu koordinieren ist.
Controlling ist außerdem eine Serviceaufgabe, wonach die Entscheidungsträger mit geeigneten Methoden (Instrumente, Techniken, Modelle oder Denkmuster) und Informationen für die arbeitsteilig und koordiniert ablaufenden Planungs- und Kontrollprozesse zu versorgen sind. Während die Entscheidungsträger entsprechend ihrer Handlungsverantwortung bestimmen, was geplant wird, hat Controlling dafür zu sorgen, daß, wann und wie geplant wird. Für die Realisierung (Durchsetzung) verabschiedeter Pläne sind dann allein die Entscheidungsträger verantwortlich. Um die Realisierung der Pläne zu gewährleisten, sind die tatsächlichen oder voraussichtlichen Ergebnisse zu überwachen, was nach Möglichkeit auch durch die Entscheidungsträger geschieht, denn Selbstkontrollen erlauben nicht nur schnelle Anpassungsmaßnahmen, sondern auch Lernprozesse.
Um die besonderen Aufgaben des Controlling im Marketing (→ Marketing-Controlling) präzisieren zu können, ist die Unterscheidung einer strategischen und operativen Sicht zweckmäßig. Als strategisch relevant wird das angesehen, was sich an Potentialen, Strukturen, Handlungsspielräumen und sonstigen Rahmenbedingungen durch Strategien gestalten läßt, während sich operativ durch Aktionen immer nur das erreichen läßt, was zuvor strategisch geschaffen wurde. Dominantes Entscheidungskriterium und damit Erfolgsmaßstab ist nach dem Total-Value-Ansatz die Steigerung des Unternehmenswertes.

Klaus Ziegenbein

Convenience Goods

→ Produktkategorien.

Convenience Store

Dabei handelt es sich um eine insbesondere in den USA gängige Betriebsform des stationären Einzelhandels (→ Handelsbetriebsformen). Convenience Stores sind kleinere Nachbarschaftsläden (Neighborhood Stores), die meist als Filial- oder Franchisebetriebe geführt werden. Typisch sind lange Öffnungszeiten, auch am Wochenende. Das begrenzte Nahrungsmittelsortiment wird durch problemlose Nonfood-Artikel, Fast-Food-Sortimente (Carry-Out-Food) oder auch Videoverleih ergänzt. Gb

Copy Strategy

→ Briefing. Durch eine Copy Strategy wird den Werbegestaltern, insbesondere den Textern und Mediaplanern, schriftlich vorgegeben, welche Werbeziele mittels einer zu planenden Werbekampagne verfolgt werden sollen:

- die Zielgruppen (nach mehrdimensionaler → Segmentierung);
- die → Unique Selling Proposition (USP);
- der gewünschte Stil, die vorgesehene Argumentation der Werbekampagne;
- die Positionierung des zu bewerbenden Produktes (→ Produktpositionierung). Gb

Corporate Behavior

Verhalten eines Unternehmens gegenüber Mitarbeitern und Kunden: (a) instrumentales Führungsverhalten (Preispolitik, Führungsstil), (b) Personenverhalten, (c) Medienverhalten des Unternehmens. Element der → Corporate Identity (CI).

Im Extremfall führt ein straffes Corporate Behavior (im Sinne auch von → Marketing-Personal) dazu, daß ein uniformiertes, unnatürlich durch Gehirnwäsche gestanztes Auftreten aller Organisationsangehörigen geschaffen wird. Wem fällt dazu nicht Orwells »1984« ein. Der entgegengesetzte Extremfall allerdings, nämlich daß jedes Organisationsmitglied auftritt, wie es ihm gerade paßt, jeder seine »Philosophie« ausdrückt, ist für Unternehmen ebenso wie Nonprofit-Organisationen kaum denkbar und nicht mit Erfolg durchzuhalten. Also sollten Anforderungen an eine so weit, wie es notwendig ist, gehende Vereinheitlichung begründet und festgelegt werden. Wer sich daran nicht halten will oder kann, braucht dieser Organisation in einer pluralistischen Gesellschaft mit ihren, auch zwischen den Nationen, freien Grenzen nicht anzugehören; er hat die Wahl. Gb

Corporate Communication

Kommunikationsstrategie (Gesamtheitliche Betrachtung aller kommunikativen Aktivitäten des Unternehmens) als Element der → Corporate Identity (CI).

Auch die Einheitlichkeit des Kommunikationsstiles soll die Zielpersonen der Kommunikation an die Organisation mit ihren Zielen, ihrem Stil und ihrer Botschaft erinnern und damit die Aufnahmebereitschaft für die Botschaft begünstigen. Gb

Corporate Design

Visuelles Erscheinungsbild einer Organisation zur Umsetzung, Verdeutlichung und Unterstützung der → Corporate Identity. Alle kommunikativen Aktivitäten der Organisation nach innen und außen sollen die aus der Unternehmensphilosophie abgeleitete Corporate Identity durch einheitliche (»aus einem Guß«) und individuelle graphische Umsetzung deutlich werden lassen. Dies geschieht zunächst durch ein einfach strukturiertes, gut und schnell erfaßbares und lernbares Markenzeichen/Firmenlogo, aber auch durch Gestaltungsrichtlinien (z. B. Schrifttypen, »Hausfarben«, Stilelemente), deren Geltungsbereich alles von der Gestaltung der Außenfassaden und Schaufenster über die Produkt-, Verpackungs- und Präsentationsmittelgestaltung, die Werbemittel und -träger bis hin zu Briefköpfen und Formularen umfaßt. Gb

Corporate Identity (CI)

Von einem Unternehmen oder einer Organisation nach außen und innen kommuniziertes Erscheinungs- und Verhaltensbild. Dieses ist Teil der Unternehmensstrategie, die aus → Unternehmensphilosophie, Unternehmenszielsetzung, dem Unternehmensleitbild abgeleitet wird. Jedes Element dieser Identität muß ermittelt, geplant und beschrieben werden. Ziel dabei ist eine einfach und problemlos erfaßbare Identität, die wiedererkennbar, leicht merkbar und im Sinne einer »Persönlichkeit« von anderen (z. B. Konkurrenz) abgrenzbar ist.

Ausgangspunkt der Idee der CI ist es, daß ein Unternehmen, ein Unternehmensverbund, ein Franchisingsystem oder Vertriebssystem von der Vielzahl der Ge- und Verbraucher »gesamthaft« wahrgenommen wird. Insofern bildet sich bei diesen ein Image, das nicht von Analyse und genauer Betrachtung, sondern aus zumeist einzelnen oder wenigen und zudem punktuellen Kontakten (z. B. nur eine Filiale oder Abteilung) resultiert. Ziel ist es dabei, sich (positiv) von der Konkurrenz abzuheben und abzugrenzen und andererseits die Unternehmensphilosophie (z. B. harter Discount *oder* Fachgeschäft mit hochwertigem Sortiment und erstklassigem Service) auch dem Kunden deutlich mitzuteilen. Durch die Herausstellung der »Einzigartigkeit«, die Individualität eines Angebotes (→ Unique Selling Proposition = USP) soll eine dauerhafte Bindung der Kunden an das Unternehmen (Stammkunden) unterstützt werden. Die Erhaltung von Dauerkunden ist deutlich kostengünstiger als die Neukundengewinnung. Auch dient diese Politik der Abhebung von der Konkurrenz dem Ziel, dominanten Qualitätswettbewerb statt reinen Preiswettbewerb zu betreiben (→ Präferenz-Strategie).

Die CI findet ihren Niederschlag im → Corporate Design, dem → Corporate Behavior und der → Corporate Communication.

Ziel ist ein geschlossener, einheitlicher Auftritt der Organisation, der dadurch das angestrebte → Corporate Image verdeutlichen und kommunizieren soll. Dieses Corporate Image als Zielfunktion der Corporate Identity soll die Zielpersonen an die Organisation erinnern und damit die Aufnahmebereitschaft für Botschaften erhöhen. Durch das Kommunizieren einer Organisation »mit einer Stimme«, einem Stil, soll Verwirrung beim Adressaten verhindert und im Gegenteil Vertrauen, notwendige Kontinuität, Sicherheit und Zuverlässigkeit ausgestrahlt werden. Insbesondere, wo sich verunsicherte moderne Konsumenten mangels detaillierten Wissens oder aus Zeitersparnis habituell verhalten (insb. beim Kauf), ist CI-Politik ein wesentlicher (komplementärer) Baustein und produktiver Faktor. Gb

Corporate Image

Realisiertes Ergebnis einer → Corporate Identity (CI)-Strategie.

Cost Plus-Pricing

→ Preisfindung.

Countertrade

Importierte Produkte werden von devisenschwachen Ländern durch Gegenlieferung von Waren »bezahlt« (→ Kompensationsgeschäfte).

Coverage

Unter Coverage versteht man in der Marktforschung, inwieweit Untersuchungen den gesamten Markt erfassen. Häufig wird der Begriff in der Panel-Forschung verwendet. Eine Coverage von z. B. 70 % sagt, daß die ermittelten Marktdaten bei einem Sample (Händler, Verbraucher etc.) erhoben wurden, das für 70 % der Grundgesamtheit steht bzw. diese abdeckt.

Cross Selling

Cross Selling (gekreuzter Verkauf) bedeutet frei übersetzt Zusatzverkauf. Ein Unternehmen bietet Kunden, die bisher nur einen Teil der Produktpalette gekauft haben, zusätzliche Produkte an. Das Cross Selling bezieht sich auf bestehende Kunden, weil es leichter ist, Stammkunden mehr zu verkaufen als neue Kunden zu gewinnen.

Das Cross Selling verfolgt mehrere Ziele:

- Steigerung und Sicherung des Umsatzes
- Verstärkung der → Kundenbindung sowie
- Steigerung und Sicherung des Gewinns.

Der Umsatz pro Kunde steigt, wenn Altkunden zu Zusatzkäufen veranlaßt werden. Dieser Effekt ist um so größer, je besser die Zusatzangebote die bisher gekauften Produkte ergänzen, d. h. wenn es sich um Komplementärprodukte handelt. Beispiel: Waschmaschine, Wäschetrockner und Bügelmaschine.

Die Umsatzsteigerung kann verstärkt werden, indem der Umsatz mit den einzelnen Kunden bonifiziert wird. Durch die Bonifikation werden die Kunden an das Unternehmen gebunden. Kundenbindung dient dem Ziel der Umsatzsicherung.

Beim Cross Selling werden die Preise in Abhängigkeit von der gesamten Kundenbeziehung gestaltet. Dabei können einzelne Produkte zu Grenzkosten oder sogar darunter angeboten werden, wenn dadurch der Absatz von gewinnbringenden Produkten gesichert bzw. gefördert wird (→ Preisuntergrenze). Das Cross Selling ist betriebswirtschaftlich sinnvoll, solange eine Kundenbeziehung insgesamt rentabel ist.

Cross Selling ist grundsätzlich in allen Branchen bzw. Firmen möglich. Besonders oft wird es bei Anbietern von Finanz-Dienstleistungen praktiziert. Durch die Zusammenarbeit von Banken und Versicherungen kann den Kunden ein bedarfsgerechtes Allfinanzangebot unterbreitet werden, das neben eigenen Leistungen auch Leistungen der Verbundpartner enthält.

Die erfolgreiche Anwendung des Cross Selling setzt eine gute Kundenkartei voraus, die nicht nur Namen und Anschrift der Kunden enthält, sondern auch demographische Daten und Informationen über das bisherige Kaufverhalten. Bei großem Kundenbestand und umfangreichem Sortiment ist eine DV-gestützte Kundendatenbank erforderlich (→ Data Base Marketing). Die Datenbank ermöglicht die Segmentierung des Kundenbestandes nach den jeweils relevanten Merkmalen und bildet damit die Basis für ein effizientes Cross Selling. HL

Customizing/Customized Marketing

Standardprodukte treffen nie die individuellen Bedürfnisse der Kunden. Deshalb bieten Unternehmen ihren Kunden weithin oder völlig individualisierte Lösungen an (z. B. Standardsoftware, die auf die speziellen Anforderungen des Kunden angepaßt wird). Dies kann auch bei Massengütern der Fall sein. Peter Hanser

Cyberspace

→ Virtuelle Realität.

D

Dampfwalzenwerbung
→ werbliche Dampfwalze.

Database Marketing
Database Marketing ist ein noch relativ junger Fachbegriff, der sich seit etwa 1990 sehr schnell Anerkennung im deutschsprachigen Raum verschafft hat. Zwei Definitionen bieten sich an:
Im erweiterten Sinne geht es um den Einsatz von Datenbanken für Marketingzwecke schlechthin. Gemeint sind dann externe Wirtschaftsdatenbanken, Datenbanken mit Marktforschungsdaten, mit Mediadaten aus Markt-Media-Studien, PR-Daten u.v.m. Doch hat sich eine Definition im engeren Sinne durchgesetzt. Danach ist Database Marketing die Lehre von der Datenbanken-gesteuerten Kommunikation mit Marketing-Zielgruppen. Eine »Database« ist eine Datenbank mit personenbezogenen Adressen (Personen in Firmen und Haushalten), die ergänzt werden um recherchierte Merkmale für Qualifikation, Selektion und gezielte Kommunikationssteuerung.
Für den Betrieb einer solcher Database gibt es Softwareprogramme in steigender Zahl (Einsatz auf dem PC und in Netzen). Doch ist die Software nur Mittel zum Zweck. Das Wesentliche am Database Marketing sind die relativ neu entwickelten Methoden der Kommunikationssteuerung. Ihre Entwicklung wurde insbesondere durch drei Trends ermöglicht: die Verfügbarkeit preiswerter Arbeitsplatzrechner mit bedienerfreundlicher Software, die Entwicklung der Telekommunikation zum Aufbau vernetzter Arbeitsplätze sowie weiterentwickelte → Direct-Marketing-Methoden.
Die Database versetzt den Außendienstmitarbeiter oder Telefonverkäufer in die Lage, sein Segment sehr viel gezielter zu bearbeiten, seine Firmen- und Gesprächspartner zu qualifizieren, zu bewerten und für eine termingesteuerte Nachfaßarbeit zu sorgen. Mit ihr verwaltet er auch seine Vorgänge, Projekte, Kontakte und Termine.
Der Gesamtbestand der von den Außendienstmitarbeitern beschafften und zentral ergänzten Informationen erschließt den Unternehmen eine neuartige Methodik der → Verkaufsförderung: Erstmals wird es möglich, die Marketing-Zielgruppen beliebig fein zu selektieren und homogene Teilzielgruppen zu definieren; ferner die Gesprächspartner dieser Zielgruppe beliebig oft im Rahmen von Aktionen zu kontaktieren, sei es per Post oder per Telefon. Dadurch werden die Verkäufer von Routinearbeit entlastet. Es werden aber auch erstmals Konzepte des Kontaktmanagementes und Beziehungsmanagements erschlossen und eine regelmäßige Betreuung ausgewählter Entscheider sichergestellt. Schließlich dient die zentrale Database dem Aufbau von Vertriebs-Informationssystemen für Führung, Marketing und → Controlling.
Zu den neuen Methoden, die durch Database Marketing beherrscht werden, ge-

hören das Abwickeln sog. Kundenkontaktprogramme, der Import von Firmeninformationen aus externen Datenbanken und → CD-ROM sowie die verbesserte Kommunikation mit distanzierten Zielgruppen, die nur noch von der Zentrale aus kontaktiert werden können. Durch das Database Marketing wurden die Akquisitions- und Zielgruppen-Betreuungsmethoden nachhaltig verändert. Anstelle des allein zuständigen Außendienstes ist das Team getreten, bestehend aus Außendienst, Innendienst und Verkaufsförderung. Arbeitsteilig wird die Kommunikation mit den Zielgruppen abgewickelt.

Um Database Marketing erfolgreich einzusetzen, muß dreierlei beherrscht werden und verfügbar sein:

- eine entsprechende Database-Organisation,
- ein Database-Management (Pflege und Verwaltung der Daten) sowie
- die Database-Methodik.

Hendrik Schüring

Datenauswertung und -analyse

Bei der Auswertung gibt es die einfache Tabellierung bei einer Variablen und die Kreuztabellierung bei mehreren Variablen. Die Tabellierung kann manuell ober bei umfangreicheren Untersuchungen über EDV durchgeführt werden. Dafür gibt es eigens entwickelte Software.

Sehr häufig werden in Marktuntersuchungen Daten als Prozentzahlen dargestellt. Lediglich bei Erhebungen unter 100 Elementen finden sich auch Angaben von absoluten Werten. Ein Problem bei der Verwendung von Prozentwerten ist die Berechnung von Prozentunterschieden. Prozentveränderungen können als absolute oder relative Unterschiede zwischen den Prozentwerten und als Prozentsatz, der sich unter Bezugnahme auf die höchstmögliche Veränderung der Prozentwerte errechnet, wiedergegeben werden. Bei dem absoluten Unterschied von Prozentwerten wird mit sog. Prozentpunkten argumentiert. Steigt beispielsweise der Bekanntheitsgrad eines Produktes von 40 % auf 50 %, so spricht man von einem Zuwachs von zehn Prozentpunkten. Relativ ist der Unterschied 25 %. Ge

Datenkranz

(lat.: dare = geben; datum = das Gegebene). Ein Datum ist eine gegebene Größe/Maxime, die für den jeweiligen Entscheidungsträger vorgegeben ist, also einen Erwartungsparameter darstellt.

Ein Datenkranz ist ein System von Daten, das bei einer Entscheidung zu berücksichtigen ist, also zumindest nicht kurz- oder mittelfristig verändert/gestaltet werden kann.

Für Marketingentscheidungen sind die Daten des relevanten Datenkranzes zu ermitteln und bei Begründungen von Entscheidungen als unveränderliche Parameter auszuweisen.

Die Rechtsordnung des jeweiligen Landes, kaufmännische Gepflogenheiten (Handelsbräuche), Klimazone, der Grad der Geldwertstabilität, Umweltschutzbestimmungen, Maße und Gewichte – alles dies sind typische Daten eines

Datenkranzes. Ebenso zählen dazu die allgemeine Konjunktur- und Branchensituation. In einer entwickelten Gesellschaft herrscht regelmäßig eine relative Überflußsituation, kaufkräftige Nachfrager werden von Angeboten fast überrannt, es herrscht also eine Käufermarktsituation (→ Käufermarkt).
Änderungen des Datenkranzes anzuregen ist die Aufgabe von Kammern und Verbänden. Datenkranzänderungen, wie Änderungen im Steuersystem, den Steuersätzen oder eine Verschärfung der → Produzentenhaftung, werden in den zuständigen Ministerien und Parlamentsausschüssen formuliert und geprüft, schließlich im Parlament beschlossen. Gb

Datennetze

→ Online-Dienste.

Datenverarbeitung

Die Marktforschung und Marketing-Planung benötigen eine Vielzahl von Daten (→ Marketingforschung, → Informationsbedarf sowie → Marketing-Planung). Diese müssen schnell erfaßt, gespeichert, analysiert, aufbereitet, interpretiert werden und wieder verfügbar sein bzw. abgegeben werden.
Wichtigstes Kriterium bei der Ausgestaltung elektronischer Planungssysteme ist deren Flexibilität. Die relevanten Informationen sollten möglichst kurzfristig zur Verfügung stehen. In der praktischen Ausgestaltung verfügt der Marketing-Manager über ein Terminal mit direktem Kontakt zu dem Datenverarbeitungssystem. So lassen sich Planungsprozesse nach bisher gemachten Erfahrungen im Unternehmen spürbar verkürzen und verbessern.

Deckungsbeitragsanalyse

→ Vertriebserfolgsrechnung.

Deckungsbeitragsrechnung

Für einzelne Erfolgsträger werden vom Gesamterlös stufenweise bestimmte Kostenanteile abgezogen und auf diese Weise unterschiedliche Deckungsbeiträge ermittelt. Erst im Rahmen der Vollkostenrechnung verrechnet man dann nicht direkt zurechenbare Kosten mittels eines Schlüssels. Im einzelnen kann eine Deckungsbeitragsrechnung folgendermaßen aussehen: Zieht man vom Listenpreis die umsatz- und aktionsabhängigen Sonderkonditionen ab, ferner Skonti und Boni, so erhält man den Nettoerlös; nach Abzug von Fracht- und proportionalen Herstellkosten ergibt sich der Deckungsbeitrag I; zieht man hiervon die direkt zurechenbaren Marketing-Kosten (Werbung, Verkaufsförderung etc.) ab, so erhält man den Deckungsbeitrag II. Nach Abzug der Gemeinkosten verbleibt der Gewinn. Ge

Degenerationsphase

→ Produktlebenszyklus. Ein Produkt wird von der technischen und/oder modischen Entwicklung eingeholt, die Konkurrenz gilt als »besser«, der Umsatz geht zurück, als Kaufanreiz müssen die Preise gesenkt werden. Es naht das Ende des Lebenszyklus (→ Produktelimination).

Deglomeration

Deglomeration bedeutet wörtlich »Entklumpung« und bezeichnet im Rahmen der → Standortentscheidung die Streuung (weiträumige Verteilung) von Betriebsstätten innerhalb einer Region. Steht im Gegensatz zur → Agglomeration.

In der Deglomeration finden sich insbesondere Angebote des laufenden oder täglichen Bedarfs. Seien es Brot und andere Lebensmittel oder Zigaretten, die Kneipe an der Ecke oder der Geldautomat der Bank oder Sparkasse – diese Güter und Dienstleistungen will der Konsument nahe zu seiner Wohnung ständig erreichbar haben. Dies bedeutet Standorte in Deglomeration.

Aber auch der Kauf von Möbeln oder eines Autos muß nicht in einem schwer erreichbaren innerstädtischen Einkaufszentrum erfolgen, denn diese Dinge werden nicht innerhalb eines »Shopping« beschafft, sondern als »High Interest Goods« (→ Produktkategorien) mit jeweils hohem Zeitaufwand getrennt vom Kauf des Bedarfs an → Convenience Goods (→ Produktkategorien) nachgefragt. Also finden sich große Möbelhäuser mit umfassendem Gesamtangebot (Verkaufsfläche um 20.000 qm oder z.T. auch wesentlich mehr) dann auch dezentral auf der grünen Wiese. Hier erhält der Verbraucher ein umfassendes Ausstellungsangebot, realitätsnah aufgestellt und präsentiert, und nicht eine Art »Katalog-Shop« mit nur wenigen Ausstellungsstücken.

Ähnliches gilt für moderne Autohäuser mit einer umfassenden Ausstellung des vertretenen Fabrikats, einer Gebrauchtwagenschau mit ausreichender Auswahl und einer vollständigen Werkstatt mit umfassendem Ersatzteillager. Gelegentlich sind Waschanlagen, Zubehörshops und eine Tankstelle zur Komplettierung vorzufinden. Auch solche Autohäuser brauchen keinen Standort in schwer erreichbaren innerstädtischen Einkaufszentren.

Bei solchen Betrieben mit hohem Raumbedarf, wie Möbelhäuser und Autohäuser, sind auch die innerstädtisch immens hohen Grundstücks- und Mietpreise zu berücksichtigen.

Selbst renommierte Festspiele lassen sich in der Deglomeration dauerhaft erfolgreich ansiedeln (z. B. Wagner-Festspiele in Bayreuth). Exklusive Güter und Dienstleistungen (Speciality Goods → Produktkategorien) bedürfen nicht des Kontextes eines Agglomerationsstandortes mit umfassender Auswahl, unterschiedlichen Betriebstypen (Kaufhaus, Fachgeschäft, Boutique etc.) und Qualitäts- und Markenwettbewerb. Gb

Delkredere

→ Rabatte.

Delphi-Methode

Experten geben Schätzungen ab und nennen dabei die Annahmen, auf denen die Schätzungen beruhen. Ein Projektleiter überprüft die Einzelbeiträge, gibt die Ergebnisse sowie weitere Anregungen zu Veränderungen bekannt und es folgt eine zweite Expertenschätzung, dann eine dritte usw.

Demarketing

Nicht immer entsprechen die Maßnahmen, die Unternehmen im harten Wettbewerb ergreifen, einem strategischen Marketingansatz. Dieses Verhalten wird als De- (destruktives) Marketing bezeichnet. Zu diesen Verhaltensweisen gehören:

- das Angebot zusätzlicher Leistungen, ohne sie zu verrechnen;
- die Förderung der Preissensitivität der Kunden;
- ein hektisches Reagieren statt dynamischen Agierens;
- keine Lösung von grundsätzlichen Kundenproblemen. Peter Hanser

Demographie

Unter Demographie versteht man die Beschreibung/Analyse der Bevölkerung nach Kriterien der Statistik. Die Einteilungskriterien sind insbesondere:

- Geschlecht;
- Alter, Alterstufen;
- formale Bildungsabschlüsse;
- Einkommensgruppen;
- Wohnorte;
- (grobe) Berufszuordnungen;
- Familienzugehörigkeit.

Demographische Daten werden von den statistischen Ämtern auf Landes- und Bundesebene regelmäßig erhoben/ fortgeschrieben. Auch Gemeinden und Gemeindeverbände besitzen regelmäßig für ihre Verantwortungsgebiete sinnvolle statistische Auswertungen.

Für Marketingentscheidungen – seien es Fragen der Standortentscheidung für Handel, Handwerk, Dienstleistungsgewerbe etc. – oder bei der Untersuchung lokaler/regionaler Zielgruppenbesetzungen (Zahl der Zielgruppen-Angehörigen), wird man stets im Rahmen von → Sekundärforschung auf erhobene Zahlen und Analysen zurückgreifen (→ Demographische Entwicklung). Gb

Demographische Entwicklung

a) Bundesrepublik/Europäische Union

Seit Jahrzehnten geht die Zahl der Geburten »pro Frau im gebärfähigen Alter« deutlich zurück. Der stärkste Einbruch fand in den neuen Bundesländern von 1989–1994 statt, dort gingen die Geburten auf rund ein Drittel der Zahlen vor der Wiedervereinigung zurück.

Die Bevölkerungsentwicklung in einer »offenen Gesellschaft« ist das Ergebnis

- der Geburtenzahlen/-Entwicklung,
- der Sterberate und
- der Wanderungsbewegung (Übersiedlung, z.B. Volksdeutsche): Einwanderung/Auswanderung.

Verhältnismäßig präzise läßt sich z.Zt. prognostizieren, daß die Stammbevölkerung in Deutschland infolge des Überschießens der Sterbefälle gegenüber den Geburten laufend abnehmen wird und dadurch ein wachsender Anteil älterer Einwohner zustande kommen wird.

Unbekannt, bzw. schwer einzuschätzen sind die Größen der Wanderungsgewinne für die kommenden Jahrzehnte. Daß Deutschland – wie bisher – ein Einwanderungsland bleiben wird, ist unvermeidlich. Die Attraktivität des Wirtschaftsstandortes Deutschland (im

Deutsche Lebenskurven

Bevölkerung in Millionen am Jahresende

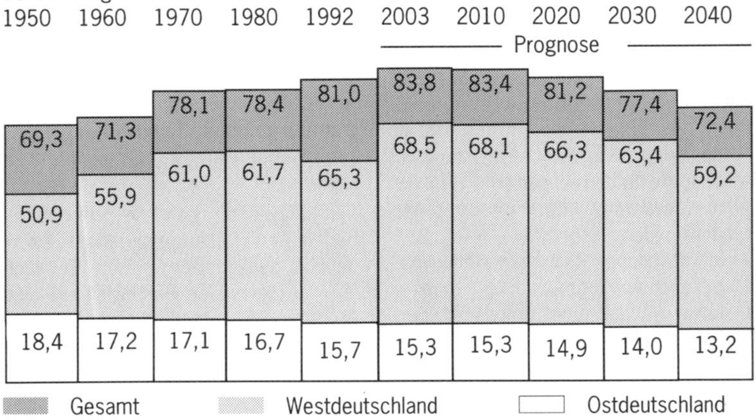

Anteile an der Bevölkerung insgesamt in %

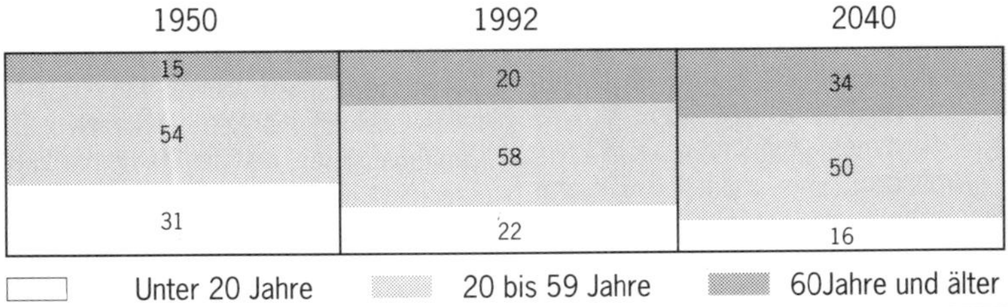

Vergleich) ist zu offenbar und deutlich. Aus den Ländern der Europäischen Union und der assoziierten Länder wird der Zuzug von Gastarbeitern und Familien kaum zu bremsen sein.

Aus den vorliegenden Zahlen ergibt sich insbesondere für das Marketing die Notwendigkeit eines systematischen → Seniorenmarketing. Auf Dauer wird es auch nicht mehr möglich sein, Frühpensionierungen als Mittel zur Bekämpfung von Arbeitslosigkeit zu fordern. Ebenso werden Pensionierungsgrenzen für einzelne Berufsgruppen unterschiedlich deutlich angehoben werden müssen. Dies zeigt aber, die Einstufung z. B. aller über 60jährigen in eine Kategorie »Senioren« bzw. Rentner ist mehr als fragwürdig.

b) global

Je niedriger der Lebensstandard einer Nation ist, je mehr die Bevölkerung einer Nation – mit Ausnahme einer dünnen Oberschicht – in extremer Armut lebt, je höher ist die Geburtenfreudigkeit, wachsen Armut, Verslumung, Flucht in die Großstädte, Kriminalität und die Unterdrückung von Frauen.

Mit wachsendem Wohlstand breiter Massen und mit zunehmender Berufstätigkeit/Emanzipation der Frauen geht regelmäßig die Geburtenfreudigkeit zurück. Je höher der Bildungsstand (insbes. auch der Frauen), desto geringer die Geburtenfreudigkeit. Daß in bestimmten Ländern dieser Welt zahllose Menschen hungern, Mangel an allen Gütern einschließlich Schulbildung und Berufsausbildung leiden, hilft keinesfalls Absatz für die Nahrungsmittelüberschüsse der Europäischen Gemeinschaft zu finden, auch lassen sich arbeitslose europäische Lehrer nur selten in den Elendsvierteln der Städte in den Armutsländern einsetzen.

Die Maßnahmen der Volksrepublik China zur Geburtenbegrenzung haben zwar in die private Sphäre der Chinesen, in deren »Menschenrechte« hart eingegriffen, trotz offenbarer Teilerfolge wuchs auch Chinas Bevölkerung rasant weiter an.

Gb

Design

»Design ist Kunst, die sich nützlich macht« – so lautete der Titel einer Design-Ausstellung Mitte der achtziger Jahre in München. Design ist die Gestaltung der äußeren Form und Farbe eines Produktes, die streckenweise sogar vor dessen Funktion rangiert (→ Produktgestaltung).

Zum Ausgang des Jahrtausends wandelt sich nun das Verbraucherbewußtsein. Was heißt das für die Produktgestaltung? Das Gegenwarts-Design als eine der zahlreichen Kunstformen besinnt sich nun wieder stärker auf seine Aufgabe als Funktionshülle, folgt damit zeitgemäß der Sinnfrage. Mit seinem Anwendungsbezug ist Design für manche die bessere Kunst.

Mit der Designer-Uhr stehen wir morgens auf, nehmen unser Frühstück vom Designer-Geschirr zwischen unseren Designer-Möbeln, stylen unser Hair-Design und begeben uns an unseren Arbeitsplatz in einem Unternehmen mit → Corporate Design. Nichts geht mehr ohne Design. Ein Schreibtisch von der französischen Innenarchitektin André Putman, die unter anderem auch die New Yorker Disco »Palladium« oder das Kölner »Hotel Wasserturm« (innen-) designte, eine Kaffeekanne vom Memphis-Begründer Ettore Sottsass oder ein Anzug vom Puristen Giorgio Armani. Dies sind klangvolle Namen, die dem Produkt weit mehr Aufwertung verleihen als die bloße Marke. Neben Funktion und Gestaltung liefern derlei Produkte gleich eine ganze Erlebniswelt (→Erlebnis-Marketing) mit. Design ist damit unverzichtbarer Marketing-Faktor.

Jo Meurer

Design: Begriff und Anwendungsgebiete

Planvolle Gestaltungsarbeit unter Berücksichtigung rationaler, sensorischer und ästhetischer Aspekte. Ein gelungenes Design muß also zum einen von der

Gebrauchstauglichkeit und Ergonomie, als auch von der ästhetischen (»schön« oder »unschön«) und symbolischen Seite (Was »drückt« das Design aus, also z. B. »modern« oder »klassisch«...) überzeugen und den Ansprüchen der Zielkunden entsprechen. Anwendungsgebiete im Marketing sind insbesondere das Produktdesign (→ Produktgestaltung), das Verpackungsdesign (→ Verpackung, → Transportverpackung) sowie das → Corporate Design. Gb

Design einer Studie

→ Untersuchungsdesign.

Desinformation

Das Ziel der Desinformation besteht allgemein darin, jemanden zu einer Entscheidung zu veranlassen, die er/sie bei höherem Informationsgrad vermutlich nicht treffen würde. Zu unterscheiden sind aktive und passive Desinformation.
Aktive Desinformation bedeutet, daß ein Unternehmen bewußt falsche Informationen verbreitet, um Kunden und/ oder Konkurrenten zu täuschen.
Passive Desinformation bedeutet, daß für das Unternehmen nachteilige Informationen bewußt verschwiegen werden. Die passive Desinformation entspricht der einseitigen → Argumentation. HL

Desk Research

→ Sekundärforschung.

Dialogmarketing

→ Direct Marketing.

Dienstleistungs-Marketing

Dienstleistungen unterscheiden sich von Produkten i.e.S. durch einige wichtige Merkmale:

- Sie sind *immateriell*, also weder lagerbar, noch transportfähig, noch wiederverkäuflich
- Sie müssen an einer oder für eine Person, oft zusätzlich an einem Objekt (Kfz, Uhr etc.) erbracht werden.

Dienstleistungen müssen kundenbezogen erbracht werden. In der Regel muß der Kunde oder sein Gegenstand (der Dienstleistung) zur Verfügung stehen, wenn die Leistung erbracht werden soll. Dienstleistungen sind also *ortsgebunden* und *zeitgebunden*. Sie erfordern, daß der Dienstleister dann zur Verfügung steht, wenn der Kunde es wünscht. Sie müssen somit also vielfach zu Zeiten erbracht werden, zu denen andere Beschäftigte Freizeit haben, also auch abends oder an Sonn- und Feiertagen.
Dienstleistungen erfordern eine extreme Leistungsbereitschaft, ein Eingehen auf die besonderen Bedürfnisse unterschiedlicher Kundengruppen (→ Segmentierung), oft sogar individueller Kunden. Sie müssen auch als Qualitäts- und Zuverlässigkeitsergebnisse den Kunden transparent gemacht werden. Stil, Geschmack und Ambiente bieten die Möglichkeit, dominanten Preiswettbewerb zu vermeiden.
Dienstleistungen haben in entwickelten Industriegesellschaften, wie schon Fourastié vor Jahrzehnten zeigte, einen wachsenden Anteil an der gesamtwirtschaftlichen Wertschöpfung. Der ter-

tiäre Sektor (primär: Urproduktion; sekundär: Verarbeitungsindustrie; tertiär: Dienstleistungen) bietet also von Jahrzehnt zu Jahrzehnt wachsende Beschäftigung und deckt durch steigenden Massenwohlstand differenzierte Bedürfnisse.

Beim Dienstleistungs-Marketing ist die → Marketing-Personal-Politik von entscheidender Bedeutung. Die Empfänger der Dienstleistungen, die Kunden, erwarten hohe Leistungsbereitschaft und ein Eingehen auf ihre speziellen Wünsche und Bedürfnisse. Bei geringsten Anlässen bereits neigen Verbraucher von heute zum Wechsel des Dienstleisters. In Märkten mit organisierten Nachfragern gilt dies oft um so stärker.

Nicht selten versuchen Anbieter von Dienstleistungen, die Nachfrage zeitlich im Sinne einer Steuerung der Nachfrage auf »schwache« Zeiten (Jahreszeit, Wochentage, Tageszeiten) zu steuern, indem in schwachen Zeiten mit niedrigeren Preisen bzw. Sonderrabatten geworben wird und zu Boomnachfragezeiten entsprechend höhere Preise gefordert werden. Es muß allerdings gewarnt werden: Die Konsumenten empfinden solche Nachfragesteuerung meist als Ausnutzung ihrer momentanen Schwäche und meiden solche Anbieter zu Zeiten höherer Preise, wenn nicht gar für immer.

Dienstleistungen können nicht patentiert werden, reizen also zur Imitation, das Angebot ist zudem lokal meist eng oligopolistisch, weshalb Spezialisierung, extreme Leistungsfähigkeit und Leistungsbereitschaft, verbunden mit hoher Kundenfreundlichkeit eher als wettbewerbliches Abgrenzungs- und Positionierungsinstrument eingesetzt werden sollten als die Preispolitik. Daher hatten die Handwerksinnungen etc. früher auch kartellistische Preisabsprachen, die keineswegs zur gesellschaftlich unverantwortlichen kollektivmonopolistischen Ausbeutung der Konsumenten führte. Da ist die fünfzehnprozentige Mehrwertsteuer auf Dienstleistungen eher dafür verantwortlich, Schattenwirtschaft und Do-it-yourself als Antwort auf als zu hoch empfundene Handwerkspreise zu fördern. In gleicher Richtung wirken der Fortfall von Niedriglohngruppen, ständige lineare Lohnerhöhungen und steigende Zusatzlohnbelastungen der Dienstleistungsbetriebe. Auch die extreme Freiheit der Wahl von Beruf und Arbeitsplatz, die wohlmeinend als Sozialpolitik betrieben dazu führt, daß nicht selten Arbeitslosigkeit eher ertragen wird als einen Dienstleistungsberuf zu akzeptieren, hindert manche Dienstleistungsbetriebe, die Nachfrage im vom Konsumenten gewünschten Zeitpunkt sowie in der erforderlichen Qualität und Freundlichkeit erbringen zu können. Unsere Gesellschaft braucht wohl eine bessere Erziehung zum Dienstleisten. Gb

Differenzierung

Die Differenzierung ist eine → Marketing-Strategie, mit der sich ein Unternehmen durch bessere Leistungen von der Konkurrenz bzw. deren Angebot unterscheiden und abheben will (Management by better Performance). Dieser Strategie liegt das Ziel zugrunde, die Firmenkonjunktur von der Branchenkonjunktur abzukoppeln. Durch optimale Differenzierung des → Marketing-Mix läßt sich auf einem Branchen-Käufermarkt (→ Käufermarkt) ein Firmen-Verkäufermarkt (→ Verkäufermarkt) gestalten. Ansatzpunkte dafür sind neue Produkte bzw. Problemlösungen (→ Innovation), die Qualitätsverbesserung (→ Qualitätspolitik), die → Servicepolitik, die Markierung (→ Markenstrategien), die → Verpackung, das → Design sowie das Produkt-, Marken- und → Corporate Image.

Die Strategie der Differenzierung läuft letztlich darauf hinaus, für das eigene Leistungsangebot eine → Unique Selling Proposition (USP) bzw. für das Unternehmen eine Unique Marketing Proposition (UMP) zu schaffen. Je besser dies gelingt,

- desto zufriedener und treuer werden die Kunden;
- desto unabhängiger wird das Unternehmen von der Konkurrenz;
- desto höhere Preise kann das Unternehmen auf dem Markt durchsetzen.

HL

Diffusion

Unter Diffusion versteht man die Ausbreitung einer → Innovation in einem sozialen System. Eine Innovation ist z. B. ein neues Produkt, ein soziales System ist z. B. der Markt. Die Voraussetzung für die Diffusion eines neuen Produktes ist dessen → Adoption durch einzelne Personen. Die Diffusion ist also die Folge der Adoption.

Wenn ein neues Produkt auf den Markt kommt, wird es zuerst von einigen innovationsfreudigen Personen gekauft, die man als Innovatoren oder Neophile bezeichnet. Danach kaufen die sog. Frühaufnehmer, die markentreuer als die Neophilen sind. Schließlich wird das Produkt auch von vorsichtigen und konservativen Personen gekauft, die man frühe und späte Mehrheit nennt. Zuletzt kaufen die sog. Nachzügler.

Die Ausbreitung eines neuen Produktes im Zeitablauf von den Neophilen bis zu den Nachzüglern wird als Diffusionsprozeß bezeichnet. Der Diffusionsprozeß ist die Häufigkeitsverteilung der Erstkäufer über die Zeit. Die Diffusionskurve entspricht einer Normalverteilung: nach einem langsamen Anlauf akzeptieren zunehmend mehr Menschen das neue Produkt; ihre Zahl erreicht einen Höhepunkt und nimmt wieder ab.

Der Diffusionsprozeß von Produkten

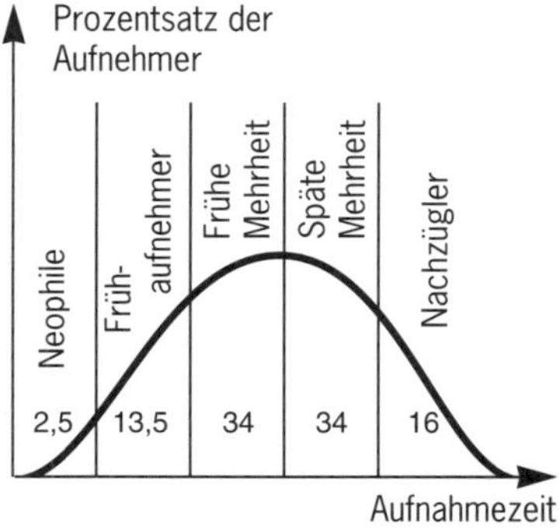

Der Diffusionsprozeß bestimmt den Umsatzverlauf im Lebenszyklus eines Produktes (→ Produkt-Lebenszyklus). HL

DIN ISO-Normen

→ Qualitätszertifikate.

Direktexport

→ Außenhandel.

Direct Mail

→ Direct Marketing.

Direct Marketing

Das Direct Marketing wurde in den letzten 15 Jahren als ein quasi neuer Kommunikationszweig aufgebaut, neben der klassischen Werbung und dem individuellen Kontakt (Verkaufsgespräch). Die Interessen der Unternehmen, die Dienstleistungen für das Direct Marketing anbieten oder in Anspruch nehmen, vertritt der sehr aktive »Allgemeine Direktwerbe- und Direktmarketing-Verband e.V. (DDV)«, Wiesbaden.

Direct Marketing umfaßt alle Marktaktivitäten, die sich einstufiger (direkter) Kommunikation und/oder des Direktvertriebs bzw. des Versandhandels bedienen, um Zielgruppen in individueller Einzelansprache gezielt zu erreichen. Direct Marketing umfaßt ferner solche marktgerichteten Aktivitäten, die sich mehrstufiger Kommunikation bedienen, um einen direkten, individuellen Kontakt herzustellen.

In erster Linie umfaßt das Direct Marketing allerdings nur zwei wichtige Technologien:

1) Die Direktwerbung (Direct Mail), also das Versenden von Unterlagen, zu Sendungen zusammengefaßt, mit Hilfe verfügbarer Adressen. Diese Adressen können gemietete Fremdadressen der Adressenverlage sein. Zunehmend sind es jedoch auch firmeneigene Adressen aus der Kundendatenbank (→ Database Marketing).

2) Die noch junge Kommunikations-Technologie des → *Telefon-Marketing*. Sie beinhaltet zum einen aktive Telefonaktionen, um eine größere Anzahl von Adressaten in standardisierter Form anzusprechen (Outbound). Parallel dazu gibt es das passive Telefon-Marketing, bei dem aufgrund von Werbeaktionen die reagierenden Adressaten sich telefonisch melden und ihre Nachricht abgeben (Inbound). Telefonaktionen können mit Hilfe spezialisierter Dienstleister durchgeführt werden.

Eine besondere Entwicklungsleistung der Direktmarketer war das Herausarbeiten der Rückkopplungs-Möglichkeiten aus derartigen Kommunikationsmaßnahmen (Response), ausgelöst durch Coupons, Antwortkarten und andere »Response-Verstärker«. Umstritten im Marketing ist jedoch die Darstellung, daß Anzeigen (anerkanntermaßen »indirekte« Kommunikation) nur dadurch, daß ein Response-Mittel aufgenommen wird, zur direkten Kommunikation werden. Denn alle Anzeigen, die sich an die Zielgruppe Kunden und Interessenten richten, sind per se Kontaktanzeigen mit dem Ziel, Resonanz zu schaffen, mit und ohne Coupon. Im Direct Marketing aktiv sind zum einen zahlreiche, zum Teil auch neue Dienstleistungsunternehmen wie Adressenverlage, Telemarketer, → Call-Center und Rechenzentren. Zum anderen sog. Direktagenturen, darauf spezialisiert, Kommunikationskonzepte zu entwickeln und auch abzuwickeln,

die sich der Direktwerbung und des Telemarketing bedienen (Dialogkonzepte, Kundenkontaktprogramme u. a.m.). Wesentliches Hilfsmittel der Steuerung sind → Database Marketing-Systeme.
Neuere Entwicklungen der Kommunikationsbranche, wie das Tele-Selling und das interaktive Fernsehen, werden ebenfalls dem Direct Marketing zugerechnet.

Hendrik Schüring

Direct Response TV

→ Direkt-Vertrieb.

Direkt-Vertrieb

Der Direkt-Vertrieb (synonym Direkt-Absatz) ist dadurch gekennzeichnet, daß ein Hersteller unmittelbar mit Endabnehmern in Geschäftsbeziehung tritt, d. h. keine → Absatzmittler in den Vertriebsweg einschaltet (→ Absatzwege). Gleichwohl kann dabei der Transport der Produkte durch Bahn, Post, Spediteure usw. erfolgen (→ Absatzlogistik).

Es gibt drei Basisformen des Direkt-Vertriebs:

- Direkt-Verkauf,
- Direkt-Vermietung (→ Leasing),
- Direkt-Tausch (→ Kompensation).

Die wichtigste Form ist der Direkt-Verkauf, der in vielen Erscheinungen auftritt:

- persönlicher Direkt-Verkauf (z. B. Belegschaftshandel, → Fabrik-Verkauf und → Party-Verkauf);
- schriftlicher Direkt-Verkauf (Mail Order, → Versandhandel);
- telefonischer Direkt-Verkauf (Telefon-Verkauf, → Telefon-Marketing);
- elektronischer Direkt-Verkauf (Direct Response TV, Tele-Selling).

Vorteile des Direkt-Vertriebs:

- Unmittelbarer Kontakt zum Endabnehmer.
- Den Kunden fehlt der unmittelbare Vergleich mit Konkurrenzprodukten.
- Dem Hersteller verbleibt die → Handelsspanne.
- Der Hersteller ist unabhängig von der Marktmacht der Absatzmittler.

Nachteile des Direkt-Vertriebs:

- Der Direkt-Vertrieb verursacht hohe Kosten für → Akquisition und → Logistik.
- Der Markt läßt sich nicht so stark durchdringen wie bei → indirektem Vertrieb.
- Direkt-Verkäufer von → Konsumgütern und Finanz-Dienstleistungen haben zum Teil ein schlechtes Image (z. B. Hausierer, Zeitschriftenwerber, Kaffeefahrten und → Struktur-Vertriebe).

Der Direkt-Vertrieb eignet sich besonders für beratungsbedürftige Produkte wie z. B. → Investitionsgüter. Voraussetzungen für den Erfolg sind neben erstklassigen Produkten ein guter → Service sowie qualifizierte und seriöse Verkäufer.

HL

Direktwerbung

→ Direct Marketing.

Discounter

Discounter oder Diskonter sind Betriebe des stationären Einzelhandels, die vor allem Lebensmittel (Food) nach dem Prinzip der Selbstbedienung zu Dauer-Niedrigpreisen verkaufen. Die bekanntesten Discount-Geschäfte, die neben Lebensmitteln auch ein Non-Food-Randsortiment führen, sind Aldi, Lidl, Penny und Plus.
Discounter verfolgen die → Preis-Mengen-Strategie: sie beschränken sich auf sog. → Schnelldreher, d. h. Waren mit einer hohen Umschlagsgeschwindigkeit, so daß sie mit einer geringen → Handelsspanne auskommen. HL

Diskriminanzanalyse

Die Diskriminanzanalyse ist ein Verfahren zur Klassifizierung von Objekten zu definierten Teilmengen. Die Unterschiede zwischen den Teilmengen werden durch unabhängige Variable erklärt. Ein Anwendungsgebiet ist die Überprüfung der Trennschärfe von Gruppen, die mit Hilfe der → Clusteranalyse ermittelt wurden.

Diskriminierung

Unter D. versteht man die ungleiche Behandlung gleichartiger Tatbestände, ohne daß hierfür ein sachlich gerechtfertigter Grund gegeben ist. Dieses allgemeine Rechtsprinzip findet im wirtschaftlichen Bereich im § 26 Abs. 2 → GWB seinen Niederschlag: Hiernach ist es → marktbeherrschenden Unternehmen, → Kartellen sowie Unternehmen mit → Preisbindung verboten, andere Unternehmen zu diskriminieren. Ein Verstoß gegen dieses Verbot kann nicht nur Unterlassungs- und Schadensersatzansprüche, sondern als Ordnungswidrigkeit auch Bußgelder zur Folge haben; darüber hinaus kann sich eine D. auch als → unlauterer Wettbewerb im Sinne von § 1 → UWG darstellen.

Dietrich Schmidt

Dissonanz, kognitive

→ Kognitive Dissonanz.

Distanzmaß

→ Clusteranalyse.

Distribution

→ Distributionsgrad.

Distributionsdichte

Die Distributionsdichte ist eine Kennzahl bzw. Zielgröße der Vertriebspolitik:

$$\text{Distributionsdichte} = \frac{\text{Zahl der Absatzmittler}}{\text{Bezugszahl}}$$

Als Bezugszahlen können verwendet werden:
- Fläche des Absatzgebietes (in qkm),
- Zahl der Einwohner im Absatzgebiet (in 1000),
- Zahl der Haushalte im Absatzgebiet (in 1000).

Zu unterscheiden sind die direkte, indirekte und totale Distributionsdichte. Die direkte Distributionsdichte ist die Zahl der direkt belieferten Absatzmittler je qkm, je 1000 Einwohner bzw. Haushalte.

Davon hängt die Zahl der möglichen Kundenbesuche pro Verkäufer und Arbeitstag ab, d. h. letztlich die Zahl der erforderlichen Verkäufer. Je dichter die direkte Distribution ist, um so höher sind die Distributionskosten.
Wenn ein Hersteller nur Einzelhändler beliefert, ist die direkte Distributionsdichte gleich der totalen Distributionsdichte. Falls auch Großhändler beliefert werden, ergibt sich zusätzlich eine indirekte Distributionsdichte. Die indirekte Distributionsdichte ist die Zahl der indirekt belieferten Einzelhändler je qkm, je 1000 Einwohner oder je 1000 Haushalte. Die totale Distributionsdichte auf der Einzelhandelsebene ist gleich der Summe aus der direkten und indirekten Distributionsdichte.

Die optimale Distributionsdichte ist von der Art der Produkte abhängig (→ Produktkategorien):

Art der Produkte	Erforderliche Distributionsdichte
Convenience Goods	hoch
Shopping Goods	mittel
Specialty Goods	gering

HL

Distributionsgrad

Der Distributionsgrad ist ein Maßstab für die Verbreitung eines bestimmten Produktes bzw. einer Marke im Handel. Der numerische Distributionsgrad drückt aus, wieviel Prozent der potentiellen → Absatzmittler das betreffende Produkt in ihrem → Sortiment führen. Der gewichtete Distributionsgrad ist der prozentuale Anteil der führenden Geschäfte am Umsatz der gesamten Warengruppe. Setzt man diese beiden Distributionsgrade zueinander ins Verhältnis, ergibt sich ein Maßstab für die »Qualität« der führenden Geschäfte:

$$\text{Distributionsqualität} = \frac{\text{Gewichteter Distributionsgrad}}{\text{Numerischer Distributionsgrad}}$$

Je größer diese Kennzahl ist, desto umsatzstärker sind die Geschäfte, die das Produkt führen.
Der numerische und gewichtete Distributionsgrad sowie die Distributionsqualität sind wichtige Ziele der Vertriebspolitik. Hersteller von → Markenartikeln, speziell → Convenience Goods, streben i.d.R. einen hohen Distributionsgrad an (→ Ubiquität).
Wenn ein Hersteller sowohl Einzel- als auch Großhändler beliefert, muß zwischen direktem und indirektem Distributionsgrad unterschieden werden.

Der direkte Distributionsgrad drückt aus, wieviel Prozent der potentiellen Absatzmittler vom Hersteller unmittelbar beliefert werden. Der indirekte Distributionsgrad besagt, wieviel Prozent der potentiellen Einzelhändler vom Hersteller mittelbar (über den Großhandel) beliefert werden. Beim Großhandel gibt es keinen indirekten Distributionsgrad, weil dieser vom Hersteller grundsätzlich nur direkt beliefert wird. Der totale Distributionsgrad ist die Summe aus dem direkten und dem indirekten Distributionsgrad.
In der Tabelle werden die Zusammenhänge am Beispiel der numerischen Distributionsgrade verdeutlicht.

Numerische Distributionsgrade

Absatzstufe	Potentielle Absatzmittler	Direkte Abnehmer	Distributionsgrade in % direkt	indirekt	total
Großhandel	1.000	500	50	–	50
Einzelhandel	20.000	4.000	20	60	80

Das Beispiel zeigt, daß 16.000 Einzelhändler (= 80 %) das Produkt des betreffenden Herstellers im Sortiment führen. Dabei werden 4.000 Einzelhändler (= 20 %) direkt und 12.000 (= 60 %) indirekt beliefert.

Die direkten Distributionsgrade der eigenen Marke können intern aufgrund sekundärstatistischer Daten ermittelt werden. Die Vertriebsleitung wird sich jedoch vor allem für die totalen Distributionsgrade der eigenen Marke und der Konkurrenz-Marken im Einzelhandel interessieren. Solche Informationen können nur durch Primär-Erhebungen (→ Handelspanel) beschafft werden, wozu man die Dienstleistungen der einschlägigen Marktforschungsinstitute (z. B. GfK und Nielsen) in Anspruch nehmen muß. HL

Distributionskanal

(→ Absatzwege).

Distributionspolitik

Die Distributionspolitik ist ein Instrument der Absatzpolitik (→ Absatzpolitisches Instrumentarium), das durch folgende Frage gekennzeichnet wird: Wo sollen welche Leistungen an wen und auf welchen Wegen wann vertrieben werden?

Im Rahmen der Distributionspolitik sind zwei Bereiche zu unterscheiden: → Akquisitorische Distribution und → physische Distribution bzw. → Absatzlogistik. HL

Distributionsqualität

→ Distributionsgrad.

Diversifikation

Diversifikation liegt vor, wenn ein Unternehmen aus dem Rahmen seiner traditionellen Branche in ein neues Aktivitätsfeld geht. Bei horizontaler Diversifikation bewegt sich das Unternehmen auf der gleichen Wirtschaftsstufe. Sie liegt beispielsweise vor, wenn ein Hersteller von Zigaretten Getränke in sein Programm aufnimmt oder wenn ein Versender in das Touristikgeschäft einsteigt. Vertikale Diversifikation ist das Tätigwerden auf verschiedenen Wirtschaftsstufen, beispielsweise wenn Chemie-Konzerne in die Weiterverarbeitung gehen. Laterale Diversifikation läßt keinen sachlichen Zusammenhang der neuen Produkte mit der bisherigen Angebotspalette erkennen. Gründe dafür sind Streuung des Risikos und Ausnutzung von Gewinnchancen. (Nieschlag/Dichtl/Hörschgen) → Marktfeld-Strategien. Ge

Domino-Effekt

(→ Absatzkredit).

Drucken bei Bedarf

→ Computer Aided Selling.

Druckverfahren

»Lang ist die Kunst, aber nur kurz das Leben. Und dennoch bin ich unter den Erfindern einer der Glücklichsten gewesen, da ich eine so große Ausbreitung der Lithographie erlebt habe.« (Alois Senefelder)

Ohne die Erfindung der Lithographie durch Senefelder wäre das bedeutendste Druckverfahren, nämlich der Offset- oder Flachdruck, nicht möglich.

Die Entwicklung dieses Verfahrens, kommend vom Steindruck über hochtechnisierte Offsetplatten unserer Zeit, grenzt sich ganz klar von den anderen Druckverfahren ab.

Hochdruck

- z. B. Stempeldruck, Buchdruck, Holzschnitt
- nur die eingefärbten erhabenen Elemente drucken

Tiefdruck

- Rakeltiefdruck, Kupferstich, Radierung
- nur die tiefgelegenen Teile bringen das Druckbild zu Papier.

Durchdruck

- Siebdruck oder Schablonendruck
- Farbe wird durch ein Sieb oder durch eine Schablone auf den Bedruckstoff aufgebracht.

Flachdruck, Offsetdruck

Druckverfahren mit Druckplatten, deren druckende Teile auf gleicher Ebene mit den nicht druckenden Teilen liegen. Das Prinzip beruht auf dem Gegensatz von Fett und Wasser. Die druckenden Teile sind so präpariert, daß sie Farbe (Fett) annehmen und Wasser abstoßen, wohingegen die nicht druckenden Teile Wasser annehmen und Farbe (Fett) abstoßen.

Die Auswahlkriterien, für welche Druckart man sich entscheidet, sind u. a. sehr stark von der Auflagenhöhe abhängig und vom Bedruckstoff.

Die Tabelle zeigt die Bedeutung des Offsetdrucks für den Druckmarkt Deutschland in 1000 DM (1993):

Druckverfahren

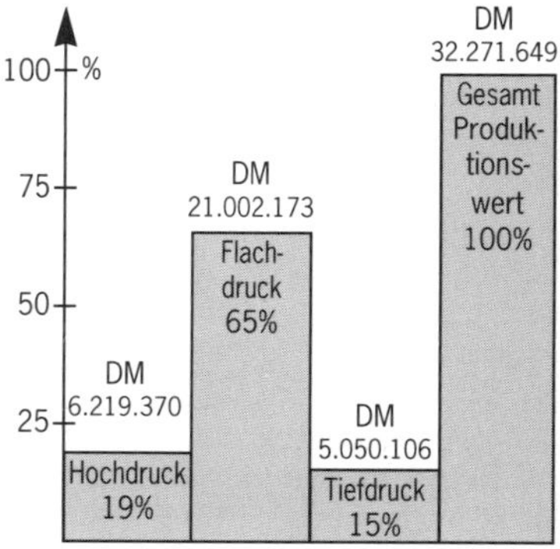

Michael Witt

Dual-Marketing

Gleichzeitige Vermarktung eines Produktes durch zwei oder mehr Vertriebsorganisationen. Eine Strategie, die besonders im Pharma-Marketing Anwendung findet. Ziel dieser Kooperationsstrategie ist, durch eine externe Erhöhung der Vertriebskraft innerhalb eines möglichst kurzen Zeitraumes eine Amortisation der Investitionen oder Marktdurchdringung zu erreichen.

Peter Hanser

E

EAN-System

→ Artikelnumerierungssysteme.

Edifact

(Electronic data interchange for administration, commerce and transport)
Durch das Edifact-Projekt der Wirtschaftskommission der Vereinten Nationen für Europa (UN/ECE) sollen als Voraussetzung für elektronischen Datenaustausch (z. B. → Just-in-time-Informationen) einheitliche Datenstrukturen sowie Formulare zur Standardisierung von Datenerfassung und -auswertung (Form und Aufbau für Geschäftsformulare, wie Rechnungen, Bestellscheine, Lieferabruf usw.) geschaffen werden (→ Logistik).

Gb

E-Mail

→ Computer Aided Selling.

Einfirmen-Vertreter

→ Handelsvertreter.

Einführungsrabatt

→ Rabatte.

Einführungsphase

Im → Produktlebenszyklus die Phase direkt nach der Einführung des Produktes auf dem Markt (→ Innovation, → Innovationsprozeß). Hoher Werbeaufwand, intensive Verkaufsförderung und evtl. besondere Rabatte/Provisionen für Verkäufer und → Absatzmittler drücken die Stückdeckungsbeiträge. Für Produktion und Verkauf ist das neue Produkt noch ungewohnt (fachliche Lernkurve). Es gibt Anlaufverluste.

Einkaufsgremium

→ Buying Center.

Einkaufspolitisches Instrumentarium

Organisierte (Groß-)Nachfrager (→ Nachfrage, organisierte und unorganisierte), also Großunternehmen des Handels oder der Industrie, Beschaffungsbehörden und Einkaufsverbände pflegen insbesondere A- und B-Produkte (→ ABC-Analyse) sehr professionell, also unter Nutzung des »einkaufspolitischen Instrumentariums« einzukaufen.
Dabei gilt es zunächst, *Marktkenntnisse* zu erarbeiten: Wer bietet zu beschaffende Güter und Leistungen mit welcher Zuverlässigkeit und Leistungsfähigkeit auf welchem Regionalmarkt an? Was kostet das Einkaufsprodukt oder die zu beschaffende Leistung frei Haus? Wer ist insgesamt der günstigste Anbieter?
Auf Basis dieser Daten werden dann die leistungsfähigsten Anbieter in einer engeren Auswahl systematisch miteinander verglichen, evtl. mittels einer Entscheidungsmatrix (→ Standortentscheidung). Anschließend wird verhandelt, die in Frage kommenden Anbieter werden gegeneinander ausgespielt, Sonderkonditionen wer-

den ausgehandelt und mittelfristige Lieferverträge in Aussicht gestellt.
Am Ende eines solchen Beschaffungs-Marathons fällt dann eine Entscheidung, zumeist als Listung eines Lieferanten z. B. für ein Jahr. Dieser muß sich verpflichten, pünktlich zu liefern, feste Abnahmemengen werden allerdings nicht zugesagt.
Erfolgen dann Abrufe auf den Pauschalauftrag, werden Termineinhaltung und Qualität genau überprüft. Nicht selten wird eine Nachbesserung des Preises reklamiert. Gezahlt wird, es muß ja alles gründlich geprüft und ordentlich bearbeitet werden, von Großnachfragern oft mit Verspätung. Sollte der Lieferant dies reklamieren, droht der Abbruch der Geschäftsbeziehung, spätestens durch Auslistung nach Ablauf des Vertrages.
Organisierte Nachfrager drohen nicht selten (ohne dies i.d.R. je tun zu müssen) mit »make or buy«, also damit, selbst das Gewünschte herzustellen. Die Technik des Lieferanten beherrsche man selbstverständlich, man könne auch einen der Anbieter aufkaufen.
Großnachfrager machen zudem den abhängigen Lieferanten häufig Vorschriften, daß andere Vertriebswege (z. B. Discount) oder Wettbewerber nicht mit den gleichen Produkten oder der Herstellermarke des Lieferanten gleichzeitig beliefert werden dürfen. Bei Beschaffungsämtern der Streitkräfte oder der Polizei wird gefordert, daß vom Lieferanten nur befreundete Nationen ebenfalls beliefert werden dürfen.
Handelsgruppen mit meßbaren und fühlbaren Marktanteilen, wie diese im Konsumgüterabsatz dominieren, drohen »unbotmäßigen« Lieferanten mit Liefersperre oder gar Entlistung. Entlistung bedeutet dabei die Entfernung der Produkte aus der Artikelstammdatei, möglicherweise gar die Eliminierung aus der Lieferantenstammdatei – dann gibt es nicht einmal mehr Gesprächstermine.
Die → Absatzmittler als »Gate Keeper« (Torwächter) können einzelnen Lieferanten den Weg zum Konsumenten sperren, sei es ein Kfz-Hersteller, der eine Reifenfirma entlistet, oder eine Handelsorganisation, die einen Markenartikel nicht mehr führt. Das läßt sich gerade gegenüber den schwächeren Anbietern am ehesten mit Erfolg durchsetzen.
Ein geschickter Einkäufer wird das gesamte Instrumentarium beim Verhandeln von bedeutenden Lieferverträgen ausspielen: Er kennt weltweit alle relevanten Anbieter, er spielt seine Einkaufsmengen und Marktmacht voll aus, er verlangt bezüglich der Preise, Werbezuschüsse, Regalpflege, Herstellerhaftung, Liefertermineinhaltung (Just-in-time) und jedes Preisbestandteils, jeder Kondition weiteres Nachgeben des Anbieters. Zu solchen Verhandlungen, zum Verkehr mit den Nachfragemächten von Industrie, Handel und staatlicher Beschaffung müssen Spitzenkräfte des Anbieters eingesetzt werden, sog. → Key Account Manager. (vgl.: Geisbüsch, H.G.: »Die Verhaltensweisen organisierter Nachfrager«, in: Gutersohn/Geisbüsch: *Das Gegengewichtsprinzip...(II),* FiW-Schriftenreihe, Köln u. a. 1966). Gb

Einkaufszentrum

→ Agglomeration, → Stadtmarketing.

Einstellung

1. Begriff

Haltung, Prädisposition eines Individuums oder Kollektivs einem Gegenstand gegenüber, z. B. bezüglich seiner Eignung, Bedürfnisse zu befriedigen. Objekt der Einstellung können neben Gegenständen im engeren Sinn auch Menschen, Situationen, Sachverhalte usw. sein.

Einstellungen sind relativ dauerhaft und sie variieren zwischen Individuen und Kulturen, beziehen sich also auf Gegenstände, über die man sich nicht allgemein einig ist.

Im Bereich der Konsumentenforschung wird für Einstellungen gegenüber Produkten und Marken auch häufig der ungenauere Begriff »Image« verwendet.

2. Entstehung von Einstellungen

Einstellungen sind das Ergebnis von Lernprozessen und entstehen entweder durch eigene, direkte Erfahrung oder durch Tradierung, also Erfahrung der eigenen Gruppe. Trotzdem können genetische Prädispositionen, z. B. Aggressivität, bestimmend für Einstellungen sein. Einstellungen können auch wertorientiert sein (Vorurteile, Überzeugungen).

Einstellungen, die sich auf verschiedene soziale Streitfragen (Religion, Politik, Kunst, sexuelles Verhalten, Rasse usw.) beziehen, bilden einen Generalfaktor »soziale Einstellung« (konservativ – liberal).

Einstellungen und Verhalten sind interdependent.

Inkonsistenzen im Einstellungssystem werden als unangenehm, als Konflikt erlebt (→ Kognitive Dissonanz).

3. Komponenten, Arten

Einstellungen besitzen, jeweils in stärkerem oder schwächerem Umfang, folgende Komponenten:

- affektive Komponente (Gefühle, Emotion);
- kognitive Komponente (Wissen, Gedanken, Erfahrung);
- konative Komponente (Verhaltensabsicht, Handlungsbereitschaft, z. B. Kaufbereitschaft); Konation: psychischer Antrieb, Strebung.

Typisch für E. ist dabei, daß diese drei Komponenten aufeinander abgestimmt, miteinander konsistent sind.

Man unterscheidet weiterhin nach Einstellungsgegenständen:

- globale Einstellungen, also solche, die eine Gruppe oder Klasse von Gegenständen betreffen (z. B. Nationen, Produktgruppen)
- differenzierte Einstellungen, also Einstellungen, die einzelne Objekte (Personen, Produkte, Marken) betreffen.

4. Einstellungsmessung

In der Psychologie gilt der Begriff der Einstellung als hypothetisches Konstrukt. Sie ist eine nicht direkt meß- oder beobachtbare psychische Größe. Es kann nur versucht werden, anhand von Befragungen, beobachtbaren Handlungsfolgen in bezug auf das Objekt sowie physiologischen Veränderungen, die sich aus Wahrnehmung des Einstellungsgegenstandes ergeben (z. B. Hautwiderstandsmessung, Pupillenreaktionen), Indikatoren, Maßstäbe oder operationale Definitionen für die »tatsächliche« Einstellung zu finden.

Gerade auch in der Konsumentenforschung ist die Befragung vorherrschend.

Möglichkeiten der Skalierung bieten zum einen Skalen, die direkte Meinungsäußerungen enthalten, wobei der Grad der Zustimmung oder Ablehnung anzugeben ist, zum anderen Skalen mit an sich neutralen Begriffen, die dann zu bewerten sind. Am häufigsten werden dabei Rating-Skalen benutzt (→ Skalierung).

Rating Skala

Wie schätzen Sie die Ware ein?

-2	-1	0	1	2
sehr schlecht	schlecht		gut	sehr gut
5	4	3	2	1

Typisches Beispiel für eine mehrdimensionale Messung ist das sog. Semantische Differential, wobei die Gegenstände anhand gegensätzlicher Begriffe, die mit Rating-Skalen verbunden sind, beurteilt werden. Diese Art der Darstellung kennt man auch als »Polaritäten-Profil«.

Bekannte Modelle der Einstellungsmessung sind die von Fishbein (1963) und Trommsdorff (1975).

5. Bedeutung für das Marketing

a) »Diagnose«

Gemessene Ist-Werte von Einstellungen dienen der Erklärung und Prognose von Verhaltensweisen der Konsumenten allgemein oder nach Segmenten (→ Segmentierung). Vereinfacht geht man davon aus, daß eine positive Einstellung die Absatzchancen verbessert.

Als Erfolgskontrolle kann in Einstellungsveränderungen die Wirkung absatzpolitischer Maßnahmen, also Absatzmethoden und → Absatzwege, Kommunikationspolitik (Werbung, PR, Sponsoring, Verkaufsförderung) und Sortiments- und Produktpolitik festgestellt werden.

Eine interessante Möglichkeit der Nutzung von Einstellungen ist der Imagetransfer (besser: Einstellungstransfer): Das Image einer Marke wird auf andere Produkte, ein anderes Sortiment übertragen, so etwa bei Bekleidung und Schuhen unter der Marke »Camel«. Zum einen soll das durch absatzpolitische Maßnahmen »teuer erkaufte« Image so

Semantisches Differential (Polaritätsprofil) zur Einstellungsmessung

	5	4	3	2	1	0	1	2	3	4	5	
modern												traditionell
konservativ												liberal
gut												schlecht
teuer												billig
schwer												leicht
natürlich												künstlich
schnell												langsam

besser genutzt werden, zum anderen soll die Imagewirkung des ursprünglichen Sortiments, das unter dieser Marke vermarktet wurde, verbessert und stabilisiert werden.

b) »Therapie«
Als absatzpolitische Zielvorstellungen (auch für einzelne Segmente von Konsumenten im Sinne von → Marktnischen) können Einstellungsmessungen zu »idealen Produkten oder Leistungen«, also solchen, die die Bedürfnisse am besten befriedigen, durchgeführt werden. Als Strategien stehen dem Unternehmen die Anpassung an Konsumentenwünsche (also Einstellungen) oder der Versuch der Beeinflussung der Einstellungen der Konsumenten zur Verfügung (→ Produktpositionierung).

6. Beeinflussung von Einstellungen
Einstellungen sind relativ dauerhaft. Zu Einstellungsänderungen (vgl. → Kognitive Dissonanz) einige Hinweise:
- Die Glaubwürdigkeit der Quelle einer Kommunikation ist entscheidend;
- Bestimmte Persönlichkeitsmerkmale sind mitentscheidend, so sind Personen mit geringer Selbstachtung und allgemeiner Passivität leichter zu überzeugen;
- Es ist von Vorteil, bei einer Zuhörerschaft das erste und das letzte Wort zu haben;
- Einstellungen, die anderen Einstellungen (z. B. politisch, religiös usw.) nahekommen, werden leichter übernommen;
- Es wirkt glaubwürdiger, beide Seiten einer Streitfrage darzulegen, auch schafft das Ausräumen möglicher Gegenargumente »im voraus« Resistenz gegen spätere Beeinflussung durch andere (→ Argumentation);
- Die Betonung gemeinsamer Ziele (oder eines gemeinsamen »Feindes«) schafft Einigkeit. Gb

Einwand

Einwände von Kunden sind Kauf-Signale, d. h. wahre Gründe, die einem Abschluß noch im Wege stehen. Beispiele: zu teuer, zu lange Lieferzeit.
Einwände können durch Entgegenkommen des Verkäufers und/oder durch eine gezielte → Argumentation überwunden werden. Wenn der Verkäufer einwandfrei argumentiert, kann er den Kunden überzeugen.
Einwände dürfen nicht mit Vorwänden verwechselt werden (→ Vorwand). HL

Einzelhandel

→ Handel, → Handelsfunktionen, → Handelskonzeptionen.
Der Einzelhandel verkauft die industriell in Massen gefertigten oder von der Landwirtschaft erzeugten Produkte, seien sie nun im In- oder Ausland hergestellt, einzeln oder in kleinen Mengen an die Konsumenten.
Im Einzelhandel findet der Kontakt der großen Marken mit dem Verbraucher statt (Schnittstelle), dort werden diese Markenprodukte präsentiert, sie können besichtigt, erprobt und – etwa bei Textilien oder Schuhen – angeprobt werden, dort findet persönliche Beratung (für Shopping Goods; → Produktkategorien) statt, auch Nachsorgeservice (After Sa-

les Service) geschieht weitgehend durch den Einzelhandel.
Der Einzelhandel erbringt den bedeutendsten Beitrag zu den zahlreichen Dienstleistungen und damit dem in seiner Bedeutung über die Jahrzehnte gewachsenen Dienstleistungsanteil an der gesamtwirtschaftlichen Wertschöpfung. Der Einzelhandel ist komplementärer, unvermeidbarer Faktor zum wirklichen Gelingen der industriellen Produktion. Wird ein Massengut an der Verkaufsfront des Einzelhändlers geschickt präsentiert und verkauft, kann die Industrie arbeiten und verdienen, wird Einzelhandel lustlos betrieben, so leidet auch und ganz besonders die Industrie. Eine Absatzkette ist eben nur so stark, wie ihr schwächstes Glied (→ Vertikal-Marketing).
Daher betreiben weitsichtige Industrielle oder Großanbieter landwirtschaftlicher Produkte Merchandising, vermitteln Produktwissen, Anwendungswissen, spezielle Verkaufstechnik an die → Absatzmittler, die oft die Fülle des Einzelhandelsangebots nicht mehr in allen Warengruppen und für alle Verwendungszwecke alleine optimal überblicken. Für Randsortimente, wie etwa Kurzwaren oder für Zeitschriften in einem Verbrauchermarkt wird häufig das Einschalten eines → Rack-Jobbers zur Lösung. Dabei wird der Einzelhändler dann lediglich zum Gesteller von Verkaufsfläche und Kassierer, also Kommissionär.
Einzelhandel kann stationär betrieben werden. Traditionelle Versandhäuser als Sortiments- oder Fachversender erlebten nach dem Zweiten Weltkrieg eine erstaunliche Renaissance. Ob und inwieweit auch in Europa sich das Bestellen am Fernsehschirm oder PC-Bildschirm durchsetzen wird, beurteilen Experten und Fortschrittsgurus noch sehr unterschiedlich. Auch das Bestellkaufhaus könnte noch zur Bedeutung kommen. Aber ohne Einzelhandel geht es offensichtlich nicht, denn auch Fabrikverkaufsstellen, sog. Factory Outlets (→ Fabrikverkauf) sind Einzelhandel, nur eben als unselbständige Betriebe eines Industrieunternehmens. Gb

Einzeltest

→ Produkttest.

Electronic Cash

→ Bargeldlose Zahlung.

Electronic Mail

→ Computer Aided Selling.

Elimination

(→ Produkt-Elimination).

Emotion

Emotionen, auch als Gefühle bezeichnet, sind innere Spannungs- oder Erregungszustände, die als angenehm oder unangenehm empfunden werden und mehr oder weniger bewußt erlebt werden. Als hypothetisches Konstrukt gehört die Emotion neben der → Motivation und der Einstellung zu den aktivierenden Vorgängen (→ Konsumentenverhalten: Psychische und soziale Determinanten). Nach Izard gibt es zehn primäre (angeborene) Emotionen, andere Emotionen entstehen als deren Derivate oder Gemische. Diese

sind Interesse, Freude, Überraschung, Kummer und Schmerz, Zorn, Ekel, Geringschätzung, Furcht, Scham, Schuldgefühl.
In der → Werbung wird oft versucht, (auch) Emotionen anzusprechen. Gb

Empathie

Empathie (Einfühlungsvermögen) ist die Fähigkeit, sich in andere hineinzuversetzen. Der Erfolg von Verkaufsverhandlungen hängt wesentlich von der Empathie des Verkäufers ab. Der Verkäufer muß sich in die Rolle seines Kunden hineinversetzen können, d. h. er muß den Verkaufsvorgang als Einkaufsvorgang betrachten. »Wenn es ein Geheimnis für den Erfolg gibt, so ist es das: den Standpunkt des anderen verstehen und die Dinge mit seinen Augen ansehen« (Henry Ford).
Wenn ein Verkäufer nicht empathisch ist, wird er auf die Dauer keinen Erfolg haben. Die Kunden spüren, ob man sich für ihre Bedürfnisse, Probleme und Wünsche interessiert oder ob man ihnen nur etwas verkaufen will. Die Empathie des Verkäufers darf allerdings nicht übertrieben sein. Wenn sich der Verkäufer zu stark in die Rolle des Kunden hineinversetzt, vergißt er die Interessen der vertretenen Firma. Auf die Dauer sind nur solche Geschäfte gute Geschäfte, die für beide Partner von → Nutzen sind. HL

Entgeltpolitik

Entgeltpolitik ist die Gesamtheit aller Entscheidungen im Marketing-Mix, die der zielorientierten Gestaltung des Preis/Leistungs-Verhältnisses dienen. Das wichtigste Instrument ist die → Preispolitik, ferner sind → Rabattpolitik sowie → Lieferungs- und Zahlungsbedingungen von Bedeutung.
Das Entgelt aus dem Verkaufsakt ist das Ergebnis von Menge x Preis = Bruttoerlös; abzüglich verschiedener Rabatte und – je nach Art der → Deckungsbeitragsrechnung bzw. der → Kalkulation – weiterer Positionen (etwa Frachtkosten, Transportversicherung, Verkaufsprovisionen, Reklamationskosten) ergibt sich der Nettoerlös.
Je nach Branche und allgemeiner Marktlage gilt ein Entgelt-Mix als erstrebenswert, das geeignet ist, die Marktziele des Anbieters bestmöglich und dauerhaft zu erreichen. Häufig ist die Entgeltpolitik ein Ergebnis von Tradition (Branchengepflogenheiten), Marktlage und der eigenen Machtposition am Markt. Eine bewährte Entgeltpolitik sollte nur bei nachweislichen Notwendigkeiten und dann nur in den betroffenen Entgeltbestandteilen geändert werden, um die Nachfrage nicht mehr als notwendig zu verunsichern und zu verärgern. Ge

Entscheidungsorientierter Ansatz

→ Marketing-Theorie-Ansätze.

Entsorgungslogistik

Die wachsende Umweltsensibilität hat dazu geführt, daß sich in jüngster Zeit ein eigener Bereich der Logistik, die sog. Entsorgungslogistik etabliert hat. Die Entsorgungslogistik bietet Systeme zur

Entsorgung der Industrie und des Handels von Verpackungsmaterialien und sonstigen zu entsorgenden Gütern (Abfallstoffe, Gefahrenstoffe usw.) an.

Einen Aufschwung erfuhr dieser jüngste Logistikzweig durch die 1991 in Kraft getretene Verpackungsverordnung, wonach Unternehmen der Industrie und des Handels verpflichtet sind, Transportverpackungen, Umverpackungen und Verkaufsverpackungen vom Kunden zurückzunehmen und einer geordneten Wiederverwendung zuzuführen.

In diesem Bereich haben sich inzwischen große Entsorgungsunternehmen etabliert (z. B. Duales System Deutschland), die eine flächendeckende Entsorgung mit teilweiser Wiederverwertung der Abfallstoffe gewährleisten.

Die reibungslose Durchführung der Entsorgungslogistik ist für viele Unternehmen heute ebenso wichtig wie die eigentliche Belieferung der Kunden selbst.

Wilhelm Hauser

Erfa-Gruppe

→ Erfahrungsaustausch.

Erfahrungsaustausch

(→ Kooperatives Marketing). Wenn es durch die Dynamik von Technik und Wirtschaft schwierig oder oft gar unmöglich ist, vollständiges (alle relevanten Probleme, Daten) und vollkommenes (je Datum, Problem alle Einzelheiten/Fakten) Wissen zu erreichen und zu erhalten, dann hilft der Erfahrungsaustausch unter den für Unternehmen oder auch Nonprofit-Organisationen verantwortlichen Managern (aller Ebenen und Spezialisierungen) von unterschiedlichen Unternehmen/Organisationen. Gleiches gilt aber auch z. B. für Manager verschiedener Filialen eines Unternehmens.

Die Erfahrung lehrt, daß in einer Gruppe dynamischer Personen unterschiedlicher Veranlagung und verschiedener Wissens- und Methodenschwerpunkte alle Teilnehmer profitieren und → Synergieeffekte geweckt und genutzt werden können. Gruppen, in denen sich ein solcher Erfahrungsaustausch vollzieht, nennt man Erfa-Gruppen.

Erfahrungsaustausch im horizontalen Wettbewerb, insb. im engen Oligopol, ist eine friedliche Wettbewerbsart, die unter dem Aspekt steht, daß Preiskampf-Wettbewerb im Oligopol, je enger es ist, zur »throat cut competition« ausartet. Dann würden aber alle zu leiden haben, müßten einige Wettbewerber verlustinduziert ausscheiden. Also betreiben gerade eng oligopolisierte Wirtschaftszweige meist eine intensive Verbandsarbeit, entwickeln in Facharbeitskreisen Richtlinien zur Kalkulation, Bilanzierung, Mediaplanung oder zur Abwehr der → Nachfragemacht der direkten Abnehmer (z. B. Großunternehmen, Einkaufsverbände, staatliche Beschaffungsämter).

Im mittelständischen Handel und Handwerk sind häufig solche Erfahrungsaustauschgruppen besonders fruchtbar, bei denen die Teilnehmer nicht in lokalem und direktem Wettbewerb zueinander stehen. Zudem muß die Zahl der Teilnehmer an Erfa-Gruppen beschränkt bleiben (diskussionsfähige Gruppen).

Initiatoren und Betreuer solcher Erfa-Gruppen sind häufig Franchise-Geber, Markenhersteller (Systemführer) in einem vertikalen Absatzverbund (→ kooperatives Marketing) oder die Zentrale eines gewerblichen Einkaufs- und zumeist auch Marketing-Verbandes. Diese pflegen häufig Systeme von Erfa-Gruppen zur Steigerung der Effizienz des Verbundes. Positive Ergebnisse einzelner Gruppen können für den Gesamtverbund rasch nutzbar gemacht werden.
Gb

Erfahrungsgüter

oder auch: Vertrauensgüter

Viele Güter und Leistungen, die uns in unserer technisierten Welt umgeben, sind vom normalen Verbraucher nur noch sehr oberflächlich auf ihre technische Leistungsfähigkeit hin zu beurteilen. Also müssen Ge- und Verbraucher sehr häufig im *Vertrauen* auf eine bekannte und geachtete Marke und/oder den guten Ruf eines anbietenden Unternehmens, eines lokalen Absatzmittlers bzw. Vertragshändlers oder -handwerkers eine Kaufentscheidung treffen.

Denn wer ausreichend frei verfügbare → Kaufkraft hat, besitzt in der Regel wenig Zeit, muß also Kaufentscheidungen im *Vertrauen* und aufgrund von bisherigen eigenen oder ihm bekannt gewordenen *Erfahrungen* treffen.

Auch beim Kauf von »Mode« ist der normale Konsument auf Vertrauen in die Beratung des gewählten Händlers und auf Erfahrungen aus vorangegangenen Käufen angewiesen. In dieser Hinsicht unterscheidet sich die Kaufwelt von heute massiv von der Kaufwelt etwa zu Beginn der Industrialisierung vor 200 Jahren.
Gb

Erfahrungskurve

Sie stellt einen Zusammenhang zwischen der Erfahrung eines Unternehmens, gemessen am kumulierten Absatz eines Produktes und der Stückkostenkurve her. Als grobe Faustregel kann gelten, daß eine Verdoppelung der Absatzmenge zu einer Kostenreduzierung von 20–30 % führt. Gründe dafür liegen

- in der Fixkostendegression pro Einheit
- den günstigeren Einkaufsbedingungen bei größeren Mengen
- dem Einsatz neuerer Technologien, die sich ab gewissen Produktionsmengen lohnen und
- dem durch Lerneffekte verbesserten Management-Know-how.

Ge

Erhebungstechniken

Die wichtigsten Erhebungstechniken sind die → Befragung, die → Beobachtung, das → Panel und der → Test bzw. das → Experiment.

Erinnerungsverfahren

→ Recall Test.

Erlebniskauf

Der gelangweilte Verbraucher, der mit seiner Freizeit nichts anzufangen weiß, seitdem Arbeitszeitverkürzung, lange Ferien, viele Feiertage ihn von Jahrzehnt zu Jahrzehnt mehr von der Arbeitsfron befreite, der sich zudem von seiner Kirche und ihren vielen Verpflichtungen und sozialen Einbindungen löste, dem zudem im Bereich des »Shopping« kaum etwas wirklich fehlt, diesem Verbraucher muß eine Erlebniswelt »Einkauf« geboten werden. Ein Springbrunnen mit Wasserspielen im integrierten EKZ, eine Lichtorgel im Foyer, Ausstellungen an moderner Kunst (evtl. aus Entwicklungsländern), eine kleine Jazzband, viel »Bunt« – das soll das Einkaufen zum Erlebnis machen (→ Erlebnis-Marketing).

Der typische obere Mittelständler, ein Angehöriger der unteren Oberklasse, die Doppelverdienenden der Mittelklasse (dinks = double income no kids, also kinderlose Doppelverdiener), die breiten Schichten mit überdurchschnittlichen Einkommen also, haben kaum Zeit zum Shopping, dies wird fast als Strafe empfunden, der man sich von Zeit zu Zeit zu unterziehen hat. Denn diese Schichten haben beruflich hohe Anspannung, für sie gilt – wird die notwendige Fort- und Weiterbildung betrieben, die vielfältigen »wichtigen« Hobbys wie Sport, Theater, Reisen, Clubs etc. eingeschlossen – die Zeit reicht nie. Man stößt sich zudem an dem Verkehrschaos zu den üblichen Rush-hours, wenn alle einkaufen fahren (z. B. Donnerstag abends, Freitag nachmittags, Samstag vormittags), an dem Parkhausproblem einschließlich als zu hoch empfundener Parkgebühren.

Diese Verbraucher wünschen beim Shopping von auszuwählenden, anzupassenden hochwertigen → Gebrauchsgütern im Einzelhandel eine Atmosphäre, eine Umgebung, die derjenigen ähnelt, in der die zu kaufenden Bekleidungsstücke, Teppiche, Möbel, Bilder usw. genutzt werden sollen: Wohn- oder moderne Büroatmosphäre, tageslichtähnliche verzerrungsfreie Beleuchtung, Teppichböden, Rauhfasertapeten etc., nicht »Happening«, das hat der verwöhnte Mitteleuropäer schon in seiner Reisezeit genug und sicher besser und individueller als es ein Einzelhändler kann, sondern eine reale Umgebung zur Auswahl/ Erprobung ist gewünscht. Dies gilt beim Möbelkauf in einem Supermöbelcenter von mehr als 30.000 qm Verkaufsfläche, mit einer Cafeteria, die zum Entspannen einlädt, auf der grünen Wiese, leicht erreichbar, kostenlose Parkplätze für mehrstündige Besichtigung und Beratung einer solchen Anschaffung fürs Leben.

Das mag in den USA gelegentlich anders sein, es gibt eben doch bedeutende Unterschiede zwischen den durchschnittlichen Konsumenten in den meisten Staaten der USA und Mitteleuropäern. Aber hier gibt es unterschiedliche Meinungen zwischen Fachleuten und solchen, die sich als solche bezeichnen.

Gb

Erlebnis-Marketing

Das Erlebnis-Marketing zielt auf die Gefühle der Konsumenten (Peter Weinberg). Die Konsumenten sollen sinnlich beeinflußt werden, diejenigen Waren und Dienstleistungen zu kaufen, die ihrer Lebensqualität entsprechen. Das soll dadurch erreicht werden, daß man die Produkte und Einkaufsstätten in der Gefühlswelt der Konsumenten verankert. Es geht also um die Vermittlung von → Emo-

tionen, die den Einkauf zu einem persönlichen Erlebnis werden lassen (→ Erlebniskauf).
Der Erfolg des Erlebnis-Marketing hängt davon ab, ob und inwieweit es gelingt, die Produkte, die Kommunikation und die Einkaufsstätten so zu gestalten, daß der Anbieter bzw. sein Leistungsangebot aufgrund der vermittelten Erlebniswerte von den Konsumenten bevorzugt wird (→ Präferenzen). HL

Ethik

→ Wirtschaftsethik.

Europäische Artikelnummer

→ Artikelnumerierungssysteme.

Event-Marketing

Planung und Gestaltung von bestimmten Ereignissen (»Events«) im Sinne von Veranstaltungen nach Marketing-Gesichtspunkten und unter Nutzung von Marketing-Know-how.
Solche Events können z. B. sein:
- Messen oder Ausstellungen;
- Neueinführung von Produkten oder Vorstellung verbesserter Produkte;
- Eröffnung einer neuen oder umgebauten Produktionsstätte, Renovierung oder Eröffnung eines Ladengeschäftes, eines integrierten Einkaufszentrums oder einer Ladenpassage;
- Wiedereröffnung nach Umbau (z. B. → Trading Up);
- Konferenzen, Kongresse;
- Gesponsorte Veranstaltungen;
- PR-Veranstaltungen.

Ziel des Event-Marketing ist es, durch die professionelle Vorbereitung und Gestaltung des Events Aufmerksamkeit beim Publikum und den Konsumenten allgemein zu erreichen.
Je nach Veranstaltung können z. B. Sonderangebote, Gewinnspiele, (passende) Prominente als Gäste und (passende) musikalische Umrahmung für Aufmerksamkeit sorgen und Neugierige anlocken.
So meinte ein Kaufhausmanager, daß er mit der kürzlichen »Neueröffnung« einer Filiale nach wesentlicher Renovierung und Modernisierung von Gebäude, Sortiment und Einrichtung, verbunden mit einem Schub an Mitarbeiterschulung, das »Event« hatte, das es zu feiern und zu publizieren galt. Tatsächlich zeigen die Umsätze und Deckungsbeiträge im Vergleich zu früher nunmehr eine nachhaltig positive Entwicklung. Ein wirklich gut vermarktetes Event vermag in der Werbeüberflutung unserer Zeit oft noch bis zum letzten Verbraucher durchzudringen.
Große Ereignisse, »dramatisch« geplant und durchgeführt und mit erfolgreicher Berichterstattung, sind geeignet, nachhaltig Werbewirkung zu erzielen.
Ein solches Event wird zudem nicht so schnell vergessen. Daher ist es zu überlegen, ob ein werbendes Unternehmen nicht von der Jahrtausende alten Erfahrung der Religionsgemeinschaften lernen sollte, einige wenige hohe Feiertage im Jahr dann aber auch prächtig zu feiern anstatt laufend kleine Höhepunkte zu setzen, die nicht mehr ernst genug genommen werden und deren Wirkungen stark verflachen.

Events sind kein Ersatz für klassische Werbung und → Public Relations, sondern komplementäre Elemente im Kommunikationsmix eines Unternehmens.
Das Event-Marketing bedarf einer systematischen Planung und eines professionellen Managements. Wenn diese Voraussetzungen im Unternehmen fehlen, sollten dafür spezielle Agenturen eingeschaltet werden. Gb/HL

Evoked Set

→ Kaufentscheidung
Diejenigen Kaufalternativen, die zu Beginn eines Kaufentscheidungsprozesses einem Konsumenten bekannt sind und als grundsätzlich akzeptabel angesehen werden, nennt man Evoked Set. Auf diese Alternativen konzentriert sich in den weiteren Phasen der Kaufentscheidung das Interesse (die Informationssuche) des Konsumenten. Gb

Exklusive Distribution

Die exklusive Distribution ist dadurch gekennzeichnet, daß ein Hersteller in einem bestimmten Gebiet nur *einen* Einzelhändler in den Vertrieb einschaltet. Dadurch gibt es für den betreffenden Händler keinen → Intrabrand-Wettbewerb. Beispiel: Hochwertige und sozial auffällige Produkte wie Automobile, Oberbekleidung und Armbanduhren werden oft exklusiv distribuiert, um das Image der Marke und das Prestige der Käufer aufzuwerten. HL

Experiment

Das Experiment ist ein wichtiges Instrument zur Analyse und Überprüfung von Ursache-Wirkungs-Beziehungen. Mittels bestimmter Versuchsanordnungen will man die Ergebnisse eines Marketingkonzeptes oder einzelner Instrumente unter möglichst kontrollierten Bedingungen ermitteln. Experimente sind dadurch gekennzeichnet, daß ein Einsatz von Apparaten erfolgt, während Tests Versuchsanordungen ohne Apparateeinsatz sind. Bei Experimenten werden beispielsweise Tachistoskope (Geräte zur Darbietung von Packungen, Anzeigen etc. im Bereich von Sekundenbruchteilen), Schnellgreifbühnen, Geräte zur Messung von Körperfunktionen, Blickaufzeichnungsgeräte etc. eingesetzt. Nachteile der Experimente liegen im Schaffen einer künstlichen und für den Probanden häufig erkennbaren Situation, die der normalen Verhaltensweise des Abnehmers oder Verbrauchers fremd ist. Ge

Expertenbefragung

Die Expertenbefragung (Fachleute, Händler etc.) ist eine Prognosemethode. So verlangen beispielsweise Automobilhersteller Umsatzschätzungen von ihren Händlern. Dabei können die Experten in einem Komitee zusammengefaßt und um eine gemeinsame Schätzung gebeten werden oder es sind getrennte Prognosen abzugeben. Eine dritte Möglichkeit ist als sog. → Delphi-Methode bekannt. In vielen Unternehmen werden Prognosen auch aufgrund von Aussagen des Verkaufspersonals erstellt, wobei die Methode gelegentlich nicht unter Expertenbefragung eingereiht wird, sondern eine eigene Methode darstellt. Ge

Expertensysteme

1. Begriff

Ein Expertensystem ist ein Entscheidungsunterstützungssystem, welches fachspezifisches Expertenwissen in einem abgegrenzten Anwendungsbereich verfügbar machen soll. Expertensysteme sollen nicht »Daten«, sondern »Wissen« verarbeiten, es sollen schlecht strukturierte Probleme, für die es keine Lösungsalgorithmen gibt, gelöst werden. Expertensysteme sind als Teilgebiet der → Künstlichen Intelligenz anzusehen.

2. Aufbau (nach Hansen, *Wirtschaftsinformatik*, 6.Aufl.)

Die Bestandteile eines Expertensystems im einzelnen:

a) Wissensbasis (knowledge base): Enthält das gesammelte Fachwissen (fachspezifische Fakten und Regeln).
b) Problemlösungsteil (problem solving part, interference mechanism): Diese Komponente soll die von den Benutzern gestellten Aufgaben durch schrittweises Schlußfolgern anhand der Daten aus der Wissensbasis und der vom Benutzer eingegebenen problemspezifischen Daten lösen.
c) Sonstige Bestandteile: Hierzu gehören die Wissenserwerbskomponente (knowledge acquisition component), die der Erweiterung und Aktualisierung der Wissensbasis dient sowie die Erklärungskomponente, die dem Benutzer die Prozeduren des Systems erläutern soll (z. B. Lösungswege, Sinn von Anfragen des Systems). Gb

Exploration

Bei komplexen Marketingproblemen mit unzureichendem Wissen zum interessierenden Problemkreis werden vor Marktstudien Untersuchungen durchgeführt. Sie dienen der Gewinnung zusätzlicher Einsichten sowie der Möglichkeit der besseren Formulierung des Entscheidungsproblems und geben Anhaltspunkte bzw. setzen Prioritäten für die Marktforschung. Methodisch handelt es sich hier häufig um → Sekundärforschung und → Expertenbefragung.

Exponentielles Glätten/Exponential Smoothing

Univariates Prognoseverfahren, das auf zwei Überlegungen beruht:

1) Berücksichtigung des aktuellen Prognosefehlers bei der folgenden Prognose;
2) Vergangene Zeitreihenwerte sollen gemäß ihres Alters für die → Prognose ein abnehmendes Gewicht erhalten.

Export

→ Außenhandel.

Extensive Kaufentscheidung

→ Kaufentscheidung.

Externe Analyse

→ Planinhalte.

F

Fabrikverkauf

(Auch: Werksverkauf) Direkter Absatz von industriellen Erzeugnissen an Ge-/ Verbraucher im Werk oder dem Werk angeschlossener, unternehmenseigener Verkaufsstätte.

Der Absatz industrieller Produkte über den traditionellen Absatzweg, also Groß- und Einzelhandel oder marktmächtige Discountkonzerne, bereitet den Herstellern doppelten Verdruß. Zum einen neigen die → Absatzmittler (Händler) dazu, ihr Sortiment auf Schnelldreher, nicht allzu risikoreiche Produkte und nicht alle Marken zu beschränken, zum anderen fordert die Nachfragemacht des Handels immer neue Rabatte, zusätzliche kostenlose Leistungen, wie Regalservice, kostenlose Muster bei Verkaufsförderungsaktionen, Werbegeschenke, vom Hersteller geschultes Verkaufsförderungs-Personal sowie Listungspauschalen, Regalmieten usw. Also überlegt mancher Hersteller, ob und wie er ganz oder teilweise → *Direct Marketing* betreiben, also den Handel ganz oder teilweise ausschalten kann.

Auch zeigte sich, daß man, war man beim *Verkauf an Werksangehörige* (mit Personalrabatt) großzügig, so bedeutsame Umsätze mit schnellerer Bezahlung und Absatzmöglichkeiten häufig auch für »schwierigere« Artikel erreichen konnte. Produkte zweiter Wahl, Retouren aus dem Handel, aus Musterschauen oder Messeverkaufsstücke ließen sich beim Personalverkauf oft noch erstaunlich gut verwerten. Wenn dann Freunde, Bekannte und Verwandte von Werksangehörigen drängten, auch im Werk einkaufen zu dürfen, lag es nahe, einen Werksverkauf professionell zu organisieren. So setzt ein bekannter Textilkonfektionär in einer alten Werkshalle in einem abgelegenen Dorf Jahr für Jahr zig Millionen mit Profit um.

Die Erfahrung zeigt aber, daß auch via → Franchising nicht ohne Erfolg hochwertige → Konsumgüter verkauft werden. Denn dabei kann der Hersteller Marketing »aus einem Guß« betreiben, seine Kollektion kommt geplant an seine Zielkunden mit dem vorgesehenen → Marketing-Mix, mit der umgesetzten CI der Marke.

Fabrikverkauf ist nur eine der möglichen Antworten der Industrie auf die Nachfragemacht in zahlreichen Distributionskanälen. Immer mehr Hersteller überlegen, Fabrikfilialen zu eröffnen und den Werksverkauf weiter zu professionalisieren. Fabrikverkauf und Fabrikfilialen lohnen sich aber erst, wenn der Hersteller ein ausreichend umfangreiches → Sortiment anbieten kann, wenn ein einzelhandelsfähiges und für die Konsumenten genügend attraktives Sortiment mit ausreichenden Deckungsbeitragsmöglichkeiten für den Hersteller existiert. Dabei wird ein Sortiment gelegentlich auch ergänzt, denkbar ist auch, daß mehrere Hersteller zusammen ein verkaufsfähiges Sortiment in einer gemeinsamen Fabrikfiliale anbieten. Bei hochwertigen, beratungsintensiven und mit jeweils vom Käufer gewünschter Sonderausstattung zu liefernden → Kontraktgütern sind Fabrikfilialen besonders häufig anzutreffen. Gb

Fachgeschäfte

Fachgeschäfte sind kleine oder mittelgroße Betriebe des stationären Einzelhandels, die Waren einer bestimmten Branche (z. B. Sportartikel, Baby-Artikel) mit Bedienung anbieten.

Fachhandel

→ Fachgeschäfte, → Handelskonzeptionen.

Fachmärkte

Fachmärkte sind Großbetriebe des stationären Einzelhandels, deren Standorte sich an motorisierten Kunden orientieren. Die Sortimente der Fachmärkte entsprechen in etwa denen der → Fachgeschäfte. Es gibt z. B.

- Baumärkte,
- Bekleidungsmärkte,
- Brillenmärkte,
- Drogeriemärkte,
- Heimwerkermärkte,
- HiFi-Märkte und
- Möbelmärkte.

Die Kunden bedienen sich im Prinzip selbst, es besteht jedoch die Möglichkeit, sich von kompetentem Personal beraten zu lassen. Das Preisniveau ist relativ niedrig und durch eine aggressive Sonderangebotspolitik geprägt. HL

Factory Outlet

Factory Outlets oder Factory Outlet Stores sind Fabrikläden, d. h. Verkaufsstellen von Produzenten, die ihre Erzeugnisse unmittelbar an Endabnehmer vermarkten (→ Fabrikverkauf). Fabrikläden werden vor allem von der Bekleidungsindustrie als → Vertriebsweg genutzt. Das Preisniveau liegt i.d.R. wesentlich unter den üblichen Einzelhandelspreisen. Die Niedrigpreise werden damit begründet, daß man vor allem Überschußproduktion, Auslaufmodelle sowie Ware zweiter Wahl ohne Beratung und Bedienung verkauft. Gelegentlich fassen mehrere Produzenten ihre Direkt-Verkaufsstellen zu einem gemeinsamen Fabrikladen (Factory Outlet Center oder Factory Outlet Mall) zusammen. HL

Faktorenanalyse

Die Faktorenanalyse ist eine Multivariaten-Analyse der zwischen einer Menge von Variablen bestehenden Beziehungen. Es wird versucht, übergeordnete Faktoren herauszufinden. Anwendung findet die Faktorenanalyse bei der Verdichtung komplexer Datenstrukturen, Auffindung von Strukturen bei Variablen, Klassifikation von Variablen und Objekten beispielsweise bei der Analyse von Faktoren der Markentreue, der Clusteranalyse etc.

Field Research

→ Primärforschung.

Flop

Ein Flop (Mißerfolg) ist eine gescheiterte Einführung eines neuen Produktes. Die

Flop-Rate (der Anteil der Flops an der Gesamtzahl der Neuheiten) ist besonders hoch bei → Me Too-Produkten.
Maßstäbe für den Mißerfolg neuer Produkte sind z. B.:
- geringe Erstkaufrate,
- geringe Wiederkaufrate,
- geringer Marktanteil,
- geringer Deckungsbeitrag.

Flops können durch → Panel-Erhebungen und/oder durch die Analyse von Stamm-Ordersätzen marktstarker Handelsunternehmen ermittelt werden. HL

FOB

→ Incoterm free on board named port of shipment; dies bedeutet, daß die Lieferung frei bis an Bord eines Schiffes an einem benannten Verschiffungshafen erfolgt und ab dann die Kosten und Risiken auf den Importeur übergehen.

Foldertest

→ Anzeigen-Test.

Fragebogen

Die Informationsprobleme bzw. -ziele eines Auftraggebers werden von Marktforschungsinstituten in Fragebögen derart umgesetzt, daß Sprache und Form auf die Zielgruppe zugeschnitten sind.
Hinsichtlich der Fragebogengestaltung sind v. a. folgende Probleme zu beachten:
- die Fragenformulierung und die Antwortmöglichkeiten,
- die Reihenfolge der Fragen sowie
- die Fragebogenlänge.

Folgende Fragenreihenfolge hat sich in der Praxis bewährt:
- Kontaktfragen (Einleitungsfragen bzw. Eisbrecherfragen);
- Sachfragen (beziehen sich auf den Untersuchungsgegenstand);
- Kontrollfragen (zur Überprüfung vorheriger Antworten);
- Fragen zur Person, die an das Ende des Fragebogens gehören (etwa zu soziodemographischen Merkmalen der Befragten: Alter, Beruf, Einkommen, etc.).

Fragen sollten verständlich, einfach, klar und präzise formuliert sein sowie keine suggestiven Wirkungen haben. Bei den Antwortmöglichkeiten sind offene und geschlossene Fragen zu unterscheiden. Bei offenen Fragen können die Befragten ihre Antworten selbst formulieren. Geschlossene Fragen geben die Antwortmöglichkeiten in Form von Antwortlisten oder -karten vor. Geschlossene Fragen erlauben eine einfachere Auswertung mit EDV-Programmen. Offene Fragen sind bei Beurteilungen und insbesondere bei Verbesserungsvorschlägen von bzw. bei Produkten, Dienstleistungen etc. empfehlenswert. Ge

Fraktale Marke

Die Grundthese des Trendforschers Gerd Gerken (*Die fraktale Marke*, Econ-Verlag, Düsseldorf 1994) lautet, daß die Fragmentierung der Märkte in Zukunft eine Marke verlangt, die mit dieser Fragmentierung mitgehen kann, ohne sich im Kern aufzulösen. Während das klassische Konzept des → Markenartikels von einer eindeutigen und endgültigen Profilierung der Marke ausgeht, vertritt Gerken die These, daß die Marke Polarität repräsentieren muß. Sie muß den vielen Welten, die im Kopf des Konsumenten zugleich stattfinden, entsprechen. Dieses Konzept der »eindeutigen Vieldeutigkeit« setzte Gerken erstmalig umfassend mit dem Zigarettenhersteller Reemtsma bei der Marke »West« um (Kampagnenstart Ende 1994). Peter Hanser

Franchise

Unter Franchise ist ein vertikales Absatzsystem zu verstehen, bei dem ein Franchise-Geber einem Franchise-Nehmer ein »Paket« anbietet. Es besteht aus einem Beschaffungs-, Absatz- und Organisationskonzept, dem Nutzungsrecht an Schutzrechten, der Ausbildung des Franchise-Nehmers und der Verpflichtung des Franchise-Gebers, den Franchise-Nehmer aktiv und laufend zu unterstützen und das Konzept ständig weiterzuentwickeln.

Der Franchise-Nehmer bleibt aber selbständiger Kaufmann und betreibt sein Unternehmen im eigenen Namen und für eigene Rechnung; für die Nutzung des Franchisepaketes hat er ein gewisses Entgelt zu bezahlen. Am Markt tritt jeder Franchise-Nehmer einheitlich auf. Beispiele für Produkte sind Coca-Cola, für Händler Porst, Foto Quelle und OBI-Märkte, im Gastonomiebereich teilweise McDonald's und Wienerwald (→ Kooperatives Marketing). Ge

Franchising

→ Kooperatives Marketing.

Frühaufnehmer

→ Adoption.

Frühwarnsystem

Es wird bei dieser Art Informationssystem versucht, anhand bestimmter Indikatoren oder Signale Gefahren oder Chancen, die sich aus zukünftigen, aber bereits latent vorhandenen Entwicklungen oder Veränderungen des Umfeldes des Unternehmens ergeben, vor deren Eintritt zu erkennen. Dadurch soll die Möglichkeit zu frühzeitigem Reagieren, am besten zur Krisenvermeidung, gegeben werden.

Reklamationen, geltend gemachte Haftpflichtansprüche, Unterbrechungen der Produktion infolge Maschinenschadens, verändertes Kaufverhalten bei doch schon einzelnen Dauerkunden gilt es als erste Frühwarnungen zu erkennen. Aussagefähige Monatsbilanzen und Quartalsbilanzen erfüllen ebenfalls die Funktion eines Frühwarnsystems. Gb

Fuhrpark-Informationssystem

Ein Fuhrparkinformationssystem gibt einen komplexen Überblick über den Einsatz des eigenen Fuhrparks und die dadurch verursachten Kosten.

Ist in einem Unternehmen ein größerer Fuhrpark vorhanden, so empfiehlt sich zu dessen Steuerung ein Fuhrparkinformationssystem. Dieses Informationssystem sollte möglichst für jedes Fahrzeug folgende Angaben je Tag und Monat enthalten:

- Zahl der belieferten Kunden,
- transportierte Mengen,
- gefahrene Kilometer,

- Einsatzzeit,
- entstandene Transportkosten (evtl. unterteilt nach verschiedenen Kostenarten),
- zeitliche und gewichtsmäßige Auslastung der Fahrzeuge.

Die aus einem Fuhrparkinformationssystem gewonnenen Werte können in anderen Informationssystemen weiterverwendet werden (z. B. kundenbezogene Deckungsbeitragsrechnung mit kundenindividuellen Transportkosten).

Wilhelm Hauser

Funktionenorientierter Ansatz

→ Marketing-Theorie-Ansätze.

G

Garantie

→ Service.

Gattungsmarken

Gattungsmarken sind eine Spezialform der → Handelsmarken. Bei ihnen steht die Gattungsbezeichnung, nicht die Marke im Vordergrund. Sie werden auch als No Names, Weiße Produkte oder Generics bezeichnet. Üblicherweise handelt es sich dabei um nicht erklärungsbedürftige Produkte des täglichen Bedarfs (Convenience Goods, → Produktkategorien), die in schlichter und undifferenzierter Aufmachung zu niedrigen Preisen vertrieben werden.

Gebietsauswahl

Die meisten Unternehmen organisieren ihren Verkaufsaußendienst nach Gebieten. Dabei erhebt sich die Frage, wie das gesamte → Absatzgebiet zerlegt werden soll, d. h. wieviel Gebiete bzw. Verkäufer zweckmäßig sind. Für die Planung stehen zwei Methoden zur Verfügung:

- das Potentialverfahren und
- das Arbeitslastverfahren.

Nach dem Potentialverfahren werden die einzelnen Gebiete so angelegt, daß sie im Idealfall das gleiche Umsatz-Potential aufweisen (→ Absatzkennziffern). Diese Methode hat den Vorteil, daß die Verkäufer gleiche Startchancen bzw. Verdienstmöglichkeiten erhalten. Der Nachteil besteht darin, daß sich das Umsatz-Potential i.d.R. nicht gleichmäßig über das gesamte Absatzgebiet verteilt. Das Potentialverfahren führt also zu Gebieten mit unterschiedlicher Größe. Je größer die Fläche, desto höher ist der Zeitbedarf zum Besuchen der Kunden, d. h. die Arbeitslast für die betreffenden Verkäufer. Die Gebietsauswahl nach der Potentialmethode bewirkt eine Demotivation der benachteiligten Kollegen.

Nach dem Arbeitslastverfahren werden Verkaufsgebiete mit gleicher Arbeitslast gebildet. Der Nachteil dieses Verfahrens besteht darin, daß es zu Gebieten mit unterschiedlichem Umsatz-Potential führt. Wenn die Entlohnung auf einer Umsatz-Provision beruht, sind diese Gebiete für die Verkäufer unterschiedlich attraktiv: Bei hohem Potential sind Umsätze und damit Provisionen leichter zu erzielen als bei niedrigem Potential.

Aufgrund der geschilderten Problematik werden die beiden Planungsverfahren in der Praxis kombiniert. Zuerst wird die Potentialmethode angewendet. Für die so gebildeten Gebiete werden im zweiten Schritt die Arbeitslasten ermittelt. Im dritten Schritt werden allzu große Arbeitslastunterschiede reduziert. Das Ergebnis der sukzessiven Planung sind einigermaßen ausgewogene Gebiete.

Die sukzessive Planung ist jedoch sehr aufwendig. Außerdem werden die betroffenen Außendienstmitarbeiter nicht an der Planung beteiligt. Diese Nachteile können durch eine simultane Planung mit Geographischen Informationssystemen vermieden werden. Beim Programm DISTRICT von Macon kann ein interaktiver Planungsalgorithmus aufgerufen werden. Dabei wird das System aufgefordert, Vorschläge für die optimale Angleichung der Gebiete zu unterbreiten. Die Vorschläge können über ein LCD-Display und Overhead-Projektion direkt betrachtet und diskutiert werden. Dabei können auch Vorschläge von Außendienstmitarbeitern getestet werden. Die Erfahrung hat gezeigt, daß die Ergebnisse der gemeinsamen Planung vom Außendienst akzeptiert werden. HL

Gebietsschutz

Der Gebietsschutz ist eine Begleiterscheinung der → exklusiven Distribution: ein Hersteller beschränkt den Vertrieb seiner Produkte in einem bestimmten Gebiet oder Ort auf jeweils einen → Absatzmittler, dem er das Alleinvertriebsrecht mit Gebietsschutz gewährt. Gebietsschutz erhalten z. B. → Vertragshändler und → Franchise-Nehmer.
Vorteile des Gebietsschutzes:

- Die Verkaufsbemühungen der Absatzmittler werden regional konzentriert.
- Die Absatzmittler unterliegen in ihrem Gebiet keinem → Intrabrand-Wettbewerb.

Nachteile des Gebietsschutzes:

- Der Hersteller ist von einem Absatzmittler im Schutzgebiet abhängig.
- Verlust von Endkunden, die mit dem betreffenden Absatzmittler unzufrieden sind. HL

Gebietsstrategien

Das Verkaufsgebiet (→ Absatzgebiet) eines Unternehmens kann
– lokal, – regional, – überregional, – national, – international und – global sein.

Die Marktgebietsstrategie hängt hauptsächlich von der Firmengröße und der Branche ab. Ein kleiner Bäcker, eine mittelgroße Bauunternehmung oder ein großer Markenartikelhersteller werden sich naturgemäß unterschiedlich orientieren. Internationale Strategien können die Marktgebiete ebenfalls differenzieren: z. B. deutschsprachiger Raum, Westeuropa, gesamte westliche Welt etc. Ge

Gebrauchsgüter

Gebrauchsgüter sind dadurch gekennzeichnet, daß sie mehrmals verwendet werden können (Gegenteil: → Verbrauchsgüter). Gebrauchsgüter verkörpern einen Vorrat an Nutzungen, d. h. mit ihrer Anschaffung ist eine gewisse Zukunftsvorsorge verbunden. Die Gebrauchsgüter werden nach ihrer möglichen Nutzungsdauer in zwei Gruppen unterteilt:

- mittelfristige Güter (Semi Durables)
  Beispiele: Textilien und Schuhe;
- langfristige Güter (Durables)
  Beispiele: Kraftfahrzeuge und Möbel.

Die Grenze zwischen mittel- und langfristigen Gütern ist fließend.

Gebrauchsgüter können neu oder gebraucht auf jeweils drei Arten vermarktet werden (→ Absatzwege): Verkauf, Ver-

mietung (→ Leasing) und Tausch. Der Absatz von Gebrauchsgütern ist im allgemeinen wesentlich konjunkturempfindlicher als bei Verbrauchsgütern. In der Rezession werden Ersatzanschaffungen aufgeschoben, weil die Nutzungsdauer vorhandener Produkte durch Reparaturen verlängerbar ist.
Gebrauchsgüter sind je nach ihrem Verwendungszweck entweder → Konsumgüter oder
→ Produktionsgüter. HL

Gebrauchsmuster

Als G. werden nach dem G.gesetz technische Erfindungen geschützt, die neu sind und über ein bestimmtes Erfindungsniveau sowie → gewerbliche Anwendbarkeit verfügen. Im Unterschied zum → Patent genügt für das G. ein niedrigeres Erfindungsniveau. Man bezeichnet das G. daher auch als »kleines« Patent.
Beispiel: Einfache Maschinen, Haushalts- oder Spielgeräte. Wie beim Patent setzt auch die Entstehung des G. die Erteilung durch das Bundespatentamt voraus, die zunächst auf drei Jahre ausgesprochen wird und auf höchstens 10 Jahre verlängert werden kann. Die unzulässige Benutzung eines fremden G.'s gewährt dem Berechtigten einen Unterlassungs- und im Verschuldensfalle einen Schadenersatzanspruch. Dietrich Schmidt

Gebrauchsmustergesetz

Gesetzliche Regelung des Schutzes bestimmter technischer Erfindungen durch das → Gebrauchsmuster im G. in der Fassung vom 28.08.1986. D. Schmidt

Geleitzugwerbung

Gemeinsame lokale Werbung von Markenhersteller und → Absatzmittler (vor Ort), um aktuelle Käufe (turnover now; → Werbung) für beworbene Artikel. Dabei kann entweder der Hersteller oder der Markenfabrikant der Geleitzugführer sein.
Beispiele: Ein Kfz-Hersteller wirbt für ein neues Sondermodell in einer Lokalzeitung und die Vertragshändler in der Region, bei denen dieses Sondermodell zu Testfahrten und Besichtigung bereitsteht, werden mit herausgehoben (Hersteller als Geleitzugführer).
Für den Wochenprospekt eines SB-Warenhauses zahlen die Hersteller der mit Bild herausgestellten Markenprodukte Werbezuschüsse und stellen die Bildvorlagen (Händler als Geleitzugführer).
Die Geleitzugwerbung ist sehr erfolgreich, in den USA wird schon häufig mehr als die Hälfte der Werbeetats von Industrieunternehmen hierfür verausgabt. Der Verbraucher erhält nämlich bei dieser Art der Werbung alle wichtigen kaufauslösenden Daten: Marke, Produkt, Preis und örtliche Erhältlichkeit (zudem im Zusammenhang eines Einkaufes realisierbar). Gb

Geltungsnutzen

→ Nutzen.

Gemeinschaftswerbung

Die dem →Kooperativen Marketing zuzuordnende Gemeinschaftswerbung, also gemeinsame Werbung verschiedener Unternehmungen, kann als horizontale

Kooperation, z. B. innerhalb eines gewachsenen oder integrierten Einkaufszentrums (→ Agglomeration), oder als vertikale Kooperation, etwa innerhalb einer Absatzkette (z. B. Hersteller und Händler werben gemeinsam) betrieben werden.

Generica (Generics)

→ Gattungsmarken, → Me Too-Produkte.

Generic Concept of Marketing

Sehr weit gefaßter Marketingbegriff, der alle inner- und außerorganisatorischen Austauschvorgänge einer Organisation umfaßt.

Generic Placement

→ Product Placement.

Geographische Informationssysteme

→ Gebietsauswahl.

Geschäftsprozesse, Geschäftsprozeßoptimierung

→ Business Reengineering.

Geschmacksmuster

Schutzrecht für die besondere Gestaltung oder Formgebung eines Produktes, das sog. → Design. Das G. ist nicht nur in Bereichen von Bedeutung, in denen das Künstlerische ohnehin überwiegt (z. B. Schmuck, Glas- und Keramikwaren, Tapeten, Teppiche), sondern es spielt zunehmend auch bei technischen Geräten eine Rolle (Autos, Motorräder, Haushaltsgeräte). Mit der Erteilung eines G. wird die äußere Gestaltung, eine bestimmte Form geschützt, sofern sie in einem Muster (zweidimensional): z. B. Tapete, oder einem Modell (dreidimensional): z. B. Form eines Weinglases, besteht. Das Geschmacksmuster, das neben einer gewissen individuellen Leistung neu sein und das Merkmal der gewerblichen Anwendbarkeit aufweisen muß, wird durch Eintragung beim deutschen Patentamt erlangt. Der Inhaber ist berechtigt, gegen Verletzer mit Unterlassungsansprüchen und im Verschuldensfalle mit Schadensersatzansprüchen vorzugehen. Dietrich Schmidt

Geschmacksmustergesetz

Zusammenfassung der Vorschriften über die Voraussetzungen und die Erteilung eines → Geschmacksmusters für eine besondere Gestaltung oder Formgebung vom 11.01.1876. D. Schmidt

Gesetz gegen den unlauteren Wettbewerb (UWG)

Das Gesetz gegen den unlauteren Wettbewerb (UWG) vom 07.06.1990 untersagt bestimmte, als unlauter gekennzeichnete Verhaltensweisen im Wettbewerb. Das UWG versucht dieses Ziel zum einen dadurch zu erreichen, daß besonders häufige Wettbewerbsverstöße in einzelnen Tatbeständen ausdrücklich verboten werden (z. B. § 3: Irreführende Werbung); zum anderen soll die Generalklausel des § 1 mit dem umfassenden Begriff »des Verstoßes gegen die guten Sitten« alle anderen, nach aktueller Auffassung unlauteren Praktiken unterbinden. Zur Konkretisierung der Generalklausel hat die Rechtsprechung bestimmte Fallgruppen unlauterer Verhaltensweisen gebildet, z. B. → Abwerbung, → Behinderung des Wettbewerbs. Ergänzende Vorschriften zum UWG bilden die → Zugabeverordnung und das → Rabattgesetz. Dietrich Schmidt

Gesetz gegen Wettbewerbsbeschränkungen (GWB)

Das G.g.W. (abgekürzt GWB), auch Kartellgesetz genannt, in der Fassung vom 20.02.1990 dient dem Schutz des freien Wettbewerbes, indem es bestimmte wettbewerbsbeschränkende Absprachen oder Maßnahmen untersagt. Das GWB versucht, den freien Wettbewerb durch folgende Regelungen zu sichern: Grundsätzliches Verbot von Kartellverträgen sowie sonstigen abgestimmten und wettbewerbsbeschränkenden Verhaltensweisen, Fusionskontrolle von marktbeherrschenden Unternehmen, grundsätzliches Verbot der → Preisbindung sowie Mißbrauchsaufsicht über marktbeherrschende Unternehmen. Dietrich Schmidt

Gewerblicher Rechtsschutz

Unter G.R. werden alle Gesetze zusammengefaßt, die dem Schutz bestimmter geistiger Leistungen im gewerblichen Bereich dienen: Der technischen Erfindungen durch das → Patent- und → Gebrauchsmustergesetz, besonderer Gestaltungen und Formgebungen durch das → Geschmacksmustergesetz, der → Marken durch das → Markengesetz sowie schließlich allgemein der unternehmerischen Betätigung durch das → Gesetz gegen den unlauteren Wettbewerb.

Dietrich Schmidt

Gewichtete Distribution

→ Distributionsgrad.

GfK-Marktdaten

→ Nielsen/GfK-Marktdaten.

Gleichförmiges Verhalten

G.V. im wirtschaftlichen Bereich ist als gemeinsames Auftreten am Markt grundsätzlich erlaubt, wird jedoch dort unzulässig, wo eine Wettbewerbsbeschränkung beabsichtigt oder die Folge ist: So beim → Kartell, dem abgestimmten Verhalten und bei Herbeiführung des gleichförmigen Verhaltens (z. B. gleiche Preise) durch Zwangsmaßnahmen (§ 26 Abs. 3 → GWB). Dietrich Schmidt

Global Marketing

Im Rahmen des → Internationalen Marketing wird für Marken ein weltweites, globales Marketing durchgeführt. Einige bekannte Marken wie Coca Cola oder McDonald's schaffen diese Globalisierung auch sehr erfolgreich. Dies verspricht die bestmögliche Nutzungsmöglichkeit für die »Economies of Scale«, stärkt das Image, hilft gegenüber den Nachfragemächten des Handels weniger anfällig zu sein, solche Marken müssen wohl im Sortiment eines ernstzunehmenden Einzelhändlers geführt werden.

Fraglich ist aber, ob weltweit das gleiche Marketing betrieben werden kann, ob der Markenauftritt in welcher Hinsicht einheitlich bleiben muß, andererseits, wie er weltweit lokal/regional an unterschiedliche Sprachen, Mentalitäten, Umweltdaten (Tropen, Arktis, übervölkerte Megastädte der Dritten Welt, hochentwickelte westliche Industrienationen usw.) angepaßt werden kann und muß. Geschmack, Mentalität und Einstellungen sind oft weltweit noch sehr unterschiedlich, auch ist die → Kaufkraft wohl kaum als »normal« verteilt anzusehen.
Je Produkt/Leistung, je Zielmarkt, nach demographischen, psychographischen und soziographischen Kriterien der → Segmentierung, ist der Grad möglicher Globalisierung getrennt einzuschätzen, wobei bewährte Fragestellungen, Arbeitshypothesen, empirische Untersuchungsergebnisse und letztendlich Erfolgs- oder Mißerfolgsuntersuchungen für andere Produkte oder Leistungen oder konkurrierende Marken sehr hilfreich sein können, gilt es, aus Erfahrung zu lernen. Daher sind hier spezialisierte Beratungsunternehmen im Zweifelsfall als Helfer zur Entscheidung, bei der Durchsetzung von Plänen und der Kontrolle in Erwägung zu ziehen.
Kernelemente einer Marke, eines Produktes sollten jedenfalls bei einer Globalisierung erhalten bleiben. Die Gefahr allzu differenzierter → Corporate Identity, in unterschiedlichen Ländern vom gleichen Unternehmen unter der einheitlichen Marke, dem gleichen Logo verwendet, bringt die Gefahr der Verwischung des Images mit sich. Gb

Global Sourcing

Bei diesem Konzept der Neuorientierung der Beschaffungsstrategie (→ Beschaffungsmarketing) von Unternehmen werden deren strategische Aufgaben in einem internationalen Transaktionsrahmen gesehen (Arnold: »Global Sourcing« in: Welge (Hrsg.): Globales Management, 1990).
Arnold nennt drei generelle Orientierungen:

- Internationale Marktbearbeitung (systematisches Erschließen internationaler Beschaffungsquellen);
- strategische Ausrichtung (umfassende und funktionsübergreifende Ausrichtung der Beschaffung) und
- vollintegrierte Funktion (die Beschaffung im Spannungsfeld zwischen Unternehmen und Umwelt hat die Aufgaben der Reduzierung von Umweltkomplexität und der produktiven Nutzung von Spannungen zwischen Umwelt und den Subsystemen des Unternehmens). Gb

Großhandel

Großhandlungen sind Betriebe, die in eigenem Namen und auf eigene Rechnung Waren von Herstellern kaufen und ohne wesentliche Bearbeitung an Einzelhandlungen, Verarbeiter sowie gewerbliche und/oder behördliche Großabnehmer weiterveräußern. Die Waren gehen grundsätzlich in das Eigentum der Großhändler über. Sie tragen damit die Risiken des Preisverfalls und der Unverkäuflichkeit.
Der Konzentrationsprozeß im Handel hat dazu geführt, daß die Zahl der Großhan-

delsbetriebe seit Jahren rückläufig ist, während bestimmte Betriebsformen des Großhandels erheblich an Marktmacht gewonnen haben (→ Handelskonzeptionen). Außerdem ist seit Jahren eine Tendenz zur Ausschaltung des Großhandels zu beobachten, d. h. Großbetriebe des Einzelhandels und Verbundgruppen werden von der Industrie zunehmend direkt beliefert. HL

Grundgesamtheit

Es handelt sich dabei um die Menge jener Elemente, die untersucht werden sollen und aus denen eine Stichprobe gezogen wird. Zu Beginn der Marktforschung ist die Grundgesamtheit festzulegen. Sie kann z.B. wie folgt definiert werden: alle Biertrinker oder alle Frauen zwischen 25 und 40 Jahren.

Grundnutzen

→ Nutzen.

Guerilla-Marketing

Vor allem in gesättigten Märkten setzen Unternehmen Marketingstrategien mit dem Ziel ein, Wettbewerbern Marktanteile abzujagen. Je nach Charakter und Einsatzintensität dieser Maßnahmen faßt man diese Strategien unter dem Schlagwort »Guerilla-Marketing« zusammen. Zwei Ansätze werden unterschieden. Zum einen spricht man von einer destruktiven Zermürbungs- und Angriffsstrategie, wenn der Wettbewerber durch permanente Attacken (z. B. rechtliche Einsprüche gegen eine Werbekampagne; Promotion vor einem Outlet, während der Konkurrent eine im Outlet veranstaltet) zermürbt werden soll. Konstruktiver Natur ist dagegen das 1986 von Ries und Trout (Ries, A./Trout, J.: *Marketing Warfare*, New York u. a., 1986) entwickelte Guerilla-Marketingkonzept, das auf drei Prinzipien basiert:

1. Auffinden einer → Marktnische (Produkt, Region, Zielgruppe)
2. Schlanke Organisationsstruktur (um Kosten zu sparen und schnell auf Marktveränderungen reagieren zu können)
3. Flexibilität (schnelles Verlagern der Ressourcen von unattraktiver zu attraktiver Nische). Peter Hanser

Güterkategorien

→ Produktkategorien.

GWB

→ Gesetz gegen Wettbewerbsbeschränkungen.

H

Habitualisierte Kaufentscheidung

→ Kaufentscheidung.

Handel

Der Begriff »Handel« gehört zu den nicht definitionsbedürftigen Grundbegriffen unserer Sprache, unseres Wissens. Will man Handel präziser erläutern, empfiehlt es sich, auf die Lehre von den → Handelsfunktionen zurückzugreifen.
Handel wird fälschlicherweise vielfach als »unproduktiv« betrachtet. Nur, wer wirklich Neues schaffe (Urproduktion), vermehre die Güter, die dem Menschen zur Verfügung stehen. So lautete die Lehre bedeutender Nationalökonomen des achtzehnten Jahrhunderts, der Physiokraten, darunter insbesondere Dr. François Quesnay (1694–1774), der Leibarzt des französischen Königs Ludwig XV war.
Manche Industrielle und Politiker unserer Zeit scheinen sich von dieser Lehre immer noch nicht getrennt zu haben, wenn sie Industrieansiedlung und Industrieförderung als ihre primäre Aufgabe betrachten. So sehen beispielsweise die Förderprogramme für die neuen Bundesländer Subventionen weitgehend nur für Industrie und allenfalls produzierende Handwerker vor.
Je größer aber eine industrielle Produktion ist, je mehr die Kostendegressionseffekte ausgeschöpft werden, desto mehr ist der Absatz der oft kaum übersehbaren Mengen im Einzugsbereich des Herstellers nicht möglich. Oft muß bundesweit, europaweit oder auch weltweit distribuiert werden, was eben ohne Handel nicht möglich ist. Die Distribution über Verkaufsfilialen der Industrieunternehmen wäre meist teurer und unrentabler als über den Handel.
Ein Industrieprodukt wird dem Konsumenten an seinem Wohnort oder in dessen Umgebung von einem Händler oder Warenhandwerker präsentiert, zur Erprobung oder Anprobe vorgeführt, verkauft und gegebenenfalls auch als »After Sales Service« gewartet und repariert. Ein Industrieller hat meist zu seinen Zielkunden lediglich schwachen Kontakt, nämlich durch → Public Relations und → Werbung als einseitig aktiver Kommunikation. Gute und intelligente Industrieprodukte werden in den meist eng oligopolistischen Märkten gewöhnlich von allen industriellen Anbietern geboten, Verbraucher sind im Gegensatz zu früheren Jahrzehnten immer stärker Markenwechsler.
Der endgültige Erfolg einer → Herstellermarke entscheidet sich an der »Verkaufsfront«, also im Einzelhandel vor Ort, beim Verbraucher. Insofern könnte man von einer Periode des Handels sprechen – ein Phänomen, das allerdings noch nicht allseitig ausreichend erkannt und in Handelsfreundlichkeit umgesetzt worden ist.

Gb

Handelsforschung

Im Rahmen der Handelsforschung wird hauptsächlich die Struktur des für den

Vertrieb der eigenen Produkte wichtigen Teils des Handels untersucht. Für den Anbieter ist es von Interesse, welche Betriebsformen an Bedeutung gewinnen oder verlieren, um entsprechende Entscheidungen treffen zu können. Teilweise ergeben sich Informationen aus der Untergliederung der quantitativen Marktforschung. Dort gibt es eine Einteilung nach Organisationsformen des Handels. Diese Daten sind warengruppenbezogen, was natürlich für den einzelnen Hersteller von größerer Relevanz ist als eine allgemeine Entwicklungstendenz der Betriebsformen mit allen Warengruppen.
Ferner beschäftigen sich Verbände und Institute mit der Handelsforschung (Ifo-Institut, München; Institut für Handelsforschung an der Universität Köln; BBE), so daß auf diesem Gebiet umfangreiches sekundärstatistisches Material vorhanden ist. Ge

Handelsfunktionen

In der Fachliteratur finden sich verschiedene Systeme der Handelsfunktionen, wobei die Unterschiede relativ gering sind. Ziel der Handelsfunktionenlehre ist es, die ökonomische Notwendigkeit des → Handels, seine Produktivität für die Volkswirtschaft zu beweisen.
Als Beispiel soll hier das System der Handelsfunktionen von Rudolf Seyffert (*Wirtschaftslehre des Handels*, 1.Aufl. 1951) erläutert werden.

1. *Überbrückungsfunktionen*
   Der Handel *lagert* Produkte, die der Verbraucher dann bei aktuellem Bedarf sofort erhalten kann. Der Handel *disponiert* dabei im vorhinein, er trägt hier also auch neben den Zins- und Lagerhaltungskosten entsprechende Risiken. Dabei wird der Handel gelegentlich seinen Abnehmern auch *Kredit* einräumen.
2. *Warenfunktionen*
   Der Handel kauft in der Regel in größeren Mengen ein und verkauft, insbesondere im Einzelhandel in Kleinmengen oder einzelnen Stücken (Quantitätsfunktion). Dabei erfüllt der Handel eine unabdingbare Aufgabe, ohne die die großbetriebliche Massenfertigung mit Nutzung von Stückkostendegression und Lerneffekten nicht zu realisieren wäre.

Handelsfunktionen

Überbrückungsfunktionen	Warenfunktionen	Maklerfunktionen
Lagerfunktion (als Zeitüberbrückung) Vordispositionsfunktion Preisausgleichsfunktion Kreditfunktion	Quantitätsfunktion Qualitätsfunktion Sortimentsfunktion	Markterschließungsfunktion Interessenswahrnehmungsfunktion

Da Ge- und Verbraucher die Vielfalt der heutigen Angebote an Gütern und Leistungen kaum noch überblicken, den oft hektischen Veränderungen in Mode und Technik nicht folgen können, erfüllt ein »guter« Händler hier eine Qualitätsfunktion, indem er die für seinen Absatzmarkt sinnvollen Produkte einkauft und zu einem geeigneten Sortiment zusammenstellt.

3. *Maklerfunktionen*
   Ein Händler erschließt für die Vielzahl seiner Kunden oft weltweit das Angebot an relevanten Produkten (Markterschließungsfunktion). Neue Produkte, neue Modelle lernt der Händler auf → Messen und im Kontakt zur Industrie oder zu Importeuren kennen; was ihm sinnvoll erscheint, übernimmt er in sein Sortiment.
   Ein Händler kauft ein, was seinen Kunden gefallen könnte und ihnen dauerhaft hilft. Also prüft er technische Anwendungsfreundlichkeit, Stil und Mode, vertritt gegenüber den Herstellern die Interessen seiner Kunden und regt dort notwendige Änderungen an. Ein guter Händler berät seine Lieferanten, damit diese das produzieren, was Kundennutzen bringt. Seinen Kunden berät er, welche Lösung für ihn geeignet sein könnte, damit der Kunde zufrieden ist und als Dauerkunde und Empfehler des Händlers Existenz weiter ermöglicht und verbessert. Gb

Handelskonzeptionen

Konzeptionen der grundsätzlichen Führung von Handelsbetrieben nach Art der geführten Produkte, dem gebotenen Service und dem Standort. Früher auch Betriebsformen des Handels genannt.
Wichtigste Handelskonzeptionen im Großhandel sind:

- Zustellgroßhandel (traditionell),
- C + C-Großhandel (Cash and Carry),
- → Rack Jobber-Großhandel.

Der Wettbewerb, insbesondere im Einzelhandel, ist primär ein Wettbewerb der Handelskonzeptionen. Schon zu Beginn des zwanzigsten Jahrhunderts konkurrierten Gemischtwarengeschäfte, Fachgeschäfte und Warenhausfilialisten mit unterschiedlichen Konzeptionen um die Konsumentennachfrage. Damals reichte das Konsumwissen, um eine Entscheidung treffen zu können, hier wurde wirklich um die Kunden gerungen.

Später traten Versandhändler, seien es Sortimentsversender oder Fachversender, als konzeptionelle Wettbewerber hinzu.

Der rasante Wiederaufbau der deutschen Wirtschaft nach 1948 führte dann sehr bald zur Übernahme des Selbstbedienungsprinzips aus westlichen Ländern, das dann spätestens Ende der fünfziger Jahre als Discountprinzip im Großhandel den Bedienungsgroßhandel durch Cash and Carry-Großhandel stark zurückdrängte.

Dann folgten → Verbrauchermärkte, Selbstbedienungswarenhäuser, integrierte Einkaufszentren auf der grünen Wiese, Fachmärkte für Do-it-yourself, Baubedarf und großflächige Möbelmärkte mit umfassendem präsentem Angebot – alles dies zumeist ebenfalls auf der grünen Wiese, leicht erreichbar

und kostengünstig bezüglich des Grundstücks- und Gebäudeaufwandes.
Das Selbstbedienungsprinzip war aus doppeltem Grund so schnell erfolgreich und verdrängte herkömmliche »Tante Emma-Läden« innerhalb weniger Jahre: Die Verbraucher benötigen für Güter des täglichen Bedarfs keine Beratung und, wenn Frauen berufstätig sind, haben sie weder Zeit noch Lust für solche Gespräche. Zudem bieten die SB-Märkte ein größeres Sortiment (alles aus einer Hand) und sind durch Selbstbedienung und Großeinkauf billiger. Auch die Kaufleute konnten mit SB-Märkten, wenn sie gut geplant und geführt waren, wieder verdienen, denn »Tante Emma-Läden« waren eh und je Kümmerexistenzen.
Der Fachhandel mit Textilien, Hausrat, Schuhen usw. mußte sich gegen den Wettbewerb der Selbstbedienungswarenhäuser im sog. Non-Food-Bereich wehren. Mit niedrigen Kosten konnten dort Markenartikel weit unter gebundenen Preisen verkauft werden. So brach die vertikale Preisbindung endgültig zu-

Poliaritätenprofil: Handelskonzeptionen

Harter Discounter	Vergleichsgegenstände	Hochwertiges Fachgeschäft
niedrig	Sortimentstiefe	hoch
niedrig	Auswahl je Artikel	hoch
nicht notwendig	Schaufenster	wichtig
einfach, langlebig	Ladenausstattung	Stiel, Erneuerung nach einigen Jahren
grüne Wiese, Stadtrand (verkehrsmäßig gut erreichbar, kostenlose Parkplätze), relativ niedrige Raumkosten	Lage / Kosten der Geschäftsräume	Innenstadtlage (gewachsenes oder integriertes Einkaufszentrum), sehr, teilweise extrem hohe Raumkosten
convenience goods	geführte Produkte nach Produktkategorien	shopping goods
sehr schnell, oft sogar kein Kapitalbedarf für Lagerfinanzierung	Umschlagsgeschwindigkeit des Warenlagers	langsam, zum Teil extrem langsam, hohe Zins- und Lagerkostenbelastung
 ./. gering	Warenrisiken: –Mode, Technik –Verderb	 hoch hoch
relativ gering (in % des Umsatzes)	Personalkosten	sehr hoch (in % des Umsatzes)
gering, z.T. ./.	Beratung , Service	sehr hoch (Kostenfaktor)

sammen. Auch die Warenhauskonzerne mußten sich spätestens seit Beginn der siebziger Jahre umorientieren. Mit Niedrigpreisen und halbherzigem Discount war allerdings die Wettbewerbsfähigkeit nicht zu erreichen.
Eine Übersicht über die wesentlichen Unterschiede zwischen hartem Discount und gehobenem Fachgeschäft gibt das Schaubild. Gb

Handelsmarken

→ Markenstrategien. Markierte Ware (→ Marke), deren → Warenzeichen sich im Unterschied zur Herstellermarke im Eigentum eines Handelsunternehmens bzw. einer Handelsorganisation befindet. Ihre Distribution ist begrenzt auf das Handelsunternehmen bzw. die Handelsorganisation, das bzw. die sie geschaffen hat.
Träger von Handelsmarken sind Großunternehmen, Konzerne oder Kooperationsgruppen des mittelständischen Einzelhandels.

Markierung

Zu den Handelsmarken gehören auch die sog. → Gattungsmarken (Gattungsbezeichnung, nicht Marke steht im Vordergrund), die auch als No Names, Weiße Produkte oder → Generics bezeichnet werden. Hierbei handelt es sich um nicht erklärungsbedürftige Produkte des täglichen Bedarfs (Convenience Goods), die in schlichter und undifferenzierter Aufmachung zu niedrigen Preisen vertrieben werden.
Die »klassischen« Handelsmarken sind üblicherweise wenig innovative Produkte, die oft dem Erscheinungsbild des Markenartikels nachgebildet sind. Bezüglich der Markierung ist die Firmenmarkierung (Firmenname im Vordergrund) oder die Phantasiemarkierung nebst Zwischenformen möglich (z. B. Firmenzeichen nur klein). Bei der Phantasiemarkierung ist für den Verbraucher eine Identifikation als Handelsmarke bewußt nicht möglich. Wie bei Herstellermarken ist die Konzipierung als Einzel-, Sortiments- oder Warengruppenmarke möglich. Bei Einzelmarken kann eine Marke bei Nichterfolg jederzeit eliminiert werden.
Auch für Handelsmarken können die typischen Vorteile von Markenprodukten (z. B. Spill Over-Effekte, Marken-Goodwill) genutzt werden.

Produktentwicklung und Fertigung

Die Produkte, die unter einer Handelsmarke vermarktet werden, sind zumeist solche, die von einem Hersteller so schon produziert werden und nun unter der Handelsmarke lediglich anders verpackt (evtl. Änderungen am Design) werden.
Teilweise gehen die Träger von Handelsmarken aber auch weiter und entwickeln eine grobe oder auch detailliertere Konzeption für ein in ihrem Sortiment fehlendes Produkt und lassen es nach diesen Vorgaben von der Industrie fertigentwickeln und fertigen.
Eine andere Möglichkeit ist die, daß das Handelsunternehmen ein Herstellerunternehmen für bestimmte Produkte aufkauft oder aufbaut (z. B. Aldi: Kaffeerösterei).

Ziele

Ursprünglich waren Handelsmarken als reine Billigmarken entwickelt worden, um

als Gegengewicht gegen als übermächtig empfundene, große Herstellermarken eingesetzt zu werden.
Gerade auch durch die meist fehlende Innovation und die Konzentration auf → Schnelldreher (hohe Flächenproduktivität), dies zudem bei knappem Regalraum, können Handelsmarken preiswerter sein. Auch sind die Werbeaufwendungen für Handelsmarken viel geringer als für Hersteller-Markenprodukte. Häufig werden heute auch bewußt Handelsmarken, die nicht als solche erkennbar sind, in Konkurrenz zu den Herstellermarken ins Regal genommen.
Selbst bei niedrigeren Konsumenten-Einzelpreisen bringen Handelsmarken-Produkte häufig höhere Spannen, da sie zum einen im Einkauf deutlich billiger sind und zum anderen für den Konsumenten die Möglichkeit zum Preisvergleich fehlt, da es diese Marke eben in anderen Geschäften nicht gibt.

Bedeutung
Handelsmarken haben seit einigen Jahren wieder z.T. steigende Bedeutung und Marktanteile. So berichten Fachzeitungen, daß Handelsmarken im Anteil am Einzelhandelsumsatz von 1991 bis 1993 von 7,5% auf 8,9% zugenommen hätten. Prognosen sprechen von 14% für 1995 und ca. 18% im Jahre 2000.
Seit einiger Zeit wird immer häufiger versucht, mit Handelsmarken auch im Bereich des gehobenen Konsums (Luxusgüter) Fuß zu fassen und die typischen Vorteile von Handelsmarken zu nutzen.
Im Vergleich zu Herstellermarken stellt sich eine weitere Frage. Herstellermarken-Produkte werden häufig in Deutschland nur noch entworfen und vom Marketing her geplant. Die Fertigung findet in Niedriglohnländern, häufig in Auftragsfertigung statt. Es ist also kaum mehr Kennzeichen eines Markenartikels, im eigenen Werk, unter eigener Kontrolle gefertigt worden zu sein. Worin soll dann noch aus Sicht des Konsumenten der Unterschied zwischen Hersteller- und Handelsmarke bestehen?
Gb

Handelspanel
Die Vertreter der Marktforschungsinstitute besuchen in regelmäßigen Abständen, meistens alle zwei Monate, die Geschäfte. Es handelt sich hier um eine sog. disproportionale Stichprobe; dies heißt, daß umsatzstärkere Geschäfte stärker repräsentiert sind als es ihrer mengenmäßigen Bedeutung zukäme.
Der Außendienstmitarbeiter des Marktforschungsinstitutes kennt von seinem letzten Besuch die vorhandenen Bestände (Regal, Display, Lager und eventuell sonstige Bestände) jedes Artikels der Marken, deren Produktgruppen erhoben werden. Er ermittelt bei seinem Besuch den neuen Bestand und die Anlieferungen aufgrund der Unterlagen (Rechnungen, Lieferscheine etc.) sowie den Preis zum Stichtag. Aus diesen Daten werden über EDV quantitative Marktdaten für einzelne Marken und Artikel berechnet und auf den jeweiligen Gesamtmarkt hochgerechnet (→ Nielsen/GfK-Marktdaten).

Es ist jedoch nicht ersichtlich, wer die Konsumenten der einzelnen Produkte sind.
Gewisse Probleme ergeben sich insoweit, als verschiedene Organisationen nicht am Einzelhandelspanel teilnehmen.
Auch für das Handelspanel ergeben sich Möglichkeiten, neue Techniken (Scannerkassen, EDV-Magnetbänder, Datenübertragung) zu nutzen. Ge

Handelsspanne

Die Handelsspanne ist das Entgelt für die Leistungen eines Handelsbetriebes. Als absolute Handelsspanne bezeichnet man die Differenz zwischen dem Verkaufs- und Einstandspreis einer Ware:

Absolute Handelsspanne = Verkaufspreis – Einstandspreis

Dividiert man die absolute Handelsspanne durch den Verkaufspreis, so ergibt sich die relative oder prozentuale Handelsspanne (sog. Abschlagsspanne):

$$\text{Abschlagsspanne} = \frac{\text{Absolute Handelsspanne}}{\text{Verkaufspreis}} \times 100$$

Bezieht man die absolute Handelsspanne auf den Einstandspreis, so erhält man den relativen oder prozentualen Kalkulationsaufschlag (sog. Aufschlagsspanne):

$$\text{Aufschlagsspanne} = \frac{\text{Absolute Handelsspanne}}{\text{Einstandspreis}} \times 100$$

Zwischen Auf- und Abschlagsspanne besteht folgende Beziehung:

$$\text{Aufschlagsspanne} = \frac{\text{Abschlagsspanne}}{100 - \text{Abschlagsspanne}} \times 100$$

$$\text{Abschlagsspanne} = \frac{\text{Aufschlagsspanne}}{100 + \text{Aufschlagsspanne}} \times 100$$

Aus einer bestimmten Abschlagsspanne kann somit die entsprechende Aufschlagsspanne und umgekehrt berechnet werden.

Beispiel:

Verkaufspreis = 100 DM/Stück
Einstandspreis = 25 DM/Stück

Abschlagsspanne =
$$\frac{75\ \text{DM/Stück}}{100\ \text{DM/Stück}} \times 100 = 75\,\%$$

Aufschlagsspanne =
$$\frac{75\ \text{DM/Stück}}{25\ \text{DM/Stück}} \times 100 = 300\,\%$$

Aufschlagsspanne =
$$\frac{75\,\%}{100 - 75\,\%} \times 100 = 300\,\%$$

Abschlagsspanne =
$$\frac{300\,\%}{100 + 300\,\%} \times 100 = 75\,\%$$

HL

Handelsvertreter

Handelsvertreter sind selbständige Gewerbetreibende, die ständig damit betraut sind, für andere Unternehmen Geschäfte zu tätigen (§ 84 HGB). Für ihre Leistung erhalten sie eine umsatzabhängige Provision.

Formen der Handelsvertretungen

Aufgaben des Vertreters \ Zahl der Vertretungen	Einfirmen-Vertreter	Mehrfirmen-Vertreter
Vermittlungs-vertreter	①	②
Abschluß-vertreter	③	④

① Einfirmen-Vertreter
② Mehrfirmen-Vermittlungsvertreter
③ Einfirmen-Abschlußvertreter
④ Mehrfirmen-Abschlußvertreter

Nach der Art ihrer Tätigkeit unterscheidet man Abschluß- und Vermittlungsvertreter. Vermittlungsvertreter vermitteln Geschäfte, der Abschluß erfolgt durch die vertretene Firma. Abschlußvertreter schließen im Namen und auf Rechnung der vertretenen Firma Geschäfte ab.
Nach der Zahl der vertretenen Firmen unterscheidet man Einfirmen- und Mehrfirmenvertreter. Die Vertretung mehrerer Firmen ist möglich, wenn die angebotenen Produkte nicht unmittelbar konkurrieren. Das Angebot komplementärer Produkte liegt im Interesse der vertretenen Firmen, weil dadurch → Synergie-Effekte entstehen können. HL

Hard Selling

Hard Selling (hartes Verkaufen, Hochdruck-Verkauf) ist ein Verkaufsstil, der vor allem auf gesättigten Märkten mit starker Konkurrenz zu beobachten ist. Die Verkäufer werden durch spezielle Provisionssysteme »heiß« gemacht, um aggressiv zu verkaufen. Dabei wird die Beratung der Kunden vernachlässigt. In vielen Fällen wird nicht bedarfsgerecht, sondern provisionsorientiert verkauft. Die Kunden werden nicht bedient, sondern besiegt.
Ein Beispiel für dieses Verhalten sind die sog. »Strukis«, d. h. die Verkäufer in gewissen → Struktur-Vertrieben. Als Vermögensberater getarnt drängen sie den Kunden unnötige Finanz-Produkte auf.
Das Hard Selling ist problematisch, wenn die Kunden von »Drückerkolonnen« oder »Kloppertruppen« mit unseriösen oder sogar mit kriminellen Methoden unter psychologischen Kaufzwang gesetzt werden. Die »Vergewaltigung« der Kunden bringt zwar Umsatz und Gewinn, jedoch nur kurzfristig. Wer dauerhaft gute Geschäfte machen will, muß über den Tag hinaus denken (→ Verkaufsstrategien und -taktik). HL

Haushaltspanel

Unter einem Haushaltspanel (→ Panel) ist eine Marktforschungsmethode zu verstehen, bei der Institute bei einigen tausend Haushalten wöchentlich die Käufe einzelner Marken bzw. Artikel und die dazugehörigen Preise sowie die Geschäfte erheben, in denen eingekauft wurde. Die Panelteilnehmer tragen die Daten in ein Haushaltsbuch ein. Teilweise erfolgt die Ermittlung über ein Electronic Diary. In dieses können Daten eingegeben und per Fernübertragung an das Marktforschungsinstitut übermittelt werden. Durch die Hochrechnung der Daten aus dem Haushaltspanel werden wichtige quantitative Marktdaten ermittelt. Im Gegensatz zum Handelspanel kann das Haushaltspanel auch Strukturdaten der Käufer einer Marke angeben (→ Nielsen/GfK-Marktdaten). Daneben gibt es noch spezielle Verbraucherpanels (Testmarktpanel Saar, Babypanel, PkW-Fahrerpanel etc.). Ge

Herstellermarke

Der traditionelle → Markenartikel wird wegen seiner Herkunft und zur Abgrenzung gegenüber Marken von Handels- und Dienstleistungsunternehmen als Herstellermarke bezeichnet. Die Herstellermarken stehen im Wettbewerb zu → Handelsmarken.

High Interest Goods

→ Produktkategorien.

High Involvement Goods

→ Produktkategorien.

High Tech-Marketing

Wenn für Investitionsgüter, für das Handwerk oder für (traditionelle) Markenartikel des Konsumgüterbereiches ein je angepaßtes Marketing betrieben wird, wenn es hier Besonderheiten und je spezielle Effekte und Phänomene gibt, so leuchtet ein, daß auch für »High Tech«-Produkte eine spezielle Marketing-Konzeption entwickelt und realisiert wird. High Tech-Produkte haben oft extrem kurze Lebenszyklen, verlangen also nach betont kurzer Forschungs- und Entwicklungszeit, einer schnellen Markteinführung und ständiger Relaunchpolitik.
In der → Kommunikationspolitik gilt es, den High Tech-Aspekt zu verdeutlichen und die an diesen Produkten interessierten Zielgruppen mittels geeigneter Kommunikationsmedien zu erreichen. Sehr oft besteht bei innovativen High Tech-Produkten ein hoher Erklärungs- und Informationsbedarf bezüglich der Produkteigenschaften und der Anwendungsmöglichkeiten.

Bei *innovativen* High Tech-Produkten empfiehlt sich von der Preispolitik her die → Abschöpfungs- (Skimming-) Strategie, um die hohen Forschungs- und Entwicklungskosten zu decken, bevor die Konkurrenz mit → Me Too-Produkten nachzieht. Gb

Human Concept of Marketing

Social Marketing, Konzept des gesellschaftsfreundlichen Marketings erwerbswirtschaftlicher Institutionen. → Marketing-Begriffe.

I

Ideenproduktion

→ Kreativität.

Image (Marken-, Produktimage)

→ Einstellung.

Image Placement

→ Product Placement.

Imagery-Forschung

→ Innere Bilder.

Imagetransfer

Unter Imagetransfer, oder genauer, Einstellungstransfer (→ Einstellung) versteht man die Übertragung des Images einer Marke auf andere Produkte, ein anderes Sortiment, so etwa bei Bekleidung und Schuhen unter der Marke »Camel«. Zum einen soll das durch absatzpolitische Maßnahmen »teuer erkaufte« Image so besser genutzt werden, zum anderen soll die Imagewirkung des ursprünglichen Sortiments, das unter dieser Marke vermarktet wurde, verbessert und stabilisiert werden.

Imitation

→ Me Too-Produkte.

Impulskauf

→ Kaufentscheidung.

Incentive

Anreiz, Belohnung, Ansporn.
Die Durchsetzung von Marketing-Zielen ist vielfach nur möglich, wenn Mitarbeitern, → Absatzhelfern, → Absatzmittlern und *Kunden* ein entsprechender Anreiz geboten wird. Dabei gilt es zu beachten, daß Menschen – vereinfacht gesprochen – aus Leib und Seele bestehen, also einerseits Lob und Anerkennung *und* andererseits finanzielle Vorteile wie Geschenke, Geldprämien, Sonderrabatte lieben.
Will man Mitarbeiter, Absatzhelfer und Absatzmittler anreizen, sich für die Kundenzufriedenheit beim Verkauf des eigenen Fabrikats, der eigenen Marke besonders intensiv einzusetzen (→ Marketing-Personal, →strategische Wettbewerbseinheit), dann sind Lob, Anerkennung, Herausstellung in Werkzeitschriften (oder auch per Hausorden) angezeigt, optimal allerdings erst wirksam mit einer finanziellen Prämie. Wenn aber Mitarbeiter bereits über zusätzliche Lohnsteuer- und Sozialabgabenbelastungen aus Mehrverdienst klagen, dann gilt es, Wege zu suchen, wie Anreize geschaffen werden, die solche »Belastungen« nicht auslösen.
Incentive-Reisen galten viele Jahre als probates Mittel, zur Leistungssteigerung anzureizen. Dabei sind allerdings Vergnügungsreisen als Incentive längst nicht mehr steuer- und abgabenfrei. Ein US-amerikanisches Unternehmen bietet da-

her seinen deutschen Incentive-Empfängern eine kostenlose USA-Reise. Dabei stehen ein Besuch der Unternehmenszentrale mit einer Begegnung mit Spitzenmanagern, Besichtigung von Verkaufsstätten in USA (vorzugsweise Hawaii, Los Angeles, New York etc.) sowie die Teilnahme an Schulungen im Vordergrund, werden jedoch von touristischen Highlights an den Abenden und dem arbeitsfreien Wochenende umrahmt.

Verbrauchern bietet man die Teilnahme an einer Verlosung, einem Preisausschreiben an, wobei erreicht werden muß, daß die »richtige Lösung« nur zu finden ist, wenn man die volle Werbebotschaft intensiv zur Kenntnis nimmt, besser noch, indem man das Produkt testet, also kauft.

Mittels Incentives werden die Käufer eines neuen Modells belohnt, die in den ersten Tagen nach Verkaufsbeginn bestellen oder sich bereit erklären, über ihre Testerfahrung mittels eines Fragebogens kurzfristig zu berichten.

Incentive-Programme sind um so erwägenswerter, je mehr normale Werbung wegen Werbeüberflutung nicht mehr zufriedenstellend wirkt, je mehr übersättigte Konsumenten zum Konsum eines moderneren, modischeren Artikels verlockt werden müssen.

Mitarbeiter mit Kündigungsschutz fast perfekter Art lassen sich häufig nur per massiver Incentives zur Leistung bewegen, ohne Incentive-Programme läßt sich »Kundenfreundlichkeit« vielfach kaum oder nur über allzu lange Perioden hinweg in eine Belegschaft implementieren (einpflanzen). Gb

Incoterms

International Commercial Terms sind normierte Lieferbedingungen für den internationalen Handel, die u. a. bei Banken erhältlich sind. Die häufigsten Incoterms sind → CIF und → FOB.

Indexzahlen

Setzt man zwei zu verschiedenen Zeitpunkten oder -räumen beobachtete Ausprägungen desselben Merkmals zueinander ins Verhältnis, so erhält man eine sog. Meßzahl.

Beispiel:

$$\text{Preismeßzahl} = \frac{\text{Preis des Produktes A in der Berichtszeit}}{\text{Preis des Produktes A in der Basiszeit}}$$

$$\text{Mengenmeßzahl} = \frac{\text{Absatzmenge des Produktes A in der Berichtszeit}}{\text{Absatzmenge des Produktes A in der Basiszeit}}$$

Diese Meßzahlen beschreiben die relative Veränderung des Preises bzw. der Absatzmenge eines Produktes. Für die übrigen Produkte eines Unternehmens können ebenfalls Meßzahlen in gleicher Weise gebildet werden.

Sollen die Veränderungen der Absatzmengen und/oder Preise aller Produkte durch jeweils *eine Zahl* ausgedrückt werden, müssen die Meßzahlen für die einzelnen Produkte zusammengefaßt und entsprechend ihrer Bedeutung gewichtet werden. Das gewogene arithmetische

Mittel der jeweiligen Meßzahlen wird als Indexzahl bezeichnet. Eine Indexzahl ist also ein dynamischer Mittelwert, d. h. sie mittelt Zeitreihen, um einen zusammenfassenden Ausdruck für die prozentuale Entwicklung verschiedener Reihen zu liefern.
Zu unterscheiden sind → Mengenindex und → Preisindex. HL

Indirekter Vertrieb

Der indirekte Vertrieb oder Absatz ist dadurch gekennzeichnet, daß ein Hersteller → Absatzmittler und → Absatzhelfer in den Vertriebsweg einschaltet (→ Absatzwege). Gleichwohl kann dabei der Transport der Produkte vom Hersteller direkt an die Endabnehmer erfolgen
(→ Streckengeschäft).
Es gibt drei Basisformen des indirekten Vertriebs:

- indirekter Verkauf,
- indirekte Vermietung (→ Leasing),
- indirekter Tausch (→ Barter).

Die wichtigste Form ist der indirekte Verkauf, d. h. der Absatz über Händler. Auf diesem Weg gelangen die meisten Güter zu den Konsumenten. Der indirekte Verkauf kann einstufig (über Einzelhändler) oder zweistufig (über Groß- und Einzelhändler) erfolgen.
Vorteile des indirekten Vertriebs:

- Kostengünstige Erschließung und Durchdringung des Marktes möglich;
- Nutzung von Handelsleistungen wie Lagerhaltung, Präsentation, Beratung, Service usw.;
- Die Absatzmittler können für den Hersteller wertvolle Partner sein, die durch Verbesserungsvorschläge zum gemeinsamen Markterfolg beitragen.

Nachteile des indirekten Vertriebs:

- Begrenzter Einfluß auf die Vertriebspartner;
- Schwierigkeiten bei der Durchsetzung des eigenen Marketingkonzeptes;
- Der Hersteller ist von der Marktmacht umsatzstarker Händler abhängig;
- Kein Kontakt zu den Endabnehmern.

HL

Inflation

→ Preisindex.

Information Highway

→ Online Dienste.

Informationen: Asymmetrie der Informationen

Ungleichverteilung von Informationen (über Güter und Märkte) zwischen Anbietern und Nachfragern.
Zwischen den professionellen Anbietern von technischen Geräten, insb. der Elektronik oder von Pharmaprodukten, aber auch Dienstleistern, wie Fachärzten, Fachanwälten, Marketingberatern, und ihren Kunden, soweit diese Konsumenten oder Kleingewerbetreibende sind, besteht heute und in Zukunft eine erhebliche Asymmetrie der Informationen über die relevante Technik, Kundengeeignetheit und die zu erwartende Entwicklung des relevanten Marktes.
Organisierte Nachfrager in P-, W-, und Ö-Märkten (→ Nachfrage, organisiert,

unorgansisiert, → Märkte nach Art der Nachfrager) sind häufig auf gleichem Wissensstand wie ihre Anbieter.
Wer die Asymmetrie der Informationen im Sinne von Gewinnmaximierung (bei jedem traditionellen Einzelgeschäft) den Modellen der volkswirtschaftlichen Mikroökonomie folgend ausnützt, mag momentanen Erfolg erzielen. Der im Wissensstand unterlegene Nachfrager lernt aber häufig nach einem Kauf durch Gebrauch und zusätzliche Informationen aus seiner Umwelt recht bald, wenn er falsch beraten und/oder preislich überfordert wurde. Er empfindet dann eine → kognitive Dissonanz, also (vereinfacht) die Reue nach dem Kauf. Anbieter, die solches auslösen, verlieren oft schon auf mittlere Sicht im Markt, da sich solches Verhalten herumspricht.
Modernes Marketing besteht unter anderem auch darin, an Dauerkunden interessiert zu sein, die den Anbieter in ihrem Umfeld empfehlen. Also gilt es, durch sorgfältige Beratung die Asymmetrie der Information zu überbrücken, dem potentiellen Kunden z. B. durch Rückgaberechte (bei Nichtgefallen) Sicherheit zu verleihen. Dieser Aspekt ist in der Personalschulung und -überwachung unbedingt zu beachten, auch wenn eine Marke am Point of Sale durch → Absatzmittler vertreten wird. Gb

Informations-Selektion

Die ständig wachsende Flut an Informationen, die sich den Mitgliedern moderner Überflußgesellschaften anbietet, muß vom jeweiligen Empfänger selektiert, also gesichtet und bewertet werden, da nur wenige, wichtige Informationen beachtet und gespeichert werden. Dabei gilt es für die Werbung etwa besonders zu beachten, daß der angezielte Empfänger einer Botschaft diese als für ihn wichtig und zutreffend erkennt und daher mit hoher Wahrscheinlichkeit beachtet. Alle anderen Botschaften wird der angezielte Empfänger selektieren, ablehnen, nicht übernehmen.
Botschaften müssen auf die angezielten Empfänger und deren soziales Umfeld gerichtet sein, in Sprache, Inhalt und Stil, aber auch in bezug auf das gewählte Medium akzeptabel, besser sympathisch sein. Die Länge und Komplexität einer Botschaft sollte sich an den Zielpersonen orientieren, aber auch an der jeweiligen Empfangssituation für diese Botschaft. Die gleichen Personen sind beim Studium eines wissenschaftlichen Berichts in ihrem Berufsumfeld bereit und gewöhnt, hohe Aufnahmebemühungen für komplexe Botschaften auf sich zu nehmen. Spät abends am Fernseher suchen die gleichen Personen jedoch meist schlichte Kost (situative Aufnahmebereitschaft).
Werbung, Gebrauchsanweisungen für Ge- und Verbraucher gilt es also in dieser Hinsicht kundenfreundlich zu gestalten, um auf Dauer Erfolg zu erzielen. Kontaktmaßzahlen alleine sind übrigens allzu grobe Maßstäbe für die Wahl eines Mediums als Werbeträger. Viele Werbespots werden zwar »empfangen«, aber nicht beachtet, viele Anzeigen überblättert, manche »Anzeigenfriedhöfe« gleich dem Papierkorb anvertraut. Manche Werbung wird zwar wahrgenommen, dann aber als lästig registriert, jedenfalls nicht im Sinne der Sender beachtet, also selbst

nicht selektierte Botschaften sind noch kein Garant für den Werbeerfolg. Gb

Informationsbedarf

Für Marketing-Entscheidungen benötigen die zuständigen Manager Informationen. Diese Daten können für einzelne Märkte (Länder), teilweise auch lokal oder regional ermittelt werden.

1. *Interne Informationen*:
   - Auftragseingang,
   - Absatzmenge,
   - Nettoerlöse,
   - Umsatz,
   - Kosten,
   - Gewinn,
   - Deckungsbeitrag (pro Einheit und insgesamt).

Diese Daten werden aus internen Unterlagen nach verschiedenen Erfolgsträgern wie Produkten, Produktgruppen, strategischen Geschäftseinheiten, Vertriebskanälen, Kundengruppen, Gebieten, Filialen ermittelt. Die Daten sollten möglichst kurzfristig zur Verfügung stehen, damit im Falle von Zielabweichungen rechtzeitig reagiert werden kann. Die Zeiträume gehen in vielen Unternehmen von täglichen (Auftragseingang, Absatzmenge, Umsatz etc.) bis zu monatlichen Informationen.

2. *Externe Informationen*:

a. Markt
   - Größe des Marktes (Menge und Umsatz),
   - eigener Marktanteil und Marktanteile der Wettbewerber (Menge und Umsatz),
   - Marktsegmente,
   - Markt- und Absatzprognose.

b. Vertriebskanäle
   - Entwicklung der Preise/Erlöse auf verschiedenen Vertriebsstufen und bei unterschiedlichen Abnehmergruppen,
   - Distribution (numerisch und gewichtet),
   - Lagerbestände in den Vertriebskanälen,
   - Plazierung der Produkte im Handel,
   - Abverkäufe und Lagerumschlag beim Handel.

c. Verbraucher/Abnehmer
   - Entwicklung der Bevölkerung bzw. der Abnehmer und ihrer Struktur,
   - Kaufgründe und -kriterien der Abnehmer und Verbraucher/Verwender,
   - Produktbeurteilung durch die Abnehmer und Verbraucher/Verwender,
   - Image und Bekanntheitsgrad des eigenen Produktes.

d. Erfolg des Marketing-Mix
   - Erfolg der Werbung und Verkaufsförderung,
   - Reaktion der Abnehmer bzw. Verbraucher auf andere Maßnahmen (wie Produkt, Verpackung, Preise etc.).

e. Daten über die Wettbewerber

f. Allgemeine Rahmenbedingungen
   - politische und wirtschaftliche Entwicklungen,
   - Gesetzgebung,
   - neue technologische Entwicklung.

Die Vielzahl von Informationen, die auf den Marketing-Manager zukommen, müssen zum richtigen Zeitpunkt im richtigen Umfang vorhanden sein, um für das anstehende Problem eine Lösung zu finden. Deshalb ist es wichtig, ein funktionierendes → Marketing-Informationssystem zu installieren. Ge

Informationsquellen

Ein Marktforschungsprojekt beginnt normalerweise mit einer Daten-Recherche, der → Sekundärforschung. Diese erfordert weniger Kosten und weniger Zeit als eigene Erhebungen oder Erhebungen durch Marktforschungsinstitute.
Sie können bei der Definition des Problems ebenso behilflich sein wie bei der Erhebung von Primärdaten (→ Marketing-Forschung) und der Definition der Grundgesamtheit.

Informationssysteme

Mit der Entwicklung leistungsfähiger Computer, höherer Programmiersprachen und neuer Kommunikationstechnologien sowie -medien haben Management-Informationssysteme und Berichtsinformationssysteme wie das Marketing-Informationssystem (MAIS) an Bedeutung gewonnen. Bei der Vielfalt der Informationen, die die Marketing-Forschung aus Sekundärquellen und durch eigene Erhebungen bietet, sind Einrichtungen und Verfahren nötig, die eine schnelle und rationelle Datenverarbeitung erlauben. Für die jeweilige Entscheidungsstufe geht es hinsichtlich der Informationen um Beschaffung, Speicherung, Analyse, Aufbereitung, Interpretation und Weitergabe.

Die Kernsysteme eines computergestützten MAIS sind: die Daten-, die Modell-, die Methodenbank und das Kommunikationssystem. In der Datenbank werden die für Marketing-Entscheidungen notwendigen Informationen gesammelt und strukturiert. Der Benutzer kann die Daten in der gewünschten Form, Sortierung, Aggregation und Darstellungsweise abrufen und entsprechend der in der Modell- und Methodenbank enthaltenen Anwendungen weiterverarbeiten. Ein Daten-Management-System verwaltet die gespeicherten Daten für die Benutzer und steuert die Ein- und Ausgabe.
Die Methodenbank enthält Analyse- und Planungs- sowie Entscheidungsmodelle als Computer-Programme. Dazu gehören: graphische Datenaufbereitung, einfache mathematische Methoden, komplexe Methoden sowie Methoden des Operations Research.
Die Modellbank umfaßt alle quantitativen Marketing-Modelle zur Unterstützung des Marketing-Managements. Dazu gehören Optimierungsmodelle in den Bereichen Media-Selektion, Distribution, → Marketing-Mix etc., ferner Projektplanungs-, Prognose-, Käuferverhaltens- und Konkurrenzmodelle.
Beim Kommunikationssystem geht es um benutzerfreundliche Ausstattung mit Geräten (Terminals, Drucker etc.) und Programme, die eine möglichst benutzerfreundliche Kommunikation zwischen den Menschen und dem System erlauben. Wichtig ist vor allem eine einfache Eigentechnik. Die Arbeit erleichtern dem Benutzer sog. Menütechniken. Dem Anwender wird ein Überblick über Alterna-

tiven gegeben: wenn er sich für eine entschieden hat, erhält er eine neue Menü-Hierarchie vorgeführt, die detaillierte Informationen bietet.
Der Datenaustausch innerhalb eines Gebäudes erfolgt über sog. lokale Netze (LAN), das heißt über die Zusammenschaltung unterschiedlicher Geräte, wie zum Beispiel Personal-Computer, Drucker und Datenspeicher etc. Wird das Grundstück beim Informationsaustausch überschritten, so sind die Einrichtungen der Deutschen Telekom zu benutzen. Es steht ein gemeinsames Netz zur Verfügung: ISDN (Integrated Services Digital Network), das die Übertragung von Texten, Daten und Bildern bewerkstelligen kann. Die technologischen Möglichkeiten der Kommunikation verschiedener Stellen erstrecken sich neben dem Einsatz in der Zentrale auf Kontakt zwischen Zentrale und Filialen, Zentrale und Außendienst sowie Zentrale und Kunden. Zum Einsatz gelangen können dabei neben einem zentralen System in der Unternehmung Personal-Computer, BTX, dessen Einsatz allerdings noch von seiner Verbreitung abhängen wird, sowie internationale Netzwerke wie Internet oder CompuServe (→ Datennetze).
Zwischen einem Unternehmen und seinem Außendienst, Filialen und Kunden ist ein vielfältiger Informationsaustausch sowie der Zugriff auf das gesamte EDV-System möglich. Ge

Informationsüberflutung

→ Werbeüberflutung, → Informationsverhalten des Konsumenten, → Informationsselektion.

Informationsverhalten der Konsumenten

→ Konsumentenverhalten, → Wahrnehmung, → Lernen
Das Sammeln von Informationen, der Erwerb von Konsumwissen sind grundlegend für das Treffen von Kaufentscheidungen. Je nach Art der Produkte (→ Kaufentscheidung: Typen) und nach der Bedeutung, die ein Konsument der Kaufentscheidung bzw. dem jeweiligen Produkt zumißt (high oder low involvement; → Produktkategorien) wird der Informationsbedarf höher oder niedriger sein.
Mit der Zunahme der Komplexität der Technik und der kaufmännischen Technik, der Geschwindigkeit des technischen und modischen Fortschritts, dem internationalen Güter- und Leistungsaustausch und einfach auch der Anzahl verschiedener Güter, ist es dem Konsumenten immer weniger möglich, auch nur annähernd vollständiges (alle Faktoren) und vollkommenes (je Faktor alle Einzelheiten) Wissen auch nur für einige seiner Kaufentscheidungen als Basis zu haben. Hinzu kommt noch die Informationsüberflutung durch die verschiedenen Medien und die Werbung, die es unmöglich macht, alle Informationen zu registrieren oder gar bewußt wahrzunehmen und zu merken.

Informationsbedarf
Der Informationsbedarf ist um so größer, je stärker das Streben nach Sicherheit, kognitiver Klarheit, Leistungsfähigkeit des Produktes, Konsumerfolg ist und je stärker der äußere oder innere Rechtfertigungsdruck ist. Hohe kognitive

Komplexität der Entscheidung läßt den Informationsbedarf steigen.
Je geringer die Erfahrungen mit dem Kauf des jeweiligen Produktes sind (z. B. Erstkauf), desto größer dürfte der Bedarf an Informationen sein. Das wahrgenommene → Risiko bei Kaufentscheidungen ist somit maßgebend für das Ausmaß des Informationsbedarfs.
Konsumenten mit ausgeprägteren kognitiven Fähigkeiten können mehr Informationen verarbeiten, nehmen deshalb auch tendenziell mehr Informationen auf.
Der Informationsbedarf sinkt, wenn die Verantwortung für die Kaufentscheidung delegiert werden kann. Weitgehend delegiert werden kann bei Kaufentscheidungen für Medikamente (Arzt), Baumaterialien (Architekt) oder auch Wertpapiere (Anlageberater).

Informationsinhalte
Informationen im Rahmen einer Kaufentscheidung können als *Orientierungshilfen* dienen, also die Fragen, welche Lösungen es für das »Problem« gibt, wie die Bedürfnisse besser befriedigt werden können, welche Angebote preislich und qualitativ akzeptabel oder gar attraktiv sind.
Dann können Informationen auch als *Entscheidungshilfen* im Vergleich der verschiedenen Angebote dienen. Hier ist das Herausstellen der jeweiligen USP (→ Unique Selling Proposition), also des Besonderen und Einzigartigen eines bestimmten Produktes im Vergleich zu Konkurrenzprodukten entscheidend.
Des weiteren gibt es *Verhaltensinformationen*, die Angaben beinhalten, was zu tun ist, um ein bestimmtes Angebot wahrnehmen zu können (Bestellkarte oder Coupon einsenden, Prospekt anfordern, Ladenlokal aufsuchen, Telefon-Durchwahl).
Schließlich können *Bestätigungsinformationen* zur Vermeidung → kognitiver Dissonanzen nach dem Kauf dienen. Gb

Ingredient Branding

Markenpolitik für eine Produktkomponente, die Bestandteil eines anderen (End-)Produktes ist, in diesem aber untergeht und für den Verbraucher nicht erkennbar ist (z.B. Intel, Gore-Tex etc.).

Innerbetriebliche Logistik

Gegenstand der innerbetrieblichen Logistik sind Materialdurchlauf, Führung von Lagern, Versorgung der Produktionsanlagen mit Materialien, Kommissionierung sowie Verladung. Im Bereich der innerbetrieblichen Logistik besteht das Problem, daß die Bestände der Zwischenläger aus Kostengründen möglichst niedrig sein sollen. Die Versorgung der einzelnen Anlagen mit Vormaterialien muß jedoch stets gewährleistet sein, da es sonst zu Produktionsstillstand und damit zu hohen Kosten durch Produktionsausfall kommen kann. Ein weiteres erhebliches Problem besteht in der Lagerung (→ Lagerhaltung), → Sortierung und → Kommissionierung der immer größer werdenden Sortimente.
Während man in früheren Zeiten versuchte, die Probleme der innerbetrieblichen Logistik durch große Lose, Auslastung starrer Kapazitäten, Vorratsfertigung und hohe Bestände zu bewälti-

gen, geht die Tendenz heute dahin, mit kleineren Losgrößen, Flexibilität in den Arbeitsprozessen (z. B. kurzfristige Umstellung von Anlagen), flexiblen Kapazitätsanpassungen (z. B. durch Arbeitszeitmodelle) und Auftragsfertigung zu arbeiten. Ein speziell in Japan entwickeltes System der flexiblen, kostenoptimal innerbetrieblichen Logistik stellt → KANBAN dar. Wilhelm Hauser

Innere Bilder

Aufgenommene Reize werden oft als Vorstellungsbilder, sog. innere Bilder kodiert (vgl. Kroeber-Riel, *Konsumentenverhalten*, 5.Aufl., S. 351 ff.). Beispielsweise kann das Wort »Auto«, die Zeichnung oder das Geräusch eines Autos oder auch der Gedanke an ein Auto das innere Bild, die Vorstellung eines Autos hervorrufen. Ob die eigentliche Speicherung des Wissens in Form innerer Bilder stattfindet, oder ob das gespeicherte Wissen lediglich in Form innerer Bilder an die Oberfläche, ins Bewußtsein tritt, ist umstritten.

Man unterscheidet Gedächtnisbilder (Vorstellung in Abwesenheit des Gegenstandes oder eines Abbildes des Gegenstandes, also z. B. eines Modells oder Photos) und Wahrnehmungsbilder (Gegenstand oder Abbildung des Gegenstandes wird sinnlich wahrgenommen).

Das Entstehen, die Verarbeitung sowie die Speicherung innerer Bilder wird Imagery genannt.

Insbesondere für die Gestaltung von → Werbemitteln ist das bewußte Einsetzen von Bildern und Wort-Bild-Kombinationen interessant, da man versuchen kann, durch bestimmte, in jeder Werbung, im → Corporate Design vorkommende bildliche Konstanten die Erinnerung an die Marke und ihre Eigenschaften zu unterstützen. Auch werden Bildinformationen weniger kognitiv überprüft, so daß man mittels dieser möglicherweise die gedankliche Kontrolle der Werberezipienten teilweise unterlaufen kann. Gb

Innovation

Innovation bedeutet allgemein Erneuerung, d. h. fortschrittliche Lösung eines Problems. In der Forschung wird der Begriff im Sinne von Problemlösung ohne Vorbild verwendet. In der Marketingpraxis sind Innovationen neue Produkte im → Sortiment eines Unternehmens. Diese Definition umfaßt neue Produkte

- ohne Vorbild (echte Innovationen, Marktneuheiten) und
- mit Vorbild (unechte Innovationen, → Me Too-Produkte). HL

Innovationsmarketing

Neue Produkte (z. B. Computer, Fernseher) bewirken eine grundsätzliche Veränderung menschlicher Verhaltensmuster und haben damit Einfluß auf die → Adoptions- und Diffusionsverläufe. Je innovativer eine Leistung aus Sicht des Konsumenten ist, desto mehr werden die Kaufentscheidungsprozesse von interpersoneller Kommunikation bestimmt. Die → Marketing-Mix-Aktivitäten müssen deshalb auf eine Übernahme der Innovation seitens der Konsumenten ausgerichtet sein.

Im Investitionsgüterbereich gestaltet sich Innovationsmarketing als aufwendiger Prozeß zwischen Hersteller- und Verwenderorganisation mit langfristigen Wirkungen für beide Parteien. Im Laufe dieses Prozesses sind insbesondere folgende Entscheidungen zu treffen:
- die Spezifikation der Problemlösung mit ihren technischen und nutzungsbezogenen Komponenten;
- die Vereinbarung der Austauschkonditionen;
- die Bestimmung der Leistungen, die von den Parteien während des Prozesses zu erbringen sind.

Die Ausgestaltung dieser Entscheidungen bestimmt den Marketingerfolg und die Qualität der zukünftigen Geschäftsbeziehung (→ Relationship Management/Marketing). Peter Hanser

Innovationsprozeß

Der Innovationsprozeß umfaßt die Entwicklung neuer Produkte. Dabei sind vier Stufen zu unterscheiden:

1. Beschaffung von Produktideen (→ Kreativitätstechniken).
2. Prüfung der Produktideen (→ Break Even-Analyse).
3. Gestaltung des Produktes (→ Produktgestaltung).
4. Erprobung des Produktes (→ Test).

Die Entwicklung neuer Produkte ist zeitaufwendig und kostspielig sowie mit hohen Risiken verbunden:
- Die meisten Produktideen, die in das Stadium der Produktentwicklung gelangen, kommen nicht auf den Markt.
- Die meisten Produkte, die auf dem Markt eingeführt werden, sind Mißerfolge (→ Flops).
- Erfolgreiche Produkte (Hits) werden von der Konkurrenz nachgeahmt (→ Me Too-Produkte).

Der Innovationsprozeß muß sorgfältig geplant, realisiert und kontrolliert werden, um die Erfolgswahrscheinlichkeit neuer Produkte zu erhöhen. HL

Institutionenansatz des Marketing

→ Marketing-Theorie-Ansätze.

Instrumente

→ Marketing-Mix.

Integration

Absatzfähige Produkte müssen verschiedene Wertaktivitäten (Produktions- und Handelsstufen) durchlaufen, um Marktreife zu erlangen. Die Gesamtheit der nacheinander angeordneten Wertaktivitäten ergibt die sog. Wertkette (Wertschöpfungs-Pipeline). Unterstellt man vereinfacht, daß für jedes Produkt eine Wertkette aufgebaut werden muß, dann gibt es in entwickelten Volkswirtschaften unendlich viele Wertketten. Die Anzahl und die Interdependenzen der verschiedenen Wertketten bestimmen daher auch die Komplexität einer Wirtschaft. In arbeitsteiligen Wirtschaftssystemen haben die in Wertketten zu einer Schicksalsgemeinschaft zusammengeschlossenen Unternehmen verschiedene Wertschöpfungsanteile. Mit verkürzten Produktentwicklungs- und -lebenszyklen verändern sich nicht nur die Wertschöpfungsanteile der Wertkettenunternehmen, auch die Wertketten selbst sind immer häufigeren und intensiveren Reorganisationsprozessen ausgesetzt. Unter solchen zunehmend dynamischeren wirtschaftsstrukturellen Veränderungen kommt Integrations- und Disintegrationsaktivitäten eine herausragende Bedeutung zu.

Vertikale Integration betrifft Aktivitäten innerhalb einer Wertkette. Vertikale Rückwärtsintegration liegt vor, wenn Unternehmen Wertaktivitäten (bzw. Produktions- und Handelsstufen) übernehmen, die bislang Lieferanten auf der Beschaffungsseite besorgten. Dies wäre gegeben, wenn ein Bauunternehmen die notwendigen Ziegel in eigener Regie produziert bzw. eine Ziegelei aufkauft. Das Unternehmen integriert dann Richtung Rohstoff. Die Gründe können z. B. in einer Verbesserung des Durchgriffs auf Rohstoffmärkte oder der Sicherung der Qualität der Vorprodukte liegen. Vertikale Vorwärtsintegration liegt dagegen vor, wenn Unternehmen absatznähere Wertaktivitäten eingliedern. Dies läge z. B. bei dem Bauunternehmen vor, wenn es neuerdings auch den Verkauf selbst organisiert, während dieser früher von einem unabhängigen Immobilienbüro durchgeführt wurde. Die Sicherung des Kundenzugangs oder der direkte Zugriff auf Vertriebskanäle aus wettbewerbsstrategischen Gründen können dafür Motive sein.

In beiden Fällen wird durch den Übergang von Buy zu Make der vertikale Integrationsgrad, die Wertschöpfungsquote sowie die Tiefengliederung der Produktions- und Handelsstufen des Unternehmens erhöht. Umgekehrtes gilt bei vertikalen Disintegrationsstrategien. Hier werden an Lieferanten (Rückwärts-Disintegration) oder Kunden bzw. kundennähere Leistungsanbieter Wertaktivitäten abgegeben (Vorwärts-Disintegration). Dadurch sinkt die Tiefengliederung, die Wertschöpfungsquote und der Make-Anteil, während der Buy-Anteil steigt. Auch sog. Make-or-Buy-Entscheidungen haben folglich direkte Konsequenzen für den Integrationsgrad, die Wertschöpfungsquote und die Tiefengliederung der Wertaktivitäten eines Unternehmens.

Bei horizontalen Integrations- bzw. Disintegrationsstrategien werden dagegen Wertaktivitäten auf gleicher Produktions- bzw. Handelsstufe, jedoch aus anderen Wertketten, übernommen bzw. abgespaltet. Hier wird nicht die Tiefen-, sondern die Breitengliederung der Wertaktivitäten verändert. Die Gründe können z. B. in der Vermeidung von Unsicherheit durch → Diversifikation, der Reduzierung des sog. Small Numbers Problems oder der Beeinflussung des Wettbewerbs liegen.

Wird durch die Übernahme bzw. Abspaltung von Wertaktivitäten sowohl die Tiefen- als auch die Breitengliederung der Produktions- bzw. Handelsstufen eines Unternehmens verändert, handelt es sich um diagonale (anorganische oder konglomerate) Integrations- bzw. Disintegrationsaktivitäten. In diesen Fällen findet gleichzeitig eine horizontale und eine vertikale Veränderung des Aufgabenumfangs eines Unternehmens statt. Hierfür können neben finanz- und machtpolitischen Aspekten auch Gründe der Risikodiversifikation ursächlich sein.

Dietram Schneider

Integrierte Kommunikation

Wenn die gesamte Kommunikation, z. B. eines Markenartikelherstellers aus einer schlüssigen Firmenphilosophie über eine systematische Strategie abgeleitet wird, wie also → Corporate Identity zu einem schlüssigen → Corporate Design führte, dann sind Verpackungsgestaltung, Verkaufsförderung und damit auch Werbehilfen für den → Point of Sale, Werbung, → Öffentlichkeitsarbeit ebenso wie Gebrauchsanweisungen sowie → Sponsoring, → Product Placement und die Gesprächsführung mit dem Kunden und auch der Öffentlichkeit »aus einem Guß« gestaltet. Nicht nur formal, sondern auch inhaltlich werden alle Arten der Kommunikation des Unternehmens aus einem Guß gestaltet, es wird also nicht mit unterschiedlichen Leitideen, Symbolen, Schlüsselbildern, Schlüsselpersonen gearbeitet (→ Corporate Communication). Eine solche integrierte Kommunikationspolitik zielt auf ein insgesamt → integriertes Marketing, will ein optimales Kommunikations-Mix in ein optimales Marketing-Mix einbetten. Gb

Integriertes Marketing

Die Abstimmung im Sinne eines optimalen Marketing-Mix, also Planung, Durchführung und Kontrolle »aus einer Hand«, wobei Unternehmensphilosophie, Strategie und darauf basierende Taktik systematisch voneinander abgeleitet sind. Integriertes Marketing bedeutet also die Betonung des Marketing-Konzeptes als System, soll also gekonntes Marketing in der Praxis von suboptimalem Marketing abgrenzen. Gb

Intensive Distribution

Die intensive Distribution ist dadurch gekennzeichnet, daß ein Hersteller in jedem Gebiet möglichst viele Einzelhändler in den Vertrieb einschaltet. Beispiel: Hersteller von → Convenience Goods versuchen, alle möglichen → Absatzmittler zu beliefern, damit die Kunden ihre Marke überall kaufen können (→ Ubiquität). Bei intensiver Distribution besteht die Gefahr eines starken → Intrabrand-Wettbewerbs. HL

Interaktives Marketing

Wenn das Idealbild eines Markenartikelherstellers darin besteht, daß er viele machtlose Händler als → Absatzmittler zur Erreichung eines sein angezieltes Absatzgebiet flächendeckendes Distributionsnetzes einsetzt, wobei alle wesentlichen Entscheidungen im Marketing für ihn Aktionsparameter sind, also unter Berücksichtigung des Datenkranzes frei gewählt und optimiert werden können, so ist *interaktives Marketing* notwendig, wenn einem Anbieter ein oder wenige marktbeeinflussende oder ein marktbeherrschender Nachfrager, sei es als Absatzmittler oder als Ge- oder Verbraucher gegenübersteht. Voraussetzung für interaktives Marketing ist also »organisierte Nachfrage«. Bei der Fertigung von → Handelsmarken liegt der Fall des fast vollendeten interaktiven Marketing, wenn nicht gar des von der Nachfrage diktierten Marketing vor. → Verkaufsförderung und Verkaufsförderungsaktionen werden interaktiv geplant und durchgeführt. Auch zwischen Produzenten und ihren Vorlieferanten an Einbauteilen (z. B. Markenhersteller für Elektronikteile wie Einspritzpumpen und den Kfz-Herstellern) wird interaktives Marketing betrieben. Die Interaktionstheorie als Teil der Soziologie befaßt sich mit der Systematisierung und der Darstellung solcher interaktiver Prozesse. Gb

Interbrand-Wettbewerb

Wettbewerb mit Anbietern verschiedener Marken im gleichen Gebiet.

Interfusion

Interfusion arbeitet nicht mit Zielgruppen, sondern mit Szenen. Unter Szenen versteht Trend-Guru Gerd Gerken die Prozesse der Selbst-Inszenierungen unserer Gesellschaft. Die Identität der Menschen wird immer mehr zur Selbst-Erfindung. Unsere Gesellschaft schaltet damit um auf die permanente Selbst-Steuerung. Und Selbst-Steuerung ist nach Gerken ein Prozeß, der immerzu an der Kante des Aktuellsten stattfindet. Mit den Interfusions-Techniken (z. B. Database-Kampagnen, Szenen-Sponsoring, Lifestyle-Clubs, Event-Management) sollen die aktuellen Orientierungs-Moden strukturell und fraktal an die Marke (→ fraktale Marke) gekoppelt werden. Peter Hanser

Inter-Media-Selektion

→ Mediaplanung.

Internationales Marketing

liegt vor, wenn ein Unternehmen über den reinen Export hinaus tätig ist, insbesondere wenn es systematisch ausländische Märkte erschließt und bearbeitet sowie zumindest teilweise die Produktion und Managementaufgaben in andere Länder verlagert. Internationales Marketing setzt voraus, nachhaltig auf ausländischen Märkten tätig zu sein (planmäßig/strategisch/gezielt).

I. Die Komplexität des internationalen Marketing zeigt sich in folgenden Bereichen:

- Fremde Kulturen, Mentalitäten, Sprachen und Geschäftsusancen,
- Währungsprobleme,
- ökologische und soziale Gefälle,
- unterschiedliche Wirtschaftsordnungen und Grade der Marktöffnung und -abschottung,
- fremdartige politische Systeme und Rechtsordnungen,
- differenzierte Produktvoraussetzungen und Einsatzbedingungen,
- fremde Distributionsbedingungen,
- schwierige wirtschaftliche Infrastrukturen für die Vermarktung,
- unterschiedliche Wettbewerbskonstellationen.

II. Strategische Entscheidungen

1. *Soll internationales Marketing betrieben werden?*

Die Strategie »mit welchem Produkt auf welche Märkte« ist eine langfristige Grundsatzentscheidung.

2. *Erschließungsstrategie*

Die wichtigsten Formen der Erschließung ausländischer Märkte sind:

- der indirekte Export,
- der direkte Export,

- die ausländische Vertriebsniederlassung,
- die ausländische Produktionsstätte,
- Lizenzvergabe,
- Franchising,
- Management-Contracting,
- → Joint Venture.

3. *Marktauswahl*
Für die Marktauswahl sind Marktinformationen nötig. Die wichtigsten Kriterien für die Auswahl von Ländern sind:

- politische Situation,
- Infrastruktur,
- Gesetzgebung,
- Kaufkraft,
- Wettbewerb,
- Marktvolumen,
- eigene Absatzschätzung, Absatzmenge, Umsatz, Marktanteil,
- Sitten, Gebräuche, Religion, Kultur,
- Subventionen/Unterstützung,
- Devisentransferfragen,
- Handelsstrukturierung/Distribution,
- Lohnniveau, Vorhandensein qualifizierter Arbeitnehmer,
- Importbedingungen, Zölle, nichttarifäre Handelshemmnisse,
- ROI – Gewinnrückfluß,
- Medienlandschaft,
- Marktforschungs-Möglichkeiten,
- Klima, Wetter usw.,
- Entfernung, Größe und Zutrittsmöglichkeiten des Landes,
- politische und wirtschaftliche Risiken.

Eine Länderbewertung erfolgt durch ein Matrixschema und/oder ein Länderportfolio (Marktpotential – Marktzugang).

4. *Organisationsformen*
Diese sind nach Unternehmensgröße und Branche sehr unterschiedlich. In großen international tätigen Unternehmen erfolgt bereits auf einer hohen Organisationsstufe die Einteilung in Inland/Ausland.

5. *Marketing – Strategien*

Die vier Instrumentengruppen können einheitlich oder unterschiedlich eingesetzt werden.
Die wichtigsten Instrumental-Strategien bei der Kombination der Instrumente Leistung und Kommunikation sind:
- gleiches Produkt/gleiche Kommunikation,
- gleiches Produkt/unterschiedliche Kommunikation,
- Produkt und Kommunikation unterschiedlich,
- Produktion oder Zukauf eines Produktes im Ausland, welches im Inland nicht vermarktet wird,
- einheitliche Kommunikationspolitik, aber unterschiedliche Produktgestaltung.

Ge

Interne Analyse

→ Planinhalte.

Internes Marketing

Häufig scheitern die Durch- und Umsetzung von Marketingstrategien an personellen Widerständen (Machtkämpfe, Angst vor Neuerungen, falsche »Chemie« der Mitarbeiter) und strukturellen Mängeln (mangelnde Entscheidungskompetenz, Schnittstellenprobleme zwischen den Abteilungen, Überhierarchie). Inter-

nes Marketing schafft im Unternehmen die Voraussetzungen für den externen Erfolg, indem Marketingprinzipien wie die Kundenorientierung Anwendung auf innerbetriebliche Prozesse finden. Bei einer ganzheitlichen Betrachtung des Marketing wird somit die Mitarbeiterführung zur unmittelbaren Basis des Markterfolgs (→ Marketing-Personal).
Typisch für Unternehmen, die internes Marketing praktizieren, ist die umgekehrte Unternehmenspyramide. In dieser umgekehrten Pyramide gibt das Management seine »Machtposition« auf und setzt seine Kraft dafür ein, dem Mitarbeiter Hilfe zu geben, ihn mit den richtigen Instrumenten auszustatten, weiterzubilden und seinen Bewegungsrahmen zu erweitern. Peter Hanser

Intervallskala

→ Skalieren.

Interviewer

Interviewer sind in der Marktforschung zur Erhebung eingesetzte Personen, die teilweise nebenberuflich bei Marktforschungsinstituten tätig sind. Der Einsatz der Interviewer erfordert eine Ausbildung, Einsatzplanung und Kontrolle.
Interviewer können ohne (oder mit) Absicht Ergebnisse von Befragungen verzerren, sei es durch unsachgemäße Frageformulierung, Auftreten, Hinweise oder gar Fälschung. Bei dieser Art der Beeinflussung durch Interviewer spricht man von → Interviewer-Bias.
Zur Minimierung dieser Fehler empfehlen sich standardisierte Fragebögen sowie Schulung und Kontrolle der Interviewer. Ge

Interviewer-Bias(Interviewer-Einfluß)

Interviewer können Ergebnisse von mündlichen Befragungen systematisch beeinflussen bzw. verzerren; dies kann unbewußt (allein durch sein Auftreten, sein Aussehen, seine Sprechweise und sein Aufzeichnungsverhalten) oder bewußt (durch Auswahl der Befragten, unsachgemäße Fragenformulierung, Hinweise zur Beantwortung oder sogar Fälschung von Fragebögen) geschehen. Wegen der Vielzahl der Einflußfaktoren, die während der Befragung das Verhalten von Interviewer und Befragten beeinflussen (Alter, Ausbildung, Geschlecht, Persönlichkeitsmerkmale, beobachtbares Verhalten etc.) ist die völlige Vermeidung bzw. Beseitigung dieser Verfälschungen oft schwierig.
Zur Reduzierung des Interviewereinflusses empfiehlt sich eine weitgehende Standardisierung des Fragebogens und eine sorgfältige Auswahl, Schulung und konkrete Instruktion der Interviewer. Gegen Interviewfälschungen können Kontrollmaßnahmen ergriffen werden (Verwendung fingierter Kontrolladressen, stichprobenartige Überprüfung durch Nachfaßtelefonate oder Besuche, statistische Kontrollen auf systematische Abweichungen in den Ergebnissen). Ge

Intrabrand-Wettbewerb

Wettbewerb mit Anbietern der gleichen Marke(n) im gleichen Gebiet (→ Gebietsschutz).

Intra-Media-Selektion

Für eine optimale Werbepolitik (→ Werbung) genügt es schon lange nicht mehr, nur die Wahl einer Medienkategorie

(→ Media-Planung, → Werbemedien) wie Fernsehen oder Plakatanschläge für eine spezielle Werbekampagne oder eine Jahresplanung (Budget) zu treffen.
Innerhalb eines → Werbemediums als Gesamtheit gilt es zu ermitteln, welches einzelne Medium (oder welche Medien) jeweils zur Erreichung des Werbezieles geeignet und bei dann noch weiteren gegebenen Wahlmöglichkeiten besonders geeignet erscheint (→ Kontaktmaßzahlen, → Reichweite).
Dabei ist z. B. *eine* Zeitschrift zu bevorzugen, die die Zielgruppen intensiv abdeckt und zudem für die spezielle Werbebotschaft Kompetenz besitzt und von den Zielgruppen auch intensiv genutzt wird und wo die Werbung zudem auch beachtet wird, also spezifische Aufnahmebereitschaft zu erwarten ist. Gelegentlich wird auch ein grundsätzlich in Frage kommendes Werbemedium nicht gewählt, weil es der Branche, dem werbetreibenden Unternehmen gegenüber eine feindliche Haltung zeigt. Dies einerseits, um die Werbebotschaft durch das redaktionelle Umfeld nicht zu gefährden, andererseits aber auch, weil man hier nicht noch durch Werbehonorare unterstützen will.
Haupteinflußgrößen der Intra-Media-Selektion sind (nach Behrens) die räumliche Reichweite, die zeitliche Verfügbarkeit, die quantitative (globale) Reichweite, die qualitative (gruppenspezifische) Reichweite und der Nutzungspreis (→ Tausenderpreis). Gb

Investitionsgüter
→ Produktionsgüter

Investitionsgüter-Marketing
Beim Investitionsgüter-Marketing stehen einige Besonderheiten im Vergleich zum Konsumgüter-Marketing im Vordergrund:
- Investitionsgüter werden in der Regel von Fachleuten gekauft
- Investitionsgüter kosten in der Regel hohe Beträge, oft extrem hohe Beträge (ein Kernkraftwerk sogar mehrere Milliarden DM)
- Investitionsgüter werden stets über mehrere Jahre, manche über mehrere Jahrzehnte genutzt, können nur über längere Zeit hinweg in den Preisen überwälzt und sowohl kaufmännisch als auch steuerlich (wirksam) abgeschrieben werden. Der Investitionsgüterkauf bei gut geführten Unternehmen setzt ein ausreichend positives Ergebnis (Erwartungen) einer Investitionsplanung/-rechnung voraus. Meist ist beim Kauf eines Investitionsgutes ein sog. → Buying Center wirksam beteiligt, also mehrere Abteilungen, Personen und Hierarchiestufen (Großinvestitionen zu billigen sind häufig Aufsichtsratsvorbehalte).

Der Verkauf von Investitionsgütern ist regelmäßig ein mehrstufiger Entscheidungsprozeß, der über einige Zeit hinweg läuft, wobei ein geschickter Anbieter immer wieder entsprechend argumentieren, anreizen und erinnern muß.
Investitionsgüter-Marketing ist aber im Hochschulunterricht auch bezüglich der Lehrbücher und Fachaufsätze ein deutlich unterschiedliches Gebiet im Vergleich zum traditionellen Konsumgüter-Marketing (vergl. auch P-, W-,

Ö- Märkte; → Märkte nach Art der Nachfrager).
Investitionsgüter-Werbung erfolgt auf entsprechenden Fachmessen und in entsprechenden Fachzeitschriften. Verkäufe von Investitionsgütern sind – je teurer und je komplizierter diese sind – Aufgaben für → Key Account Manager. Direct Marketing für Investitionsgüter, jedenfalls je teurer und technisch entwickelter diese sind, ist fast der Regelfall.
Die wesentlichen Daten für eine Investitionsrechnung werden beim Investitionsgüter-Marketing vom Anbieter angeboten und durch Referenzen zufriedener Kunden bestätigt. Ein Investitionsgüter-Anbieter muß glaubhaft nachweisen, daß er absolut zuverlässig und auch finanziell so solide ist, daß er unzweifelhaft auch in vielen Jahren später noch Ersatzteile, Reparaturen und technische Nachrüstung zu erbringen in der Lage sein wird.
Investitionsgüter-Marketing tendiert vielfach zum globalen Verkauf/Wettbewerb. Also gilt es die Sprachen, Gewohnheiten und Sonderbedingungen zahlreicher wichtiger Ländermärkte zu erkennen, zu erforschen und in entsprechend differenzierende Politik zu übersetzen.
Beim Investitionsgüter-Marketing ist kurzfristige Profitmaximierung, also eine grundlegende Prämisse der herkömmlichen Nationalökonomie, endgültig obsolet. Hier herrscht ausschließlich langfristige Optimierung. Wer nicht oft in enorme Vorlauf- und Anlaufverluste für neue Technik oder zur Eroberung neuer Märkte investieren kann und will, hat hier keinerlei Chancen.
Investitionsgütermärkte sind oft durch bilateral eng oligopolistischen Wettbewerb geprägt, sind also tendenziell ungleichgewichtig. Daher ist der Qualitäts- und Servicewettbewerb dominant und wegen der oft extrem langen Nutzungsdauer auch für die Nachfrager sinnvoller/wirtschaftlicher als dominanter Preiswettbewerb. Eine preisgünstige Investition, die nur z. B. eine 10 % kürzere Nutzungsdauer ermöglicht, rechnet sich häufig schon nicht mehr. Gb

Irreführende Werbung

Werbung mit unwahren Angaben im geschäftlichen Bereich, die für den Kunden von Bedeutung sein könnten: Über wesentliche Eigenschaften der angebotenen Waren oder Leistungen wie Beschaffenheit, Herkunft oder Herstellungsart, über die Preise oder über die Bezugsquelle. Wer i.W. betreibt, kann auf Unterlassung und – bei Verschulden – auf Schadensersatz in Anspruch genommen werden; außerdem ist bewußte i.W. in öffentlichen Bekanntmachungen strafbar (→ Desinformation). D. Schmidt

ISO-Normen

→ Qualitätszertifikate.

Issue-Management

(engl.: issue, u. a. = Problem, Quelle).
Häufig haben Unternehmen oder Nonprofit-Organisationen »Probleme« (Anliegen) von entscheidender Bedeutung, die es der Öffentlichkeit zu erklären gilt oder wo es um die Zustimmung zur Unterneh-

menspolitik geht. Dabei wird es nicht selten notwendig, das »Problem« erst einmal in seinem gesamten Umfang und mit allen Fakten zu erkennen, gegebenenfalls für Verhaltensänderungen im eigenen Unternehmen zu werben und Sorge zu tragen, um dann erst an die Öffentlichkeit zu treten. Solche »Issues« waren im vergangenen Jahrzehnt der Umweltschutz, die Beachtung ethischer Normen und ein Abbau von Diskriminierungen aller Art. Wirkliche Kundenfreundlichkeit beinhaltet nicht selten eine Umkrempelung der »Philosophie« von Unternehmen und Institutionen. Solche Issues können von der PR-Abteilung, einem allgemeinen PR-Manager oft nicht mehr zufriedenstellend gelöst werden. Zeit und Sachkunde, gelegentlich auch Autorität hindern eine Analyse der Issues, Planung und Durchsetzung von »Anpassung« im Unternehmen und die dann folgende umfassende PR-Arbeit zur Publizierung der Ergebnisse des Issue-Managements in Richtung der unterschiedlichen Zielgruppen bzw. Zielpersonen (z. B. Wissenschaft, Lehre und Forschung, politische und soziale Verantwortliche, allgemeine fachlich orientierte und evtl. wissenschaftliche Fachpresse, bis hin zur Boulevardpresse, den Werbeblättern etc.).

Gelegentlich wird einem Issue-Manager (Aufbau einer Filiale, eines Zweigwerkes in einem neu zu bearbeitenden Markt oder Marktgebiet) die volle Sachverantwortung und die zugehörige PR-Verantwortung zugewiesen.

Typisch für Issue-Management war bislang die Behandlung des Umweltschutzes, sei es schonendere Produktion, schonendere Produkte, Recycling von Verpackungen oder unbrauchbar gewordenen Produkten. Ein anderes Beispiel könnte die Umgestaltung eines Vertragshändlernetzes alten Stils zu einem System kooperativen Vertikalmarketings sein (→ Kooperatives Marketing). Gb

Item

Unter einem »Item« sind Grundaufbauelemente einer Skala innerhalb eines Tests oder Fragenbogens zu verstehen. Es handelt sich dabei um Kriterien, anhand derer etwa potentielle Käufer Produkte beurteilen sollen. Inhaltlich kann ein Item eine Frage, Aussage (Statement), Meinung, Beschreibung oder ähnliches verkörpern (→ Skalieren).

J

Jahresboni

→ Rabatte.

Jahresplan

→ Marketing-Planung, → Planinhalte, → Operatives Marketing-Controlling.

Joint Venture

Beim Joint Venture handelt es sich um eine Direktinvestitionen im Ausland gemeinsam mit einem lokalen Unternehmen oder eventuell dem ausländischen Staat. Ziel ist häufig das Erschließen von Märkten, in denen andere Formen (→ Internationales Marketing) aus verschiedenen Gründen (häufig staatliche Beschränkungen) nicht möglich sind; ein weiteres Ziel ist die Verteilung von Risiken. Konsequenzen der Joint Ventures sind anteilige Entscheidungsbefugnisse (was nicht immer unproblematisch ist) und langfristige Bindung an den ausländischen Kooperationspartner. Oftmals sind Joint Ventures nur als Minderheitsbeteiligung möglich. Ge

Just-in-time-Anlieferung

Unter einer Just-in-time-Anlieferung versteht man eine zeitlich verbrauchsnahe Anlieferung an den Ort des Verbrauchs mit dem Ziel, Läger möglichst gering zu halten.

Um Lagerhaltungskosten zu reduzieren, kann es sinnvoll sein, Materialien, die zur Produktion bzw. zum Verkauf benötigt werden, »Just-in-time« anzuliefern.

Voraussetzung einer Just-in-time-Anlieferung ist auf jeden Fall ein intensiver Informationsaustausch zwischen Lieferant und Kunden, der evtl. über eine direkte Datenverbindung (→ Administrative Logistik; s. Abbildung S. 17) erfolgen kann (→ Beschaffungslogistik).

Die Just-in-time-Anlieferung bietet zwar die Möglichkeit der Kostenreduzierung, es besteht aber auch die Gefahr, daß bei nicht zeitgerechter Anlieferung Ausfallkosten, z. B. durch Produktionsstillstand, entstehen. Wilhelm Hauser

K

Kalkulation

In der Praxis werden je nach Branche, Betriebsgröße, dem Ausbau der Kostenrechnung etc. unterschiedliche Kalkulationsverfahren angewandt.
Bei der Divisionskalkulation werden die Gesamtkosten durch die Menge dividiert. Die Äquivalenzziffernrechnung basiert auf der Einführung von Gewichtungs- bzw. Umrechnungsfaktoren, die die Relation zwischen unterschiedlichen Produkten ausdrücken sollen. Man kann durch die Einführung dieser Äquivalenzziffern die Gesamtkosten einer Periode auf die einzelnen Produkte verteilen. Für die Äquivalenzziffern kommen Produktgröße, Maschinen- sowie Arbeitszeiten u. ä. in Betracht. Bei der Zuschlagskalkulation rechnet man Einzelkosten einem Kostenträger direkt zu, Gemeinkosten über Zuschlagssätze. Ge

Kalkulatorischer Ausgleich

→ Ausgleichskalkulation.

KANBAN

Kanban (japanisch: Schild/Karte) ist ein auf dem Holprinzip basierendes Abrufsystem für Materialien vorgelagerter Produktionsstufen.
Ursprünglich erfolgte mit Hilfe der Kanban-Karte, die am Warentransportträger angebracht war, ein Informationsaustausch und damit eine Steuerung des Warenflusses in Richtung der vorgelagerten Produktionsstellen. Durch die Informationsbereitstellung über den Warenbedarf der nachgelagerten Stelle an die vorgelagerten Stellen wurden Zwischenbestände minimiert. Heute erfolgt diese Informationsübertragung im Kanban-System nicht mehr mit Karten, sondern mittels EDV. Wilhelm Hauser

Kannibalisierung

Kannibalisierung bedeutet, daß sich verschiedene Produkte eines Unternehmens gegenseitig Konkurrenz machen und damit Umsatz wegschnappen. Es handelt sich also um einen Substitutionseffekt, der bei der Markteinführung von Produktvarianten und Zweitmarken berücksichtigt werden muß.
Die Preise der Substitutionsprodukte müssen optimal aufeinander abgestimmt werden. Der Kannibalismus kann vermindert oder sogar verhindert werden, wenn die Substitute auf verschiedenen Wegen an unterschiedliche Zielgruppen abgesetzt werden. HL

Kannibalisierungs-Effekte

Innerhalb der Marken eines Unternehmens auf einem Zielmarkt können die Marktanteilsgewinne einer Marke zu Lasten einer eigenen anderen Marke gehen. Die Kannibalisierung dürfte gerade bei einer Ansiedlung auf unterschiedlichen preislichen Ebenen gering sein.

Kartell

Vertrag oder Beschluß mehrerer selbständiger Unternehmen der gleichen Wirtschaftsstufe mit dem Ziel der Marktbeeinflussung durch →Wettbewerbsbeschränkung. Anwendungsfälle: Bildung gemeinsamer Preise (→ Preiskartelle), Festlegung gleicher Vertragsbedingungen (Konditionenkartelle), Bildung einheitlicher Normen und Typen (Normen- und Typenkartelle), Vereinbarung von Rationalisierungsmaßnahmen (Rationalisierungskartelle) oder Schaffung gemeinsamer Vertriebsorganisationen (Absatzkartelle oder Syndikate). Wegen der mit einem K. verbundenen Wettbewerbsbeschränkung – die Auswahlmöglichkeiten der Abnehmer verringern sich – sind Kartelle grundsätzlich verboten (§ 1 → GWB); im Hinblick auf die mit bestimmten K.formen verbundenen Vorteile sind diese Kartelle ausnahmsweise zulässig (§§ 2–8 GWB). Neben dem Vorliegen der Merkmale des Ausnahmetatbestandes ist in der Regel die Anmeldung bei der K.behörde und in einigen Fällen deren ausdrückliche Erlaubnis erforderlich. Ein wirksam entstandenes K. ist nicht unbeschränkt frei, sondern unterliegt von nun an der → Mißbrauchsaufsicht durch die K.behörde. Dietrich Schmidt

Kartellgesetz

→ Gesetz gegen Wettbewerbsbeschränkungen (GWB).

Katalog, elektronischer

→ Computer Aided Selling.

Käufermarkt

Ein Käufermarkt (Gegenteil: → Verkäufermarkt) ist dadurch gekennzeichnet, daß das Angebot größer als die Nachfrage ist. Auf einem Käufermarkt besteht also ein Überfluß an Gütern bzw. ein Mangel an Kunden. Das zentrale Problem der Anbieter ist daher der → Absatz. Die Unternehmen müssen absatzpolitisch aktiv werden (→ Absatzpolitisches Instrumentarium).

Die Aktivität äußert sich zuweilen darin, daß die Verkäufer aggressiv werden und → Hard Selling betreiben. Die Kunden werden sozusagen »vergewaltigt«. Ein solches Verhalten hat nichts mit Marketing zu tun, weil dabei die Interessen der Anbieter im Vordergrund stehen.
Auf einem Käufermarkt müssen die Bedürfnisse und Wünsche der Nachfrager berücksichtigt werden. Die Existenz eines Unternehmens hängt langfristig davon ab, inwieweit es ihm gelingt, die Kunden zufriedenzustellen. Das heißt jedoch nicht, daß ein Anbieter sich vollkommen an die Wünsche der Nachfrager anpassen muß. Die Wünsche der Nachfrager sind keine Daten, sie können vielmehr durch Marketingaktivitäten beeinflußt werden, z. B. durch Werbung. Der Bedarf wird von den Anbietern zum Teil geweckt. Die Wünsche der Nachfrager werden nur insoweit befriedigt, wie es den Zielen des Anbieters dient. Das Marketing will zufriedene Kunden und einen angemessenen Gewinn für das Unternehmen. Wenn die Befriedigung bestimmter Wünsche keine ausreichenden Deckungsbeiträge bringt, unterbleiben entsprechende Angebote (→ Deckungs-

beitragsrechnung und → Vertriebserfolgsrechnung). HL

Käuferverhalten

Das Käuferverhalten umfaßt die Erklärung des Kaufverhaltens und dieses beeinflussende Prozesse bei Konsumenten, also Individuen als Endverbrauchern (→ Konsumentenverhalten) sowie das organisationale Kaufverhalten.
Im Gegensatz zu der Nachfrage der Konsumenten (K-Märkte) spricht man bei der organisationalen und organisierten Nachfrage von P-Märkten (Produzenten als Nachfrager), W-Märkten (Wiederverkäufer, also Handel als Nachfrager) und Ö-Märkten (Öffentliche Nachfrage, also Einkauf des Staates und der Staatsorgane).
Gelegentlich werden in die Definition des Konsumentenverhaltens neben Individuen auch Gruppen und Organisationen einbezogen, womit Käufer- und Konsumentenverhalten gleichbedeutend würden.
Eine weitere Möglichkeit, zwischen Käufer- und Konsumentenverhalten zu unterscheiden, wäre darin zu sehen, daß derjenige, der ein Gut erwirbt, nicht derjenige sein muß, der es auch ge- oder verbraucht. Gb

Kalkulationsaufschlag

→ Handelsspanne.

Kapital-Umschlag

→ ROI.

Kaufentscheidung

Prozeß von der Wahrnehmung bis zur Auswahl einer von mehreren Arten der freiwilligen Verwendung finanzieller Mittel zum Kauf materieller oder immaterieller Güter.

Typen der Kaufentscheidung
Vereinfacht unterscheidet man vier Grundtypen von Kaufentscheidungen, nämlich die extensive, die limitierte (limitiert-extensive) und die habitualisierte (habituelle) Kaufentscheidung sowie den Impulskauf.

1. *Extensive Kaufentscheidung*
Die extensive Kaufentscheidung wird u. a. auch als Suchkauf oder als echte, nicht programmierte, komplexe oder innovative Entscheidung bezeichnet.
Bei extensiven Kaufentscheidungen hat der Konsument einen großen Informationsbedarf, die Kaufentscheidung nimmt relativ viel Zeit in Anspruch.
Ursachen für extensive Kaufentscheidungen können sein:

- Fehlende Produkt- und Markterfahrung, weil dieses Produkt zum ersten Mal gekauft wird oder es sich um ein neues (technisch/modisch verändertes) Produkt handelt. Somit tendieren Kaufentscheidungen für Produkte mit laufendem technischem oder modischem Fortschritt häufig zur Extensivität.
- Die bisherigen Kauferfahrungen waren unbefriedigend; somit wird nach einer »endlich« akzeptablen Lösung zur Befriedigung der Bedürfnisse gesucht.
- Dem Kauf wird besondere Bedeutung zugemessen (High Involvement).
- Nach Art der Produkte ist eine extensive Kaufentscheidung typisch für langlebige, höherpreisige → Ge-

brauchsgüter mit laufenden technischen/modischen Veränderungen, die eine Beurteilung der Alternativen für den Konsumenten erschweren. Solche Produkte bezeichnet man auch als »Shopping Goods« (→ Produktkategorien).

Bei der extensiven Kaufentscheidung werden alle o.g. Phasen des Kaufentscheidungsprozesses durchlaufen.

2. *Limitierte Kaufentscheidung*

Hierunter versteht man einen im Vergleich zur extensiven Kaufentscheidung begrenzten Kaufentscheidungsprozeß. Typisch ist hier der Wiederholungskauf: Wie bei der extensiven Kaufentscheidung handelt es sich typischerweise um Shopping Goods, aber durch vorangegangene Erfahrungen kennt der Konsument die Kaufrisiken, verfügt über Markeneinstellungen (häufig: »Evoked Set«, also als kaufrelevant angesehene Alternativen), verfügt über Bewertungskriterien und konzentriert die Informationssuche vor allem auf das »Evoked Set«.

Die limitierte Kaufentscheidung liegt zwischen der extensiven, die aufgrund von Erfahrungen usw. nicht mehr nötig ist, und der habituellen, die aufgrund des relativ hohen Preises, der relativ langen Bindungsdauer und/oder von Veränderungen in Mode oder Technik nicht möglich erscheint.

3. *Habitualisierte Kaufentscheidung*

Bei einer habitualisierten Kaufentscheidung wird ein Produkt oder eine Marke gewohnheitsmäßig (habituell), also mit hoher Produkt- oder Markentreue nachgefragt.

Auch bei habituellem Kaufen kann ein »Evoked Set« existieren, also eine Habitualisierung in Form von »Kaufe Marke A, B, oder C«.

Dieses habituelle Kaufverhalten kann durch Tradierung, durch Übernahme von Verhaltensmustern im Sozialisationsprozeß erfolgen. Hier allerdings stellt sich schon die Frage der Abgrenzung der Wirkung der Sozialisation von Kindern in der Familie zu den Einflüssen des Werbefernsehens.

Häufiger aber entsteht Habitualisierung durch Beibehalten bewährter (Kauf-) Entscheidungen. Damit ergibt sich die Möglichkeit kognitiver Entlastung, nicht zuletzt aber spielen hier auch Zeitökonomie und mangelndes Fach- und Marktwissen eine Rolle. Ein Produkt oder eine Marke, mit der der Kunde zufrieden ist, die immer zu akzeptablen Konditionen erhältlich ist (wichtig: Auch Nichterhältlichkeit »unterbricht« die Gewohnheit), wird immer wieder gekauft.

Man könnte somit vermuten, daß manche Kaufentscheidungen beim ersten Mal oder den ersten Malen extensiv getroffen wurden, später wurde dann aufgrund vorheriger Erfahrungen limitiert entschieden, bis schließlich die Habitualisierung dieser Entscheidung erfolgte. Typisch für habituelle Kaufentscheidungen sind → Verbrauchsgüter des täglichen Bedarfs, die regelmäßig nachgefragt werden und relativ kleinpreisig sind (Convenience Goods). Aber auch bei höherpreisigen Gebrauchsgütern – von der Marken-Jeans bis hin zum Automobil – treten durch Beibehalten bewährter Entscheidungen Habitualisierungen auf.

Die längere »Kauferfahrung« ist, neben geringerer Risikobereitschaft und Flexibilität, der Grund, warum ältere Personen eine stärkere Markentreue haben. Die Markentreue ist ebenfalls bei Personen mit niedrigem sozialem Status stärker (geringere Fähigkeiten zur Informationsverarbeitung bei geringerer Bildung, größere Unsicherheit beim Kauf). Auch wenn das Risiko der Kaufentscheidung für hoch gehalten wird (»keine Experimente«) und der Prestigewert des Produktes hoch ist, besteht eine Tendenz zu stärkerer Markentreue.

Für das Marketing empfiehlt sich zur Unterstützung habituellen Verhaltens die »Stützung« dieses Verhaltens, insbesondere durch Vermeidung → kognitiver Dissonanzen. Diese Dissonanzen können nicht nur durch »schlechte« Produktqualität oder »zu hohen« Preis entstehen, sondern im Grunde durch alles, was den Konsumenten aufmerksam macht, ihn die bis dahin habituell getroffene Kaufentscheidung hinterfragen läßt. Deshalb empfiehlt sich z. B.:

- Design und Packungsgrößen beizubehalten oder nur vorsichtig zu ändern,
- Ubiquität (Überallerhältlichkeit) zu sichern und
- durch Werbung die Markenwahl zu »bestätigen«.
- Werden neue Produkte unter derselben Marke eingeführt, so müssen diese qualitativ und von Technik, Mode, Geschmack her zur Marke passen, um das Markenimage (→ Einstellung) nicht zu tangieren.

4. *Impulskauf*

Beim Impulskauf kommt der Kauf als unmittelbare Reaktion auf Reize (z. B. → Design, → Verpackung, Präsentation, Geruch, Werbung) zustande. Impulsivität läßt sich folgendermaßen definieren:

- affektiv: emotionale Aufladung (starke Aktivierung);
- kognitiv: geringe gedankliche Steuerung der Kaufentscheidung;
- reaktiv: besondere Reizsituation, die ein weitgehend automatisches Handeln in der → Kaufsituation auslösen kann.

Nicht jeder scheinbare Impulskauf ist auch tatsächlich als solcher zu sehen, ungeplante Käufe müssen kein Impulskauf sein, sondern können durchaus auch stärker kognitiv gesteuert sein. Sinnvoll erscheint es deshalb, zwischen echten und unechten (scheinbaren) Impulskäufen zu unterscheiden. Unter dem unechten Impulskauf soll hier verstanden werden:

- Der erinnerungsgesteuerte Kauf. Hierzu gehören Käufe von Gütern (insb. Convenience Goods), die zwar nicht explizit geplant sind und auf dem Einkaufszettel stehen, aber im Geschäft erinnert man sich daran, daß diese Güter benötigt werden.
- Der Vorratskauf. Dieser ist eher rational gesteuert. Ein zukünftiger Bedarf und der gegenwärtig günstige Preis sind entscheidend.
- Der Kauf durch Überredung (Verkäufer etc.).

Bei einem Impulskauf setzen die rationalen oder kognitiven Prozesse zumeist nach dem Kauf ein, also spätestens beim Ge-/Verbrauch des Produktes. Dann entscheidet sich, ob der Kauf beim Konsumenten Konsumerfolg bringt (weil das Produkt qualitativ, preislich, geschmacklich, mode-/stilmäßig seinen Bedürfnissen/Anforderungen entspricht) und er das Produkt vielleicht häufiger nachfragt bzw. in sein »Evoked Set« aufnimmt oder ob er, ist dies nicht der Fall, sich im nachhinein verführt, überrumpelt und getäuscht fühlt (→ Kognitive Dissonanz). Insofern müssen auch Produkte, die von der Aufmachung und Präsentation am POS auf Impulskäufer ausgerichtet sind, einer rationalen Abwägung der Kaufentscheidung standhalten. Bei langfristig, auf Dauer angelegten Unternehmen kann rein kurzfristige Denkweise nicht sinnvoll sein, der Versuch, Impulskäufe zu erreichen, kann sinnvollerweise nur dem Zweck dienen, den Konsumenten zum Ausprobieren anzuregen, um ihm die eigene USP, die Qualität, Preisgünstigkeit, Modernität usw. des Produktes zu verdeutlichen.

Phasen der Kaufentscheidung

Das hier dargestellte vereinfachende und verallgemeinernde Modell eines Kaufentscheidungsprozesses bezieht sich auf die oben dargestellte extensive Kaufentscheidung, mit Einschränkungen auch auf die limitierte Kaufentscheidung. Da hier sowohl rationale/kognitive Prozesse im Vordergrund stehen und zum zweiten ausgiebig Informationen gesammelt und verarbeitet werden, gilt dies Modell auch für organisationales Kaufverhalten.

- Bedürfnisempfindung: Die Empfindung eines Mangels an einem bestimmten Produkt, einer bestimmten Leistung führt zum Wunsch, diesen zu beheben.
- Markterkundung: Gibt es geeignete Produkte/Leistungen zur Bedürfnisbefriedigung? Was kosten diese? Evtl. Festlegung eines »Evoked Set«.
- Kaufkraftzuweisung/Budgetierung: Feststellung der freien (für die Befriedigung dieses Bedürfnisses maximal verfügbaren) → Kaufkraft. Diese ist abhängig von dem Einkommen, und den fixen Kosten für den Grundbedarf (Wohnung, Essen...). Die Höhe der freien Kaufkraft ist abhängig davon, wie stark dieses Bedürfnis ist: Sind andere Bedürfnisse stärker, so werden diese zuerst befriedigt, ist ein Bedürfnis sehr stark, so besteht evtl. auch Bereitschaft zur Kreditaufnahme. Aus dem Bedürfnis plus der Zuweisung der relevanten Kaufkraft entsteht der Bedarf.
- »Desk Research«: Suchen und Auswerten von Testergebnissen, Nutzung von Verbraucherberatung, Befragung z. B. von Bekannten, »Experten«. Evtl. Festlegung oder Abänderung des »Evoked Set«.
- »Field Research«: Markterkundung/ Shopping: Sammeln von Angeboten, Nutzung von Beratung der Anbieter, Anprobe, Erprobung.
- Vergleich der Alternativen (u. a. durch Shopping).
- Entscheidungsfindung i.e.S.; als Einzel- oder Familienentscheidung.

- Kaufentscheidung: Kauf der besten oder einer der besten Kaufalternativen oder Verzicht auf den Kauf oder Verschieben der Entscheidung. Gb

Kaufhäuser

Kaufhäuser sind Großbetriebe des stationären Einzelhandels, die Waren einer bestimmten Branche (z. B. Bekleidung, Möbel) mit Bedienung anbieten. Kaufhäuser sind also große → Fachgeschäfte.

Kaufkraft

Bedarf entsteht erst dann, wenn zur Befriedigung der Bedürfnisse auch Kaufkraft zur Verfügung steht. Wenn der Bedarf gedeckt wird, entsteht Nachfrage bzw. Umsatz. Die Kaufkraft ist somit ein wichtiges Datum für Marketing-Entscheidungen.

Unter der Kaufkraft versteht man den Geldbetrag, der in einem bestimmten Zeitraum je Einwohner oder Haushalt für Konsumausgaben zur Verfügung steht. Die Kaufkraft ist also die Beschaffungskraft der Konsumenten.
Die verfügbare Kaufkraft wird wie folgt ermittelt:

Brutto-Einkommen
\+ Transfers
\+ Vermögensverzehr
\+ Kreditaufnahme
− Steuern
− Schuldentilgung
− Sparbetrag

= Verfügbare Kaufkraft

Subtrahiert man davon die Ausgaben, die nicht in den Einzelhandel fließen (z. B. Mieten, Energie und Versicherungen), so ergibt sich die einzelhandelsrelevante Kaufkraft. Die einzelhandelsrelevante Kaufkraft ist also jener Geldbetrag, der den Konsumenten für Ausgaben im Einzelhandel zur Verfügung steht.
Als vagabundierende Kaufkraft bezeichnet man jenen Teil des Einkommens, der nicht für bestimmte und regelmäßig wiederkehrende Ausgaben fest verplant ist. Die vagabundierende Kaufkraft ist also das frei verfügbare Einkommen. Man kann damit z. B. ein modisches Kleidungsstück kaufen, einen schicken Sportwagen für's Wochenende mieten und/oder in einem noblen Restaurant gepflegt speisen. Um die vagabundierende Kaufkraft konkurrieren viele Anbieter aus ganz unterschiedlichen Branchen. Zwischen den einzelnen Anbietern bzw. Angeboten besteht insofern »totale Konkurrenz« (Vershofen). HL

Kaufkraftkennziffern

Kaufkraftkennziffern zeigen die regionalen Unterschiede in der Verteilung der → Kaufkraft. Die GfK-Nürnberg (Gesellschaft für Konsum-, Markt- und Absatzforschung e.V.) veröffentlicht regelmäßig für die einzelnen Stadt- und Landkreise folgende Kennziffern in tabellarischer und graphischer Form:

Kaufkraftkennziffern in Promille: Verfügbares Einkommen der in den einzelnen Kreisen lebenden Bevölkerung bezogen auf die Gesamtsumme Bundesrepublik Deutschland.

Kaufkraftkennziffern je Einwohner: Verfügbares Einkommen der in den einzelnen Kreisen lebenden Einwohner bezogen auf den Durchschnitt der Bundesrepublik Deutschland von 100.

Kennziffern der einzelhandelsrelevanten Kaufkraft: Einkommensbetrag, der den Konsumenten in den einzelnen Kreisen für Ausgaben im Einzelhandel zur Verfügung steht.

Die beiden ersten Kaufkraftkennziffern sind umfassender. Sie enthalten auch jenen Einkommensanteil, der für Ausgaben im Dienstleistungsbereich, für Wohnen und Reisen sowie für die Zukunftsvorsorge reserviert ist.
Kaufkraftkennziffern sind wichtige Basis-Informationen für die Berechnung regionaler → Absatzkennziffern, für die Standortwahl im Einzelhandel (→ Standortentscheidung), für die Streuung von Werbemitteln usw. HL

Kaufverbund

→ Verbundkauf.

Kennzahlen

Ein Kennzahlen-System für das Marketing ist nach den Erfordernissen eines Unternehmens aufzubauen. Wichtige Kennzahlen sind z.B.:

- Umsatzrentabilität (Deckungsbeitrag in Prozent des Umsatzes),
- Werbekosten bezogen auf den Umsatz,
- Werbekosten bezogen auf den Marktanteil,
- Verkaufsförderungskosten bezogen auf den Umsatz,
- Medienreichweite,
- Besucherzahl pro Vertreter,
- Auftrags/Besuchs-Relation,
- Umsatz je Kunde und,
- Umsatz je Außendienstmitarbeiter.

Ge

Key Account

Key Accounts sind Großkunden im Handel, die für die Industrie eine Schlüsselrolle haben. Die besondere Bedeutung dieser Schlüsselkunden liegt meistens in ihrer Umsatzgröße und damit in der Einkaufsmacht. Key Accounts werden i.d.R. mit Hilfe der → ABC-Analyse identifiziert. Eine bessere Identifikation ermöglicht jedoch die Portfolio-Analyse (→ Kunden-Portfolio). HL

Key Account Management

Key Account Management (Schlüsselkunden-Management) bedeutet die Betreuung von Großkunden im Handel (→ Key Account) durch spezielle Manager der Industrie (→ Key Account Manager). Das Key Account Management wurde Anfang der 70er Jahre von einigen Industriefirmen wie z. B. Oetker und General Foods für die Bearbeitung des deutschen Lebensmittelhandels eingeführt. Die Schaffung des Key Account Management hat den Zweck, der zunehmenden Umsatz-Konzentration im Handel und der damit verbundenen Einkaufsmacht ein System gegenüberzustellen, das die → Key Account Manager in die Lage versetzt, für die Industrie gewinnbringende Geschäfte mit den regionalen und nationalen Entscheidungszentralen im Handel abzuschließen.

Beim Key Account Management beruht die Konditionenpolitik auf dem Prinzip von Leistung und Gegenleistung: der Handel erhält Rabatte, Werbekostenzuschüsse und Sonder-Konditionen nicht mehr nach dem »Gießkannenprinzip«, sondern aufgrund bestimmter Gegenleistungen wie z. B. Listung, Werbung, Verkaufsförderung usw., die im Rahmen von Jahresgesprächen zwischen → Key Account Manager und Einkaufsleiter partnerschaftlich vereinbart werden.

Key Account Management bedeutet insofern Partnerschaft zwischen Industrie und Handel, d. h. langfristige Pflege von Geschäftsbeziehungen. HL

Key Account Manager

Key Account Manager sind Mitarbeiter der Industrie, die bestimmte Großkunden im Handel optimal betreuen sollen. Sie haben im Prinzip folgende Aufgaben:
- Analyse der Schlüsselkunden,
- Analyse von Wettbewerbern,
- Entwicklung kundenspezifischer Quartals- und Jahresziele,
- Entwicklung kundenspezifischer Marketing-Aktivitäten,
- Planung kundenspezifischer Produkte bzw. Sortimente,
- Vorstellung neuer Produkte beim Handel,
- Vorbereitung und Durchführung von Jahresgesprächen.

Die Verankerung der Key Account Manager in der Vertriebsorganisation

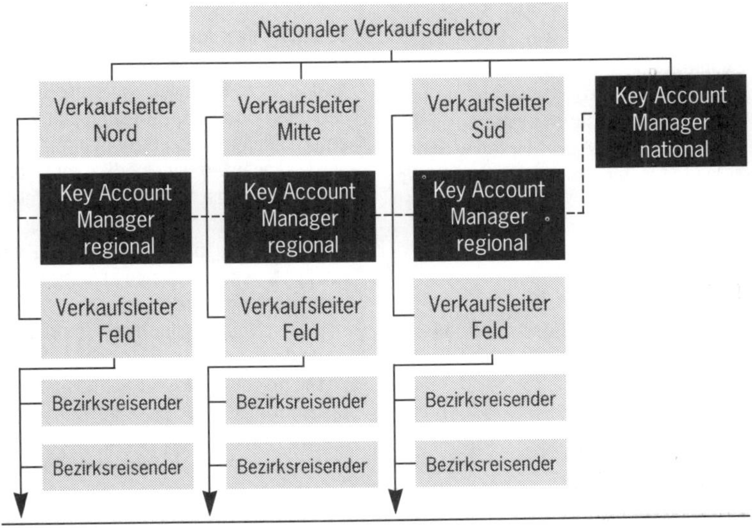

Key Account Manager sind kompetente Verhandlungspartner für professionelle Einkaufsmanager. Dadurch fördern sie die Kooperation mit den Großkunden.

Für die Verankerung der Key Account Manager in der Vertriebsorganisation gibt es verschiedene Möglichkeiten (→ Organisationsalternativen). In der Praxis hat sich am besten folgende Organisationsform bewährt:

Die gesamte Verantwortung für Absatz, Umsatz und Ertrag liegt in der Region beim jeweiligen Verkaufsleiter Nord, Ost, Mitte oder Süd. Die nationalen Handelszentralen werden vom nationalen Key Account Manager bearbeitet, der wiederum direkt mit dem regionalen Key Account Manager kommuniziert. Der regionale Key Account Manager betreut die regionalen Zentralen des Handels; er kommuniziert mit dem Verkaufsleiter der Feldorganisation, der neben der Führung seiner Bezirksreisenden einige kleine Direkt-Kunden bearbeitet. Bei dieser Organisationsform fungieren die Key Account Manager als Marketing-Spezialisten mit klarer Trennung zwischen Führung und Verkauf. HL

Kinesik

Lehre von der → Körpersprache und -bewegung.

Klumpenverfahren (Cluster Sampling)

→ Zufallsauswahl.

Kognitive Dissonanz

1. *Begriff*

Unter einer kognitiven Dissonanz versteht man das Vorhandensein nicht zusammenpassender Beziehungen zwischen Kognitionen, also (einzelnen) Wahrnehmungen. Bei diesen Kognitionen kann es sich um einfache Wissenselemente oder Wahrnehmungen, aber auch z. B. um → Einstellungen oder Meinungen usw. handeln. Da der Mensch nach widerspruchsfreien, konsistenten kognitiven Systemen strebt, werden auftretende Widersprüche als unangenehm erlebt. Deshalb versucht er, sie zu beseitigen oder bereits im voraus zu vermeiden.

2. *Herkunft des Begriffs*

Siehe dazu: Festinger, Leon: *A Theory of Cognitive Dissonance*, Stanford 1957, deutsch: 1978.

3. *Entstehung kognitiver Dissonanzen*

Für die Marketingforschung ist der Begriff insbesondere im Sinne der »Reue nach dem Kauf« (Dissonanz nach Wahlentscheidungen) von Bedeutung. Kognitive Dissonanzen *vor* einer Kaufentscheidung dürften die Suche nach und Verarbeitung von Informationen anregen.
Kognitive Dissonanzen *nach* einer Kaufentscheidung können hervorgerufen oder verstärkt werden durch:

- Selbstzweifel (ohne neue Informationen):
  Die gewählte Alternative, das gekaufte Produkt, war nicht in allen Punkten/Kriterien das beste, auch andere Alternativen hätten ihre Vorzüge gehabt. Die Vorzüge der abgelehnten Alternativen und die in Kauf ge-

nommenen Nachteile der gewählten Alternative führen in diesem Fall zur kognitiven Dissonanz.
- Das Produkt erfüllt die Erwartungen nicht:
  Dies kann heißen, daß entweder das Produkt oder die Leistung fehlerhaft ist (incl. After-Sales-Services) oder die spezifischen Bedürfnisse des Konsumenten nicht befriedigt (z. B. »falsche« Mode/Stil, »paßt nicht«, »zu schwer zu bedienen«, »fehlende Details/Ausstattungsmerkmale«). Auch die (zeitweilige) örtliche Nichterhältlichkeit eines möglicherweise sonst habituell gekauften Markenartikels kann hierzu gezählt werden.
- Neue, zusätzliche Informationen nach dem Kauf:
  Aus Werbung (der Konkurrenz), Warentest, aus sozialem Umfeld (z. B. Werbung der Konkurrenz, fehlende oder nicht ansprechende Werbung des Herstellers, schlechte Warentestergebnisse, neue Modelle kommen auf den Markt (technische oder modische Veraltung), »social support« bleibt aus oder ist negativ).

4. *Reduzierung kognitiver Dissonanzen*
Typische Strategien gegen das Auftreten kognitiver Dissonanzen sind:
- Änderungen des Informationsverhaltens durch Streben nach Bestätigung der (Kauf-) Entscheidung;
- Nichtwahrnehmung oder Leugnen von Informationen;
- Selektive Beschaffung und Interpretation dissonanzreduzierender Informationen (Verdrängung und Umdeutung dissonanter Informationen, Suche nach Rechtfertigung);
- Verhaltensänderungen;
- Einstellungsänderungen.

5. *Konsequenzen für die Anbieter*
Die (empfundene) Stärke der Dissonanz hängt nicht nur von der Anzahl widersprüchlicher Elemente ab, sondern sie ist auch um so größer, je mehr vergleichbare, attraktive (Kauf-) Alternativen es gibt. Sind die Kaufalternativen relativ ähnlich, so wird oft die gewählte Alternative nachträglich höher eingeschätzt. Dies kann auch im Sinne von Markentreue trotz geringer Produktdifferenzierung geschehen.
Insbesondere ist hier aber die Bedeutung der Entscheidungssituation für den Konsumenten entscheidend (High oder Low Interest/Involvement Goods; → Produktkategorien). So mag der Fehlkauf eines geringwertigen Artikels des täglichen/ laufenden Bedarfs (Convenience Good; → Produktkategorien) lediglich ärgerlich sein. Er führt aber, insbesondere bei habitueller Kaufentscheidung, gewöhnlich zu Markenwechsel oder zum Wechsel der Einkaufsstätte. Im Falle starker Markentreue gibt es beim Auftreten kognitiver Dissonanzen zwei typische Reaktionen, nämlich den radikalen Markenwechsel oder die »Verdrängung« der negativen Erfahrung.
Bei Shopping und Speciality Goods (→ Produktkategorien) mit üblicherweise je Stück höherem Preis und längerer Bindungsdauer (→ Gebrauchsgüter), hat eine falsche oder suboptimale Kaufentscheidung durch den finanziellen Schaden und die lange Bindungsdauer

schon faktisch für den Konsumenten stärkere Auswirkungen. Werden leichte Unzufriedenheit oder Fehler bei hochpreisigen Produkten häufig noch verdrängt, so haben stärkere kognitive Dissonanzen typischerweise zur Folge, daß der »Schuldige« an der Fehlentscheidung, also der Hersteller (Marke) oder (Fach-) Händler radikal gemieden wird und der Konsument in seinem Umfeld in schärfster Form seine negativen Erfahrungen kundtut. Der indirekte Schaden für den Anbieter kann somit durch verlorene Kunden (Neukundengewinnung ist *immer* teurer als Aufrechterhaltung von Beziehungen zu Stamm-/Dauerkunden) und zusätzlich Rufschädigung durchaus bedrohliche Ausmaße annehmen.

So sind die Bemühungen, die ein Anbieter zur Verminderung und Verhinderung von kognitiven Dissonanzen bei seinen Kunden ergreift, in zweierlei Richtungen zu sehen. Einerseits sollen Bestätigungsinformationen geliefert werden, um die Sicherheit, die richtige Entscheidung getroffen zu haben, zu bestärken. Dies gilt für Gebrauchsanweisungen, evtl. Gebrauchseinweisung, aber auch die »normale« Werbung des Anbieters, die eben auch auf diejenigen Konsumenten wirkt, die das Produkt gerade erworben haben. So nimmt ein Konsument gerade kurz *nach* einem Kauf besonders viel Werbung über das betreffende Produkt auf, möglicherweise geht er gar der Werbung der Konkurrenz aus dem Weg.

Zum anderen sollen aber auch durch absolute Fehlerfreiheit des Produktes (→ Qualität, → Qualitätsmanagement, → Qualitätssicherung, ISO-Normen, → Qualitätszertifikate, TQM, also Total Quality Management) und Beratung unter Ermittlung und Berücksichtigung der spezifischen Bedürfnisse des Kunden (für *diesen* Kunden optimale Lösung) kognitive Dissonanzen erst gar nicht entstehen. Gb

Kollektive Werbung

→ Gemeinschaftswerbung.

Kommissionär

→ Absatzhelfer.

Kommissionierung

Unter Kommissionierung versteht man das Zusammenstellen von kundenindividuellen Lieferpartien.

Kommissionierung

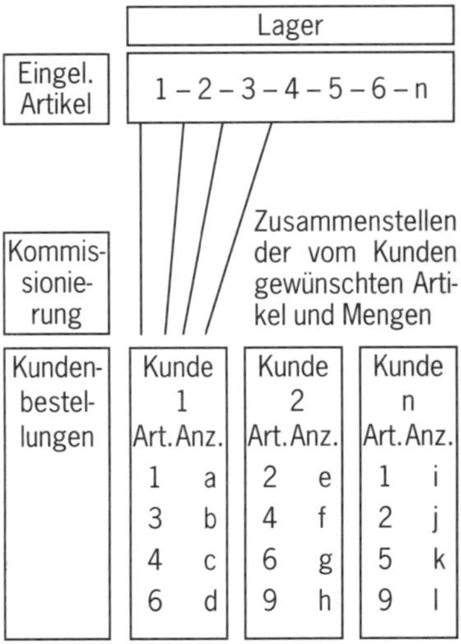

Die vom Kunden in einer Partie gewünschte Artikelvielfalt kann beträchtliche Ausmaße annehmen. Die Kommissionierkosten stellen heute im Rahmen der Gesamtkosten der → Absatzlogistik einen bedeutenden Teil dar. Diese Kosten sind aus Servicegründen oftmals vom Lieferanten zu tragen. Teilweise können bereits automatische Kommissioniersysteme eingesetzt werden. Vollautomatische Kommissionierungen bilden jedoch noch die Ausnahme; meist erfolgt noch eine manuelle Kommissionierung mit einer teilweisen maschinellen Unterstützung. Wilhelm Hauser

Kommunikations-Mix

Der Kommunikations-Mix (=Kommunikationspolitik) ist einer der Bestandteile des → Marketing-Mix und besteht aus → Werbung, → Verkaufsförderung, → PR, → Sponsoring und → persönlichem Verkauf. Der K. umfaßt Zielsetzung und Maßnahmenentscheidungen zur Gestaltung der Marktkommunikation.
Durch die Nielsen Marketing-Forschung (A.C. Nielsen GmbH, Frankfurt/M.) wurde im stationären Einzelhandel für Markenartikel, wie Seife, Getränke etc. nachgewiesen, daß Preissenkungen ohne die volle Nutzung des Kommunikations-Mix weitgehend unwirksam auf die Absatzmenge blieben (Tu Gutes und rede laut darüber).

Es zeigte sich:

a) Eine *Preissenkung* alleine bringt kaum Mehrabsatz. Sie wird kaum bemerkt, Preisschilder am Regal reichen nicht und ohne Werbung werden zusätzliche Kunden durch den Aktionspreis nicht in die Verkaufsstelle gelockt.
b) Sobald am Regal per Display die Preisaktion deutlich angekündigt wird, steigt der Umsatz schon deutlich auf das doppelte des Normalen an. Durch diese Kombination *Preis/ Display* erreicht man den aufmerksamen »Sowieso-Kunden«.
c) Als wirklich durchschlagend erfolgreich stellten sich Kombinationen aus *Preis-, Display- und Handzettelaktionen* heraus. Dabei ist eine tatsächlich nur maßvolle Preissenkung ausreichend, um den Umsatz auf das z.T. zehnfache zu erhöhen. Wird der Rohertrag (Deckungsbeitrag I) als Maßstab genommen, zeigte sich die Kombination aus Displaywerbung, Handzettelwerbung und Wochenanzeigen als optimal, auch wenn eine Preissenkung unterblieb. Allenfalls die → Lockvogelwirkung kann eine Preisaktion zu oder unter Selbstkosten rechtfertigen (Sortimentswirkung des Lockvogelangebotes). Sinnvoller (aufgrund des Rohertragseffektes) ist dabei das Finden und Bewerben von → Zugartikeln in der Werbung und am → POS.

Beim Kauf hochwertiger → Gebrauchsgüter werden die ersten Anregungen oft aus der Werbung kommen, gelegentlich wird man auch durch das soziale Umfeld angeregt. Prospekte, gezielte Beachtung von Warentestberichten, Erfahrungsaustausch mit dem Umfeld und evtl. ein erster Schaufensterbummel mag dann folgen, aus einem Interesse wird ein Bedürfnis. Ist dann im Monats-

budget auch noch »Platz« für diesen Kauf (→ Bedarf), dann erfolgt Suchkauf, wobei die Präsentation vor Ort beim lokalen/regionalen Einzelhändler gesucht wird. Kauferfolg wird also insgesamt gesehen durch ein Mix an Kommunikationsmedien unterschiedlicher Art und oft zu unterschiedlichen Terminen erst begünstigt oder ausgelöst.
Der Ge-/Verbraucher wird also sinnvollerweise, je nachdem, in welchem Stadium sich seine Kaufabsichten befinden, unterschiedlich von Medium und Werbebotschaft her anzusprechen sein. Der Dauerkunde soll beim laufenden Ge-/Verbrauch einer beworbenen Marke durch das Markenzeichen an Produkt und Verpackung, an Qualität und besondere Eignung erinnert werden (→ Goodwill). An einem Pkw ist das Logo des Herstellers bis zu achtmal an unterschiedlichen, offen zugänglichen Stellen angebracht. Wäre dann noch die Gebrauchsanweisung sinnvoll, kurz, knapp, leserlich und für Laien verständlich, wäre das optimale Kommunikations-Mix schon fast erreicht.
Seit einigen Jahren wird verstärkt auf PR-Arbeit gesetzt. So berichtet ein Markenartikelunternehmen der Textilbranche, daß die PR-Arbeit (gemessen an hierfür beschäftigten Vollzeitkräften) innerhalb eines Jahrzehnts von eins auf sieben vergrößert wurde. Der Vergleich erzielter Artikel im redaktionellen Teil von Fachzeitschriften, Zeitungen und Spezialzeitschriften stieg in dieser Zeit noch stärker an. Gleichzeitig wurden ca. 25% des Kommunikationsetats auf → Sponsoring verlagert und die Verbund- oder → Geleitzugwerbung mit dem Einzelhandel verstärkt. Das nunmehr erreichte Kommunikations-Mix wird aber immer noch auf ein mögliches Zurückdrängen von Fernsehwerbung und Anzeigen in Print-Medien ohne allzu starke Beziehung zu den Zielgruppen (also z. B. Tageszeitungen, Werbeblätter...) hin untersucht.
Zudem ist zu beachten, daß erst die Umwerbung von Zielverbrauchern *und* Händlern/Absatzmittlern zum Ziel führen kann. Auch dies ist eine Vorbedingung für ein sinnvolles → Media-Mix. Gb

Kompensationsgeschäfte

auch als Counter Trade bezeichnet, sind eine Sonderform der Begleichung von Auslandslieferungen. Die häufigste Form ist ein reines Warentauschgeschäft (Bartergeschäft). Es kommen u. a. auch Geschäfte vor, bei denen sich der Exporteur zur Abnahme einer bestimmten Menge eines Produktes gegenüber dem Importeur verpflichtet.
Gründe für Kompensationsgeschäfte sind Devisenknappheit und zu geringe Wettbewerbsfähigkeit verschiedener Länder.

Kompetenz

Anbieter von Gütern und Leistungen müssen vom Konsumenten für kompetent gehalten werden, sollen ausreichend Geschäftsvorfälle zustande kommen. Dies nennt man auch Kompetenzzuweisung.
Dabei lassen sich unterscheiden:

a) *Sach- oder Fachkompetenz*
   Ein Anbieter versteht sein »Handwerk«, von ihm ist zu erwarten, daß er seine Kunden sach- und fachgerecht beraten kann und, daß er

auch entsprechenden → Service zu leisten vermag.

b) *Methodenkompetenz*
Ein Unternehmen kann durch seine Mitarbeiter auch außergewöhnliche Probleme lösen. Man beherrscht die Technik, kann im Sonderfall helfen, beherrscht also die Methoden des kaufmännischen und des relevanten technischen Wissens.

c) *Sozialkompetenz*
Die für den Kundenverkehr zuständigen Mitarbeiter wissen, wie man unterschiedliche Kunden als solche erkennt und einordnet und, wie jeweilige Kunden zu beraten und zu behandeln sind. Vorgesetzte beherrschen die Kunst der Menschenführung durch Vorbild, durch Erkennen der individuellen Besonderheiten und damit der individuellen und gruppengemäßen Ansprachen und Motivierung (→ Marketing-Personal). Gb

Komplementariatät

→ Preis-Absatz-Funktionen

Konditionen

Konditionen sind Geschäftsbedingungen aller Art, d. h. vertragliche Vereinbarungen zwischen Lieferanten und Abnehmern über Leistungen und Gegenleistungen:

- Lieferbedingungen (→ Liefer- und Zahlungsbedingungen),
- Garantiebedingungen,
- Rabattbedingungen (→ Rabatte),
- Kreditbedingungen (→ Absatzkredit),
- Zahlungsbedingungen,
- Verkaufsbedingungen,
- Einkaufsbedingungen.

Die Lieferbedingungen regeln

- die Lieferart (Post, Bahn, LKW, Schiff usw.),
- die Lieferzeit (Frist und Termin),
- die Konventionalstrafen bei verspäteter Lieferung,
- das Umtausch- und Rückgaberecht,
- die Berechnung von Kosten für Verpackung, Fracht und Versicherung sowie
- die Mindermengenzuschläge für Kleinaufträge.

Im internationalen Handel sind die Lieferbedingungen normiert (→ Incoterms).

Die Garantiebedingungen regeln

- den Umfang der Garantieleistungen,
- die Garantiefrist,
- die Erbringung der Garantieleistungen (Hersteller oder Händler) sowie
- die Berechnung von Arbeits- und Wegekosten.

Die Rabattbedingungen regeln

- die Form der Rabatte (Geldrabatt, Naturalrabatt),
- den Anlaß der Rabatte (Mengenrabatt, Treuerabatt, Einführungsrabatt usw.),
- den Zeitpunkt der Rabatte (Sofortrabatt, Bonus),
- die Höhe der Rabatte (Rabattbetrag, Rabattmenge, Rabattsatz).

Die Kreditkonditionen regeln

- das Kreditlimit,
- die Kreditfristen (Valutafrist, Skontofrist, Zahlungsziel),
- die Kreditsicherheiten,
- die Kreditkosten (Skontosatz, Verzugszinsen).

Die Zahlungsbedingungen regeln
- die Form der Zahlung (Barzahlung, Scheck, Wechsel),
- den Zeitpunkt der Zahlung (Vorauszahlung, Zahlung nach Erhalt der Ware),
- den Umfang der Zahlung (Gesamtzahlung, Teilzahlung, Anzahlung, Höhe und Zahl der Raten bei Teilzahlung) die Inzahlungnahme von Waren und/oder Dienstleistungen des Abnehmers.

Wenn der Lieferant den Markt beherrscht (→ Verkäufermarkt), sind die Konditionen Verkaufsbedingungen. Rabatte sind in diesem Fall Entgelte für vom Abnehmer bzw. → Absatzmittler erbrachte Distributionsleistungen. Beispiel: Funktionsrabatt für die Übernahme von Distributionsfunktionen, die der Hersteller bei → Direkt-Vertrieb selbst wahrzunehmen hätte.

Heute beherrschen jedoch meistens die Kunden bzw. Absatzmittler den Markt (→ Käufermarkt). Konditionen sind in diesem Fall eher Konzessionen (Zugeständnisse) an die Nachfragemacht der Kunden oder sogar Einkaufsbedingungen. Die folgenden Konditionen haben z. B. → Key Accounts im Lebensmittel-Einzelhandel von einem Hersteller bei Jahresgesprächen gefordert (vgl. Ebert 1991, S. 121–122):
- Umsatzerhaltungsbonus,
- Steigerungsbonus,
- Sortimentsbonus,
- Stammplatzsicherungsbonus,
- Konzentrationsbonus,
- Zielprämie,
- Denkanstoßprämie,
- Werbekostenzuschuß,
- Verkaufsförderungszuschuß,
- Listungszuschuß,
- Valuta,
- Kostenbeteiligung für Auszeichnungsgeräte,
- Kostenbeteiligung für Ordersatzdruck,
- Zweitplazierungsrabatt,
- Eröffnungsrabatt,
- Wiedereröffnungsrabatt,
- Auslistungsverhinderungsrabatt. (→ Rabatte).

Die Gestaltung der Konditionen ist Gegenstand des → vertikalen Marketing bzw. Verhandlungsgegenstand zwischen Lieferant und Abnehmer. HL

Konkurrenz

→ Wettbewerb.

Konkurrenzanalyse

→ Wettbewerbsforschung.

Konsum

Der Konsum umfaßt die monetäre Nachfrage der privaten Haushalte, d. h. die Ausgaben für → Konsumgüter aller Art. Ist der Konsum kleiner als das Einkommen in der betrachteten Periode, dann gilt:

Konsum = Einkommen – Ersparnis.

Übersteigt der Konsum das Einkommen der Periode, dann muß der Ausgabenüberschuß durch Auflösung von Ersparnissen aus früheren Perioden und/oder mittels Kredit finanziert werden. In diesem Fall gilt:

Konsum = Einkommen + Entsparnis + Kredit.

Die verhaltenswissenschaftliche Konsumforschung versucht die Entscheidungen der Konsumenten zu erklären (→ Konsumentenverhalten). HL

Konsument

Verbraucher, End- oder Letztverbraucher materieller oder immaterieller Güter.
→ Konsumentenverhalten, → Käuferverhalten.

Konsumgenossenschaft

→ Handelsbetriebsformen. Unter Konsumgenossenschaften versteht das Genossenschaftsgesetz »Vereine zum gemeinschaftlichen Einkauf von Lebensmitteln oder Wirtschaftsbedürfnissen im großen und Abfluß im kleinen«. Sie sind somit ursprünglich Verbrauchergenossenschaften, in denen private Haushalte sich zum Zweck der preisgünstigen Versorgung mit → Konsumgütern zusammengeschlossen haben. Da Konsumgenossenschaften heute nicht mehr nur an Mitglieder verkaufen dürfen und ihre Gewinne nicht mehr nur zur Rücklagenbildung verwenden dürfen, verwischte der Unterschied zu anderen Handelsbetriebsformen. Die Konsumgenossenschaften schufen 1974 zusammen mit den Gewerkschaften die co op AG. Gb

Konsumgüter

Konsumgüter sind dadurch gekennzeichnet, daß sie unmittelbar der Befriedigung menschlicher Bedürfnisse dienen (Gegenteil: → Produktionsgüter). Nach ihrer möglichen Verwendungsdauer unterscheidet man → Verbrauchsgüter und → Gebrauchsgüter.

Käufer und/oder Verwender von Konsumgütern sind private Konsumenten bzw. Haushalte. HL

Konsumentenverhalten: Begriff, Grundlagen

1. Begriff

→ Käuferverhalten.

Nach Kroeber-Riel (*Konsumentenverhalten*, 5.Aufl., 1992) wird von Konsumentenverhalten i.e.S. gesprochen, wenn es um das Verhalten der Menschen beim Kauf und Konsum von wirtschaftlichen Gütern geht; im weiteren Sinne umfaßt es allgemein das Verhalten der Letzt- oder Endverbraucher materieller oder immaterieller Güter, also auch das Verhalten von Kirchgängern, Wählern, Patienten usw.

Die Konsumentenforschung kann als dem Marketing, der Marketingforschung zugehörig betrachtet werden, wird aber heute auch vielfach als verselbständigter, interdisziplinärer Forschungsansatz verstanden.

2. Gründe für die Erforschung des Konsumentenverhaltens

Vereinfacht könnte man sagen, daß insbesondere zwei Entwicklungen für die Beschäftigung mit dem Konsumentenverhalten entscheidend sind. Zum einen ist es der Wandel von der → Verkäufermarkt- zur → Käufermarktsituation auf fast allen Märkten, der entscheidend für das Entstehen des modernen Marketing ist. Da der Engpaßfaktor nicht mehr in der Beschaffung oder

Produktion, sondern im Verkauf liegt, muß dem Konsumenten und seinem Verhalten besondere Beachtung geschenkt werden.
Grundlegend für das heutige Verständnis vom Konsumentenverhalten ist auf der anderen Seite auch ein von in der Nationalökonomie immer noch herumgeisternden »homo oeconomicus«-Annahmen weit entferntes Menschenbild. Heutige Menschenbilder (z. B. »Complex Man« d. h. Mensch als lernfähiges, flexibles Wesen mit vielfältigen, sich situationsbedingt verändernden Bedürfnissen oder »Social Man«, d. h. Mensch als Wesen mit überwiegend auf die soziale Einbettung bezogenen Bedürfnissen) sehen das Rationale nur noch als eine der Komponenten menschlichen (Kauf-) Verhaltens. Sind nun aber für den Kauf eines bestimmten Produktes, einer bestimmten Marke nicht nur rationale Beweggründe entscheidend, sondern beispielsweise auch soziales Umfeld und die Persönlichkeit des einzelnen mitentscheidend, so ist es eben Ziel der Konsumentenforschung, diese Zusammenhänge zu erforschen und zu erklären.
Zudem ist die heutige komplexe Konsumwelt für den Konsumenten nicht mehr voll durchschaubar. Insbesondere die technische Entwicklung, die erreichte Vielfalt der Produkte überfordert die Konsumenten wissensmäßig. Kaufentscheidungen erfolgen also fast regelmäßig bei *unvollständigem Wissen* (nicht alle Kriterien/Einflußfaktoren sind bekannt/transparent) und das wenige Wissen ist zudem meist *unvollkommen*. Entscheidungen erfolgen daher vielfach nach Erfahrung, sozialer Beeinflussung, im Vertrauen auf bekannte Marken oder Händler/Handwerker bzw. aus einer Mixtur solcher Faktoren heraus.
Sieht man die Erforschung des Konsumentenverhaltens zweckorientiert (aus Sicht des Marketing oder, mit umgekehrten Vorzeichen, aus der Sicht der Verbraucherpolitik), so treten neben die Erforschung und Erklärung auch die Möglichkeiten der Beeinflussung und Veränderung des Verhaltens oder der → Einstellungen von Konsumenten. Gb

Konsumentenverhalten: Modelle

Man unterscheidet bei den Modellen des Konsumentenverhaltens zunächst zwischen sog. S-R-Modellen und S-O-R-Modellen. Die behavioristischen S-R- oder Stimulus-Response- (Reiz-Reaktions-) Modelle betrachten die Vorgänge im Inneren des Menschen (Insystem) nicht, sondern nur die auf den Menschen einwirkenden Reize (Stimuli) und die Reaktionen darauf (Response). Insofern wird das Insystem des Menschen als intransparenter schwarzer Kasten angesehen, daher auch der Name »Black-Box-Modell«.
Der Erkenntniswert solcher Modelle bleibt auf den tatsächlich untersuchten Fall beschränkt, die Erkenntnisse sind weder auf die Zukunft noch auf andere Branchen, Märkte usw. ohne weiteres übertragbar, da der Mechanismus, nach dem die Beziehung zwischen Reiz und Reaktion funktioniert, unklar bleibt.
S-R-Modelltypen finden sich insbesondere in der Praxis gerade wegen ihrer Einfachheit (Kosten!) häufig. Auch die fehlen-

de Übertragbarkeit ist bei Untersuchungen, die ein Unternehmen für sich selbst durchführt, irrelevant. Beispiel für eine S-R-Untersuchung wäre etwa die Messung der Umsätze je Artikel bei unterschiedlicher Werbung (z. B. ohne, mit Anzeige, mit Präsentation am POS usw.) und unterschiedlichen Preisen. Hier wird nicht untersucht, *warum* die Konsumenten bei bestimmten absatzpolitischen Maßnahmen und Preisen mehr oder weniger kaufen, sondern nur *was* sie tun.

Bei den S-O-R-Modellen (O = Organismus) oder S-I-R-Modellen (I = intervenierende Variable) des Neo-Behaviorismus wird versucht, die Psyche, das Insystem des Konsumenten, zum Untersuchungsgegenstand zu machen. Das geschieht durch Zwischenschalten sog. hypothetischer Konstrukte (intervenierender Variablen). Diese sollen global die psychischen Prozesse beschreiben und als gedankliche Fiktionen bei der Erklärung des Konsumentenverhaltens helfen. Nach Kroeber-Riel (*Konsumentenverhalten*, 5.Aufl.) gibt es zwei Gruppen von intervenierenden Variablen, nämlich aktivierende Prozesse (Emotion, Motivation und Einstellung) sowie kognitive Prozesse (Informationsaufnahme, -verarbeitung, Lernen, Gedächtnis...).

Wichtigster Typ von S-O-R-Modellen des Konsumentenverhaltens (neben stochastischen und Simulations-Modellen) sind auf dem Strukturansatz basierende Modelle. Dabei wird der »Organismus« (Insystem des Konsumenten) nicht durch eine einzige intervenierende Variable dargestellt, sondern durch eine komplexe Struktur verschiedener Variablen. Man unterscheidet nun des weiteren Partialmodelle und Totalmodelle. Bei ersteren wird nur ein Ausschnitt aus dem Verhalten mittels eines zentralen hypothetischen Konstruktes betrachtet, beispielsweise die »Einstellung«. Totalmodelle versuchen dagegen alle für die Kaufentscheidung relevanten Faktoren in ein Gesamtsystem zu fassen, welches den Entscheidungsprozeß vom ersten Stimulus bis über den Kauf hinaus erfassen und darstellen soll. Bekannte Totalmodelle des Konsumenten sind die von Nicosia (*Consumer Decision Process*, 1966), das von Engel, Blackwell und Kollat (*Consumer Behavior*, 1968) und – als bekanntestes – das von Howard und Sheth (*The Theory of Buyer Behavior*, 1969). Gb

Konsumentenverhalten: Psychische und soziale Determinanten

Zu den für das Kaufverhalten bestimmenden Faktoren zählen zum einen die inneren, psychischen Vorgänge in einem Individuum, zum anderen die Einflüsse aus seinem Umfeld (→ Konsumentenverhalten: äußere/soziale Einflüsse).

1. *Psychische Determinanten*

Anhand sog. intervenierender Variablen wird versucht, nicht beobachtbare Prozesse und Sachverhalte (z. B. Gefühle, Gedächtnis) im Inneren (Insystem) von Individuen zu erklären (→ Konsumentenverhalten, Modelle).

Diese teilt man in zwei Gruppen ein, nämlich in *aktivierende Prozesse* (mit inneren Erregungen und Spannungen verbunden und das Verhalten antreibend) und *kognitive Prozesse* (gedankliche Informationsverarbeitung). Die Zuordnung zu »aktivierend« oder »kognitiv« erfolgt danach, welche Komponente jeweils überwiegt.

– *Aktivierende Prozesse*
Zu den aktivierenden Prozessen (→ Aktivierung) zählen → Emotion, → Motivation und → Einstellung. Der Zusammenhang zwischen diesen läßt sich vereinfacht wie folgt darstellen (nach Kroeber-Riel):
Emotion = zentralnervöses Erregungsmuster + (kognitive) Wahrnehmung (z. B. »E. ist angenehm«, »Ich fühle mich wohl«.)
Motivation = Emotion + (kognitive) Zielorientierung (z. B. »Ich will Z erreichen«, »Ich will dies tun!«.)
Einstellung = Motivation + (kognitive) Gegenstandsbeurteilung (z. B. »Ich halte G für gut«, »Ich ziehe G vor«.)

– *Kognitive Prozesse*
Nach Kroeber-Riel lassen sich kognitive Vorgänge »als gedankliche (»rationale«) Prozesse kennzeichnen. Mit ihrer Hilfe erhält das Individuum Kenntnis von seiner Umwelt und von sich selbst. Sie dienen vor allem dazu, das Verhalten gedanklich zu kontrollieren und willentlich zu steuern.«
Sie lassen sich einteilen in die Aufnahme von Informationen, deren Verarbeitung (→ Wahrnehmung, Beurteilung und Entscheidung) sowie deren Speicherung (→ Lernen, Gedächtnis).

2. *Soziale Einflüsse*
Kultur: Die Kultur (einer Gesellschaft, eines Volkes) umfaßt nicht nur die Kunst, sondern ganz allgemein die gemeinsamen Merkmale und Bräuche einer Gesellschaft. Dazu gehören auch die Sprache sowie Werte und Überzeugungen.
Für das Konsumentenverhalten und das Marketing sind insbesondere von Bedeutung:
a) Wertewandel:
Der Wertewandel der letzten zwanzig Jahre in der BRD läßt sich wie folgt charakterisieren:
- Gesellschaftliche Werte und Ziele, so etwa Umwelterhaltung und Beseitigung der Arbeitslosigkeit, gewannen an Bedeutung
- Trend zu Selbstverwirklichung und Erlebnisorientierung
- Soziale Akzeptanz und Pflichterfüllung verloren an Bedeutung
- Pluralisierung individueller und gesellschaftlicher Wertesysteme.

b) Kulturelle Unterschiede und Gemeinsamkeiten zwischen verschiedenen Völkern:
Für das internationale, sei es weltweite oder europaweite (EU-Binnenmarkt) Marketing können sich für Produkte, wie auch für deren Bewerbung Unterschiede auftun. Zwei Tendenzen sind zu vermerken, nämlich zum einen Produkte, die problemlos international verkauft und beworben werden können (Fast Food, Erfrischungsgetränke, Jeans, Sportbekleidung). Zum anderen gibt es aber Produkte, bei denen auf Dauer Unterschiede bleiben werden (nicht nur national, sondern auch regional).
Beispiele hierfür:
PKW: Zumindest zwischen USA und Europa. In den USA gibt es niedrige Tempolimits (Motoren, Federung, Bremsen), lange Strecken (Komfort) und das Benzin ist billiger (Verbrauch, Hubraum).

Regionale Nahrungsmittel-Spezialitäten (z. B. aufgrund religiöser Vorschriften für Fleischverzehr, regionale Küche, aber auch Unterschiede in der »Eßkultur«, z. B. zwischen Frankreich und Deutschland; Waschmittel: etwa in BRD stärkere Ökologie-Betonung.

Subkultur: Beim Begriff der Kultur (intergesellschaftlich) geht es um Gemeinsamkeiten in den Verhaltensweisen aller Mitglieder einer Gesellschaft, eines Volkes. Bei der Subkultur (intragesellschaftlich) im Sinne von Teilkultur geht es um Gemeinsamkeiten sozialer Gruppierungen innerhalb einer Gesellschaft. Typische Beispiele für Subkulturen sind verschiedene ethnische Gruppen (z. B. türkische, asiatische, afrikanische Herkunft). Auch Religion und Alter sind oft Unterscheidungskriterien. Für die Zugehörigkeit zu einer Subkultur sind die Sozialisation und das Verhalten entscheidend, nicht nationale Zugehörigkeit.
Auch bei sozialen Gruppen wie z. B. »Punks«, »Yuppies« usw. (Verhaltenstypen) wird von Subkulturen gesprochen. Zur Abgrenzung von Subkulturen können somit im Grunde alle unter → Segmentierung aufgeführten Kriterien gelten, wenn sich aus der Segmentierung relativ homogene Gruppen ergeben.

Soziale Schicht: Kriterien der Zugehörigkeit zu einer sozialen Schicht oder Klasse sind sozioökonomische Merkmale (→ Segmentierung), insbesondere Beruf, Einkommen und Ausbildung. Eine grobe Unterteilung unterscheidet Unter-, Mittel- und Oberschicht. Die soziale Schichtung ist verhältnismäßig gut meßbar, und die Mitglieder einer Schicht teilen gewisse Werte, → Einstellungen und Verhaltensweisen.

Familie: Wichtige Einflüsse der Familie auf das Konsumentenverhalten sind etwa die Bedeutung des Familienlebenszyklus, gemeinsame Kaufentscheidungen in der Familie und die Konsumentensozialisation, also die Entwicklung von Fähigkeiten und Wissen des Konsumenten.

Sonstige Bezugsgruppen: Weitere Bezugsgruppen neben der Familie können sein Freundeskreis, Nachbarn, Kollegen, Vereins- oder Parteifreunde (→ Meinungsführer).

3. *Ökonomische Einflüsse*

- Gesamtwirtschaftliche Rahmenbedingungen
  Vereinfacht gesagt, werden gegenwärtige ungünstige wirtschaftliche Rahmenbedingungen (Konjunktur, Arbeitslosigkeit, Preisentwicklung usw.) oder negative Erwartungen über deren zukünftige Entwicklung dazu führen, daß Ausgaben eingeschränkt werden. Dies kann bei verschiedenen → Produktkategorien auf unterschiedliche Art und Weise erfolgen. So könnte man bei Convenience Goods (Güter des täglichen Bedarfs) eine Tendenz hin zu billigeren und einfacheren Marken/Produkten (z. B. Handelsmarken, harter Discount), bei Shopping und Speciality Goods Verschieben von Käufen oder Verzicht vermuten.
- Absatzpolitische Maßnahmen von Unternehmen

Hierzu zählen die Produktpolitik (Produkt, Sortiment, Verpackung), die Preispolitik, die Kommunikationspolitik (→ Werbung, → Werbewirkungen, → Public Relations, → Verkaufsförderung, → Sponsoring) sowie die Vertriebspolitik (→ Wettbewerbseinheiten, → Handelsformen). Sie sind darauf angelegt, das Verhalten der Konsumenten in Richtung auf das Angebot des Marketing betreibenden Unternehmens zu lenken.

4. *Situative Einflüsse*
Hierzu zählen zeit- oder ortsspezifische Gegebenheiten, die entweder beim Konsum (Konsumsituation), beim Kauf (Kaufsituation) oder bei der Rezeption von Werbung (Kommunikationssituation) eine Rolle spielen.
Dazu zählen beispielsweise die momentane → Aktivierung (tonisch), die räumliche Umgebung (Ort), die soziale Umgebung (Personen), zeitliche Merkmale (z.B: Zeitdruck, Tageszeit, Wochentag), Art des Kaufes (Shopping, Verbundkauf...), kurzfristige Liquidität, kurzfristige psychische oder soziale Belastung (z. B. Stimmungslage, familiäre oder berufliche Belastung). Gb

Konsumerismus

Der Konsumerismus geht auf Verbraucherbewegungen in den USA seit Anfang der sechziger Jahre dieses Jahrhunderts zurück. Ziel ist es, Interessen der Konsumenten gegen das Profitstreben der Anbieter von Gütern und Dienstleistungen zur Geltung zu bringen. Insbesondere geht es um Aufklärung der Verbraucher und die Erwirkung staatlicher Maßnahmen zum Verbraucherschutz.

Die wichtigsten Vorwürfe und Kritikpunkte des Konsumerismus sind:

- geplante Produktveraltung durch schnellen, geplanten Modewechsel (→ Obsoleszenz).
- ständig vom Design und technischen Randproblemlösungen her neue Modelle, wobei dem Ge-/Verbraucher suggeriert wird, er sei es sich schuldig, sich das neue, bessere Modell zu gönnen.
- Eingebaute Verschleißteile: Mit Absicht würden wichtige oder auch nur kleine Verschleißteile so konstruiert, daß sie durch Verschleiß und Rost angegriffen würden, so daß teure Reparaturen fällig würden.
- Überflüssige Funktionen, ein umfangreiches »Cockpit« z. B. an Herd und Waschmaschine, um der »Hausfrau« die Arbeit als kompliziert und verantwortungsvoll erscheinen zu lassen.
- Produktdifferenzierungen: Viele, kaum unterschiedliche Modellvarianten sollen Preisvergleiche verhindern. Beim Automobil sollen lange Listen von möglichen, teilweise nötigen Sonderausstattungen und eine magere Grundausstattung Preisgünstigkeit vorspiegeln.
- Abschöpfungsstrategien mittels Erstmarken für Novitäten, Zweitmarken für eingeführte Technik und Drittmarken für angeblich Anspruchslose. Ziel ist es, dem Konsumenten einzureden, daß er sich die Erstmarke leisten könne und müsse.

- Versuche, durch die Herausstellung von Idolen als → Meinungsführer psychologische Anreize zum Kauf einer bestimmten Marke zu erzeugen.
- Mondpreise als Maßstab (z. B. unverbindliche Preisempfehlungen, Listenpreise). Geschickte Kunden erzielen hohe Rabatte, die ungeschickteren zahlen »zuviel«.
- Rücksichtslosigkeit gegenüber der Umwelt: Wegwerfprodukte, energiefressend, umweltverschmutzend, nach wenigen Jahren veraltet, kaum oder wenig recycelbar.
- Gesundheitsgefährdende Produkte (z. B. Holzschutzmittel: Obwohl Gefahr seit Jahrzehnten bekannt, rücksichtslose Weiterproduktion).
- Wenig unfallvermeidende Konstruktion oder teure/gefährliche Sportarten, wie Autorennen, Motorradrennen, Fallschirmspringen etc. bewerbend und als »in« darstellend.
- Gelegentlich auch Unterdrückung des technischen Fortschritts, wenn durch längere Haltbarkeit und mehr Energiesparen der Konsum eingeschränkt würde.
- Jegliche Wettbewerbsbeschränkungen der Anbieter zur besseren Ausbeutung der »dummen« Verbraucher.

Im Bereich der Werbung werden insbesondere kritisiert:
- Unterschwellige → Werbung,
- werbliche Überflutung,
- rein emotionalisierende Werbung (Sex, Sonne, Strand etc.),
- durch zahlreiche Werbeeinblendungen, insb. im Fernsehen, werden Kinder zu »Konsumidioten« erzogen (tatsächlich wissen schon 3 bis 6-jährige fast alles über Automarken, Zahnputzmittel und Erfrischungsgetränke),
- Mode, ständiger Produktwechsel, werbliche Beeinflussung und eine entsprechende Presse lassen den Konsum, zumindest in der Unterschicht und der unteren Mittelschicht, zum Mittelpunkt des Lebens werden,
- Mittels → Lockvogelangeboten werden Konsumenten über die Leistungsfähigkeit des Sortiments größerer Händler systematisch getäuscht. Gb

Konsumerismusbewegung

Zu den Institutionen der Konsumerismusbewegung in der BRD zählen insbesondere die Verbraucherzentralen, die Stiftung Warentest (Berlin) und die Arbeitsgemeinschaft der Verbraucher (Bonn).
Aber auch die Presse und das Fernsehen, gewissermaßen die »vierte Gewalt« im Staat neben Exekutive, Legislative und Judikative, nahmen sich des Verbraucherschutzes intensiv an. Dabei werden berechtigte Vorwürfe, aber auch einseitige Darstellungen bis hin zu glatten Lügen oft sehr polemisch vorgetragen. Damit wurden und werden neben verbalem Bestreiten aber auch mehr und mehr tatsächliche Veränderung bei den Industriellen bewirkt.
Die Legislative und die Rechtsprechung verstärkten den Verbraucherschutz, insbesondere wurde die → Produzentenhaftung entwickelt und ausgebaut.

Warentests und Verbraucherberatungen entwickelten sich zu beachtlichen »Anwälten« der Ge-/Verbraucher.
Die Verbraucher wurden »bewußter«, auch Schulen, Verbände und Kirchen erwählten die Verbraucheraufklärung als eine wichtige Aufgabe.
Nicht zuletzt wurde es dann aber auch Ziel des (neuen) Marketing, Verbrauchern bestmögliche Problemlösungen zu liefern und durch Wohlverhalten Dauerkunden zu erhalten und zu pflegen. Der Konsumerismus wird also insgesamt als eine der menschenfreundlichsten Bewegungen unserer Tage anzusehen sein, auch wenn einige Auswüchse weiter Anlaß zur Kritik geben und geben werden.
Gb

Konsumverein

Ältere Bezeichnung für → Konsumgenossenschaft.

Kontakt

Im Bereich der Mediaplanung/-selektion die Berührung von (Ziel-)Personen mit einem → Werbeträger oder → Werbemittel. → Kontaktmaßzahlen, → Reichweite.

Kontaktmanagement

→ Database Marketing.

Kontaktmaßzahlen

Maßzahlen im Bereich der Mediaplanung/-selektion zur Messung des Kontaktes von Personen mit einem → Werbeträger oder einem → Werbemittel.
Eigentlich interessant für die Beurteilung der Werbeträger zur Mediaselektion ist der Werbemittelkontakt (z. B. Anzeige), leichter zu ermitteln und insofern allgemein verwendete Größe ist der Werbeträgerkontakt (z. B. Zeitschrift). (→ Beachtungswert von Werbung)
Die wichtigste Kontaktmaßzahl ist die → Reichweite. Daneben wären die Kontakthäufigkeit, die durchschnittliche Kontaktzahl und Kontaktverteilung sowie die Kontaktsumme zu nennen.
Die Kontakthäufigkeit ist die um die durchschnittliche Kontaktzahl streuende, jeweilige Anzahl der Kontakte bei Personen in der Zielgruppe. Nicht nur die durchschnittliche Kontaktzahl, sondern auch die Verteilung der Kontakthäufigkeiten ist für die Mediaplanung von Bedeutung.
Die Kontaktsumme ist die Gesamtzahl aller Kontakte (Brutto-Reichweite) und ergibt sich aus der Summe der Einzelreichweiten.
Gb

Kontraktgüter

Gegensatz: → Austauschgüter
Von K. spricht man, wenn nur im Zusammenwirken von Anbieter und Nachfrager die betreffende Leistung erstellt werden kann. Bei K. sind diese Leistungen relativ individuell, meist komplex und auch hochwertig.
Typische Kontraktgüter sind technische Großanlagen, Dienstleistungen und Maßbekleidung.
Im Gegensatz hierzu haben bei → Austauschgütern zum Zeitpunkt des Kaufs weder Anbieter noch Nachfrager Einfluß auf Qualität und Charakteristika des Gutes.
Kontraktgüter werden häufig direkt vertrieben, allenfalls durch eng gebundene Vertragshändler (vor Ort). Die Mar-

keting-Kommunikation bei K. muß dominant Sachaspekte, Argumente transportieren, was Stil und Mediawahl sowie Werbeinhalte bereits determiniert. Gb

Kontraktmarketing

Das Kontraktmarketing betrifft den Vertrieb von Waren und Dienstleistungen auf der Basis von Verträgen, die sich auf mehrere Verkaufsakte bzw. auf eine längere Periode beziehen. Das Kontraktmarketing mit → Absatzmittlern und -helfern umfaßt z. B. folgende Formen der Kooperation: → Agentur-System, → Franchising, → Vertragshändler-System und → Vertriebsbindung. Beispiele für das Kontraktmarketing mit → Konsumenten sind Abonnements, Wartungsverträge und Buchclubs.

Das Kontraktmarketing fördert die → Kundenbindung und dient damit der Umsatzsicherung. Durch den Abschluß von Rahmenvereinbarungen und langfristigen Verträgen steigt die Effizienz im Vertrieb, denn es wäre für einen Anbieter sehr aufwendig, jedes einzelne Geschäft zum Gegenstand von Verkaufs- bzw. Einkaufsverhandlungen zu machen. Auch für die Nachfrager ist es vorteilhaft, ihren Bedarf zu bündeln, weil sich dadurch günstigere Einkaufspreise ergeben. HL

Kontrollierter Markttest

→ Store Test.

Konzentrationsgrad

→ ABC-Analyse.

Konzentrationskurve

→ ABC-Analyse.

Konzept-Test

Beim Konzept-Test wird das Grundkonzept für ein neues Produkt oder einen Relaunch Verbrauchern alternativ vorgelegt. Dieser Test besteht im wesentlichen in Produkt- und Werbeaussagen. Die Verbraucher haben sich dann zu entscheiden, welche Aussage für sie interessanter und relevanter ist.

Kooperations-Strategie

Eine Kooperations-Strategie wird in erster Linie von kleinen und mittleren Unternehmen verfolgt. Im Marketing kann die Kooperation auf Einzelgebieten oder global erfolgen.

Kooperationen auf Einzelgebieten erstrecken sich z. B. auf:
- Marktforschung,
- Werbung,
- Vertrieb/Verkauf,
- Verkaufsförderung.

Interessant ist eine solche Zusammenarbeit insbesondere bei sich ergänzenden Produkten (horizontale Kooperation).

Eine globale Kooperation liegt vor bei
- Franchise,
- Einkaufsverbänden,
- Freiwilligen Ketten,
- Lizenzen,
- Vertragsvertrieb u.ä. (vertikale Kooperation).

Kooperatives Marketing

Zusammenarbeit im Marketingbereich von Unternehmen/Betrieben
- der gleichen Wirtschaftsstufe (horizontale Marketing-Kooperation)
  Beispiel: Erfahrungsaustausch, Werbegemeinschaften

- oder verschiedener Wirtschaftsstufen (vertikale Marketing-Kooperation)
  Beispiel: Verkaufsförderung, Vertragshändlersysteme, Franchising.

a) Horizontale Marketing-Kooperation
Betreiben Anbieter der gleichen Wirtschaftsstufe, also z. B. Einzelhändler oder lokale Handwerker, eine teilweise oder weitgehende Kooperation im Verkaufsbereich, einen Erfahrungsaustausch, eine Verhaltensabstimmung (locker oder schrittweise fester bis zur kompletten Vereinheitlichung), so liegt eine horizontale Marketing-Kooperation vor.
Werbegemeinschaften für die Anbieter in einem gewachsenen innerstädtischen Einkaufszentrum oder, wie fast immer üblich, der einzelnen Shops eines integrierten, künstlichen Einkaufszentrums (meist Standort »grüne Wiese«) sind relativ lockere Formen der Marketing-Kooperation. Erfolgt nun auch noch eine Sortimentsabstimmung, werden gemeinsame Aktionen geplant und durchgeführt, dann wächst durch eine höhere Verhaltensabstimmung der Eindruck einer Geschlossenheit, einer für die Ge-/Verbraucher einsichtigen und für seine Einkaufsentscheidungen wichtigen Information.
Einkaufsverbände des Einzelhandels und Handwerks haben vielfach auch Marketingaufgaben mit übernommen (Trend zur Mehrfunktions- bis hin zur Fullservice-Organisation). So wird das Gemeinschaftslogo genutzt, werden Preisempfehlungen versucht und Kalkulationshilfen geboten.

b) Vertikale Marketing-Kooperation
Durch Spezialisierung und Massenproduktion ergab sich eine häufig tiefgreifende Entfernung, sowohl physisch wie psychisch, zwischen Hersteller und Ge-/Verbraucher. Der Erzeuger eines Markenproduktes hat heute, im Gegensatz etwa zu den Zeiten Adam Smiths vor zwei Jahrhunderten, keinen nennenswerten direkten Einfluß mehr auf den letztlich allein erfolgsentscheidenden Absatz an die Konsumenten vor Ort.
Durch Massenmedia-Werbung/Markenartikel-Werbung baute man sich eine → Präferenz auf, die allenfalls bei Convenience Goods (→ Produktkategorien), die i.d.R. ohne Beratung in Selbstbedienung gekauft werden, noch absatzstabilisierend wirkt.
Bei Shopping Goods, also beratungs- und oft auch servicebedürftigen technisch und/oder modisch aufwendigen Produkten, ist der Hersteller interessiert, auf den jeweils lokalen Verkauf vor Ort und damit auf die → Absatzmittler und ihre Politik Einfluß zu nehmen.
Umgekehrt ist mancher Fachhändler oder Fachhandwerker auf die Schulung der Hersteller in spezieller Verkaufstechnik (im weitesten Sinne), für Wartungs- und Reparaturservice sowie Gebrauchseinweisung der Ge-/Verbraucher angewiesen. Das alles übersteigt insb. bei Sortimentshändlern oder bei Zusatzprodukten die Fähigkeit dieser Spezialisten.

Der klassische Markenartikel
Hier wirbt der Hersteller mittels Sprungwerbung direkt beim Ge-/Verbraucher, schafft also die Nachfrage und argumentiert gegenüber der Vielzahl der lokalen

Absatzmittler, es lohne sich, die beworbenen Produkte ins Sortiment aufzunehmen, sich für diese lokal einzusetzen.

Verkaufsförderung/Merchandising
Dem Absatzmittler vor Ort wird gestattet/empfohlen, mit dem Logo des Markenherstellers, mit Präsentation der Produkte unter CI/CD (→ Corporate Identity, → Corporate Design) des Markenartikelherstellers zu operieren, Leuchttransparente, Schaufenster-Werbehilfen, POS-Hilfen (spezielle Regale, Plakate, Deckenhänger, Preisauszeichnungs-Aufkleber sowie Muster, Prospekte oder auch kleine Werbegeschenke/ Werbezugaben) werden dem Händler mehr oder weniger kostenlos gestellt.
Warenkunde und Verkaufstechnik werden geschult, gelegentlich wird die Einrichtung der Verkaufsstätte oder auch Gaststätte bezuschußt oder gar gestellt (gegen Lieferverpflichtung, per Darlehen finanziert).
Der Markenhersteller will den Verkauf vor Ort fördern, stabilisieren, per Fachkunde und materieller Hilfen dem kleinen, stets ohne heute vielfach notwendige Spezialisten für fast jede Verrichtung, Werkstattausrüstung etc. operierenden, für alles verantwortlichen Mittelständler Hilfe zur Selbsthilfe geben. Verkaufsförderung geht allerdings nur soweit, wie direkt der Absatz des Markenherstellers gefördert wird.
Verkaufsförderung erfolgt als Aktion, sie ist zeitlich begrenzt, aktuell also als VF-Aktion. Da dies aber meist, insb. beim Einsatz mittelständischer Absatzmittler, nicht ausreicht, bieten Markenartikelhersteller ihren Dauerabsatzmittlern Systeme von Absatzförderungsmaßnahmen (Ziel: Optimales Marketing-Mix) dauerhaft an. Oft wird auch ausschließlich mit solchen Absatzmittlern gearbeitet, die das Merchandising des Markenartikelherstellers voll übernehmen, also im Sinne der Unternehmensphilosophie der → Marke diese optimal, jeweils vor Ort, den Ge-/Verbrauchern präsentieren.

Vertragshändlersysteme
Hochwertige Sortimente an Industriegütern, wie z. B. Kfz, EDV-Geräte, aber auch Textilien (Oberbekleidung) werden stets (Kfz) oder häufig über Vertragshändlersysteme (→ Wettbewerbseinheit, strategisch (d. h. System) und operativ (Partner vor Ort)) distribuiert. Der Systemführer will sein komplettes Sortiment (nicht nur Schnelldreher, Preiseinstiegsstufen, leicht vereinfachte Standardmodelle) an allen wichtigen Plätzen seines Gesamtverkaufsgebietes präsentiert sehen. Seine → Corporate Identity bzw. sein → Corporate Design soll dem Konsumenten als Garant für Leistung entgegentreten. Ideal ist, wenn auch die Schulung der Manager (Inhaber), der Verkäufer und der Techniker (Wartung, Reparatur, Produkteinweisung) der Absatzmittler zentral erfolgt, also von Spezialisten geplant und durchgeführt wird. Selbst Programme für die Ersatzteillagerbuchführung (Soft- und Hardware) werden von zentraler Seite vorgegeben. Zwar dürfen Ersatzteilverkaufspreise ebenso wie Reparatur- und Wartungspreise nicht »gebunden«, also zentral vorgegeben werden, sie dürfen aber per unverbindlicher Preisempfehlung beeinflußt werden. Stammen

dann Buchführungs-, Betriebsabrechnungs- und Fakturierungsprogramme auch vom Systemführer, so wird das gewünschte Ergebnis einer einheitlichen und marktgerechten Preispolitik des Gesamtsystems annähernd erreicht. Denn die Angst theoretischer Wettbewerbsschützer, Preisempfehlungen führten tendenziell zu höheren Verbraucherpreisen, ist nur eine Teilwahrheit. Nicht selten profitieren die Abnehmer von empfohlenen Preisen der Systemführer, die eben die Ausnützung von Nichtwissen, Abhängigkeit von der Markenwerkstätte durch »Mondpreise« verhindern. Vertragshändlersysteme tendieren in Richtung Franchising, wenn man von der formaljuristischen Definition des Franchising absieht, die die Franchisinggebühr zum Hauptkriterium erhebt, anstatt die systematische Betreuung in allen wichtigen Fragen der Betriebsführung durch den Systemgeber als Kennzeichen zu wählen (→ Franchise).

Gemeinsame Marketing- und Einkaufsgesellschaften zwischen Markenartikelindustriellen und seinen Vertriebspartnern
Seit Jahrzehnten betreibt ein bedeutender Markenartikelhersteller der Schuhbranche gemeinsam mit seinen Alleinvertriebspartnern eine Einkaufs- und *Marketing-GmbH*. Hier sind der Systemführer und dessen örtliche Vertriebspartner Gesellschafter eines Gemeinschaftsunternehmens, der Marketing-GmbH. Dies bedeutet für die Händler höhere Mitverantwortung und daraus resultierend höhere Treue zum System. Hier wird das industrielle Management zum wirklichen Partner, nicht Quasi-Vorgesetzten der Alleinvertriebshändler. Dadurch ergeben sich ein freundschaftlicherer Umgang und das Gefühl für die gemeinsame Verantwortung. Man wundert sich nur, daß dieses Modell keine Nachahmer findet. Ob in manchen Industrieunternehmen immer noch das Gedankengut Dr. Quesnays (Leibarzt am Hofe Ludwigs XIV und der Mme. Pompadour) und der Physiokraten vorherrscht, wonach nur die Urproduktion produktiv ist, Handel, Banken und Dienstleistungen aber unproduktiv sind? Betrachten technikorientierte Industrievorstände ihre Vertragshändler als unproduktiv und als lästige Spannenverursacher?

Franchising (→ Franchise)
Ein Unternehmer hat das optimale Marketing-Mix für ein Produkt, eine Leistung entwickelt. Auch die betriebswirtschaftlichen Hilfsfunktionen Beschaffung, Buchhaltung und Betriebsabrechnung, Personalwesen, Steuern und Sozialabgaben, Finanzierung und betriebliches Versichern sind für diesen Betriebstyp optimal entwickelt und gestaltet. Es drängt sich auf, diese ausgereifte Konzeption auch an anderen Orten, in anderen Regionen einzusetzen. Als Filialist bräuchte man dann ein enormes Eigenkapital, die Filialen würden von Angestellten mit dem vollen arbeitsrechtlichen Schutz geleitet. Auch ist bekannt, daß Systeme von Herstellerverkaufsfilialen vielfach wenig rentabel sind, offenbar gibt es in solchen Systemen »zentralplanwirtschaftsähnliche« Hemmnisse, die die Erzielung dauerhafter Gewinne verhindern. Aus diesen Gründen wird häufig das System des Franchise oder Franchising

statt der Filialisierung gewählt. Man hat dadurch einen einheitlichen Marktauftritt, ein selektives Vertriebssystem, aber an den Spitzen der örtlichen, operativen Wettbewerbseinheiten, also der Franchisennehmer, stehen eigenverantwortliche, Risiko tragende Unternehmer, die weder Kündigungs- noch Arbeitszeitschutz haben, deren Rentabilität ihnen selber zugute kommt, deren Verluste durch Mißmanagement auch deren eigene sind.

Ein erfolgreiches Franchisesystem realisiert auch, im Gegensatz zu manchen Vertragshändlersystemen der deutschen Kfz-Industrie, daß es für die Ge-/Verbraucher keinen Unterschied bedeutet, ob beim Franchisenehmer gekauft wird oder in einer Filiale. Das Marketing-Personal der gesamten Franchisegruppe muß kundenfreundlich eingestellt, motiviert und geführt werden. Also werden Franchisenehmer und ihre Mitarbeiter zu betrieblichen Verbesserungsvorschlägen angeregt und angehalten, gute Vorschläge werden materiell oder ideell belohnt. Innerhalb eines guten Franchisesystems werden (kleinere, diskussionsfähige, übersichtliche) Erfahrungsaustauschgruppen angeregt, betreut und deren Ergebnisse gegebenenfalls auf das gesamte System übertragen. Auch Jahrestagungen erfolgreicher Franchisesysteme unterscheiden sich von den herkömmlichen Händlerversammlungen mancher Vertragshändlersysteme durch »Nähe« zwischen dem Management der Franchisegebers (incl. evtl. Aufsichtsrat) und den Franchisenehmern. Man spricht nicht nur von Partnern, sondern praktiziert partnerschaftlichen und kooperativen Führungsstil. Das Franchising-Handbuch, stets aktualisiert, alle betrieblichen Probleme betreffend, sinnvolle und praxisnahe Formulare jeweils enthaltend, ist der absolute Leitfaden für den Franchisenehmer. In allen Problemen weist dieses Handbuch zudem übersichtlich aus, wer in der Systemzentrale für welche Probleme als Berater (mit Durchwahl-Telefon und Fax) in Frage kommt, wer den jeweiligen Spezialisten vertritt, wer notfalls als Platzhalter bei einer Abwesenheit für baldige Erledigung sorgt.

Eine rechtliche Verpflichtung, daß die Franchisenehmer alle Bedarfsgüter nur über die Franchisezentrale beziehen dürfen, wird von den Wettbewerbsbehörden, insb. dem Bundeskartellamt, als Wettbewerbsbeschränkung kritisch betrachtet. Größeren Franchisesystemen, denen Markteinfluß zugerechnet wird, wird eine Verpflichtung zum Zentraleinkauf untersagt.

Wenn das System optimal geführt wird, ist allerdings kein Zwang notwendig, Materialien, Einrichtung, Versicherungsschutz, Spezialkreditierungen (wie z. B. Leasing) oder EDV-Programme oder Fahrzeuge über die Zentrale zu kaufen, denn diese muß dies billiger und besser (Auswahl hinsichtlich Technik, Qualität, Geeignetheit) können als der einzelne Franchisenehmer. Sollte dieser ausnahmsweise besser beschaffen können, muß ein Anreiz bestehen, per Verbesserungsvorschlag (s.o.) diesen Vorteil allen Gruppenangehörigen zugute kommen zu lassen.

Franchising ist für strebsame Jungkaufleute und Junghandwerker, wenn sie Aufnahme in ein bewährtes Franchisesystem finden, ein verantwortbarer und erfolgversprechender Weg in die Selbständigkeit. Die Quote an gescheiterten Unternehmensgründungen ist bei bewährten Franchisesystemen minimal. Dies steht im deutlichen Gegensatz zu freien Unternehmensgründungen ohne den umfassenden Know-how-Transfer eines bewährten Systems. Gb

Körpersprache

Die Körpersprache ist eine Form der nonverbalen Kommunikation, die Emotionen transportiert wie z. B. Freude und Sympathie bzw. Angst und Antipathie. Die Sprache des Körpers bestimmt wesentlich die Beziehungsebene zwischen den Kommunikationspartnern. Die Botschaften des Körpers ergänzen und ersetzen teilweise die verbale Kommunikation. Zuweilen drückt der Körper einer Person das Gegenteil von dem aus, was diese mit Worten sagt, wobei die non-verbalen Äußerungen i.d.R. der Wahrheit entsprechen. Der Körper verrät, wie man sich fühlt und welche Einstellung man zu seinem Gesprächspartner hat.

Verkäufer und Marketing-Manager sollten die Grundlagen der → Kinesik beherrschen. Die Kinesik hilft ihnen, die Beziehungen zu ihren Kunden, Kollegen und Mitarbeitern zu verbessern und dadurch die Wirkung ihrer → Argumentation zu steigern. HL

Korrelationsanalyse

Die Korrelationsanalyse untersucht die Strenge des Zusammenhangs zwischen zwei oder mehreren Variablen, beispielsweise den Zusammenhang zwischen verfügbarem Einkommen und den Ausgaben für eine bestimmte Produktgruppe. Es kann zwischen einfacher (zwei Variable) und multipler (mehrere Variablen) Korrelationsanalyse unterschieden werden.

Kosten

→ Budget.

Kostenführerschaft

→ Wettbewerbsstrategien.

Kreativität

Kreativität (schöpferische Kraft, Innovationsfähigkeit) ist die Fähigkeit eines Menschen, Ideen zu produzieren. Beispiele: Ideen für neue Produkte, neue Vertriebswege, neue Werbe- und Verkaufsförderungsmaßnahmen. Ein kreativer Mensch ist einfallsreich. Der Einfallsreichtum hat einen quantitativen und einen qualitativen Aspekt. Der quantitative Aspekt betrifft die Zahl der Einfälle, die in einer bestimmten Zeit produziert wird (→ Kreativitätstechniken). Der zweite Aspekt betrifft die Qualität der Einfälle. Die einzelnen Ideen müssen bewertet und verglichen werden, um die beste Idee auswählen zu können. Dabei besteht das Risiko von Fehlentscheidungen in zwei Richtungen:

- ein Go-Fehler liegt vor, wenn man eine schlechte Idee durchgehen läßt und realisiert;
- ein Drop-Fehler liegt vor, wenn man eine gute Idee nicht erkennt und deswegen fallen läßt.

Die Kreativität ist die Basis der → Innovation. Das kreative Potential der Mitarbeiter kann nur dann geweckt und ausgeschöpft werden, wenn im Unternehmen ein kreatives Klima besteht. HL

Kreativitätstechniken

Kreativitätstechniken sind heuristische Verfahren, mit deren Hilfe von einer Person oder von einem Team Ideen produziert werden können, z. B. Ideen für neue Produkte. Bewährte Kreativitätstechniken sind → Brainstorming, → Methode 635, → Mind Mapping, → Morphologische Analyse, → Reizwortanalyse und → Wertanalyse. HL

Kreditkarten

Die Einführung von Kreditkarten erfolgte, abgesehen von Hotels und einigen exklusiveren Handelsdienstleistungsunternehmen, in Deutschland sehr spät und sehr zögerlich. Erst seit der zweiten Hälfte der achtziger Jahre breitet sich die Kartenzahlung aus (→ Bargeldlose Zahlung). In Deutschland ist die vom gesamten Kreditgewerbe gemeinsam geschaffene Eurocard marktführend, gefolgt von Visa (weltweit am stärksten verbreitet), American Express und Diners. Die Marketing-Strategien der einzelnen Kreditkartenorganisationen sind sehr unterschiedlich. Während Visa anstrebt, ein Massenzahlungsmittel zu werden, setzen andere, insbesondere American Express, mehr auf Exklusivität – sowohl der Karteninhaber als auch der Vertragsunternehmen, die Kreditkarten als Zahlungsmittel akzeptieren. Dem entsprechend sind auch die mit der Karte verbundenen Zusatzleistungen und der dem Karteninhaber eingeräumte Kreditrahmen unterschiedlich. Die einzelnen Kartenorganisationen selbst geben wiederum Vorzugskarten aus (»Goldkarte« usw.), deren größeres Leistungsangebot vom Karteninhaber mit einer etwas höheren Kartengebühr bezahlt werden muß. Über Wert und Nutzen der Zusatzleistungen (Versicherungen, Hilfestellung bei Reisen, Vermittlungs- und vielfältige andere Dienstleistungen) gehen die Meinungen auseinander.

Banken und Sparkassen bieten ihren Kunden zunehmend nicht nur die eigene Eurocard an, sondern erwerben zusätzlich eine Lizenz zur Ausgabe von Visa-Karten. Während in Hotels die Kreditkartenzahlung weitgehend üblich geworden ist, agiert der Einzelhandel immer noch zurückhaltend; für Geschäfte in einzelnen Branchen und an bestimmten Standorten sind Kreditkarten zwar unverzichtbar, allgemein werden die an die Kreditkartenorganisationen zu zahlenden Provisionen jedoch als zu hoch kritisiert. Die Ausgabe eigener Kreditkarten durch Handelsunternehmen ist jedoch die Ausnahme, häufiger werden eigene Karten ausgegeben von Tankstellennetzen, Mietwagenunternehmen und Luftverkehrsgesellschaften. (Siehe auch → Kundenkarten). Konkurrenz für die Kreditkarten entsteht durch die zunehmende Verbreitung von Debitkarten, in Deutschland insbesondere durch den Einsatz der Eurochequekarte mit Geheimzahl (Electronic Cash mit Varianten). Häufig werden von Banken und auch Kreditkartenorganisationen Kredit- und Debitkarten parallel forciert. Im Zuge zunehmender Kartenkriminalität werden Anstrengungen unternommen, die

Sicherheit der Kartenzahlung zu erhöhen, unter anderem durch allmähliche Ersetzung der heute noch üblichen Kreditkarte mit Magnetstreifen durch eine Chipkarte. Hans Weyhenmeyer

Kreuz-Preis-Elastizität

→ Preis-Elastizität

Künstliche Intelligenz (KI)

Nach Hansen (*Wirtschaftsinformatik*, 6.Aufl.) der Versuch, menschliche Intelligenzleistungen durch Computer nachzubilden. Darunter fallen akustische und optische Mustererkennung, inhaltsbezogene und natürlichsprachliche Kommunikation, die Entwicklung von Robotern, logische Beweisführung durch Programme und maschinelles Lernen. Am forgeschrittensten ist die KI im Bereich der sog. → Expertensysteme.

Kundenbehandlung

Die einzelnen Kunden des Unternehmens sollten je nach ihrer Bedeutung differenziert behandelt werden. Ansatzpunkte dafür liefert die kundenbezogene → ABC-Analyse. Dabei gilt als Grundsatz: Je stärker die Konzentrationskurve von der diagonalen Gleichverteilungslinie abweicht, desto wichtiger ist eine unterschiedliche Behandlung bzw. Betreuung der einzelnen Kunden. Der Kunde ist zwar »König«, es gibt jedoch große und kleine »Könige«.

Aus der ABC-Analyse können z. B. folgende Maßnahmen abgeleitet werden:

- Der Umsatzanteil von A-Kunden sollte begrenzt werden, weil die starke Abhängigkeit von wenigen Großkunden gefährlich ist
- A- und B-Kunden werden häufiger kontaktiert und besser betreut als C-Kunden
- A-Kunden werden nicht nur vom Außendienst besucht, sondern auch vom → Key Account Manager sowie durch die Geschäfts- und/oder Verkaufsleitung
- C-Kunden werden überwiegend telefonisch und/oder schriftlich kontaktiert (→ Direct Marketing)
- C-Kunden haben zuweilen ein hohes Potential an Umsatz und Deckungsbeitrag, das von dem Unternehmen stärker ausgeschöpft werden kann. C-Kunden sind somit potentielle B-Kunden.

Weitere Ansatzpunkte für die differenzierte Bearbeitung der Kunden liefert die Portfolio-Analyse (→ Kunden-Portfolio).
Es ist zu beachten, daß zwischen den einzelnen Kunden Verbundwirkungen bestehen, weil manche Kunden als → Meinungsführer fungieren. Meinungsführer haben ein hohes Multiplikator-Potential, d. h. einen positiven und negativen Einfluß auf andere Personen. Meinungsbildende Kunden sollten besonders aufmerksam betreut werden, damit der positive Multiplikator-Effekt für das Unternehmen genutzt wird. HL

Kundenbindung

Die meisten Märkte sind durch einen Mangel an Kunden gekennzeichnet, so daß es für ein Unternehmen relativ schwierig und teuer ist, neue Kunden zu gewinnen. Daher ist es wichtig, die bestehenden Kunden an das Unternehmen zu binden. Unter Kundenbindung versteht man die Schaffung langfristiger Geschäftsbeziehungen zwischen einem Unternehmen und seinen Kunden. Aus den gewonnenen Kunden sollen treue Kunden gemacht werden, d. h. Dauer- oder Stammkunden.

Kundenbindung erreicht man grundsätzlich durch Kundenorientierung. Kundenorientierung bewirkt Kundenzufriedenheit und Kundenzufriedenheit führt zu Kundentreue. Im einzelnen gibt es vielfältige Maßnahmen, um Kunden an das Unternehmen bzw. dessen Produkte zu binden:

- Kundenfreundliches Verhalten aller Mitarbeiter im Außen- und Innendienst (→ Clienting)
- Optimale Beratung und Betreuung der Kunden (→ Kunden-Club)
- Besonderer → After Sales Service (z. B. Kulanz, Nachkauf-Garantie)
- Finanzielle Vorteile für Stammkunden (Treuerabatt, Bonus, → Absatzkredit)
- Besondere Honorierung der Verkäufer für kundenorientiertes Verhalten und → Cross Selling
- Einladung der Kunden zu besonderen Ereignissen (→ Event-Marketing)
- Langfristige Verträge mit Kunden (→ Kontraktmarketing)
- Regelmäßige Information der Kunden durch Hauszeitschrift usw.

Der Mitteleinsatz für die Kundenbindung sollte nicht nach dem »Gießkannenprinzip« erfolgen, sondern differenziert nach der jeweiligen Bedeutung der Kunden. Die Basis für die Optimierung der Geschäftsbeziehungen ist die Kundenbewertung (→ ABC-Analyse, → Kunden-Portfolio). HL

Kunden-Club

Kunden-Clubs sind Vereinigungen von Verwendern bestimmter Produkte (z. B. manager magazin) bzw. von Kunden einzelner Unternehmen (z. B. Ikea, Metro). Die Mitglieder von Kunden-Clubs erhalten von den betreffenden Unternehmen vielfältige Service-Leistungen (→ Service). Beispiele:

- Unentgeltliche Zustellung des jeweils neuesten Kataloges
- Kostenlose Transportversicherung für gekaufte Waren
- Preisgünstige Reise- und Sonderangebote
- Preisermäßigungen und besondere Betreuung in ausgewählten Hotels.

Die Unternehmen versprechen sich von dem Club-System folgende Vorteile:

- Die Mitgliedschaft in einem Kunden-Club verstärkt die → Kundenbindung an das Unternehmen und dient damit der Umsatzsicherung
- Die (zufriedenen) Mitglieder von Kunden-Clubs machen für das Unternehmen positive Mund-zu-Mund-Werbung, woraus neue Kunden bzw. steigende Umsätze resultieren können
- Die Club-Mitglieder liefern dem Unternehmen Informationen über die Tauglichkeit der Produkte und eventuell Verbesserungsvorschläge sowie Anregungen für neue Produkte.

Bei der Gründung und Pflege von Kunden-Clubs muß das Unternehmen prüfen, ob die Kosten des Club-Systems durch die Vorteile aufgewogen werden. HL

Kundendatenbank

→ Database Marketing, → Marketing-Software.

Kundenmanagement

→ Marketing-Organisation. Das Kundenmanagement kommt eigentlich dem Ideal des Marketing am nächsten, da es eine gezielte Ausrichtung der Marketinginstrumente auf spezifische Käuferwünsche beinhaltet. Allerdings kann es nur sinnvoll sein, wenn es deutlich unterschiedliche Segmente von Kunden gibt und die Verwendung und die Kaufgewohnheiten sich deutlich unterscheiden. Kostengründe sprechen allerdings gegen diese Form der Marketing-Organisation. Also werden gegebenenfalls Kundenmanager als Funktionskoordinatoren eingesetzt. Als Alternative wären Kundenmanager für Kundengruppen (als Stabsstelle in Marketing oder Verkauf) oder auch Kundenmanager als Produktmanager denkbar. Gb

Kunden-Portfolio

Die Portfolio-Analyse ist eine Methode der strategischen Unternehmensplanung, mit deren Hilfe die knappen Ressourcen in diejenigen Absatz-Segmente gelenkt werden können, welche den größten Erfolg versprechen (→ Vertriebserfolgsrechnung). Seit wenigen Jahren wird diese Methode auf die Bewertung von Kunden angewendet. Die einzelnen Kunden werden unter zwei Aspekten beurteilt:

- Attraktivität des Kunden und
- Position des Lieferanten.

Die Kunden-Attraktivität kann z. B. anhand folgender Kriterien gemessen werden:

- Bedarfsvolumen des Kunden,
- zukünftige Bedarfsentwicklung,
- erzielbarer Deckungsbeitrag,
- Bonität/Zahlungsverhalten.

Die Lieferanten-Position läßt sich z. B. mittels folgender Kriterien quantifizieren:

- Lieferanteil beim Kunden,
- erzielter Umsatz,
- erzielter Deckungsbeitrag,
- Dauer der Geschäftsbeziehung.

Die Kriterien sollten nach ihrer jeweiligen Bedeutung für das Unternehmen gewichtet werden. Die gewichtete Bewertung der Kunden kann wie folgt veranschaulicht werden:

Kunden-Portfolio

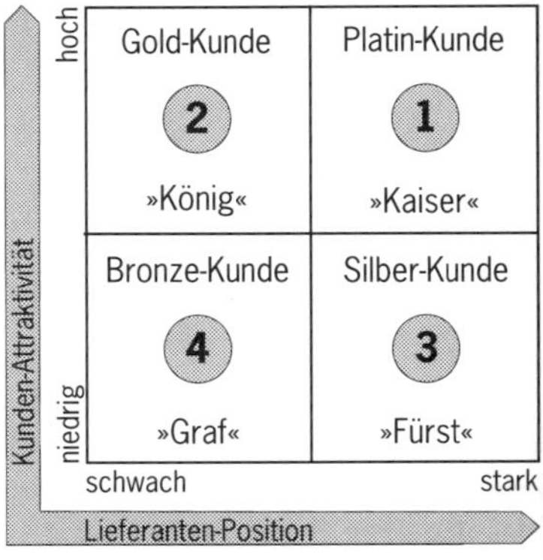

Platin-Kunden sind gegenwärtig und zukünftig sehr attraktiv und sie tragen erheblich zum Erfolg des Unternehmens bei. Diese Kunden sind »kaiserlich« zu behandeln, d. h. bevorzugt zu pflegen, um sie langfristig an das Unternehmen zu binden (→ Kundenbindung).

Gold-Kunden sind nach der Portfolio-Analyse die zweitwichtigste Kategorie, während sie nach der statischen und eindimensionalen → ABC-Analyse nur unter C eingestuft würden, weil der erzielte Umsatz und/oder Deckungsbeitrag relativ gering ist. Gold-Kunden sind »königlich« zu behandeln, damit sie in Zukunft noch mehr zum Unternehmenserfolg beitragen.

Silber-Kunden würden nach der ABC-Analyse unter A eingestuft. Diese Klassifikation wird jedoch durch die dynamische und mehrdimensionale Portfolio-Analyse widerlegt. Silber-Kunden sind »fürstlich« zu behandeln, weil sie noch viel zum Unternehmenserfolg beitragen. Investitionen in diese Kunden sind wegen der geringen Attraktiviät kritisch zu prüfen.

Bronze-Kunden (»Grafen«) sind relativ unbedeutend, so daß die Aufwendungen für die Kundenbindung minimiert werden sollten.

Inzwischen gibt es in der Literatur und in der Praxis eine Reihe von Portfolio-Modellen zur Analyse der Kunden, die jedoch alle eines gemeinsam haben: sie erinnern daran, daß der Kunde für ein Unternehmen das Wichtigste ist, weil er der eigentliche Arbeitgeber ist. Die Portfolio-Analyse macht außerdem darauf aufmerksam, daß nicht jeder Kunde für das Unternehmen ein »König« ist. Das Ziel des Unternehmens sollte zwar darin bestehen, die einzelnen Kunden zufriedenzustellen. Die Mittel zur Erreichung dieses Zieles müssen jedoch unter Berücksichtigung der Erfolgsträchtigkeit differenziert eingesetzt werden. Die Portfolio-Analyse trägt dazu bei, das knappe Marketing-Budget optimal auf die verschiedenen Kundengruppen zu verteilen. HL

Kundendienst

→ Service.

Kundenkarten

Parallel zu den → Kreditkarten werden von einzelnen Unternehmen (Einzelhandel, Tankstellennetze, Autovermietungen, Fluggesellschaften, Werbegemeinschaften von City-Geschäften usw.) Kundenkarten mit vielfältigen Leistungen entwickelt. Wichtigste Funktion ist meist die Bezahl- und Kreditfunktion (»Plastikgeld«). Außerdem sind mehr oder weniger nützliche besondere Dienstleistungen, Vorzugsangebote, Versicherungen, Zusatzinformationen u. a. damit verbunden. In Deutschland ist älteste und bekannteste Karte die »Goldene Hertie-Kundenkarte«. Angestrebt werden bessere → Kundenbindung bis hin zu → Kunden-Clubs, Imagepflege des Unternehmens und – umstritten und wenig bewiesen – Umsatzsteigerungen. Die ebenfalls beabsichtigte Gewinnung und Auswertung von Kundendaten ist immer noch wenig entwickelt. Zu berücksichtigen sind dabei die Anforderungen des Datenschutzgesetzes. Angeregt durch eine zunehmende Anzahl von Beratern und Serviceunternehmen werden jährlich Dutzende neuer Kartenprojekte begonnen, häufig aber nach einer Experimentierphase wieder aufgegeben, weil die Kosten für Investition und laufende Verwaltung in solchen Fällen in keinem richtigen Verhältnis zum erwarteten Erfolg stehen. Hans Weyhenmeyer

Kundenkontaktprogramme

→ Direct Marketing, → Database Marketing.

Kundenpotential

→ Markt: Maßstäbe für quantitative Analysen.

Kundenstamm-Datei(en)

→ Database Marketing. Die Kundenstamm-Datei ist eine Datenbank (→ Kundendatenbank), die alle relevanten Merkmale von Kunden, Interessenten und Bedarfsträgern in aufbereiteter Form enthält. Sie stellt die Weiterentwicklung der klassischen Kundenkartei einerseits und der Kundendatei der Fakturierung andererseits dar und erschließt dem Marketing und Vertrieb vollständig neue, effiziente Steuerungsmethoden.

Die Kundenkartei wird firmenbezogen geführt und beinhaltet praktisch keine qualifizierenden Merkmale, die eine Sortierung zulassen. Sie wird in der Regel sehr unsystematisch und uneinheitlich gepflegt und ist kaum selektierbar (erheblicher Aufwand dafür). Die Fakturierdatei ist ebenfalls rein firmenbezogen und enthält praktisch keine akquisitionsrelevanten Informationen für Neugeschäft und Kundenbetreuung. Daher war es nötig, Datenbankstrukturen zu schaffen, die all die Informationen bereithalten, die für die Steuerung von Vertriebs- und Werbemaßnahmen erforderlich sind.

Eine qualifizierte Kundenstamm-Datei verwaltet in getrennten Tabellen folgende Informationen:

a) Eine korrekt formatierte *Adresse* der Gesprächspartner als »Anlaufstelle« für → Außendienst, Telefon und Werbebrief.
b) Qualifizierende *Merkmale* zur Beschreibung von Firma, Gesprächspartner und Vorgang/Projekt.
c) Steuerungsmerkmale, die dafür sorgen, daß bestimmte *Maßnahmen* (z. B. Versand von Katalogen, Weihnachtsgeschenken, Einladungen etc.) die vorgesehenen Adressaten erreichen.
d) Kommentare: *Freitexte*, die stichwortartig Wesentliches festhalten.
e) Kontaktverwaltung, um lückenlos festzuhalten, welche *Kontakte* mit welchen Gesprächspartnern stattgefunden haben (Besuche, Anrufe, Aktionskontakte, sowohl abgewickelt als auch eingesteuert).
f) Vorgangsverwaltung: Erfassen und beschreiben aller akquisitionsrelevanten *Vorgänge*, insbesondere aber aller Ansätze, um Produkte verkaufen zu können, mit zahlreichen Bewertungsmöglichkeiten.
g) *Aktivitäten* (mit Terminkalender): Alle eingeplanten, auch langfristorientierten Aktivitäten müssen terminiert und auf Wiedervorlage gelegt werden. Mit Hilfe der weit verbreiteten elek-

tronischen Kalenderfunktion können diese sowie auch andere berufliche und private Aktivitäten zu einem Gesamtüberblick zusammengefaßt werden.

Durch das relationale Konzept ist es möglich, beliebig viele Personen, Vorgänge und Kontakte je Firma zu speichern; ferner beliebig durch das System zu »navigieren«. Der Anwender kann bei Firma, Gesprächspartner, Vorgang etc. einsteigen und die anderen zugehörigen Daten jederzeit aufrufen. Relativ neu ist die aus dem Groupware-Konzept (→ Computer Aided Selling) stammende Methodik, die relevanten Dokumente so mit der Kundenstamm-Datei zu verknüpfen, daß dort aus Fenstern heraus die aktuellen Unterlagen durch Mausklick aufgerufen werden können (Besuchsberichte, Auskünfte, eingescannte Beiträge, Aktennotizen u.v.m.). Es hat sich gezeigt, daß mit Hilfe derartiger Kundenstamm-Dateien und Kundendatenbanken die Effizienz von Marketing und Vertrieb erheblich gesteigert werden kann.

Hendrik Schüring

L

Labor-Testmarkt

→ Markttest.

Ladenöffnungszeiten

Die im → Ladenschlußgesetz festgelegten Zeiten für die Öffnung und Schließung von Verkaufsstellen aller Art im Einzelhandel (Ladengeschäfte, Verkaufsstände, Kioske). Diese sind an Sonn- und Feiertagen, montags bis freitags bis 7.00 Uhr und ab 18.30 Uhr, samstags bis 7.00 Uhr und ab 14.00 Uhr, am ersten Samstag im Monat (»langer Samstag«) sowie an vier aufeinanderfolgenden Samstagen vor Weihnachten ab 18.00 Uhr geschlossen zu halten; außerdem darf donnerstags bis 20.30 Uhr (»langer Donnerstag«) im Einzelhandel verkauft werden. Zu beachten ist, daß die genannten Einschränkungen ausschließlich für den Verkauf von Waren gelten, nicht jedoch für Unternehmen, die Dienst- oder Werkleistungen anbieten. Ausnahmen von den Verboten des Ladenschlußgesetzes gelten für Apotheken, Verkaufsstellen auf Bahnhöfen und Flughäfen, Zeitungskioske, Tankstellen, Warenautomaten, Geschäfte in Fremdenverkehrsgebieten sowie Blumengeschäfte an Sonn- und Feiertagen.

Dietrich Schmidt

Ladenschlußgesetz

Gesetzliche Regelung vom 28.11.1956 (mit späteren Änderungen) zur Festlegung der → Ladenöffnungszeiten. Verstöße gegen das L. werden als Ordnungswidrigkeiten mit Geldbußen belegt und können als → unlauterer Wettbewerb zu Unterlassungs- und Schadensersatzansprüchen betroffener Wettbewerber führen (§ 1 → UWG). D. Schmidt

Lagerhaltung

Die Aufgabe der Lagerhaltung besteht im Ausgleich des unterschiedlichen zeitlichen Anfalls von Eingang und Bedarf an Materialien.

Durch das in den Lagerbeständen gebundene Kapital entstehen Zinskosten. Materialverluste entstehen durch Schwund, Verderb und Diebstahl. Um die Lagerhaltungskosten (Summe aus Zinskosten, Kosten der Anlieferung und Kosten der Materialverluste) möglichst gering zu halten, sind verschiedene Modelle (→ Just-in-time-Anlieferung, → KANBAN) entwickelt worden.

Der Lagerhaltung und der Minimierung der Lagerkosten kommt bei den ständig wachsenden Sortimenten eine immer größere Bedeutung zu. Um eine optimale Lagerhaltung und Lagerabwicklung zu gewährleisten, stehen vielfältige technische Hilfsmittel (z. B. Hochregallager, Durchlauflager, Blocklager, Satellitenlager, fahrerlose Transportsysteme) zur Verfügung. Wilhelm Hauser

Langsamdreher

→ Push-Strategie.

Lean Management

Ausgangspunkte dieser neuen »Management-Philosophie« waren vergleichende Studien des Massachusetts Institute of Technology (USA) über die japanische, amerikanische und europäische Automobilindustrie. Dazu wurden seit ca. 1985 in vielen Berichten sowohl die Leistungsvorteile der japanischen Hersteller als auch die zugrunde liegenden Ursachen und kennzeichnenden Elemente japanischer Automobilunternehmen analysiert und der Öffentlichkeit zugänglich gemacht.

Die Leistungsvorteile japanischer Hersteller liegen z. B. in kürzeren Entwicklungs- und Produktionszeiten, höherer Qualität bzw. geringerem Ausschuß, niedrigeren Kosten bei gleichem Output, weit mehr Verbesserungsvorschlägen sowie höheren Umsätzen und Wertschöpfungsumfängen pro Mitarbeiter.

Aus praktischer und theoretischer Sicht ist die Frage interessant, auf welchen Ursachen die japanische Überlegenheit basiert. Vereinfacht lassen sich folgende neun basale Elemente (»Gebote«) unterscheiden:

1. *Kundenorientierung*. Ohne Kunden gibt es keine Unternehmung. Jedes Handeln muß sich daher am Kunden ausrichten, wobei auch interne Kunden-Lieferanten-Verhältnisse zu beachten sind. Dies verlangt z. B. eine kundenorientierte Organisation (z. B. Übergang zur Spartenorganisation), kundengerechte Ansprechzeiten (z. B. im Vertrieb), regelmäßige Kundenbefragungen oder eine offene Window-Politik, die den Kunden zum Beteiligten des Unternehmens macht (z. B. Teilnahme des Kunden an Qualitäts- und Innovationszirkeln).
2. *Targetmanagement*. Mit dem Übergang zum → Käufermarkt müssen sich Unternehmen an den Kunden und Märkten orientieren. Daher ist eine Ausrichtung an den Zielen (Targets) des Marktes geboten (z. B. Preis- und Qualitätsziele). Daneben müssen die Targets für jeden Mitarbeiter verdeutlicht werden, um die Koppelung zwischen Markt und individuellem Verhalten am Arbeitsplatz zu verbessern.
3. *Wertschöpfungsfocus*. Die Ziele sind möglichst ohne Ressourcenverschwendung (muda) zu erreichen. Dazu muß der Blick für die Wertschöpfung gestärkt werden. Dies bedeutet z. B. nicht nur Reduzierung von Leerzeiten und Ausschußquoten, sondern auch eine Rationalisierung der sog. indirekten Bereiche (Overhead).
4. *Kai-Zen*. Um Vergeudung zu vermeiden, sind ständige Verbesserungen von Produkt, Prozeß und Organisation notwendig. Die Veränderung (kai) zum Besseren (zen) soll jeder Mitarbeiter vorantreiben. Kontinuierliche Verbesserungsprozesse (KVP) bauen vor allem auf kleine Schritte, die schnell und direkt umgesetzt werden. Sie umfassen alle Aktivitäten und jede Hierarchiestufe und damit jeden Mitarbeiter. Insofern ist der asiatische Kai-Zen-Gedanke vom westlichen Innovationsdenken zu unterscheiden.
5. *Delegation*. Um das im Unternehmen vorhandene Verbesserungspo-

tential zu mobilisieren, müssen besonders Planungs-, Dispositions- und Organisationsaktivitäten delegiert werden. Nur so kann der Mitarbeiter zum Unternehmer im Unternehmen entwickelt werden (Intrapreneuring). Zunehmende Delegation zwingt zu einer Dezentralisierung des Unternehmens sowie zu einer Reduzierung des Verhaltens- und Erhöhung des Prozeß- und Ergebnisbezugs der Führung.

6. *Gruppenarbeit.* Delegiert werden soll vor allem an Arbeitsgruppen. Die Gruppenarbeit kennt verschiedene Formen (autonom, teilautonom, fremd- und taktbestimmt). Dabei haben Individualziele hinter Gruppenzielen zurückzustehen. Mitarbeiterauswahl und Gruppenzusammensetzung sind daher von hoher Bedeutung. Probleme bereiten z. B. die Integration von Arbeitern und Angestellten (mit z.T. hohem Entgeltgefälle), die Bestimmung der Gruppenführer sowie die Entlohnung bzw. Arbeits- und Leistungsbewertung.
7. *Arbeitsintegration.* Delegation und Gruppenarbeit lösen einen Trend zur ganzheitlichen Arbeitsweise aus. Neue Informations- und Fertigungstechnologien sowie verbesserte Qualifikation haben diese Entwicklung schleichend und unbewußt vorangebracht. Im Zuge des Lean Managements ist dieser Trend bewußt, explizit und gewollt.
8. *Hierarchieabflachung.* Durch die Delegation von planerischen, dispositiven und organisatorischen Aufgaben an Arbeitsgruppen ergibt sich eine Verteilung von Aufgaben auf die niedrigere Hierarchieebene der sog. wertschöpfenden Basis. Damit geht eine Abflachung der Entscheidungs- und Führungshierarchie einher.
9. *Disintegration.* Die Verschlankung von Unternehmen ist auch durch → Outsourcing von Leistungen möglich. Japanische Unternehmen haben eine vergleichsweise geringere Fertigungstiefe bei einer niedrigeren Zahl von Direktlieferanten. Möglich ist dies nur durch den Aufbau einer straff organisierten Lieferantenpyramide, die von den Endmontageunternehmen als Rationalisierungsquelle genutzt wird.

Anwendungen und Auswirkungen der Lean-Elemente bleiben nicht auf den Produktionsbereich begrenzt, sondern beziehen sich auf das gesamte Unternehmen. Daher haben sich im Sprachgebrauch neben dem ursprünglichen Terminus Lean Production weniger mißverständliche Begriffe wie Lean Management, Lean Company und Lean-Philosophie durchgesetzt. Außerdem haben die Studien weit über die Automobilindustrie hinaus auf andere Branchen ausgestrahlt (Lean Office, Lean Banking, Lean Marketing usw.). Schließlich ist auch das makro-soziale Umfeld von Unternehmen ergriffen worden (Lean Society, Lean Government usw.). Andererseits scheint in Japan gerade das auf soziale Anpassungsfähigkeit, auf Kollektivismus und auf das u. a. religiös bedingte Harmoniestreben bedachte makro-soziale Umfeld eine der Hauptvoraussetzungen der Umsetzung von Lean-Gedanken gewesen zu sein. Eine Realisierung von Lean-Konzepten in Europa kann daher nur erfolgreich sein, wenn sie auf die z.T. völlig verschiedenen sozialen, historischen, politischen und kulturellen Bedingungen Rücksicht nimmt. Dietram Schneider

Lean Marketing

→ Lean Management.

Leasing (als Absatzfinanzierung)

Langlebige Wirtschaftsgüter mit höherem Preis (insb. PKW) werden an Verbraucher nicht selten per Leasing angeboten. Die Werbung betont dann »pay as you earn«/ »pay as you use«. Der Kunde soll also mit relativ niedrigen Leasingraten (monatlich, fix) fast unmerklich sich das neue Auto mit neuer Technik und Komfort leisten können. Dabei bleibt das Eigentum beim Leasinggeber, der Leasingnehmer ist nur Mieter. Zahlt er nur eine Rate nicht oder verspätet, endet der Vertrag, alle noch zu erbringenden Raten werden sofort fällig; meist ist der Schaden dann sehr hoch. Privatkunden müssen beim Leasing auch meist relativ hohe Einmalzahlungen bei Vertragsbeginn leisten, was häufig erst beim schriftlichen Vertragsabschluß bewußt wird. Viele Leasingverträge sehen am Vertragsende vor, daß der Leasingnehmer bei Unterschreitung des kalkulierten, von ihm garantierten Weiterverkaufs des Leasinggegenstands an Dritte nachzahlen muß. Leasing ist also unter → Konsumerismus-Aspekten eine nicht selten fragwürdige Form der Absatzfinanzierung.
Leasingraten stellen fixe Kosten mit langfristiger Bindungsdauer und monatlichem Liquiditätsentzug dar, sind also eine reine »Schönwetterfinanzierung«, die für den Aufsteiger solange gut geht, wie er erfolgreich ist. Trifft ihn Kurzarbeit, Kündigung und dann eine Periode von Arbeitslosigkeit, sind Leasingverträge möglicherweise der Anlaß für Illiquidität. Erscheint der säumige Zahler nunmehr, wie es unvermeidlich ist, in der Schufa (Schutzvereinigung der Kreditgeber, insb. Kreditwirtschaft) als »säumig« oder gar als Leister eines Offenbarungseides (eidesstattliche Versicherung), wird es auch äußerst problematisch, eine angemessene neue Beschäftigung zu finden, da erfahrene Personalfachleute selten jemanden einstellen, der »pleite« ist. Gb

Lebenshaltungskosten

→ Preisindex.

Leitpreis

→ Preisfindung.

Lernen

Als Lernen bezeichnet man eine nicht auf endogene (innere) Reifungsprozesse, noch z. B. auf Krankheiten oder Verletzungen beruhende Veränderungen von Wahrscheinlichkeiten, auf bestimmte Reize in bestimmter Art und Weise zu reagieren.
Lernen gehört in der Konsumentenforschung (→ Konsumentenverhalten) neben der → Wahrnehmung zu den sog. kognitiven Prozessen, also der Informationsverarbeitung des Konsumenten. Wahrnehmung könnte man dabei auch

als Informationsaufnahme und -verarbeitung, Lernen als Informationsspeicherung ansehen. Beim Lernen geht es um das Lernen von Gefühlen und sprachlichen Informationen sowie um die Bildung von Einstellungen und Verhaltensmustern.
Als Beispiele für Lerntheorien seien die klassische oder reaktive Konditionierung (Pawlow) und die kognitive Lerntheorie (Gestalttheorie und Orientierungslernen) genannt. Gb

Leseverhaltensbeobachtung

→ Anzeigen-Test.

Lieferanten-Wechselkosten

Bei technischen Produkten, bei stilmäßig oder technisch verbunden zu nutzenden Gegenständen, wie z. B. Anbaumöbel, elektr. Modelleisenbahn, hochwertiges und langlebiges Geschirr, ist es für den Konsumenten gelegentlich sehr teuer, den Lieferanten bzw. die Marke zu wechseln, da evtl. das gesamte System (Kombination zusammengehöriger Gegenstände) gewechselt werden muß.
Demgemäß ist es verständlich, daß aus Ge-/Verbrauchersicht nur äußerst sorgfältig ausgewählte Unternehmen oder Personen hierfür als Lieferanten in Frage kommen, deren Marketingpolitik sinnvollerweise ihre technische und stilmäßige Kompetenz und finanzielle Solidität betont zur Geltung bringt.
Der Wechsel eines Einkaufs-/Marketing-Verbundes für einen Händler oder Handwerker ist ebenfalls mit hohem Aufwand, gelegentlich auch mit Imageverlust verbunden, muß also sorgfältig überlegt werden. Gb

Lieferbereitschaft

Die Lieferbereitschaft drückt sich in der Fähigkeit eines Lieferanten aus, den Kunden jederzeit mit der gewünschten Ware bedienen zu können.
Eine hohe Lieferbereitschaft ist meist mit hohen Kosten verbunden, da große Sortimente in hohen Stückzahlen bereitgehalten werden müssen. Ebenso müssen ausreichende Transportkapazitäten (z. B. Lastkraftwagen) vorgehalten werden. Durch diese umfassende Lagerhaltung und Vorhaltung von Transportkapazitäten entstehen Kapitalkosten (Abschreibungen und Zinsen) sowie Kosten durch Materialverluste.

Lieferungs- und Zahlungsbedingungen

(→ Konditionen). Hierbei handelt es sich um die Modalitäten eines Kaufvertrages; meist stehen diese auf der Rückseite eines Lieferscheins, Auftrags und der Rechnung. Geregelt werden hauptsächlich Mindestabnahmemengen, Übernahme der Transportkosten, Gefahrenübergang, Zahlungstermine, Gerichtsstand, Eigentumsvorbehalt und die Behandlung von Reklamationen.
Die Lieferbedingungen im Inland sind teilweise innerhalb der Branchen ähnlich geregelt; sie lauten zum Beispiel ab Fabrik, frei Haus oder frei Bahnstation. Die Konditionen sind insbesondere für das Auslandsgeschäft bedeutsam. Es gibt dort internationale Handelsbestimmun-

gen (Incoterms). Die bekanntesten sind → FOB (Free On Board = frei an Bord) und → CIF (Cost, Insurance, Freight = Kosten, Versicherung, Fracht).
Der Lieferant wird bei internationalen Verträgen versuchen, das Risiko und die Transportkosten möglichst nur bis zum Fabriktor zu übernehmen (Ex Works = ab Fabrik). Der Abnehmer ist daran interessiert, das Risiko und die Transportkosten bis zu seinem Fabriktor zu verlagern. Welche Vereinbarung durchgesetzt wird, ist eine Frage der Marktmacht. Setzt der Abnehmer bestimmte Liederbedingungen durch, so ergibt sich für den Lieferanten daraus die Notwendigkeit, die entsprechenden Kostenbestandteile zu kalkulieren.
Im Ausland sind die Zahlungsbedingungen ebenfalls problematisch, weil es um die Sicherung der Zahlung und der Lieferung geht. Der Lieferant hätte am liebsten Vorauskasse, der Abnehmer Zahlung innerhalb einer gewissen Frist nach Erhalt der Ware. Bei Vorauskasse geht der Abnehmer das Risiko schlechter Belieferung ein, bei Zahlung nach Erhalt der Lieferant das Risiko der Nichtbezahlung. Es gibt verschiedene Lösungen dazwischen, häufig wird mit dem unwiderruflichen → Akkreditiv gearbeitet. Ge

Lieferzeit

Unter Lieferzeit versteht man die Zeitspanne, die vom Eintreffen der Bestellung beim Lieferanten bis zur Anlieferung beim Kunden entsteht.
Lieferzeiten können heute durch den Einsatz elektronischer Medien (z. B. direkte Datenverbindung Lieferant – Kunde → Beschaffungslogistik, → Administrative Logistik, siehe Abbildung) reduziert werden. Eine kurze Lieferzeit ist ein wesentlicher Bestandteil eines hohen Lieferservices.

Lifestyle/Lebensstil

Gruppen von Menschen mit ähnlichen Lebenszielen und/oder Lebensgewohnheiten, die dadurch entstehen, daß etablierte Verhaltensgewohnheiten und Einstellungsmuster vom einzelnen übernommen werden.
In unserer pluralistischen Gesellschaft des relativen Überflusses schälen sich häufiger solche Lifestyle-Bewegungen heraus, die es, etwa als psychographische → Segmentierung, einzuordnen und in der Marketing-Politik zu beachten gilt. Denn es ist Ziel des modernen Marketing, spezielle Lösungen für die Bedürfnisse spezieller Konsumenten und Konsumentengruppen zu bieten.
Lifestyle-Bewegungen waren etwa die 68er Protestgeneration, unter anderem sich ausdrückend in der völligen Ablehnung von bürgerlicher oder kirchlicher Sexualmoral, von Modediktatur und bürgerlichen Bekleidungsgewohnheiten für Beruf, Feste und Kulturgenuß. Die Jeans- und Turnschuhgeneration, die Wandervogelbewegung der zwanziger Jahre, die grün-ökologische Bewegung (z. B. gezielt natürliches Essen und Trinken) – für alle diese Lifestyle-Bewegungen oder -Kampagnen gibt es Meinungsführer, → Testimonials und auch Fach- (oder Szene-) Magazine, Zeitschriften, Beilagen und gelegentlich auch Anbieter.

Wenn die Bewegungen sich verfestigen, nachhaltig und dauerhaft zu bleiben versprechen, gilt es, für sie Marketing-Politik zu betreiben – und zwar bezüglich der jeweiligen Produkte/Leistungen, aber auch der gesamten Marketing-Kommunikation.
Für die Beachtung und die entsprechende Veränderung der Unternehmenspolitik bei wichtigen und nachhaltigen Lifestyle-Bewegungen wird häufiger ein spezieller Issue Manager, ein spezielles → Issue Management eingesetzt. Im engen Wettbewerb der meist wenigen, einflußreichen Anbieter, in Zeiten des Überflusses und häufig der Übersättigung der Konsumenten, führt die Nichtbeachtung von für den Absatz wichtigen Lifestyle-Bewegungen und ihrer Dynamik zu Absatzeinbrüchen oder überläßt reale Absatzchancen den schnellen und findigeren Wettbewerbern.
Es gilt häufig, die emotionale Führerschaft (emotional leadership) zu erreichen – sei es bei natürlicher Erzeugung, ökologischem Anbau, ökologischer Verwertung unbrauchbarer Produkte, Beachtung und Proklamation ethischer Normen. Es lohnt sich offenbar, bei solchen Themen führend und frühzeitig in Erscheinung zu treten und eine → Meinungsführerschaft zu erreichen.

Gb

Limitierte Kaufentscheidung

→ Kaufentscheidung.

Line Extension

Ein im Markt gut eingeführtes Produkt – meistens handelt es sich um ein Markenprodukt – wird durch Varianten (gleiche Marke, CI/CD) ergänzt oder ausgedehnt. Line Extension erfolgt auch, um eine Produktlinie oder eine Produktfamilie mit einheitlicher → Produktpositionierung, z. B. »light«-Lebensmittel in Kleinpackungen und im mittleren Preisbereich, zu erhalten.
Line Extension stößt insbesondere beim Discount-Handel öfters auf Widerstand, weil immer neue Produktvarianten Regalplätze fordern und die Umschlagsgeschwindigkeit der übrigen Produkte dieser Kategorie gefährden, zumal ständige Erweiterung der Zahl der geführten Artikel/Artikelvarianten der Grundidee des Discounting widerspricht.
Der Grundgedanke, durch → Produktdifferenzierungen, auch durch Ergänzungsprodukte eine Produktlinie, eine Produktfamilie auszubauen, die differenzierte Bedürfnisse besser berücksichtigen/stillen hilft, kann etwa für Pkws oder hochwertige Oberbekleidung sinnvoll sein.
Bei einfachen → Convenience Goods des täglichen Bedarfs aber stößt »Line Extension«-Politik auch bei Verbrauchern oft auf wenig Gegenliebe. Waschpulver für möglichst viele unterschiedliche Wäschekategorien, Fach- und Spezialzeitschriften für wirklich alles und jedes, es ist abzusehen, wann sich hier »Ausleseprozesse« abspielen müssen. Zu viele künstliche Quasi-Innovationen werden sich auf Dauer wohl kaum bewähren.

Gb

Listungsrabatt

→ Rabatte.

Lizenzmarketing

Für das Marketing ist insbesondere die Vergabe von Lizenzen für die Nutzung von Markennamen, Markenzeichen usw. von Bedeutung. Ziel dabei ist häufig ein → Image-Transfer oder ein → Systemmarketing. Auch beim → Franchising werden Lizenzen für die Nutzung der Marke des Franchisegebers an den Franchisenehmer vergeben.

Lockvogel(-Angebot)

Unter Lockvogelangeboten versteht man besonders niedrigpreisige Angebote, die im Extremfall preislich sogar noch unter Selbstkosten bzw. Einstandspreisen liegen.

Ziel hierbei ist der Sortimentsabverkauf, das Anlocken von Kunden. Diese sollen dann möglichst auch viele andere, normal kalkulierte Artikel/Leistungen mit erwerben. Ziel ist also die Nutzung des Verbundeffektes (Spill Over-Effekt, → Werbung; auch: → Kaufverbund, Verbundkauf).

Lockvogelangebote, werden sie häufig genutzt, können im Oligopol zu zirkularem Wettbewerb führen. Eine Preissenkung kann von der Konkurrenz sofort mit einer eigenen Preissenkung beantwortet werden. So reagieren die Wettbewerber möglicherweise Zug um Zug, was gefährliche »throat cut competition« anregt oder verstärkt und damit Konzentration und Vermachtung des Angebots fördert.

Auch führen Lockvogelangebote häufig zu Gewöhnungseffekten; die Käufer halten die Aktionspreise schließlich für normal. Daher suchen kundige Kaufleute, wenn möglich mit → Zugartikeln Kunden anzulocken. Bei diesen zählt weniger der Preis, sondern mehr die besondere Geeignetheit, Qualität oder Auswahl als Argument für die Käufer. Gb

Logistik

Bei dem Begriff »Logistik« handelt es sich um eine Wortschöpfung, die auf den aus dem Griechischen stammenden Begriff der Logik (berechnend, denkend) zurückgeht. Die Logistik ist eine Wissenschaft, die mit Hilfe vorausschauender und berechnender Methoden Prozesse in einzelnen Unternehmen, aber auch in der ganzen Volkswirtschaft organisieren, optimieren und lösen will.

Die Logistik im Unternehmen beschäftigt sich im allgemeinen mit drei großen Teilbereichen:

→ Beschaffungslogistik,
→ innerbetriebliche Logistik und
→ Absatzlogistik.

Diese drei Teilbereiche umfassen, wie die folgende Abbildung zeigt, jeweils eine Vielzahl von Aufgaben und Problemstellungen.

Die Gedanken der Logistik haben bereits sehr früh im Militärwesen Einzug gehalten. Hier verstand man unter Logistik den Gesamtkomplex des Transports von Nachschub, der Organisation von Bewegungen sowie Lagerung und Unterbringung von Materialien und Truppen. Da man im militärischen Bereich bereits sehr früh die Wichtigkeit des reibungslosen Zusammenspiels von Material- und Truppenbewegungen erkannt hatte, wurde diesem Bereich auch die entsprechende Bedeutung zuteil. Dies

Einteilung der Logistik

	Beschaffungs-logistik	Innerbetriebliche Logistik	Absatz-logistik
Aufgaben-gebiete:	Beschaffung von • Materialien • Anlagen • Dienstleistungen	• Materialdurchlauf • Zwischenlager • Versorgung der Anlagen • Kommissionierung • Verladung	• Warenlieferung • Serviceleistung • Kundenkontakt
Problem-stellung:	Zielkonflikt zwischen • Preisen →niedrig • Bestellungen →Sicherheit • Lagerhaltungskosten →niedrig • Anlieferung →verbrauchsnah →kostengünstig	• Sortimente →wachsen ständig • Lagerhaltung →niedrig aber ausreichend zur Versorgung der Anlagen →Mindesthalt-barkeitsdatum	• Kosten →vertretbarer Wert • Service →kundengerecht
Lösungs-möglichkeiten:	• Verbrauchsnahe Anlieferung →Datenverbindung Kunde – Lieferant • Externe Lagerhaltung beim Lieferanten • Anlieferung als Rückladung im Werkverkehr	• Sortiersysteme • Kommissionier-systeme • Verladesysteme • Lagersysteme • verusachungsgerechte Kostenzuordnung • Flexibilität bei Personal und Anlagen	• Aktives Verkaufen der logistischen Leistung (besonders Service)

führte dazu, daß im militärischen Bereich die Logistik bereits früh über ausgefeilte Systeme verfügte, und diese auch zur Anwendung kamen.

Erst in den letzten Jahrzehnten erfolgte eine Übernahme der Erkenntnisse aus der Logistik des Militärwesens in den betriebswirtschaftlichen Bereich. Seitdem beschäftigen sich betriebswirtschaftliche Theorie und Praxis auf systematische Weise mit der Logistik und ihren unterschiedlichen Teilaspekten.

Der Durchbruch des logistischen Gedankengutes in Deutschland wurde vor allem durch die Entwicklungen in Japan (Beispiel: → KANBAN, → Just-in-time-Anlieferung) und die dadurch dort vorhandenen Wettbewerbsvorteile hervorgerufen. Inzwischen wird der Logistik eine so große Bedeutung zugemessen, daß in vielen Unternehmen oftmals eigene Geschäftsbereiche für Logistik ins Leben gerufen werden. Wilhelm Hauser

Logistik, externe

Unter der externen Logistik versteht man die großen Teilbereiche → Beschaffungslogistik und → Absatzlogistik (→ Logistik, Abbildung).

Logistik, interne

Unter der internen Logistik versteht man den Teilbereich innerbetriebliche Logistik. → Logistik, Abbildung.

Logistikservice

Neben den Kosten, die bei der Kundenbelieferung entstehen, stellt der dem Kunden gebotene Lieferservice eine entscheidende Größe im absatzpolitischen Instrumentarium dar.
Während in früheren Zeiten das Ziel bei der Kundenbelieferung in einer Minimierung der Transportkosten bestand, geht man heute davon aus, daß den Kunden bei der Belieferung ein hoher Service zu bieten ist. Dieser hohe Lieferservice kann in folgenden Faktoren bestehen: zeitgenaue Anlieferung, Übernahme von Zusatzleistungen wie Telefonvorverkauf, Bestelleinholung vor Ort, Regalpflege, kommissionierte Anlieferung von großen Sortimenten usw. Ein hoher Lieferservice ist ein gutes Verkaufsargument. Es ist für ein Unternehmen wichtig, die Kosten des Lieferservice zu kennen und im Griff zu halten. Wilhelm Hauser

Low Interest Goods

→ Produktkategorien.

Low Involvement Goods

→ Produktkategorien.

Lückenanalyse

Die Lückenanalyse (Gap-Analyse) ist ein Instrument der strategischen Planung zur Früherkennung von strategischen Problemen. Dabei wird für einen Zeitraum von zum Beispiel fünf Jahren die zu erwartende Zielerreichung der vorhandenen Produkte und Märkte mit den angestrebten Zielen verglichen. Der Unterschied zwischen beiden ist die Ziellücke (Gap). Hierfür wird auch der Begriff strategische Lücke oder ungedeckte Lücke verwandt. Diese Lücke ist zu schließen; hierfür bedarf es strategischer Überlegungen. Bei den projizierten Zielwerten kann es sich um Gewinne, Umsätze oder Deckungsbeiträge handeln. Ge

M

Make for Buy

→ Integration.

Makler

→ Absatzhelfer.

Makromarketing

Makromarketing (Gegenteil: → Mikromarketing) kennzeichnet makroökonomische (gesamtwirtschaftliche) oder gesellschaftliche Fragestellungen (vgl. Tietz, 1989, S. 4). Dazu gehören z. B. die Ideologie des → Marketing und der → Konsumerismus.

Manipulation

Manipulation bedeutet, jemanden mit bestimmten Methoden zu etwas zu bewegen, was er freiwillig nicht tun würde. Manipuliert wird vor allem durch die Werbung und im Verkauf. Die Kunden betrachten diese Manipulation jedoch als harmlos und nicht gefährlich, weil die Absicht der Manipulation offensichtlich und im System der Marktwirtschaft üblich ist. Die Kunden halten sich für immun gegenüber der Manipulation bzw. für souverän, weil sie letztlich die Kaufentscheidung selbst treffen.

Die subjektiv empfundene Durchschaubarkeit der Manipulation und die Entscheidungsfreiheit der Konsumenten sind jedoch objektiv falsch. Werbung und Verkauf versuchen besonders durch emotionale Reize zu beeinflussen. Der starke Einfluß emotionaler Reize beruht darauf, daß sie unmittelbar auf das Unterbewußtsein der Empfänger wirken. Die gefühlsmäßige Beeinflussung entzieht sich der verstandesmäßigen Kontrolle durch die Umworbenen. Die Kaufentscheidungen werden in diesem Fall »aus dem Bauch« getroffen, d. h. die Kunden werden manipuliert oder verführt. Die Kunden geben i.d.R. nicht zu, daß sie manipuliert worden sind. Die Kaufentscheidungen werden meistens rationalisiert, d. h. verstandesmäßig begründet. HL

Marke

Kennzeichnung einer Ware oder Dienstleistung eines Unternehmens, das der Unterscheidung von den Waren oder Dienstleistungen der Wettbewerber dienen soll (§§ 1 und 3 → Markengesetz). M. können nicht nur aus → Wortzeichen (z. B. Persil) oder → Bildzeichen (z. B. der Kranich der Lufthansa), sondern auch aus Buchstaben, Zahlen, Hörzeichen (z. B. Werbemelodien), dreidimensionalen Gestaltungen einschließlich der Form einer Ware oder ihrer Verpackung (z. B. die besondere Form einer Flasche) sowie sonstigen Aufmachungen einschließlich Farben und Farbzusammenstellungen (z. B. die farbigen Embleme der Mineralölhersteller) bestehen. Die M., die in der Regel durch die Eintragung in das vom Bundespatentamt geführte → Markenregister entsteht, gibt ihrem Inhaber das ausschließliche Recht, dieses Zeichen zu verwenden und damit zu werben, insbesondere die von ihm hergestellten oder vertriebenen Produkte mit diesem Zeichen zu versehen. Verwendet ein Wettbewerber die gleiche oder eine zum Verwechseln ähnliche M., so kann er vom Markeninhaber auf Unterlassung und bei Verschulden auf Schadensersatz in Anspruch genommen werden; darüber hinaus hat der Inhaber der M. das Recht, vom Verletzer Auskunft über die Herkunft und den Vertriebsweg von widerrechtlich gekennzeichneten Gegenständen sowie sogar deren Vernichtung zu verlangen. Dietrich Schmidt

Marke: Merkmale

→ Markenstrategie. Kennzeichen, welches Produkte des Markeninhabers als solche erkennbar macht und damit aus dem Wettbewerb heraushebt. Diese Kennzeichnung dient der Unterscheidung und dem Wiedererkennen durch die Konsumenten. Diese Kennzeichnung besteht aus einer Kombination von Markenname und Markenzeichen (Logo, Design, Graphik, Schreibweise oder Symbol). Rechtsgrundlage ist das → Markengesetz. Zum Schutz vor Nachahmungen und Verwechslungen ist die Anmeldung und Eintragung in der Zeichenrolle des Bundespatentamtes notwendig.

Eine Marke sollte leicht wahrnehmbar und einzuordnen, also unkompliziert sein. Sie soll in den geplanten Absatzgebieten und bei den angestrebten Zielgruppen keine negativen Assoziationen hervorrufen, also evtl. auch international in allen relevanten Kulturen und Sprachen. Durch die eindeutige, deutliche und dauerhaft angelegte Kennzeichnung soll beim Konsumenten eine Abgrenzung von den Wettbewerbern (z. B. durch hervorragende Qualität und Servicepolitik) im Sinne einer »monopolistischen Lücke«, eine, → USP verdeutlicht und erinnert werden. Händler (Absatzmittler) wollen durch das Führen vom Konsumenten präferierter Marken bei diesem → Präferenzen erlangen. Auch wirbt der Handel vielfach mit den Marken, die er anbietet. Gb

Marken: Erscheinungsformen

Nach *Wirtschaftsstufen, Stellung in der Absatzkette* wird traditionell unterschieden zwischen:

- → *Herstellermarke* (insb. Industrie-Marke)
- Marke für Rohstoffe (z. B. Trevira-Faser, Gore-Tex-Einlagen für Textilien und Schuhe)
- für Einbauteile (z. B. Behr-Kühler für Kfz)
- für Fertigprodukte
- → *Handelsmarken*
- *Dienstleistungsmarken* (auch für Nonprofit-Organisationen).

Wird als Kriterium *der Inhaber des Markenzeichens* gewählt, dann unterscheidet man

- *Individual- oder Firmenmarken* (typische Markenartikel)
- *Kollektiv- oder Gemeinschaftsmarken* (z. B. Einkaufsverbände des Einzelhandels) sowie
- *Branchen- oder Nationalmarken.*

Wählt man als Unterscheidungsmerkmal den *Umfang der Markennutzung,* so spricht man von

- *Produktmarken*

- *Produktgruppenmarken* und
- *Dach- oder Firmenmarken.*

Von Dachmarken wird auch dann gesprochen, wenn ein Markeninhaber anderen Unternehmen gegen Lizenzgebühr gestattet, die eigene Marke im Rahmen von Imagetransfer für die Produktkennzeichnung des Lizenznehmers zu verwenden (z. B. nutzen Parfümhersteller nicht selten gegen Lizenz Namen und Markenzeichen bekannter Modedesigner).

Marken werden auch danach unterschieden, ob es sich um *Erst- oder Zweitmarken* eines Unternehmens handelt, wobei als Erstmarke diejenige gilt, die ursprünglich als Marke diente, während die Zweitmarke entweder aus dem Erwerb eines Konkurrenzunternehmens stammt oder geschaffen wurde, um unter veränderter → Produktpositionierung eine Zweitstrategie (oft: »preiswerter«) zu betreiben.

Ähnlich wie es im Biermarkt die Unterscheidung zwischen Premiummarken und (Massen-) Markenbieren gibt, wird auch bei anderen Gütern unterschieden zwischen:

- *extremen Luxusgütern*: absolute Spitzenqualitäten, oft auch exorbitant hohe Preise

Markenpositionierung: Einordnung einzelner Marken nach Kriterien

		Marke 1	Marke 2	Marke 3	Marke 4
Markeninhaber	Person/Firma Konzern/Gruppe Branche/Nation				
Position in der Absatzkette	Branche Wirtschaftsstufe				
Umfang der Markennutzung	Produkt Produktgruppe Bedarfsgruppen-Sortiment Dienstleistungen Produkt+Service-Paket				
Qualitätsstandard	Luxusmarke Premiummarke Standardqualität				
Räumlicher Geltungsbereich	Weltmarkt internationale Marke nationale Marke regionale/lokale Marke				
Leistungsart					

- *Premium-Marken* (→ Premiumprodukte)
- *Massen-Marken,* insb. im Bereich der Convenience Goods (→ Produktkategorien); auch als Standard-Qualitäts-Marken zu bezeichnen.

Markenprofil
Anhand aller oben angeführter Kriterien kann eine Marke nun eingeordnet werden (s. Abb. Markenpositionierung). Gb

Markenartikel

Produkt, das von einem Markeninhaber, der Hersteller (Herstellermarke) oder Händler (→ Handelsmarken) sein kann, unter seiner → Marke als wesentlicher Kennzeichnung vertrieben wird.
Beim klassischen Markenartikel handelt es sich um Herstellermarken. Die Verwendung der Marke soll den Abnehmern garantieren:
- mindestens gleichbleibende, soweit möglich verbesserte Qualität
- absolute Zuverlässigkeit des Produktes
- überregionale und ständige Erhältlichkeit (→ Ubiquität).

In der Regel werden Markenartikel in Massenmedien stark beworben.
Ein Markenartikel muß als solcher → *Verkehrsgeltung* besitzen, also von den einschlägigen → Absatzmittlern gekannt und bei den Zielgruppen als solcher bekannt sein.
Markenartikel können dem Konsumenten, der durch Angebotsvielfalt und ständigen Wechsel in Technik, Mode, Stil und Verbrauchsgewohnheiten überfordert ist, helfen, eine schnelle, möglicherweise gar habituelle Wahl zu treffen. Diese Habitualisierung führt häufig als Dauerbindung an eine Marke (oder Markenwechsel zwischen wenigen, im eng oligopolistischen Wettbewerb vertriebenen, ähnlichen Markenartikeln) zu ständigen Wiederholungskäufen (Dauerkunde), falls nicht einmal die Erwartungen enttäuscht wurden (→ Kognitive Dissonanz). Gb

Markengesetz

Gesetz vom 14.1.1994 (durch welches das 100 Jahre alte Warenzeichengesetz abgelöst wurde) zur Regelung des Schutzes aller im geschäftlichen Verkehr verwendeten Kennzeichnungen von Waren und Dienstleistungen (→ Marken sowie geographische Herkunftsangaben) und Unternehmen (Namen und sonstige Geschäftsbezeichnungen).

Markenpiraterie

→ Produktpiraterie.

Markenpolitik

→ Markenstrategien.

Markenregister

Ein beim Bundespatentamt geführtes Register, in das die nach der Anmeldung überprüften → Marken eingetragen werden. Da es der Information der Öffentlichkeit über die z. Zt. geschützten Marken dient, steht jedermann die Einsichtnahme frei.

Markenstrategien

Markenpolitik ist ein zentrales Element des Marketing. Sie umfaßt den Aufbau und die Pflege von Produkten als Markenartikel. Als Marke (Brand) bezeichnet man eine Ware oder eine Dienstleistung

Markenstrategien

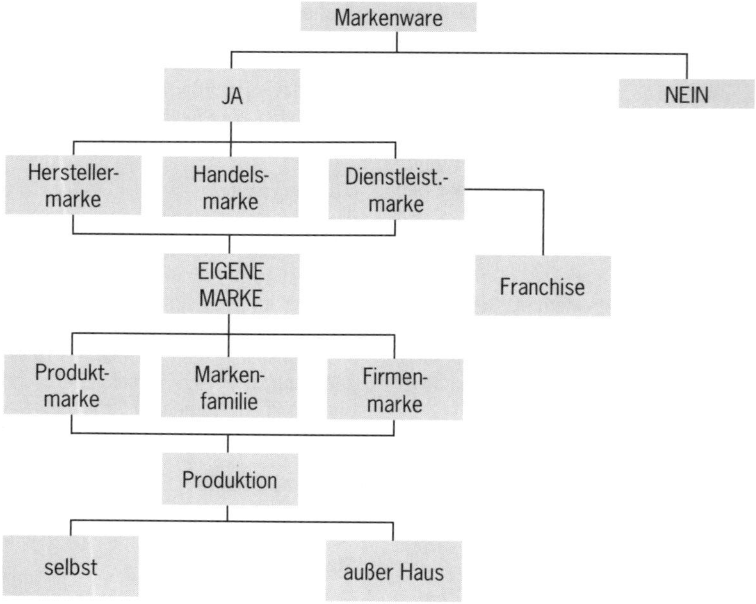

mit eigener Kennzeichnung sowie gleichbleibender Qualität oder Leistung und Standardisierung des daraus resultierenden Kundennutzens. Die → Marke ist das Zentrum der Marketing-Strategie, woraus sich die Teilstrategien des → Marketing-Mix ableiten.

Die Markenpolitik hat folgende Ziele:

- Profilierung des eigenen Angebots gegenüber den Verbrauchern und dem Wettbewerb durch die Schaffung von Markenpersönlichkeiten und ihren USP (→ Unique Selling Proposition);
- Identifikation durch die Marke für den Verbraucher;
- Schaffung von → Präferenzen für die Marke durch Markenidentifikation;
- Verkauf von → Zusatznutzen über den originären Produktnutzen hinaus (etwa Prestige, Anerkennung, Genuß, Freiheit, Sicherheit);
- Absatzsicherung und Verstetigung des Absatzverlaufs verbunden mit gleichmäßiger Auslastung der Kapa-

zitäten durch → Kundenbindung über den Aufbau einer Markentreue;
- Bildung des gewünschten Image für das Produkt bzw. die Dienstleistung und eventuell auch für das Unternehmen sowie
- Erlangung eines Preispremiums bzw. Sicherung eines preispolitischen Spielraums gegenüber dem Verbraucher und den Handelspartnern.

Strategisch kann bei einer Markenpolitik eine eigene Marke begründet werden oder ein Unternehmen kann als Franchisenehmer auftreten (→ Franchise).

Markenartikel können sein:
- Produkt- bzw. Einzelmarken
- Markenfamilien bzw. Produktgruppenmarken oder
- Dach- bzw. Firmenmarken.

Eine Einzelmarke ist ein eigenständiges Produkt mit einem Phantasienamen; unter Produktlinie ist eine Gruppe von Produkten zu verstehen, die aufgrund bestimmter Kriterien in enger Beziehung zueinander stehen. Häufig bilden mehrere Artikel einer Marke eine Produktlinie. Einzelmarken empfehlen sich vor allem für Unternehmen, die verschiedene heterogene Produkte anbieten (Unilever mit Margarine, Eis, Waschmitteln etc., Procter & Gamble mit Waschmitteln, Höschenwindeln, Zahncreme, Fruchtsaft etc.).

Aber auch Unternehmen, die nur auf einem Markt anbieten, verfolgen diese Strategie (etwa im Süßwarenmarkt Ferrero mit Mon Chérie, Nutella, Raffaelo etc.)

Der Vorteil von Produktmarken besteht darin, daß ein Produkt klar profiliert und positioniert werden kann, der Name sehr gut zum Produkt passend gesucht werden kann und eventuelle negative Punkte bei Bekanntwerden möglicherweise sich nicht auf das Unternehmen und seine weiteren Produkte auswirken, weil der Hersteller nicht mit der Produktmarke in Verbindung gebracht wird. Von Nachteil sind die höheren Kosten dieser Strategie.

Bei Markenfamilien werden mehrere Produkte oder Dienstleistungen unter einem Markennamen vertrieben, Beispiele sind Tesa oder Hansa mit ihren Artikeln. Der Markenname hat hier nichts mit dem Unternehmensnamen zu tun.

Bei Firmenmarken bildet der Firmenname das Markenzeichen; Beispiele sind AEG, Bahlsen, Braun, Ritter. Markenfamilien und Firmenmarken haben den Vorteil, daß ein neues Produkt unter einem bereits bekannten Markennamen eingeführt werden kann; somit ist der Werbeaufwand niedriger als bei Produktmarken. Es besteht aber die Gefahr, daß ein negatives Image auf die gesamte Markenfamilie bzw. die gesamte Unternehmung übergreift (beispielsweise negative Berichterstattung über Produkte der Bereiche Nudeln, Wein, Chemie).
Markenwaren können regionale, nationale und internationale Marken sein. Die Produktion muß nicht immer selbst erfolgen, insbesondere Handelsbetriebe kaufen Handelsmarken zu. Ge

Markentreue

→ Präferenzen.

Markenware

Bei M. handelt es sich um ein Produkt, das sich durch gleichbleibende Qualität auszeichnet, für die der Hersteller einsteht. Außerdem muß das Erzeugnis mit einem Herkunftszeichen (einem → Wort- oder → Bildzeichen) versehen sein, das jedoch nicht → Marke im Rechtssinne sein muß. Im Wettbewerbsrecht ist die M. Voraussetzung für die Zulässigkeit der unverbindlichen → Preisempfehlung für M. (§ 38 a → GWB). D. Schmidt

Markenwert (Brand Equity)

Es gibt verschiedene Definitionsvorschläge, die ein Maß beschreiben wollen, mit dem der Wert einer Marke ermittelt werden kann. Die Anwendungen ergeben sich beispielsweise in folgenden Fällen (Franzen/Trommsdorff/Riedel):

- Lizenzierung und Kauf von Marken
- Schadensersatz bei Markenpiraterie
- Markenführung und -controlling (Zeitvergleich einer Marke, Vergleich zwischen verschiedenen Marken).

Es gibt drei Ansätze für die Definition des Goodwill einer Marke:
1. Das »Markenkapital« ist der Wert, der einem Markenartikel bei einer finanzwirtschaftlichen Bewertung zukommt. Nach kapitaltheoretischer Auffassung ist der Wert einer Vermögensposition gleich ihrem Zukunftserfolgswert. Mithin ist das Brand Equity einer Produktmarke als Barwert aller zukünftigen Einzahlungsüberschüsse aufzufassen, die der Eigentümer aus der Marke erwirtschaften kann. Der Markenwert liegt erstens in dem Wert, der sich durch Produktion und Absatz des betreffenden Produkts ergibt, und zwar in den höheren Deckungsbeiträgen und/oder höheren Absatzmengen, mit denen der Markt die Markenpolitik honoriert. Er liegt zweitens in dem Wert, der sich durch Markentransfer realisieren läßt. Damit ist die Einführung neuer Produkte oder Produktlinien unter dem Namen einer bereits etablierten Marke gemeint. Das Markenkapital liegt drittens in der Option, anderen Unternehmen die Nutzung der eigenen Marke gegen Entgelt zu erlauben.
Die Ermittlung des Markenwerts ist höchst unsicher und schwierig. Einen kommerziellen Versuch zur Bewertung von Marken stellt die »Nielsen Markenbilanz« dar.

2. Der verhaltensorientierte Ansatz geht von einem »inneren Markenwert« aus, der sich aus dem inneren Markenbild und dem Markenguthaben zusammensetzt. Das Markenbild beschreibt den durch das Marketinginstrumentarium geprägten Auftritt der Marke; das Markenguthaben drückt das Vertrauen in die Marke aus.

3. Der globale Ansatz sieht den Markenwert als Gesamtheit aller beim Konsumenten erzeugten positiven und negativen Vorstellungen bei Wahrnehmung des Markenzeichens, die sich in ökonomischen Daten widerspiegeln.

Die Modellansätze lassen sich in Globalmodelle, die den Wert der Marke ganzheitlich ermitteln und indikatorenorientierte Modelle einteilen, die meist zweistufig arbeiten. Ein von Nielsen entwickeltes Modell »Brand Performancer«

liefert aufbauend auf einer Markenbilanz weitere Informationen. Die Markenbilanz rechnet die komplexen Marktbeziehungen und die Bedeutung der langfristigen Markenpflege auf den Erfolg der Markenführung zu. Die Messung des Markenwertes wird durch Analysen der Markensteuerung und die finanzielle Bewertung der Marke sowie die Kontrolle der Markenführung ergänzt. Ge

Markenzeichen

→ Marke.

Marketing-Audit

Marketing-Audit ist eine systematische, kritische und möglichst vollständige Analyse des gesamten Marketing; das Marketing-Audit bezieht die regelmäßge Revision von Marketing-Zielen und -Strategien sowie Maßnahmen ebenso ein, wie die Marketing-Planung, -Kontrolle und -Organisation. Ziel ist eine möglichst frühzeitige und systematische Erkennung von Schwachstellen und Fehlentwicklungen, die in der Gestaltung des Marketing-Systems sowie in den Marketing-Ablaufprozessen liegen können.
Das Marketing-System-Audit umfaßt eine Prüfung des organisatorischen Basissystems für Marketing-Planung und -Kontrolle, der Marketing-Informationssysteme und der Marketing-Planungs- und Kontrollinstrumente.
Das prozeßbegleitende Marketing-Audit besteht aus einem Strategie-Audit und einem Marketing-Mix-Audit.

Das Marketing-Audit beginnt mit der Datensammlung durch den Marketing-Revisor. Es schließen sich eine Präsentation der Ergebnisse und Vorschläge an. Im nächsten Schritt erfolgen dann Veränderungen im Marketing-System oder -Prozeß. Ge

Marketing: Begriff

M. ist systematisches (strategisches), vorausschauendes und rückkoppelndes aktives Gestalten von Märkten durch simultan gesteuerte Produkt-, Leistungs-, Distributions-, Preis- und Kommunikationspolitik, orientiert an den empirisch ermittelten Bedürfnissen und der relevanten → Kaufkraft der Konsumenten und den Erwartungen der → Absatzmittler. Ziel ist es dabei, für den Ge- und Verbraucher optimale Problemlösungen zu bieten und eine im Vergleich zur Konkurrenz bessere Leistung zu erbringen. Gewinn soll das Ergebnis dauerhafter Kundenpräferenzen sein.
Philip Kotler (in: *Marketing für Nonprofit-Organisationen*, Stuttgart 1978, S. 5) definiert folgendermaßen: »Marketing umfaßt die Planung, Durchführung und Kontrolle sorgfältig ausgearbeiteter Programme, deren Zweck es ist, freiwillige Austauschvorgänge in spezifischen Märkten zu erzielen und somit das Erreichen der Organisationsziele zu ermöglichen unter Berücksichtigung der Bedürfnisse und Wünsche der Zielgruppe«.

Marketing-System/Konzeption

Ziel eines Unternehmens ist es, auf Dauer Ge- und Verbraucher mit für sie (die Zielgruppe) besonderen Leistungen zufriedenzustellen, also als Dauerkunden zu erwerben und zu behalten. Der Engpaß bei modernen Unternehmen ist der Verkauf, das Erzielen angemessener

Marketing Begriff

Einer Grundhaltung, die sich mit einer konsequenten Ausrichtung aller unmittelbar und mittelbar den Markt berührenden Entscheidungen an den Bedürfnissen der Verbraucher bzw. Abnehmer umschreiben läßt.	Einer systematischen Entscheidungsfindung durch planmäßiges Vorgehen und einen institutionalisierten Ablauf von Entscheidungsprozessen.
Zur Schaffung von Präferenzen und damit zur Erringung von Wettbewerbsvorteilen durch systematische Marktbeeinflussung und deren absatzpolitischen Instrumenten und deren kombiniertem Einsatz (Marketing-Mix).	Einer aktiven, marktorientierten Unternehmensführung, die in den Phasen Planung, Durchführung und Kontrolle abläuft und zielgerichtet sowie strategisch fundiert die absatzpolitischen Instrumente einsetzt: für die Unterstützung bestehender und die Einführung neuer Produkte und Dienstleistungen sowie für die Erschließung neuer Märkte.

Umsatzerlöse, aus denen der notwendige Aufwand für Forschung und Entwicklung (Industrie), Entwicklung und Verbesserung von Handelskonzeptionen, Rationalisierung des betrieblichen Prozesses und die Erzielung angemessener Gewinne zur Substanzerhaltung und -stärkung des Unternehmens, der marktgerechten Dividendenzahlung und insbesondere auch zur Kostendeckung ausreichender Deckungsbeiträge und der Bezahlung von Roh-, Hilfs- und Betriebsstoffen ermöglicht wird.

Wenn gelegentlich von Einkaufsmarketing, Personalmarketing oder Kapitalmarketing gesprochen wird, dann bedeutet dies, daß das Marketing-Instrumentarium im Bereich der Beschaffung produktiver Faktoren systematisch, strategisch geplant und taktisch aus der Strategie abgeleitet wird. Von Marketing allerdings spricht man, wenn der absolute Engpaß, seine ständige Dehnung und Ausweitung gemeint wird, nämlich der Absatz, der Verkauf, die Erzielung von ausreichenden, optimalen Verkaufserlösen im ständigen Wettbewerb mit anderen, meist marktbeeinflussenden Anbietern in für unsere Wirtschaft typischen konzentrierten Märkte mit oligopolistischem Wettbewerb und oft überkritischen Ge- und Verbrauchern. Gb

Marketing-System

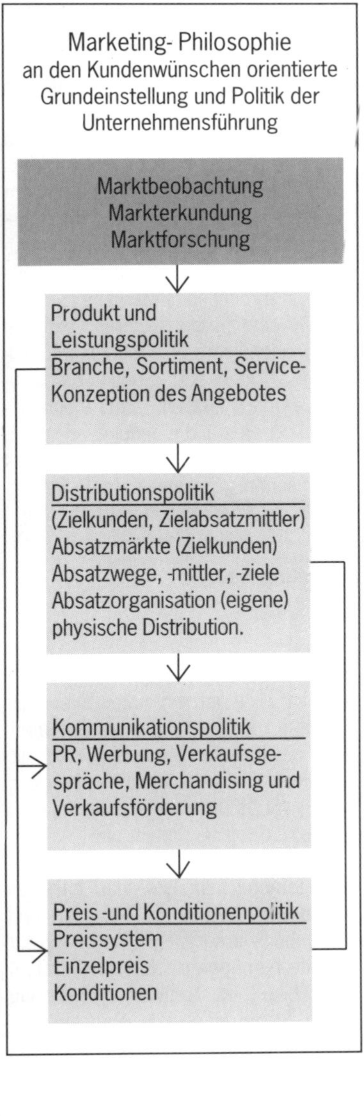

Marketing: Gründe für das Entstehen des modernen M.
Zwei Entwicklungen führten die Unternehmen als Anbieter von Gütern und Leistungen zur Entwicklung bzw. Übernahme des modernen Marketing, nämlich einerseits die immer stärkere Differenzierung der Produkte und Leistungen und andererseits die Entstehung eines relativen Überflusses mit der Entwicklung hin zur → Käufermarktsituation.
Technischer Fortschritt, erhöhte Mobilität (bei Herstellern, Händlern und Konsumenten), ständige Veränderungen in Mode und Stil sowie die Auffächerung der Ge- und Verbrauchersegmente (→ Segmentierung) nach sozialen Gruppen (obere Oberschicht bis Unterschicht), aber auch nach Einstellungs- und Verhaltenstypen (→ Lifestyle) führten durch stark differenzierte und zugleich oft technisch für Laien kaum noch zu durchschauende Qualitäts- und Nutzeneigenschaften zu einem fast unübersehbaren Meer von Güter- und Leistungsangeboten, deren Hauptkriterium die qualitative Differenzierung ist, so daß der Preis als Entscheidungskriterium stark relativiert wird bzw. versagt. Für die heute in Relation zum gesamten Angebot an Gütern und Leistungen fast unbedeutend gewordenen → homogenen Massengüter bzw. → fungiblen Massengüter war Preispolitik als Absatzpolitik noch ausreichend und entsprechend dominierend. Für differenzierte Produkte und Leistungen mit ständigen/sporadischen Änderungen in Mode, Stil und Technik braucht der Käufer mehr Informationen zum Kaufentscheid, als nur den Preis. Oft ist die spezifische individuelle Eignung des Kaufgegenstandes

für die Kaufentscheidung absolut dominant, muß ein industriell gefertigtes Massenprodukt also dem einzelnen potentiellen Käufer vor Ort erklärt, vor Augen geführt werden, soll durch spezifische Werbung ein Gut/eine Leistung ausreichend als Besonderheit bekannt gemacht und/oder erinnert werden.
Also mußte das gesamte Instrumentarium des heutigen Marketing entwickelt, erprobt werden, um zur Stimulierung von Käufen und Wiederholungskäufen simultan eingesetzt zu werden.
Eine weitere Entwicklungstendenz verschärfte die Notwendigkeit, simultan geplantes, durchgeführtes und kontrolliertes Marketing zu betreiben und ständig zu verbessern: die Überflußgesellschaft. Je mehr wir uns zeitlich von der Notsituation der Mangelgesellschaft der Kriegs- und unmittelbaren Nachkriegsjahre (endend mit der Währungsreform von 1948) entfernen, je mehr relativ konsequente Marktwirtschaft und internationale Arbeitsteilung, für Westeuropa die fortschreitende europäische Integration bei gleichzeitiger wachsender Internationalisierung der Güter- und Leistungsmärkte, voranschritten, desto mehr führte dies zur Gesellschaft des (relativen) Überflusses. Fast alle Güter und Leistungen sind im Überfluß vorhanden, der Engpaß ist fast immer die kaufkräftige Nachfrage, Kunden sind also die »Mangelware«.

Von der → Verkäufermarktsituation, in der derjenige, der ein ordentliches Produkt anbot, mit ausreichenden Verkäufen rechnen konnte und in der noch keine Überproduktion und ständige Unterauslastung der Produktions- und Leistungskapazitäten herrschten, wandelten sich die Märkte zu → Käufermärkten mit dem Käufer als Engpaß. Der Käufer muß deshalb mit dem strategisch geplanten, systematischen Einsatz des gesamten Marketing-Instrumentariums (→ Marketing-Mix) umkämpft werden. Dabei wird es immer wichtiger, sich einen Informationsvorsprung vor den Wettbewerbern zu erarbeiten und zu erhalten. Marktbeobachtung, Markterkundung und Marktforschung schaffen erst die Basis für erfolgversprechendes Marketing.
Es läßt sich prognostizieren, daß die kommenden Jahre und Jahrzehnte, sollten uns Kriege und globale Katastrophen erspart bleiben, stets noch systematischeres und erfindungsreicheres Marketing erfordern werden, als wir es bisher schon gezwungen waren zu entwickeln, zu erproben und zu praktizieren.
Gb

Marketing-Budget

→ Budget.

Marketing-Controlling

→ Controlling ist ein unterstützendes System für die Führung eines Unternehmens, das Planung, Steuerung, Kontrolle und Informationsversorgung koordiniert. Dabei geht es um zwei Aspekte:
- das Controlling-System und
- die Koordinationsfunktion

im Unternehmensablauf, das heißt also Planung, Steuerung, Kontrolle und Informationsversorgung. Dies geschieht mit Hilfe betriebswirtschaftlicher Daten, Kennzahlen und Analysen. Controlling ist ein Steuerungs- bzw. Regelungssystem zur Verwirklichung der Unterneh-

Alternativen der Durchführung des Marketing-Controlling

Alternative	Beschreibung	Beurteilung Vorteile	Nachteile
1. Integriertes Marketing-Controlling	Eingliederung in Marketing - Bereich	enge Zusammenarbeit mit Marketing, schnelle und umfangreiche Information	Isolierung als „Wachhund" Abhängigkeit von Marketing-Leitung
2. Funktionelles Marketing-Controlling	Stabsstelle bei Geschäftsleitung	mehr Kompetenz (zumindest informelle)	Gefahr unkritisch zu werden, da außerhalb des Marketing-Bereichs
3. Institutionalisiertes Marketing-Controlling	Controlling-Abteilung untersteht Finanz-/ Rechnungswesen	geringere Gefahr der Isolation, keine Abhängigkeit von Marketing	kaum, diese Organisationsform kommt häufig vor (evtl. zu wenig Nähe zu Marketing)
4. »Dotted-Line« Prinzip	Disziplinarisch dem Marketing und funktional Finanzen/Rechnungswesen zugeordnet	gute Kombination zwischen Unabhängigkeit des Controllers von Marketing und Einbindung in den Marketing-Entscheidungs-Prozeß	
5. Management-Controlling	direkt durch Geschäftsleitung	erspart Kosten für Controller (bei kleinen und mittleren Unternehmen)	zeitliche Belastung

mensziele und stellt somit eine auf das Gesamtunternehmen bezogene Management-Funktion dar. Die damit verbundenen Tätigkeiten werden häufig auf spezialisierte Abteilungen übertragen.

Controlling beschränkt sich nicht nur auf die operative Ebene, sondern auch auf strategische Bereiche im Unternehmen. Es kann zwischen

- → strategischem Marketing-Controlling und
- → operativem Marketing-Controlling

unterschieden werden.

Marketing und Controlling haben gemeinsam, daß Planung, Steuerung, Kontrolle und Informationsversorgung im Vordergrund stehen. Controlling ist einerseits weiter gespannt als Marketing, weil es sämtliche unternehmerischen Funktionsbereiche einschließt. Andererseits ergeben sich im Marketing-Controlling Probleme, die über das allgemeine Controlling hinausgehen.

Marketing-Controlling als Funktion umfaßt

- die koordinierende Beteiligung bei der Planung, Steuerung, Kontrolle und Informationsversorgung und
- die Überwachung der Leistungsfähigkeit des Marketing-Systems und der Marketing-Managementprozesse (Strategie und Marketing-Mix).

Diese System-Überwachung (einschließlich Organisation) und prozeßbegleitende Überwachung wird als → Marketing-Audit bzw. als Marketing-Revision bezeichnet.

Das Marketing-Controlling übt im Rahmen des Marketing-Ablauf-Prozesses eine Servicefunktion aus. Die Aufgaben des Marketing-Controlling beginnen mit der Informationsgewinnung und enden mit der Kontrolle, also begleitet Marketing-Controlling den gesamten Marketing-Ablaufprozeß.
Im einzelnen fallen im Marketing-Controlling folgende Aufgaben an:

- Entwicklung von marktspezifischen Systemen und Methoden zur Planung, Steuerung, Kontrolle und Informationsversorgung,
- Koordinierung von Planungs- und Entscheidungsprozessen,
- Überprüfung der Realitätsnähe der in die Strategien eingehenden Prämissen,
- Mitwirkung bei der Planung von Zielen und Strategien,
- Überprüfung der Konsistenz der Marketing-Ziele und -Strategien mit den Unternehmenszielen und -strategien,
- Überprüfung der Konsistenz der Marketing-Strategien mit den Marketing-Zielen
- Mitwirkung und Steuerung im operativen Bereich (Budgetkontrolle, Instrumentenkontrolle, Projekte etc.),
- Analyse der Soll-Ist-Abweichung und Mitwirkung an den daraus resultierenden Korrekturen und
- Untersuchung des Einsparungspotentials einzelner Produkte.

Marketing-Controlling hat folgende Vorteile:

- bessere finanzielle Transparenz der Strategien, Budgets, Projekte und eingesetzten Instrumente,
- schnelleres Erkennen von Soll-Ist-Abweichungen und damit schnellere Korrekturmöglichkeiten,
- Korrekturen können auf besseren Entscheidungsgrundlagen getroffen werden,
- bessere Koordination der strategischen und operativen Planung und damit reibungsloserer Ablauf,
- bessere Darstellung der Kosten- und Finanzseite bei Präsentationen bzw. Entscheidungsvorlagen gegenüber der Geschäftsleitung,
- erhöhter Gewinn durch wirksameren Einsatz der Marketing-Instrumente,
- größere Effizienz am Markt durch Beteiligung mehrerer Stellen und verbesserter Koordination im Unternehmen sowie
- bessere Planung durch die Marketing-Abteilung wegen des Vorhandenseins eines Marketing-Controlling.

Für die Einführung bzw. Aufrechterhaltung eines effektiven Marketing-Control-

ling ist ein → Marketing-Controlling-System nötig.
Die Durchführung des Marketing-Controlling ist durch die in der Tabelle dargestellten Stellen möglich. Ge

Marketing-Controlling-System

Für die Einführung und Aufrechterhaltung eines effektiven Marketing-Controlling sind folgende Grundlagen nötig:

1. *Organisatorische Richtlinien* für die Markting-Planung und -Kontrolle, die im einzelnen folgende Punkte betreffen:
   a. die *Ablauforganisation*, die beispielsweise die einzelnen Funktionsträger und ihre Funktionen für verschiedene Schritte im Bereich der Planung und Kontrolle festlegt.
   b. den *sachlogischen Ablauf*, wobei die inhaltliche Ablauffolge der Marketing-Planung und -Kontrolle festgelegt wird.
   c. Richtlinien über den *zeitlichen Ablauf* regeln die Termine der einzelnen Schritte.
   d. die *Dokumentation* der Planung und die Kontrolle in Form eines Planungs- und Kontroll-Handbuches. Dieses kann auch Darstellungsweisen wie Formulare, Checklisten, Grafiken etc. beinhalten.

2. Ein → *Marketing-Informationssystem* für die Marketing-Planung und -Kontrolle

3. Ein *Budget-System* (→ Budget und → operatives Marketing-Controlling) sowie

4. Ein *Kennzahlen-System* (→ Kennzahlen.) Ge

Marketing-Forschung

Unter Marketing-Forschung ist die systematische und objektive Gewinnung und Analyse von Informationen für Marketing-Entscheidungen zu verstehen. Sie erstreckt sich im Gegensatz zur → Marktforschung sowohl auf die Beschaffung und Auswertung von internen als auch externen Informationen für das Marketing.
Es geht hauptsächlich um drei unterschiedliche Bereiche:

1. Informationsbedarf und Informationssystem

   Im Unternehmen ist generell oder fallweise festzulegen, welche Informationen (→ Informationsbedarf) für eine bestimmte Marketing-Entscheidung oder laufend nötig sind, bzw. welche Kosten entstehen und welche Daten mit den jeweiligen Finanzmitteln des Unternehmens beschafft werden können.

   a. Interne Daten

   b. externe Informationen

   - Markt,
   - Vertriebskanäle,
   - Verbraucher/Abnehmer,
   - Erfolg des Marketing-Mix,
   - Daten über die Wettbewerber,
   - Allgemeine Rahmenbedingungen.

→ Informationsbedarf und → Marketing-Informationssystem.

2. Welches grundsätzliche methodische Vorgehen kommt in Betracht und wie

ist der Ablauf von Marktforschungsprojekten?

Bei den methodischen Grundfragen der Marktforschung geht es um:
- Arten der → Informationsquellen (→ Primär- und → Sekundärforschung);
- die Festlegung der → Zielgruppe der Marktforschung, sie ergibt sich aus der Aufgabenstellung und kann die gesamte Zielgruppe für ein Produkt oder Teilsegmente daraus umfassen.

→ Auswahlverfahren (Zufallsauswahl oder Quotenverfahren);
→ Erhebungstechniken (Befragung, Beobachtung, Panel, Test bzw. Experiment);
→ Stichprobenumfang;
→ Skalierung.

Beim *Ablauf* von Untersuchungen geht es neben den bereits genannten Schritten u. a. auch um:

- die Eingabe der ausgefüllten Fragebogen bzw. bei kleinen Fallzahlen um eine manuelle Strichliste, die Datenauswertung und Darstellung/Präsentation der Ergebnisse.

3. Wie bei konkreter Anwendung der Marktforschung vorgegangen wird; Dabei geht es in der Praxis hauptsächlich um folgende Anwendungsgebiete:

→ Nielsen-Marktdaten (Quantitative Marktdaten),
→ Produktforschung,
→ Abnehmerforschung,
→ Handelsforschung,
→ Wettbewerbsforschung,
→ Werbeforschung,
→ Markttest und Test,
→ Motivforschung. Ge

Marketing-Informationssystem

Planung und Kontrolle sind formale Prozesse, die die Leistungsprozesse des Unternehmens überlagern und bei denen Informationen verarbeitet werden bzw. durch die neue Informationen entstehen. Die Grundlage von Informationen sind *Daten* (Zeichen oder Zeichenfolgen), die entweder im Rahmen von Leistungsprozessen als Stamm- bzw. Zustandsdaten und Bewegungs- bzw. Ereignisdaten anfallen oder aus externen Datenbanken stammen, die aber erst durch ihren *Zweckbezug* zu Informationen werden.

Für die Entwicklung der Informationsfähigkeit innerhalb der Organisation bezüglich von Herkunft, Inhalten, Aufbereitungs- und Darbietungsformen von Informationen ist das Controlling zuständig. Dabei übernimmt das Marketing-Controlling die Steuerung und Koordination von Informationsströmen, indem es die Führungskräfte des Marketing mit kontextabhängigen Informationen versorgt (Bringschuld des Controlling), oder, was in Anbetracht der Vielzahl von Informationen besser wäre, die Führungskräfte in die Lage versetzt und anhält, sich die von ihnen benötigten Informationen selbst zu beschaffen (Holpflicht des Management). Eine solche *Informationslogistik* erfordert ein gut ausgebautes computergestütztes *Informationssystem.*

Abgesehen von den technischen Voraussetzungen ist seitens des Marketing die Festlegung des → *Informationsbedarfs* erforderlich, worunter man die Art, Menge und Beschaffenheit von Informationen versteht, die Manager *objektiv* zur Erfüllung ihrer Planungs- und Kontrollaufgaben benötigen. Dies geschieht in der Weise, daß bezüglich des Marketing-Mix das Aufgabenprofil jeweils eines Managers in Teilaufgaben zerlegt wird, denen entsprechende Informationen zugeordnet werden, für die dann der relevante oder passende Datenbedarf abgeleitet wird. Demgegenüber ist die vom Management formulierte *Informationsnachfrage* stark subjektiv geprägt, weil ein hoher Innovationsdruck den Informationsbedarf immer wieder verändert. Die Art, Menge und Beschaffenheit der zu einem Zeitpunkt verfügbaren Informationen bilden das *Informationsangebot*. Während das Informationsangebot im Marketing ständig zunimmt, verändert sich die Informationsnachfrage im allgemeinen nur langsam. Daraus ergibt sich ein *Informationsdilemma*, weil Manager den Kontakt mit dem Informationsangebot erfahrungsgemäß frühzeitig beenden, wodurch *Informationslücken* entstehen, die eine laufende Überprüfung und Anpassung des Marketing-Informationssystems durch das Controlling notwendig machen.

Da die Gestaltung und Anpassung komplexer Informationssysteme nur schwer zu realisieren ist, werden zunehmend dezentrale und vernetzte Teilsysteme entwickelt und implementiert. Aus der Sicht des Marketing-Controlling sind folgende Teilsysteme von großer Bedeutung, bei denen geordnete Zusammenstellungen von Informationen (Berichte) dem Management unaufgefordert oder auf Antrag bereitgestellt werden:

a. *Starre Berichtssysteme* lassen sich verwenden, um routinemäßig und nach einem genau festgelegten Schema einem meist gleichbleibenden Empfängerkreis bestimmte Informationen (z. B. über Umsätze, Gebietspotentiale, Kundenbesuche) übermittelt werden. Da keine Vorauswahl der Informationen getroffen wird, erlauben diese eine vollständige Berichterstattung, so daß jeder Berichtsempfänger die ihn interessierenden Informationen selbst bestimmen kann. Die damit verbundenen Vorteile können darin gesehen werden, daß, abgesehen von der einheitlichen und immer wiederkehrenden Aufmachung der Berichte, das Management offiziell und ungefiltert über alle Gegebenheiten informiert wird. Umgekehrt dürfen aber die Gefahren einer vollständigen Berichterstattung nicht übersehen werden, die darin bestehen, daß für das obere Management (z. B. Verkaufsleiter) ein Überangebot an Informationen vorliegt, während beim unteren Management (etwa Verkäufer) ein Informationsmißbrauch nicht ausgeschlossen werden kann.

b. *Melde- und Warnsysteme* informieren das Management, weil das aktuelle Geschehen von irgendwelchen Vorgaben abweicht. Dem Vorteil, das Management von einer Informationsüberladung zu befreien, steht als Nachteil die Gefahr der Überselektion gegenüber.

c. *Abruf- und Auskunftssysteme* bieten die Möglichkeit der Recherche in Daten- und Informationsbeständen. Es handelt sich jeweils um eine vorbereitete Recherche, die im Dialog über Menüs und/oder Masken gesteuert wird, wenn der Informationsbedarf des Management bekannt ist (z. B. Durchleuchtung der Altersstruktur des Absatzprogramms oder Suche nach Werterzeugern bzw. -vernichtern im Produkt-Portfolio). Sofern dieses nicht der Fall ist, bieten neuere Systeme, die sich immer mehr zu *Führungs-Informations-Systemen* entwickeln, vielfach die Möglichkeit, über komfortable Benutzeroberflächen ad hoc und nach beliebigen Kriterien auch in externen Datenbanken zu recherchieren sowie die erhaltenen Informationen in gewünschter Weise zu filtern, verdichten, verknüpfen und gruppieren (wie z. B. zur Aufdeckung von Lücken im Sortiment oder zur Bestimmung des Marktanteils bzw. des nicht ausgeschöpften Marktpotentials).

Hinsichtlich der *Darstellung von Informationen* gibt es verschiedene Techniken, die sich gegenseitig sinnvoll ergänzen:
1. *Tabellen* für numerische Informationen (z. B. im Rahmen des Soll-Ist-Vergleichs).
2. *Schaubilder* (Charts), die als geometrische Diagramme wie Rechteck-, Punkt-, Linien-, Flächen-, und Kreisdiagramme der Bildinformation dienen.
3. → *Kennzahlen*, die durch Kombination von jeweils zwei oder mehr Einzelkennzahlen ein Kennzahlensystem entstehen lassen. Ein weit verbreitetes und auch im Marketing häufig angewendetes Kennzahlensystem ist das des *Return-on-Investment* (→ ROI), in dem u. a. dem Umsatz eine herausragende Bedeutung zukommt. Klaus Ziegenbein

Marketing-Instrumente

→ Marketing-Mix.

Marketing-Kontrolle

→ Marketing-Controlling.

Marketing-Konzepte

Kotler (in: *Marketing-Management*) unterscheidet typische Marketing-Konzepte, die auch die geschichtliche Entwicklung widerspiegeln (→ Marketing, Gründe für das Entstehen des modernen M.):
Produktionskonzeption
Der Schwerpunkt bei dieser Konzeption liegt auf der Optimierung der Produktion und der Distribution, da angenommen wird, daß die Konsumenten auf erschwingliche und erhältliche Produkte positiv reagieren. Für den Konsumenten steht der Preis, nicht die Qualität im Vordergrund.
Produktkonzeption
Die Produktqualität muß ständig verbessert werden, da diese in Relation zum Preis für den Konsumenten im Vordergrund steht.
Verkaufskonzeption (Selling oder Sales Concept)
Die Verkaufskonzeption, die man auch als traditionelles Marketing-Konzept verstehen kann, geht davon aus, daß der Konsument kaufunwillig ist und durch das Unternehmen in erster Linie mittels einer starken Verkaufsabteilung, mittels Werbung und Verkaufsförderung zum Kauf bewegt werden muß.
Moderne Marketingkonzeption
Stellt das dar, was man heute unter Marketing versteht, also eine Konzeption der Unternehmensführung, die darauf ausge

richtet ist, durch Befriedigung der zu ermittelnden Bedürfnisse vorhandener und potentieller Kunden unter orchestriertem Einsatz der → Marketing-Instrumente langfristig Gewinn zu erzielen.
Sozio- und Social-Marketing
Hinter diesen ähnlich klingenden und zu Verwechslungen Anlaß gebenden Begriffen stecken zwei völlig verschiedene Inhalte, nämlich das
- Sozio-Marketing im Sinne des Marketing von sozialen Organisationen (→ Nonprofit Marketing) und zum zweiten das
- Sozial-(Social-)Marketing als der Ausdruck der gesellschaftlichen Verpflichtung des Marketing profitorientierter Unternehmen (Konzeption des gesellschaftsfreundlichen Marketing, Human Concept of Marketing). Hierbei geht es insbesondere um die Anerkennung der gesamtgesellschaftlichen Mitverantwortung des Unternehmens, um Verhaltensgrundsätze (z. B. auch ökologischer Natur), aber auch um Sozio-Sponsoring (→ Sponsoring, → Wirtschaftsethik).

Marketing-Konzeption

Unter Marketing-Konzeption versteht man einen umfassenden, gedanklichen Entwurf, der sich an einer Leitidee bzw. bestimmten Richtgrößen, den Zielen, orientiert und grundlegende Strategien sowie notwendige Aktionsprogramme in einem schlüssigen Plan zusammenfaßt (Becker).

Eine Marketing-Konzeption beinhaltet sämtliche Ziele, Strategien und Maßnahmen eines Unternehmens, die auf den Absatzmarkt ausgerichtet sind.

Es können drei Konzeptionsebenen unterschieden werden: → Marketing-Ziele einschließlich Marketing-Leitbild, → Marketing-Strategien und Marketing-Aktionsprogramme, welche aus dem Einsatz der absatzpolitischen Instrumente bestehen (Marketing-Mix). Die → Marketing-Planung ist wiederum ein Teilbereich des gesamten Marketing-Ablaufs. An die Planung schließt sich die Durchführung und die Kontrolle an, wobei dann letztere zu einer Revision des Marketing-Mix, der Strategien oder der Ziele führen kann.

Ge

Marketing-Kooperation

→ Kooperatives Marketing.

Marketing-Kosten

Marketing-Kosten im engen Sinne können aufgeteilt werden in:
- Streukosten (Medien),
- Produktionskosten für Werbung und Verkaufsförderung,
- Verkaufsförderungs-Aktionen,
- Preisreduzierungen sowie
- sonstige Kosten.

(→ Operatives Marketing-Controlling und → Budget).

Marketing-Leitbild

Das Handeln im Marketing basiert häufig auf einer Art Überbau, der als positionsorientiertes Marketing-Leitbild bezeichnet wird. Diese konkretisieren marktspezifisch die Rolle des Unternehmens am Markt, die bereits grob im Unternehmenszweck vorformuliert ist. Die Po-

sitionsaussagen beziehen sich auf die Marketing-Oberziele:
- Marktanteil,
- Distribution,
- Preisposition,
- Image und
- Bekanntheitsgrad.

Marketing-Management

Der Begriff Marketing-Management ist ein Synonym für marktorientierte Unternehmensführung. Dem Marketing-Management obliegen im Prinzip folgende Aufgaben:
- Festlegung der → Marketing-Ziele;
- Bestimmung der → Marketing-Strategie;
- Operative Handhabung der Marketing-Instrumente (→ Absatzpolitisches Instrumentarium).

Die Kunst besteht darin, die einzelnen Instrumente optimal zu kombinieren (→ Marketing-Mix). HL

Marketing-Mix

Entsteht aus der optimal abgestimmten, simultan geplanten und durchgeführten Anwendung der vier Marketing-Instrumente:

→ Produkt und Leistung
→ Distribution
→ Marketing-Kommunikation
→ Preise und Konditionen (→ Preispolitik).

Dabei sind die einzelnen Marketing-Instrumente untereinander komplementär, d. h. a) ohne b), c) und d) führt zu keiner sinnvollen Lösung. Jedes Instrument muß unter Berücksichtigung des Einsatzes der übrigen Instrumente »konzertiert« eingesetzt werden. Der Manager ist also einem Dirigenten vergleichbar, der ein für den Einzelfall (Ort, Publikum, Jahreszeit) geeignetes Konzertstück eines geeigneten Komponisten mit einem hierfür optimalen Orchester (incl. aktueller Besetzung) im passenden Rahmen aufführt.

Ein harmonischer Einsatz der Marketing-Instrumente (insgesamt) führt zum *optimalen Marketing-Mix* (für den jeweiligen Einzelfall). Im Sinne der Kostentheorie ist das optimale Marketing-Mix eine

Das „Marketing-Mix“
(die Marketing-Instrumente)

A
Was wollen wir den Zielkunden an besonderer Problemlösung bieten, die besser ist als die des Wettbewerbers?
= Produkt- und Leistungspolitik

B
Auf welchen Wegen sollen die Konsumenten und wo, bei wem unsere Produkte und Leistungen erhalten können?
= Distributionspolitik

C
Wie erfahren unsere Zielkunden, was wir für sie leisten wollen?
= Kommunikationspolitik

D
Was soll das kosten?
= Preis- und Konditionenpolitik

A, B, C und D kombiniert
= MARKETING-MIX

(jeweilige) Optimal-Kostenkombination. Im Spitzenfall liegt also der Grenzfall von Komplementarität, nämlich Limitationalität vor.
Ein optimales Marketing-Mix ist für Großunternehmen mit einem großen Absatzzielgebiet und damit notwendig werdender Distribution nur unter Einschaltung von unterschiedlichen → Absatzhelfern (Reisende, Vertreter, örtliche Lagerhalter, Kommissionäre), → Absatzmittlern (Groß- und Einzelhandel, Einkaufsverbände des Einzelhandels) und häufig auch aus einer → selektiven Distributionspolitik (z. B. nur Fachhandel mit örtlichem Gebietsschutz, damit diese sich voll und ganz für eine Marke einsetzen) möglich. Dann aber sind Kommunikation und Preise/Konditionen weitgehend abhängige Variable.
Es gibt also im Einsatz des Marketing-Mix konstitutive Entscheidungen (z. B. hochwertige Luxusgüter, Zielgruppe/ Segment: reine Oberklasse, z. B. Jaguar-PKW oder Lederwaren von Hermès, Paris). Danach sind Distribution, Kommunikation (Werbung, PR) und Preispolitik weitgehend nur noch hiervon abhängig einsetzbar (abhängige Variable).
Voraussetzung für das Erreichen eines optimalen Marketing-Mix sind ständige Marktbeobachtung und Markterkundung und Marketing-Desk-Research, wobei Wissenslücken durch eigene oder kooperative Marktforschung im Sinne von Field Research geschlossen werden. Ebenso ist vom Chef bis zum Portier, Telefonistin, Zustellfahrer usw. →*Marketing-Personal* notwendig (motiviert, informiert, kundenfreundlich, leistungswillig).
Gb

Marketing-Organisation

Marketing-Organisation bezeichnet die Bildung marktorientierter Teileinheiten und deren Koordination (Aufbauorganisation) sowie die Struktur der erforderlichen Ablaufprozesse.

1. Aufbauorganisation

Bei der Aufbauorganisation handelt es sich um die strukturellen Fragen der Beziehungen der einzelnen Stellen zueinander und die dabei vorkommenden Organisationsformen. Es geht hauptsächlich um die Fragen des Aufbaus und der Leitung des Marketing-Bereichs. Die wichtigsten Bestimmungsfaktoren für die Marketing-Organisation sind:

- Unternehmensgröße,
- Leistungsangebot,
- Marketing-Aufgaben,
- innere Ressourcen (Finanzmittel, Personen und Sachmittel).

Jede Marketing-Aufbau-Organisation muß vier elementare Dimensionen der Marketing-Arbeit berücksichtigen: einzelne Marketing-Funktionen, Verkaufsgebiete, Produkte und Abnehmermärkte. Daraus ergeben sich in der Praxis verschiedene Organisationsalternativen, wobei innerhalb einer bestimmten Marketing-Organisation mehrere Dimensionen kombiniert vorhanden sein können.

a. Organisation nach Funktionen

Die älteste und heute noch am meisten verbreitete Organisationsform untergliedert den Marketingbereich nach Funktionen. In mittleren Unternehmen mit relativ wenigen Produkten bringt diese Organisationsform Vorteile, da die geringe Zahl der Marketing-Mitarbeiter auf die

Funktionenorientierte Marketing-Organsiation

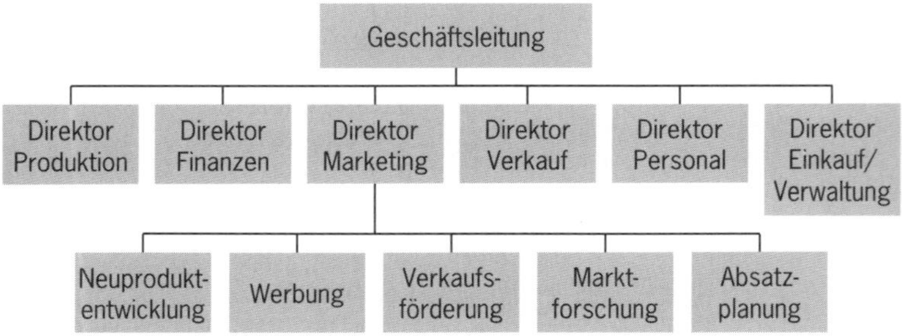

wichtigsten Tätigkeiten des Marketing verteilt und konzentriert wird. Die häufigsten Funktionsabteilungen sind dabei: Werbung, Verkauf, Marketing-Forschung und Marketing-Planung.

Diese Organisationsform weist eine hohe Zentralisation der Entscheidungen bei der Marketing-Leitung auf. Der Hauptvorteil liegt in der Einfachheit der Verwaltung; sofern Spezialisten eingesetzt werden, können sie bessere Leistungen bringen. Nachteile ergeben sich, wenn das Unternehmen viele Produkte auf verschiedenen Märkten anbietet. Dann kann die Planung für einzelne Produkte und Märkte nicht detailliert genug erfolgen und es besteht die Gefahr, daß das Unternehmen zu unflexibel gegenüber Marktänderungen wird.

b. Produktorientierte Organisation
Mit zunehmender Größe tendieren Unternehmen dazu, einzelne Produktgruppen zu Strategischen Geschäftseinheiten (SGE) oder Sparten zusammenzufassen bzw. auszubauen. Bei größeren Unternehmen können diese eigene Marketing-Abteilungen haben; bei mittleren Unternehmen ist die Errichtung funktionaler Zentralabteilungen zu finden.
In diesen funktionalen Zentralabteilungen werden die gemeinsamen operativen Tätigkeiten im Auftrag der Sparten zentral ausgeführt. Inwieweit Marketing-Aufgaben auf die Sparten oder den zentralen Marketingbereich verteilt werden, hängt von individuellen Faktoren ab.

Eine spezielle Form der produkt- oder markenorientierten Organisationsform ist das Produkt-Management bzw. → Brand-Management.

c. Markt-/kundenorientierte Organisation
Diese Organisationsform ist anzutreffen, wenn Unternehmen auf stark nach Abnehmergruppen differenzierten Märkten anbieten. Es besteht dann die Möglich-

Produktbezogene Marketing-Organisation mit funktionalen Zentralabteilungen

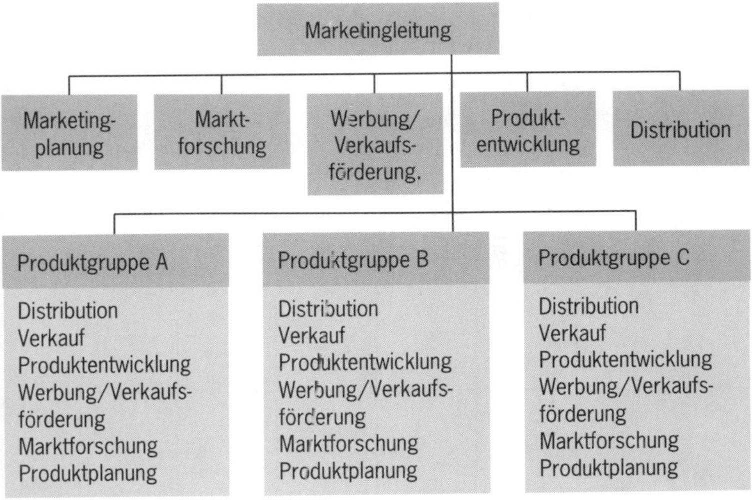

Markt-/kundenorientierte Marketing-Organisation

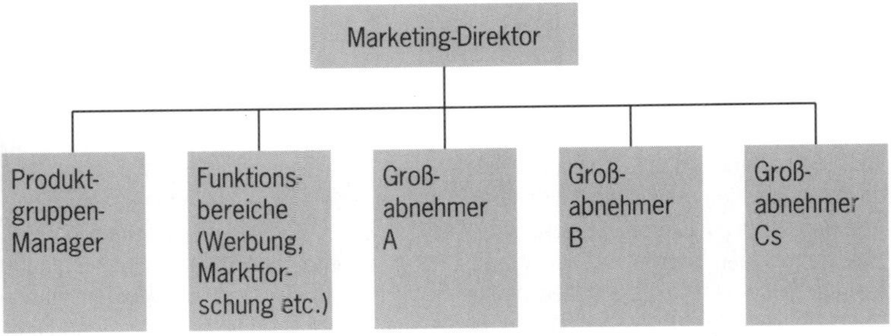

Matrix-Organisation

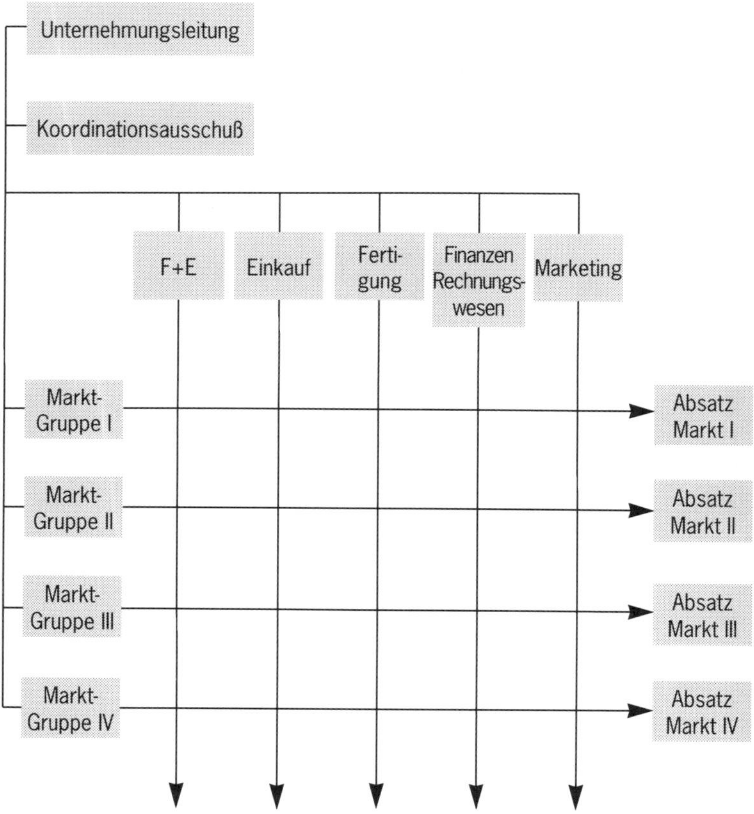

keit, den Marketingbereich oder Teile davon nach den einzelnen Abnehmergruppen zu organisieren. Funktionsspezialisten können parallel zu den Markt-Managern stehen; in Einzelfällen haben Markt-Manager Funktionsspezialisten unter sich.

Die Aufgaben des Markt-Managers sind denen des Produkt-Managers vergleichbar. Er ist für die Planung seines Marktes und die einzelnen Maßnahmen zuständig. Im → Key Account-Management finden sich neben Produkt-Managern und Funktions-Managern Betreuer von Großkunden. Deren Aufgaben sind die spezielle Betreuung von sehr wichtigen Abnehmern, die Vereinbraung von Aktionen, die Festlegung von Konditionen etc.

d. Organisation nach Gebieten
Große internationale Unternehmen teilen manchmal bereits in der zweiten Ebene in die Bereiche Inlands- und Auslandsgeschäft. Darüber hinaus wird häufig der Verkauf nach geographischen Kriterien eingeteilt, beispielsweise Verkaufsleitung Nord, Mitte, Süd und Ost. Die weitere Untergliederung des Verkaufs erfolgt ebenfalls nach geographischen Gesichtspunkten.

e. Matrix-Organisation
Im Gegensatz zum Einliniensystem wird beim Matrixmanagement ein Netz von Leitungsbeziehungen über das Unternehmen gelegt und es entstehen Zweiliniensysteme. Durch die Matrix-Organisation ist es möglich, zwei Aufgaben-Dimensionen auf derselben Organisationsebene zu institutionalisieren. Will man beispielsweise Funktionen und Märkte organisatorisch miteinander verknüpfen, so entsteht eine Matrix-Organisation.

Die einzelnen Leiter der beiden Teilbereiche sind mit Teilkompetenzen ausgestattet, die sich auf dieselbe Gesamtaufgabe beziehen. Es entstehen Kompetenzüberschneidungen, die durch Abgrenzungen zu regeln sind. In einem Funktions-/Markt-Matrix-Management entscheidet beispielsweise der Funktionsspezialist, wie die Aktionen im einzelnen zu planen sind, während der Marktmanager die auf den Markt bezogenen Entscheidungen fällt, also beispielsweise den zeitlichen Einsatz. Es ist unerläßlich, daß die einzelnen Bereiche Maßnahmen absprechen und koordinieren.

2. Ablauf-Organisation
In kleinen und mittleren Unternehmen verursacht die Ablauf-Organisation im Marketing-Prozeß selten größere Probleme. Häufig erstreckt sich Marketing höchstens auf zwei Unternehmensebenen, die Geschäftsleitung und eine Marketing-Abteilung. Wichtige Aktivitäten bedürfen der Zustimmung der Geschäftsleitung; dazu zählen der Jahresplan und größere Aktivitäten wie eine Werbekampagne.

Komplexer wird der Ablauf bei mehrstufiger Organisation in großen Unternehmen. Der Produkt-Manager hat beispielsweise den Jahresplan und Einzelmaßnahmen mit großer Auswirkung oder hohen Kosten nicht nur von seinen Vorgesetzten, sondern auch von der Geschäftsleitung genehmigen zu lassen.

3. Zusammenarbeit mit anderen Unternehmensbereichen
Aus der Zusammenarbeit des Marketing mit anderen Bereichen wie dem Einkauf, der Verwaltung, dem Finanzbereich, der Forschung und Entwicklung (→ Schnittstellenmanagement) ergeben sich Konflikte und Abstimmungsfragen, die durch Kommunikation, organisatorische Maßnahmen oder Entscheidungen übergeordneter Instanzen zu beseitigen bzw. zu reduzieren sind. Ge

Marketing-Personal

Die Komplexität vieler Produkte und Leistungen nahm in den vergangenen Jahr-

zehnten sprunghaft zu. Ein PKW von 1949 konnte noch von technischen Laien repariert werden, was von einem modernen Fahrzeug nicht mehr gesagt werden kann.
Bei fast allen solchen Gütern und Leistungen wächst der Bedarf an → Service und Beratung. So ist der Kunde vor dem Kauf zu beraten, welches Modell in welcher Preis-/Qualitätsstufe, Variante, Sonderausstattung usw. für ihn und seine speziellen Bedürfnisse optimal ist, ggf. müssen auch Möglichkeiten der Anprobe oder Erprobung geboten werden. Nach dem Kauf benötigt der Kunde möglicherweise Gebrauchseinweisung, Wartung und Reparatur und später Beratung für den Ersatzbedarf (Zeitpunkt: Vor Preiserhöhungen, nach Modellwechsel, um Kauf von Veraltetem zu verhindern) sowie Hilfe bei Entsorgung oder Weiterverkauf des Altgerätes.
Der Kontakt zum Kunden ist also vielfach, zahlreiche Stellen und Personen haben Kundenkontakt, in vielen Unternehmen gibt es letztendlich keine Stelle oder Person ohne häufigen, ständigen oder gelegentlichen Kundenkontakt.

Wenn der Wettbewerb heute in der Regel oligopolistischer Natur ist (je operativer Markt nur wenige Anbieter), wenn das strukturelle Überangebot den Käufern wirklich Wahlmöglichkeiten, einen Wechsel des Lieferanten oder Handwerkers leicht möglich macht, wenn Dauerkunden das Ziel sind, dann muß gewährleistet sein, daß vom Portier, Raumpfleger, Telefonisten und dem Mitarbeiter im Ersatzteilverkauf bis hin zum Werkstattleiter und den Familienmitgliedern des Betriebsinhabers, alle direkt oder indirekt Beteiligten, kundenfreundlich denken, motiviert sind und insbesondere sich auch entsprechend verhalten.

Marketing ist also nicht nur eine Funktion für einen Marketingchef, sondern eine Maxime für das gesamte Unternehmen vom Aufsichtsrat, Betriebsrat, Vorstand bis hin zum frisch eingestellten Auszubildenden. Nur wenn in der Entwicklungsabteilung nach bestmöglichen Lösungen für Zielkunden geforscht wird, wenn Anregungen von der Verkaufsfront erwünscht sind und beachtet und honoriert werden, wenn Kundenreklamationen wirklich sofort ernstgenommen werden, nur dann kann von Kundenfreundlichkeit gesprochen werden.
Ein Unternehmen als Anbieter oder Verkäufer hat heute jedenfalls stets zahlreiche Schnitt- oder Kontaktstellen zu den Dauerkunden. Jede Kontaktstelle kann durch Ungeschicklichkeit Kunden reizen und nicht selten für immer vertreiben.

Auch eine als ungeschickt, geschmacklos, aufdringlich oder sonstig unangenehm empfundene Werbung oder Verpackung kann zu fühlbaren Kundenverlusten führen. Enttäuschte ein zudem teures, an sich langlebiges Gebrauchsgut, wird aus einem Geschäftsfreund ein Feind (→ kognitive Dissonanz).
Schon unfreundliche oder sachunkundige Auslieferungsfahrer stören gelegentlich Kundenbeziehungen nachhaltig.

Bei mehrstufigem Absatz gilt es, die → Absatzmittler, insbesondere wenn es sich um Vertragshändler handelt, die unter dem Markenzeichen, der → Corporate Identity und dem → Corporate Design des Unternehmens auftreten (→ Wettbewerbseinheiten, strategisch/taktisch, → Kooperatives Marketing), diese samt ihren Mitarbeitern zur Kundenfreundlichkeit zu schulen, anzuhalten und zu motivieren. Die entscheidende Schnittstelle zum Kunden ist hier der Absatzmittler vor Ort und nur dort finden die wesentlichen und insbesondere direkten Kontakte statt, wird das Image (→ Einstellung) der Marke geprägt, erhalten oder gestört.

Die Arbeitsanforderungen, die sich aus der Kundenfreundlichkeit ergeben, gehören heute in Stellenbeschreibungen und Arbeitsverträge, müssen durch Betriebsvereinbarungen mit dem Betriebsrat abgesprochen werden. Wenn es stimmt, und alle Anzeichen deuten darauf hin, daß wir uns mehr und mehr zu einer dominanten Dienstleistungsgesellschaft entwickeln, dann muß der Dienstleistungsgedanke auch *allseits* und auf allen Ebenen erkannt, gepflegt, geschult und gefordert werden.

Marketing vollendet sich in der Spitzenleistung eines Orchesters (Personal) mit einem Spitzendirigenten (Management) vor dem geeigneten Publikum (Kunden) am richtigen Ort, zur passenden Zeit, also als Gemeinschaftsleistung.

Das Marketing-Personal entscheidet insgesamt und je einzeln über den Erfolg eines Unternehmens oder auch einer Nonprofit-Organisation. Gb

Marketing-Planung

Marketing-Planung ist das systematische und rationale Durchdringen des künftigen Markt- und Unternehmensgeschehens und die Ableitung von Richtlinien für das Verhalten im Marketing-Bereich (Nieschlag/Dichtl/Hörschgen).

Planung heißt, gegenwärtig darüber zu entscheiden, was in der Zukunft zu tun ist. Die Marketing-Planung ist häufig der wichtigste Bestandteil der Unternehmensplanung.

Es ist zwischen dem Jahresplan und der längerfristigen Planung zu unterscheiden, welche oft drei bis fünf Jahre, zuweilen auch bis zu zehn Jahre umfaßt. Der Jahresplan hat verbindlichen Charakter, er ist eingebettet in die längerfristige Planung; diese zeigt die groben Perspektiven der nächsten Jahre. Der Jahresplan kann bei Vorliegen von triftigen Gründen abgeändert werden (z. B. neue Konkurrenzprodukte, Nachfragerückgang, Preisreduzierung des Wettbewerbs).

Es wird zwischen strategischer und operativer Marketing-Planung unterschieden. Die strategische Planung ist langfristig orientiert, sie umfaßt Entscheidungen über:

- das Angebotsprogramm,
- Märkte,
- Kunden,
- qualitative und quantitative Marketing-Ziele sowie
- grundsätzliche Verhaltensweisen, auch als Strategien bezeichnet.

Im Rahmen der strategischen Marketing-Planung sind die Planvorstellungen in Budgets umzusetzen. Rollierende Planung ist die jährliche Überarbeitung des längerfristigen Planes. Zur operativen Marketing-Planung gehören die kurzfristigen Aktionsprogramme, also die Maßnahmenseite des Jahresplanes. Der operative Aktionsplan mit einzelnen Maßnahmen hat auch aufzuzeigen, wer für die Durchführung und Erledigung der einzelnen Maßnahmen zuständig ist und zu welchen Terminen diese zu erfolgen haben.

Für den Ablauf der Marketing-Planung gibt es im wesentlichen drei Planungs-Grundsätze; bei der »Planung von oben nach unten« legt die Unternehmensleitung die Ziele fest und erstellt auch den Plan zur Erreichung der Ziele für alle Managementebenen des Unternehens. Bei der »Planung von unten nach oben« legen einzelne Organisationseinheiten wie Abteilung, Hauptabteilungen oder Sparten ihre Ziele und Pläne fest, die dann durch das Management genehmigt werden. Gilt das Prinzip »Ziele von oben, Pläne von unten«, so entscheidet die Unternehmensleitung über die Ziele und die einzelen Organisationseinheiten stellen die Pläne zur Zielerreichung auf. Diese werden von der Unternehmensleitung genehmigt und sind damit offizieller Jahresplan.

Der Ablauf der Marketing-Planung erfolgt in Schritten:

- Analyse der gegenwärtigen und zukünftigen Situation des Unternehmens und seiner Umwelt (interne und externe Analyse), daraus ergeben sich intern Stärken und Schwächen sowie extern Chancen und Risiken (→ SWOT-Analyse);
- Festlegung von Marketing-Zielen (im Rahmen des Unternehmens-Leitbildes und der Unternehmens-Ziele);
- Erarbeiten von längerfristigen Strategien (→ Marketing-Strategien) und operativen Aktionsprogrammen zur Zielerreichung und
- Vorausschätzung der Wirkungen der ergriffenen Maßnahmen.

Es empfiehlt sich eine schriftliche Planung; diese hat den Vorteil der genauen Überprüfbarkeit und erlaubt auch einen personellen Wechsel ohne negative Folgen.

Die Marketing-Planung einzelner Erfolgsträger hat häufig folgenden Inhalt:

- Situationsanalyse,
- Ziele,
- Strategien,
- Aktionsprogramm,
- Budget,
- Regelung der Zuständigkeit sowie
- Termine.

(→ Planinhalte).

Im Rahmen der Marketing-Planung kommen verschiedene Planungsmethoden oder Planungstechniken zur Anwendung.:

→ Lückenanalyse,
- multivariate Datenanalyse, → multivariate Verfahren,

→ Szenario-Technik,
→ Checklisten,
→ Portfolio-Analyse. Ge

Marketing-Software

Jahrzehntelang hat nur eine Software im Marketing eine wirkliche Rolle gespielt: die inzwischen in hunderten von Varianten existierende Software für Auftragserfassung und -verwaltung. Mit ihrer Hilfe erfaßt der Vertrieb eingehende Aufträge und steuert die Distribution. Diese ursprünglich Host-orientierte Software gibt es inzwischen auch für Kleinbetriebe auf PC.

Im Zuge der Computerisierung des Vertriebes, insbesondere durch den PC, wurden vielfältige neue Anwendungsgebiete erschlossen, die sich alle ausgezeichnet bewährt haben. Es sind dies insbesondere:

1) Im Vertrieb: Software für → Computer Aided Selling und für das → Database Marketing (Einsatz von Kundendatenbanken).
2) In der Werbung, im Produktmanagement sowie in der Marktforschung: Software zur Verwertung der Ergebnisse von Mediaanalysen, von Markt-Media-Studien aus Marktforschungsstudien. Große Marktforschungsinstitute, wie z. B. Nielsen und GfK, liefern heute ihren Kunden anstelle von Studien Disketten mit Ergebnissen zur weiteren Auswertung nach Bedarf im eigenen Hause. Wichtig sind auch neuere Programme für die Media-Streuplanung, die sich seit etwa 1993 schnell in der Werbung durchgesetzt haben.
3) In der Pressearbeit: Selektierbare Presse-Datenbanken zur Distribution von Presseinformation.
4) Externe Datenbanken: Zur Nutzung externer Datenbanken bedienen sich alle Marketingbereiche der entsprechenden Retrival-Software, um online aus einer Datenbank oder vor Ort von einer → CD-ROM Daten und Fakten zu selektieren und zu übernehmen (Downloading).
5) Mathematische Modelle: Seit langem werden auch mathematische Modelle zur Optimierung von Marketingaufgaben propagiert (Preisfindung, Deckungsbeitrags-Optimierung, Tourenplanung etc.). Doch diese sind sehr situationsspezifisch und außerordentlich schwierig zu handhaben.

Ein Teil der Marketing-Software besteht aus Standards, die unverändert oder, ggf. an die Bedingungen des einzelnen Anwenders angepaßt, Anwendung finden. Daneben gibt es Gebiete, wo Individual-Software dominiert (z. B. elektronische Kataloge; → Computer Aided Selling).

Im Trend liegen bedienerfreundliche maus- oder griffelgesteuerte Systeme auf der Basis grafischer und farbiger Oberflächen, die von den Anwendern (EDV-Laien im Marketing) intuitiv genutzt und leicht erlernt werden können. Neben dieser Spezial-Software finden in allen Bereichen des Marketing auch die klassischen Management-Tools breite Anwendung: Programme der Textverarbeitung, der Tabellenkalkulation und der Datenbankverwaltung sowie Auswertungsprogramme, wie Kartographie und Statistik (SPSS, SAS).

Hendrik Schüring

Marketing-Strategien

Jede Steuerung des Instrumenteneinsatzes setzt die Ableitung und Realisierung von Strategien voraus. Diese sind ein Hilfsmittel, um unternehmerische Entscheidungen bzw. den Mitteleinsatz im Unternehmen zu kanalisieren. Eine strategieorientierte Unternehmensführung bzw. Marketing-Politik ist dadurch gekennzeichnet, daß eine Bahn

Die Strategien im Überblick

oder Route vorgegeben ist, in der sich der Einsatz der Instrumente vollzieht. Die Lenkungsleistung von Strategien besteht darin, daß sie Lösungswege so vorzeichnen, daß ein gesetztes Ziel ohne größere Umwege erreicht wird. Strategien sind also Grundsatzregelungen, Richtlinien oder Leitmaximen, durch welche ein konkreter Aktivitätsrahmen sowie eine bestimmte Stoßrichtung des unternehmerischen Handels bestimmt wird. Somit sind sie ein zentrales Bindeglied zwischen den Zielen und den Marketing-Maßnahmen.

Die operativen Maßnahmen sind zugleich die taktische Seite; die Taktik legt die »Beförderungsmittel« fest, die über die vorgegebene Route – also Strategie – zu den angestrebten Zielen führen. Die Taktik bestimmt die laufenden Maßnahmen innerhalb des Jahresplans und widmet sich dem Tagesgeschäft. Die Strategie ist also der verbindliche Handlungsrahmen für die laufenden operativen Entscheidungen (Becker).

Dem strategischen Marketing kommt eine immer größere Bedeutung zu. Veränderte Marktsituationen und -konstellationen erfordern neue Denk- und Handlungsweisen und eine weitaus stärkere strategische Orientierung des Marketing. Das strategische Marketing besitzt durch die vorangehende Situationsanalyse längerfristige Einwirkungs- und Entwicklungsmöglichkeiten.

Die marketing-strategischen Überlegungen beziehen sich hauptsächlich auf folgende Bereiche:

1) Strategische Analyse
   a) → Portfolio-Analyse
   b) → Lückenanalyse
   c) → Umsatzanalyse und Deckungsbeitragsanalyse (→ Vertriebserfolgsrechnung)
2) Gesamtstrategien
   a) → Wettbewerbsstrategien
   b) → Marktfeld-Strategien
   - Marktdurchdringung
   - Markterschließung
   - Produktentwicklung
   - Diversifikation
   c) → Marktstimulierungs-Strategien
   - Präferenzstrategie- bzw. → Markenstrategie
   - Preis-Mengen-Stratgie
   d) → Marktparzellierungs-Strategien
   - Massenmarktstrategie
   - Marktsegmentierungsstrategien (→ Marktsegmentierung)
   f) → Marktareal-Strategien
   g) → Sonstige Strategien (→ Kooperations-Strategien, → Marketing-Budget)
3) Strategien einzelner → Instrumente
   a) → Produktstrategie, → Produktpolitik
   b) Preisstrategie, → Entgeltpolitik
   c) Vertriebsstrategien, → Vertriebspolitik
   d) Kommunikationsstrategien, → Werbung (Copy- und Media-Strategie) und → Verkaufsförderung. Ge

Marketing-Theorie-Ansätze

Man unterscheidet (nach Meffert) folgende Ansätze der Marketing-Theorie bzw. der klassischen Absatztheorie:

Klassische Absatztheorie:

Institutionenansatz
Ältester Ansatz der Marketing-Theorie. Gegenstand ist hierbei die Beschreibung und Klassifizierung von in der Praxis vorgefundenen absatzwirtschaftlichen Organen sowie (später auch) der Konzentration, der Kooperation und der Wandel von Institutionen (insb. → Handelsbetriebsformen). (Erich Schäfer, Rudolf Seyffert)

Warenorientierter Ansatz
Zunächst Bildung verschiedener → Produktkategorien. Darauf aufbauend sollen jeweils bestimmte Möglichkeiten der Gestaltung der Absatzpolitik entwickelt werden. (Udo Koppelmann)

Verbraucherorientierter Ansatz
Der verbraucherorientierte Ansatz der Nürnberger Schule stellt einen Vorgänger des verhaltenswissenschaftlichen Ansatzes dar. Im Vordergrund stand die Erforschung des Verbraucherverhaltens, der Kaufmotivation, von → Grund- und → Zusatznutzen. (Wilhelm Vershofen)

Funktionenorientierter Ansatz
Analyse der Absatzfunktionen und daraus Entwicklung von Ansätzen zur Systematisierung der betrieblichen Funktionslehre (→ Handelsfunktionen). (Karl Oberparleitner, Eugen Leitherer)

Modelltheoretischer Ansatz
Absatz als Prozeß der Leistungsverwertung. Innengerichtete Ansätze: Untersuchung von Organisation, Absatzplanung

und Absatzkosten. Außengerichtete Ansätze: Anzielen einer Optimalkombination der absatzpolitischen Instrumente u. a. unter Berücksichtigung der Lehre von den → Marktformen. (Erich Gutenberg)

Moderne Marketingtheorie:

Systemorientierter Ansatz
Der systemorientierte Ansatz umfaßt die Beschreibung von Marketingsystemen (Systemelemente, wie Unternehmen, Menschen) und von Verhaltensweisen darin sowie Verhaltensnormen für die optimale Gestaltung von Marketingaktivitäten. (Hans Ulrich)

Verhaltenswissenschaftlicher Ansatz
Hierzu zählt die heutige Konsumentenforschung (→ Konsumentenverhalten). (Werner Kroeber-Riel)

Entscheidungsorientierter Ansatz
Umfaßt als Theorie des Entscheidungsverhaltens die Erklärung des Ablaufes von Entscheidungsprozessen sowie Verhaltensempfehlungen. Elemente des Entscheidungsprozesses sind insbesondere die Formulierung von → Marketing-Zielen und der Einsatz der Instrumente des → Marketing-Mix. (Edmund Heinen)

Situativer Ansatz
Weiterentwicklung des systemorientierten Ansatzes, die nicht von *einem* Optimum der Lösung eines Marketingproblems ausgeht, sondern davon, daß es mehrere gibt, die der jeweiligen Situation entsprechend ausgewählt werden sollten. (Freemont Kast, James Rosenzweig)

Gb

Marketingtheorie, moderne

→ Marketing-Theorie-Ansätze.

Marketing-Ziele

Ausgangspunkt der Marketing-Ziele sind die unternehmerischen Ziele. Das unternehmerische Zielsystem ist hierarchisch geordnet: die Spitze bilden übergeordnete Wertvorstellungen. Diese stellen die Grundlage für den Unternehmenszweck (Mission) dar. Daraus sind die konkreten Unternehmensziele abzuleiten, die Orientierungsgrößen für die nachgelagerten Bereichs- und Instrumentalziele sind.

1. Allgemeine Wertvorstellungen. In verbindlichen Unternehmensgrundsätzen werden Fragen grundsätzlicher Natur festgelegt, wie z.B. das Engagement in bezug auf das Gesellschaftssystem, die Umwelt, Verhaltensweisen gegenüber verschiedenen Gruppen sowie Führungsgrundsätze.

2. Unternehmenszweck (Mission)

Es werden folgende Grundsatzregelungen getroffen, die zentrale Rahmenbedingungen des Unternehmens vorstrukturieren:

a. Rolle des Unternehmens
   - im Markt,
   - in der Branche,
   - im Wirtschaftssektor.

b. Betätigung der Unternehmung hinsichtlich
   - Art der erstellten und angebotenen Leistungen,
   - Eigenschaften der Leistungen,
   - eingesetzte Technologie,
   - Grundsätze der Vermarktung,
   - Abnehmer/Zielgruppen,
   - Marktgebiet.

Hierarchie von Marketing-Zielen

Verantwortlich für die Zielformulierung	Ebene der Ziele	Beispiele für Zielsetzungen
Unternehmensleitung Strategieteam SGE-Team	Oberziele bzw-Bereichs ziele	Rentabilität um 3% in 2 Jahren erhöhen – Summe Deckungsbeiträge nach 2 Jahren auf 15% nach 4 Jahren auf 20% erhöhen – Marktanteile in 1 Jahr um 5% steigern
↓↑		
Verkaufsleitung	Hauptabteilungsziele	– Umsatz in 1 Jahr um 20% steigern – Vertriebskosten im 1.Jahr um 4%, im zweiten Jahr um 2% senken
↓↑		
Bezirksleitung	Abteillungsziele	Im Planjahr: – Reduzieren der Rabatte um 5 bis 15% in 5 Monaten – Außendienstkosten um 10% in 1 Jahr senken
↓↑		
Verkäufer	Verkaufs ziele	Stückzahl erhöhen im Bezirk X Maschine A um 5%, Maschine B um 20%, Maschine C um 10%

Quelle: Lessing/Groeger

Hierbei handelt es sich bereits um einige marketingstrategische Grundsatzentscheidungen.

c. Potentiale bzw. Restriktionen bezüglich
   - Sachmittel,
   - Personal,
   - Finanzmittel und
   - Know-how (Technik, Marketing).

d. Grundsätze der Unternehmenspolitik
   - Unabhängigkeit,
   - Marktstellung,
   - Qualitätsstandard,
   - Innovation,
   - Basisorientierung (Markt, Technik und/oder Rohstoffe).

Damit ist dem unternehmerischen Handeln eine Unternehmensphilosophie zugrunde gelegt, welche die Grundlagen der unternehmerischen Betätigung definiert.

3. Unternehmensziele

Es kann zwischen Sachzielen und Formalzielen unterschieden werden. Sachziele beinhalten Art, Menge und Zeitpunkt der für den Markt zu erstellenden Produkte bzw. Dienstleistungen. Formalziele geben an, anhand welcher Kriterien

die Entscheidungen im Unternehmen getroffen werden; dazu gehören z. B. Gewinn, Wachstum, Selbstständigkeit. Es ist empfehlenswert, Ziele immer eindeutig zu definieren. Dies gilt für den Zielinhalt, die Zielhöhe, das Zielgebiet und die Zielfristigkeit.
Unternehmerische Ziele sind beispielsweise Gewinn (absolut; in Prozent vom Umsatz, Eigenkapital oder Gesamtkapital; als → ROI/Return on Investment; in Deckungsbeiträgen; als Vergleichswert zur Vergangenheit oder Branche), Wachstum (Vergleich zur Branche oder Vergangenheit), Image etc. Diese Ziele sind jeweils nach den vorgenannten Kriterien festzulegen. Daneben gibt es qualitative Ziele wie Machtstreben, Sicherung des Unternehmenspotentials oder soziale Bestrebungen.

4. Bereichsziele
Diese sind für einzelne Funktionsbereiche festzulegen, u. a. auch für Marketing.

Aus den allgemeinen Unternehmenszielen leiten sich die Marketing-Ziele ab. Diese knüpfen sowohl an die zukünftigen Marktmöglichkeiten als auch die vorhandenen Gegebenheiten im Unternehmen an. Die wichtigsten Marketing-Ziele betreffen:
- Absatzmenge,
- Umsatz,
- Marktanteil,
- Distribution,
- Bekanntheitsgrad,
- Image,
- Verkaufspreis/Erlös pro Einheit, Preispositionierung,
- Deckungsbeitrag,
- Kosten, variable und fixe,
- Markensympathie und -verwendung,
- Probierkaufrate,
- Zufriedenheitsgrad,
- Nachkaufrate.

Ferner gibt es Unterziele, wie:
- Plazierung (an bestimmter Stelle im Geschäft),
- Regalfläche,
- Handelswerbung,
- Qualität und
- Ziele einzelner Instrumente.

Diese Ziele sind ebenfalls nach Zielinhalt, -höhe, -gebiet und -fristigkeit zu definieren.

Neben diesen quantitativen können auch qualitative Ziele definiert werden, wie Verbesserung der Produktqualität, Verbesserung des Außendienstes oder größere Zufriedenheit der Kunden.

Die Marketing-Ziele bewegen sich auf verschiedenen Zielebenen. Die einzelnen Größen können das gesamte Unternehmen, einzelne Produktgruppen oder SGE, einzelne Marken oder einzelne Aktionen bzw. Instrumente betreffen. Die Zielhierarchie reicht von der Leitung des Unternehmens oder eines Bereichs bis zur Hauptabteilung, Abteilung oder den einzelnen Verkäufern.

5. Instrumentalziele
Im Marketingbereich handelt es sich dabei um die Ziele der einzelnen absatzpolitischen Instrumente (nach Becker). Ge

Markt

Das (räumliche und zeitliche) Zusammentreffen von Angebot und Nachfrage, bei dem sich Preise bilden, nennt man Markt. Ein Markt war ursprünglich (bis zum Zeitalter der industriellen Revolution der Normalfall) ein Ort bzw. eine Fläche, wo Anbieter (z. B. Händler, Handwerker, selbstvermarktende Landwirte) sich mit der örtlichen Nachfrage trafen (Haushalte, Fernhändler, Klöster, adlige Hofhaltungen). Herbei handelt es sich um den *gewachsenen* Markt, meist innerörtlich, mit begrenztem Einzugsgebiet, welches bestimmt ist durch Zeitbedarf für Erreichung des Marktes, Landesgrenzen und Attraktivität benachbarter Märkte (→ Standortentscheidung).

Künstliche, *organisierte* Märkte sind etwa Börsen, Verkaufsausstellungen, → Messen oder integrierte Einkaufszentren auf der grünen Wiese (→ Einkaufszentren).

Wir sprechen dann aber auch vom National-, Europa- oder Weltmarkt, worunter durch technische Kommunikation (Zeitungen, Fachzeitschriften, Firmen-/Branchenhandbücher, Datenbanken, Informationssysteme, organisierte Märkte (s.o.) und sonstigen Kommunikationsaustausch) geschaffene/organisierte Märkte zu verstehen sind. Der Weltmarkt, z. B. für Kaffeebohnen, Platin, PKW oder PCs entsteht durch Kommunikation, er ist eigentlich ein Hintergrundmarkt, vor dem dann das lokale/regionale Marktgeschehen abläuft.

Märkte sind nach Wirtschaftsstufen/Produktionsstufen getrennt zu betrachten. So gibt es traditionell Märkte für:

- Rohstoffe,
- Verarbeitungsprodukte, Zwischenprodukte sowie
- Ge- und Verbrauchsgüter, Fertigprodukte.

Zusätzlich gibt es aber auch

- Gebrauchtgütermärkte (»Second Hand« -Märkte, z. B. für gebrauchte PKW, Omnibusse etc.)
- Abfallproduktmärkte (zu entsorgende Stoffe, z. B. Giftstoffe und recycelbare Stoffe, z. B. Glas und Papier).

Märkte für Kunsthandwerk, Kunst, Immobilien oder Lizenzen auf → Patente, Gebrauchsmuster- und Markenrechte, ein Heiratsmarkt oder gar der »Markt der Meinungen« sind als Spezialmärkte anzumerken.

Für jegliches Marketing ist es Basisentscheidung, auf welchen Märkten mit welchem Marketing-Instrumentarium (Distribution, Kommunikation, Preise und Konditionen, präzise Produkt-, Leistungs-, Service-, Sortiments-, Kennzeichnungs- und Verpackungspolitik) operiert werden soll. Jeder Markt hat seine eigenen Gepflogenheiten, Sprache und sonstigen Besonderheiten, die es als »Datum« (nicht änderbar, Erwartungsparameter) zu beachten gilt. Änderungen hierbei sind allenfalls langfristig oder durch »Revolution« möglich.

Güter und Leistungen können, was ursprünglich der absolute Regelfall war, per sofort/aktuell angeboten und nachgefragt werden. Termingeschäfte gab es schon im Altertum, so wurden Agrarerzeugnisse weit vor der Ernte »per Ernte« (z. B. Herbst) gehandelt. Termingeschäfte mit Rohstoffen, Devisen, Wertpapieren und Optionen hierauf gelten als risikoreich, erfordern also für Anbieter und Nachfrager hohe Fach- und aktuelle Marktkenntnisse.

Der Markt für den Produktionsfaktor »Arbeit« (=Arbeitsmarkt) spaltet sich in Untermärkte für alle Ebenen der betrieblichen Hierarchien, für alle Spezialisierungen und nicht zuletzt auch regional sowie nach demographischen, soziographischen und psychographischen Kriterien auf (→ Segmentierung).

Der Kapitalmarkt hat vielfache Facetten, sei es, daß organisiert, börsenmäßig Aktien und Obligationen gehandelt werden, sei es, daß (fast »unter der Hand«) Beteiligungen an Unternehmen, deren Eigentumsrechte nicht an der Börse gehandelt werden, oder Aktienpakete gehandelt werden. Der unsichtbare Kapitalmarkt beinhaltet Angebot und Nachfrage nach Krediten und Kreditsurrogaten wie Leasing, Factoring oder Forfait ebenso wie das Einlagen- und Anlagengeschäft von Banken und sonstigen Anlageberatungs- und Anlagevermittlungsunternehmen.

Gb

Markt: Maßstäbe für quantitative Analysen

Marktvolumen

Das Marktvolumen bezeichnet realisierte oder prognostizierte Absatzmengen oder Umsätze auf einem klar eingegrenzten Produkt- oder Leistungsmarkt (Eingrenzung geographisch/regional und von Produkt/Leistung her) (→ Markt), meist die Endstufe der Distributionskette (also den Ge-/Verbraucher) betreffend.

Marktanteil

Der Marktanteil eines Unternehmens oder einer Anbieter-Kooperationsgruppe (→ Kooperatives Marketing) gibt den Anteil am Marktvolumen in Prozent an.

Der Marktanteil ergibt sich somit aus dem eigenen Umsatz (Absatz) dividiert durch die Summe der Umsätze (der Absätze) aller Anbieter multipliziert mit 100.

Marktpotential

Maximale Aufnahmefähigkeit eines Marktes (Umsatz oder Absatz) für ein Produkt oder eine Leistung und damit Obergrenze für das Marktvolumen. Das Marktpotential zeigt somit für eine zukünftige Periode (z. B. Jahr 2000) an, welcher Umsatz/Absatz im Markt erzielt werden kann. Dabei empfiehlt es sich, anzugeben, welche Prämissen (Grundannahmen) bei der Schätzung/Berechnung des Marktpotentials zugrunde gelegt werden. Bei Prognosen des Marktpotentials wird häufig eine »pessimistische«, eine »normale« und eine »optimistische« Version angeboten. Bei

Kundenpotential

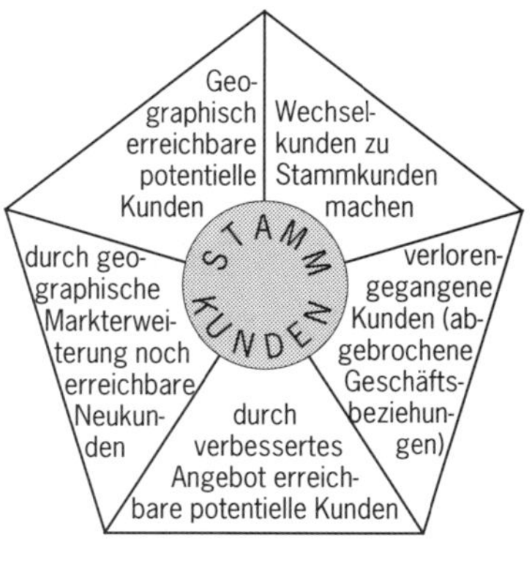

Eintritt der pessimistischen Version sollte zumindest das Unternehmen noch nicht ernsthaft gefährdet sein, auf den Eintritt dieser Version muß man notfalls eingerichtet sein.

Kundenpotential

Das Kundenpotential gibt analog dem Marktpotential an, welche Kunden mit der vorgesehenen Strategie in einer Periode (wenn nicht gesondert angegeben, ist die gegenwärtige Periode gemeint) erreicht werden können. Schätzungen des Kundenpotentials sind geeignet, für die Distributionsplanung, die Werbeplanung und auch für die Produktentwicklung und Servicepolitik als Basis zu dienen. Einzelne Segmente des Kundenpotentials sind häufig mit speziellen Aktionen, mit speziellen Taktiken, manchmal gar nur mit einer Revision der Strategie zu aktivieren. Gb

Marktabdeckung

→ Marktparzellierungsstrategien.

Marktanteil

→ Markt: Maßstäbe für quantitative Analysen.

Marktanteilskoeffizient

→ Absatzkennziffern.

Marktareal-Strategien

→ Absatzgebiet. Bei den Marktareal- oder Gebietsstrategien können unterschieden werden:

1. Nationale bzw. teilnationale Strategien (Domestic Marketing)
   a. Lokale Marktabdeckung (Einzelhandel, Handwerk)
   b. Regionale Marktabdeckung (Bundesland oder Teile, etwa regionale Tageszeitung, mittlere Brauerei)
   c. Überregionale Marktabdeckung (mehrere Bundesländer, etwa regionale Marken)
   d. Nationale Marktabdeckung.
2. Internationale Strategien
   a. Teileuropäische Strategie (einige Länder, etwa deutschsprachiger Raum oder angrenzende Länder, häufig über Exporte abgewickelt)
   b. Europäischer Raum (mehr oder weniger vollständige Abdeckung)
   c. Multinationale Strategie, auf mehreren Kontinenten tätig, Orientierung am Heimatmarkt wird zugunsten einer Ausrichtung am Gastland aufgegeben
   d. Globale Strategie, in nahezu allen Ländern vertreten, internationale Ausrichtung des Marketing, gewisse Selbständigkeit der Tochterfirmen in den einzelnen Ländern.

Ge

Marktbeherrschende Stellung

Ein Unternehmen (einschließlich konzernangehöriger Unternehmen) hat eine m.S., wenn es auf seinem Markt keinem wesentlichen Wettbewerb mehr ausgesetzt ist, so daß es seinerseits in der Lage ist, spürbare Wettbewerbsbeeinträchtigungen herbeizuführen.

Könnte durch Zusammenschluß mehrerer Unternehmen eine m.S. entstehen, so unterliegt dieses Vorhaben der sog. Fusionskontrolle durch die Kartellbehörden, die zur Untersagung des Zusammenschlusses führen kann. Außerdem unterliegen Unternehmen mit einer m.S. der sog. → Mißbrauchsaufsicht, durch die verhindert werden soll, daß solche Unternehmen ihre Marktmacht zum Schaden anderer ausnutzen (§ 22 → GWB). Schließlich ist Unternehmen mit einer m.S. die → Diskriminierung anderer Unternehmen verboten. Dietrich Schmidt

Marktbeherrschendes Unternehmen

Unternehmen mit einer → marktbeherrschenden Stellung.

Marktdurchdringung

bedeutet, daß ein bereits existierendes Produkt auf einem aktuellen Markt mit vergrößerten Anstrengungen angeboten wird.

Die Marktdurchdringung hat hauptsächlich drei Ansatzpunkte:

- Erhöhung der Produktverwendung bei bestehenden Kunden (z. B. durch Konsumsteigerung in Verbindung mit Produktverbesserungen, Beschleunigung des Ersatzbedarfs, Vergrößerung der Abpackeinheiten, Erhöhung der Distribution sowie verstärkte Werbung und Verkaufsförderung)
- Gewinnung neuer Kunden (durch Produktverbesserung, zusätzliche Verkaufsargumente und Preispolitik) von der Konkurrenz sowie
- Gewinnung bisheriger Nichtverwender (durch Probenverteilung, neue Absatzkanäle und Preispolitik). Ge

Märkte nach Art der Nachfrager

→ Nachfrager (organisiert, unorganisiert), → Käuferverhalten.

Unorganisierte Nachfrage:
→ Konsumenten als Nachfrager (K-Märkte)
Organisierte Nachfrage:
Produzenten als Nachfrager (P-Märkte), Wiederverkäufer als Nachfrager (W-Märkte),
öffentliche Nachfrager, also Staat und staatliche Organisationen (Ö-Märkte).

Markterschließung

Bei der Markterschließung führen Unternehmen ein vorhandenes Produkt auf einem neuen Markt ein.
Dabei werden folgende Überlegungen angestellt:

- Erschließung zusätzlicher Marktgebiete (regional, national und international), → Marktareal-Strategien,
- Eindringen in Zusatzmärkte (Erweiterung der Produkteignung, neue Anwendungsbereiche) und
- Erschließung neuer Teilmärkte im Sinne von neuen Abnehmern (durch neue, differenzierte Produkte, neue Absatzwege und Werbung).

Markterschließungsstrategie

Die *Markterschließungsstrategie* ist meist langfristig angelegt. Die Einführungspreise neuer Produkte werden so festgelegt, daß erst am Ende der Markteinführung und bei Erreichung der Planumsätze ausreichende Stückgewinne erzielt werden. Diese Strategie soll potentielle Wettbewerber abschrecken und den Verbrauch der Produkte und damit die verkaufte Menge relativ schnell auf das langfristige Optimum bringen. Wird diese Strategie mit Qualität und kundenfreundlichem

Marktfeld-Strategien

Produkt \ Markt	gegenwärtig	neu
gegenwärtig	Marktdurchdringung	Markterschließung
neu	Produktentwicklung	Diversifikation

Service verbunden, so erreicht das Unternehmen hohe Kundenpräferenzen, also Dauerkunden. Stark vereinfacht wird europäischen Unternehmen vielfach mehr eine → Abschöpfungsstrategie nachgesagt, während japanische Unternehmen fast regelmäßig nach der Markterschließungsstrategie vorgehen. Ge

Marktfeld-Strategien

Es erhebt sich die Frage, durch welche Strategierichtung die strategische Lücke (→ Lückenanalyse) geschlossen werden kann. Dafür kommen gegenwärtige und neue Produkte sowie gegenwärtige und neue Märkte in Frage. Bei der Kombination der Möglichkeiten ergeben sich vier grundlegende Strategien:

→ *Marktdurchdringung* bedeutet, daß ein bereits existierendes Produkt auf einem aktuellen Markt mit vergrößerten Anstrengungen angeboten wird.

Bei der → *Markterschließung* führen Unternehmen ein vorhandenes Produkt auf einem neuen Markt ein.

Wird ein neues Produkt auf dem gegenwärtigen Markt eingeführt, so haben wir eine *Produktentwicklung* (→ *Innovation*) und bei → *Diversifikation* kommt ein neues Produkt auf einen neuen Markt.

Marktformen-Schema

Marktform	Monopol	Oligopol	Polypol
Struktur	einer	wenige	viele
Verhalten	keine Wettbewerbsorientierung, wenig Innovation	Wettbewerb viel F/E	Anbieter klein, kein Markteinfluß, Anpasser
Marktergebnisse	hoher Preis geringer technischer Fortschritt	gute Versorgung, vernünftige Preise	harter Preiswettbewerb, wenig Innovation

Die vier Strategien Marktdurchdringung, Markterschließung, Produktentwicklung und Diversifikation können in einem Unternehmen auch gleichzeitig und kombiniert eingesetzt werden. Ge

Marktformen

Die klassischen Marktformen sind das Monopol, das Oligopol und das Polypol. Die wichtigsten Merkmale sind die Struktur bzw. Zahl der Anbieter, deren Verhalten und die Marktergebnisse (siehe Schema) → Preis-Absatz-Funktion. Ge

Marktforschung

Die Marktforschung im engen Sinne erstreckt sich auf externe Daten und schließt auch andere Märkte (Beschaffungs-, Arbeits-, Kapitalmarkt etc.) mit ein (→ Marketing-Forschung).

Marktlücke

→ Nischen-Strategie.

Marktmacht

M. besitzt, wer auf einem bestimmten Markt auf die dort geltenden Faktoren wie Preise, Warenmengen, Serviceleistungen spürbar Einfluß zu nehmen vermag. M. kann dann unter bestimmten Voraussetzungen bekämpft werden, wenn sie in Form eines → marktbeherrschenden Unternehmens oder eines → Kartells auftritt.

Marktneuheit

→ Innovation.

Marktnische

→ Nischen-Strategie.

Marktparzellierungs-Strategien

Hierbei geht es um die Differenzierung bzw. Abdeckung des Marktes.

Ein Unternehmen hat (nach Kotler) die Wahl zwischen drei Strategien:
- undifferenziertes Marketing,
- konzentriertes Marketing und
- differenziertes Marketing, wozu noch das
- selektiv-differenzierte Marketing hinzugefügt werden kann (Becker).

Die vier Alternativen ergeben sich aus einer Matrix, die sich aus der Marktabdeckung und der Marktbearbeitung, d. h. Differenzierung des Marketing-Programms ergibt (Becker):

Die Basisalternativen der Marktparzellierung

Differenzierung des Marketing-Programms	Abdeckung des Marktes	
	vollständig (total)	teilweise (partial)
undifferenziert	undifferenziertes Marketing	konzentriertes Marketing
differenziert	differenziertes Marketing	selektiv-differenziertes Marketing

Zunächst hat ein Unternehmen zwischen den grundlegenden Marktbearbeitungsalternativen zu entscheiden:
- undifferenziertes Massenmarketing oder
- differenziertes Marketing bzw. Marktsegmentierung.

Beim *Massenmarketing* werden Standardprodukte angeboten, welche die durchschnittlichen Bedürfnisse von jedermann zu befriedigen vermögen, also eine allgemeine Bedürfnisbefriedigung bieten.

Bei der → *Marktsegmentierung*, also der Aufteilung oder Zerlegung des Marktes in Teilmärkte, werden spezielle Marktsegmente oder Käufergruppen herausgesucht, die mit auf sie zugeschnittenen Produkten (verbunden mit einem entsprechenden Marketing-Mix) bedient werden; es liegt demzufolge eine spezielle Bedürfnisbefriedigung vor.

Die nächste grundlegende Entscheidung ist die Marktabdeckung. Diese kann umfassend sein; es kann aber auch nur ein Marktausschnitt abgedeckt werden.

Die undifferenzierte Massenmarkt-Strategie ist eine klassische Marketing-Strategie und ist bzw. war früher bei vielen Unternehmen auf vielen Märkten anzutreffen. Sie ist eine Standardstrategie der klassischen präferenz-orientierten Markenartikel-Konzeptionen (Becker). Die Unterschiede in den Bedürfnisstrukturen und in den Verhaltsweisen der Abnehmer bleiben unberücksichtigt. Der Markt wird nicht als ein Gebilde aus Teilstrukturen gesehen, sondern als ein Gesamtaggregat. Die Firma konzentriert sich bei der Gestaltung des Produktes nicht auf die Unterschiede bei den Verbrauchern, sondern auf ihre Gemeinsamkeiten; der Anbieter versucht, die größtmögliche Zahl von Verbrauchern anzusprechen. Dieses Vorgehen wird auch als sog. Schrotflinten-Konzept bezeichnet.

Das konzentrierte Marketing, eine Massenmarktstrategie mit partialer Marktabdeckung, ist ebenfalls massenhaft angelegt, konzentriert sich aber auf bestimmte Globalabschnitte eines Marktes, der enger gefaßt ist als der Grundmarkt.

Ge

Marktpenetration

→ Marktdurchdringung.

Marktpotential

→ Markt: Maßstäbe für quantitative Analysen.

Marktreaktionsfunktion

Eine Marktreaktionsfunktion gibt die Art und Stärke der Wirkung verschiedener Marketingvariablen (z. B. Preis, Werbung...) auf Absatzmengen und/oder Marktanteile (als Reaktion der Nachfrager) an. So sind beispielsweise → Preis-Absatz-Funktionen (nachgefragte Menge abhängig vom Preis) Marktreaktionsfunktionen. Ähnlich lassen sich auch Werbeaufwand, Produktgestaltung oder Aufwand für die Distribution in Beziehung zur Nachfragemenge setzen. Durch die Ermittlung solcher Marktreaktionsfunktionen können Prognosen, wie sich der Absatz als Folge bestimmter Marketing-Maßnahmen verändert, aufgestellt werden.

Gb

Marktsegmentierung

ist eine Aufteilung eines Marktes in klar abgegrenzte Teilmärkte, d. h. es werden homogene Untergruppen von Verbrauchern bzw. Abnehmern (Zielgruppen) angestrebt, von denen jede als Teilmarkt angesehen werden kann, der mit einem bestimmten Marketing-Mix erreicht bzw. bearbeitet werden soll (Kotler).

Die Marktsegmentierung kann auch als Scharfschützen-Konzept bezeichnet werden (im Gegensatz zum Schrotflinten-Konzept bei der Massenmarkt-Strategie). → Segmentierung, mehrdimensionale. Jedes Segment bzw. seine Elemente sind zueinander möglichst homogen, in Bezug zu anderen Segmenten jedoch heterogen. Hauptziel ist es, ein möglichst hohes Maß an Identität bzw. Identifizierungsmöglichkeit zwischen einer bestimmten Art und Zahl von Käufern bzw. der → Zielgruppe einerseits und dem angebotenen Produkt einschließlich seines Marketing-Konzeptes andererseits zu schaffen (Becker).

Folgende Marktentwicklungen haben zu einer größeren Bedeutung der Marktsegmentierung beigetragen:

- Auf vielen Märkten gibt es Sättigungserscheinungen und Verdrängungswettbewerb
- Unternehmen setzen verstärkt auf qualitatives Wachstum und Produkte, die einen höheren Grad an Bedürfnisbefriedung erbringen
- hohe Sättigung bei Grundbedürfnissen führt zu einer größeren Bedeutung der Zusatzbedürfnisse, dadurch werden die Märkte individualisiert.

Die Strategie der Marktsegmentierung versucht mit dem Marketing-Mix einzelnen Segmenten bzw. Verbrauchern oder Abnehmern mit ihrer jeweiligen Bedürfnisstruktur und den Erwartungshaltungen möglichst genau zu entsprechen. Aus der Entscheidung für einzelne Marktsegmente oder Teilmärkte ergeben sich Zielgruppen. Hauptproblem bei der Marktsegmentierung ist die Auswahl der Kriterien zur Beschreibung von Segmenten. Solche können sein:

- Verbrauchsintensität
- erwünschte Produktnutzen
- Persönlichkeitsmerkmale
- Lebensstil
- bevorzugte Marke
- Markenwahrnehmung
- Phasen im persönlichen Lebenszyklus
- soziale Klasse u. a.

Die Einteilung der Segmentierungskriterien erfolgt nach geographischen, soziodemographischen und psychograhischen Merkmalen sowie nach Besitz- und Konsummerkmalen (→ Segmentierung).

Eine psychographische Verbrauchersegmentierung bietet gegenüber dem Wettbewerb folgende Vorteile:

- Konzentration des Produktangebotes und der entsprechenden Werbemaßnahmen auf Segmente, bei denen große Gemeinsamkeiten bezüglich der psychologischen Faktoren der Verbraucher und des Produktes bestehen;
- durch den auftretenden starken Identifizierungsgrad der Verbraucher mit dem Produkt entsteht ein markentreuer, loyaler Verwender;

- es erhöht sich die Marktstabilität, wodurch der → Produktlebenszyklus ausgeweitet werden kann.

Je weniger Differenzierungsmöglichkeiten Produkte und Dienstleistungen durch ihren eigentlichen → Grundnutzen aufzeigen, umso stärker werden sie psychologisch segmentiert.

Ein enger Zusammenhang von Persönlichkeitsstruktur, sozialpsychologischem Verhalten, Einstellungen zum Produkt und dem Kaufverhalten gilt als sicher. Es gibt Zielgruppen, die die gleichen Persönlichkeitsstrukturen und Einstellungen haben, aber durchaus aus unterschiedlichen sozialen Schichten kommen. Die → Präferenz für eine Marke wird durch soziale und finanzielle Faktoren gesteuert. Bei der psychographischen Marktsegmentierung stehen Merkmale im Vordergrund, die das tatsächliche Verhalten bestimmen, nämlich die individuelle Persönlichkeit sowie die Motivationen, Einstellungen und Verhaltensweisen der Verbraucher.

Das Ergebnis der psychographischen Marktsegmentierung ist zunächst die Feststellung der Zahl der Marktsegmente sowie ihrer Größe. Ferner ergibt sich der Charakter der Marktsegmente, das heißt das Gemeinsame der Persönlichkeitsstruktur und des Rollenverhaltens jedes Marktsegmentes, welches das gleichartige Interesse an bestimmten Produkten verursacht und erklärt. Ferner ergeben sich Erwartungen, Einstellungen, Images und Motive der Marktsegmente, die den Hintergrund jedes Kaufentscheides bilden und letztlich ausschlaggebend sind, ob ein bestimmtes Produkt gekauft oder abgelehnt wird und ob eine Markenloyalität entsteht oder nicht.
Marktsegmentierung ergibt ferner Kauf- und Verbrauchsverhalten innerhalb der einzelnen Segmente, als segmentspezifische Produkt-, Marken- und Konkurrenzmarken-Penetration sowie Kauf- und Konsumintensität. Schließlich lernt man das Informations- und Mediaverhalten der einzelnen Segmente kennen und kann damit diese durch Werbung und Verkaufsförderung wirtschaftlicher erreichen.

Bei der psychographischen Segmentierung wird folgendermaßen vorgegangen:

Zunächst legt man den Personenkreis fest, bei dem eine Erhebung durchgeführt wird. Dann sind die Segmentationsmerkmale zu erfassen und festzulegen, die für dieses spezielle Produkt von Bedeutung sind. Eine größere Anzahl zu skalierende Statements wird vorgegeben (sog. Item-Batterien), die von den Befragten einzuordnen sind. Beispielsweise kann eine Frage lauten: »Ich esse . . . , weil es gesund ist.« Die Befragten vergeben einen Zustimmungsgrad von 1 = stimme sehr zu bis 6 = stimme überhaupt nicht zu.
In einem nächsten Schritt werden die einzelnen Verbrauchersegmente durch Befragung zu psychologischen Merkmalen von Personen gebildet. Dann wird die Größe der Segmente und ihre Bedeutung am Markt festgestellt, darüber hinaus werden Produktpräferenzen in den Segmenten, Verwendungsintensität,

Merkmale der Marktsegmentierung (*Quelle:* Weis)

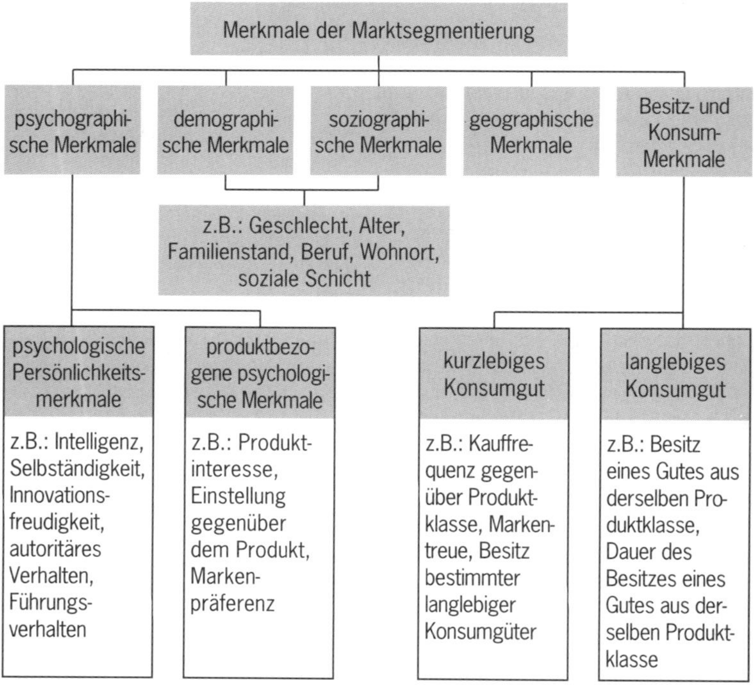

Bedürfnisbefriedigung durch die Produkte und Media-Verhalten durch die Befragung ermittelt.
Die gesamte Auswertungsphase ist so komplex, daß es dafür spezielle EDV-Programme gibt. Anschließend beschreibt man die einzelnen Segmente nach Einstellungen, Persönlichkeitsmerkmalen, Motivationen, Markenpräferenzen, Einkaufsverhalten, Media-Verhalten, sozio-demographischen Merkmalen etc. Schließlich werden Verbrauchersegmente entsprechend der Marketing-Ziele und -Strategien ausgewählt. Kriterien sind dabei: Größe des Segmentes, → Kaufkraft/Preisakzeptanz, Konkurrenz, Wachstumschancen des Segmentes etc.

Es gibt verschiedene Marktforschungsinstitute, die professionell Marktsegmentierungen erarbeiten. Die wichtigsten

Zusammenhang zwischen Markt-/Abnehmerschichten und Marktstimulierungsstrategie (nach Becker)

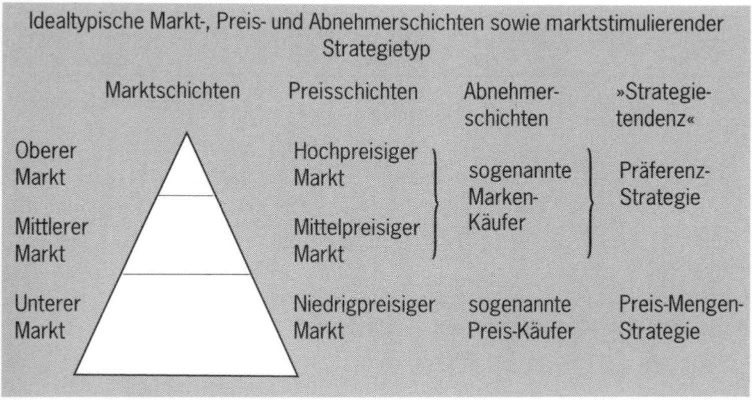

sind im ADM (Arbeitskreis Deutscher Marktforschungsinstitute e.V. in Nürnberg) zusammengeschlossen. Zu den strategischen Aspekten der Marktsegmentierung und der daraus folgenden Festlegung von Zielgruppen und Positionierung siehe → Marketing-Strategien.

Ge

Marktstimulierungsstrategien

Unternehmen trachten danach, Märkte durch gezielte Bearbeitung auszuschöpfen. Die Marktstimulierungsstrategien legen die Art und Weise der Marktbeeinflussung bzw. -steuerung fest (Becker). Es können zwei grundsätzliche Strategierichtungen unterschieden werden:

- Präferenzstrategie und
- Preis-Mengen-Strategie.

Märkte zeigen häufig eine Schichtung nach unterschiedlichen Abnehmergruppen.

Es gibt Verbraucher bzw. Abnehmer, die mehr zu hoher Qualität und Marken neigen und solche, die eher auf den Preis schauen. Die beiden oberen Marktschichten setzen sich überwiegend aus Marken- bzw. Qualitätskäufern zusammen, die hauptsächlich über → Präferenz-Strategien angesprochen werden können; in der unteren Marktschicht überwiegen Preiskäufer, weswegen hier die Strategie attraktiver Preise im Vordergrund steht.

Die grundsätzlichen strategischen Möglichkeiten für eine Positionsbestimmung in den Dimensionen Qualität und Preis zeigt die folgende Matrix:

Mögliche strategische Positionsbestimmung hinsichtlich Qualität und Preis
(nach Becker)

Dimension Qualität	Dimension Preis		
	niedrig	mittel	hoch
hoch	Aktionsstrategien		Reine Präferenz-Strategie
mittel	Nicht-reine Preis-Mengen-Strategie	Mittellagen-Strategie	▲ Nicht-reine Präferenz-Strategie
niedrig	▲ Reine Preis-Mengen-Strategie	Raubbau-Strategien	

▲ = typische Strategietendenzen bzw. Strategiezwänge

Außer den beiden Positionen reine Präferenzstrategie und reine Preis-Mengen-Strategie gibt es weitere Möglichkeiten:

- die Mittellagen-Strategie, die wegen der mangelnden Profilierung, der häufig vorkommenden Konzentration von relativ vielen Anbietern in diesem Feld und wegen der auf vielen Märkten enger werdenden mittleren Marktschicht problematisch ist
- bei den Aktionsstrategien werden in Verkaufsförderungsaktionen Sonderpreise angeboten. Bei manchem Markenartikel ist der über Preisaktionen verkaufte Anteil groß und steigend;
- die Raubbau-Strategie ist aus der Sicht des Kunden unattraktiv, da die Qualität und der Preis eines Produktes auseinanderklaffen.

Unternehmen verfügen über zwei klare positions-strategische Optionen:

- eine → Premium-Marken-Strategie (→ Markenstrategien), also Leistungsvorteil-Marketing über eine Präferenzstrategie oder
- eine Auch-Marken-Strategie, ist gleich Preisvorteil-Marketing über → Preis-Mengen-Strategien.

In einem Unternehmen können auch beide Strategien verwirklicht werden. Es gibt Märkte, auf denen es möglich ist, mehrgleisig zu operieren und mehrere Marktfelder gleichzeitig abzudecken, beispielsweise durch Ergänzung des Angebotsprogramms durch eine preisaktive Marke oder ein mehrere Marktfelder abdeckendes Angebotsprogramm. Durch eine Mehrmarken-Strategie werden so verschiedene Käuferschichten angesprochen. Beispiele finden sich bei Sekt, Schokolade, Bier etc.

Dabei ist darauf zu achten, daß der → Kannibalisierung-Effekt möglichst gering ist. Ge

Markttest

Der Markttest ist bei den Markenartikelherstellern ein weitverbreitetes Instrument der Informationsgewinnung. Auf einem Testmarkt (Gebiet) wird zeitlich begrenzt ein Produkt eingeführt, mit dem Zweck, den Erfolg des gesamten Marketing-Konzeptes zu überprüfen, um so das finanzielle Risiko einer nationalen Einführung möglichst gering zu halten.

Die Kriterien für einen Testmarkt sind: Der Einsatz der Medien soll möglichst ohne große Streuverluste erfolgen können; Verbraucher, Händler, Verkaufsorganisationen und Wettbewerber sollten möglichst repräsentativ für das nationale Gebiet sein. Ein ideales Testmarktgebiet gibt es nicht, häufig werden Testmärkte in Berlin (früher Berlin-West), im Saarland, in Hessen oder auch anderen Bundesländern durchgeführt. Dies erlaubt auch eine eigene Fernseh- und Radiowerbung bei den einzelnen ARD-Stationen oder den privaten Sendern. Das Problem ist dabei, daß diese Gebiete nicht repräsentativ sind. Auch kann ein kleines Testgebiet wesentlich intensiver bearbeitet werden als das nationale Verkaufsgebiet. Bei Hochrechnungen der Testergebnisse sind deshalb entsprechende Abschläge nötig, welche sich bei den Firmen aus Erfahrungswerten ergeben.

Die Dauer des Markktests soll nicht zu kurz bemessen sein. Es geht nicht darum, erste Anfangserfolge in Form von Probekäufen zu messen, sondern auch Nachkäufe und die Loyalität des Verbrauchers der Marke gegenüber, was auf ein dauerhaftes Geschäft schließen läßt. Testmärkte dauern deshalb mehrere Monate, gelegentlich bis zu einem Jahr. Dabei kommt es auf die Verwendungshäufigkeit des Produktes an.

Da ein Markttest selbst in einem kleinen Bundesland wie Saarland, Bremen oder Berlin sehr teuer ist, bieten Marktforschungsinstitute Mini-Testmärkte (→ Behavior Scan von GfK und Telerim von Nielsen) in einzelnen Städten an, so zum Beispiel in der Mittelstadt Haßloch; ein solcher Stadttest hat den Vorteil, daß Anzeigen für das Testprodukt in der Lokalzeitung preiswert sind und wegen der isolierten Lage der Stadt die Einwohner kaum außerhalb einkaufen.

Die genannten Verfahren bergen die Gefahr in sich, daß die Wettbewerber auf dem Testmarkt das Produkt samt Konzept frühzeitig sehen und Reaktionen vorbereiten können. Deshalb wird von Firmen zur Prognose des Markterfolges von neuen Produkten vor der Markteinführung ein Labor-Testmarkt durchgeführt. Die Vorteile sind insbesondere niedrigere Kosten, schnellere Durchführung (ca. 10 Wochen) und die Geheimhaltung von Testergebnissen gegenüber der Konkurrenz.
Die gewünschten Daten werden in einem Teststudio bei einer Stichprobe von einigen hundert Personen erhoben.

Neue Möglichkeiten wird bei Markttests die verstärkte Ausstattung des Handels mit Scanner-Kassen erbringen (→ Scanning). Scanner-Daten sind zuverlässig, vollständig und vor allem sehr schnell und preiswert verfügbar. Die → Handelspanels auf Scanner-Basis sammeln Wochendaten und stellen diese zwei Wochen nach Ende der Berichtsperiode zur

Verfügung. Die Daten werden von den Handelsorganisationen, die bereits Scanner-Kassen und entsprechende Datensysteme haben, direkt an das Marktforschungsinstitut weitergegeben.
Die Kunden des Marktforschungsinstitutes können die Daten direkt bei der Datenbank des Institutes abrufen oder auf Datenträgern erhalten. Ge

Marktvolumen

→ Markt: Maßstäbe für quantitative Analysen.

Marktwirtschaft

Wirtschaftsordnung mit dezentraler Planung und Lenkung der wirtschaftlichen Prozesse, die über Märkte koordiniert werden. Staatliche Aufgaben können dabei, neben der Setzung der Rahmenbedingungen, auch in der Bereitstellung unrentabler öffentlicher Güter bestehen. Sind die Produktionsmittel in Privateigentum, spricht man von einer privatwirtschaftlichen Marktwirtschaft. Eine unter Verbindung von Ideen des Liberalismus, der christlichen Soziallehre und des sozialdemokratischen Gedankengutes um sozialpolitische Zielsetzungen und damit stärkere staatliche Eingriffe erweiterte Marktwirtschaft nennt man soziale Marktwirtschaft.

Marktwirtschaft und Zentralplanwirtschaft
Der unkritische Rationalismus, der an die Erreichbarkeit absoluten Wissens glaubte, wo also Personen
- vollständiges Wissen (alle Wissensgebiete und -gegenstände) und zudem
- vollkommenes Wissen (jeweils präzise, je Gegenstand/Verhalten »total«)

besitzen sollten (dies jedenfalls in den herrschenden Denkmodellen und Utopien), führte bei Übertragung auf die Probleme einer Volkswirtschaft zu den Modellen der Zentralverwaltungswirtschaft. Der Weise oder die Weisen (Regenten, etwa in Platons »idealem Staat«) ordneten Produktion und Distribution nach objektiven Kriterien und vermieden Über- oder Unterproduktion auf unterschiedlichen Märkten für Roh-, Verarbeitungs- und Konsumprodukte. Es gab also weder Unwirtschaftlichkeit noch Not. Jeder erhielt das Seine, das ihm Zustehende.
Dieses Wissen aber fehlte schon den Fürsten samt ihren intellektuellen Ratgebern und Ministern bis zum Beginn der Neuzeit, als noch nicht täglich neue Technik auf Anbieter und Nachfrager zustürzte.
Weder das Wissen um Technik kann vollständig/vollkommen sein, noch sind die Bedürfnisse der Konsumenten ausreichend transparent und gesetzmäßig, noch gibt es anerkannte Maßstäbe für »Jedem das Seine«. Also sind die Ökonomen schlicht unfähig, zentralverwaltungswirtschaftlich zu planen und zu steuern. Solche Versuche resultierten in totalitären Diktaturen in Mißwirtschaft und Mangelwirtschaft. Es sei an den Zusammenbruch der sozialistischen Volkswirtschaften in Mittel- und Osteuropa (1989) erinnert. Aber auch die verfehlte Landwirtschaftspolitik der EG/EU mag als Beispiel dienen.
Wenn obige Überlegung überzeugt, dann bleibt als Lösung für die Koordination von Produktion, Distribution und Verbrauch in modernen Industrienationen, die zudem in regionale Wirtschaftsgemeinschaften (z. B. Europäische Union) und in den inter-

nationalen Austausch auf dem Weltmarkt eingebettet sind, nur eines übrig: Man überläßt Angebot und Nachfrage (weitgehend) sich selbst, allenfalls organisiert man Märkte oder hilft bei deren Organisation nach (z. B. GATT-Abkommen, Handelsgesetze, Organisation von Messen und Verkaufsausstellungen).

- Staatliche und supra-/internationale Rahmenbedingungen
- Handelsbräuche
- Handelsgesetze
- Abstimmungen in Verbänden und Kammern
- das Geflecht von Macht und Gegenmacht (countervailing power; J.K. Galbraith)
- ggf. Erschließung neuer Bezugs- oder Absatzmärkte
- die Macht vieler Großunternehmen, notfalls Benötigtes selbst zu erzeugen oder statt über den Handel zu gehen, direkt abzusetzen

führen zu einem zwar keineswegs idealen Ergebnis, das aber unter den gegebenen Umständen als das derzeit bestmöglich erreichbare gelten mag, da keine nachweislich/beweisbar besseren Lösungen vorliegen. Alle Versuche kooperativer oder zentralplanwirtschaftlicher Art sind jedenfalls kläglich gescheitert.

Marketing als systemkonformer Lösungsansatz
Entscheidungen in einer Marktwirtschaft werden von Unternehmen und Konsumenten gefällt. Bei Großunternehmen und Konzernen wird die Marktanpassung häufig an die operativen Einheiten (Filiale, Tochtergesellschaft, Sparten) delegiert. Zudem wird sich bemüht, zentrale Entscheidungen unter Berücksichtigung kurzer Wege durch die operativen Ebenen mitbeeinflussen zu lassen. Fehlentscheidungen treffen so nur beschränkte Märkte, nicht ganze Branchen oder gar ganze Volkswirtschaften oder, wie bis 1989 die Comecon als Zentralverwaltungswirtschaft des gesamten Ostblocks. Zudem tragen in einer Marktwirtschaft die dezentralen Entscheidungsträger ein hohes Maß an Verantwortung und persönlichem Risiko. Presse und Öffentlichkeit wirken als Kritik und Anregung. Eine Gesellschaft des »relativen Überflusses« schränkt zudem die Macht der Anbieter/Unternehmen deutlich ein. Überkapazitäten, Überproduktion und internationaler Austausch sorgen für Wettbewerb, der Kunde ist i.d.R. also wirklich der Souverän, dessen nachhaltige Bedürfnisse, → Präferenzen bestmöglich zu erfüllen das Ziel des modernen Marketing ist (→ USP).
Marketing ist also die komplementäre Politik der Anbieter, seien es Unternehmen oder Nonprofit-Organisationen, die eine Marktwirtschaft mit Leben erfüllt und sie mit ständigen, kleinen Schritten, täglichen Verbesserungen und Anpassungen in Richtung eines nie erfüllbaren theoretischen Optimums führt.

Gb

Maslow-Bedürfnispyramide

→ Motivation.

Massenmarketing

→ Marktparzellierungsstrategien.

Massenmedien

Mittel der Massenkommunikation. Diese ist gekennzeichnet von der einseitigen (keine Rückkopplung oder Rollentausch zwischen Sender und Empfänger) Kommunikation (Transfer einer Botschaft) zwischen einem Kommunikator und einer Vielzahl anonymer Rezipienten, der Distanz zwischen Sender und Empfänger sowie der Heterogenität der Rezipienten.

Im Gegensatz zur Massenkommunikation steht die Individualkommunikation.

Zur Massenkommunikation zählt auch die Werbung oder PR eines Unternehmens oder einer Nonprofit-Organisation und der angesprochenen Zielgruppe, der Zielpersonen.

Zu den Massenmedien gehören insbesondere Printmedien (Zeitungen, Zeitschriften), moderne Funkmedien oder elektronische Medien (Rundfunk, Fernsehen) sowie Plakate und Außenwerbung.

Charakteristisch für Massenmedien, wie Fernsehen (insbesondere Nachrichten und Kommentare) und Tages- und Wochenzeitungen sind insbesondere:

- Ein hoher Einfluß auf die öffentliche Meinung, insbesondere soweit es sich um Vielseher/Vielleser handelt, wird ihnen zugeschrieben.
- Die Medienrealität, also das oft verkürzte, vereinfachte, im Extremfall bewußt oder unbewußt ideologisch verfärbte Abbild der Realität, weicht nicht selten von der »tatsächlichen« Realität ab. Unsere Welt ist inzwischen so kompliziert, der Versuch, über alles in der Welt, im Kosmos, über alle Wissenschaftsgebiete zu berichten, zu informieren, führt notgedrungen zum Weglassen und zur Vereinfachung, zur bewußten/unbewußten ideologischen Einfärbung.
- Die Bevölkerung nimmt häufig das Bild, die Meinung von Kritikern und Journalisten für die Realität, das Modell für die Wahrheit.
- Die Berichterstattung der Massenmedien prägt offenbar die Bereitschaft zum Handeln, zum Ändern von Verhalten, zur Wahl und auch zum Spenden für »hochgelobte« z. B. soziale Anliegen (etwa weltweit beachtete Katastrophen).
- Also gilt es, das eigene Anliegen den Medienverantwortlichen »zu verkaufen«, zu erklären und zu begründen, damit auch durch diesen »Filter« die Zielgruppen massenhaft erreicht, interessiert, motiviert und zur Verhaltensänderung im gewünschte Sinn beeinflußt werden können.
- Dabei ist zu beachten, daß die (Fremd-)Darstellung im redaktionellen Teil der Massen- und Spezialmedien ein erheblich höheres Vertrauen bei den Zielgruppen genießt als die eigene Werbung und Argumentation. Den Journalisten wird kritische Distanz und ein hohes Maß an Sachkunde, insb. soweit es sich um Fachjournalisten handelt, zugeschrieben.

Im Vergleich zu den Massenmedien mit ihrer → Informations- und Werbeüberflutung wird der *Individualkommunikation* (s.o.) ein deutlich höherer Wirkungsgrad zuerkannt. In Beratungs- und Verkaufsgesprächen werden der Zielperson Rückfragen ermöglicht, ist sofortiges Rückkoppeln bei Mißverständnissen oder Mißfallen möglich. Der Sprecher wirkt ganzheitlich (hoffentlich sympathisch, vertrauenerweckend) hat die Möglichkeit, sich individuell auf seinen Gesprächspartner einzustellen. Hat er dies gelernt, hat er eine möglichst umfassende Kundenstammdatei vor dem Gespräch zu Rate gezogen, kann er die kritische Distanz zwischen Sprecher und Rezipient verringern. Gerade diese ist ja auch eines der Probleme der Kommunikation über unpersönliche Massenmedien.

Auch persönlich gehaltene Briefe, Telefonate oder Faxbriefe werden, insb. angesichts des wachsenden Widerstandes gegen die Informationsüberflutung, als wesentlich wirksamer angesehen. Doch da auch bei diesen individuelleren Ansprachen der Konsumenten ein massenhaftes Ansteigen zu vermerken ist, werden auch hier Ablehnung und Widerstand steigen. Gb

Maxi-Marketing

Maxi-Marketing stellt ein von Stan Rapp und Thomas L. Collins (*Maxi-Marketing: The new Direction in Advertising, Promotion and Marketing Strategy*, New York 1987) entwickeltes Konzept zur Intensivierung der Kundenkontakte dar. Ziel des Konzeptes ist die Orientierung aller Marketingaktivitäten an den Wünschen und Bedürfnissen der potentiellen Kunden, die Nutzung von Synergien (→ Synergie-Effekte) zwischen den Marketinginstrumenten und die konsequente Ausrichtung der Marketingaktivitäten auf eine dauerhafte → Kundenbindung.

Peter Hanser

Mediaplanung

→ Werbemedien, → Werbung, → Intra-Media-Selektion, → Kontaktmaßzahlen, → Reichweite.

Unter Mediaplanung (oder Streuplanung) versteht man die Planung, wann, wie oft (Zahl der Einschaltungen) und in welchem Umfeld welche → Werbeträger zur Verbreitung des Werbemittels innerhalb einer Werbekampagne eingesetzt werden sollen. Ergebnis der Media- oder Streuplanung ist der sogenannte Mediaplan oder Streuplan. Zur Auswahl der adäquaten Werbeträger dient die sogenannte Werbeträgeranalyse, die mittels → Kontaktmaßzahlen, wie → Reichweite, Kontakthäufigkeit oder Kontaktsumme Anhaltspunkte dafür gibt, welche Segmente (→ Segmentierung) mittels welcher Medien wie gut erreicht werden. Die Inter-Media-Selektion befaßt sich dabei mit der Auswahl von Werbeträgergruppen (Fernsehen, Tageszeitungen, Plakatsäulen...), die → Intra-Media-Selektion mit der Auswahl bestimmter Werbeträger innerhalb einer Werbeträgergruppe (z. B. einer bestimmten Zeitschrift).

Zur Auswahl der Werbeträger gibt es verschiedene Mediaselektionsmodelle. Ausgangspunkte sind die Werbeziele und der zumeist vorgegebene Werbeetat. Dabei gilt es üblicherweise, bei gegebenem Etat die → Werbewirkungen zu maximieren. Da zumeist ein Werbewirkungskoeffizient, also durch eine Belegung eines bestimmten Werbeträgers bewirkter Mehrabsatz, nicht ermittelbar ist, versucht man die sogenannte Kommunikationswirkung zu maximieren, also wieviele Zielpersonen mit einer Belegung zu erreichen sind (→ Kontaktmaßzahlen, → Reichweite). Diese Aufgabe der Maximierung der Kommunikationswirkung bei gegebenem Etat läßt sich per linearer Programmierung lösen. Gb

Mega-Marketing

Viele Märkte werden durch Markteintrittsbarrieren – je nach Standpunkt – blockiert oder geschützt. Kotler hält das klassische Marketinginstrumentarium zur Überwindung solcher Barrieren für nicht ausreichend. Vielmehr schlägt er eine Erweiterung zum Mega-Marketing vor. Darunter versteht Kotler die auf strategischer Ebene koordinierte Anwendung von wirtschaftlichen, psychologischen, politischen und öffentlichkeitswirksamen Fähigkeiten, um die Akzeptanz des Unternehmens bei den Zielgruppen zu erhöhen, die für einen Markteintritt oder die Aufrechterhaltung von Marktbarrieren unabdingbar sind.

Peter Hanser

Mehrdimensionale Skalierung

→ Skalierung.

Mehrfirmen-Vertreter

→ Handelsvertreter.

Meinungsbildner

→ Meinungsführer.

Meinungsführer

Meinungsführer (Opinion Leader, Meinungsbildner) sind Personen, die für die Meinungsbildung anderer Personen eine besondere Bedeutung haben. Bei der → Diffusion von Produkten sind drei Wirkungen der Meinungsführer zu unterscheiden: Eigeneffekt, Vermittlungseffekt und Beeinflussungseffekt.

Der *Eigeneffekt* der Meinungsführer besteht darin, daß deren Erstkaufwahrscheinlichkeit größer ist als die der übrigen Nachfrager (→ Frühaufnehmer). Dieser Effekt beruht auf der überdurchschnittlichen Innovationsbereitschaft der Meinungsführer.

Der *Vermittlungseffekt* besagt, daß die Meinungsführer Informationen über neue Produkte an andere Menschen weitergeben, d. h. sie betreiben positive oder negative Mund-zu-Mund-Werbung. Dieser Effekt beruht auf der überdurchschnittlichen Kommunikationsfähigkeit der Meinungsführer.

Der *Beeinflussungseffekt* bedeutet, daß die persönliche Kommunikation der Meinungsführer einen stärkeren Einfluß auf die Meinungen und Kaufentscheidungen anderer Personen ausübt als die Massenkommunikation (→ Massenmedien). Dieser Effekt basiert auf der überdurchschnittlichen Glaubwürdigkeit der Meinungsführer.

Die Meinungsführerschaft hängt von zwei Faktoren ab:

- Involvement und
- Bezugspersonen-Einfluß-Potential.

Ein Mensch fungiert als Meinungsführer für diejenigen Produkte, bei denen er besonders involviert und daher kompetent ist. Zum anderen werden Menschen auch deshalb zum Meinungsführer, weil sich ihre Freunde und Bekannten generell an ihnen orientieren. Der Einfluß von Bezugspersonen auf die Kaufentscheidungen ist vor allem dann besonders stark, wenn es sich um sozial auffällige Produkte, wie z. B. Autos und modische Kleidung handelt. Bei sozial unauffälligen Produkten erklärt überwiegend oder ausschließlich das Involvement einer Person deren Meinungsführerschaft. HL

Mengenindex

Wenn man den gesamten Jahresumsatz eines Unternehmens mit dem des Vorjahres vergleicht, so wird man i.d.R. feststellen, daß die Umsatzänderung sowohl auf Änderungen der Absatzmengen als auch auf Preisänderungen der einzelnen Produkte beruht. Will man wissen, inwieweit die Umsatzänderung auf Preisänderungen zurückzuführen ist, so muß man einen → Preisindex berechnen. Will man den Einfluß von Mengenänderungen auf die Umsatzentwicklung kennen, dann muß man einen Mengenindex berechnen.

Beispiel:

Produkt / Zeitraum	A q	A p	B q	B p	C q	C p	Gesamt U
Basisjahr (0)	5	3	9	2,0	17	1,0	50
Berichtsjahr (1)	6	3	8	2,5	20	1,1	60

q = Absatz (TME/J) p = Preis (DM/ME) U = Umsatz (TDM/J) i = Zahl der Produkte

Ein Mengenindex wird berechnet, indem man die Mengen verschiedener Jahre mit den Preisen eines Jahres oder mit den Durchschnittspreisen mehrerer Jahre gewichtet. Verwendet man dabei die Preise des Basisjahres, erhält man einen Laspeyres-Mengenindex:

$$\frac{\sum_{i=1}^{n} q_{1i} \times p_{0i}}{\sum_{i=1}^{n} q_{0i} \times p_{0i}} \times 100 = \frac{6 \times 3 + 8 \times 2 + 20 \times 1}{5 \times 3 + 9 \times 2 + 17 \times 1} \times 100 = \frac{54}{60} \times 100 = 108$$

Benutzt man die Preise des Berichtsjahres zur Gewichtung, so ergibt sich ein Paasche-Mengenindex:

$$\frac{\sum_{i=1}^{n} q_{1i} \times p_{1i}}{\sum_{i=1}^{n} q_{0i} \times p_{1i}} \times 100 = \frac{6 \times 3 + 8 \times 2{,}5 + 20 \times 1{,}1}{5 \times 3 + 9 \times 2{,}5 + 17 \times 1{,}1} \times 100 = \frac{60}{56{,}2} \times 100 = 106{,}8$$

Bildet man das einfache arithmetische Mittel der Indizes von Laspeyres und Paasche, so erhält man den Fisher-Mengenindex:

$$\frac{108 + 106{,}8}{2} = 107{,}4$$

Gewichtet man die Absatzmengen mit den durchschnittlichen Preisen (P_d) von Basis- und Berichtsjahr, so ergibt sich der Lowe-Mengenindex:

$$\frac{\sum_{i=1}^{n} q_{1i} \times p_d}{\sum_{i=1}^{n} q_{0i} \times p_d} \times 100 = \frac{6 \times 3 + 8 \times 2{,}25 + 20 \times 1{,}05}{5 \times 3 + 9 \times 2{,}25 + 17 \times 1{,}05} \times 100 = \frac{57{,}0}{53{,}1} \times 100 = 107{,}3$$

Vergleich der Ergebnisse:

Mengenindex / Zeitraum	Paasche	Lowe	Fisher	Laspeyres
Basisjahr	100	100	100	100
Berichtsjahr	106,8	107,3	107,4	108

Die Mengenindizes zeigen die preisbereinigte oder reale Umsatzänderung, d. h. die prozentuale Veränderung der Absatzmenge. Im Beispiel beträgt die durchschnittliche Steigerung der Absatzmenge – je nach der angewandten Formel – zwischen 6,8 und 8 % gegenüber dem Basisjahr.

Zwischen dem Mengen- und Preisindex von Fisher besteht folgende Beziehung:

$$\frac{\text{Mengenindex} \times \text{Preisindex}}{100} = \text{Wertindex}$$

Wertindex – 100 = Umsatzänderung in %

Im Beispiel ist der Gesamtumsatz von 50 auf 60 TDM/J gestiegen, d. h. um 20 %. Der Fisher-Preisindex beträgt somit

$$\frac{\text{Wertindex}}{\text{Mengenindex}} \times 100 = \frac{120{,}0}{107{,}4} \times 100 = 111{,}75$$

Ergebnis: Die Umsatzsteigerung um 20 % ist zu 11,75 % auf Preiserhöhungen und zu 7,4 % auf gestiegene Mengen zurückzuführen. HL

Mengenrabatte

→ Rabatte.

Merchandiser

→ Outsourcing.

Merchandising

→ Kooperatives Marketing, → Outsourcing.

Messe

Nach Definition des ZAW (Zentralverband der deutschen Werbewirtschaft) gilt für Messen folgende Definition:
»Messen sind Veranstaltungen mit Marktcharakter, die ein umfassendes Angebot eines oder mehrerer Wirtschaftszweige bieten. Sie finden im allgemeinen in regelmäßigem Turnus am gleichen Ort statt. Auf Messen wird aufgrund von Mustern für den Wiederverkauf oder für gewerbliche Verwendung verkauft. Der Zutritt zur Messe ist grundsätzlich dem Fachbesucher vorbehalten«.
Messen richten sich also grundsätzlich ausschließlich an Fachpublikum (gewerbliche Abnehmer, also Verarbeitungsbetriebe und Absatzmittler). Dies wird über Einkäuferausweise der Fachverbände oder Kammern der Wirtschaft oft streng kontrolliert. Der Übergang zwischen Messe und Ausstellung wird dann fließend, wenn im Rahmen einer Messe ein oder zwei Publikumstage eingelegt werden. So wird zum Teil nicht mehr zwischen Messen und Ausstellungen unterschieden.
Die wichtigsten Messestandorte in der BRD sind Frankfurt a.M., Hannover, Leipzig, Köln, Düsseldorf, Berlin und München. Die immer noch wachsende Bedeutung von Messen für das Marketing zeigt sich auch in der (bei in etwa stagnierender Zahl von Messen) wachsenden Zahl von Ausstellern (BRD: 1986: 94.442 Aussteller, 1990: 110.996 Aussteller). Messen werden i.d.R. von Messegesellschaften (öffentliche Unternehmen) organisiert. Gb

Meßzahlen

→ Indexzahlen.

Methode 635

Die Methode 635 ist eine Kreativitätstechnik, mit der wie folgt Ideen produziert werden können: Das möglichst genau definierte und schriftlich fixierte Problem wird den sechs Mitgliedern einer Gruppe vorgelegt. Jeder Teilnehmer trägt auf einem Formular drei Lösungsvorschläge ein. Nach fünf Minuten werden die Mitglieder vom Moderator aufgefordert, ihren Lösungsbogen an den jeweiligen Nachbarn weiterzugeben. Dieser muß zu den drei Vorschlägen seines Kollegen drei weitere produzieren usw. Auf diese Weise können in 30 Minuten maximal 108 Ideen produziert werden.
Das wesentliche Merkmal der Methode 635 ist die gegenseitige Beeinflussung der Teilnehmer, die durch die Lösungsansätze ihrer Kollegen angeregt werden (→ Synergie-Effekt). HL

Methodische Grundfragen der Marktforschung

→ Marketing-Forschung.

Me Too-Produkte

Me Too-Produkte sind Nachahmungen von erfolgreichen Konkurrenzprodukten. Produkt-Imitationen verursachen geringe

Aufwendungen für Forschung und Entwicklung. Dadurch können die Preise der etablierten Konkurrenz unterboten werden. Me Too-Produkte haben i.d.R. Image-Nachteile gegenüber ihren Vorbildern.
Eine besondere Form von Me Too-Produkten sind die sog. Generica, d. h. Imitate von Medikamenten, deren → Patentschutz abgelaufen ist. Generica werden von Zweitanbietern unter anderen Markennamen zu wesentlich niedrigeren Preisen als die Originalpräparate vermarktet. Beispiel: Aspirin (Bayer) und Ass (Ratiopharm). HL

Miet-Reisende

→ Außendienst-Leasing.

Mikrogeographische Segmentierung

Sie gliedert die Bundesrepublik Deutschland in etwa 500 000 Parzellen mit typischem Konsum- und Mediaverhalten. Es hat sich herausgestellt, daß bestimmte Menschen in bestimmten Wohngebieten ein ähnliches Verhalten beim Verbrauch und der Mediennutzung ausweisen.

Mikromarketing

Mikromarketing (Gegenteil: → Makromarketing) kennzeichnet mikroökonomische (einzelwirtschaftliche) Vorgänge, d. h. die marktbezogenen Aktivitäten einzelner Entscheidungsträger (vgl. Tietz, 1989, S. 5). Dazu gehören z. B. die Absatzpolitik von Unternehmen (→ Absatzpolitisches Instrumentarium) und das Einkaufsverhalten der Konsumenten (→ Konsumentenverhalten). HL

Mimetisches Marketing

Mimetisches Marketing oder New Marketing stellt eine Form ganzheitlicher Unternehmensführung dar. In Analogie zum biologischen Ansatz der Mimesis können nur solche Unternehmen überleben, denen es gelingt, in ihrer Umwelt aufzugehen. Der Grundgedanke ist, das Unternehmen durch eine hohe Markt- und Konsumentennähe dauerhaft mit den Konsumenten, seinen Bedürfnissen, Vorstellungen und Erlebniswelten zu verbinden, um frühzeitig Anpassungsprozesse einzuleiten und so Erfolgspotentiale zu nutzen. (Wichtigstes Prinzip: Vision vor Strategie.) Realisiert wird dieses Ziel durch eine dauerhafte Austauschbeziehung zwischen den Mitarbeitern und den relevanten Partnern des Unternehmens. Die unternehmensintern gelebte und die auf die Umwelt angewandte Kundenorientierung des Unternehmens bilden ein geschlossenes, dynamisches und veränderungsoffenes System. Peter Hanser

Mind Mapping

Das Mind Mapping ist eine Methode zur Visualisierung von Ideen. Im Mittelpunkt einer Mind Map (Gedächtniskarte) steht das Thema, zu dem Ideen gesammelt werden. Vom Mittelpunkt gehen Hauptäste aus, an denen Schlüsselbegriffe plaziert sind, die das Thema grob gliedern. Von jedem Hauptast gehen Zweige ab, die das Thema weiter untergliedern.
Das Mind Mapping aktiviert beide Gehirnhälften, d. h. es verbindet das sprachliche Denken (links) mit dem bildlichen Denken (rechts). Dadurch werden bessere Ergebnisse erzielt als mit der her-

kömmlichen Methode des Denkens und Lernens, bei der nur die linke Gehirnhälfte aktiviert wird.
Das Mind Mapping kann z. B. eingesetzt werden beim Vorbereiten von Gesprächen, Vorträgen, Sitzungen, Publikationen und Präsentationen sowie beim Argumentieren in Verhandlungen (→ Argumentation). HL

Mini-Testmarkt

→ Markttest.

Mischkalkulation

→ Ausgleichskalkulation.

Mißbrauchsaufsicht

Kontrolle der Kartellbehörden gegenüber Unternehmen mit → Marktmacht, insbesondere → marktbeherrschenden Unternehmen und → Kartellen. Kommt es bei diesen Adressaten zu einem mißbräuchlichen Verhalten (z. B. durch Fordern überhöhter Preise, durch Behinderung von Wettbewerbern, Lieferanten oder Kunden), so kann die Kartellbehörde durch eine sog. Mißbrauchsverfügung die Einstellung des beanstandeten Verhaltens anordnen und eine erteilte Erlaubnis widerrufen. Wird gegen diese Anordnung verstoßen, so kann ein Bußgeld in beträchtlicher Höhe verhängt werden (§ 38 → GWB). Dietrich Schmidt

Mobile Datenerfassung (MDE)

Durch die Miniaturisierung elektronischer Bauteile möglich gewordene EDV-gerechte Datenerfassung vor Ort, zum Zeitpunkt ihrer Entstehung. Über eine Tastatur oder mittels eines Lesestiftes werden die Daten in das elektronische Hand- oder Taschenterminal eingegeben. Anwendungsbereiche sind insbesondere im Außendienst (Auftragsdaten), in Einzelhandelsbetrieben und Lagern (Erfassung am Regal) sowie in der Marktforschung (Befragungen) zu sehen.

Mode-Design

Der Kreativität freien Lauf lassen, um schöne Kleidung zu kreieren, das ist Mode-Design – zum einen. Zum anderen gehört es für die Arbeit als Mode-Designer ebenso dazu, den Strom der Kreativität in Bahnen zu leiten. In eine Form zu gießen, die es dem Träger oder der Trägerin erlaubt, sich mit Design in puncto Optik, aber auch Preis zu identifizieren. Dies bedeutet, das entwickelte Teil auch verkäuflich zu gestalten.
Oft ist es Ziel, diese beiden Anliegen miteinander zu vernetzen. Darüber hinaus findet Mode-Design quasi in einem Schichtenmodell statt: Das Kleid mit dem großen Designer-Namen auf dem Etikett, das edle Markenprodukt, daneben der modische Mittel- und sicherlich auch der Unterbau. Kreativität ist auf all diesen Ebenen gefragt. Ohne Wiedererkennbarkeit eines Stils, den roten Faden, bleibt der Erfolg in jedem Genre aus. Design ist Komponente jedes modischen Produktes. Auch wenn der Designer oft in den Hintergrund tritt. Die an ihn gestellte Anforderung liegt dann beispielsweise vorrangig im schnellen Umsetzen eines auf der Straße, in einem In-Lokal oder sonstigen Szene-Treff geborenen

Trends. Gerade hier ist der Designer gefordert. Denn es gilt, den neuen Trend nicht blind zu kopieren, sondern seine eigene Geschichte daraus zu entwicklen und in einer Mode-Story zu erzählen. Hehres Ziel eines Mode-Designers: den (u. a.) von soziologischen Entwicklungen, politischen Ereignissen, technischen Errungenschaften und zeitgeistlichen Kunstrichtungen geprägten Trend für Bekleidungsstile zu erarbeiten/erahnen, der als Einflußgröße keineswegs zu unterschätzenden »Streetfashion« voranzueilen: Selbst Zeichen zu setzen.

Jo Meurer

Modelle (des Konsumentenverhaltens)

→ Konsumentenverhalten: Modelle.

Modelltheoretischer Ansatz

→ Marketing-Theorie-Ansätze.

Monopol

→ Preis-Absatz-Funktionen.

Morphologische Analyse

Die morphologische Analyse ist eine Kreativitätstechnik, mit der von einer Person oder von einem Team wie folgt Ideen produziert werden können: Das zu lösende Problem wird in seine wichtigsten Elemente zerlegt. Für jedes Teilproblem werden die möglichen Lösungen gesucht und in einer Matrix aufgelistet. Dann werden die Einzellösungen zu Gesamtlösungen kombiniert. Aus den möglichen Gesamtlösungen wird die beste Alternative ausgewählt. HL

Motiv

→ Konsumentenverhalten: Psychische und soziale Determinanten, → Motivation. Faktor, der in die Aktivierung und Steuerung von Verhaltensweisen als Beweggrund oder Antrieb eingreift. Als Motiv kann man entweder ein Objekt aus der Außenwelt bezeichnen, das die Bereitschaft bei dem entsprechenden Individuum erzeugt (z. B. Nahrung, angestrebte Auszeichnung) oder diese Bereitschaft selbst (Hunger, Ehrgeiz). Motive haben eine emotionale (für Auslösung der Handlung verantwortlich) und eine kognitive Komponente (für Richtung der Handlung verantwortlich). Dennoch werden sie den aktivierenden Konstrukten zugerechnet.

Der Begriff ist eng mit dem des Bedürfnisses verbunden, teilweise werden beide Begriffe auch synonym verwendet. Nach Kotler (*Marketing-Management*) sind die meisten Bedürfnisse latent und bewegen (motivieren) nicht unbedingt zu einem gegebenen Zeitpunkt zum Handeln. Erst wenn ein Bedürfnis eine bestimmte Intensität erreicht hat, durch einen Stimulus (Reiz) aktiviert wurde, wird es zu einem Motiv. Gb

Motivation

→ Bedürfnis, → Konsumentenverhalten: Psychische und soziale Determinanten, → Motiv. Der Begriff der Motivation ist ein hypothetisches Konstrukt (intervenierende Variable), mit dem die Antriebe, Ursachen oder Gründe für das Verhalten angegeben werden, also das »Warum« des Handelns geklärt werden soll. Moti-

vation wird gelernt bzw. im Rahmen der Sozialisation vermittelt.
Während Emotionen und Triebe als grundlegende Antriebskräfte den Menschen »aktivieren«, gibt die Motivation zusätzlich dem Verhalten durch kognitive Prozesse der Verhaltenssteuerung eine Richtung.
Zur Abgrenzung zwischen Motiven und Bedürfnissen: → Motiv. Man unterscheidet sog. »niedere« (physiologisch bedingte) und »höhere« (psychisch bedingte) Bedürfnisse/Motive. Zu ersteren gehören z. B. Hunger, Durst, Sexualität, Schlaf, Wärme, zu den psychologischen Motiven beispielsweise Liebe, Selbstverwirklichung, Zufriedenheit. Desweiteren unterscheidet man primäre und sekundäre Motive, wobei letztere die Erfüllung der primären Motive konkretisieren. So wäre etwa der Gelderwerb als sekundäres Motiv dazu da, primäre Motive, wie Hunger, Durst, Wärme usw. zu erfüllen.

Bekanntestes Modell zur Klassifizierung von Motiven ist die Bedürfnispyramide von Maslow.

Die einzelnen Klassen von Bedürfnissen und ihre Inhalte:
1. Physiologische Bedürfnisse:
Nahrung, Obdach/Wohnung, Ruhe/Bewegung, Selbst- und Arterhaltung.
2. Sicherheitsbedürfnisse:
Sicherheit des Arbeitsplatzes, Schutz vor Bedrohung, Beraubung, Diskriminierung, Schutz vor Krankheit.
3. Soziale Bedürfnisse:
Gesellschaft, Kontakt, Zugehörigkeitsgefühl, Liebe und Freundschaft.

Die Bedürfnispyramide nach Maslow

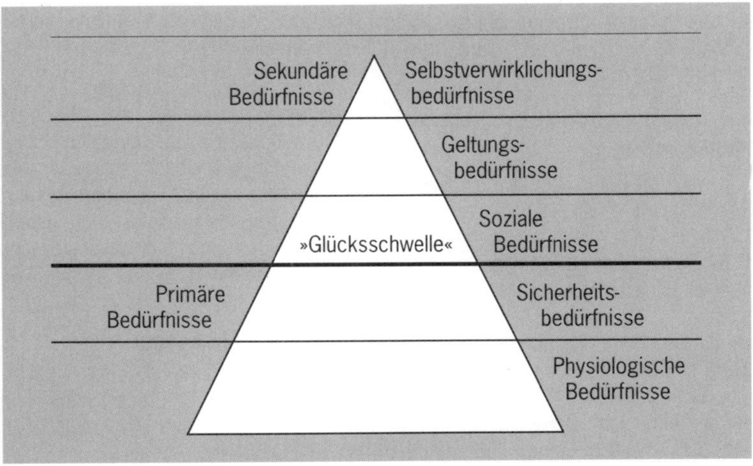

4. Geltungsbedürfnisse:
Selbsteinschätzung: Leistung, Können, Wissen, Selbständigkeit.
Anerkennung durch andere: Status, Anerkennung, Aufmerksamkeit.
5. Selbstverwirklichungsbedürfnisse:
Entfaltung der Persönlichkeit.
Die gelegentlich (nicht von Maslow) behauptete strenge Abfolge (also *erst* Essen, *dann* Sicherheit usw.) ist nicht zutreffend, wohl aber eine gewisse Häufigkeit der Abfolge. Meist werden jeweils »niedrigere« Bedürfnisse nur bis zu einem gewissen Grad erfüllt, bevor die nächste Klasse von Bedürfnissen »angegangen« wird. Die Bedeutung der einzelnen Motive ist aber interpersonell in der Realität stark differierend, so sei beispielsweise auf den Typus des »Asketen« (Zurückstellung der Grundbedürfnisse zugunsten der Selbstverwirklichung) oder des »Egoisten« (Geltungsbedürfnisse *vor* sozialen Bedürfnissen) verwiesen. Motive oder Bedürfnisse sind aber sicherlich auch intrapersonell je nach Situation verschieden bzw. verschieden wichtig. Gb

Motivforschung

Eine wichtige Frage der psychologischen Marktforschung ist die nach den Gründen bzw. Motiven des Verbraucherverhaltens. Aus solchen Motiv-Untersuchungen können Rückschlüsse für die → Produktgestaltung, die Werbung und den Einsatz anderer Instrumente gewonnen werden. Bei der Motivforschung werden mögliche Beweggründe mit Hilfe der Skalentechnik eingestuft und quantitativ ausgewertet. Ferner gibt es psycho-analytisch orientierte Verfahren wie z.B. Tiefeninterview, Gruppendiskussion, Thematischer Apperzeptionstest (TAT) etc..

Das Tiefeninterview ist eine nichtstandardisierte Befragung, bei der ein Rahmenthema vorgegeben ist und der in der Regel geschulte Interviewer in der Abwicklung große Freiheit hat. Dadurch können Sachverhalte, insbesondere über Kaufmotive, aufgedeckt werden, die sich aus normalen Interviews nicht ergeben.

Der TAT ist ein projektives Befragungsverfahren. Den Probanden werden Bilder vorgelegt, die Personen in Zusammenhang mit dem zu untersuchenden Produkt oder Thema zeigen und sie werden gebeten, sich in die Rolle der abgebildeten Personen zu versetzen und diese zu beschreiben.
Projektive Verfahren gehen von der Hypothese aus, daß Menschen dazu neigen, innere Wahrnehmungen auf äußere zu projizieren, d. h. anderen Menschen eigene Eigenschaften oder Verhaltensweisen zuzuschreiben.

Die Motivforschung erfordert bei der Erhebung Spezialisten, also Psychologen, während z.B. die normalen Umfragen durch Außendienstmitarbeiter der Marktforschungsinstitute durchgeführt werden, die dies häufig auch nebenberuflich tun und aus verschiedenen Berufsschichten kommen. Ge

Multi Level Marketing

Auch Network Marketing oder → Struktur-Vertrieb genannte Variante des nach deutschem Recht (→ UWG, evtl. auch § 286 StGB) verbotenen »Schneeball-

systems«. Beim Multi Level-Marketing hängt das Einkommen des Händlers nicht vom »Kopfgeld« für Anwerbung weiterer Kunden, sondern vom Weiterverkauf der Waren ab. In der Regel gibt es hier für den Verkäufer im Gegensatz zum Schneeballsystem ein Rückgaberecht sowie keine festen Abnahmeverpflichtungen.
Es handelt sich um ein mehrstufiges Direktvertriebssystem (→ Direct Marketing), bei dem ein Hersteller seine Verkäufer zum Verkauf sowie zur Werbung weiterer Verkäufer durch Anreize anhält. Diese Anreize sind dann in der so entstehenden Verkäuferhierarchie gestaffelt.
Auch, weil hier der Kreis von Verwandten, Freunden und Bekannten durch die Verkäufer als Käufer und Verkäufer geworben werden soll, wird diese Vertriebsform von vielen als sehr fragwürdig empfunden. Die Art der »Verkäufermotivation«, die blinde »Liebe zum Produkt«, und daraus folgernd das Sendungsbewußtsein, dieses Produkt mit anderen »zu teilen« bewirken soll, kann auch als in Richtung Gehirnwäsche tendierend interpretiert werden. Gb

Multimedia-Marketing

Nach Hansen (*Wirtschaftsinformatik*, 6.Aufl.) soll der Begriff Multimedia ausdrücken, daß bei einer Informationspräsentation gleichzeitig unterschiedliche Medien genutzt werden. Speicherung und synchronisierte Ablaufsteuerung werden dabei von einem leistungsfähigen Rechner mit spezieller Software übernommen, der über spezielle Ein- und Ausgabeperipherie für Text, Daten, Ton und Bild (Graphik, Photo, Video) verfügt. Koordination und Synchronisation der eingesetzten Medien erfolgt nicht manuell, sondern über den Rechner. Da Multimedia-Anwendungen hohe Speicherkapazitäten verlangen, wird als Speichermedium zumeist die → CD-Rom verwendet.
Anwendungen: → Computer Aided Selling, → Database-Marketing.

Traditionell versteht man unter Multi-Media-Werbung auch den Einsatz unterschiedlicher Medien in einem Jahres-Werbeplan. Ziel dabei ist es, die Werbeadressaten mehrfach zu erreichen, um Erinnerungswirkungen zu erzielen und Vergessenskurven zu unterbrechen. Oft übernehmen auch einzelne Medien verschiedene Teil-Werbeziele. So sollen einige Medien (z. B. Fernsehen, Rundfunk, Plakatwände) Aufmerksamkeit auf und Interesse am Produkt erregen, während andere (z. B. POS-Werbung (→ POS) mehr den (direkten) Kauf veranlassen sollen. Multimedia-Werbung zielt auf ein optimales Werbemix (→ Werbung).
Gb

Multivariate Verfahren

Durch die Weiterentwicklung der elektronischen Datenverarbeitung ist es möglich, den Einfluß mehrerer Variablen auf ein Ergebnis zu untersuchen. Marktanteile, Abverkäufe, Produktakzeptanz, Image usw. sind Größen, die einige Einflußfaktoren haben. Teilweise ergibt sich die Problematik der Kausalität. Häufig gibt es einen Zusammenhang zwischen zwei Größen, ohne daß diese eine kausale Beziehung zueinander haben. Die multivariaten Verfahren werden deshalb in zwei Gruppen eingeteilt: Analyse von Abhängigkeiten und Analyse wechselseitiger Beziehungen.

Zu den Techniken bzw. Verfahren der Analyse von Abhängigkeiten zählen die → Regressions-, → Varianz-, → Diskriminanz- und → AID-Analyse.

Zu den Verfahren der Analyse wechselseitiger Beziehungen zählen die → Cluster-, → Faktorenanalyse, mehrdimensionale → Skalierung (MDS) und → Conjoint-Analyse (Green/Tull und Nieschlag/Dichtl/Hörschgen).

Mund-zu-Mund-Werbung
Wenn Konsumenten in positiver oder negativer Weise anderen (z. B. in ihrem sozialen Umfeld) über ihre Erfahrungen und Zufriedenheit mit einem gekauften Produkt oder ihre → Einstellung zu einem Produkt berichten, nennt man dies Mund-zu-Mund-Werbung. Hier können insbesondere → Kognitive Dissonanzen eine Rolle spielen. Negative Erfahrungen werden besonders oft und emotional aufgeladen weitergegeben, positive Erfahrungen oft als selbstverständlich gesehen und nicht anderen vermittelt. Bei neuen Produkten ist die Mund-zu-Mund-Werbung sehr wichtig für den Erfolg eines Produktes (→ Meinungsführer). Gb

N

Nachfrage

Die Nachfrage nach den durch Marketing zu vertreibenden Gütern und Leistungen ist in der Regel in den Märkten entwickelter Nationen oder Wirtschaftsunionen durch ein strukturelles Überangebot (→ Käufermarktsituation) gekennzeichnet.

Dabei gilt es durch optimales Marketing-Mix die aktuelle Nachfrage nach den zu vermarktenden Gütern und Leistungen nachhaltig zu befriedigen, damit die aktuellen Nachfrager durch Zufriedenheit Dauerkunden werden. Es muß also insbesondere eine → kognitive Dissonanz, also die Reue nach dem Kauf, vermieden werden. Ebenso dringlich ist es, potentielle Nachfrager zu erkennen, z. B. per Marktbeobachtung, Markterkundung und professioneller → Marktforschung. Diese gilt es per → Kommunikations- und → Distributionspolitik zu erreichen und zum Kauf zu motivieren, um auch sie auf Dauer als ständige und aktuelle Nachfrager zu gewinnen.

Entstehung von Nachfrage:
Nachfrage entsteht, wenn *Bedürfnisse* mit relevanter (zur Befriedigung dieses Bedürfnisses freier) → Kaufkraft gepaart, von den Käufern möglich und vorhergesehen (geplant) eingesetzt werden kann und soll. Anbieter müssen zudem bemüht sein, ihr Produkt, ihre Leistung den potentiellen Nachfragern so erstrebenswert wie möglich zu machen, damit diese ihre Kaufkraft notfalls von anderen Produkten auf das beworbene Angebotsgut umschichten.

Originäre und derivative Nachfrage:
Als originäre Nachfrage ist diejenige der Ge- und Verbraucher (End- oder Letztverbraucher, Konsumenten) zu verstehen, während die Nachfrage von Absatzmittlern (Händler) als derivative (abgeleitete) Nachfrage anzusehen ist, da sie sich aus der (originären) Nachfrage der Konsumenten ableitet. Durch → Sprungwerbung und → Gemeinschaftswerbung von Hersteller und Absatzmittlern (→ Kooperatives Marketing) wird die originäre Nachfrage stimuliert (→ Pull-Strategie). Dem gleichen Ziel dient auch die herstellerseitige → Öffentlichkeitsarbeit und noch stärker moderne Formen des absatzstimulierenden → Sponsoring und → Product Placement. Die Stimulierung der derivativen Nachfrage nennt man → Push-Strategie.

Gegenwärtige und zukünftige Nachfrage: Unternehmen, die nur kurzfristige Gewinnmaximierung anstreben, zielen nur auf gegenwärtige Nachfrage. Weitsichtige Unternehmen dagegen, die dauerhafte Gewinnoptimierung suchen, sind nicht nur an der gegenwärtigen Nachfrage interessiert, sondern wollen auch zukünftige Nachfrage wecken. Dies geschieht einerseits durch Erreichung von Dauerkundenverhältnissen (durch zufriedene Kunden), aber auch in der Kommunikationspolitik durch Abzielen auf »Carry Over-Effekte« (→ Werbung), also zeitlich verzögerte Werbewirkung. So werden auch Kinder und Jugendliche bereits durch Werbung, → Sponsoring und → Product Placement erreicht, auch wenn ihrerseits noch kein aktueller Bedarf besteht (z. B. Kfz-Werbung). Auch der Aufwand für Forschung und Entwicklung, für Markterschließung, für Verbesserung der Organisation, für Personalentwicklung und -schulung ist Zukunftssicherung und gilt der Erschließung zukünftiger Nachfrage.

Gb

Nachfrager (organisiert, unorganisiert)

→ Märkte nach Art der Nachfrager, → Käuferverhalten. Ein unorganisierter Nachfrager ist ein einflußloser Einzelnachfrager mit oft minimalen Marktkenntnissen, also der typische Konsument oder auch Kleingewerbetreibende (ohne Anschluß an einen Einkaufsverbund oder ein Franchisesystem).

Ein organisierter Nachfrager kauft professionell ein. Er hat oft weltweite Marktkenntnisse zudem intimer Art und Detailliertheit. Ein organisierter Nachfrager hat Nachfrage-Marktmacht. Für nur am Preis interessierte Personen oder Organisationen sorgen organisierte Nachfrager für niedrige Preise, sind Gegenmacht gegenüber organisierten Anbietern, liefern also einen wichtigen Beitrag zur Preisstabilität. Langfristig entwickeln sich Nachfrage-vermachtete Märkte zu engen Oligopolen, denn kleinere und mittlere Anbieter werden als erste ausgeblutet, scheiden aus dem Angebotswettbewerb aus. Langfristig also sind organisierte

Vergleich zwischen organisierter und unorganisierter Nachfrage:

	Organisierte Nachfrage	**Unorganisierte Nachfrage**
Marktreichweite	nationaler Markt Tendenz: weltweit	lokaler Markt
Marktkenntnisse	tendenziell vollständig und vollkommen	unvollständig und unvollkommen
Marktansehen/ Goodwill	bedeutend	unbedeutend
Marktmacht	große Marktanteile oft marktumfassend bis marktbeherrschend; oft ohne größere Probleme Umsteigen auf „make“ statt „buy“ möglich. Nicht selten „gate-keeper“.	ohne

Nachfrager keinesfalls ungefährlich, sondern eine wesentliche Ursache der »Konzentration in der Wirtschaft«. (→ Einkaufspolitisches Instrumentarium) Gb

Naturalrabatt

→ Rabatte.

Network Marketing

→ Struktur-Vertrieb.

Netzplantechnik

Bei Neueinführung oder bei einem Relaunch, weniger jedoch bei der Jahresplanung wird als Hilfsmittel die Netzplantechnik eingesetzt. Ein Projekt wird systematisch in einzelne Teilkomplexe zerlegt, deren Zeitbedarf geschätzt und die Zuordnung zueinander in Gestalt eines Netzwerkes dargestellt. Zunächst ist die Ablaufplanung vorzunehmen, das heißt die einzelnen Tätigkeiten eines Planungsprojektes werden ermittelt. Anschließend erfolgt die Zeitplanung; hier wird für jede Aktivität der Zeitbedarf geschätzt. Ziel ist es, die frühesten und spätesten Anfangs- und Endtermine einer jeden Tätigkeit festzulegen. Sofern diese beiden Termine abweichen, steht eine sog. Pufferzeit (auch Schlupf genannt) zur Verfügung. Um diese Zeit kann der Beginn der Tätigkeit verschoben werden, ohne daß die folgende Tätigkeit mit Zeitverzögerung begonnen werden muß. Ge

New Marketing

→ Mimetisches Marketing.

Nielsen/GfK-Marktdaten

Hauptsächlich Hersteller von Markenartikeln kaufen bei Marktforschungsinstituten (u.a. A.C. Nielsen, Frankfurt/Main; GfK, Nürnberg) quantitative Marktdaten. Entsprechend den Wünschen der Auftraggeber bieten die Institute u. a. folgende Daten nach Marken, Packungsgrößen und Sorten an:

- Endverbraucherumsatz in DM,
- Endverbraucherabsatz in Mengeneinheiten,
- Marktanteil (Menge und Wert),
- Einkäufe des Einzelhandels – absolut und Anteil,
- Lagerbestand des Einzelhandels – absolut und Anteil,
- Lagerumschlagsgeschwindigkeit im Einzelhandel,
- Durchschnittlicher Monatsabsatz je Geschäft, das die Ware führt,
- Durchschnittlicher Lagerbestand je Geschäft, das die Ware lagert,
- Anteil der Einkaufsmengen direkt vom Hersteller,
- Großhandelsbezug,
- Distribution (numerisch und gewichtet) → Distributionsgrad,
- Bestandslücken,
- Einzelhandels-Preise und
- Prozentsatz der Geschäfte mit Verkaufsförderungsaktionen.

Diese Daten werden den Auftraggebern in der Regel jeweils in Zwei-Monats-Perioden ca. drei bis vier Wochen nach Ende des Zeitraums präsentiert bzw. zur Verfügung gestellt. Damit hat der Verwender der Daten Kenntnis über den Gesamtmarkt einer Produktkategorie sowie Marktanteile der wichtigsten Marken und Artikel. Die Daten werden nach Gebieten, Einzelhandelstypen und Organisationsformen aufgegliedert.

Die Einteilung der *Gebiete* erfolgt in Anlehnung an das Marktforschungsinstitut Nielsen:

- Nielsen I: Hamburg, Bremen, Schleswig-Holstein, Niedersachsen
- Nielsen II: Nordrhein-Westfalen
- Nielsen III a: Hessen, Rheinland-Pfalz, Saarland
- Nielsen III b: Baden-Württemberg
- Nielsen IV: Bayern
- Nielsen V: Berlin
- Nielsen VI: Mecklenburg-Vorpommern, Brandenburg, Sachsen-Anhalt
- Nielsen VII: Thüringen, Sachsen.

Darüber hinaus bieten die Marktforschungsinstitute über die Standardauswertung hinaus eine Unterteilung der Gebiete in der Regel in Nord oder Süd bzw. Ost oder West sowie Auswertung von Ballungsräumen an. Dies heißt, daß die oben genannten quantitativen Marktdaten für jedes einzelne Gebiet zur Verfügung stehen.

Bei der Einteilung nach *Einzelhandelstypen* werden beispielsweise im Lebensmittelhandel → Verbrauchermärkte bzw. SB-Warenhäuser, Discountmärkte, Supermärkte und restliche Geschäfte unterschieden. Die Marktdaten werden für die einzelnen Geschäftstypen ausgewiesen. Beispielsweise weiß ein Anbieter dann, welche Menge bzw. welchen Umsatz Vebrauchermärkte in einer Warengruppe erzielen, welchen Marktanteil eine Marke bzw. ein Artikel hat, wie die Distribuion in den Verbrauchermärkten ist usw.

Bei der Unterscheidung nach *Organisationsformen* werden beispielsweise im Lebensmittelbereich die quantitativen Marktdaten nach Filialisten wie Edeka, Rewe, Spar, andere freiwillige Ketten und Nichtorganisierte ausgewiesen.

Methodisch erheben die Marktforschungsinstitute über sog. → Handels-Panels. Es handelt sich dabei überwiegend um Einzelhandelspanels, vereinzelt auch um Großhandelspanels. Diese erstrecken sich auf sehr viele Branchen, beispielsweise Lebensmittel, Drogeriewaren, Sportartikel, Foto, Schreibwaren, Kfz-Zubehör, Elektroartikel, Hausrat, Eisenwaren, Büromaschinen etc. Ge

Nischen-Marketing

→ Nischen-Strategie.

Nischen-Strategie

Marktnischen oder Marktlücken sind Teilmärkte, die von den Produkten der etablierten Anbieter nicht oder nur unzureichend ausgeschöpft werden und somit potentielle Nachfrage für neue Produkte (→ Innovation) bzw. neue Anbieter enthalten. Die Bearbeitung von Marktnischen wird als Nischen-Marketing oder Nischen-Strategie bezeichnet. Diese Strategie ist vor allem für kleinere Firmen interessant, die von Großunternehmen vernachlässigte Speziallösungen anbieten können. Beispiele: Weinessig, Produkte für Linkshänder oder Behinderte usw.

Voraussetzungen für den Erfolg der Nischen-Strategie:

- Es müssen unbearbeitete Markt-Segmente gefunden werden, die ein lukratives Potential aufweisen
- Die Nischen-Produkte müssen gegenüber den von der Konkurrenz angebotenen Standard-Lösungen über einen → Zusatznutzen verfügen.

Vorteile der Nischen-Strategie:

- Chancen in hart umkämpften Märkten
- Spielräume für überdurchschnittliche Preise
- Relativ geringe Kosten für Forschung und Entwicklung.

Nachteile der Nischen-Strategie:

- Markteintrittsbarrieren etablierter Anbieter
- Gefahr, Konkurrenten anzulocken
- Gefahr der Verzettelung in viele Einzellösungen
- Hoher Aufwand erforderlich, um potentielle Kunden zu überzeugen. HL

No Names

→ Gattungsmarken.

Nonprofit-Marketing

→ Marketing für nicht erwerbswirtschaftlich ausgerichtete Organisationen.
Philip Kotler, der international anerkannte Nestor des Marketing veröffentlichte 1975 in den USA das bahnbrechende Buch »Marketing for Nonprofit Organizations« (dt. Übersetzung 1978).
Wenn es das Ziel des Marketing ist, für die jeweilige Zielgruppe bestmögliche Lösungen für deren Bedürfnisse zu erkennen und zu bieten, dann ist die Schlußfolgerung nicht zu umgehen, daß auch Nonprofit-Organisationen, wie z. B. Kirchen, Berufsverbände, Hochschulen, das Rote Kreuz, Museen, Theater und Sportvereine sich diesem Ziel unter Nutzung der Techniken der Betriebswirtschaftslehre und speziell des Marketing bedienen sollen, also knappe Mittel optimal einsetzen müssen.
Am Beginn steht die Ermittlung/Erforschung der Bedürfnisse der relevanten Zielgruppe(n) sowie der Leistungsfähigkeit und Leistungen der Wettbewerber (→ strategisches Dreieck).

Zielsetzungen der Organisation, die auch von den Organisationsmitgliedern akzeptiert und praktiziert werden, sind ebenso wirksame wie nützliche Grundlagen effizienter Organisationsarbeit. Dem Organisationspersonal, von der Spitze bis zur Aushilfskraft, müssen die Organisationsziele und die jeweils geforderte Umsetzung in das Organisationsverhalten nahegebracht und von diesen praktiziert werden. Auch eine Nonprofit-Organisation braucht eine »Marke« (Kennzeichen), → Corporate Identity-Politik, die in → Corporate Design, → Corporate Behavior und → Corporate Communication umgesetzt werden. Hier sind grundsätzlich keine Unterschiede zu Unternehmen zu erkennen, gerade auf diesen Gebieten waren die Nonprofit-Organisationen in vielen Fällen sogar den profitorientierten Unternehmen zeitlich voraus.

Im Rahmen der → Distributionspolitik ist zu entscheiden, in welchen lokalen, regionalen, nationalen oder internationalen Zielgebieten sich die Leistungserbringung mittels welcher Organisation vollziehen soll.

Kommunikationspolitik (möglicherweise ohne bezahlte Werbung) dient dazu, die angezielten Leistungsempfänger zu umwerben, aber auch die Spender, Sponsoren und freiwilligen Helfer aufmerksam zu machen und zur Mitarbeit und zum Spenden zu motivieren.
Schließlich muß eine Nonprofit-Organisation auf Dauer einen Ausgleich zwischen Einnahmen und Ausgaben erreichen (finanzielles Gleichgewicht ist nicht anders, als bei profitorientierten Unternehmen). Also müssen Gebühren und Beiträge »kalkuliert« und in der Tat erzielt werden – dies aber sicher unter Berücksichtigung sozialer Aspekte und der Zielsetzung der Organisation.
Auch eine Nonprofit-Organisation sollte ein optimales → Marketing-Mix anstreben, also die Erreichung der außerökonomischen Nonprofit-Ziele mittels optimalem und simultan geplantem Einsatz der Instrumente. Dabei ist es keine Besonderheit, daß aus ethischen Gründen (→ Wirtschaftsethik), die es allerdings offen als solche zu bezeichnen und einzugrenzen gilt, der Einsatz der Instrumente gewissen Restriktionen unterliegt. Gb

Numerische Distribution

→ Distributionsgrad.

Nutzen

Unter Nutzen versteht man die Wertschätzung eines Produktes durch einen Nachfrager. Der Nutzen ist also eine Beziehung zwischen einem Subjekt (Nachfrager) und einem Objekt (Produkt). Wilhelm Vershofen unterteilt den Nutzen eines Produktes in Grundnutzen und Zusatznutzen.
Der Grundnutzen betrifft primär das Innere des Produktes, d. h. dessen Funktion und → Qualität.
Der Zusatznutzen beruht vor allem auf dem Äußeren des Produktes, d. h. dessen → Design, → Verpackung, → Marke und Image sowie auf dem → Service des Anbieters.
Der Zusatznutzen von Konsumgütern hängt von ihrer sozialen Auffälligkeit ab. Sozial auffällige Produkte fungieren als Statussymbole. Der Zusatznutzen ist in diesem Fall ein Geltungsnutzen oder Prestigewert. Der Prestigewert besteht darin, den Besitzer des Produktes als Mitglied einer bestimmten Sozialklasse auszuweisen. HL

O

Obsoleszenz

Unter Obsoleszenz versteht man die künstliche Veralterung von Produkten mit dem Ziel, den Ersatzbedarf zu beschleunigen bzw. zu steigern. Es gibt sichtbare und unsichtbare Obsoleszenz.
Die unsichtbare Obsoleszenz besteht in einer Verschlechterung der Produktqualität. Es werden bewußt schwache Stellen (Soll-Bruchstellen) in Produkte eingebaut, um ihre Nutzungsdauer zu verkürzen. Beispiele: Schuhe, Glühlampen, Auspuffanlagen usw., d. h. sozial unauffällige Produkte.
Die sichtbare Obsoleszenz bezieht sich auf das → Design der Produkte. Durch Form- und Farbänderungen werden die bisher verkauften Produkte unmodern gemacht, d. h. psychologisch abgewertet. Das neue Design veranlaßt neophile Kunden (→ Adoption), Gebrauchsgüter zu ersetzen, obwohl sie noch voll funktionsfähig sind. Beispiele: Automobile, Oberbekleidung, Skier usw., d. h. sozial auffällige Produkte.

Vorteile der Obsoleszenz:
- Bedürfnisse nach Abwechslung und Geltung werden befriedigt
- Arbeitsplätze werden erhalten oder geschaffen.

Nachteile der Obsoleszenz:
- Schlechte Erfahrungen der Kunden mit der Qualität eines Produktes haben negative Auswirkungen auf andere Produkte im → Sortiment und auf andere Nachfrager
- Die Obsoleszenz ist ein Hauptangriffspunkt des → Konsumerismus gegen das Marketing.
- Die künstliche Veralterung von Produkten schadet der Umwelt. HL

Öffentlichkeitsarbeit

→ Public Relations.

Ökologisches Marketing

Ökologisches Marketing ist ein funktionaler Teilbereich des Wirtschaftens. Zur Erhaltung bzw. Wiederherstellung des ökologischen Gleichgewichts sowie zur Reduzierung der Umweltbelastung und -zerstörung sind ökologische Aspekte in das Marketing zu integrieren.
Die Probleme liegen hauptsächlich auf folgenden Gebieten (Hansen):
- es werden nicht reproduzierbare Ressourcen in starkem Ausmaß verbraucht; regenerative Ressourcen werden schneller verbraucht als sie nachwachsen;
- es entstehen ökologisch schädliche Rückstände, die die Umwelt belasten;
- nicht recyclingfähige oder nicht recycelte Produkte belasten die Umwelt.

In diesem Zusammenhang wird dem Marketing vorgeworfen:
- es steigere die Bedürfnisse und mit diesen auch die Produktion;

- die Wachstumsorientierung führe zu einer Verschwendung der Ressourcen und zu mehr Abfall;
- die Vernachlässigung langfristiger ökologischer Folgen belaste nachkommende Generationen.

Teilweise sind die vorhandenen Konflikte durch Schaffung eines entsprechenden Bewußtseins (einschließlich dem Verantwortungsbewußtsein) zu reduzieren. Das Ergebnis ist dann beispielsweise der reduzierte Einsatz von Ressourcen, was auch zu Kostenreduzierungen führt. Es gibt andererseits auch konfliktäre Punkte, etwa dann, wenn eine Maßnahme zwar ökologisch sinnvoll wäre, die Rahmenbedingungen aber zu schlechteren betriebswirtschaftlichen Ergebnissen führen.

Für die Implementierung eines ökologischen Marketing können vier Phasen unterschieden werden (Winter):
1. Die Realisierung der durch Gesetz vorgeschriebenen Maßnahmen
2. Einführung von kostensenkenden Umweltmaßnahmen
3. Verwirklichung von kostenneutralen Maßnahmen (etwa neue Materialien) und
4. Realisierung von kostenwirksamen Maßnahmen, die sich nicht kurzfristig »rechnen« (neue Technologie, Schulung).

Der Ablauf des ökologischen Marketing ist identisch mit dem »normalen« Marketing-Ablauf.

1. Zunächst sind die Unternehmensphilosophie und das Marketing-Leitbild um die ökologischen Aspekte zu erweitern.

2. Die Situationsanalyse klärt die Rahmenbedingungen für ein ökologisch orientiertes Marketing. Wichtige Punkte sind die Einstellung der Verbraucher, Händler etc. und deren Verhalten. Die Zahl der Umwelt-Aktiven ist in den letzten Jahren gestiegen; teilweise ist eine Diskrepanz zwischen Umweltbekenntnis und Einkaufsverhalten festzustellen.

3. Es sind klare ökologische Ziele zu formulieren und auf dieser Basis Umwelt-Strategien zu entwickeln.
Bei den Strategien sind vier übergeordnete Richtungen möglich:
a. die Passivstrategie: es wird nur das mindeste getan, Erfüllung der Gesetze;
b. die Selektivstrategie: mißt sich am Wettbewerb und versucht diesen Standard zu realisieren oder sich höchstens noch gegen die Konkurrenz zu profilieren. Darüber hinaus verhält man sich passiv;
c. die intern-orientierte Strategie: sie orientiert sich hauptsächlich am Produktionsprozeß und an Kosteneinsparungen;
d. die »echte« Ökologiestrategie: sie sieht in der Umwelt eine Herausforderung und versucht durch neue Konzepte Maßstäbe zu setzen und Innovationen zu entwickeln, letztlich auch mit dem Ziel, sich am Markt zu profilieren und Marktanteile bzw. neue Kunden zu gewinnen.

Eine ökologische Marketing-Strategie manifestiert sich in einem ökologisch orientierten Marketing-Mix (Meffert/Hopfenbeck):

Ökologisches Marketing (*Quelle:* Meffert)

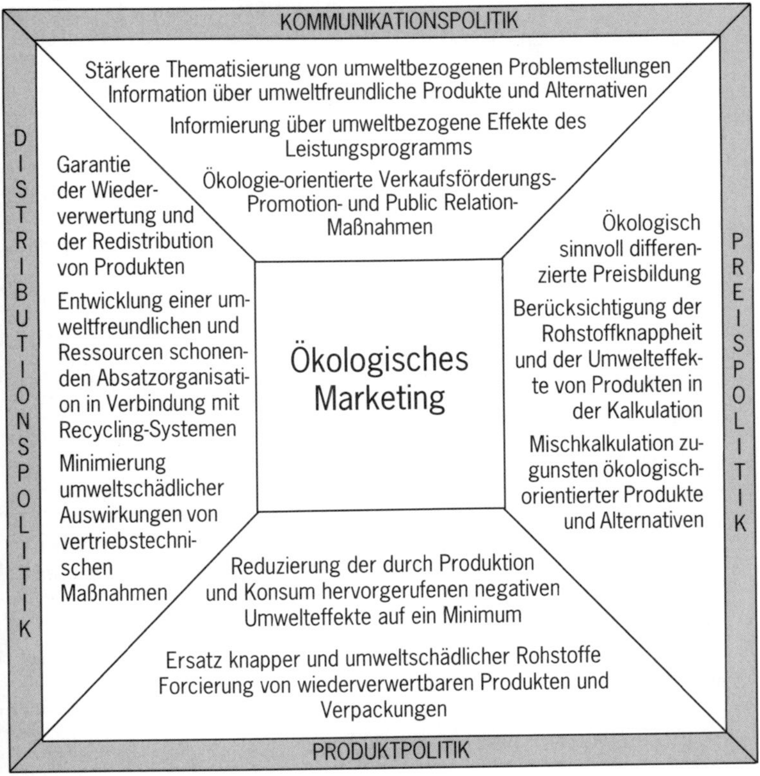

Schließlich erhebt sich auch die Frage der Marketing-Organisation.

Es kann beispielsweise eine Umweltschutz-Stabsstelle geschaffen werden, die andere Bereiche und Abteilungen berät. Ideal wäre natürlich, wenn das ökologische Denken im Marketing breiten Einzug halten würde (und nicht nur da). Ge

Off-Price-Store

Hierbei handelt es sich um eine in den USA gängige Betriebsform des stationären Einzelhandels (→ Handelsbetriebsformen). Mit hohen Preisabschlägen werden hier mittel- bis hochwertige Markenartikel (oft: Auslaufartikel, 2. Wahl, Überbestände) an verkehrsgünstigen Standorten auf der »grünen Wiese« verkauft.

Online-Dienste

Ein Online-Dienst ist (nach Hansen) ein rechnergestützter Informationsdienst, der Teilnehmern die entgeltliche Nutzung seiner Datenbanken über Fernmeldewege (Anschluß des Computers des Teilnehmers über sein Modem, Telefonleitung und das Modem des Anbieters an den Computer mit der Datenbank). Online-Dienste erweitern das Angebot an aktuellen Informationen aus aller Welt, seien es Wirtschafts- und Börsendaten, Firmenangaben (Handelsregister), Bibliographien und Bibliothekskataloge, Zeitungs- und Zeitschriftentexte, Gesetze, Patentschriften, Ausschreibungen oder Forschungsberichte. Neben der Möglichkeit des Zugriffs auf externe Datenbanken gibt es auch die Anbieter elektronischer Postsysteme (E-Mail), deren Einsatz in Deutschland insbesondere den wissenschaftlichen Bereich sowie die Kommunikation zwischen Unternehmen, insbesondere in hochtechnisierten Branchen, umfaßt. Aber auch im privaten Bereich wird diese Möglichkeit teilweise schon genutzt. Auch der ehemalige Bildschirmtext (BTX), der heute Datex-J heißt, fällt in das Gebiet der Online-Dienste.

Viele sehen in diesem Bereich den Vertriebs- und Kommunikationsweg der Zukunft. Beispiele für Netze: Internet, CompuServe, eWorld, ziffnet, Europe online, Datex-J. Gb

Operatives Marketing-Controlling – Allgemeine Aspekte

Die *operative Planung* knüpft an die Ergebnisse der strategischen Planung an, um bestehende Erfolgspotentiale auszuschöpfen und in Form von *Erfolg* (Gewinn) zu realisieren. Wegen ihres kürzeren Zeithorizonts ist die operative Planung, verstanden als *Prozeß zur Aufstellung und Verabschiedung von Budgets und/oder Aktionsplänen*, konkreter und wesentlich detaillierter als die strategische Planung. Während die formalzielorientierte *Budgetierung* (→ Budget) diejenigen Werte für monetäre Größen festlegt, über die Entscheidungsträger des Marketing zur Erfüllung der ihnen übertragenen Aufgaben verfügen können, hat die sachzielorientierte *Aktionsplanung* die Bestimmung der realen Marketingaktivitäten zum Inhalt. Aus Gründen der Koordination ist es zweckmäßiger, mit der Budgetierung zu beginnen und die zur Gewinnerzielung erforderlichen Leistungen (z. B. Umsätze) und verfügbaren Ressourcen (z. B. Ausgaben für Marktkommunikation) zu planen, bevor bestimmt wird, wie die Wertvorgaben in Aktivitäten (Tätigkeiten, Prozesse) umzusetzen sind.

Die Budgetierung betrifft das nächste Geschäftsjahr (Budgetjahr). Dabei wird mit *Standards*, d. h. durch strategische Maßnahmen festgelegte Strukturwerte gearbeitet, die allerdings im Jahresverlauf gewissen *Diskontinuitäten* (z. B. Zeitpunkt(e) für Preiserhöhungen oder Termine für Werbe-Sonderaktionen bzw. Messen und Ausstellungen) unterliegen. Um Jahreswerte auf unterjährige Teilperioden (Monate, Quartale) verteilen zu können, bietet die computergestützte *Tabellenkalkulation* die Möglichkeit, über Saisonfaktoren des Umsatzes die

Deckungsbeiträge periodengerecht planen zu können, so daß nur die fixen Gemeinkosten mehr oder weniger gleichmäßig über das Jahr verteilt werden müssen.

Um ein Ausufern der durch einfache Fortschreibung ermittelten Jahresbudgets zu verhindern, erfolgt in gewissen zeitlichen Abständen (etwa alle drei Jahre) die *Null-Basis-Budgetierung*, indem durch Wertanalysen die Rationalisierungspotentiale der indirekten Bereiche, zu denen auch das Marketing gehört, ermittelt werden. Kommt es dabei zu grundlegenden Änderungen bereichsübergreifender Prozesse, liegt der Fall des → *Business Reengineering* vor.

Der Budgetierung folgt irgendwann die Realisierung, deren Zwischen- oder Endergebnisse im Rahmen einer laufenden, d. h. kalenderzeitgesteuerten (etwa monatlichen) *Budgetkontrolle* gemessen und beurteilt werden. Über die durch einen Soll-Ist-Vergleich festgestellten *Abweichungen* sollten zunächst die betroffenen Mitarbeiter selbst disponieren, d. h. erst wenn vorgegebene *Toleranzgrenzen* über- oder unterschritten werden, kommt es zur Fremdkontrolle durch Vorgesetzte und/oder das Controlling. Budgetabweichungen ab einer gewissen Größenordnung sind, gegebenenfalls unter Zuhilfenahme statistischer Methoden, vom Controlling zu analysieren. Sind die Störfaktoren und Fehlerquellen festgestellter Budgetabweichungen bekannt, kann unter Berücksichtigung dieser von der ursprünglichen Budgetierung nicht erfaßten Einflüsse eine *Vorschau* (Soll-Wird-Vergleich) der voraussichtlichen Entwicklung sowie der künftig vermeidbaren Höhe der Abweichungen bis Jahresende vorgenommen werden.

Die letzte Phase der Budgetkontrolle hat dafür zu sorgen, daß für den Fall bereits eingetretener und/oder noch erwarteter Abweichungen im Rahmen der Anpassungsmöglichkeiten liegende *Korrekturhandlungen* im Sinne der Verstärkung ergebnis-positiver Abweichungen und Gegensteuerungsmaßnahmen zur Beseitigung ergebnis-negativer Abweichungen erfolgen. Für das Marketing kann dieses bedeuten: Verstärkte Förderung der im Deckungsbeitrag günstigeren Produkte, Kunden und Regionen, intensivere Suche der Außendienstmitarbeiter nach neuen Kunden, Veranlassung von Sonderaktionen für lagermäßig geführte Auslaufprodukte usw. Klaus Ziegenbein

Operatives Marketing-Controlling – Anwendungsgebiete

1. Jahresplan

Das Marketing-Controlling ist bei der Erstellung des Jahresplans → Marketing-Planung und Budgets und bei seiner Kontrolle beteiligt. Bei der Aufstellung des Jahresplans und insbesondere des Jahresbudgets hat das Marketing-Controlling zu koordinieren und Informationen zu liefern, insbesondere über finanzwirtschaftliche Daten wie Kosten, Gewinne und Deckungsbeiträge. Marketing-Controlling wirkt auch beim »Kneten« des Budgets mit. Dabei ist zu überprüfen, ob die Budget-Planung mit den Zielvorstellungen übereinstimmt, wie sich die absatzpolitischen Instumente zueinander verhalten, ob die personelle Kapazität

zur Realisierung der geplanten Maßnahmen vorhanden bzw. berücksichtigt ist, ob die Planwerte realistisch sind und ob gegenüber früher neue Aktivitäten ergriffen werden.
Wichtig ist die Entscheidung, in welchen *Zeitabständen* die einzelnen *Größen* kontrolliert werden.
Die Absatzmenge wird häufig vom Jahresziel auf Monatswerte aufgeteilt, teilweise gibt es in manchen Branchen auch wöchentliche Kontrollen. Mittels der EDV kontrollieren viele Unternehmen täglich den Auftragseingang bzw. den Umsatz und rechnen auf das Monatsziel hoch.
Eine Soll-Ist-Analyse bei Gewinn und Deckungsbeitrag wird häufig im monatlichen Rhythmus erstellt.
Die Marketing-Kosten einer Produktgruppe oder einer Marke kontrolliert man in unregelmäßigen Abständen; am Anfang eines Geschäftsjahres werden die Zeiträume zwischen den einzelnen Kontrollen kürzer.
Die Überprüfung der Marktanteils-Entwicklung ergibt sich aus den Panels; das → Handelspanel liefert die Daten i. d. R. zweimonatlich.

Herstell- und Gemeinkosten werden immer dann kontrolliert, wenn Veränderungen vorliegen.
Die *Aufgaben* des operativen Marketing-Controlling sind:

- Einführung bzw. Aufrechterhaltung und inhaltiche Vereinheitlichung der Budgetsysteme von strategischen Geschäftseinheiten, Produktgruppen oder Marken
- Abgrenzung von Verantwortungsbereichen und Zuordnung von Budgets an Bereiche oder Abteilungen (zum Beispiel Verkauf, Produktgruppe, Marktforschung, Werbeabteilung etc.)
- Empfehlung über die Häufigkeit der Kontrolle
- Prognose über die Erreichung des Jahresbudgets
- Information der Beteiligten und Dokumentation (z.B. gegenüber dem Management, der Produktgruppe, dem Verkauf etc.)
- Entwicklung einheitlicher Formblätter für die Durchführung des Controlling der Jahrespläne und
- Vorschlag von Aktionsmöglichkeiten bei Abweichungen.

Bei der Kontrolle sind die Hauptaufgaben ein Soll-Ist-Vergleich mit Hochrechnung und Dokumentation dieser Ergebnisse gegenüber dem Management, dem Marketing, dem Verkauf und sonstigen Abteilungen, die betroffen sind.
Aus einer Abweichung von Soll und Ist ergeben sich *Konsequenzen.*
Zunächst wird versucht, durch geeignete Maßnahmen das Ziel doch noch zu erreichen. Stellt sich heraus, daß der Planwert auch mit verbesserten Marketing-Maßnahmen nicht erreicht werden kann, so sind strategische Überlegungen anzustellen. Ergeben auch andere Strategien keine Erreichung der Ziele, so sind diese zu ändern und damit ergeben sich andere Ansätze im Marketing-Budget. Eine Revision des Marketing-Budgets ist insbesondere dann nötig, wenn wichtige Umweltfaktoren sich anders als prognostiziert entwickeln (beispielsweise Wettbewerb, Verbraucher, Konjunktur). Bud-

getänderungen können bei solchen Einflußfaktoren laufend bei der Geschäftsleitung beantragt werden; es gibt auch Firmen, die in regelmäßigen Abständen Budgetsitzungen mit Änderungsmöglichkeiten vornehmen.

2. Instrumente
Im professionellen Marketing ist der Erfolg der absatzpolitischen Instrumente laufend zu überprüfen und es ist zu überlegen, ob die ausgegebenen Budgetmittel effizienter eingesetzt werden können. Im Vordergrund stehen dabei
a. Verkauf
b. Werbung
c. Verkaufsförderung und
d. Distribution.

a. Beim Verkauf ist zwischen dem → Außendienst und dem Innendienst zu unterscheiden. Erfolgsmessung beim Verkaufsaußendienst erfolgt durch folgende Größen:
- durchschnittliche Besuchszahl pro Verkäufer und Tag,
- durchschnittlicher Zeitaufwand pro Besuch,
- durchschnittlicher Umsatz pro Besuch,
- durchschnittliche Kosten pro Besuch,
- Neukunden pro Zeiteinheit,
- Verkaufsstabskosten in Prozent des Gesamtumsatzes und
- Deckungsbeitrag je Außendienstmitarbeiter, Kunde, Auftrag, Gebiet etc.

Der Verkaufsinnendienst kann anhand folgender Größen kontrolliert werden:
- durchschnittliche Kosten der Bearbeitung eines Auftrages,
- durchschnittliche Kosten der Erstellung einer Rechnung und
- Anteil der Kosten des Verkaufsinnendienstes am Gesamtumsatz.

b. Zur Erfolgsmessung der Werbung (→ Werbeerfolgskontrolle) empfiehlt sich, folgende Werte laufend zu kontrollieren:
- Werbekosten pro tausend erreichte Personen der Zielgruppe,
- Konsumentenmeinung zu Inhalt und Wirksamkeit der Werbung,
- Prozentsatz derjenigen Personen, die die Werbung in einem bestimmten Medium wahrgenomen haben und
- Zahl der Anfragen aufgrund von Anzeigen (insbesondere bei Schaltung von Coupons),
- Abverkäufe; wobei deren Zurechnung zu einer Werbekampagne oft nicht einfach und eindeutig ist, zumindest aber bei Tests (→ Behavior Scan, Telerim) möglich ist.

Das optimale Werbebudget liegt dort, wo mit zunehmenden Ausgaben für Werbung die zusätzliche Reichweite so gering ist, daß die aus den zusätzlichen Umsätzen erzielten Deckungsbeiträge die zusätzlichen Werbekosten nicht decken. In der Praxis kann dies nur näherungsweise erreicht werden.
Ferner ist im Rahmen des Werbeerfolgs-Controlling die *Werbestreuung* über die Medien zu überprüfen. Es ist zu kontrollieren, ob die Medien wie geplant und gebucht geschaltet und inwieweit die anvisierten Leistungswerte der Medien bei der Zielgruppe erreicht wurden (Reichweite, Kontakthäufigkeit etc.).

c. Bei der Erfolgsmessung der Verkaufsförderung unterscheidet man gleich lange Zeitperioden: die Vorperiode, die Aktionsperiode und die Nachperiode. Für alle drei Zeiträume werden die Umsätze ermittelt. So zeigt sich, welchen Erfolg die Verkaufsföderung im Aktionszeitraum und im entsprechenden Zeitraum danach hatte, verglichen mit der Zeit vor der Aktion. Der zusätzliche Umsatz bzw. Deckungsbeitrag ist in Relation zu den Kosten der Verkaufsförderungsaktion zu setzen. Es können noch folgende Größen untersucht werden: Rücklauf der Antwortkarten bei Preisausschreiben, Zahl der eingelösten Gutscheine, Anfragen/Aufträge bei Messen, Anteil des mit Verkaufsförderungsaktionen erzielten Umsatzes am Gesamtumsatz und erreichte Sonderdisplays pro Aktion (→ Verkaufsförderung).

d. Bei der Distribution geht es in starkem Maße um Einsparungen hinsichtlich der Lagerkosten durch Reduzierung der Bestände und optimale Planung der Standorte von Außenlägern und der Transportmittel (→ Absatzlogistik).

3. Projekte

Unter einem Projekt ist ein Einzelvorhaben zu verstehen, welches über die normalen Routinevorgänge und laufenden Geschäfte hinausgeht. Beispiele für Projekte sind der Bau einer Anlage, die Ausführung eines Großauftrages, der Aufbau einer Auslandsniederlassung, die Entwicklung eines neuen Produktes, die Einführung eines neuen Produktes, der Aufbau einer neuen Vertreterorganisation oder die Abwicklung eines großen Kundenauftrages.

Die Projektkontrolle hat zu gewährleisten, daß die *Projektziele* erreicht werden. In der Regel ist das Hauptziel eines Projektes, aus der Verlustzone herauszukommen und einen bestimmten Gewinn oder einen → ROI (Return On Investment) zu erreichen. Bei Projekten ist es wichtig zu wissen, wie lange es dauert, bzw. welche Menge des Produktes verkauft werden muß, bis sich die Investition amortisiert hat. Dabei bedient sich das Controlling der → Break Even-Analyse. Das Marketing-Controlling erstellt Break Even-Analysen hauptsächlich zur Gewinn-, Kosten- und Umsatzplanung. Ge

Opinion Leader

→ Meinungsführer.

Organisation

→ Marketing-Organisation.

Outsourcing

Der zunehmende Wettbewerbs- und Kostendruck zwingt die Unternehmen zur Steigerung der Effizienz. Eine Möglichkeit dazu bietet das Outsourcing. Unter Outsourcing (Kurzform für Outside Resource Using) versteht man die Auslagerung einzelner betrieblicher Funktionen und deren Übertragung an Dritte.

In der Literatur wird der Begriff Outsourcing hauptsächlich im Bereich der elektronischen Datenverarbeitung verwendet. In der Praxis findet man Outsourcing jedoch in vielen Dienstleistungsbereichen. Beispiele dafür sind: Marktforschung, Werbung, Schulung, Rechtsberatung, akquisitorische Funktionen wie

Außendienst (→ Außendienst-Leasing und → Handelsvertreter), → Telefon-Marketing, → Direct Marketing, → Verkaufsförderung und Merchandising sowie die Auslagerung logistischer Funktionen auf Spediteure.

Besonders im Bereich des Merchandising nimmt das Outsourcing einen hohen Stellenwert ein. Merchandiser sind mit der Regalpflege im Einzelhandel betraut, d. h. sie kümmern sich um das Auspacken der Ware, die Preisauszeichnung und das Einräumen der Ware in die Regale. Viele Unternehmen der Markenartikel-Industrie haben das gesamte Merchandising an externe Dienstleister übertragen. HL

P

Panelarten

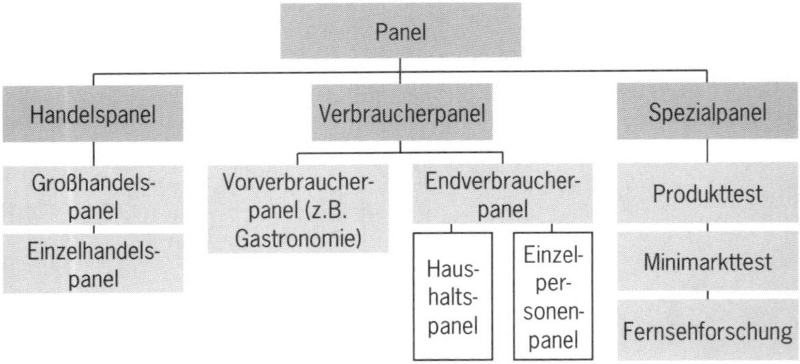

Panel

Unter einem Panel ist eine in gewissen Zeitabständen regelmäßig erfolgende Erhebung bei einem gleichbleibenden Kreis von Personen, Geschäften etc. zu verstehen. Die Panelerhebungen können folgendermaßen eingeteilt werden (s. Abb.):

In der Praxis sind das → Haushaltspanel und das → Handelspanel von großer Wichtigkeit. Ferner gibt es noch Panelerhebungen in anderen Vertriebsbereichen, wie in der Gastronomie. Ge

Pareto-Prinzip

→ ABC-Analyse.

Partialmodelle

→ Konsumentenverhalten: Modelle.

Party-Verkauf

Der Party-Verkauf ist eine Form des persönlichen → Direkt-Vertriebs. Die Repräsentanten eines Herstellers (z. B. Firma Tupperware) bitten Hausfrauen, potentielle Kunden aus dem Kreis ihrer Verwandten, Freunde und Bekannten zu einer »Haus-Party« einzuladen, auf der die betreffenden Produkte vorgestellt und verkauft werden. Die Gastgeberin erhält als Kostenausgleich und Anreiz eine umsatzabhängige Provision sowie Vorzugspreise. Ein Vorteil dieses Vertriebssystems besteht darin, daß die Gastgeberin bei ihren Gästen i.d.R. einen Vertrauensbonus genießt. HL

Patent

P. ist das nach einem förmlichen Prüfungsverfahren vom Patentamt erteilte

Recht, eine neue und gewerblich anwendbare → Erfindung auf dem Gebiet der Technik ausschließlich zu nutzen. Die Beschränkung auf das Gebiet der Technik unterscheidet das Patentrecht vom Urheberrecht und → Geschmacksmuster. Die Patentierung einer Erfindung erfordert ein bestimmtes Erfindungsniveau, das erheblich über dem Leistungsvermögen eines durchschnittlichen Fachmannes liegen muß (dies ist der wesentliche Unterschied zum → Gebrauchsmuster).
Die Erteilung eines Patentes setzt ein in mehrere Abschnitte zerlegtes Prüfungsverfahren voraus, das nur auf besonderen Antrag hin erfolgt. Wird das Patent erteilt, so erwirbt sein Inhaber damit das Recht, auf die Dauer von bis zu 20 Jahren bei einem Sachpatent den patentierten Gegenstand ausschließlich herzustellen, in den Verkehr zu bringen, anzubieten und zu gebrauchen; bei einem Verfahrenspatent die alleinige Befugnis, das patentierte Verfahren anzuwenden und unmittelbare Erzeugnisse daraus zu verwerten. Das Recht zur ausschließlichen Verwertung schließt auch das Recht ein, die Nutzungsbefugnis ganz oder teilweise durch Lizenz auf andere zu übertragen.

Gegen Verletzungen des Patentrechts durch Dritte kann sich der Patentinhaber durch Unterlassungsklage sowie im Verschuldensfall durch Schadensersatzklage zur Wehr setzen; außerdem ist die vorsätzliche rechtswidrige Vornahme einer dem Patentinhaber vorbehaltenen Benutzung mit Strafe bedroht.

Dietrich Schmidt

Patentgesetz

Abkürzung: PatG – Gesetz in der Fassung der Bekanntmachung vom 16.12.1980, in dem die Voraussetzungen und das Verfahren zur Erteilung eines → Patentes sowie die sich daraus ergebenden Rechte festgelegt sind. Das Patentrecht ist Teil des → gewerblichen Rechtsschutzes. D. Schmidt

Pen-Computing

Spezielle Form des → Computer Aided Selling (CAS), bei der der Außendienst mit Notebook und elektronischem Griffel (Pen) ausgestattet wird. Die Eingabe der Daten in den PC (z. B. der abgeflossenen Produkte) erfolgt vor Ort, im Geschäft oder Handelslager, mit Hilfe des Pens. Am Abend »dockt« der Außendienstmitarbeiter in der Regel seinen Terminal an die Telefonleitung an. Die Zentrale ruft die Daten ab und gibt dem Verkäufer neue Informationen. Die Vorteile des Pen-Computereinsatzes liegen in

- Rationalisierung durch Vermeidung von Doppelerfassungen bei der Auftragsabwicklung
- verbesserter Steuerungsmöglichkeit des Außendienstes durch die Verkaufsleitung
- erhöhter Reaktionsgeschwindigkeit durch tagesaktuelle Informationen und
- einer höheren Qualität der Kundenbetreuung. Peter Hanser

Penetrations-Strategie

Strategie der → Marktdurchdringung. → Preisstrategien.

Perceived-Value-Pricing

→ Preisfindung.

Persönlicher Verkauf

Kennzeichnend für den persönlichen Verkauf ist der unmittelbare Kontakt zwischen Verkäufer und Kunde. Der persönliche Verkauf ist das wirksamste und teuerste Instrument der → Kommunikationspolitik.

Es gibt viele Formen des persönlichen Verkaufs, die sich wie folgt systematisieren lassen:

Formen des persönlichen Verkaufs

Verkaufs-personal	Innen-dienst	Außen-dienst
Eigenpersonal	①	②
Fremdpersonal	③	④

Das Eigenpersonal umfaßt angestellte Verkäufer im Innendienst (z. B. Ladenverkäufer) und Außendienst (z.B → Reisende). Das Fremdpersonal umfaßt Leih- und Mietverkäufer im Innendienst (z. B. Propagandisten und Merchandiser) sowie Verkäufer im → Außendienst (z. B. → Handelsvertreter und → Miet-Reisende). Die schwierigste Form des persönlichen Verkaufs ist der Außendienst. HL

Physische Distribution

→ Absatzlogistik.

PIMS-Studie (Profit Impact of Market Strategy)

US-amerikanisches, empirisches Forschungsprojekt der strategischen Analyse und Planung. Erforscht werden sollen die Marktgesetzlichkeiten (laws of the market place), anhand derer branchenunabhängige Strategieempfehlungen gegeben werden sollen. Dies geschieht durch Ermittlung von verschiedenen Erfolgsfaktoren (z. B. Marktanteil, Marktwachstum, Gewinn, Cash Flow usw.) in den strategischen Geschäftseinheiten (SGE) der Mitgliedsunternehmen. 37 dieser Faktoren sollen etwa 70% der Varianz der → ROI (Return on Investment) erklären. Zudem können die Mitgliedsunternehmen Vergleiche ihrer Geschäftseinheiten mit ähnlichen Geschäftseinheiten anderer Unternehmen sowie einem Standard-ROI (aufgrund bestimmter strategischer Merkmale zu erwartender ROI) anstellen (→ Benchmarking). Gb

Pipeline-Effekt

Unter dem Pipeline-Effekt versteht man die Menge eines Produktes, die ein Hersteller zum Auffüllen der Läger des Handels benötigt. Dieser Effekt tritt nur bei indirektem Absatz auf (→ Absatzwege).

Der Umfang des Pipeline-Effektes ist vor allem von folgenden Faktoren abhängig:

- Zahl der Händler (→ numerische Distribution)
- Umsatz der Händler (→ gewichtete Distribution)
- Höhe der → Handelsspanne
- Zahlungsbedingungen
- Goodwill des Unternehmens (→ akquisitorisches Potential)
- Ausmaß und Qualität der Werbung.

Der Pipeline-Effekt ist bei der Planung des Absatzes und der Produktion zu berücksichtigen. Der Effekt variiert in den einzelnen Lebensphasen eines Produktes, weil bzw. wenn sich die Zahl der führenden Händler und/oder deren durchschnittlicher Lagerbestand ändern. Der Pipeline-Effekt ist in der Einführungs- und Wachstumsphase positiv, in der Reife- oder Sättigungsphase tendiert er gegen Null. In der Schrumpfungs- und Auslaufphase des Produktes wird der Pipeline-Effekt negativ, weil die Läger des Handels geleert werden. HL

Planinhalte

Das Ergebnis der Marketing-Planung ist ein entsprechender Marketing-Plan. Unternehmen entwickeln zuerst den strategischen Marketing-Plan, der sich über einen Zeitraum von drei bis fünf Jahren erstrecken sollte (→ Marketing-Strategien), und danach einen operationalen Jahresplan.

Der Marketing-Plan beinhaltet:

1. Die Darstellung der bisherigen Entwicklung und Prognose wichtiger Größen.

Diese zeigt für den Zeitraum der letzten Jahre die Entwicklung folgender Größen:

- Marktvolumen (Umsatz oder Menge),
- Marktanteil (Umsatz oder Menge),
- Listenpreis,
- variable Stückkosten,
- Deckungsbeitrag (DB),
- verkaufte Menge,
- eigener Umsatz,
- Marketing-Aufwand (Werbung, Verkaufsförderung, Rabatte etc.),
- Distributionskosten,
- Gemeinkosten (für Management, Zentralabteilungen und eventuell Verkauf) und
- Gewinn.

Sofern einzelne Größen nicht für jeden Erfolgsträger bekannt sind (z. B. Marketing-Aufwand, Gemeinkosten, Distributionskosten), so sind sie als Umlage zu berechnen (z. B. nach Anteilen der einzelnen Erfolgsträger am Umsatz, DB oder Gewinn). Die Größen werden durch eine Beschreibung wichtiger Tatsachen und Trends des Marktes, der Händler und der Konkurrenten ergänzt. Zur Marktbeschreibung gehören auch die Festlegung des Marktgebietes und der wichtigsten Marktsegmente sowie Angaben zur Marktgröße, zu den Marktentwicklungen und zum Käuferverhalten. Die Distributionsbeschreibung macht Angaben über wichtige Merkmale und Trends im Bereich der Warenverteilung.

2. Eine Analyse der gegenwärtigen und zukünftigen Situation des Unternehmens und seiner Umwelt (SWOT-Analyse = a.:Strength/Stärken sowie Weakness/Schwächen aus der Unternehmensanalyse und b.: Opportunities/Chancen sowie Threats/Risiken aus der Umweltanalyse),

a. Unternehmens-Analyse

- Interne Stärken- und Schwächen-Analyse
  - Marketing
  - Produktion
  - Forschung und Entwicklung
  - Personal
  - Finanzen
  - Investitionen
  - Standortfaktoren

  - Ressourcen-Analyse
    - Sachmittel
    - Finanzmittel
    - Personal
    - Know-how (Technik, Marketing).
- Unternehmenserfolgs- und Marktpositions-Analyse
  - Gewinn, Rentabilität
  - Umsatz
  - Marktanteil
  - Relation Stückkosten-Marktpreis
  - Produktvorteile
  - Innovationspotential
  - Ist-Portfolio
  - Stellung im Produkt- und Marktlebenszyklus.

b. Umwelt-Analyse:
- gesamtwirtschaftliche Lage
- Technologieentwicklung
- gesellschaftliche Entwicklungen
- Wertewandel
- Recht
- Verbraucher
- Märkte
- Konkurrenz
- Abnehmer/Handel etc.
- Rahmenbedingungen
- Entwicklung der Branche
- Lieferanten
- Absatzhelfer.

Chancen und Risiken können mit den unternehmensinternen Stärken und Schwächen zusammengeführt werden.
Es erhebt sich die Frage, wie ein Unternehmen seine Stärken nutzen kann, um Chancen wahrzunehmen, und wie es negative Einflüsse im Bereich der Schwächen und Risiken vermeidet.

Es werden Chancen und Stärken sowie Risiken und Schwächen einander zugeordnet; daraus ergibt sich eine größere Zahl von Feldern, die externe Chancen und interne Stärken synergetisch verknüpfen oder besondere Problemfelder aufzeigen. Einzelne Felder können auch eine nicht sinnvolle Kombination ergeben.
Bei sinnvollen Kombinationen ergeben sich strategische Ansatzpunkte, die zu formulieren sind. Es können auch Stärken und Risiken sowie Schwächen und Chancen kombiniert werden.

3. Das Marketing-Leitbilde und die Marketing-Ziele auf der Basis des Unternehmensleitbildes (→ Corporate Identity).

4. Die längerfristigen Strategien (→ Marketing-Strategien).

5. Operatives Aktionsprogramm zur Zielerreichung mit Regelung der Zuständigkeit sowie Termine und Vorausschätzung der Wirkungen der ergriffenen Maßnahmen.

Die im quantitativen Teil des Jahresplans aufgeführten Größen sind (mit Werten aus den vergangenen Jahren und eingebettet in den groben Plan für drei bis fünf Jahre):
- das Marktvolumen (mengen- und wertmäßig)
- der Marktanteil (mengen- und wertmäßig)
- die Absatzmenge
- der Nettoerlös pro Einheit
- der Umsatz (Absatzmenge mal Nettoerlös/Einheit)

- verschiedene Kostenkomponenten
- das Marketing-Budget
- der Deckungsbeitrag
- der Gewinn.

Die wichtigsten Planinhalte bei einer Neueinführung sind:
- Situationsanalyse
- Festlegung der Ziele
- Verkaufsgebiet
- Einführungstermine
- Produktname
- Budget
- Werbeagentur
- → Verkauf
- → Logistik
- → Marketing-Strategie und
- Marketing-Aktionsprogramm.

Die beiden Letztgenannten haben folgende Einzelheiten festzulegen:

Marketing-Strategie:
- → Markenstrategien
- → Positionierung und → Zielgruppe

Marketing-Aktionsprogramm:
- Produkt und die Sorten (→ Produktgestaltung)
- Packung (→ Verpackung)
- Abpackeinheiten
- Preise (→ Preispolitik) und Rabatte
- Distributionskanäle (→ Absatzwege)
- Copy (→ Copy Strategy)
- Media (→ Mediaplanung)
- Öffentlichkeitsarbeit (→ Public Relations) und
- Promotions (→ Verkaufsförderung).

Ge

Planungsablauf

Die Marketing-Planung läuft in folgenden Schritten ab:

1. Situationsanalyse und Prognose
Diese bestehen aus:
a) der Darstellung der bisherigen Entwicklung,
b) der Unternehmensanalyse sowie der externen Analyse (SWOT-Analyse, → Planinhalte),
c) der Markt- und Absatzprognose jeweils für einzelne Erfolgsträger.

2. Formulierung der Ziele

3. Entwicklung alternativer → Marketing-Strategien und Entscheidung

4. Planung des Marketing-Mix (einschließlich Verantwortlichkeiten, Terminen und Etat)

5. Durchführung

6. Kontrolle.

Ge

PLZ

→ Produktlebenszyklus.

Point of Purchase

(POP) Ort, an dem die Kaufentscheidung stattfindet, z. B. vor dem Regal (bei Selbstbedienung) oder an der Ladentheke (→ Point of Sale). Der POP wird teilweise auch mit dem → Point of Sale gleichgesetzt, dann kann er entweder die Kasse oder den Laden als Ganzes bezeichnen.

Point of Sale

(POS) Ort, an dem der Kauf stattfindet, also z. B. an der Kasse eines Supermarktes. Im Gegensatz dazu ist der → Point of Purchase (POP) der Ort der Kaufentscheidung (z. B. vor dem Regal).

Häufig werden beide Begriffe auch als Synonyme gesehen, wobei dann z.T. der Standort der Ware im Regal (Ort der Kaufentscheidung), z.T. die Kasse (Ort des Kaufes) oder auch das Ladengeschäft als Ganzes gemeint ist. Mit dem Argument, daß solange noch nicht bezahlt wurde, die Kaufentscheidung noch nicht endgültig getroffen sei, wird dafür plädiert, als POP und POS die Kasse zu sehen. Gb

Portfolio-Analyse

Bei der Portfolio-Analyse werden Erfolgsträger (→ Strategische Geschäftseinheiten, SGE, Produktgruppen, Produkte) anhand der Kriterien Marktwachstum und Marktanteil (→ Absatzkennziffern, → Markt-Maßstäbe für quantitative Analysen) beurteilt. Unter Marktwachstum ist das Wachstum des gesamten Marktes einer bestimmten Produktkategoerie zu verstehen, es ist also ein externer Faktor. Der Marktanteil hingegen ist ein interner Faktor; dieser kann der Marktanteil im engen Sinne sein oder der sog. relative Marktanteil, d. h. der Marktanteil bezogen auf den Marktanteil des Marktführers. Beide Kriterien, Marktwachstum und Marktanteil, können mit niedrig oder hoch bewertet werden. Entsprechend dieser Bewertung werden die Produkte, Produktgruppen oder SGE in die Portfolio-Matrix eingetragen. Es ist auch möglich, Unterkriterien bei den Hauptkriterien Marktwachstum und Marktanteil zu bilden und diese zu gewichten und zu bewerten und auf diesem Wege eine Punktzahl zu erhalten und die Produkte dementsprechend in der Matrix einzuordnen. Dabei können unterschiedlich große Kreise die Umsatz- oder Gewinnbedeutung eines Produktes zeigen.

Portfolio-Matrix

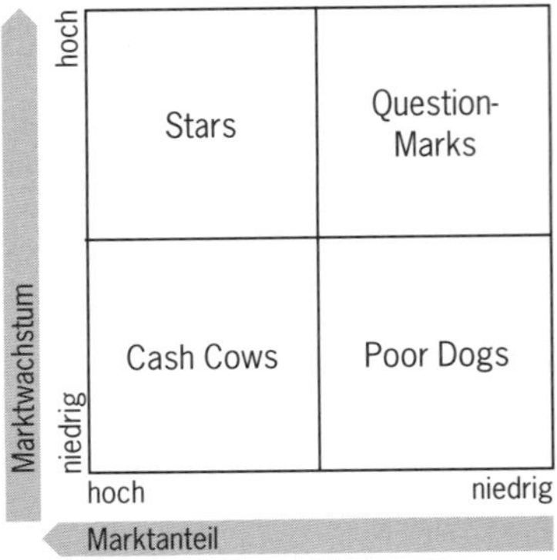

Je nach Einordnung in die Portfolio-Matrix erhalten die SGE, Produktgruppen oder einzelne Produkte den Namen Stars, Cash Cows, Poor Dogs und Question Marks (Nachwuchsprodukte).
Beim Star haben wir einen hohen Marktanteil bei hohem Marktwachstum. Diese Produkte werfen hohe Erträge ab; in sie wird noch Geld investiert, sie bewegen sich im Lebenszyklus auf einem hohen Niveau.

Die Cash Cows haben einen hohen Marktanteil, aber niedriges Marktwachstum. Es werden hohe Erträge erwirtschaftet, größere Investitionen in das Produkt unterbleiben jedoch. Gründe dafür sind: Das Produkt hat bereits eine gute Marktpostition und der Gesamtmarkt wächst nicht mehr. Die Cash Cow-Produkte

Normstrategien nach der Portfolio-Analyse

Produkte	Strategie/Ziele	Finanzierung
1. Nachwuchsprodukte (Question Marks)	Marktanteil ausbauen	mehr Ausgaben als Einnahmen
2. Stars	Umsatz steigern Marktanteil halten	großer Finanzbedarf hohe Erträge
3. Cash-Cows	Gewinn abschöpfen Rationalisierung Marktanteil halten	hohe Erträge geringe »Investitionen«
5. Dogs	Ausstieg überlegen oder am Markt halten	geringe Erträge kaum »Investitionen«

finanzieren die Neuentwicklungen bis zur Erreichung eigener Gewinne.
Die Poor Dogs haben einen niedrigen Marktanteil bei niedrigem Marktwachstum. Die Produkte sind umsatzschwach und werfen nur noch niedrige Gewinne ab, gelegentlich machen sie sogar Verluste. Der Lebenszyklus dieser Produkte hat bereits ein spätes Stadium erreicht; es ist entweder an einen Relaunch oder an eine Herausnahme aus dem Markt zu denken.
Nachwuchsprodukte haben einen niedrigen Marktanteil, bewegen sich jedoch auf Märkten mit hohen Zuwachsraten. Sie werfen noch geringe Gewinne ab, da die Marktinvestitionen zur Erreichung einer stärkeren Marktanteilstellung hoch sind. Diese Produkte sind jedoch die Star-Produkte der Zukunft.
Die Erfolgsträger durchlaufen etwa ähnlich dem Lebenszyklus die Stationen vom Question Mark über Stars, Cash Cows eventuell bis zum Poor Dog.
Aus der Stellung einzelner Erfolgsträger in der Portfolio-Matrix ergeben sich Rückschlüsse auf einzuschlagende Strategien.
Aus der Vier-Felder-Matrix entwickelten die General Electric Company und McKinsey & Company eine Neun-Felder-Matrix mit den Hauptkriterien Wettbewerbsposition und Marktattraktivität mit den Beurteilungen niedrig, mittel und hoch. Ge

Potentialmethode

→ Gebietsauswahl.

PR

→ Public Relations.

Präferenz-Strategie

Die Präferenz-Strategie (Gegenteil: → Preis-Mengen-Strategie) ist dadurch gekennzeichnet, daß ein Anbieter seine Mitbewerber in den Leistungen zu überbieten versucht, um höhere Preise auf dem Markt durchsetzen zu können.

Dabei rangiert der Gewinn vor dem Umsatz, d. h. die → Umsatz-Rendite soll maximiert werden.
Der Anbieter muß → Präferenzen schaffen, indem er den Nachfragern einen → Zusatznutzen bzw. einen → USP bietet. Mit einem anspruchsvollen → Marketing-Mix kann ein positives Marken-Image aufgebaut werden. Das Image muß während des gesamten Lebenszyklus der Marke gepflegt werden, um einen ausreichenden Spielraum für überdurchschnittliche Preise aufrechtzuerhalten. Um eine solche Strategie realisieren zu können, sind erhebliche Finanz-Mittel und ein solides Marketing Know-how erforderlich. HL

Präferenzen

Präferenzen sind Vorlieben der Nachfrager für bestimmte Marken bzw. Anbieter. Sie können folgende Ursachen haben:

- sachliche Gründe (z. B. bessere oder schönere Produkte als die Konkurrenz)
- persönliche Gründe (z. B. höher qualifiziertes und freundlicheres Personal als bei der Konkurrenz)
- räumliche Gründe (z. B. günstigerer Standort, dichteres Vertriebs- und Kundendienstnetz als die Konkurrenz)
- zeitliche Gründe (z. B. kürzere Lieferfristen, längere Kredit- und Garantiefristen als die Konkurrenz).

Die Präferenzen verschaffen dem Anbieter einen gewissen Spielraum, innerhalb dessen er den Preis monopolistisch festsetzen kann. Er kann etwas teurer sein als die Konkurrenz, ohne eine Abwanderung von Kunden befürchten zu müssen. Innerhalb des monopolistischen Bereiches sind die Kunden aufgrund ihrer Präferenzen markentreu.
Der bevorzugte Anbieter ist Quasi-Monopolist für ein spezielles Produkt. Die Marktstellung ist wesentlich schwächer als die eines echten Monopolisten, weil die Kunden auf vergleichbare Produkte anderer Anbieter ausweichen können. Die Marktmacht eines Quasi-Monopolisten ist durch die Präferenzen begrenzt. HL

Prämarketing

Der Zeitabschnitt vor der Markteinführung eines Produktes wird als Prämarketingphase bezeichnet. In dieser Zeit ist das Marketinginstrumentarium darauf ausgerichtet, den Markt auf die Neueinführung vorzubereiten. Dazu gehören die frühzeitige Information von Meinungsbildnern (→ Meinungsführer), Produkt-PR (Initiierung redaktioneller Beiträge in den zielgruppenrelevanten Medien) sowie »Awareness-Advertising« (Erzeugen von Aufmerksamkeit) über den Außendienst oder die Medien. Peter Hanser

Preis

Beim Preis handelt es sich um das wichtigste Instrument der Entgeltpolitik. Dabei geht es um die Gegenleistung bzw. das Entgelt für ein Produkt oder eine Dienstleistung (→ Preispolitik). Der tatsächlich bezahlte Preis ist im Business-to-Business-Bereich häufig niedriger als der Listenpreis, d. h. also derjenige

Preis, der in der Preisliste ausgewiesen wird, weil Preisnachlässe (→ Rabatte) gewährt werden.

Preis-Absatz-Funktionen

Preis-Absatz-Funktionen beschreiben das tatsächliche oder das erwartete Verhalten der Nachfrager gegenüber Preisänderungen der Anbieter. Es handelt sich also um Reaktionsfunktionen.

Zu unterscheiden sind direkte und indirekte Funktionen. Direkte Preis-Absatz-Funktionen zeigen die nachgefragte bzw. absetzbare Menge eines Produktes bei verschiedenen Preisen dieses Produktes. Indirekte (Kreuz-) Preis-Absatz-Funktionen zeigen die bei unterschiedlichen Preisen eines Produktes nachgefragte bzw. absetzbare Menge eines anderen Produktes des gleichen oder eines anderen Anbieters. In der Praxis gibt es vielfältige Funktionsformen. Im folgenden werden einige Formen erläutert:

1. Monopol

Das Monopol ist dadurch gekennzeichnet, daß ein Unternehmen das gesamte Angebot eines Produktes in der Hand hat und somit den Markt bzw. die Nachfrager beherrscht. Es kann auch entstehen, wenn sich selbständige Unternehmen der gleichen Branche zusammenschließen, um den Preiswettbewerb untereinander auszuschalten. In diesem Fall spricht man von einem Kollektiv-Monopol oder → Kartell.
Wenn ein Monopolist bzw. Kartell den Preis senkt, steigt i.d.R. dessen Absatz, während eine Preiserhöhung zu einem Absatzrückgang führt. Die Preis-Absatz-Funktion eines Monopolisten sieht also wie folgt aus:

Preis-Absatz-Funktion eines Monopolisten

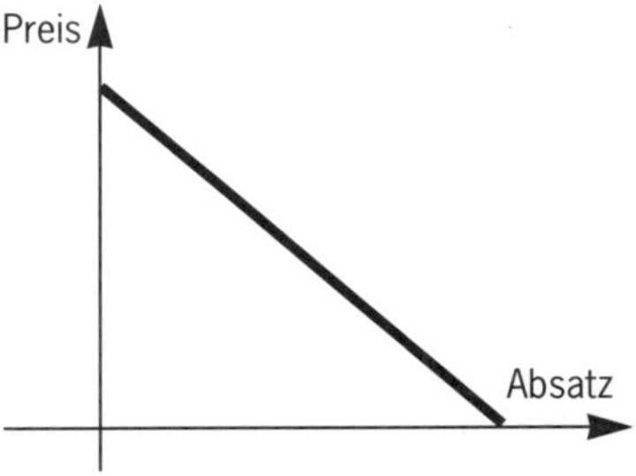

2. Homogene Konkurrenz

Die homogene Konkurrenz ist dadurch gekennzeichnet, daß die Produkte der verschiedenen Anbieter von den Nachfragern als gleichwertig betrachtet werden, obwohl sie objektiv unterschiedlich sein können. Es gibt also keine → Präferenzen für einzelne Anbieter bzw. Produkte.

Wenn ein Anbieter in dieser Situation den Preis erhöhen würde, würden alle seine Kunden zur Konkurrenz abwandern. Wenn ein Anbieter den Preis senken würde, würden die Kunden der Konkurrenz zu ihm wechseln und er könnte die starke Nachfrage mit seiner begrenzten Kapazität nicht decken.

Bei homogener Konkurrenz bildet sich ein einheitlicher Marktpreis, d.h. die einzelnen Anbieter können keine eigenständige → Preispolitik betreiben. Die Preis-Absatz-Funktion sieht dementsprechend wie folgt aus:

Preis-Absatz-Funktion
bei homogener Konkurrenz

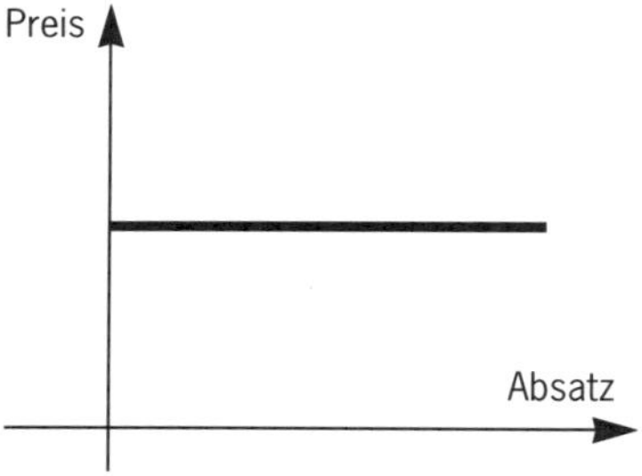

3. Heterogene Konkurrenz

Die heterogene Konkurrenz ist dadurch gekennzeichnet, daß die Produkte der einzelnen Anbieter von den Nachfragern als verschiedenwertig beurteilt werden, obwohl sie objektiv gleich sein können. Die Nachfrager haben also Präferenzen für gewisse Anbieter. Das bedeutet, daß die Nachfrager sich bei ihren Kaufentscheidungen nicht nur am Preis orientieren. Der Absatz ist in diesem Fall vom Preis des Anbieters und von den Präferenzen der Nachfrager abhängig.

Die Präferenzen der Nachfrager verschaffen dem Anbieter einen Spielraum, innerhalb dessen er den Preis monopolistisch festsetzen kann. Der präferierte Anbieter ist ein Quasi-Monopolist, d.h. er kann etwas teurer sein als die Konkurrenz. Deshalb bezeichnet man die heterogene Konkurrenz auch als monopolistische Konkurrenz.

Die folgende Abbildung zeigt die Preis-Absatz-Funktion eines Unternehmens, das auf einem Markt mit heterogener Konkurrenz anbietet:

Preis-Absatz-Funktion
bei heterogener Konkurrenz

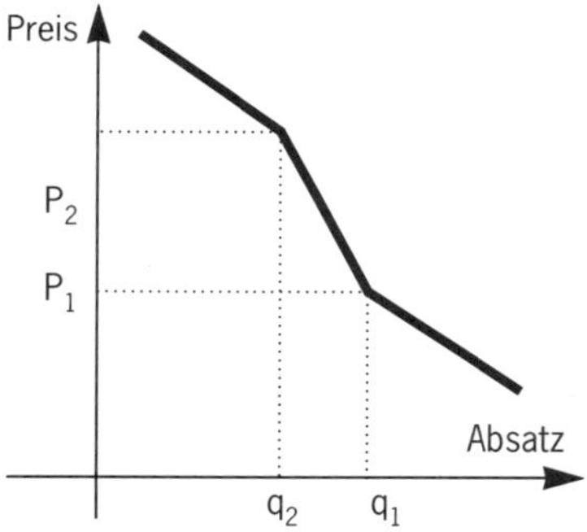

Innerhalb des monopolistischen Bereiches sind die Kunden markentreu. Wenn der Preis in diesem Bereich erhöht wird, dann vermindert sich lediglich die Nachfragemenge der bestehenden Kunden. Wenn der Preis über den monopolistischen Bereich hinaus erhöht wird, geht der Absatz stärker zurück, weil einige Kunden zur Konkurrenz abwandern.

4. Substitutionalität

Falls zwischen den Produkten eines Anbieters eine Substitutionsbeziehung besteht (→ Produkt-Differenzierung), sieht die Preis-Absatz-Funktion wie folgt aus:

Preis-Absatz-Funktion
bei Substitutionalität

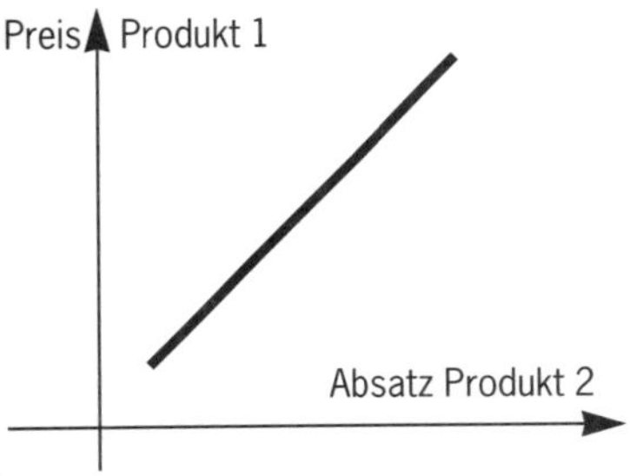

Wenn der Preis eines Produktes erhöht wird, dann steigt der Absatz eines anderen Produktes.

5. Komplementarität

Falls zwischen den Produkten eines Anbieters eine Komplementärbeziehung besteht, verläuft die Preis-Absatz-Funktion wie folgt:

Preis-Absatz-Funktion
bei Komplementarität

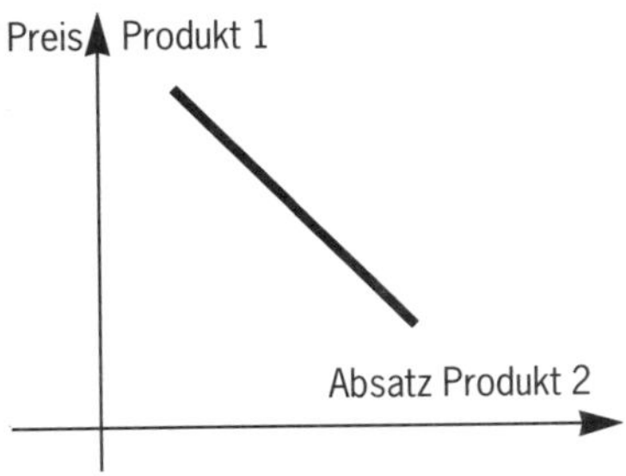

Wenn der Preis eines Produktes gesenkt wird, dann steigt der Absatz eines anderen Produktes.

6. Veblen-Effekt

Hohe Preise können die Nachfrage anregen, wenn die betreffenden Produkte als Status-Symbole fungieren. Durch den Kauf teurer und sozial auffälliger Produkte können Konsumenten ihre Finanzkraft demonstrieren und damit ihr Geltungsbedürfnis befriedigen. Deshalb wird bei Preiserhöhungen mehr nachgefragt. Diese »abnormale« Reaktion der Nachfrager wird als Veblen-Effekt bezeichnet. Die Preis-Absatz-Funktion sieht in diesem Fall wie folgt aus:

Preis-Absatz-Funktion
beim Veblen-Effekt

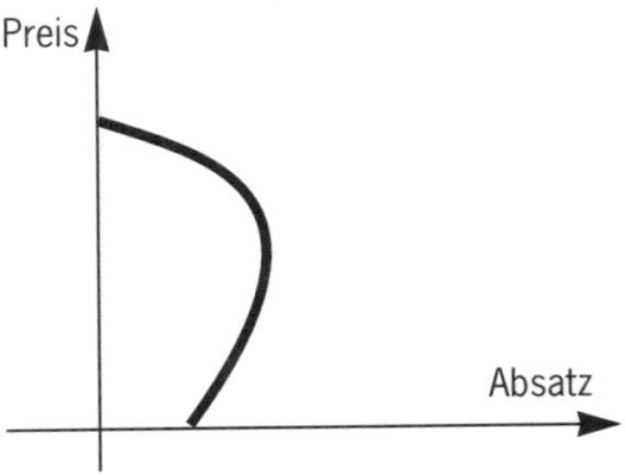

7. Preis-Qualitäts-Effekt

Hohe bzw. steigende Preise können den Absatz fördern, wenn die Qualität des Produktes von den Nachfragern nicht beurteilt werden kann. In diesem Fall fungiert der Preis als Indikator für die Produktqualität. Die Preis-Absatz-Funktion sieht dann wie folgt aus:

Preis-Absatz-Funktion beim Preis-Qualitäts-Effekt

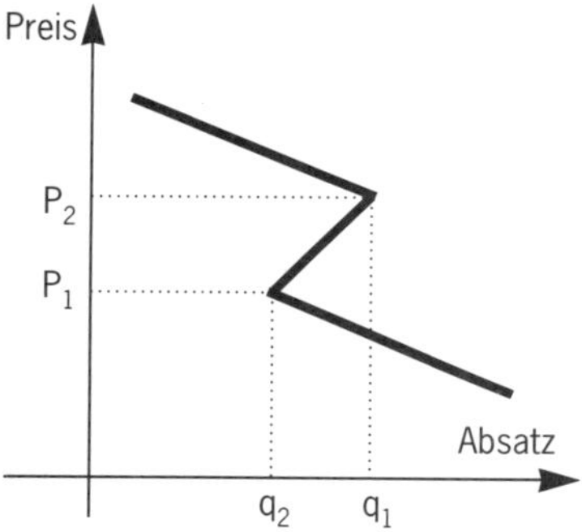

Wenn der Preis zwischen p_1 und p_2 erhöht wird, steigt der Absatz aufgrund der von den Nachfragern unterstellten Beziehung zwischen Preis und Qualität. Ober- und unterhalb dieses Preisbereiches reagieren die Nachfrager »normal«.

Die Preis-Absatz-Funktionen eines Anbieters sind im Zeitablauf nicht konstant, sondern sie ändern sich im Lebenszyklus der Produkte (→ Produktlebenszyklus). Bei der Einführung eines neuartigen Produktes hat die Preis-Absatz-Funktion einen großen und steilen monopolistischen Bereich, d.h. die Nachfrage ist unelastisch. In der Einführungsphase bewirkt eine Preissenkung nur eine relativ geringe Zunahme der nachgefragten Menge, weil der Marktwiderstand weniger durch den hohen Preis als durch den niedrigen Bekanntheitsgrad des Produktes verursacht ist. Wenn der Werbe- und Verkaufsaufwand erhöht wird, ergibt sich eine große Mengensteigerung. Dadurch verschiebt sich die Preis-Absatz-Funktion nach rechts, d.h. das Produkt gelangt in die Wachstumsphase.

In der Reifephase wird der monopolistische Bereich der Preis-Absatz-Funktion durch die zunehmende Konkurrenz kleiner und flacher, d.h. die Nachfrage wird elastischer. Je älter das Produkt wird, desto schwächer werden die Präferenzen der Nachfrager. Der monopolistische Bereich der Preis-Absatz-Funktion wird also immer kleiner und flacher bzw. der preispolitische Spielraum des Anbieters tendiert gegen Null. Der Preis wird schließlich durch die starke Konkurrenz weitgehend zum Datum und der Anbieter wird bei diesem Produkt zum Mengenanpasser.

In der Schrumpfungsphase des Lebenszyklus verschiebt sich die Preis-Absatz-Funktion nach links. In dieser Phase muß das Unternehmen entscheiden, ob der niedrige Marktpreis akzeptiert werden soll oder nicht. Wenn der erzielbare Preis nicht akzeptiert wird, muß ein → Relaunch mit höherem Preis versucht oder die → Elimination des Produktes eingeleitet werden.

Im Lebenszyklus eines Produktes ändern sich die direkte Preis-Absatz-Funktion sowie die indirekten Preis-Absatz-Funktionen und damit auch die direkte und indirekte → Preis-Elastizität der Nachfrage. Diese Veränderungen erfordern eine phasenspezifische Optimierung der → Preispolititk.

Abschließend sei darauf hingewiesen, daß die vorgestellten Preis-Absatz-Funktionen hypothetische Reaktionsfunktionen sind. In der Praxis werden

Preis-Absatz-Funktionen zuweilen auch als Ziel-Funktionen betrachtet. In diesem Fall drücken sie aus, welche Mengen zu bestimmten Preisen wann abgesetzt werden sollen. HL

Preisabsprache

Treffen mehrere Unternehmen eine Vereinbarung dahingehend, wonach jeder künftig nur noch den festgelegten Preis fordern werde, so ist eine solche Absprache als → Kartell in der Form des Preiskartells unzulässig (§ 1 → GWB).

Dietrich Schmidt

Preisaktionen

Der Listenpreis eines Artikels wird für einen kurzen Zeitraum herabgesetzt, mit dem Ziel, eine Steigerung des Verbrauchs und der Verkäufe an den Handel zu erreichen. Die vorübergehende Preisreduzierung erfolgt oft kombiniert mit Verkaufsförderungsmaßnahmen wie Werbekostenzuschüsse (WKZ) für die Zeitungsanzeigen der Händler, Handzettel und Sonderplazierungen. Die Gefahr dieser Aktionen liegt für den Hersteller darin, daß der Handel bestimmte Produkte und Marken zu seiner eigenen Preisprofilierung nutzt und diese Produkte einen wachsenden Anteil als Aktionsware mit geringeren Deckungsbeiträgen aufweisen, verbunden mit einer Imageverschlechterung. Ge

Preisangabe

P. ist die Offenlegung von Preisen für Waren und Dienstleistungen gegenüber dem Letztverbraucher. Gemäß der Preisangabenverordnung vom 1.5.1985 soll die P. der Preisklarheit und Preiswahrheit dienen: danach muß jeder gegenüber dem Letztverbraucher die Endpreise (einschließlich Umsatzsteuer) ausweisen; für Dienstleistungen ist an sichtbarer Stelle ein Preisverzeichnis auszuhängen. Kreditinstitute haben den effektiven Jahreszins anzugeben, den sie für die Kreditgewährung fordern. Preislisten sind auch für Gaststätten, Hotelbetriebe und Tankstellen vorgeschrieben. Wer sich bewußt über die Vorschriften über P.n hinwegsetzt und hierdurch gegenüber den Konkurrenten einen Wettbewerbsvorteil erlangt, kann wegen Verstoßes gegen § 1 → UWG auf Unterlassung und im Verschuldensfalle auf Schadensersatz in Anspruch genommen werden.

Dietrich Schmidt

Preisangabenverordnung

→ Preisangabe.

Preisbindung

P. ist die vertragliche Festlegung der Preise eines Herstellers für seine Produkte gegenüber den nachfolgenden Handelsstufen; sie stellt eine vertikale → Wettbewerbsbeschränkung dar. Nachdem die P. für → Markenwaren 1973 abgeschafft wurde, ist sie heute nur noch für Verlagserzeugnisse (Bücher, Zeitungen, Zeitschriften, Karten, Kalender u.ä.) zulässig. In der Praxis geschieht dies dadurch, daß auf vielen Verlagserzeugnissen die Endverkaufspreise bereits aufgedruckt sind.

Dietrich Schmidt

Preisbindung/Preisempfehlung (vertikale)

Verpflichtet ein Hersteller seine → Absatzmittler, die von ihm gelieferten Waren zu einem festgelegten Preis weiterzuveräußern, liegt eine vertikale Preisbindung vor. Diese ist nach § 15 GWB grundsätzlich verboten (Ausnahmen: u. a. § 16 GWB, §§ 99 ff. GWB).
Eine unverbindliche Preisempfehlung liegt dann vor, wenn der Hersteller (z. B. in seiner Herstellerwerbung, in Preislisten oder durch Packungsaufdruck) den Absatzmittlern einen Wiederverkaufspreis empfiehlt. (Beachten: §§ 15, 38 GWB)

Ein Markenartikelhersteller oder die Franchising-Zentrale eines flächendeckenden Vertriebs- oder Dienstleistungssystems hat unter Beachtung ihrer Marketing-Ziele auch das Bedürfnis, die örtlichen Verkaufspreise bei ihren Absatzmittlern zu beeinflussen, ja zu bestimmen. Weder sollen die Produkte überteuert als Ausgleichsprodukt für Lockvögel (Mischkalkulation) angeboten werden, da dies den Absatz hemmt, noch ist es für eine Marke gut, wenn sie regelmäßig selber als Lockvogelangebot eingesetzt wird, da dadurch das Image beim Konsumenten leidet und andererseits der Handel mangels ausreichender Deckungsbeiträge (Marke wird, da ständig im »Preiskampf«, zu normalen Preisen unverkäuflich), diese Marke wird nicht mehr mit Interesse behandelt, evtl. eliminiert.

Für den Absatzmittler selber können Preisbindung und -empfehlung als Kalkulationshilfe und Arbeitsersparnis dienen. Insbesondere bei umfangreichen Sortimenten kleinpreisiger Artikel ist die Befreiung von Kalkulation und Preisauszeichnung ein Vorteil für den Händler. Selbst ein innerstädtisches Warenhaus kann nicht das gesamte Sortiment eigenverantwortlich kalkulieren und preisauszeichnen.

Eine wirksame gemeinsame Werbung (→ Kooperatives Marketing) eines Herstellers und seiner Absatzmittler ist nur dann wirklich sinnvoll, wenn in ihr alle für den Kunden wichtigen Fakten genannt werden: Produkt, Marke, die jeweilige örtliche Erhältlichkeit und eben auch der Preis. Dies gilt um so mehr, als für den Konsumenten der Preis auch häufig als wichtiges Indiz für die Qualität des Produktes gilt, da ihm andere Beurteilungskriterien fehlen (z. B. überfordert durch Technik, Mode, Vielfalt). Um so wichtiger wird eine gemeinsame Preispolitik von Herstellern und Händlern.

Vertikale Preisbindung ist nur für Buch- und Presseerzeugnisse, teilweise für Pharmaprodukte (apothekenpflichtig) und Tabakwaren erlaubt. Allerdings bleibt dem Hersteller ein weites Feld an Preisempfehlungen.

Bei Kleinprodukten, wie etwa Kurzwaren, werden häufig → Rackjobber eingesetzt. Hier ist der (Einzel-)Händler nur noch → Kommissionär. Preis- und Sortimentsbildung sowie Preisauszeichnung werden vom Rackjobber geleistet. Aber auch bei beratungsintensiven, größeren Objekten wird das Kommissions-System gerne zur Umgehung des Preisbindungsverbotes benutzt. Gb

Preisdifferenzierung

Dabei werden unterschiedliche Preise für verschiedene Nachfragergruppen ohne entsprechende Kostengründe bei gleichen Produkten verlangt oder bei etwas unterschiedlichen Produkten Preise, die stärker differieren als es von den Kosten nötig wäre (die Differenzierung kann beim Produkt selbst, bei der Ausstattung, oder bei Bezugs- und Verwendungsmodalitäten ansetzen (→ Produktdifferenzierung).

Bei der persönlichen Preisdifferenzierung werden für unterschiedliche Personengruppen andere Entgelte verlangt; beispielsweise liquidieren Ärzte bei Privatpatienten unterschiedlich, Studenten beziehen Zeitungen billiger, bestimmte Altersgruppen fahren billiger Bahn.

Regionale Preisdifferenzierung liegt bei nach Gebieten unterschiedlichen Preisen vor (zum Beispiel Inland und Ausland); dies ist beispielsweise bei Arzneimitteln und Automobilen der Fall. Die zeitliche Preisdifferenzierung hat die Maxime, zu unterschiedlichen Tages-, Wochen-, Monats- oder Jahreszeiten die Preise zu variieren (Telefon, Hotelgewerbe). Nach dem Verwendungszweck sind die Preise beispielsweise für Strom (Haushalt und Industrie) und Alkohol (Getränke und Medizin) differenziert.

Eine weitere Differenzierung ist die nach qualitativen Ausstattungsmerkmalen, wobei für verbesserte Ausstattung häufig höhere Preise genommen werden als durch die Kosten veranlaßt. Ge

Preis-Elastizität

Unter Elastizität versteht man allgemein die Empfindlichkeit einer abhängigen Variablen y gegen die Änderung der unabhängigen Variablen x (→ Variable). Die Bezeichnung Preis-Elastitzität der Nachfrage (PEN) wurde von Marshall in die Wirtschaftswissenschaft eingeführt. Die PEN ist ein Maß für die mengenmäßige Reaktion der Nachfrager auf Preisänderungen der Anbieter. Zu unterscheiden sind die direkte und indirekte PEN.

Die direkte PEN (PEN_{dir}) ist definiert als Verhältnis zwischen der relativen oder prozentualen Änderung der nachgefragten bzw. absetzbaren Menge eines Gutes (Wirkung) und der zugrundeliegenden relativen oder prozentualen Preisänderung bei diesem Gut (Ursache):

$$PEN_{dir} = \frac{\Delta q}{q} : \frac{\Delta p}{p} = \frac{\Delta q}{\Delta p} : \frac{p}{q}$$

Es bedeuten:

q = ursprüngliche Absatz- bzw. Nachfragemenge des Gutes
Δq = absolute Änderung der Absatz- bzw. Nachfragemenge
p = ursprünglicher Preis des Gutes
Δp = absolute Änderung des Preises

Beispiel: Wird der Preis eines Produktes von 10,– auf 9,– DM/Stück gesenkt und steigt daraufhin dessen Absatz von 100 auf 120 Stück/Periode, so beträgt der (dimensionslose) PEN-Koeffizient – 2:

$$PEN_{dir} = \frac{+20}{100} : \frac{-1}{10} = -2$$

Eine Preissenkung um 10 % bewirkt eine Steigerung des Absatzes um 20 %. In diesem Fall spricht man von elastischer Nachfrage, weil die Mengensteigerung relativ stärker ist als die Preissenkung.

Bei elastischer Nachfrage ist der Elastizitätskoeffizient kleiner als – 1. Wenn die relative Mengenänderung schwächer ist als die relative Preisänderung, ist der Elastizitätskoeffizient größer als – 1. In diesem Fall spricht man von unelastischer Nachfrage. Grenzfälle sind die vollkommen unelastische Nachfrage ($PEN_{dir} = 0$) und die vollkommen elastische Nachfrage ($PEN_{dir} = -\infty$).

Zwischen direkter Preis-Elastizität sowie Preis- und Umsatzänderung bestehen folgende Beziehungen:

Preisänderung \ PEN_{dir}	> -1	< -1
Preiserhöhung	Umsatz steigt	Umsatz sinkt
Preissenkung	Umsatz sinkt	Umsatz steigt

Wenn der Umsatz maximiert werden soll, gelten also folgende Entscheidungsregeln:
- Preiserhöhung, wenn die Nachfrage unelastisch ist
- Preissenkung, wenn die Nachfrage elastisch ist.

Die direkte PEN ist im Regelfall negativ, d.h. die Nachfrage sinkt bei steigendem Preis. Die Nachfrage kann bei Preiserhöhungen jedoch auch zunehmen,
- wenn teure Produkte als Status-Symbole fungieren (→ Veblen-Effekt) und/oder
- wenn der Preis des Produktes als Indikator für dessen Qualität betrachtet wird (→ Preis-Qualitäts-Effekt).

In diesen (Ausnahme-) Fällen ist die direkte PEN positiv.

Unter der indirekten (Kreuz-) Preis-Elastizität der Nachfrage (PEN_{ind}) versteht man das Verhältnis zwischen der prozentualen oder relativen Änderung der nachgefragten bzw. absetzbaren Menge eines Produktes (Wirkung) und der zugrundeliegenden prozentualen oder relativen Preisänderung bei einem anderen Produkt (Ursache):

$$PEN_{ind} = \frac{\Delta q_2}{q_2} : \frac{\Delta p_1}{p_1} = \frac{\Delta q_2}{\Delta p_1} : \frac{p_1}{q_2}$$

Es bedeuten:

p_1 = ursprünglicher Preis Produkt 1

Δp_1 = absolute Änderung des Preises von Produkt 1

q_2 = ursprüngliche Absatzmenge von Produkt 2

Δq_2 = absolute Änderung der Absatzmenge von Produkt 2

Das Vorzeichen und der numerische Wert der indirekten PEN hängen von den jeweiligen Absatzbeziehungen zwischen den einzelnen Produkten ab. Zu unterscheiden sind:

- Komplementärbeziehungen
- Substitutionsbeziehungen
- Konkurrenzbeziehungen und
- Indifferenzbeziehungen.

1. Komplementärbeziehungen

Wenn der Preis eines Produktes gesenkt oder erhöht wird, dann steigt bzw. sinkt der Absatz eines anderen Produktes. Die Kreuz-Preis-Elastizität von Komplementen ist also negativ.

Beispiel: Ein Restaurant senkt die Preise seiner Menüs (Hauptleistungen), daraufhin steigt der Absatz von Getränken (Zusatzleistungen).

2. Substitutionsbeziehungen

Wenn der Preis eines Produktes erhöht oder gesenkt wird, dann steigt bzw. sinkt der Absatz eines anderen Produktes. Die Kreuz-Preis-Elastizität von Substituten ist also positiv.

Beispiel: Ein Automobilhersteller erhöht die Preise seiner Luxus-Modelle, woraufhin der Absatz seiner Standard-Modelle steigt.

3. Konkurrenzbeziehungen

Wenn sich der Absatzverbund auf substitutive Produkte verschiedener Anbieter bezieht, wird die Kreuz-Preis-Elastizität der Nachfrage als Triffin-Koeffizient bezeichnet. Der Triffin-Koeffizient (T) ist ein Maß für die Intensität der Konkurrenzbeziehung. Dabei sind zwei Fälle zu unterscheiden (→ Preis-Absatz-Funktionen):

- Homogene Konkurrenz
  Wenn ein Anbieter den Preis seines Produktes geringfügig senkt, dann geht der Absatz anderer Unternehmen sehr stark oder sogar auf Null zurück. In diesem Fall besteht eine äußerst intensive Konkurrenzbeziehung ($T = \infty$).
- Heterogene Konkurrenz
  Preisänderungen eines Unternehmens beeinflussen den Absatz eines anderen Anbieters vergleichbarer Produkte innerhalb des monopolistischen Bereiches der Preis-Absatz-Funktion überhaupt nicht ($T = 0$), außerhalb dieses Bereiches dagegen mehr oder weniger stark ($0 < T > \infty$).

4. Indifferenzbeziehungen

- Externe Indifferenz
  Wenn ein Anbieter den Preis ändert, dann ergeben sich keine Auswirkungen auf den Absatz anderer Unternehmen. Die externe Kreuz-Preis-Elastizität der Nachfrage (T) ist gleich Null. In diesem Fall handelt es sich um ein Monopol (→ Preis-Absatz-Funktionen).
- Interne Indifferenz
  Wenn der Preis eines Produktes verändert wird, dann ergeben sich keine Auswirkungen auf den Absatz anderer Produkte des gleichen Anbieters. Die interne Kreuz-Preis-Elastizität der Nachfrage ist gleich Null.

Bei der → Preispolitik müssen die Absatzbeziehungen zwischen den einzelnen Produkten bzw. Anbietern berücksichtigt werden. Bevor der Preis eines Produktes festgelegt oder verändert wird, ist die Gesamtwirkung der geplanten Maßnahme abzuschätzen. Dabei ist zu beachten, daß die direkte und indirekte Preis-Elastizität der Nachfrage nicht konstant sind, weil sich die → Preis-Absatz-Funktionen im Laufe der Zeit ändern.

Das Vorzeichen und der numerische Wert der PEN können auf folgenden Wegen ermittelt werden:
- durch Auswertung von Querschnitts- und Zeitreihendaten aus → Panel-Erhebungen
- durch Preisexperimente sowie
- durch Schätzung mit dem »gesunden Menschenverstand«. HL

Preisempfehlung

Die P. ist die Empfehlung eines Unternehmens an seine Abnehmer, bei der Weiterveräußerung seiner Waren von ihm festgelegte Preise zu fordern. Ebenso wie die → Preisbindung ist grundsätzlich auch die P. unzulässig. Ausnahmsweise ist die P. für → Markenwaren erlaubt, die mit gleichartigen Waren anderer im Wettbewerb stehen, sofern die P. ausdrücklich als unverbindlich bezeichnet wird, zu ihrer Durchsetzung keinerlei Druck ausgeübt und sie außerdem in der Erwartung ausgesprochen wird, daß der empfohlene Preis dem von der Mehrheit der Händler voraussichtlich geforderten Preis entspricht (§ 38 a → GWB). Die P. unterliegt der → Mißbrauchsaufsicht durch das Bundeskartellamt; dieses kann die P. untersagen, wenn die P. zu einer ungerechtfertigten Verteuerung von Waren oder zur Täuschung über den tatsächlichen Marktpreis führt (§ 38 a Absatz 3). Dietrich Schmidt

Preisfindung

In der Praxis erfolgt die Preisfindung nicht durch »theoretische« Modelle wie Kurvenableitungen für verschiedene Marktformen, sondern durch Heranarbeiten mit der »Trial and Error«-Methode auf der Basis von Marktdaten, etwa durch die Panelforschung, durch die man Anhaltspunkte für unterschiedliche Mengenverkäufe bzw. Marktanteile aufgrund verschiedener Preisstellungen erhält.

Die Preisfindung erfolgt auf der Basis folgender Grundüberlegungen, die kombiniert angewandt werden, mit unterschiedlicher Gewichtung je nach Branche und Marktstellung:

1. Kostenorientierte Preisfindung

auch Cost Plus-Pricing genannt, geht von der Überlegung aus, daß der Preis idealerweise die Vollkosten, zumindest aber bestimmte Teilkosten decken soll. Basis für die Kalkulation des Preises sind die Kosteninformationen aus dem Rechnungswesen. Verschiedene Branchen rechnen je nach Gewinnziel und Kostensituation mit unterschiedlichen Aufschlagsätzen.

2. Marktorientierte Preisfindung

Dabei orientieren sich Unternehmen an einem Marktpreis, wobei entweder gleichzeitig die beiden folgenden Einflußfaktoren oder schwergewichtig einer Berücksichtigung finden, und zwar:

a. die Konkurrenz bzw. Branche oder
b. das Wertempfinden der Verbraucher.

Zu a.: durch die Wettbewerber ergibt sich eine Einschränkung der preispolitischen Spielräume. Die eigene Preisentscheidung kann in einer Marktwirtschaft nicht ohne die Einbeziehung des Preis- und Leistungsangebots der Konkurrenten erfolgen. Ist die Leistung der Wett-

bewerber vergleichbar, so wird man sich etwa in der Preishöhe der Konkurrenz einordnen. Bei überlegener/schlechterer eigener Leistung ist entsprechend der Preis höher/niedriger als der Wettbewerb anzusiedeln.
Bei oligopolistischen Marktstrukturen folgen häufig kleinere Anbieter dem »Preisführer«, der nicht immer Marktführer sein muß. Man spricht hier auch vom Leitpreis der Konkurrenz.
Zu b.: Unternehmen legen den Preis auf der Grundlage des empfundenen Produktwertes fest. Dabei orientiert sich das Marketing an dem vom Verbraucher/Verwender empfundenen Wert und nicht an den Kosten, was auch als Perceived Value-Pricing bezeichnet wird. Aufgrund einer bestimmten Positionierung wird durch den Einsatz des Marketing-Mix im Empfinden des Kunden ein Produktwert aufgebaut, der die Basis für die Preisfindung ist.

Das Konzept des Zielkosten-Managements (Target Costing) geht von der Schätzung eines zu realisierenden Marktpreises aus. Durch Abzug der gewünschten Gewinnmarge ergeben sich die »zulässigen« Kosten, die nicht überschritten werden dürfen.

Das Target Pricing analysiert, welche Produktionsmenge nötig ist, um bei einem gegebenen Marktpreis ein bestimmtes Ergebnis zu erreichen. Dabei spielt die → Erfahrungskurve eine Rolle. Ge

Preisindex

Ein Preisindex ist eine Maßzahl, die angibt, mit welchem Prozentsatz und in welcher Richtung (positiv oder negativ) sich ein Warenkorb von einer Periode zur anderen im Preis geändert hat.
Mittels des Preisindex für die Lebenshaltung eines Vierpersonen-Arbeitnehmerhaushaltes mit einem Erwerbstätigen und mittlerem Einkommen wird traditionell die Inflationierung gemessen.
Dabei ergeben sich einige Probleme:

- Der Warenkorb eines mittleren Haushaltes ändert sich in der Realität im Zeitablauf. Steigender allgemeiner Wohlstand ermöglicht es, Standardlebensmittel etc. im prozentualen Anteil an den Gesamtausgaben zu vermindern und dabei einen höheren Anteil des Einkommens für Urlaub, Wohnen etc. auszugeben. Wenn nach etwa 10 Jahren die Warenkörbe neu festgelegt werden, ist dies i.d.R. zu spät.
- Schwieriger ist es, die *qualitativen Veränderungen* der Güter und Leistungen im Warenkorb zu beachten. Dies unterbleibt deshalb regelmäßig. So ist beispielsweise ein durchschnittlicher PKW von 1980 weniger sicher, weniger komfortabel und deutlich umweltschädigender als das vergleichbare Fahrzeug aus der neuesten Produktion. Gleiches gilt für fast jedes wichtige → Konsumgut, erst recht für Maschinen und Anlagen.
- Änderungen der staatlichen Politik, wie insbesondere Anhebungen von Verbrauchssteuern, wie etwa der Mehrwertsteuer (1968: Regelsatz 9%, 1995: 15%) oder der Versicherungssteuer (innerhalb weniger Jahre von 7% auf 15% (1995) gesteigert) führen zu Indexsteigerungen. Diese haben aber keinen

eigentlich inflationären Charakter und spiegeln insbesondere nicht eine höhere Leistungsfähigkeit zur Zahlung gewerblicher Mieten (häufig indexgebunden) oder zur Zahlung höherer Löhne wider. Der Staat beansprucht bei solchen Steuererhöhungen eben einen höheren Anteil am Sozialprodukt, etwa zur Finanzierung der deutschen Einheit.

Im Handel entwickelten sich zwei konträre Handelskonzeptionen, nämlich Discount und Fachhandel. Wo werden nunmehr die Preise ermittelt, wenn es sich um Güter handelt, die sowohl hier wie dort angeboten werden?

Die Geschichte zeigt, daß es absolute Preisstabilität nie gegeben hat. Auch im Deutschen Reich von 1871–1914 stiegen Mieten und Konsumgüterpreise mit ähnlichen Prozentsätzen wie zwischen 1955 und heute.

Am Preisindex orientierte Miet- oder Lohnerhöhungen führen regelmäßig zu Überwälzungsversuchen und damit zu Spiralwirkungen. Insofern ist die übliche Genehmigungspraxis von Indexmieten bei langfristigen gewerblichen Mietverträgen durch die Bundesbank inflationsfördernd und zudem eine Ursache der Konzentration im Handel, da immer mehr Mittelständler innerstädtische Indexmieten nicht mehr aufbringen können.

Preisindizes sind in den falschen Händen, etwa von reinen Quantitätstheoretikern, ein gefährliches Instrument, werden zur Demagogie benutzt und eben falsch interpretiert.

Wenig sinnvoll erscheint weiterhin die Berechnung monatlicher Indexveränderungen, weil sich einzelne Preisänderungen (oder Steueränderungen) wichtiger Güter überproportional auswirken. Erst recht ist zu beanstanden, wenn angeblich wissenschaftlich abgestützte Politik sich allzu stark an kurzfristigen Indexschwankungen orientiert.

Die langfristige Entwicklung des Preisindex scheint auf eine *säkulare Inflationierung* (lat.: saeculum: Jahrhundert, übertragen auch: Zeitalter, langer Zeitraum, Generation) hinzudeuten, teilweise müssen hier aber auch strukturelle Verschiebungen und Qualitätsentwicklungen berücksichtigt werden. Manche technischen Erzeugnisse (z. B. Fernsehapparate) sind heute nicht nur billiger als vor 25 Jahren, sondern auch qualitativ und technisch unvergleichbar besser. Daher ermittelt man spezielle Indizes, die dann allerdings stark interpretationsbedürftig sind und deren Ermittlungsmethoden und Bewertungsansätze gekannt werden sollten, ehe man, wie weithin üblich, schnelle Urteile fällt, zumeist um Forderungen auf Lohnerhöhungen, höhere Renten, Gebührenerhöhungen, Honoraranhebungen oder Gleitmieten für sich oder die Klientel, auf deren Wählerstimmen man schielt, zu fordern.

Die polemischen und fachlich simplifizierten Preisindex-Debatten sind m.E. die *wichtigste Ursache* der wirklichen säkularen Inflationierung, also des Restes an allgemeiner Preissteigerung, der nicht auf Anhebungen der Verbrauchssteuern, Qualitätsverbesserungen und höhere Anforderungen an Umwelt- und Unfallschutz zurückzuführen ist.

Völlig unsinnig ist es, die Anpassung z. B. von Mieten, Fahrpreisen für öffentliche

Verkehrsmittel oder Strom und Wasserpreisen in den neuen Bundesländern als inflationär einzuordnen (Inflationierungsrate), da es sich hier um Konversionserscheinungen handelt, denen massive Preissenkungen bei Industriegütern und Einkommenssteigerungen, auch bei Rentnerhaushalten, gegenüberstehen.

Gb

Preis-Mengen-Strategie

Diese Strategie ist auf einen mehr oder weniger aggressiven Preiswettbewerb ausgerichtet. Zielgruppe ist der Preis-Käufer. Dieser Ansatz reicht von preisorientierten Marken bis zu anonymen Produkten.
Typische Ausprägungen sind:
- Discounter
- No names (werden von großen Handelsorganisationen als »weiße Ware«, Gattungsmarken oder Generics nur mit der Produktbezeichnung ohne Markierung angeboten)
- → Handelsmarken, werden von einer Handelsorganisation mit einer eigenen Marke in den eigenen Geschäften angeboten. Ge

Preispolitik

Die wichtigsten Fragen der Preispolitik sind:
1. Entscheidungssituationen der Preispolitik
2. Ziele und Strategien
3. Begrenzungs- und Einflußfaktoren der Entgeltpolitik sowie
4. Prinzipien, Methoden und Vorgehensweisen.

1. Entscheidungssituationen

Typische Situationen, in denen über die Entgeltpolitik entschieden werden muß, sind:

a. Einführung eines neuen Produktes

Hier ist in jedem Fall eine entgeltpolitische Entscheidung zu treffen. Dabei gibt es grundsätzlich zwei Situationen: Entweder das Unternehmen bringt ein völlig neues Produkt, also eine → Innovation, auf den Markt (das erste Surfbrett, den ersten Weichspüler, den ersten Videorecorder etc.) oder das Unternehmen geht in einen Markt, in dem es bereits mehrere vergleichbare Produkte gibt (→ Me too-Produkte). Im letztgenannten Fall ist die entgeltpolitische Orientierung relativ einfach, da die Wettbewerber bereits den Rahmen abgesteckt haben. Schwierig ist es jedoch bei völlig neuen Produkten. Hier ist es empfehlenswert, durch Verbraucherbefragungen und Tests einen groben Anhaltspunkt zu bekommen.

b. Kostenerhöhungen

Beim Steigen von Löhnen, Materialkosten, Energiekosten etc. wird immer zu überlegen sein, ob die damit verbundene Einschränkung der Gewinnmarge durch Kosteneinsparungen kompensiert werden kann oder ob eine Preiserhöhung nötig ist. Von Kostenerhöhungen sind die inländischen Wettbewerber in etwa gleichermaßen betroffen, ausländische Wettbewerber jedoch teilweise unterschiedlich (insbesondere bei Lohnerhöhungen, aber auch bei Steuererhöhungen).

c. *Vorübergehende Preissenkung* (oder Aktionsrabatt)

Diese Maßnahme wird überwiegend für Konsumgüter in einzelnen Verkaufsdurchgängen durchgeführt. Dabei wird innerhalb der Tourenplanung festgelegt, für welche Produkte bzw. Marken in welchen Touren (eventuell auch mit welchen Sorten) Aktionen durchgeführt werden. Oft wird eine Preisaktion mit Verkaufsförderungsmaßnahmen kombiniert.

d. *Preisänderung des Wettbewerbs*

Diese erfordern die sofortige Überlegung, ob ebenfalls eine Maßnahme zu ergreifen ist. Die Preisänderung kann eine Erhöhung oder Senkung sein. Wird eine Preissenkung von Wettbewerbern nicht nachvollzogen, so besteht die Gefahr, daß Marktanteile verlorengehen. Bei einer Preiserhöhung der Wettbewerber ergibt sich die Chance, durch den jetzt relativ günstigen Preis Marktanteile hinzuzugewinnen; durch eine eigene Preiserhöhung kann die Gewinnsituation (Stückgewinn) verbessert werden.

2. *Preispolitische Ziele und Strategien → Preisstrategien*

3. *Begrenzungs- und Einflußfaktoren der Entgeltpolitik*

Aus dem gewählten Marketing-Mix in Verbindung mit den Unternehmenszielen, Strategien und insbesondere der Fristigkeit der Zielplanung ergeben sich nun obere und untere Begrenzungen der Entgeltpolitik. Untere Begrenzungspunkte sind zum Beispiel die Kosten und die Mindestrendite-Vorstellungen der Eigenkapitalgeber. Obere Begrenzungen ergeben sich aus der Marktsituation, also dem Verhalten der Wettbewerber und der Nachfrager (→ Preis-Elastizität). Die wichtigsten Faktoren, die die Preispolitik beeinflussen, sind:

- Die Nachfrage
- Die Abnehmer bei Komponentengütern
- Die Händler als Absatzmittler
- Der Wettbewerb
- Die eigenen Kosten und Renditeziele
- Staat und Gesellschaft (Staatliche Reglementierung der Preispolitik)
- Produktart.

4. *Prinzipien, Methoden und Vorgehensweisen der Entgeltpolitik*

a. Prinzipien

Aus den Erfahrungen vieler Branchen lassen sich folgende *Prinzipien* der Entgeltpolitik feststellen:

- Entgelt-Konstanz
- Keine Diskriminierung
- einheitliche Mengenrabatte und Boni
- psychologische Preisschwellen
- Zusammenfassung von Sorten/Artikeln zu Preisgruppen
- Preiserhöhungen begründen
- Selbstkosten als → Preisuntergrenze
- Teilkosten-Preise in begründeten Ausnahmefällen
- kalkulatorische Kosten möglichst in die Preise einkalkulieren
- Regelmäßigkeit der Entgeltpolitik
- Vermeidung von Herausforderungen der Wettbewerber
- Schlüssel- oder Leitartikel herausstellen (insbesondere im Handel).

b. Methoden
- Kosten plus Aufschlag (insbesondere beim Handel und bei Großprojekten)
- verbraucherorientierte Entgeltpolitik auf der Basis einer Wert-Preis-Relation des Produktes beim Verbraucher
- konkurrenzorientierte Entgeltpolitik, welche häufig von kleinen und mittleren Unternehmen praktiziert wird (→ Preisfindung).

c. Vorgehensweisen:
- → Preisdifferenzierung
- Vermeidung von Preiswettbewerb
- → Preisabsprachen und gleichförmiges Verhalten sind verboten (→ Wettbewerbsrecht), was jedoch nicht heißt, daß diese nicht gelegentlich vorkommen
- Preisführerschaft liegt vor, wenn ein Unternehmen bei Preiserhöhungen voranschreitet und die anderen folgen; der Preisführer kann wechseln
- einheitliches Endverbraucher-Preisniveau im Handel. Dadurch werden Preiskämpfe im Handel, Preisreduzierungen beim Endverbraucher, reduzierte Handelsspannen und Druck auf die Abgabepreise der Hersteller vermieden, zumindest nach Ansicht mancher Unternehmen
- → Preisbindung ist (mit wenigen Ausnahmen) nicht mehr möglich; es gibt viele Produkte mit einer unverbindlichen Preisempfehlung. Bei bestimmten Produktgruppen und verschiedenen Handelskanälen läßt sich dies in einem gewissen Maße durchsetzen.

Ge

Preispolitik des Einzelhandels

Das Angebot eines Handelsbetriebs besteht stets aus einer Kombination von verwendungsreifer Ware und spezifischen Dienstleistungen der Handelsbetriebe, die teils materieller, teils immaterieller Art sind und teilweise von den Marktteilnehmern unentgeltlich in Anspruch genommen werden können. Über den Umfang der angebotenen Handelsleistung entscheiden die Handelsbetriebe bereits mit der Wahl ihrer Betriebsform. Ein Discountbetrieb verzichtet bewußt zugunsten niedriger Verkaufspreise auf in anderen Betriebsformen übliche Handelsleistungen. Da der Verkaufspreis einer Handelsware das Entgelt ist, das der Verbraucher für die Ware und die Handelsleistung zahlt, widersprechen einheitliche Preise für sortengleiche Ware im Prinzip der tatsächlichen Leistungsdifferenzierung.

Aus Sicht des Verbrauchers ist der Preis ein wichtiges Kriterium für die Kaufentscheidung, in einer Reihe zu nennen mit der Produktqualität und der Unternehmenskompetenz. Ob hoch (Prestige-Effekt) oder extrem niedrig (Sonderangebot), der Preis ist häufig sogar das ausschlaggebende Kaufkriterium. Abgesehen von den wenigen Fällen der → Preisbindung (Buchmarkt) ist der Einzelhändler in der Kalkulation seiner Verkaufspreise grundsätzlich frei. Bei der konkreten Preisstellung hat er aber eine Vielzahl von Marktfaktoren zu berücksichtigen, insbesondere die Kosten, Vorgaben von Herstellern, Lieferanten oder Kooperationspartnern, die Marktsituation und das Verhalten des Wettbewerbers sowie → staatliche Reglementierungen der Preispolitik. Einfache preispolitische Rezepte wie die Kalkulation mit branchenüblichen Aufschlagsätzen, die Anpassung an die Preise der ortsansässigen Konkurrenten oder der sogenannten »Richtungsflügel« haben im Zeitalter der Betriebstypenvielfalt und Marktsegmentierung erheblich an Faszination verloren.

Die konkrete Preispolitik ist ein strategisches Element der Absatzpolitik. Es ist heute üblich, je nach Geschäftsverlauf, verschiedenartige preispolitische Elemente miteinander zu verknüpfen. Der Spielraum ist freilich nicht allzu weit. Die preispolitische Grundphilosophie wird durch die *Preislagenpolitik* festgelegt. Sie muß dauerhaft zur angebrachten Positionierung im Markt passen. Ein qualitätsbewußtes Fachgeschäft mit Niedrigpreisstrategie würde die falsche Zielgruppe ansprechen. Bei zunehmend hybridem Verbraucherverhalten haben sich Preislagenstrategien an den Eckpunkten der Polarisierungsskala (Niedrigstpreis – Prestigepreis) als besonders erfolgreich erwiesen. Junge Unternehmen oder neue Betriebstypen bevorzugen zur Markteindringung oder zur Abwehr potentieller Wettbewerber häufig eine Politik extrem niedriger Einführungspreise. Nicht selten wird nach der Etablierung im Markt das Preisniveau zwecks höherer Rentabilität sukzessive angehoben.

Unabhängig von der Preislage kann es für die Handelsbetriebe zweckmäßig sein, gegenüber dem Verbraucher die Preiswürdigkeit des Unternehmens zu dokumentieren. Dies kann durch Aktionen mit niedrigen Aktionspreisen, Sonderangeboten, systematischen Preisnachlässen (→ Rabatte), die Bevorzugung der eine besonders knappe Kalkulation andeutenden Endziffer 9 oder durch die vereinzelte werbliche Herausstellung von Preisen geschehen. Im Fall von Absatzstockungen sind insbesondere bei modischen Artikeln häufig Preisabschriften nötig.

Mangelnde Preistransparenz oder mangelndes Preisbewußtsein der Verbraucher erlauben den Handelsbetrieben gelegentlich, die Preise für einheitliche Produkte zu differenzieren. Die häufigste Form ist die der zeitlichen Differenzierung (Subkriptionspreis, Schlußverkaufspreis, Einführungspreis etc.).

Robert Weitz

Preis-Qualitäts-Effekt

→ Preis-Absatz-Funktionen.

Preisschirmstrategie

→ Preisstrategien.

Preisstrategien

Im Rahmen der Preispolitik sind klare Grundsatzentscheidungen über die preisliche Positionierung eines Produktes bzw. einer Dienstleistung nötig. Die Abnehmer verfügen über Nutzen-Preis-Vorstellungen, die die Preispositionierung bestimmen. Die preispolitischen Ziele und Strategien ergeben sich aus den Unternehmens- und → Marketing-Zielen.

In der Praxis sind die grundsätzlichen Alternativen für ein Unternehmen:
→ Abschöpfungsstrategie (Skimming-Strategie)
→ Markterschließungsstrategie (Penetrations-Strategie).

Bei der sog. Preisführerschaft richten sich Wettbewerber bei ihrer Preispolitik an einem Preisführer aus. Dessen Preise gelten als Orientierung, können aber über- oder unterschritten werden. Es gibt Produktmärkte, in denen der Preisführer wechselt. Von Preisschirmstrategie wird gesprochen, wenn ein großer Anbieter den Preis bezogen auf die Kosten relativ hoch ansetzt, was den Konkurrenten, deren Kosten unterhalb dieses »Preisschirms« liegen, ausreichende Erträge ermöglicht.

Die Preisstrategie definiert häufig eine Preisrelation zum Wettbewerb; dies kann den Listenpreis oder den Endverbraucherpreis betreffen (je nachdem, ob es sich um ein Investitions- oder ein Konsumgut handelt). Bei einem Produkt mit erkennbarem Nutzenvorteil kann beispielsweise der Grundsatz lauten: Der Endverbraucherpreis soll 5% über dem Hauptwettbewerber liegen.

Strategische Überlegungen sind auch hinsichtlich der Preispolitik innerhalb der Produktlinie anzustellen. Werden mehrere Sorten verkauft, so können diese zu einem Einheitspreis oder zu unterschiedlichen Preisen angeboten werden, je nach Kostenunterschieden und/oder der → Preiselastizität der Nachfrage.

Eine strategische Überlegung ist auch die Frage, wie die Preise bei unterschiedlichen Abpackmengen eines Produktes zu gestalten sind. Eine Großpackung kann Kostenvorteile gegenüber einer Normalpackung oder Kleinpackung haben; dies muß aber nicht immer so sein, insbesondere dann nicht, wenn ihr Anteil innerhalb des Gesamtumsatzes einer Marke nicht sehr groß ist (und damit die Stückkosten höher sind als bei kleineren Packungen, trotz des Kostenvorteils der Packungseinsparung, welcher durch Umstellkosten bei der Produktion überkompensiert wird). Die Verbrauchererwartungen scheinen darauf ausgerichtet zu sein, daß die Großpackung immer etwas billiger zu sein hat.

Preisstrategisch erhebt sich auch die Frage, wie Zusatzprodukte oder der → Service kalkuliert werden. Möglich ist es, das Grundprodukt relativ preiswert anzubieten und dann bei Ausstattung, Ersatzteilen und dem Kundendienst höhere Deckungsbeiträge zu erzielen (zum Beispiel bei einigen Automobilmarken, Computern etc.). Ge

Preisuntergrenze

Die Preisuntergrenze für ein Produkt ist ein Mindestpreis, bei dessen Unterschreitung die Produktion eingestellt bzw. ein Auftrag abgelehnt werden sollte. Zu unterscheiden ist zwischen kurz- und langfristiger Preisuntergrenze. Die langfristige Preisuntergrenze ist durch die Vollkosten pro Mengeneinheit gekennzeichnet. Bei kurzfristiger Betrachtung kann unter gewissen Voraussetzungen auf die Deckung der Vollkosten verzichtet werden.

Unterbeschäftigte Betriebe können vorübergehend jeden Preis akzeptieren, der über den variablen Kosten pro Mengeneinheit (Grenzkosten) liegt, weil das betreffende Produkt einen (positiven) Beitrag zur Deckung der ohnehin zu tragenden Fixkosten erbringt. Die kurzfristige Preisuntergrenze eines Produktes liegt grundsätzlich bei dessen Grenzkosten, d. h. bei einem Deckungsbeitrag von Null. Von diesem Prinzip gibt es jedoch so viele Ausnahmen, daß die Ausnahmen praktisch die Regel darstellen.

Wenn ein Zusatzauftrag eine Erweiterung der Produktionskapazität erfordert, entstehen zusätzliche Fixkosten. Auf die Deckung dieser Fixkosten wird man nicht ganz verzichten, weil sie – anders als bei gegebener Kapazität – durch die Annahme des Zusatzauftrages verursacht sind. Die zusätzlichen Fixkosten kann man dem Zusatzauftrag nicht voll anlasten, wenn bzw. weil die neu geschaffene Kapazität zukünftig auch durch andere Aufträge beansprucht wird. Welcher Soll-Deckungsbeitrag bei der Bestimmung der Preisuntergrenze den Grenzkosten zuzuschlagen ist, läßt sich nur aufgrund von Schätzungen der zukünftigen Nachfrage bzw. Auslastung der Kapazität ermitteln.

In Mehrprodukt-Betrieben konkurrieren verschiedene Produkte bzw. Aufträge um die Nutzung der vorhandenen Kapazität. Im Fall eines Engpasses müssen durch den Verkaufserlös nicht nur die Grenzkosten gedeckt werden, sondern auch die verdrängten Deckungsbeiträge (Opportunitätskosten), weil statt anderer Produkte jenes Produkt hergestellt wird, für das die Preisuntergrenze zu ermitteln ist.

Die Preisuntergrenze ist auch dann nicht mit den Grenzkosten identisch, wenn der Preis des betreffenden Produktes den Absatz anderer Produkte des Unternehmens beeinflußt. Im Fall einer Komplementär-Beziehung kann es auch langfristig zweckmäßig sein, ein Produkt unter seinen Grenzkosten zu verkaufen. Maßgebend ist, daß der negative Deckungsbeitrag, der beim Verkauf des Ausgleichsnehmers entsteht, durch den positiven Deckungsbeitrag aus dem Verkauf der Ausgleichsträger kompensiert wird (→ Ausgleichskalkulation). Die Preisuntergrenze des Ausgleichsnehmers ergibt sich dadurch, daß man von dessen Grenzkosten den zusätzlichen Deckungsbeitrag abzieht, der bei den Ausgleichsträgern pro Mengeneinheit des Ausgleichsnehmers erzielt wird.

Im Fall einer Substitutionsbeziehung ist die Preisuntergrenze eines Produktes höher als dessen Grenzkosten. Die Preisuntergrenze muß auch die entgangenen Deckungsbeiträge (Opportunitätskosten) erwirtschaften, die bei den Substituten pro Mengeneinheit des betreffenden Produktes entstehen.

Die Konkurrenzsituation beeinflußt ebenfalls die Preisuntergrenze. Wenn ein Anbieter z. B. die Konkurrenz vom Markt verdrängen will, kann die Preisuntergrenze für die Dauer des Kampfes niedriger als die Grenzkosten sein. Die Preisuntergrenze ergibt sich dadurch, daß man von den Grenzkosten den zusätzlichen Deckungsbeitrag pro Mengeneinheit subtrahiert, der aufgrund von Preiserhöhungen nach erfolgter Verdrängung erwartet wird.

Die Anwendung der kostenmäßigen Preisuntergrenze wäre auch dann falsch, wenn mit negativen Image-Effekten stark ermäßigter Preise zu rechnen ist. Preissenkungen können z. B. mit verminderter Produktqualität und/oder mit finanziellen Schwierigkeiten des Unternehmens assoziiert werden. In diesem Zusammenhang ist auch daran zu denken, daß Preissenkungen nur schwer rückgängig zu machen sind.

Bei der Bestimmung und Anwendung der Preisuntergrenze sollten folgende Grundsätze beachtet werden:

- Die Bestimmung der Preisuntergrenze ist keine Aufgabe der Kostenrechnung, sondern ein Marketingproblem.
- Die Preisuntergrenze ist von den jeweiligen → Marketing-Zielen und → Marketing-Strategien abhängig (→ Preis-Mengen-Strategie und → Präferenz-Strategie).
- Bei der Ermittlung der Preisuntergrenze müssen gleichzeitig alle Determinanten berücksichtigt werden: Kosten, Sortiment, Nachfrage und Konkurrenz.
- Die optimale Preisuntergrenze kann aufgrund unvollkommener Informationen nicht genau, sondern nur näherungsweise ermittelt werden.
- Zu jeder kalkulierten Preisuntergrenze sollte ein Sicherheitsbetrag für betriebliche Meßfehler (z. B. Kosten) und Schätzfehler (z. B. Boni, Skonti, Zahlungsverzögerungen) zugeschlagen werden.
- Aufträge zu Grenzkosten und mit negativen Deckungsbeiträgen müssen durch Aufträge mit positiven Deckungsbeiträgen überkompensiert werden; nur so können die Fixkosten gedeckt und der geplante Gewinn erzielt werden.
- Die → Deckungsbeitragsrechnung kann zu einer nachgiebigen → Preispolitik verleiten, weil positive Deckungsbeiträge als Spielräume für Preissenkungen betrachtet werden. Die Preispolitik muß daher von Fachleuten bestimmt werden (Marketing- und Verkaufsleitung sowie Controlling). Die Preisuntergrenze sollte nicht vom → Außendienst ermittelt werden, weil falsche bzw. zu niedrige Preise die Existenz des Unternehmens gefährden. HL

Premiumprodukte /-marke/-strategien

Der ursprünglich aus der Brau-Branche stammende Begriff kennzeichnet einen Markenartikel mit hohem → Zusatznutzen (u. a. Geschmack, Stil, Prestige), der die oberste Preislage eines Marktes gezielt ausschöpfen will. Die wesentlichen Merkmale von Premiummarken sind: hoher Preis, hohe Qualität, natürliche oder künstliche Knappheit und damit verbundener Prestigeanspruch, herausragendes Image und nationale Distribution. Zielgruppe der Premiumprodukte sind insbesondere die genußfreudigen oder prestigeorientierten Verbraucher. Ziel ist es, den Preiswettbewerb weitgehend durch einen Qualitätswettbewerb zu er-

setzen (→ Präferenzstrategie). Schwerpunkt des Einsatzes der Instrumente des Marketing-Mix sind insbesondere intensive Verbraucherwerbung, Selektivvertrieb und Preispflege beim Handel. Gefahren der Premium-Positionierung liegen bei preislicher Überforderung des Produktes und der Imitation des Konzeptes durch Wettbewerber und sinkende Preise, da der Handel Premiummarken u. U. in besonderem Maße zur Preisprofilierung nutzt (→ Qualitätsmanagement).
Ge

Pre Sales Service

→ Service.

Pretest

Pretests sind Werbetests, die vor der Schaltung der endgültigen Werbung bzw. vor ihrem Einsatz im Markt stattfinden. Pretests werden mit fertigen oder mit nur teilweise ausgearbeiteten Werbemitteln (Roughs, Scribbles u. a.) durchgeführt. Beispielsweise wird ein produzierter Fernsehspot probeweise einmal durch einen regionalen Sender oder einige Wochen in einem → Mini-Testmarkt ausgestrahlt, der Erfolg gemessen (→ Recall Test oder Verkäufe) und dann bei Erfolg national eingesetzt.

Primärforschung (Field Research)

Erhebungsmethode der Marktforschung, bei der das interessierende Datenmaterial im Gegensatz zur → Sekundärforschung eigens erhoben wird. Die Durchführung der Primärforschung wird meist an Marktforschungsinstitute vergeben. (→ Marketing-Forschung).

Printing on Demand (POD)

→ Computer Aided Selling.

Product Placement

Eine Spielart der »verdeckten Werbung«, bei der ein Produkt in Filmen, Literatur oder Presseberichterstattung geplant und gegen eine Gegenleistung (damit Abgrenzung zur sog. → *»Schleichwerbung«*, bei der die Werbung ohne Gegenleistung oder durch Bestechung »erschlichen« wird) im Verwendungszusammenhang als Requisite gezeigt wird. Sinn ist es, das Produkt

a. im Verwendungszusammenhang,
b. benutzt von Prominenten/Schauspielern (mit möglichst positivem Image/Leitbildfunktion)
c. mit positivem Ge-/Verbrauchserlebnis zu zeigen.

Beim *Generic Placement* wird eine ganze Warengruppe »plaziert«, beim *Image Placement* ist der gesamte Beitrag auf eine Firma bzw. ein Produkt zugeschnitten. (Nicht zu verwechseln mit: Produktplazierung = → Produktpositionierung).

Generic Placement ist in Spiel- und Fernsehfilmen häufig vorzufinden: z. B. für Autos, Rauchwaren, alkoholische und Erfrischungsgetränke, Fast-Food-Ketten, aber auch für ganze Städte oder Gegenden zur Tourismusförderung. Daß in US-Filmproduktionen die »Guten« fast immer US-Fahrzeuge, die »Bösen« zumeist deutsche Autos fahren, ist kein Zufall. Auch Spitzenpolitiker und andere Prominente sollen in den Nachrichten immer aus dem »richtigen« Nobelfahrzeug aussteigen.

Das Product Placement hat insbesondere zwei wichtige Vorteile:
Zum einen erreicht man bei der Plazierung eines Produktes (z. B. im Fernsehen) auch die Zuschauer/Leser, die der Werbung überdrüssig sind und bei Fernsehwerbung umschalten (Zapping), Anzeigen überblättern, Plakate übersehen. Problem dabei ist es, daß die Aufmerksamkeit möglicherweise mehr auf die Handlung als auf das Produkt konzentriert ist. Insofern ist die Wirkung auch etwas umstritten.
Der zweite Punkt ist, daß das Produkt in einer günstigen Kombination von Nachricht (positives Ge-/Verbrauchserlebnis in angenehmer Umgebung) und Testimonial (Benutzung durch sympathische, bekannte Personen) gezeigt werden kann. Aber auch die Benutzung durch unsympathische Prominente in abschreckender Umgebung kann positive Wirkung (z. B. durch stärkere Aufmerksamkeit, also phasische → Aktivierung) erzielen.
Gb

Produktbewertung

Entscheidungen über die Verringerung des → Sortimentsumfanges bedürfen sorgfältiger Analysen (→ Produkt-Elimination). Die üblichen Analyse-Methoden sind → ABC-Analyse, → Deckungsbeitragsrechnung, → Lebenszyklus- und → Portfolio-Analyse. Diese Methoden haben den Nachteil, daß sie jeweils nur ein internes Kriterium (Umsatz oder Deckungsbeitrag des Produktes) bzw. ein internes (Marktanteil des Produktes) und ein externes Kriterium (Wachstum des Marktes) berücksichtigen. Bei der Beurteilung von Produkten sollten jedoch weitere interne und externe Kriterien berücksichtigt werden. Das Scoring-Modell (s. S. 288) ermöglicht eine Produktbewertung anhand von zehn Kriterien.

Der gewichtete Gesamtwert eines Produktes kann maximal 10 betragen. Für die Entscheidung über die Elimination oder Beibehaltung eines Produktes muß ein gewichteter Mindest-Gesamtwert festgelegt werden. Bei einem Mindestwert von beispielsweise 5 wäre wie folgt zu entscheiden:
- Produkte mit einem gewichteten Gesamtwert unter 5 sind zu eliminieren
- Produkte mit einem gewichteten Gesamtwert über 5 sind (unverändert oder verändert) beizubehalten. HL

Produkt-Differenzierung

Die Produkt-Differenzierung ist eine Form der → Produkt-Variation. Sie ist dadurch gekennzeichnet, daß das ursprüngliche Produkt durch Produktvarianten ergänzt wird. Dadurch ändern sich der Inhalt und der Umfang des → Sortiments. Die Sortimentstiefe wächst mit zunehmender Differenzierung.
Infolge der Produkt-Differenzierung steigt i.d.R. der Umsatz, weil den unterschiedlichen Kundenwünschen zunehmend entsprochen wird. Die Differenzierung der Produkte verursacht jedoch auch steigende Kosten bei der Produktion, Distribution und Kommunikation. HL

Produkt-Elimination

Bei der Produkt-Elimination geht es um die Verminderung des Sortimentsumfan-

Scoring-Modell zur Bewertung von Produkten

Produktbewertungsbogen

Produkt: ____________________

Datum: ____________________

Kriterien	Gewicht in %	Bewertung	Gewichtete Bewertung G x B
1 Wie ist das Wachstum des Marktes?	G_1=	B_1= 0 2 4 6 8 10 (niedrig – hoch)	
2 Wie ist der Marktanteil des Produktes?	G_2=	B_2= 0 2 4 6 8 10 (niedrig – hoch)	
3 Wie ist der Umsatzanteil des Produktes?	G_3=	B_3= 0 2 4 6 8 10 (niedrig – hoch)	
4 Wieviel trägt das Produkt zur Deckung der Gemeinkosten bei?	G_4=	B_4= 0 2 4 6 8 10 (nichts – sehr viel)	
5 Wieviel trägt das Produkt zum Absatz anderer Produkte bei?	G_5=	B_5= 0 2 4 6 8 10 (nichts – sehr viel)	
6 Wie belastet das Produkt die Umwelt?	G_6=	B_6= 0 2 4 6 8 10 (sehr stark – gar nicht)	
7 Wie ist das Image des Produkts?	G_7=	B_7= 0 2 4 6 8 10 (sehr schlecht – sehr gut)	
8 Wieviel Management-Zeit könnte durch das Ausscheiden des Produktes freigesetzt werden?	G_8=	B_8= 0 2 4 6 8 10 (sehr viel – keine)	
9 Wieviel könnte durch Produkt-Veränderung gewonnen werden?	G_9=	B_9= 0 2 4 6 8 10 (nichts – sehr viel)	
10 Wieviel könnte durch Strategie-Veränderung gewonnen werden?	G_{10}=	B_{10}= 0 2 4 6 8 10 (nichts – sehr viel)	
Summe	100	gewichteter Gesamtwert des Produktes	**?**

ges (→ Sortiment). Nach der Art der betroffenen Leistungen sind folgende Probleme zu unterscheiden:
- Elimination von Produktlinien (Verringerung der Sortimentsbreite, d. h. Verengung)
- Elimination von Produktvarianten (Verringerung der Sortimentstiefe, d. h. Verflachung)
- Elimination von → Service-Leistungen (Verringerung des Kundendienstumfanges)

Die rechtzeitige Bereinigung des Sortiments hat folgende Vorteile:
- Sie fördert die Suche nach neuen Produkten (→ Innovation)
- Sie verhindert ein überaltertes Sortiment, das zu viele Gewinnbringer von gestern enthält
- Sie wirkt sich positiv auf das → akquisitorische Potential und auf den Gewinn des Unternehmens aus.

Mögliche Eliminationsobjekte sind:
- Produkte mit geringer Lebenserwartung
- Produkte mit geringem Umsatz
- Produkte mit geringem Marktanteil und
- Produkte mit geringem Deckungsbeitrag.

Eliminationskandidaten können mittels folgender Verfahren erkannt werden: → ABC-Analyse, → Deckungsbeitragsrechnung, Lebenszyklus-Analyse (→ Produkt-Lebenszyklus), → Portfolio-Analyse und gewichtete → Produktbewertung.

Zur Durchsetzung der Eliminationspolitik sollte ein Auslaufplan erstellt werden, der mindestens folgende Punkte enthält:
- Beginn und Ende der Auslaufphase
- Festlegung der Auslaufmenge (→ Pipeline-Effekt)
- Festlegung der Auslaufpreise
- Festlegung der Servicepolitik (→ After Sales Service)
- Information (oder → Desinformation) der betroffenen Mitarbeiter, Kunden und Lieferanten.

Die Durchsetzung der Eliminationspolitik wird erleichtert, wenn neue Produkte zur Einführung bereitstehen (→ Innovation).

HL

Produktentwicklung

→ Innovation. Bei der Produktentwicklungsstrategie geht es darum, für bestehende Märkte neue Produkte zu entwickeln. Es gibt im wesentlichen zwei Strategierichtungen: Firmen, die bewußt neue Produkte entwickeln (z. B. die erste Sofortbildkamera, das erste Surfbrett, der erste Weichspüler) und Firmen, die → Me too-Produkte anbieten, das heißt Produkte, die nachgeahmt sind, beispielsweise eine weitere Schokoladen- oder Waschmittelmarke. Beide Strategien haben Chancen und Risiken. Der Innovator ist als erster am Markt und erzielt höhere Marktanteile; er muß aber mehr Geld in Forschung und Entwicklung investieren und in die Schaffung des neuen Produktmarktes durch die Werbung. Der Imitator investiert weniger Geld und hat zunächst auch niedrigere Verkaufszahlen.

Ge

Produkterlebnis/ Produkterfahrung

Der Ge- und Verbraucher von Gütern lernt durch Erfahrung. Er erlebt etwa, daß der Genuß eines Verbrauchsgutes bei ihm selbst oder auch seinen Gästen oder Familienmitgliedern die Erwartungen erfüllt, übertrifft oder auch in wichtig erscheinender Hinsicht verfehlt. Durch Erfahrung, insbesondere langjährig erworbene, wird man »klug« bzw. markentreu.

Dabei bewährt sich, daß beim Kauf und Gebrauch, wenn möglich, die Marke bemerkt, wenn nicht sogar im Vordergrund bleibt. Eine bekannte Automarke hat ihr prägnantes Markenzeichen an den Fahrzeugen wo immer möglich wiederholt angebracht. Das soll sich einprägen, soll daran erinnern, daß dieses Auto, diese Marke assoziativ im Gedächtnis des Konsumenten abgespeichert wird. Gleiches gilt z. B. für eine Edelmarkenarmbanduhr, die Parfümflasche, die Cognac-Flasche im Barfach des Wohnzimmerschranks.

Ein Kleidungsstück, Produkt eines Markenartiklers, trägt bei Jeans-Hosen indiskret die Marke in Leder auf dem Hinterteil, bei Bekleidung für Beruf, Feste etc. ist das Etikett dauerhaft und unverwechselbar und bei jedem Anziehen ins Blickfeld fallend innen angebracht. Die Konsumenten werden unmißverständlich daran erinnert, wem die Wohltat von Stil, Bequemlichkeit, Paßform und Zuverlässigkeit zu verdanken ist. Zwar weiß der Verbraucher häufig objektiv nicht genug, um ein Produkt wirklich auf seine Eignung für ihn selbst und die Qualität auch im Rahmen der Konkurrenzprodukte einordnen zu können. Aber durch Erfahrung, durch die evtl. Zustimmung und Anerkennung im sozialen Umfeld lernt der Konsument im nachhinein oft auch sehr drastisch, ob er richtig oder falsch wählte/kaufte. Gute Erfahrungen führen häufig zum Wiederkauf, oft führen nur geringfügige Mängel des Produktes oder des → Service vor Ort beim einzelnen Verbraucher zur → kognitiven Dissonanz und zum Markenwechsel.

Markenhersteller, Fachhändler, Handwerker und sonstige Dienstleister müssen also dafür sorgen, daß das Produkt- oder Leistungserlebnis positiv verläuft. Nicht so sehr → Erlebniskauf muß dem Konsumenten ermöglicht/geboten werden, sondern Nutzungserlebnis über eine oft lange Nutzungsperiode. Gb

Produktforschung

Für die richtige und verbesserte Gestaltung der angebotenen Produkte sind Beurteilungen allein für sich oder gegenüber dem Wettbewerb (aber auch eventuell gegenüber einer vorigen Version bei Produktverbesserungen) nötig und hilfreich. Die wichtigsten Informationsquellen sind:

a. die eigene Forschungs- und Entwicklungsabteilung,
b. Tests in Zeitungen und Zeitschriften (z. B. Warentest),
c. das Durchführen von → Produkttests bzw. Blindtests,
d. der Außendienst,
e. Produkterprobung bei Kunden,
f. Beobachtung auf Messen.

Zu a.: Die eigene Forschungs- und Entwicklungsabteilung untersucht und vergleicht die eigenen Produkte mit denen des Wettbewerbs hinsichtlich wichtiger technischer Merkmale und stellt die Daten dem Marketing zur Verfügung.

Zu b.: die in den Zeitungen und Zeitschriften publizierten Tests versuchen einigermaßen objektiv wichtige Produktkriterien zu beurteilen. Als ein wichtiges Beispiel sind die Tests in »Warentest« zu nennen.

Zu c:. → Produkttest

Zu d.: Produktinformation der Wettbewerber können auch über den Außendienst gewonnen werden. Außendienstmitarbeiter haben in der Regel gute Kundenkontakte und erlangen derartige Informationen relativ leicht. Sie müssen in den Berichten die Informationen zur Auswertung an das Unternehmen weitergeben.

Zu e.: Bei Investitionsgütern werden manchmal zur Produkterprobung Maschinen etc. bei ausgewählten Kunden aufgestellt und diese nach den Erfahrungen gefragt.

Zu f.: → Messen. Ge

Produktgestaltung

Für die marktorientierte Gestaltung der Produkte gibt es grundsätzlich fünf Ansatzpunkte:

- die Qualität (→ Qualitätspolitik)
- das → Design
- die → Verpackung
- die Markierung (→ Markenstrategien)
- der Service (→ Servicepolitik).

Die Qualität ist eine mehrdimensionale Erscheinung, d. h. sie beruht auf den einzelnen Eigenschaften der Produkte, z. B. Haltbarkeit, Sicherheit, Geschmack, Duft usw. Für die Qualitätspolitik ist entscheidend, nach welchen Eigenschaften die Produktqualität von den Nachfragern beurteilt wird. Als Maßstab der Qualitätspolitik gelten die → Einstellungen der Nachfrager zu einem idealen Produkt. Diese Einstellungen drücken aus, welche Eigenschaften ein Produkt nach Ansicht der Nachfrager haben soll, das ihre Bedürfnisse am besten befriedigt. Die Kaufwahrscheinlichkeit ist um so höher, je geringer die Distanz zwischen den idealen und realen (wahrgenommenen) Eigenschaften eines Produktes ist.

Die Qualität der Produkte kann sich wie folgt auf den Absatz auswirken:

- Wenn die Qualität im Vergleich zur Konkurrenz besser beurteilt wird, entstehen bei den Kunden → Präferenzen. Dadurch können höhere Verkaufspreise durchgesetzt werden

- Erfahrungen der Kunden mit der Qualität eines Produktes beeinflussen den Absatz anderer Produkte des gleichen Anbieters. Diese Verbundwirkungen können positiv und negativ sein

- Kunden beeinflussen andere Nachfrager positiv oder negativ, je nachdem, ob sie mit der Produktqualität zufrieden oder unzufrieden sind.

Das Design betrifft die äußere Gestaltung der Produkte, d. h. die Form- und Farbgebung. Die Designpolitik ist ein wichtiges Marketing-Instrument bei → Gebrauchsgütern wie z. B. Automobile, Möbel, Geschirr, Oberbekleidung, Radio- und Fernsehgeräte. Einen hohen Stellenwert hat die Designpolitik auch bei gewissen → Verbrauchsgütern wie z. B. Seife, Käse, Wurst, Schokolade und Pralinen. Die absatzpolitische Bedeutung des Design läßt sich allgemein mit folgendem Satz umschreiben: »Häßlichkeit verkauft sich schlecht«. Das gilt nicht nur für → Konsumgüter, sondern auch für → Investitionsgüter. Auch Unternehmen und Behörden lassen sich bei ihren Kaufentscheidungen von der Schönheit der Produkte beeinflussen.

Die Verpackung ist ein wichtiges Instrument der Produktgestaltung, vor allem bei Verbrauchsgütern. Bei flüssigen Produkten (z. B. Milch, Essig und Parfüm) und bei Schüttgütern (z. B. Salz und Waschpulver) übernimmt die Verpackung bzw. Umhüllung die Rolle des Design. Das Hauptziel der Verpackungspolitik besteht im allgemeinen darin, das Produkt gegenüber der Konkurrenz zu differenzieren (→ Differenzierung): »Kleider machen Leute«.

Bei der Verpackung sind im einzelnen folgende Elemente zu gestalten: Form, Farbe, Größe, Material, Verschluß, Text und Graphik. Diese Elemente müssen untereinander harmonieren und auf die übrigen Marketing-Instrumente abgestimmt sein. Das bedeutet z. B., daß die Angaben auf der Verpackung durch die Qualität des Inhalts bestätigt werden. Die Gestaltung der Verpackung muß auch der → Marketing-Strategie des Herstellers und dem → Absatzweg bzw. den Anforderungen der → Absatzmittler entsprechen. Verfolgt ein Hersteller z. B. die → Preis-Mengen-Strategie und soll die Ware über Selbstbedienungsläden vertrieben werden, so muß die Verpackung schlicht gehalten und auf die raumsparende Darbietung in den Regalen abgestimmt sein.

Im Rahmen der Produktgestaltung ist auch zu entscheiden, unter welchen Marken die Produkte angeboten werden sollen. Die Markierung ist eine strategische Grundsatzentscheidung, die für den gesamten Lebenszyklus eines Produktes gelten soll (→ Produktlebenszyklus). Markennamen sind die einzigen Elemente im → Marketing-Mix, die nicht oder nur in Ausnahmefällen verändert werden.

Die Markierung (→ Marketingstrategien) ist die Voraussetzung, daß für die Produkte einzeln geworben werden kann. Für markenlose Produkte könnte man lediglich Gemeinschaftswerbung betreiben. Durch die Markierung werden die Produkte individualisiert und somit aus der Fülle vergleichbarer Produkte hervorgehoben.

Die Anforderungen an einen Markennamen sind je nach Produkt und Strategie unterschiedlich. Der Markenname für ein neues Produkt sollte jedoch grundsätzlich folgende Anforderungen erfüllen:

Uniqueness
Der Name sollte einzigartig und unverwechselbar sein, damit er sich von anderen Namen abhebt (→ USP).

Memorabilität
Der Name sollte eingängig und merkfähig sein. Er muß dem Kunden im Bedarfsfall sofort einfallen (→ Evoked Set).

Identität
Der Name muß zur angestrebten Positionierung und zum gewünschten Image des Produktes passen.

Schutzfähigkeit
Der Name sollte juristisch schützbar sein (→ Markengesetz).

Internationalität
Wenn das Unternehmen auch in ausländischen Märkten tätig ist oder werden will, sollte der Name die genannten Anforderungen in den betreffenden Ländern erfüllen.

Die Findung des optimalen Markennamens ist ein langwieriger und schwieriger Vorgang. Um → Flops zu vermeiden, sollte man sich von Branding-Experten beraten lassen.

Der Service ist zwar ein eigenständiges Marketing-Instrument. Bei der Gestaltung von Produkten sind jedoch auch einige Service-Aspekte zu berücksichtigen. Die Zufriedenheit der Kunden kann z. B. durch folgende Maßnahmen erhöht werden:

Kundendienstfreundliche Produktgestaltung
- Standardisierung von Funktions- und Bauelementen
- Einbau wartungsfreier Elemente
- Leichte und schnelle Auswechselbarkeit von Teilen
- Verlängerung der Inspektionsintervalle.

Produktbegleitende Informationen
- Verständliche Bedienungsanleitung
- Verständliche Beipackzettel
- Aktuelle Adressen und Telefon-Nummern von Kundendienstwerkstätten
- Pflegetips, Kochtips, Rezepte usw.

HL

Produkthaftung

Die P., eingeführt durch das Produkthaftungsgesetz vom 15.12.1989, legt eine verschuldensunabhängige Haftung des Herstellers für durch sein Produkt verursachte Schäden fest. Als Produzent im Sinne des P.sgesetzes gilt nicht nur der tatsächliche Hersteller, sondern auch der Importeur und der Lieferant sowie derjenige, der sich durch das Anbringen seines Namens oder seines Warenzeichens an der Ware eines anderen Produzenten als Hersteller ausgibt. Die Haftung wird ausgelöst, wenn ein fehlerhaftes, d. h. nicht die erforderlichen Sicherheitsstandards aufweisendes Produkt einen Menschen verletzt, tötet oder eine Sache beschädigt; die Schadensersatzansprüche unterliegen allerdings gewissen Einschränkungen und sind teilweise in der Höhe begrenzt.

Dietrich Schmidt

Produkt-Innovation

→ Innovation, Innovationsprozeß.

Produktionsgüter

Produktionsgüter sind dadurch gekennzeichnet, daß sie von Betrieben bei der Herstellung anderer Güter eingesetzt werden (Gegenteil: → Konsumgüter). Produktionsgüter dienen also mittelbar der Befriedigung menschlicher Bedürfnisse.

Nach ihrer möglichen Verwendungsdauer unterscheidet man kurz-, mittel- und langfristige Produktionsgüter.

Kurzfristige Produktionsgüter sind → Verbrauchsgüter, die als Werkstoffe bezeichnet werden. Hierzu zählen die Roh-, Hilfs- und Betriebsstoffe. Rohstoffe gehen als Hauptbestandteile in die Fertigerzeugnisse ein. Hilfsstoffe gehen ebenfalls in die Enderzeugnisse ein, ihr wertmäßiger Anteil ist jedoch gering. Betriebsstoffe wie z. B. Kohle und Öl gehen nicht in die Produkte ein, sie werden jedoch zur Durchführung des Produktionsprozesses benötigt. Betriebsstoffe sind Gemeinkosten-Material, weil deren Kosten nur indirekt über die Kostenstellen auf die Kostenträger (Produkte) verrechnet werden. Roh- und Hilfsstoffe sind Einzelkosten-Material, d. h. deren Kosten werden direkt auf die Produkte verrechnet.

Mittel- und langfristige Produktionsgüter sind → Gebrauchsgüter. Die produktiven Gebrauchsgüter werden in der Praxis als Investitionsgüter, dauerhafte Produktionsmittel und als Betriebsmittel bezeichnet. Hierzu zählen z. B. Gebäude, Maschinen und Werkzeuge. HL

Produktionskonzeption

→ Marketing-Konzepte.

Produktkategorien

Traditionell werden Güter im wesentlichen nach ihrem Rang in einer Produktionskette unterschieden:

- Rohstoffe (Eisenerz, Rohöl, Getreide etc.)
- Verarbeitete Materialien (Zement, Stahlblech, Mehl, Zucker etc.)
- Fertigprodukte; hierzu gehören:
  - Investitionsgüter (Maschinen etc.)
  - Gebrauchsgüter (Möbel, Haushaltsgeräte, Bekleidung etc.)
  - Verbrauchsgüter (Lebensmittel, Papiertaschentücher etc.)

Im Sinne des Käuferverhaltens, d. h. danach, wie die Kaufentscheidung/ der Kauf abläuft, werden andere Kriterien angewandt. Eine sinnvolle Unterscheidung ist die zwischen Convenience Goods, Shopping Goods und Specialty Goods.

Convenience Goods: Güter des täglichen Bedarfs, die i.d.R. habituell (gewohnheitsmäßig) nachgefragt werden. Aufgrund häufiger Nachfrage und je einzeln niedrigem Preis ist eine ausführliche Einkaufsanalyse weder möglich noch lohnend. Man spricht hier von einem begrenzten Kaufentscheidungsprozeß.

Shopping Goods: Ge- und Verbrauchsgüter des sporadischen oder saisonalen Bedarfs. Sie sind meist höherpreisig und beim jeweiligen Bedarfsfall haben sich gegenüber dem vorherigen zumeist Stil, Mode und/oder Technik verändert, möglicherweise aber auch das Bedürfnis (durch Zeitablauf, berufliche oder familiäre Veränderung). Also ist Suchkauf, Beratung, Vergleichen, Untersuchen, evtl. Anprobe oder Erprobung nötig.

Specialty Goods: Diese liegen dann vor, wenn es für ein spezielles Produkt nur

einen Anbieter gibt oder, wenn der Käufer aufgrund von Erfahrung und festen → Präferenzen nur eine Marke, einen Dienstleister oder Handwerker in Erwägung zieht.
Beispiele: Maßanzug bei einem Luxusschneider der obersten Kategorie, Sportwagen der Marke Ferrari; aber auch: Vertrauenshandwerker oder Stammrestaurant, wenn sich aufgrund von Leistung und Zuverlässigkeit feste Präferenzen ergeben haben.

Eine weitere Kategorisierung kann nach *High/Low Interest bzw. Involvement* Produkten erfolgen. Diese Unterscheidung bezieht sich darauf, wie wichtig den Konsumenten die jeweiligen Kaufentscheidungen sind bzw. welche Bedeutung den Produkten zugemessen wird. Sie charakterisiert also das Kaufverhalten einzelner Konsumenten. Verallgemeinert man diese Kategorisierung, so werden Low Interest Products gleichbedeutend mit Convenience Goods und High Interest Products entsprechen Shopping und Specialty Goods.

Convenience Goods sind tendenziell eher im Discounthandel anzutreffen. Entscheidend sind hier leichte Erreichbarkeit, schnelle Kaufabwicklung, Preisgünstigkeit und Sortimentseinschluß (alles aus einer Hand, da zumeist Standort auf der grünen Wiese, d. h. Deglomeration).

Shopping und Specialty Goods sind die Domäne der Fachgeschäfte und modernen Kaufhäuser in der City oder in integrierten Einkaufszentren (Agglomeration). Gb

Produktkonzeption

→ Marketing-Konzepte.

Produktlebenszyklus

Der »klassische« Produktlebenszyklus beschreibt die Umsatzentwicklung eines Produktes in Abhängigkeit von der Zeit. Dabei werden vier Phasen unterschieden:

- Produkteinführung/Markteinführung/Anlaufphase (Question Mark)
- Wachstumsphase (Star)
- Stagnationsphase (Reife) (Cash Cow)
- Degenerationsphase (Poor Dog).

Heute berücksichtigt man beim PLZ üblicherweise auch die Rendite (siehe Graphik). Wird diese aber mit in Betracht genommen, reicht der Zeithorizont zwischen Produkteinführung und dem Ende der Produktion nicht aus. Denn moderne Produkte bedürfen oft immenser Vorlaufaufwendungen für Marktforschung, Forschung und Entwicklung, Genehmigungen, Produktionsstätten, Maschinen usw. (oft über viele Jahre hinweg). Dies gilt z. B. für Pharmaprodukte oder Kfz, bis hin zu neuen Handelskonzeptionen/Franchisesystemen. Die Anlaufphase ist in unserer konzentrierten, vielfach oligopolistischen (→ Oligpol/Marktformen) Wirtschaft oft von hohen Anlaufverlusten geprägt (Erkämpfung von Marktanteilen zu Lasten etablierter Oligopolisten). Am Ende eines PLZ folgt heute häufig noch eine Phase der Nachlaufaufwendungen/-verluste, so etwa für Fabrikabriß, Verschrottung (incl. oft teurer Entsorgung und Sanierung z. B. von Boden, Gewässern...) sowie ggf. für Sozialpläne etc.

Produktlebenszyklus

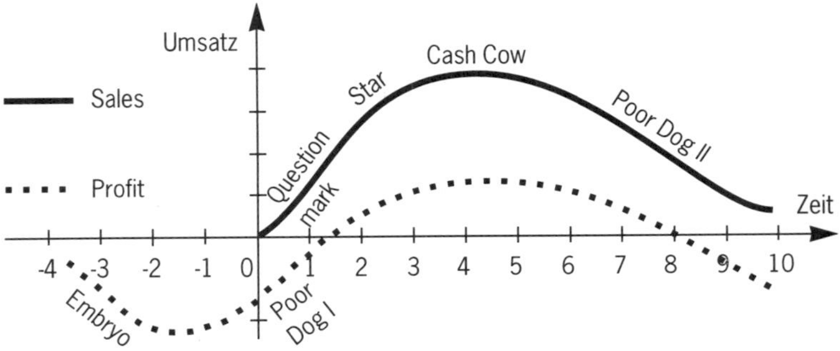

Strategisch gilt es analog, bei Jungunternehmen oder neuen Betriebsstätten, präzise zu planen, in welchen Perioden in jeweils welcher Höhe welche Kosten notwendigerweise zu Vorlauf- und Anlaufverlusten führen, damit in dieser Phase keine Überschuldung/Illiquidität eintreten kann. Nicht nur die »realistische« Schätzung, sondern auch »pessimistische« Schätzungen sollten zumindest nicht zu kurz- oder mittelfristiger Illiquidität führen können. Es besteht der begründete Verdacht, daß Jungunternehmen nicht selten während der Vorlauf- oder Anlaufphase wegen mehrjähriger (eigentlich nicht verwunderlicher) Verluste und im Zusammenhang damit stehender Überschuldung »geschlachtet« werden. Das Bilanzrichtliniengesetz von 1984 gibt daher im § 269 HGB (neu) unter be-

Produktlebenszyklus

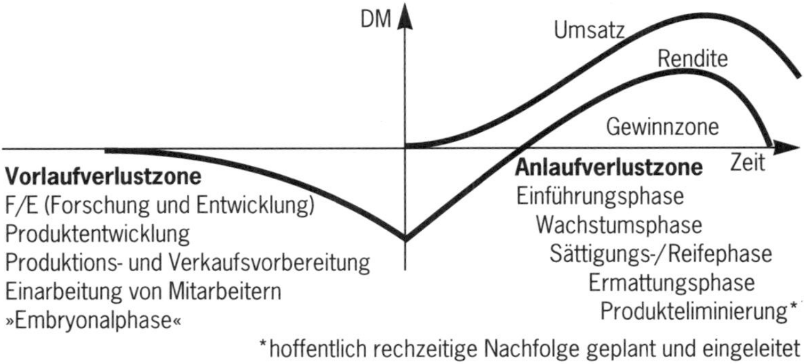

stimmten Voraussetzungen die Möglichkeit »*Ingangsetzungsaufwand*« zu aktivieren und dann relativ schnell in den Folgeperioden abzuschreiben. Ein zu *erwartender* Nachlaufaufwand sollte als *Rückstellung* in der Renditephase (Stagnation auf hohem Niveau) vorweggenommen werden.

Konsequenzen aus dem PLZ
Es gilt für Unternehmen, die Lebenszyklen der verschiedenen Produkte aufeinander abzustimmen. Insbesondere ist darauf zu achten, daß beim Übergang eines »Kassenfüllers« (Cash Cow) in die Degenerationsphase ein Relaunch (techn./ modische Veränderung, Nachziehen zur Konkurrenz) vorbereitet ist, um die Reifephase (Cash Cow) zu verlängern. Insbesondere gilt es aber, rechtzeitig neue Produkte in den Markt einzuführen, damit das Vorläuferprodukt eliminiert werden kann. Dies bedeutet auch, daß die höchsten Aufwendungen/Verluste (Vorlauf-/ Anlaufphase) des Nachfolgeproduktes in die Zeit der höchsten Gewinne des Vorläuferproduktes fallen.

Auch ist es für ein Unternehmen sinnvoll, die Lebenszyklen seines Sortiments aufeinander abzustimmen. Ziel dabei ist es, ein → »Portfolio« von Produkten anzubieten, die sich in verschiedenen Phasen des Lebenszyklus befinden, damit sowohl Erträge als auch Kosten (Forschung und Entwicklung, Markteinführung...) sich möglichst gleichmäßig auf die Perioden verteilen (→ Portfolio-Analyse).

Diese Politik der frühzeitigen Relaunchplanung und Nachfolgeproduktentwicklung einerseits, und andererseits des »Portfolios« ist nicht nur für das (herstellende) Unternehmen sinnvoll (Renditeglättung und Beschäftigungskonstanz), sondern auch dazu geeignet, den Vertrags-Absatzmittlern stets (konstant)

Produktlebenszyklus

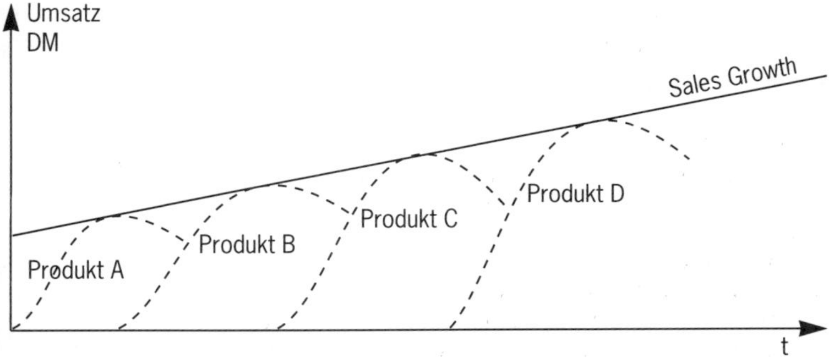

Portfolio-Matrix

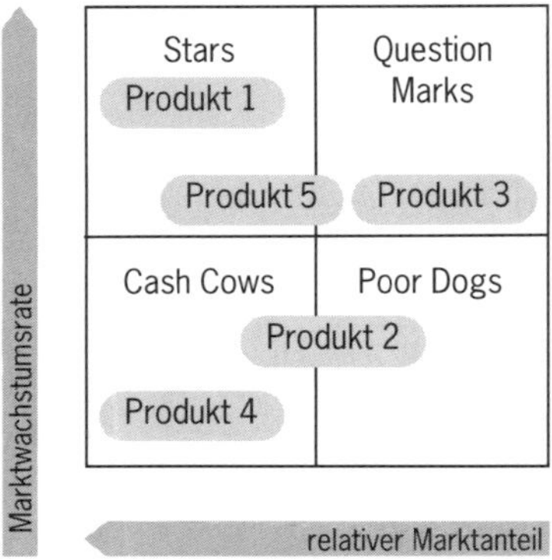

gute Verdienstmöglichkeiten durch immer aktuelle Produkte und Leistungen zu bieten. Dies im Sinne der Schaffung und Erhaltung von Dauerkunden/Dauerabsatzmittlern. Es ist erwiesenermaßen viel teurer, einen Neukunden zu gewinnen, als einen Stammkunden zu halten.

Ideal ist, wenn sich das Unternehmenswachstum aus stets neuen, besseren und kostengünstiger erbrachten Produkten/Leistungen langfristig ergibt (»Sales Growth«) Gb

Produkt-Management

→ Brand-Management.

Produkt-Manager

Der Produkt-Manager betreut ein bestimmtes Produkt oder eine Gruppe von Produkten von der Entstehung bis zur Vermarktung. Er ist der Initiator sämtlicher absatzwirtschaftlich relevanten Entscheidungen für sein/e Produkt/e. Er ist verantwortlich für die Planung und Kontrolle bzw. Koordination von: Umsatz, Deckungsbeitrag, Werbung, Verkaufsförderung, Marktforschung, Produktentwicklung und wettbewerbsrechtlichen Fragen (→ Brand-Management). HL

Produkt-Modifikation

Die Produkt-Modifikation ist eine Form der Produkt-Variation. Sie ist dadurch gekennzeichnet, daß das ursprüngliche Produkt durch ein verändertes Produkt ersetzt wird. Die Zahl der Produkte bleibt dabei konstant, d. h. das → Sortiment ändert sich nur inhaltlich.

Die Produkt-Modifikation ist mit einem hohen Risiko verbunden: Es ist nicht sicher, ob das modifizierte Produkt von den potentiellen Kunden akzeptiert wird. Das Modifikationsrisiko kann durch folgende Maßnahmen gesenkt werden:

- Die Absatz-Chancen des modifizierten Produktes werden vor der Einführung mit Hilfe der Marktforschung abgeschätzt.
- Das Produkt wird in kleinen Schritten modifiziert (z. B. VW-Käfer).
- Das ursprüngliche Produkt bleibt noch eine gewisse Zeit im Programm, damit sich die Kunden an das veränderte Produkt gewöhnen können (vorübergehende → Produkt-Differenzierung). HL

Produktnutzenvorteil

→ Unique Selling Proposition.

Produktpiraterie

P. bedeutet das Nachahmen und Kopieren von bekannten und teuren Produkten

in großen Mengen unter Verletzung fremder Schutzrechte wie → Geschmacksmuster, → Marken, → Gebrauchsmuster oder → Patente; dies geschieht in der Absicht, beim Verkauf der »Kopien« vom guten Ruf der Markenprodukte (z. B. teurer Kleidung, Uhren, Parfüms) zu profitieren.
Der starken Zunahme der P. soll durch Verschärfung bisher geltender Bestimmungen – zuletzt durch das neue Markengesetz vom 14.1.1994 – entgegengewirkt werden, wodurch neben der Androhung höherer Strafen vor allem die Möglichkeit geschaffen wurde, Piratenware bei der Ein- oder Ausfuhr zu beschlagnahmen und anschließend zu vernichten. Dietrich Schmidt

Produktpolitik

Die Produktpolitik ist ein Instrument der Absatzpolitik (→ Absatzpolitisches Instrumentarium), das durch folgende Frage gekennzeichnet wird: Welche und wie viele Leistungen sollen wann angeboten werden?
Die Produktpolitik umfaßt also die optimale Gestaltung des Leistungsangebotes durch → Produkt-Innovation, → Produkt-Variation und → Produkt-Elimination.
Die Produkte sind Umsatzträger und Kostenträger, d. h. Gewinnbringer oder Verlustbringer. Der Erfolg eines Unternehmens hängt somit wesentlich von seiner Produktpolitik ab. HL

Produktpositionierung

Ein Produkt oder eine Leistung wird im Wettbewerb z. B. nach Preishöhe, Mode/Stil (z. B. konservativ oder hochmodisch) positioniert, also strategisch so plaziert, daß das Produkt sich einerseits von den wichtigen Wettbewerbern deutlich unterscheidet und andererseits für ein Segment oder mehrere Segmente von Ge-/Verbrauchern (→ Segmentierung) besonders geeignet ist.

1. Wesen, Ziele
Im oligopolistischen Wettbewerb gilt es, dominanten Preiswettbewerb zu vermeiden. Deshalb zielen Anbieter darauf, durch Qualität, Design oder Service besser und anders zu sein als die fühlbaren Wettbewerber (→ USP).
Auch Ge- und Verbraucher wünschen bei vielen Produkten und Leistungen, insb. im Bereich der langlebigen Gebrauchsgüter (→ Shopping Goods, wie Kleidung, Fahrzeuge, Möbel und Kunstgewerbe) auf ihre individuellen Bedürfnisse zugeschnittene Lösungen.
Die Kombination der Ziele, anders und/oder besser zu sein als die Wettbewerber und zugleich die Präferenzen der Konsumenten (evtl. auch der einzuschaltenden Absatzmittler) besonders gut zu treffen, wird als Produktpositionierung bezeichnet. Sie ist somit ein Instrument dominanten Qualitäts- und Leistungswettbewerbs (→ strategisches Dreieck).

2. Ein einfaches Modell der P.
Eine eindimensionale Produktpositionierung wäre z. B., wenn einfach nach dem Preis (Preisklasse) unterschieden würde. Üblicherweise werden aber (mindestens) zwei Dimensionen herangezogen. Beispiele:
Preis: niedrig ↔ hoch;
Qualität: einfach, technischer Grundnut-

Positionierung zweier Sektmarken

Grundweine:	Positionierung Sekt		
– Herkunftsgebiet	Euro-Blend	D-Blend	Spez. Weinbaugebiet
– Herkunftslage	Unspezifisch	Großlage	Einzellage
– Erntejahr	Blend	Jahrgangsweine mit erlaubtem „Blend“	Reiner Jahrgangswein
– Rebsorte	Unspezifisch	Spezielle Mischung	Rein
– Für Sekt geeignete Weine?	Verwertung schwerverkäuflicher Weine	durchschnittliche Weine	Präzise Prüfung auf spez. Sekteignung, Geschmacksprüfung
Produktionstechnik:			
– Gärverfahren	Tank	Transvasier	Traditionelle Flaschengärung
– Lagerdauer auf Hefe	Kurz	Mittel (3–9 Monate)	Lang (1 Jahr und mehr)
– Prüfetikett/Prfg.	Massenprüfung	Spez. Zertifikat	Absolute Spitzenprfg.
– Amtl. Prüfungen	Keine	Qualitätswein besonderer Anbaugebiete	Spitzenprüfungen
Verpackung:			
– Etikett, Ausstattung	Marktschreierisch	Traditionell, Bild, Wappen	Funktional, diskret
– Korken	Plastik	Preßkorken	Naturkorken
Distribution			
– Kanäle	Alle Händler	Nur Fachhandel	Franchising, Selbstvermarktung
– Gütekategorie	Markenwaren	Markenartikel	Spezialität
– Erhältlichkeit	Weltweit	D, EG	Regional

Positionierung zweier Sektmarken

Grundweine:	Positionierung Sekt		
– Herkunftsgebiet	Euro-Blend	D-Blend	Spez. Weinbaugebiet
– Herkunftslage	Unspezifisch	Großlage	Einzellage
– Erntejahr	Blend	Jahrgangsweine mit erlaubtem „Blend“	Reiner Jahrgangswein
– Rebsorte	Unspezifisch	Spezielle Mischung	Rein
– Für Sekt geeignete Weine?	Verwertung schwerverkäuflicher Weine	durchschnittliche Weine	Präzise Prüfung auf spez. Sekteignung, Geschmacksprüfung
Produktionstechnik:			
– Gärverfahren	Tank	Transvasier	Traditionelle Flaschengärung
– Lagerdauer auf Hefe	Kurz	Mittel (3–9 Monate)	Lang (1 Jahr und mehr)
– Prüfetikett/Prfg.	Massenprüfung	Spez. Zertifikat	Absolute Spitzenprfg.
– Amtl. Prüfungen	Keine	Qualitätswein besonderer Anbaugebiete	Spitzenprüfungen
Verpackung:			
– Etikett, Ausstattung	Marktschreierisch	Traditionell, Bild, Wappen	Funktional, diskret
– Korken	Plastik	Preßkorken	Naturkorken
Distribution			
– Kanäle	Alle Händler	Nur Fachhandel	Franchising, Selbstvermarktung
– Gütekategorie	Markenwaren	Markenartikel	Spezialität
– Erhältlichkeit	Weltweit	D, EG	Regional
	Massen-Markensekt	Winzersekt eines Spitzenweingutes	

zen ↔ hohe Qualität, technisch fortschrittlich, Prestige, Luxus;
andere mögliche Kriterien: Sportlichkeit, Wirtschaftlichkeit, Lebensdauer etc.

3. Mehrdimensionale Positionierung
Das zweidimensionale Modell stößt sehr schnell an die Grenzen seiner Leistungsfähigkeit. Eine Möglichkeit, mehr Dimensionen/Entscheidungskriterien darzustellen, bietet das Polaritätenprofil.

4. Produktpositionierung und → optimales Marketing-Mix
Produktpositionierung ist eine Teilaufgabe auf dem Weg zum optimalen Marketing-Mix. Sie gibt die Möglichkeit, eine vorhandene → USP herzustellen und zu

Produktpositionierung: Discount- oder Fachgeschäft und Markenartikel oder Markenware

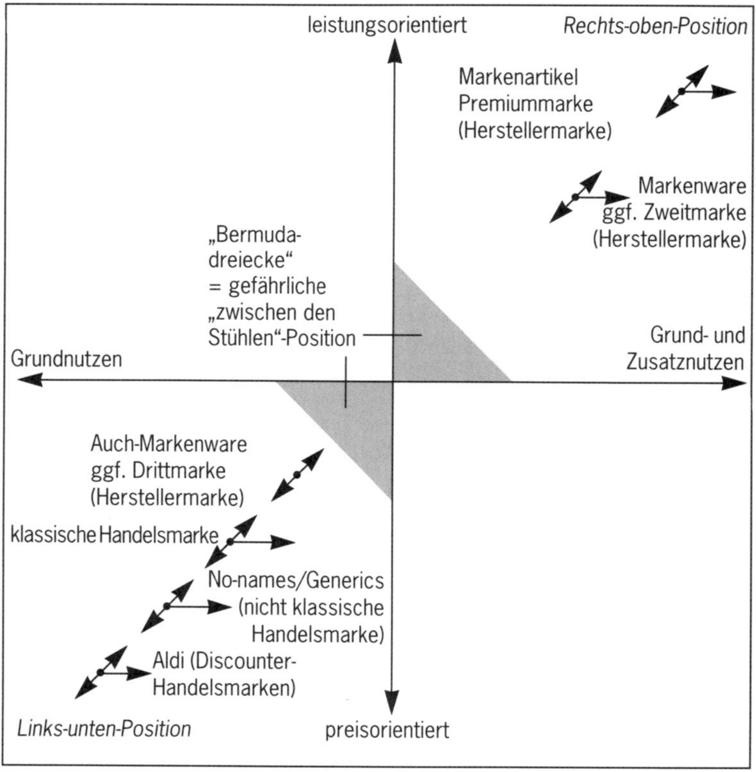

Quelle: Vergl.: Becker, J., Marketing-Konzeption, München 1992

verdeutlichen (Marktforschung), zum anderen kann im Sinne einer Wunsch- oder Plan-Positionierung die Zielfunktion dargestellt werden. Produktpositionierung ist ein Mittel, durch optimale Angebote/Lösungen Dauerkunden zu binden, damit diese eben nicht schon wegen minimaler Preisvorteile zur Konkurrenz überwechseln. Manchmal ist es vielleicht schon eine gute Gebrauchsanweisung, die eine Positionierung weg vom Wettbewerber bedeutet. Der Konsument honoriert bessere Lösungen, also richtig positionierte Produkte vielfach mit einem Preis, der deutlich über dem eines Gutes liegt, das nur den → Grundnutzen bietet (Bekleidung, Auto, Uhren, Sekt, Wein).

5. *Sortimentspositionierung*
Produktpositionierung muß stets im Blickwinkel der Unternehmensphilosophie und des Gesamtsortiments betrieben werden. Dem Hersteller einer Billigschokolade wird eben nicht geglaubt, daß er (unter gleicher Marke) auch edelste Pralinen produzieren kann. Ein Sortiment im Handel muß stets auf die Komplementarität der einzelnen Artikel zum Gesamtsortiment hin überprüft werden. Gb

Produkt-PR

Die sog. Produkt-PR (→ Public Relations) liegt zwischen der eigentlichen Produktwerbung und der PR, da sie zum Teil die Möglichkeiten der (bezahlten) Werbung, andererseits aber auch die Instrumente des PR nutzt. Sie umfaßt über die eigentliche Werbung für das Produkt hinausgehende kommunikationspolitische Maßnahmen (→ Kommunikations-Mix), die aber im Bezug zum Produkt stehen. Dazu gehören Image-Anzeigen und → Spots, Preisausschreiben und Wettbewerbe, Pressearbeit, → Product Placement und → Sponsoring. Gb

Produkttest

Hierbei handelt es sich um Untersuchungen, bei denen ausgewählte Testpersonen Produkte zum Ausprobieren zur Verfügung gestellt bekommen, um diese nach Benutzung/Verbrauch zu beurteilen.
Produkttests werden für neue Produkte, aber auch häufig für am Markt angebotene Produkte durchgeführt. Der Test kann kurzzeitig als Studiotest oder in Form eines Hometests über einen längeren Zeitraum, bei → Verbrauchsgütern häufig in ein bis zwei Wochen, durchgeführt werden.
Häufig wird ein sog. Blindtest durchgeführt, bei dem das eigene Produkt mit dem Hauptwettbewerber verglichen wird. In der Regel erhalten einige hundert Haushalte die beiden Produkte in neutraler (»blinder«) Form, das heißt also ohne Markennamen in einer weißen Packung. Sie haben in vorgegebener Weise die beiden Produkte zu benutzen und danach einen Fragebogen auszufüllen. In diesem wird zunächst gefragt, welches Produkt vorgezogen wird und dann nach den Gründen.

Es gibt auch den Einzeltest, bei dem der Konsument nur ein Produkt ohne Vergleichsprodukte zu beurteilen hat. Bei Einzeltests besteht eine gewisse Gefahr, daß die Auskunftspersonen aufgrund der besonderen Testsituation (das Produkt

wird ihnen kostenlos überlassen, der Leiter des Tests, dem die Testpersonen Wohlwollen entgegenbringen, wird für einen Angehörigen der Herstellerfirma gehalten usw.) zu Gefälligkeitsantworten veranlaßt werden.
Die Produkttests vermitteln ein recht gutes Bild, wie das Produkt beim Verbraucher ankommt und welche Gründe für die Beurteilung maßgeblich sind. Daraus ergeben sich konkrete Ansätze für die Produktentwicklung. Ge

Produkt-Variation

Produkt-Variation bedeutet Veränderung von Produkten hinsichtlich Qualität, Design, Verpackung und/oder Marke. Im weiteren Sinne zählt auch die Service-Variation dazu.
Im Rahmen der Produkt-Variation sind folgende Entscheidungen zu treffen:

- Welche Produkte sollen wann variiert werden?
- Sollen die Produkte differenziert (→ Produkt-Differenzierung) oder modifiziert (→ Produkt-Modifikation) werden?
- Welche Produktelemente sollen wie variiert werden? HL

Produzentenhaftung

→ Produkthaftung.

Profit Center

Innerhalb von organisatorischen Teilbereichen (bei objektorientierter Aufgabensynthese, z. B. nach Produkten oder Produktgruppen oder Kunden(-gruppen) im Sinne des → Produktmanagements und → Kundenmanagements) sind die jeweiligen Führungskräfte für die selbständige Erwirtschaftung von Gewinnen zuständig. Dies dient der Motivation und der Kontrolle.
Profit Center werden bilanziell getrennt abgerechnet, oft auch als Tochtergesellschaften juristisch (teil-)verselbständigt. Auslandsbetriebe oder Verkaufsniederlassungen werden nicht selten als Profit Center betrachtet. Nebentätigkeiten, wie Fuhrpark, Reparatur- und Wartungsdienste, Werksverkauf oder Werkhotel, werden häufig als getrennte Profit Centers abgegrenzt. Profit Centers dienen der Verlagerung der Verantwortung und Entscheidungsvollmachten näher an die Märkte. Gb

Prognose

Im Rahmen der Marketing-Planung sind Prognosen hinsichtlich des Gesamtmarktes, der eigenen Umsätze und Marktanteile sowie anderer Größen nahezu unumgänglich. In vielen Unternehmen wird der Umsatz für einzelne Produkte und Produktgruppen prognostiziert; der Gesamtumsatz ergibt sich aus der Zusammenfassung der einzelnen Umsatzwerte. Häufig werden die Umsatzprognosen nach Gebieten, Kunden, Teilzeiträumen (Halbjahre, Quartale, Monate) und einzelnen Touren unterteilt.

Die Prognosemethoden sind durch unterschiedliche Ausgangssituationen gekennzeichnet. Teilweise liegen Vergangenheitswerte vor, bei anderen Prognosen handelt es sich um Neueinführung ohne historischen Rahmen und andererseits sind teilweise globale und komplexe Phänomene, größere Zeiträume etc. vorherzusagen.

Folgende Prognosemethoden werden in der Praxis angewandt:
a. → Trendextrapolation
b. → Regressions- und Korrelationsanalyse
c. → Untersuchungen über Kaufvorhaben
d. → Expertenbefragung
e. Hochrechnung von → Markttests und → Tests. Dabei wird entweder in einem Testgebiet oder in einer bestimmten Anzahl von Läden ein Produkt testweise verkauft und aufgrund dieser Abverkäufe auf den Gesamtmarkt hochgerechnet.

Vielfach werden unterschiedliche Verfahren gleichzeitig eingesetzt, damit die Planung auf einer breiten Prognosebasis steht. Ge

Programmpolitik

→ Sortimentspolitik.

Promotion

→ Verkaufsförderung (Sales Promotion).

Projekte

→ Operatives Marketing-Controlling.

Public Relations (PR)

Öffentlichkeitsarbeit, Kontaktpflege. Bemühungen um Vertrauen in der Öffentlichkeit.

Ein Unternehmen, ein Verband, eine → Nonprofit-Organisation (wie z. B. das Rote Kreuz, eine Kirche, Parteien oder auch Staatsorgane, wie Parlamente, Polizei, Verwaltungen oder Rechtsprechung) müssen stets um den Goodwill, das Verständnis des Bürgers, der Öffentlichkeit besorgt sein. Dabei gilt es, die Meinungsbildner (z. B. Politiker, Lehrer, Sportler etc.) und die Presse zu informieren und positiv zu stimmen.
PR ist ein wesentliches Element der → *Marketing-Kommunikation*. PR muß also im Sinne eines optimalen Marketing-Mix, speziell eines optimalen Kommunikations-Mix simultan geplant und abgestimmt und eingesetzt werden. CI/CD-Politik sind für die PR-Arbeit ebenso grundlegend, wie auch für den Einsatz anderer Marketing-Instrumente.

Instrumente der PR sind:
- *Pressemitteilungen*
- *Pressekonferenzen*
- *Pressegespräche* (des Managements mit Medienvertretern)

Aber auch Geschäftsberichte werden vielfach unter dem Aspekt als PR-Medium gestaltet, getextet und kommentiert, Kontakte zu wichtigen Meinungsbildnern, eventuellen zukünftigen Mitarbeitern und Kunden in Form von Betriebsbesichtigungen, Betreuung von praktischen Examensarbeiten, Mitarbeit und Verantwortungsübernahme von leitenden Angestellten oder Inhabern des Unternehmens in Nonprofit-Organisationen aller Art bis hin zur Übernahme von Lehraufträgen an Hochschulen durch Spitzenfachleute des Unternehmens sind unter dem Aspekt »Öffentlichkeitsarbeit« zu planen und durchzuführen.
Die PR-Verantwortlichen sollen einerseits dem Management die Meinung der Außenstehenden (Öffentlichkeit, Medien) vermitteln. Presseinformationen, gelegentliche Meinungsspiegel (also gesamt-

hafte Darstellung und Kommentierung analog Marktbeobachtung, Markterkundung, Marktforschung) bieten den Input. Andererseits soll das PR-Management dann auch Vorschläge zur Verbesserung des Images, des Goodwill vorlegen. Dazu brauchen PR-Manager Zugang zu allen Daten und Entscheidungsträgern des Unternehmens und außerdem deren Vertrauen und zugewiesene Sachkompetenz.

Entscheidungsbeeinflussung
Das Unternehmen, die Organisation gilt es dann, mittels PR-Technik nach außen zu vertreten. Dabei werden Vorträge, Pressegespräche, Veröffentlichungen des Managements beraten, oft als »Ghostwriter« sogar gestaltet.
PR-Arbeit ist *konzeptionell* zu leisten, was aber nicht daran hindert, daß handwerkliche Präzision, Können und Erfahrung gefordert sind. Eine Pressekampagne basiert auf einer zu verbreitenden Nachricht (Message), die optimal bis ins Detail geplant und kontrolliert zu verbreiten ist.
Bei mehrstufigem Absatz von Industrieprodukten, insb. soweit Vertragshändlersysteme genutzt werden, gilt es, das PR auch der Absatzmittler so zu beeinflussen, daß die *Strategische* → *Wettbewerbseinheit* als die Gesamtheit von Markenhersteller und Vertragshändler auch als Einheit auftritt, um Dissonanzen in Form nicht komplementärer Botschaften zu vermeiden. Ziel ist der orchestrierte Öffentlichkeitsauftritt. Gekonnte und bewährte Franchise-Systeme leisten hier Vorbildliches, auch, indem Vorschläge und Anregungen der *Verkaufsfront* (Franchisenehmer vor Ort) herausgefordert und, wenn sinnvoll, beachtet und belohnt werden. Gb

Pull-Strategie

Die Pull-Strategie ist eine Vorgehensweise im → vertikalen Marketing, die vor allem von der Markenartikel-Industrie angewendet wird. Die Marketing-Aktivitäten des Herstellers erstrecken sich über die direkte Abnehmerstufe (Einzelhandel) hinaus auch auf die Endabnehmerstufe. Durch → Werbung und → Verkaufsförderung soll ein Nachfragesog erzeugt werden, um die Produkte in den → Distributionskanal zu ziehen (engl. to pull = ziehen). Der Handel soll also »gezwungen« werden, die Produkte in sein → Sortiment aufzunehmen.

Die Pull-Strategie ist im Gegensatz zur → Push-Strategie eine indirekte Beeinflussung der Einzelhändler, der Distributionseffekt beruht weitgehend auf den → Präferenzen der Verbraucher. In diesem Fall kann die → Handelsspanne relativ niedrig sein, weil die Produkte für den Handel weitgehend vorverkauft sind (sog. »Schnelldreher«). HL

Pulsierende Werbung

Pulsierende Werbung bedeutet eine systematische Variation der Höhe der Werbeausgaben im Zeitablauf (etwa pro Monat). Pulsation hat jedoch nichts mit saisonalen Variationen der Werbeaktivitäten zu tun. Durch die günstigere zeitliche Allokation des gleichen Gesamtbudgets wird insgesamt mehr abgesetzt und ein höherer Gewinn erzielt als bei gleichmäßiger Verteilung der Werbeausgaben über die Zeit. Peter Hanser

Push-Strategie

Die Push-Strategie ist eine Vorgehensweise im → vertikalen Marketing. Der Hersteller bietet dem Handel besondere Anreize, d. h. günstige Konditionen wie z. B. hohe → Rabatte, lange Zahlungsziele (→ Absatzkredit) und/ oder → Gebietsschutz. Dadurch soll der Handel veranlaßt werden, die Produkte in sein → Sortiment aufzunehmen und sich um den Weiterverkauf zu bemühen. Die Produkte sollen also in den → Distributionskanal hineingedrückt werden (engl. to push = drücken, stoßen, schieben).
Die Push-Strategie ist im Gegensatz zur → Pull-Strategie eine direkte Beeinflussung der Einzelhändler. In diesem Fall muß die → Handelsspanne relativ hoch sein, weil sich die Produkte langsam umschlagen (sog. »Langsamdreher«).

HL

Push- and Pull-Strategie

Hierbei handelt es sich um eine Kombination von → Push-Strategie und → Pull-Strategie. Die Einzelhändler werden vom Hersteller gleichzeitig direkt (durch materielle Anreize) und indirekt (durch verbraucherbezogene Werbung und Verkaufsförderung) beeinflußt, die Produkte in ihr → Sortiment aufzunehmen. Durch diese Strategie-Kombination entsteht eine »Zangenwirkung«, der sich die betreffenden Händler kaum entziehen können. HL

Q

Qualität, ökologische Aspekte
Heute erwarten aufgeklärte Konsumenten auch die (relative) ökologische Unbedenklichkeit der zu kaufenden Gegenstände. Dabei wird ökologische Unbedenklichkeit in folgenden Richtungen erwartet:

- Die *Herstellung* darf nicht zu unzumutbaren Umweltbelastungen führen.
- Der *Transport* zum Verwendungsort sollte relativ umweltschonend erfolgen, also z. B. per Eisenbahn statt per LKW. Zudem haben lokale und regionale Lebensmittel Prio-

Umweltschutz als Unternehmensstrategie: Anforderungen und Maßnahmen

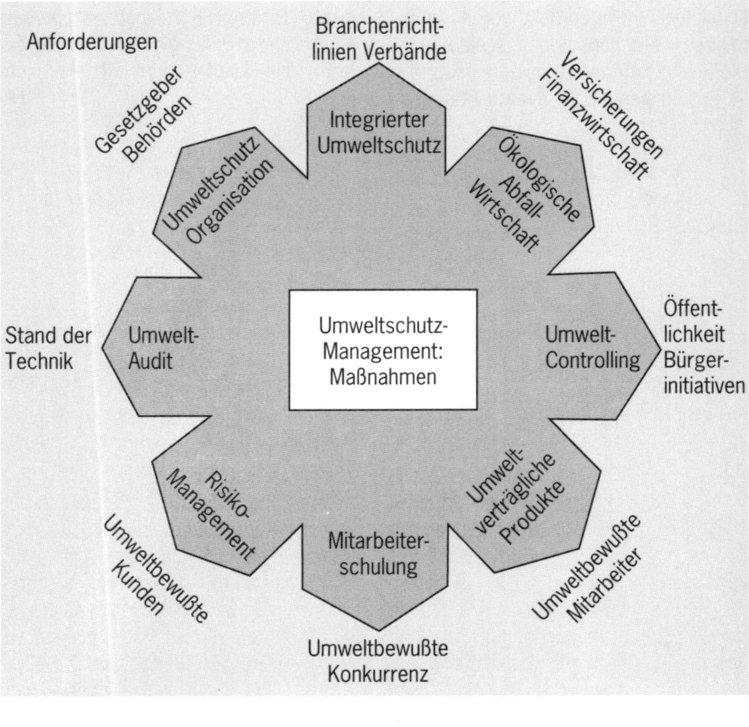

rität vor solchen aus »fernen Landen«.
- Der *Ge- oder Verbrauch* sollte umweltschonend sein, jedenfalls im Vergleich zu anderen Gütern mit gleichem Verwendungszweck weniger umweltbelastend.
- Die *Abfallbeseitigung* bzw. Nachsorge für verschlissene Güter sollte möglichst umweltschonend sein (z. B. weitgehend recycelbare Materialien).

Dies nennt man die *ökologische Qualität.*
Unternehmen unterziehen sich einem Öko-Audit, um mit der Beachtung ökologischer Ziele werben zu können (Öko-Audit-Verordnung des Rates der Europäischen Union, Nr. 1836/93 vom 29. Juni 1993).

Im Rahmen eines solchen Umwelt-Audits werden folgende Programmkreise überprüft und die Erfüllung der Normen dokumentiert:
- Ausnutzung aller möglichen Energieeinsparungen,
- sparsame und schonende Verwendung von Wasser,
- Lärmvermeidung,
- Minimieren von Abluftbelastungen.

Gb/Werner Lorig

Qualität: Objektive und subjektive Aspekte

Jedes Gut, jede Dienstleistung kann danach beurteilt werden, ob die Qualität den normativen Vorstellungen der Fachleute entspricht (= objektive Qualität) und, ob die Qualität den Ansprüchen der Konsumenten entspricht, also ob die Bedürfnisse und Erwartungen der Käufer besser oder schlechter getroffen bzw. erfüllt wurden (= subjektive Qualität).

Objektive Qualitäten lassen sich besonders einfach und gut bei Rohstoffen, einfachen Verarbeitungsgütern und Standarddienstleistungen beurteilen. Der Warenkorb oder die typische Dienstleistung der Zeit um 1800, also zu Zeiten Adam Smiths oder Goethes, waren vorwiegend objektiv einzuordnen, subjektive Qualitätsurteile gab es allenfalls bei Kunstgegenständen und der ein oder anderen besonderen Dienstleistung. Die Münze sollte zu 90% aus Gold bestehen, das Speisesalz sauber und frei von sonstigen Bestandteilen sein. Auch die DIN-Normen früherer Jahre und Jahrzehnte zielten auf für Fachleute leicht überprüfbare und objektiv meßbare Mindest- oder Standardqualitäten. Solche Güter nennt man »vertretbar« (fungibel). Sie haben einen Marktwert, der sich je Termin aus Angebot und Nachfrage ergibt.
Objektive Qualitätsmerkmale müssen meßbar sein, gegebenenfalls müssen solche Qualitätsuntersuchungen und -einordnungen ordinal möglich sein.

Die Vielzahl der technischen und modischen Produkte unserer Zeit zielt in der Regel auf bestimmte Verbrauchergruppen (→ Segmentierung, → mehrdimensionale Segmentierung). Welche Rohstoffe in welcher Qualität und Reinheit verwendet wurden, ist dabei von geringerer Bedeutung. Im Bereich der Lebensmittelwirtschaft erwarten die Verbraucher dagegen die Verwendung höchster und unverfälschter Qualität, häufig auch

Sortenreinheit und Unverfälschtheit. So ist dies beispielsweise bei Wein, wo etwa ein reiner Riesling einer besonderen Spitzenlage eines bestimmten Jahrganges erwartet wird. Wichtig ist deshalb neben den objektiven Kriterien, ob bestimmte Anforderungen des Konsumenten an das Produkt voll oder nur beschränkt erfüllt werden.

Der Konsument moderner, technisch anspruchsvoller oder modischer Produkte sucht:

- eine leichte und unproblematische Nutzung und Bedienung des Produktes
- hohe Sicherheit in bezug auf Bedienung und Nutzung (auch: Störungsunanfälligkeit)
- eine ausreichend lange Nutzungsdauer
- technische Spitzenleistung (z.Z. nichts besseres auf dem Markt)
- garantierter Reparatur- und Wartungsservice über die maximale Nutzungsdauer hinweg.

Gb/Werner Lorig

Qualitätsstufen

Massenprodukte

Bei der Massenproduktion gilt es, durch Nutzung der Degression, der Stückkosten und der Nutzung des Lernkurveneffektes (Erfahrung, Routine u. a.), die Stückkosten kontinuierlich zu senken.

Hohe Massenproduktion führt zur Konzentration im betreffenden Wirtschaftszweig. Wer klein bleibt, produziert zu teuer und wird vom Markt eliminiert. Wer wächst, kann die Degression auch der Einkaufspreise durch ständig steigende Nachfragemacht auch bezüglich der zu nutzenden Maschinen und Anlagen und nicht nur der Roh-, Hilfs-, Betriebsstoffe, Handelswaren, Einbauteile durch erzielte Vorzugseinkaufspreise umsetzen, auch weil man die Vorzüge von Niedriglohnländern einzusetzen vermag (Spezialisten beschäftigen). Die im Wettbewerb Verbleibenden gewinnen an Marktmacht und Marktanteilen auf den Absatzmärkten. Ein *Monopol* würde fast automatisch eintreten, bestände nicht die Gefahr bzw. fast ein Automatismus, daß zu große Marktmacht, zu große Organisationen (Unternehmen) an Schwung zur ständigen Rationalisierung verlieren, sich Verwaltungswasserköpfe zulegen, womit öfters kleineren, lebendigeren Anbietern z. B. aus Schwellenländern wieder eine Chance geboten wird.

Differenzierte Massenprodukte (typisch für Markenartikel)

Für bestimmte Zielgruppen z. B. für den gehobenen Verbrauch des oberen Mittelstandes und der unteren Oberschicht werden Premiummarken erzeugt und angeboten. Unterschiedliche Modelle, Geschmacksrichtungen, Stil- und Farbkompositionen oder benutzte Materialien sollen dem Ge- und Verbraucher zahlreiche Wahl- und Differenzierungschancen bieten, einen mehr individuellen Konsum anregen und ermöglichen.

Differenzierte Massenproduktion wird dann häufig durch Serienanfertigung technisch betrieben. Mit den gleichen Produktionsanlagen, dem gleichen Personal werden jeweils bestimmte Serien bestimmter Modelle/Variationen produziert. Immer noch muß das Produkt geplant und entwickelt werden,

Qualitätsstufung	**Markierungsstufe**
Ware	
Fungible Ware (mit Mindestqualitäten, Standardqualitäten an Warenbörsen handelbar)	**evtl. Handels-marken** berufsständisch/ national
Markenware Standardqualität/-Herkunft	**Markierung**
Standard-/Massen-Markenartikel · Herkunft fest · Qualität garantiert · standardisiert, gleichbleibend · Garantie für ... · unverändert, kann habituell und unbesehen, auf Erfahrung basierend, stets wiedergekauft werden · Massenwerbung insb. Ge-/Verbraucher (also nicht nur Absatzmittler als direkte Abnehmer) · Preis wird im Wettbewerb erzielt	**Markenartikel-ausstattung** · Marke · Verpackung · CI/CD · standardisiert
Premium-Marke +selektive Distribution +hoher Qualitätsanspruch +aufwendige/elegante Verpackung +selektive Werbung +dominanter Qualitätswettbewerb (nicht mehr intensiver Preiswettbewerb)	dito
Exklusive Luxusmarke +höchste Qualität (Rohstoffe, Verarbeitung) +höchste Qualität: Verpackung +exklusive Zielgruppenbestimmung +absolut selektiver Vertrieb (in der Spitze: ohne Absatzmittler, evtl. Franchisenehmer +exklusive Werbung: Medien, Texte, Design +Preis oft Indiz für höchste Qualität, nicht durch Wettbewerb begrenzt	dito

so daß bestimmte Preisgrenzen nicht überschritten werden müssen. Qualität und Preis müssen simultan geplant, der Kompromiß gefunden werden.

Echte Luxusgüter
Bei Kleinserienfertigung von Luxusgütern dagegen herrscht nur der Qualitätsaspekt. Nur das *Beste* an Rohstoffen, die qualifiziertesten Mitarbeiter, Künstler und Spitzentechniker in Einkauf und Entwicklung, nichts ist dann zu teuer, um absolute *Qualität* zu erreichen, höchsten Snobeffekt befriedigen zu können, höchste Gebrauchstauglichkeit, lange Nutzungsdauer, Sicherheit und Exklusivität zu ermöglichen. Der Preis ist möglicherweise dann auch ein Indiz für absolute *Spitzenqualität.*

Zusammenfassung
Massenprodukte werden unter Konkurrenz und Preisdruck angefertigt und angeboten, bei Geltung reinen Preiswettbewerbs. Differenzierte Produkte und Leistungen lassen sich eher unter dem Aspekt der für den einzelnen Ge- und Verbraucher jeweils »besseren« (geeigneteren, gefallenden) Gestaltung, Technik verkaufen. Preis und Qualität sind also beide für die Konsumwahl, den Verkauf entscheidend. Je differenzierter ein Produkt, eine Leistung ist, je größer ist die »monopolistische Lücke«, die Chance, mit höheren Preisen als Wettbewerber mit günstigen Lösungen oft sogar nachhaltige Marktanteilsvergrößerungen zu erreichen. Qualität und Service neigen zur Dominanz vor dem Preis.
Bei absoluten Luxusgütern/Spitzenprodukten sind die Qualität und der Service, aber auch die Exklusivität am POS (Distributionsstellen vor Ort bzw. am Sitz des Spitzenherstellers) für den Erfolg entscheidend. Der Vergleich zu einem Spitzenereignis wie Konzert oder Opernfestspiel (Stücke, Komponist, Ort, Raum, Termin, Dirigent, Orchester, Instrumente, Publikum, Technik usw., alles ist aus »einem Guß« (→ Marketing-Mix, optimales) liegt nahe. Gb

Qualitätsmanagement (QM)

Um Qualität, wie auch immer definiert, zu erzielen, muß man sich auf die drei Grundelemente konzentrieren:
- → Qualitätspolitik,
- Qualitätsnormen (→ Qualitätszertifikate) und
- Qualitätssicherungssysteme (→ Qualitätssicherung).

Dabei kann das Qualitätsmanagement als der Aspekt der Gesamtführungsaufgabe verstanden werden, welcher Qualitätspolitik festlegt und einführt.
Mit Hilfe eines Qualitätssicherungssystems als organisatorische Struktur (Festlegung der Verantwortlichkeit, Abläufe, Verfahren usw.) kann das Qualitätsmanagement seine Ziele der vorgegebenen Qualitätspolitik verfolgen. Aber selbst bei der Existenz eines Qualitätssicherungssystems kann es bei Fehlen einer zielsicheren Verpflichtung der obersten Leitung des Unternehmens zur Qualität kein vernünftiges Qualitätsmanagement geben. Das Qualitätsmanagement ist also der Garant für die wirksame Qualitätssicherung, weshalb der früher gebrauchte Begriff Qualitätssicherung heute vollständig durch den des Qualitätsmanagements abgelöst wurde.

Der Qualitätskreis (adaptiert nach ISO 9004)

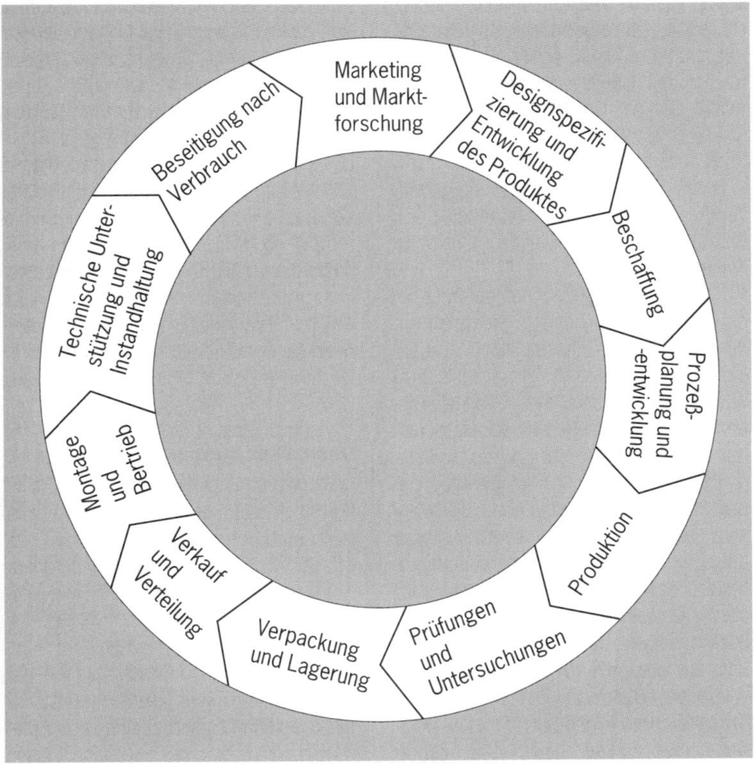

Qualitätsmanagement führt zu einem Austausch im Qualitätskreis (siehe Abbildung) und die meist vorhandenen Schranken zwischen den einzelnen Bereichen werden durchlässiger bzw. ganz abgebaut. Hier liegt ein besonderer Nutzen des Qualitätsmanagements. Ein weiterer Vorteil liegt in der internationalen Normung (DIN/ISO 9000 ff. und EN 29000 ff.; → Qualitätszertifikate) und der kompletten Dokumentation im Qualitätssicherungs-Handbuch mit gesichertem Änderungsdienst. Werner Lorig

Qualitätspolitik, dominante

Hersteller, Händler und Dienstleister in einer hochkonzentrierten Volkswirtschaft agieren in Märkten, in denen zirkularer

Wettbewerb im engen Oligopol der Regelfall ist. Die Zwischenmärkte (P-, W-, Ö-Märkte; → Nachfrager, → Märkte nach Art der Nachfrager) sind zumeist auch noch bilateral (vertikal) vermachtet, wobei zumeist die Übermacht bei den Nachfragern liegt. Um dem zirkularen Preiswettbewerb im Oligopol (bis hin zur »Throat Cut Competition«) zu entgehen, versuchen einsichtige Anbieter, den Wettbewerb auf Qualitätsmerkmale zu lenken.

Indes sind heutige Konsumenten auch qualitätsbewußter denn je. Sie reagieren auf mangelhafte Erfüllung der Qualitätsansprüche aller Art häufig mit abruptem Wechseln der Marke bzw. des Lieferanten. Auch ökologische Zielsetzungen führen fast regelmäßig zur Forderung nach höchster Qualität, nach langlebigen Gebrauchsgütern, also weg von einer Wegwerfgesellschaft. In der Werbung wird daher von dauerhaft erfolgreichen Anbietern primär die besondere Qualität, die → Unique Selling Proposition (USP) herausgestellt. Der Preis ist zwar nicht ohne Bedeutung, er muß aber durch Qualitätsaspekte in möglichst umfassender Art relativiert werden.

Qualitätskonkurrenz stellt hohe Ansprüche in Hinsicht auf die erforderliche Intelligenz, das nötige Fachwissen und den Einsatz an Geld und Fleiß im anbietenden Unternehmen. Andererseits sind erarbeitete Qualitätsvorsprünge, besonders, wenn sie durch → Patente abgesichert sind, für die Wettbewerber schwer aufzuholen.

Ziel der Anbieter ist es also, durch zahlreiche Qualitätsvorsprünge einen deutlichen Abstand zur Konkurrenz zu erreichen und dauerhaft aufrecht zu halten, also eine monopolistische Lücke zu schaffen. Solche Vorsprünge können in kundenfreundlichem Design, ergonomisch optimaler Bedienung, absoluter Zuverlässigkeit oder sehr gut verständlichen Gebrauchsanweisungen liegen.

Eine solche Politik zielt dann auch nicht auf kurzfristige Gewinnmaximierung, sondern auf langfristige Gewinnoptimierung. Dies ist auch mit den Zielen einer sozial verpflichteten Marktwirtschaft konform. Deshalb sollen den Kunden, ob Absatzmittler oder Ge- und Verbraucher, dauerhaft optimale Lösungen angeboten werden. Gb/Werner Lorig

Qualitätssicherung

→ Qualitätsmanagement

Für die Anbieter von Gütern und Leistungen entstehen zur Sicherung der Qualitätsansprüche ihrer Abnehmer folgende Kosten:

Fehlerbeseitigungskosten

Hierunter versteht man Kosten für den Umtausch von Teilen, die reklamiert wurden. Solche Fehlerbeseitigungskosten werden durch das heute erreichte Niveau der Lohn- und Lohnzusatzkosten empfindlich, oft unerträglich teuer. Zudem wandern durch ungenügende Leistungen verärgerte Kunden oft schnell zur Konkurrenz ab. Daher ist dies heute in der Regel die schlechteste Lösung.

Prüfungskosten

Sollen Fehlleistungen vermieden werden, weil die Abnehmer absolute Zuverlässigkeit erwarten, so müssen Qualitätsprüfungen beim Wareneingang, während der Produktion und beim Endprodukt mit hoher Prüfdichte erfolgen. Auch dies ist eine sehr kostenaufwendige Lösung, die, wie bei den Fehlerbeseitigungskosten, angesichts unseres Lohnniveaus zumeist unverantwortbar ist.

Vorbeugungskosten
Um heute → TQM (Total Quality Management) zu betreiben, bleibt also, nachdem sich Fehlerbeseitigung und Prüfungsaufwand als zu teuer erwiesen haben, als empfehlenswerter Weg moderner Qualitätssicherung die *Prävention.* Dies bedeutet, daß nur absolut Zuverlässiges produziert bzw. verwandt wird, sei es als Rohstoff, Verarbeitungsprodukt oder Einbauteil, bei einem Vorlieferanten oder im Herstellerwerk und ebenso beim Vertragshändler und in dessen Werkstatt.
Gefordert wird eine *Prozeßorientierung des Qualitätsmanagements.* An jeder Stelle, wo ein Rohstoff erzeugt oder abgebaut wird oder ein Transport- oder Verarbeitungsvorgang erfolgt, geschieht dies unter TQM-Aspekten. Lieferanten und Dienstleister müssen nachweisen, daß in ihrem Verantwortungsbereich alles Erdenkliche zur Qualitätssicherung erfolgt. Das heißt, daß Mitarbeiter entsprechend qualifiziert und mit der nötigen Verantwortung belastet sind, und, daß Maschinen und Ausrüstungen, Gebäude und Rohstoffe sowie benutzte Verfahren absolute Qualität garantieren.
Beim Wareneingang eines wichtigen Einbauteils ist dann keine Eingangskontrolle mehr nötig, was eine fast hundertprozentige →»Just-in-Time«-Anlieferung und -Verarbeitung ermöglicht. In der Produktion/Montage wird dann weniger Fließbandarbeit stattfinden. Statt dessen werden Arbeitsgruppen oder Produktionsinseln gebildet, die ganze Produktionsabschnitte erledigen und verantworten. Gb/Werner Lorig

Qualitätszertifikate

Ein Qualitätsmanagement muß umfassend und vergleichbar in den verschiedenen Branchen operieren können. Die ISO-9000-Reihe (ISO = International Standard Organization) stellt eine Gruppe von Normen dar, in der international vereinbarte Methoden und Systeme seit 1987 definiert sind. In den einzelnen Ländern entsprechen nationale Normen dieser ISO-9000-Reihe, beispielsweise in Deutschland die DIN 9000 ff. (DIN = Deutsches Institut für Normung e.V.), in Großbritannien BS 5750 ff. (BS = British Standards Institute) oder die französischen NFX...-Normen (AFNOR = Association Française de Normalisation).
Im Rahmen der Vollendung des europäischen Binnenmarktes bekommen die Qualitätsnormen einen neuen Stellenwert (Globales Konzept für Zertifizierung und Prüfwesen von 1989). Die in der ISO 9000 ff. erarbeiteten Normen werden in die europäischen Normen EN 29.000 ff. umgesetzt.

Die Normenreihe EN 29.000 ff. enthält etwa folgende wesentlichen Elemente für das Qualitätsmanagement:
- Qualitätssicherung bei Marketing und Produktentwicklung: Marktanalyse und Marketing-Briefing, Produktent-

wicklung, Qualitätsanforderungen (Spezifikationen), Produkttests, Produktionsversuche.
- Qualitätssicherung bei der Beschaffung: Lieferantenbewertungen, qualitätsbezogene Vereinbarungen, Eingangsprüfungen.
- Qualitätssicherung in der Produktion: Prozeßüberwachung und Prozeßlenkung, Qualitätssicherung bei Lagerung und Versand.
- Qualitätsprüfungen: Standardarbeitsanweisungen (englisch: SOP =Standard Operating Procedure), Aufzeichnungen.
- Prüfmittelüberwachung: Verwaltung und Pflege der Meß- und Prüfmittel.
- Dokumentation: Qualitätssicherungs-Handbuch, Erstellung und Auswertung von Qualitätsaufzeichnungen.
- Identifikation von Produkten aller Art: Los-Kennzeichnung, Produktrückrufsystem.
- Qualitäts-Audit: Prüfung und Bewertung sowie Empfehlungen zur Verbesserung des Qualitätssicherungssystems. Werner Lorig

Quasi-Monopolist

→ Präferenzen.

Quota-Verfahren

Beim Quota-Verfahren werden die Anteile verschiedener Teilklassen in der Grundgesamtheit zunächst anhand von Sekundärquellen festgelegt oder geschätzt. Die Grundgesamtheit wird also beispielsweise nach Alter, Geschlecht, Schulbildung, Einkommen, Beruf etc. unterteilt. Daraus werden dann die entsprechenden Quoten für die Erhebung festgelegt.

Die Quoten werden auf die Interviewer verteilt, so daß die Quoten der Erhebung mit den Quoten der Grundgesamtheit in den gewünschten Kategorien weitestgehend übereinstimmen. Es liegt im Ermessen des Interviewers, welche Auskunftspersonen er innerhalb einer Quote auswählt; er ist dabei nicht an die Anwendung von zufallsgesteuerten Verfahren gebunden.
Der Vorteil des Quota-Verfahrens gegenüber zufallsgesteuerter Auswahl liegt in den niedrigeren Kosten und in dem einfacheren technischen Aufbau der Untersuchungen. Marktuntersuchungen mit Quota-Verfahren liefern hinreichend gute Ergebnisse, so daß dieses Auswahlverfahren heute recht häufig Anwendung findet. Ge

R

Rabatt

Nachlaß gegenüber dem von einem Unternehmen angekündigten oder allgemein geforderten Preis. Im Hinblick auf die Beeinflussung von Endkunden durch übermäßige R.e sowie mögliche Wettbewerbsverzerrungen zu Lasten finanzschwächerer Anbieter sind R.e durch das Gesetz über Preisnachlässe vom 25.11.1933 (R.gesetz) bis auf wenige Ausnahmen (z. B. Barzahlungsrabatte bis 3% oder Mengenrabatte) verboten.

Dietrich Schmidt

Rabatte

Rabatte werden in der Regel für die Erfüllung bestimmter Funktionen gewährt:

Skonto
Er bewirkt bei den Abnehmern sofortige (Barzahlung, somit auch Barrabatt) oder schnellere Zahlung, schränkt die Risiken der Kreditgewährung an Abnehmer ein und vermindert den Zinsaufwand für die Finanzierung der Forderungen (→ Absatzkredit). Durch raschere Umsatzerlöse kann das Unternehmen seinerseits prompter und mit Skonto zahlen.
Es ist laufend zu überprüfen, welche Kunden den Skonto nicht in Anspruch nehmen und aus welchen Gründen dies erfolgt. Es besteht der Verdacht, daß bei diesen Abnehmern offenbar die Liquidität so stark angespannt ist, daß sie nicht die mit Skonto-Zahlungen verbundenen Zinsersparnisse realisieren können. Zahlen aber viele Kunden nicht mit Skonto, so kann der Grund dafür sein, daß der Skonto-Satz nicht mehr zeitgemäß ist.

Mengenrabatte
Rabatte für Mengenabnahmen regen dazu an, bei einzelnen Produkten oder Artikeln möglichst große Mengen abzunehmen. Ihre Staffelung sollte sich am Kostenvorteil infolge degressiver Stückkosten oder ersparter Verwaltungs- oder Frachtaufwendungen orientieren, weil diese Grund für den Mengenrabatt sind.

Jahresboni
Jahresboni sind Rückvergütungen auf den Jahresumsatz des einzelnen Kunden. Teilweise wird unter Annahme eines bestimmten Jahresumsatzes bereits während des Jahres ein Bonus gewährt und am Ende des Jahres die Differenz zum tatsächlich erzielten Umsatz verrechnet. Ziel ist es, treue Dauerkunden zu schaffen, diese möglichst an den Lieferanten zu binden und die Kunden zu veranlassen, möglichst viele oder alle Artikel des Lieferanten zu kaufen.
Bei der Festlegung der Bonus-Staffel ist zu beachten, daß Boni einmal auf den gesamten jeweiligen Jahresumsatz oder auch nur auf einen, eine bestimmte Umsatzgrenze überschreitenden, Mehrumsatz gewährt werden können. Bonus-Staffeln, die auf dem gesamten Jahresumsatz beruhen, verursachen oft ein Mehrfaches an Ausschüttungen als Bonus-Staffeln, die nur die Überschreitung von Mindestgrenzen belohnen. Da-

her sollten Bonus-Staffeln durchkalkuliert werden, bevor sie beim Kunden als Anreiz präsentiert werden. Bei schleichender Inflation sind Bonus-Staffeln gelegentlich zu korrigieren. Wenn es technisch möglich ist, ist eine Mengenstaffel anstelle einer Wertstaffel empfehlenswert.

Einführungsrabatt
Dieser wird dem Handel bei der Einführung neuer Produkte gewährt. Der Handel hat bei der Einführung neuer Produkte besondere Aufgaben zu erfüllen; dazu zählen beispielsweise die Schulung des Verkaufspersonals, die Zurverfügungstellung von Lager- und Ladenraum bzw. Regalfläche sowie Einführungsmaßnahmen.

Listungsrabatt
Gewährt wird diese Rabattart bei neu eingeführten Produkten, aber auch bei laufenden Produkten für die Aufnahme in das Handelssortiment. Listung ist die Aufnahme in den Ordersatz des Handelsunternehmens. Der Listungsrabatt ist eine Kompensation für den Aufwand des Handelsbetriebes, das neu gelistete Produkt in die EDV und in den Ordersatz zu nehmen. Die bei Nachlässen unerschöpfliche Phantasie der Handelszentralen hat mittlerweile auch zu »Nicht-Auslistungs-Rabatten« geführt.

Aktionsrabatt
Hierbei handelt es sich um einen zeitlich begrenzten Rabatt für kurze Perioden (Touren). Ziel von Aktionsrabatten ist der Absatz von erheblich größeren als den üblichen Mengen, die Degression der Stückkosten, die Räumung von Lagern etc. Oft wird der Aktionsrabatt im Zusammenhang mit einer Verkaufsförderungsaktion (Preisausschreiben, Verlosungsaktionen etc.) gewährt. Der Hersteller will beim Handel Sonderpreise, Zeitungsanzeigen (mit Werbekostenzuschuß) und Sonderplazierung erzielen. Der Aktionsrabatt wird also gewährt, damit der Handel ebenfalls preisliche Aktionen (und sonstige) durchführen kann.

Waggonrabatt
Der Waggonrabatt ist ein Rabatt für die Abnahme größerer Mengen. Diese Mengen liegen erheblich über denen des → Mengenrabattes. Ansonsten ist die Funktion des Waggonrabattes ähnlich wie die des Mengenrabattes.

Zentralregulierung/Delkredere
Dieser Preisnachlaß wird vom Hersteller gegenüber der Handelszentrale für den Einzug der Rechnungen beim Händler und die Übernahme des Zahlungsrisikos gewährt.

Naturalrabatt
Hierbei handelt es sich um einen Rabatt in Waren. Er soll den Abverkauf aus den Lagern des Industrie- und Handelsbetriebes fördern.

Werbekostenzuschuß (WKZ)
Die Werbung des Handels – in der Regel in Tageszeitungen, aber auch gelegentlich in anderen Medien – wird durch einen Zuschuß zu den Kosten teilweise (gelegentlich ganz) übernommen. Ge

Rabattgesetz

Gesetz über Preisnachlässe vom 25.11.1933. → Rabatt.

Rabattspreizung

Hersteller legen in ihren Rabattstaffeln fest, welche Rabatthöhe sie bei unterschiedlichen Abnahmemengen gewähren. Die Rabattspreizung ergibt sich aus dem niedrigsten und dem höchsten Rabatt.

Rack-Jobber

Regalgroßhändler. Gegen Entgelt oder Umsatzbeteiligung vermietet ein Einzelhändler Regalfläche an einen Rack-Jobber, der Beschickung, Preisauszeichnung und Regalpflege übernimmt.
Je teurer Löhne und Lohnnebenkosten werden, desto weniger lohnen sich für Einzelhändler und Warenhandwerker bei jedem einzelnen Produkt Kalkulation und Preisauszeichnung. Insbesondere ist aber auch vielfach die Sortimentsbildungsarbeit zu teuer, wenn diese nur einem Betrieb und einer Vielzahl von Kleinartikeln gilt. Typische Beispiele sind Kurzwaren, Gewürze in Kleinpackungen, Zeitschriftenständer an Tankstellen.
Ein Rack-Jobber liefert in regelmäßigen Abständen einen gefüllten Verkaufsständer an und nimmt den durch Käufe ganz oder teilweise geleerten Ständer zurück. Die Verkaufsstätte kassiert beim Kunden für den Rack-Jobber mit, es wird dann jeweils abgerechnet, was verkauft wurde (Kommissionsgeschäft). Der Vermieter erhält vom Rack-Jobber eine Regalmiete und/oder eine Umsatzbeteiligung.
Ohne Rack-Jobber würden viele Kleinartikel im Einzelhandel überhaupt nicht mehr angeboten werden können. Rack-Jobbing ist aber nur dann lohnend, wenn man für sein Spezialsortiment eine Quasi- oder Teilmonopolstellung einnimmt.
Da es sich meist um kleinpreisige Artikel handelt und aufgrund der Kosten (incl. Transport und Wiederaufbereitung der Verkaufsständer) ist Rack-Jobbing nur über die Ausnutzung der Stückkostendegression, also über die Menge, profitabel. Insofern ist höchste Spezialisierung verlangt. Gb

Random-Verfahren

→ Auswahlverfahren.

Räumungsverkauf

R. ist eine ausnahmsweise zulässige → Sonderveranstaltung, die nur in zwei Fällen erlaubt ist: 1. bei Schäden durch höhere Gewalt (Feuer, Wasser etc.) oder einem Umbauvorhaben, 2. vor Aufgabe des gesamten Geschäftsbetriebes (§ 8 → UWG). Im ersten Fall beträgt die Höchstdauer 12, im zweiten Fall 24 Werktage. Ein R. ist der zuständigen Industrie- und Handelskammer oder Handwerkskammer anzuzeigen. D. Schmidt

Rating

Unter Rating versteht man die Bewertung/Einstufung z. B. von Abnehmern nach Kriterien wie Umsatzbedeutung, Marktbedeutung oder Bonität. Rating-Agenturen beurteilen Großunternehmen und Staaten bezüglich ihrer finanziellen Solidität.
Die bewerteten Unternehmen werden dabei nach Buchstaben oder Zahlen in verschiedene Kategorien eingeordnet, z. B. von »AAA« (Triple-A-Adresse) bis herab zum »D«. Wer von den bekannten Rating-

Agenturen abgewertet wurde, hat dann höhere Zinsen zu zahlen (Risikoprämie). Im schlimmsten Fall wird der organisierte Kapitalmarkt nicht mehr zur Finanzierung zur Verfügung stehen. Gb

Recall Test

Diese Tests untersuchen die *Erinnerung* an die Werbung. Bei dem Wiedererkennungsverfahren (Recognition-Test) geben die Testpersonen an, wie bekannt ihnen bestimmte Werbemittel sind. Mit den Probanden wird ein Werbemedium (z. B. eine Zeitschrift) durchgegangen und diese haben anzugeben, welche Anzeige sie gesehen, betrachtet und gelesen haben. Eine Sonderform ist der sogenannte Folder-Test. Bei diesem werden nur Anzeigen vorgelegt und die Wiedererkennung abgefragt.

Beim Erinnerungstest (Recall Test) gibt es eine gestützte (Aided Recall) und ungestützte (Unaided Recall) Form. Beim ungestützten Recall Test fragt man nach der Erinnerung an Produkt-Kategorien und an bestimmte Marken innerhalb eines Werbeblocks des Fernsehens oder Rundfunks oder innerhalb einer Zeitschrift sowie nach bestimmten Situationen und Aussagen eines Werbemittels. Ein gestützter Recall Test gibt die Marke vor und fragt die Erinnerung, Situation und Aussagen ab.

Die Recall-Werte werden mit dem Durchschnitt, den andere Werbemittel einer Firma in dem entsprechenden Medium erzielen, verglichen; daraus sind Schlußfolgerungen zu ziehen. Ist ein neues Werbemittel spürbar unter dem Durchschnitt, so hat es kaum eine Chance, gestreut zu werden. Ge

Recognition-Test

→ Recall Test.

Recycling

Unter Recycling versteht man die Rückführung stofflicher oder energetischer Rückstände aus Konsum oder Produktion in die Produktion durch Wiederverwendung (z. B. Mehrwegflaschen), Weiterverwendung (für andere Zwecke, z. B. Produkte aus Kunststoffabfällen, wie Parkbänke, Behälter usw.). Dabei erfolgt häufig sog. »Downcycling« (minderwertige Produkte aus hochwertigen) oder Weiterverwertung (für denselben Zweck, also z. B. Glas aus Altglas) → Entsorgungslogistik.

Regalmiete

Einmalige oder laufende Zahlungen von Herstellern an den Handel für die Überlassung von Regalplatz. Dies gilt zum einen für sog. → Rack-Jobber, ist aber auch sonst, insbesondere im Lebensmittelbereich, als Folge der Vermachtung durch die Konzentration im Handel häufig. Die Regalmiete kommt von ihrer Wirkung her einem → Rabatt gleich.

Regaloptimierung (Space Management)

Da zwischen dem Umsatz eines Artikels und der ihm zugeteilten Verkaufsfläche ein Zusammenhang angenommen wird, sollen Artikel mit hoher Umschlagshäufigkeit und hohem Umsatzanteil (oder, sinnvoller, nach Deckungsbeiträgen oder Roherträgen) mehr Verkaufsfläche zugeteilt werden. Mittels des Space Management soll den umsatz-/deckungsbeitragsstarken Artikeln mehr, den schwächeren Artikeln weniger Verkaufsfläche zur Verfügung gestellt werden. Als Ausgangsdaten sind artikelgenaue Verkaufszahlen notwendig, wie sie von Scannerkassen (→ Scanning) geliefert werden. Daneben werden Daten über die Maße der Artikel sowie die Anordnung und Maße der Regale sowie auch die Wertigkeiten der Verkaufsflächen und Regale gebraucht. Es gibt verschiedene Softwarepakete (für PC) zur Regalflächenoptimierung, so etwa »Spaceman«, »Accuspace«, »Compas« und »Apollo« Gb

Regalpflege

Im Falle des → Rack-Jobbers oder auch bei entsprechenden Vereinbarungen zwischen Hersteller und Händler übernimmt der Außendienst des Herstellers die sog. Regalpflege. Dabei haben die Außendienstmitarbeiter des Herstellers die Einzelhandelsbetriebe regelmäßig aufzusuchen, um in den von ihnen betreuten Regalen verkaufte Ware zu ersetzen, das Sortiment um mögliche Neuheiten zu ergänzen und überalterte oder veraltete Ware auszutauschen bzw. zurückzunehmen (→ Merchandising). Gb

Regression

→ Marktforschung

Regressions- u. Korrelationsanalyse

Die Regressions- und Korrelationsanalyse ermittelt den Zusammenhang der zu prognostizierenden Größe und anderer Variablen (Regression) und die Stärke des Zusammenhanges (Korrelation). Zunächst ist die Beziehung zwischen der abhängigen Variablen und den Einflußfaktoren für die Vergangenheit zu quantifizieren, woraus sich dann eine Prognose der abhängigen Variablen ergibt.

Reichweite

Begriff aus der → Mediaplanung. Die Reichweite (eines Mediums) als wichtigste → Kontaktmaßzahl zur Beurteilung eines → Werbeträgers gibt an, wieviel Prozent der Gesamtbevölkerung (oder eines bestimmten Zielsegmentes) von diesem Medium erreicht werden.

Insbesondere für Werbung in Zeitungen und Zeitschriften wichtiger Anhaltspunkt für die Mediaselektion.

Der Begriff ist insofern unpräzise, als üblicherweise lediglich der »Kontakt« mit dem Medium (also mit dem → Werbeträger, nicht mit dem → Werbemittel) gemessen wird. Dabei spielen sowohl der Zeitraum (»diese Woche« oder »im letzten Jahr einmal gelesen« bzw. »regelmäßiger Leser« oder »gelegentlicher Leser«) als auch die Intensität (»intensiv durchgelesen« oder »nur durchgeblättert«) eine wichtige Rolle. (→ Beachtungswert von Werbung)

Gerade den Problemen der Wahrnehmungsintensität/Aufnahmebereitschaft und dem Unterschied zwischen Werbeträger- und Werbemittelkontakt wird möglicherweise bei der Beurteilung von Werbewirksamkeit zu wenig Aufmerksamkeit geschenkt, insbesondere bei der Beurteilung von Fernsehwerbung. (→ Werbeüberflutung, → Werbung).

Die Reichweite einer Zeitschrift wird durch repräsentative Befragung (→ Sam-

ple) festgestellt, also etwa, wie viele Leser die Zeitschrift »Y« in der 42. Jahreswoche (Nr. 42/Jg. 94) hatte.
Angegeben wird die Reichweite üblicherweise in »Leser pro Ausgabe« (LpA). Dieser Wert gibt die Zahl der Leser einer durchschnittlichen Ausgabe an. Dabei wird die Nutzungswahrscheinlichkeit durch ein aufwendiges empirisches Rechenverfahren ermittelt. Analoge Begriffe für Rundfunk, Fernsehen und Kino sind »Hörer pro Zeiteinheit (z. B. pro Stunde)«, »Seher pro Zeiteinheit (z. B. pro halbe Stunde)« und »Besucher pro Woche«.

Früher wurde der Begriff »Leser pro Nummer« (LpN) verwendet, der angibt, wie viele Personen eine durchschnittliche Ausgabe einer Zeitschrift lesen oder durchblättern. Erfragt wird dabei, ob man in einem bestimmten Zeitraum (Erscheinungsintervall) eine Ausgabe gelesen hat, egal ob die neueste oder eine ältere. Wegen der Nutzung einer Ausgabe über mehrere Perioden geht man davon aus, daß die Zahl der Leser pro Nummer mit der Zahl der Leser im Erscheinungsintervall gleichgesetzt werden kann.

Die kumulierte Reichweite gibt die Gesamtzahl der Personen an, die bei mehreren Werbeschaltungen in einem Werbeträger (verschiedene Ausgaben...) zumindest einmal erreicht werden. Diese kumulierte Reichweite nennt man K-Werte. So gibt der K1-Wert die Reichweite einer, der K5-Wert die kumulierte Reichweite von fünf Ausgaben/Werbeschaltungen an. Werden bei mehreren Werbeschaltungen in einem Medium Personen mehrfach erreicht, so spricht man von internen Überschneidungen. Diese Überschneidungen berücksichtigt der K-Wert.

Werden Werbeschaltungen in verschiedenen Medien vorgenommen, so kommt es zu sog. externen Überschneidungen. Je nachdem, ob es sich um zwei, drei oder mehr Medien handelt, spricht man von Duplikationen, Triplikationen oder Quantuplikationen. Üblicherweise werden in Mediaanalysen nur Duplikationen ausgewiesen.

Sinnvoll für die genaue Fokussierung der Werbung auf die Zielgruppe ist auch, die Reichweite nach Segmentierungskriterien (→ Segmentierung) aufzusplitten, also etwa nach Altersstufen (Junge Erwachsene von 20–30, frühe Senioren von 60–70 usw.), Regionen oder sozialen Stufungen (Oberklasse, Mittelklasse...).

Weitere Reichweitenbegriffe:
Räumliche R.: Bezeichnet das durch einen Werbeträger abgedeckte geographische Gebiet.
Qualitative R.: Inwieweit wird genau das Zielsegment erreicht?
Quantitative R.: Wie viele Personen kommen insgesamt mit dem Werbeträger in Kontakt?
Kumulative R.: Wie viele Personen werden bei mehrfacher Belegung eines Werbeträgers erreicht?
Brutto-R.: Bei Belegung mehrerer Werbeträger addierte Reichweite. Überschneidungen werden nicht berücksichtigt.
Netto-R.: Überschneidungen werden berücksichtigt. Somit bezeichnet sie die Zahl der Personen, die bei einer Bele-

gung mehrerer Werbeträger mindestens einmal erreicht wurde. Mehrfachkontakte einer Person sind aufgrund von Lerneffekten durchaus sinnvoll; Ziel muß es also nicht sein, die Überschneidungen zu minimieren. Gb

Reisende

Reisende sind Verkäufer im → Außendienst, die im Namen und auf Rechnung eines Unternehmens akquirieren. Nach ihrer arbeitsrechtlichen Stellung gegenüber dem Unternehmen unterscheidet man angestellte und Miet-Reisende (→ Außendienst Leasing).

Angestellte Reisende sind Arbeitnehmer (Eigenpersonal), die von ihrem Arbeitgeber ständig mit der Akquisition betraut sind. Für ihre Tätigkeit erhalten sie i.d.R. ein Fixum (Festgehalt) und eine Provision, die vom erzielten Umsatz oder Deckungsbeitrag abhängig ist.

Miet-Reisende sind betriebsfremde Akquisiteure (Fremdpersonal), die von einem Unternehmen i.d.R. nur vorübergehend eingesetzt werden. Die Leistungen werden meistens nach Kostenpauschalen pro Arbeitstag oder Kundenbesuch honoriert. Die Vergütung kann auch in Form einer umsatzabhängigen Provision erfolgen, ähnlich wie beim → Handelsvertreter. HL

Reizwortanalyse

Die Reizwortanalyse ist eine → Kreativitätstechnik, mit der von einer Personengruppe wie folgt Ideen produziert werden können: Der Gruppe wird ein Problem vorgelegt, für das eine Lösung zu suchen ist. Außerdem werden einige Reizworte vorgegeben, die mit dem Problem auf den ersten Blick nichts zu tun haben. Die Reizworte werden z. B. dadurch ermittelt, daß man zufällig einige Seiten aus dem DUDEN wählt und das jeweils fünfte Wort von oben abschreibt. Anschließend wird versucht, die Reizworte mit dem Problem zu verbinden. Dabei zeigt sich, daß der menschliche Geist schnell Brücken schlagen kann und dabei auf ungewöhnliche Gedanken kommt. Die Dissonanz des Unsinnigen übt auf die Menschen einen Druck aus, so schnell wie möglich eine sinnvolle Ordnung herzustellen. HL

Reklamationen

Wenn ein Kunde bei seinem Lieferanten oder Dienstleister reklamiert, ist er aus irgendeinem Grund unzufrieden. Die Gründe für Reklamationen lassen sich wie folgt systematisieren: Reklamationen können sachlich oder persönlich begründet sein. Im ersten Fall handelt es sich um Beanstandungen, im zweiten Fall spricht man von Beschwerden. Die Gründe können wahr (→ Einwand) oder vorgeschoben (→ Vorwand) sein. Wenn die Reklamation ein Vorwand ist, will der Kunde meistens einen nachträglichen Preisnachlaß erreichen oder die Bezahlung aufschieben. Überdurchschnittlich häufige Reklamationen sind ein Anzeichen für geringe oder abnehmende Bonität des Kunden.

Reklamationen sind für ein Unternehmen große Chancen, sich gegenüber dem Wettbewerb zu profilieren und die → Kundenbindung zu verstärken. Die Beseitigung von Reklamationen ist eine wichtige Aufgabe des Kundendienstes und des Verkaufs (→ After Sales Service). HL

Relationship Management/Marketing

Grundziel des Management von Geschäftsbeziehungen ist es, zu den wichtigen Personen oder Anspruchsgruppen einer Unternehmung persönliche Beziehungen zu knüpfen und zu pflegen und für die Unternehmung erfolgswirksam zu nutzen. Besonders ergiebig ist das Relationship Marketing im Business-to-Business-Bereich und beim Verkauf von komplexen Produkten. Hier verkauft der Verkäufer nicht das Produkt, weil es vor der Leistungserstellung nicht existent und damit nicht überprüfbar ist, sondern er verkauft »Vertrauen«. Im Rahmen des Beziehungsmanagements wird nun versucht, durch eine Analyse der Beziehungsstrukturen, -profile und -perspektiven mit verschiedensten Partnern eines Unternehmens den Kunden an das Unternehmen zu binden (→ Kundenbindung). Durch die größere Nähe zum Kunden erhoffen sich Unternehmen einen Wettbewerbsvorteil und die Produktqualität durch »Vertrauen« zu ersetzen.

Peter Hanser

Relaunch

→ Produktlebenszyklus.

Response-Funktion

→ Marktreaktionsfunktion.

Reverse Engineering

Produktentwicklung ausgehend von einem zuvor festgelegten Verkaufspreis, im Gegensatz zum Optimieren der Technik ohne Berücksichtigung des am Markt erzielbaren Preises.

Reverse-Marketing

Aufgrund der hohen Anforderungen an die Produkte erweist sich in vielen Branchen die Beschaffung als ein kritischer Faktor. Ziel des Reverse-Marketing ist deshalb die Optimierung der Beschaffung durch Auswahl guter Lieferanten. Entgegen dem üblichen Beschaffungsverhalten versucht nicht der Lieferant den Einkäufer zum Kauf zu motivieren, sondern der Einkäufer ergreift die Initiative. Einkäufer und Lieferant handeln die aktuellen Bezugskonditionen auf der Basis des aktuellen und zukünftigen Beschaffungsbedarfs aus. Das einkaufende Unternehmen strebt dabei eine langfristige, partnerschaftliche Beziehung zum Lieferanten an.

Peter Hanser

Revolving-Effekt

→ Absatzkredit.

Risiko bei Kaufentscheidungen

Die Stärke des vom Konsumenten als solches wahrgenommenen Risikos einer Kaufentscheidung ist entscheidend für den Informationsbedarf (→ Informationsverhalten des Konsumenten).

Nach Arten können diese Risiken sein:

- finanziell: Die betragsmäßige Höhe des Risikos bei einem Fehlkauf ist in Höhe des finanziellen Verlustes anzusetzen. Bei Bezahlen eines zu hohen Preises entsteht ein Schaden in Höhe des zu viel bezahlten Betrages.
- gesundheitlich: Ist das Produkt unbedenklich? Enthält es z. B. Lösungsmittel, FCKW? Ist es sicher (z. B. bei PKW)?

- funktional: Funktioniert es (auf Dauer) wie erwartet?
- psycho-sozial: Stil/Mode paßt nicht für den spezifischen Konsumenten.
- technisch/modisch: Ist das Produkt technisch auf dem neuesten Stand? Ist es modisch aktuell? Wird es kurz nach dem Kauf neue Modelle geben?

Der einzelne Konsument wird versuchen, diese Risiken zu reduzieren. Dies geschieht durch:
- intensive und systematische Informationsbeschaffung
- Marken- oder Anbietertreue
- Orientierung am hohen Preis
- Nachahmung von Leitbildern
- Senkung des → Anspruchsniveaus
- Miete statt Kauf
- Kaufaufschub.

Anbieter von Gütern und Leistungen können versuchen, die vom Konsumenten wahrgenommenen Risiken einer Kaufentscheidung zu senken, um ihnen den Schritt zum Kauf zu erleichtern. Dies kann geschehen durch:
- Garantien (z. B. auch Rücknahmegarantien)
- Liefern von Testnachweisen
- Bieten ausreichender Möglichkeiten zu Anprobe/Erprobung
- fachkundige und käuferfreundliche Beratung
- gründliche und verständliche Produkteinweisung
- Angebot von After-Sale-Services (Wartung, Reparatur, Pflege, Zubehör)
- Nachweis zufriedener Kunden als Referenz
- Nachweis von Vorbildern/Leitbildern.

Gb

Robinson-Liste

Die Robinson-Liste (vom Deutschen Direktmarketing-Verband, DDV, herausgegeben) umfaßt diejenigen Personen, die ausdrücklich keine adressierte Haushaltswerbung wünschen. Jeder kann sich auf Wunsch dort eintragen lassen. Die Eintragung schützt allerdings lediglich vor *adressierter* Werbung. Wünscht man keine unadressierte Werbung, so kann man diese durch Briefkastenaufkleber (»Bitte keine Werbung«) verhindern. Die Robinsonliste steigt durch wachsende Informationsüberflutung und → Werbeüberflutung in ihrer Bedeutung.

ROI

ROI (Return On Investment) ist wie folgt definiert:

$$\text{ROI} = \frac{\text{Reingewinn}}{\text{Gesamtkapital}} \times 100 \quad (\%/\text{Jahr})$$

Diese Kennzahl ist ein Maß für die Rentabilität des investierten Kapitals. Der ROI ist das mathematische Produkt aus der Rentabilität des Umsatzes und der Umschlagshäufigkeit des Kapitals:

$$\text{ROI} = \frac{\text{Reingewinn}}{\text{Gesamtkapital}} \times 100 \times \frac{\text{Umsatz}}{\text{Gesamtkapital}}$$

Rentabilität des Umsatzes in % — Umschlagshäufigkeit des Kapitals pro Jahr

Die zweiteilige Formel zeigt, daß ein bestimmter ROI durch unterschiedliche Kombinationen von Umsatz-Rentabilität (R_U) und Umschlagshäufigkeit des Kapitals (UH_{GK}) erzielt werden kann:

ROI %/Jahr	=	R_U %	x	UH_{GK} pro Jahr
10		20		0,5
10		10		1,0
10		5		2,0
10		4		2,5

Eine niedrige Umsatz-Rendite kann durch einen hohen Kapital-Umschlag ausgeglichen werden. Das ist typisch für Unternehmen mit einer → Preis-Mengen-Strategie, deren Hauptziel darin besteht, die Umschlagshäufigkeit des Kapitals zu maximieren. Entsprechend kann ein niedriger Kapital-Umschlag durch eine hohe Umsatz-Rendite kompensiert werden. Das ist charakteristisch für Unternehmen mit einer → Präferenz-Strategie, deren Hauptziel darin besteht, die Rentabilität des Umsatzes zu maximieren.

Für die Erhöhung des ROI gibt es grundsätzlich drei Möglichkeiten:
- Erhöhung der Umsatz-Rendite bei gleichem Kapital-Umschlag
- Erhöhung des Kapital-Umschlags bei gleicher Umsatz-Rendite
- Erhöhung der Umsatz-Rendite und des Kapital-Umschlags. HL

S

Sales Concept

Verkaufskonzeption, → Marketing-Konzepte.

Sales Promotion

→ Verkaufsförderung.

SB-Warenhäuser

→ Verbrauchermärkte.

Scanning

Scanning ist ein System zur elektronischen Erfassung der Abverkäufe im Handel (vgl. Zentes, 1988, S. 372–373). Grundlage des Systems sind die Artikelnummern auf den → Verpackungen der Produkte (→ Artikelnumerierungssysteme). Scanner-Kassen identifizieren die auf den Verpackungen angebrachten Strichcodes, indem sie mittels Laserstrahl die Abstände zwischen hell und dunkel abtasten. Bei großvolumigen Produkten werden die Strichcodes durch einen Handleser erfaßt. Den identifizierten Artikeln werden die im angeschlossenen Rechner gespeicherten Einkaufspreise, Verkaufspreise usw. zugeordnet.

Scanning eröffnet dem Handel folgende Möglichkeiten:

- artikelspezifische → Deckungsbeitragsrechnung als Basis für sortimentspolitische Entscheidungen
- Analyse von Verbundwirkungen zwischen verschiedenen Produkten als Grundlage der → Ausgleichskalkulation
- Anwendung computerisierter → Warenwirtschaftssysteme
- Steuerung der physischen Distribution
- bessere Planung des Personaleinsatzes
- Wirkungsanalysen von Preisänderungen, Verkaufsförderungsmaßnahmen usw.
- Segmentierungsanalysen, falls die Kunden mit Kreditkarten bezahlen (→ Electronic Cash).

Den Herstellern ermöglicht Scanning:

- genauere Planung der Produktion
- Steuerung logistischer Prozesse
- artikel- und abnehmerspezifische Distributionsanalysen
- Wirkungsanalysen einzelner Marketing-Instrumente.

Für Marktforschungsinstitute bietet Scanning die Möglichkeit elektronischer → Handelspanels. HL

Schlüsselkunden-Management

→ Key Account Management.

Schneeballsystem

Nach dem → UWG und evtl. auch § 286 StGB verbotene Form des Direktvertriebs (→ Direkt-Marketing, → Multi Level-Marketing).

Schnelldreher

→ Pull-Strategie.

Schnittstellenmanagement

Schnittstellen entstehen, wenn sachlich zusammengehörige Arbeitsgebiete durch Funktionsteilung verselbständigt werden. Dies erfordert Maßnahmen, um an den Berührungspunkten für effiziente Aufgabenerfüllung zu sorgen. Der Marketingbereich besitzt zu nahezu allen anderen Funktionsbereichen Schnittstellen, wie etwa zum Rechnungswesen, zum Einkauf, zur Forschung und Entwicklung. Das Schnittstellenmanagement etabliert Abstimmungsmöglichkeiten durch Kommunikation, Informationsaustausch, Projekt-Teams und ein effizientes, umfassendes Marketing-Controlling. Ge

Selektive Distribution

Die selektive Distribution ist dadurch gekennzeichnet, daß ein Hersteller den Vertrieb in einem bestimmten Gebiet auf wenige (ausgewählte) → Absatzmittler beschränkt. Etablierte Hersteller konzentrieren sich i.d.R. auf umsatzstarke Einzelhändler mit gutem Ruf. Neue Hersteller können Absatzmittler für ihre Produkte gewinnen, indem sie selektive Vertriebsrechte einräumen. Bei selektiver Distribution besteht im allgemeinen ein schwacher → Intrabrand-Wettbewerb. HL

S-I-R-Modelle

→ Konsumentenverhalten: Modelle.

S-O-R-Modelle

→ Konsumentenverhalten: Modelle.

S-R-Modelle

→ Konsumentenverhalten: Modelle.

Saisonschlußverkauf

S. ist eine ausnahmsweise erlaubte → Verkaufsveranstaltung, bei der bestimmte Saisonartikel zu herabgesetzten Preisen angeboten werden. Als Sommer- bzw. Winterschlußverkauf ist ein S. nur zweimal im Jahr (ab letzten Montag im Januar bzw. im Juli für jeweils 12 Werktage) und nur für Textilien, Bekleidungsgegenstände, Schuhwaren, Lederwaren oder Sportartikel zulässig (§ 7 Absatz 3 Ziffer 1 → UWG).

Schaufenster

Schaufenster dienen dazu, Passanten und Kunden einen schnellen und unverbindlichen Blick auf die Leistungsfähigkeit, das Programm, die → Unique Selling Proposition (USP) eines meist Einzelhandels- oder Warenhandwerkerunternehmens zu ermöglichen. Schaufenster sollen *anlocken*, sollen Interesse wecken und zum Betreten des Geschäftes, zu dem das Schaufenster gehört, auffordern (→ AIDA-Formel: Attention, Interest, Desire, Action).
Ein Schaufenster muß die Handelskonzeption des Anbieters widerspiegeln, ein Discounter nutzt vorhandene Schaufenster etwa als Durchschaufenster (das Fenster gewährt einen Durchblick auf geordnete Regale, Warenstapel und Kassenplätze). Ein Aktionsfenster verdeutlicht eine z.Z. laufende Verkaufsaktion des eigenen Unternehmens oder in Kooperation mit einem Vertragslieferanten.

Schaufenster verusachen höhere Baukosten als einfache Mauern, lösen Aufschläge für die Einbruchsdiebstahlversicherung aus, müssen regelmäßig gepflegt werden (Fensterputzen, Innenreinigung), die häufig notwendigen Wechsel der Schaufenstergestaltung (Warenpräsentation, Dekoration) verursachen hohe Personalkosten sowie Sachaufwand sowohl für die Dekorationen, als auch für die Ausstellungsstücke, die nach einer Verwendung im Schaufenster oft nur mit hohen Abschlägen verkäuflich sind, da viele Materialien (z. B. Leder, Stoffe) durch Lichteinwirkung, Staub etc. leiden. Zudem geht die Fläche der Schaufenster auf Kosten der Verkaufsfläche.
Daher sind für harte Discounter Schaufenster in der Regel unnötiger Luxus. Der → Konsument sucht dort Convenience Goods (→ Produktkategorien), meist will er habituell (→ Kaufentscheidung) Bewährtes wiederkaufen.
Bei Shopping Goods (→ Produktkategorien) dagegen, also Produkten, die er nur sporadisch nachfragt und bei denen sich zwischenzeitlich Technik und Mode geändert haben, braucht der Konsument Anregungen und Informationen, sucht er Übersicht und Auswahl. Hier sind also entsprechend den Wünschen der Zielkunden gestaltete Schaufenster wichtige Verkaufshilfen.
Die ausgestellten Erzeugnisse müssen in einem Umfeld (Dekoration, Beleuchtung) präsentiert werden, das dem Konsumumfeld in etwa entspricht, in dem das Produkt i.d.R. genutzt werden soll. Büroartikel mögen also nüchtern-funktional ausgestellt werden, Bekleidung hingegen entsprechend anders. Gb

Schauwerbung

Die werbliche Gestaltung von Fassaden und Grundstücksbegrenzungen, die Gestaltung von → Schaufenstern, aber auch Messeständen und Modenschauen werden als Schauwerbung bezeichnet.

Schauwerbung stößt bei Konsumenten, aber auch – etwa auf Fachmessen – bei Absatzmittlern auf hohe grundsätzliche und situative Aufnahmebereitschaft (→ Aktivierung); dies im Gegensatz zur oft als lästig empfundenen Rundfunk- und Fernsehwerbung. Denn wenn sich Konsumenten bzw. Absatzmittler mit der Erlangung von Einkaufsinformationen beschäftigen, wenn sie also eine Fachmesse, Ausstellung oder ein Einkaufszentrum (integriertes oder innerstädtisch-gewachsenes) aufsuchen, dann sind sie für relevante Werbebotschaften offen. Einmal erleichtern Fassadenwerbungen etc. das Auffinden von Ladengeschäften. Im Schaufenster können eine Auswahl aktueller Technik oder Mode in den angebotenen Preislagen besichtigt werden.
Bei Modenschauen werden die aktuellen Modelle vorgeführt, um Entscheidungshilfen zu geben, welches Modell gekauft werden sollte.

Die Gestaltung von Verkaufsräumen sollte in Richtung leichterer Information der Kunden gehen, was wo zu finden ist, die eine Vorauswahl auch bei Bedienungsflächen/-abteilungen von Warenhäusern ermöglicht, also die Vielfalt der Produkte in Design, Farbe, Größe, evtl. auch der geführten Marken und Preislagen (→ Qualitäts-Stufen) zeigt. Gb

Schleichwerbung
→ Product Placement.

Schlußverkauf
→ Saisonschlußverkauf.

Schutzrechte, gewerbliche
→ Gewerblicher Rechtsschutz.

Segmentierung
1. Begriff
Unter Segmentierung versteht man die Strukturierung des gesamten Absatzmarktes in abgrenzbare, möglichst homogene Teilmärkte (Cluster, Segmente). Dies geschieht durch »Zusammenfassung« der einzelnen Konsumenten/Organisationen in verschiedene Gruppierungen, sog. Segmente, die in bestimmten Merkmalen sich gleichen oder ähnlich sind. (→ Segmentierung, Mehrdimensionale S., → Marktsegmentierung).

2. Ziele
Ziel des Segmentierens ist es, zu klären: Welche Personen, Gruppen oder Institutionen sind mögliche Zielkunden für bestimmte Produkte oder Leistungen?
Für wen (welche Segmente?) sind möglicherweise spezielle Produkte oder Leistungen zu entwickeln bzw. abzuwandeln?
Für wen (welche Segmente) sind für den Absatz der Produkte oder Leistungen Kommunikationspolitik (Werbung, PR) und/oder Distributionspolitik (welche Absatzwege?) spezifisch zuzuschneiden?

3. Segmentierungskriterien

a. *Geographische Segmentierung*
Hierunter versteht man die Einteilung der Konsumenten nach ihrem Wohnort. Dies kann, je nach Anforderungen feiner oder gröber geschehen:
Welcher Stadt-/Ortsteil?
Welche Stadt/Gemeinde?
Welche Region?
Welches Bundesland?
Nord- oder Süddeutschland?
Welcher Staat?
Welche Staatengemeinschaft (EU...)?
Die geographische Segmentierung ist insbesondere von Bedeutung für die → Standortentscheidung (Erreichbarkeit: eigene und die der Wettbewerber) und die Wahl des nationalen/regionalen/örtlichen Absatzmarktes. Mit zu berücksichtigen sind dabei immer die Verkehrsanbindung (Straßen, Bus, Autobahn, Flughäfen...), regionale Besonderheiten (Brauchtum) und klimatische Gegebenheiten.

b. *Demographische Segmentierung*
- Geschlecht
- Alter, Altersstufe
- Familienstand
- Haushaltsgröße
- Konfession (formal)
- Ausbildungsgrad
- Beruf (nur: Art, Hierarchiestufe)
- selbständig/unselbständig (Arbeiter, Angestellter, Beamter, ltd. Angestellter)
- Lebenszyklus-Phase
- Vermögen (Höhe und Art, also Aktien, Eigenheim, Sparbuch...)
- Standort (Wohnort, Arbeitsort, Zweitwohnsitz)

- Nationalität
- Kfz: Führerschein (welchen, seit wann)
- Sondererfassungen: Strafregister, Verkehrsregister, Schufa, Auskunfteien.

c. *Soziographische Segmentierung*
- präzise ausgeübter Beruf
- Subkulturangehörigkeit (im Sinne von »Teilkultur«, nicht wertend gemeint)
- Eigentümer von Haus, Wohnungen...
- Klassenzugehörigkeit (Ober-/Mittel- /Unterschicht)
- Status im Lebenszyklus: Berufsausbildung, junge Familie ohne/mit Kindern, alleinstehende Rentner

Da die Abgrenzung zu den demographischen Kriterien oft schwierig ist, werden beide Gruppen von Merkmalen oft zusammengefaßt zur »*sozio-demographischen Segmentierung*«.
Beispiel: Formale Konfession (demographisch) ↔ Zugehörigkeit zu religiöser »Subkultur«, also z. B. Mitarbeit in Kirchengemeinde.

d. *Psychographische Segmentierung*
Hierzu zählen die *Persönlichkeitsmerkmale*, also etwa Intelligenz (Fähigkeit, Richtung), Selbständigkeit oder Unselbständigkeit, innovationsfreudig oder Beharrer, autoritäres oder kooperatives Verhalten.
Oft werden hier Teilsegmente nach Verhaltenstypen gebildet, so könnte man beispielsweise unterscheiden zwischen:
- Problemlöser
- Visionär (utopisch)
- Analysierer (Pedant, Rechtfertigungen suchend)
- Macher (strebend, Status betonend)
- Anpasser (traditionsorientiert)
- Organisierer (nach Sicherheit strebend)

Auch Typisierungen, wie »Yuppies«, »Dinks« usw. gehören in diesen Bereich.

Segmentierung

	5	4	3	2	1	0	1	2	3	4	5	
modisch												stilbewußt
konservativ												liberal
wagemutig												vorsichtig
Neuerer												später Anpasser
produkttreu												nicht produkttreu
markentreu												nicht markentreu
anbietertreu												nicht anbietertreu

Die Darstellung von Ergebnissen der psychographischen Segmentierung wäre auch als Polaritätenprofil denkbar:

Neben den Persönlichkeitsmerkmalen gehören auch *produktbezogene psychologische Merkmale* zur psychographischen Segmentierung. Dies sind auf ein bestimmtes Produkt, eine bestimmte Produktgruppe, eine bestimmte Marke bezogene Merkmale, also etwa Produktinteresse, die → Einstellung gegenüber Produkt(-gruppe) oder Marke sowie Markenpräferenzen.
Die Persönlichkeitsmerkmale sind je Kunde oder Kundensegment erfahrbar/erfragbar oder einzuschätzen und einzuordnen.
Ziel: Das eigene Angebot soll so gut es geht den Präferenzen der Kunden angepaßt werden. In Werbung und Verkaufsgesprächen die Präferenzen treffen (darauf eingehen)!

e. *Besitz- und Konsummerkmale*
Eigentum an kurzlebigen Konsumgütern (Verbrauchsgüter):
(Kaufhäufigkeit gegenüber Produktklasse, Markentreue, Besitz bestimmter langlebiger Konsumgüter) Der Besitz bestimmter langlebiger Gebrauchsgüter kann für den Konsum von Verbrauchsgütern mitentscheidend sein. So ist etwa für Weinkenner und deren Weinkauf ein geeigneter Keller Voraussetzung, für den Kauf von Benzin ein Auto, für den Kauf von Software ein PC.
Auch die regelmäßige Inanspruchnahme von Dienstleistungen (z. B. Konzertbesuch, Reisegewohnheiten usw.) zählt zu dieser Kategorie.

Eigentum an langlebigen Konsumgütern (Gebrauchsgüter):
(Besitz eines Gutes aus derselben Produktklasse, Dauer dieses Besitzes). Gb

Segmentierung, mehrdimensionale

Mittels eines einzelnen Segmentierungskriteriums (→ Segmentierung), wie beispielsweise Alter, Wohnort oder Schichtzugehörigkeit läßt sich zumeist keine präzise Gruppen- oder Clusterbildung für die Ausrichtung des Marketings auf verschiedene Kundenanforderungen erreichen. So ist das Kriterium »Lebensalter« nur beschränkt entscheidend dafür, ob und welcher PKW-Typ (Preisklasse, Größe, sportlich oder konservativ...) zu empfehlen ist oder welche Konsumententypen für welche Restaurant- oder Hoteltypen besonders in Frage kommen. Also gilt es, Zielgruppen in der Regel nach mehreren, oft allen zur Verfügung stehenden Segmentierungskriterien simultan einzugrenzen.
Zudem muß dabei vorsichtig vorgegangen werden, da es in der Regel eine Hauptzielgruppe gibt, die an den Rändern nicht selten interessante oder im Zeitablauf (beruflicher Aufstieg, Altersentwicklung) wachsende Teilsegmente aufweist. Diese dürfen keineswegs abgeschreckt, sondern müssen rechtzeitig gewonnen werden. So ist es üblich, daß jeweilige Berufsaufsteiger bei der Bekleidung oder dem ausgeübten Sport (z. B. Golf) schon Konsumverhalten der angestrebten Einkommens- und Hierarchiestufe vorwegnehmen.

Die folgende Abbildung zeigt für verschiedene Produkte und Leistungen bei-

Mehrdimensionale Segmentierung

Kriterien:	Produkt/Leistung:				
	Benzin bleifrei	Porsche bzw. Sportwagen	Spitzenhotel, oberste Luxusklasse	modernes Discount-Hotel	Salz
geographisch	z. B. EU; weniger: Rußland usw.	fast weltweit; in Armutsländern nur Oberschicht	Hauptstädte weltweit, große Messestädte, Urlaubsziele der oberen Oberklasse	Wirtschaftsmetropolen (Großstädte, Mittelstädte mit Geschäftspublikum)	./.
demographisch	kaum Unterschiede, Autofahrer	hohe Einkommen, relativ häufig Männer, älter bzw. Singles, Dinks	höchste Einkommen		./.
soziographisch	kaum Unterschiede	typisch für Freiberufler, evtl. Zweitwagen für Spitzenverdiener	Spitzenstellungen in Industrie und Handel, Aufsichtsräte	mittleres/gehobenes Management, Beamte, Politiker ab 25 J.	./.
psychographisch	kaum Unterschiede	sportliche außengelenkte Typen, liberal	konservativ, liberal-konservativ	./.	./.
Besitz- und Konsummerkmale	Automobil (Bj. ab Mitte 80er Jahre, Nutzfahrzeuge: Bj. ab ca. 1990)	teure, modische Bekleidung, Luxusarmbanduhren, Segeln, Golf, Tennis	mehrere Immobilien, Kunstsammlung, Spitzen-Luxusgüter, Hochsee-Segelyacht	überdurchschnittlich viele Eigenheimbesitzer, PKW der Unter- bzw. Mittelklasse	./.

spielhaft die mehrdimensionale Segmentierung. Je genauer ein Unternehmen für seine Produkte und Leistungen seine Stamm- und Randzielgruppen kennt und beschreiben kann, desto eher können Produkte und Leistungen für diese geplant, entwickelt, distribuiert und beworben werden. Auch Stil und Gestaltung von Produktinformationen und Gebrauchsanweisungen, Beratungsgesprächen und Serviceabwicklung gelingen besser, wenn im Unternehmen und auch bei den lokalen Absatzmittlern diese Aspekte der Zielkundschaft bekannt sind. Gb

Sekundärforschung (Desk Research)

Marktforschung beginnt in der Regel mit Sekundärforschung, worunter man die Auswertung bereits vorhandener Quellen versteht. Sekundärforschung hat den Vorteil, weniger Kosten zu verursachen und weniger Zeit zu benötigen als Primärerhebungen. Häufig finden sich aber nicht alle gewünschten Informationen in bereits vorhandenen Quellen. Die Sekundärquellen können in interne und externe eingeteilt werden.

I. Interne Quellen der Sekundärforschung

Aus dem Rechnungswesen und den Berichten des Außendienstes können folgende Kennzahlen aufbereitet werden:

1. *Umsatzkennzahlen* nach
- Produkten/Artikeln
- Produktgruppen
- Strategischen Geschäftseinheiten
- Verkaufsgebieten
- Kundengruppen
- Aufträgen
- Außendienstmitarbeitern

2. *Anteilskennzahlen*

Anteile verschiedener Größen am Gesamtumsatz (Möglichkeiten wie 1.)

3. *Kostenkennzahlen*
- Kosten pro Auftrag
- Kosten verschiedener → Marketing-Instrumente

II. Externe Quellen der Sekundärforschung

Die wichtigsten externen Quellen sind:
- die amtliche Statistik (Veröffentlichungen des Statistischen Bundesamtes und der Landesämter)
- die Wirtschaftspresse (Wirtschaftsteil der Tages- und Wochenzeitungen, Wirtschaftszeitschriften, Fachzeitschriften)
- Bücher
- Datenbanken
- Informationsdienste
- Untersuchungen von Verlagen (insbesondere Marktanalysen)
- Untersuchungen von Marktforschungsinstituten
- Veröffentlichungen von internationalen Organisationen, Banken, Verbänden, wissenschaftl. Instituten, Firmen. Ge

Selektive Absatzpolitik

→ Selektive Distribution.

Selling Center

Analog zum → Buying Center umfaßt das Selling Center alle Personen innerhalb einer Organisation, die an einem Verkaufsvorgang beteiligt sind.

Selling Concept
Verkaufskonzeption, → Marketing – Konzepte.

Semantisches Differential
→ Skalieren.

Seniorenmarketing
Betrachtung der speziellen und typischen Probleme und Chancen des Marketing für Senioren. Diese wurden zugunsten, insb. in der Werbung, propagierter Jugendlichkeit oft als Kundensegment vernachlässigt, obwohl Senioren ein wichtiges und an Bedeutung zunehmendes Segment (→ Segmentierung) sind. Dies liegt besonders an folgenden Faktoren:
Die Zahl der Senioren nimmt seit Jahren zu, ihr prozentualer Anteil an der Gesamtbevölkerung nimmt heute und noch verstärkt auch in Zukunft zu.
Die Senioren von heute haben durch lange Friedensjahrzehnte meist hohe Vermögen und Rentenansprüche erworben.
Zudem sind Senioren (z. B. alle Personen über 60 Jahre) oft noch erstaunlich »jung« und aktiv.

Für das Seniorenmarketing ist eine weitere Untergliederung sinnvoll:
frühe Senioren: Oft noch berufstätig, hohes Einkommen, schuldenfreier Grundbesitz, Kinder (soweit vorhanden) selbständig/außer Haus.
Wählerisch, hohe Ansprüche, kaum Neubedarf, i.d.R. nur noch Ersatzbedarf bzw. Bedarf nach technisch/stilmäßig Besserem/Perfekterem. Alter: 60–70.
mittlere Senioren: Hohes Einkommen, häufig verwitwet, noch agil, eigenes Auto, sehr anspruchsvoll, bewußte Käufer hochwertiger Produkte und exzellenter Dienstleistungen. Alter: 70–75–80.
späte Senioren: Oft teilw. oder ganz pflegebedürftig, soweit aus Unterschicht und unterer Mittelschicht bei hochgradiger Pflegebedürftigkeit zum Sozialhilfeempfänger degradiert (Änderung mit Einführung Pflegegesetz ab 1995).

Seniorenmarketing umfaßt die Entwicklung segmentspezifischer Angebote und Werbung (diese häufig eher zurückhaltend, diskret, sachlich). Reine Seniorenprogramme sind zumindest im Segment der »frühen Senioren« häufig wenig sinnvoll, da diese noch nicht »zum alten Eisen« zählen wollen.
Beispiel für seniorenspezifisches Angebot: Verkauf von PKW.
Herauszustellen wären hier z. B. Sicherheit, Automatik (aber ohne viele Bedienelemente) und gute Einparkmöglichkeiten. Gegen das traditionelle Argument von Senioren gegen Neuwagenkauf (»Wer weiß, wie lange ich noch fahren kann?«) könnte man ein Rücknahmeversprechen zum Händlereinstandspreis setzen, falls der Wagen ordnungsgemäß gepflegt und gewartet wurde.

Gb

Sensorik
→ Wahrnehmung.

Service
Unter Service (Kundendienst) werden Zusatzleistungen verstanden, die den Kunden angeboten werden, um den Absatz der Hauptleistungen zu fördern. Die Kundendienstleistungen bilden zu-

sammen mit den Hauptleistungen das gesamte Leistungsangebot eines Unternehmens.
Man kann inhaltlich zwei Arten von Kundendienstleistungen unterscheiden: *technische Kundendienstleistungen*, wie z. B. Installation, Inspektion, Wartung, Reparatur und Ersatzteilversorgung sowie *kommerzielle Kundendienstleistungen* wie z. B. Beratung, Schulung und Gewährung von Kredit (→ Absatzkredit).
Nach dem *Zeitpunkt* der Erbringung sind Vorleistungen (Pre Sales Service), Nebenleistungen und Nachleistungen (After Sales Service) zu unterscheiden. Technische Kundendienstleistungen treten nur nach dem Abschluß von Kauf- oder Mietverträgen auf; technische Zusatzleistungen sind also Nachleistungen. Kommerzielle Kundendienstleistungen können dagegen Vorleistungen (z. B. Beratung), Nebenleistungen (z. B. Kredit) oder Nachleistungen (z. B. Garantie) sein.
Die Kundendienstleistungen lassen sich nach dem Grad ihrer Komplementarität zu den Hauptleistungen unterteilen in Muß-Leistungen, Soll-Leistungen und Kann-Leistungen.
Muß-Leistungen sind notwendig, um den Einsatz bzw. die Nutzung der Hauptleistungen zu ermöglichen und zu sichern. Dazu zählen z. B. die Bedienungsanleitung, die gesetzliche Gewährleistung und die Ersatzteilversorgung. Muß-Leistungen sind also eine Bedingung für den erfolgreichen Absatz der betreffenden Hauptleistungen. Zwischen den Muß-Leistungen und den Hauptleistungen besteht eine vollständig komplementäre Beziehung.
Soll-Leistungen (z. B. Kredite) sind für den Absatz und für die Nutzung der Hauptleistungen nicht zwingend erforderlich. Sie werden jedoch von den Mitbewerbern angeboten und daher von den Kunden erwartet.
Kann-Leistungen sind ebenfalls nicht unbedingt erforderlich, z. B. Wartungsverträge eines Herstellers von Investitionsgütern oder → Kundenkreditkarten eines Einzelhandelsunternehmens. Solche Zusatzleistungen werden von den Kunden nicht generell erwartet und in Anspruch genommen. Kann-Leistungen dienen der → Kundenbindung.
Die Beziehungen zwischen den nicht unbedingt erforderlichen Zusatzleistungen (Soll- und Kann-Leistungen) und den Hauptleistungen eines Unternehmens sind nur teilweise komplementär. HL

Servicepolitik

Die Servicepolitik befaßt sich mit der optimalen Gestaltung des Kundendienstes einer Firma. Ansatzpunkte für die Gestaltung sind das Service-Personal, das Service-Programm, die Service-Qualität, das Service-Netz, die Service-Zeit und die Service-Preise.
Die generelle Zielsetzung der Servicepolitik besteht darin, gewinnbringende Dauerbeziehungen mit Kunden aufzubauen und zu erhalten. In dieser Zielsetzung sind folgende Einzelziele enthalten:

- Zufriedenstellung der Kunden
- Abhebung gegenüber der Konkurrenz
- Verstärkung des → akquisitorischen Potentials
- Schaffung von → Präferenzen und

- Vergrößerung des monopolistischen Spielraumes für die Preisgestaltung der Hauptleistungen.

Eine gute Servicepolitik wirkt sich günstig auf den Absatz der Hauptleistungen des Unternehmens aus; zufriedene Kunden bleiben dem Unternehmen treu und sie betreiben positive Mund-zu-Mund-Werbung, d. h. sie empfehlen das Unternehmen und seine Produkte weiter. HL

Share of Voice

Anteil an Werbung auf relevantem Markt.

Als Share of Voice bezeichnet man den prozentualen Anteil der Werbung einer Marke an den Gesamt-Werbeausgaben der relevanten Produktgruppe oder Handelskonzeption.

Share of Voice-Kennziffern dienten häufig als Maßstäbe für die Bestimmung des Werbeetats, da eine mehrfach bestätigte Arbeitshypothese besagt, daß im oligopolistischen Wettbewerb von Markenprodukten diejenige Marke schon auf mittlere Sicht an Marktanteil verliert, die an der Marketing-Kommunikation zu sparen versucht, also nicht wenigstens proportional zum Marktanteil wirbt. Dabei wird von »Profit Taking« Marken gesprochen. Dies sind Marken, deren Werbeausgaben ihrem Marktanteil entsprechen oder geringer sind. »Investment Brands« sind Marken, für die aggressiv, also deutlich mehr, als es ihrem Marktanteil entsprochen hätte, geworben wird. Gb

Shopaholic

Ein Shopaholic ist ein Mensch, der vom Kaufrausch gepackt ist, also ein Kaufsüchtiger; er nutzt ziellose Einkaufsstreifzüge unbewußt als Therapie gegen Langeweile und/oder zur Bekämpfung seiner Einsamkeit. Das Einkaufen bietet Ersatzbefriedigung für ein unterentwickeltes Liebesleben. Es gibt wesentlich mehr weibliche als männliche Shopaholics. HL

Shop in the Shop

→ Warenhaus.

Shopping Goods

→ Produktkategorien.

Situativer Ansatz

→ Marketing-Theorie-Ansätze.

Skalieren

Bei vielen Informationen vom Markt ist es nötig, diese nach der Intensität zu messen und in gewisse Skalen einzuordnen. Dies gilt beispielsweise bei Beurteilungen, etwa von Produkten oder von Werbung durch Verbraucher. Messen ist ein Verfahren, um die Eigenschaften von Personen, Produkten, Marketing-Aktivitäten etc. durch Symbole darzustellen. Solche Symbole können Zahlen, Worte etc. sein; diese sind die Skalen.

Diese Skalen lassen sich in folgende Hauptkategorien einteilen:

1. *Nominalskalen* sind recht einfach und dienen lediglich als Markierung. So können beispielsweise Geschäfte danach unterschieden werden, ob sie eine bestimmte Marke führen oder nicht.
2. *Ordinalskalen* sind Rangskalen; Verbraucher bringen in einer Befragung

beispielsweise Produkte nach ihrer Wirkung in eine Reihenfolge. Die Unterschiede zwischen den einzelnen Plätzen können unterschiedlich groß sein.

3. *Intervallskalen* erlauben Aussagen über die Abstände der beurteilten Objekte. Eine Intervallskala allgemeiner Art ist das Thermometer, im wirtschaftlichen Bereich zählen Verbraucherpreisindizes dazu. Der Nullpunkt der Intervallskalen ist willkürlich gewählt. Intervallskalen besitzen die Eigenschaften von Nominal- und Ordinalskalen. Zusätzlich repräsentieren numerisch gleiche Intervalle zwischen den Zahlen auch gleiche Abstände im Hinblick auf die gemessene, empirische Eigenschaft. Die Intervalle dürfen somit addiert und subtrahiert werden. Mit Intervallskalen sind keine Aussagen über absolute Merkmalsausprägungen möglich. Es werden nur Intervalle, aber keine absoluten Quantitäten berechnet.
4. *Verhältnisskalen* besitzen hingegen einen eindeutigen Nullpunkt (Green/Tull).

Die Skalierungsverfahren lassen sich in drei Gruppen einteilen:

1. skalierungsähnliche Verfahren,
2. eindimensionale Skalierungsverfahren und
3. Skalierung mehrdimensionaler Merkmale.

Die skalierungsähnlichen Verfahren enthalten keine Vorschrift, wie der ermittelte Wert in Skalenwerte transformiert werden soll. Eine solche Beziehung zwischen Beurteilungswert und Skala wird vielmehr beim Befragten vorausgesetzt. In der Praxis geschieht dies durch Rating-Skalen, Paarvergleiche und Rangordnungen.

Bei einer Rating-Skala wird beispielsweise nach der Beurteilung eines Produktes nach irgendeinem Nützlichkeitskriterium gefragt und es werden Beurteilungsnoten etwa von 1 = sehr gut bis 6 = sehr schlecht vergeben. Bei der Rangordnung haben die Auskunftspersonen keine Beurteilung zuzuordnen, sondern die erhobenen Objekte lediglich in eine Reihenfolge zu bringen; beim Paarvergleich ist lediglich zwischen zwei Bewertungsobjekten meist hinsichtlich mehrerer Kriterien zu vergleichen.

Bei den eindimensionalen Skalierungsverfahren wird den Auskunftspersonen eine Item-Batterie vorgelegt, wobei die Items verbale Meinungsäußerungen über das Objekt der Einstellung verkörpern. In einem Fragebogen lautet etwa eine Frage: »Das Waschmittel XY wäscht porentief rein«. Es ist dann eine der folgenden Antwortmöglichkeiten anzukreuzen: stimme voll zu, stimme zu, unentschieden, lehne ab, lehne völlig ab. Es ist jedoch auch möglich, die Skala so zu gestalten, daß ein Befragter nur pauschal zustimmt oder ablehnt. Beispielsweise sind zehn Kästchen vorgegeben und über dem linken steht »völlige Zustimmung«, über der Mitte »neutrale Einstellung« und über dem rechten »völlige Ablehnung«.

Bei der Skalierung mehrdimensionaler Merkmale können Indizes gebildet werden, die mehrdimensionale Merkmale auf eine → Meßzahl bzw. auf einen Indexwert reduzieren. Es werden hierbei zwei oder mehrere Merkmale kombiniert, die von den Erhebungspersonen angekreuzt werden können, beispielsweise das Alter und der Besitz einer bestimmten Marke. Ein weiteres Verfahren zur Skalierung mehrdimensionaler Merkmale ist das semantische Differential. Eine Auskunftsperson hat hier anhand einer Item-Batterie ein bestimmtes Objekt zu beschreiben. Die Items sind dabei häufig zweipolige Ratings, deren jeweilige Extreme durch gegensätzliche Eigenschaftswörter charakterisiert sind, wie z. B. jung/alt, gut/schlecht, sympathisch/unsympathisch. Die Ratings reichen z. B. von einer Skala von plus drei bis minus drei. Das Ergebnis der Erhebung eines → se-

Semantisches Differential

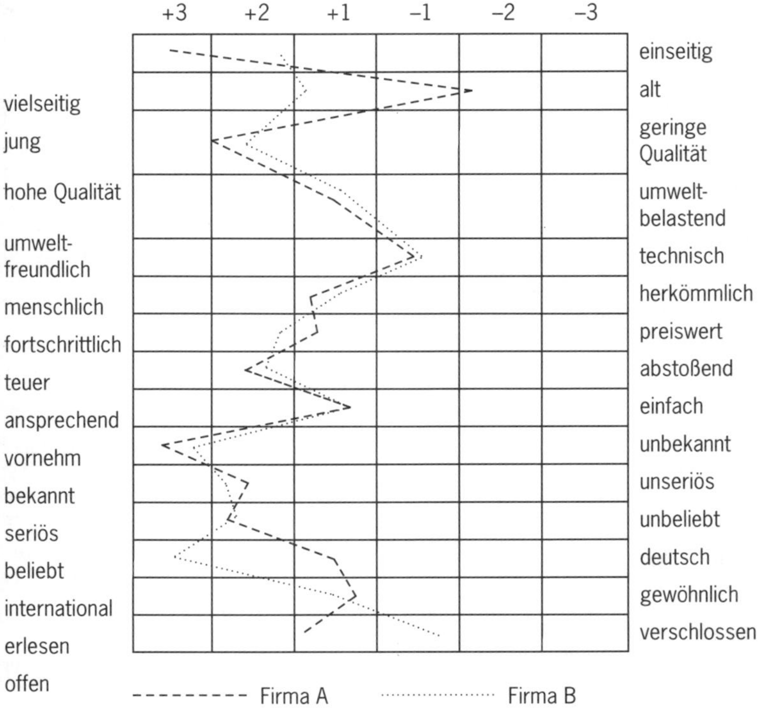

mantischen Differentials bei Auskunftspersonen ist ein Eigenschafts- oder Polaritätenprofil.

Die Skalierung für ein bestimmtes Objekt kann auch anhand von mehreren Attributen erfolgen, wobei dann von Multiattributivskalierung gesprochen wird (Nieschlag/Dichtl/Hörschgen). Ge

Skimming-Strategie

→ Abschöpfungsstrategie.

Skonto

→ Rabatte.

Slice-of-Life-Technik

Darstellungsweise der Fernsehwerbung, bei der Alltagsszenen, insbesondere aus dem Familienleben, pseudo-realistisch (idealisiert in Richtung »heile Welt«, »heile Familie«, also nett, sauber, gut gelaunt usw.) nachgestellt werden. Gezeigt wird also weniger das reale, sondern das von den meisten Konsumenten als idealtypisch empfundene Familienbild. Dabei können zum einen Produkte im Benutzungszusammenhang gezeigt werden und andererseits auch Imitationswirkungen ausgelöst werden.

Social Marketing (Sozio-Marketing)

Konzeption des gesellschaftsfreundlichen Marketing. → Marketing-Konzepte, → Nonprofit-Marketing.

Soft Selling

→ Verkaufsstrategien und -taktik.

Sonderangebot

Eine ausnahmsweise zulässige → Sonderveranstaltung, wenn einzelne nach Güte oder Preis gekennzeichnete Waren (also nicht ganze Warengattungen) ohne zeitliche Begrenzung angeboten werden und diese Angebote sich in den regelmäßigen Geschäftsbetrieb des Unternehmens einfügen, d. h. dort nicht ungewöhnlich sind (§ 7 Absatz 2 → UWG). So sind z. B. Sonderangebote bei Lebensmittelgeschäften üblich, dagegen im Juwelier- oder Antiquitätenhandel kaum.

Dietrich Schmidt

Sonderveranstaltung

Als S. bezeichnet man Verkaufsveranstaltungen im Einzelhandel, die außerhalb des regelmäßigen Geschäftsverkehrs stattfinden (d. h. in der Branche unüblich sind) und deren Ankündigung den Eindruck der Gewährung besonderer Kaufvorteile hervorrufen. S.en sind grundsätzlich verboten (§ 7 Absatz 1 → UWG). Ausnahmsweise zulässige S.en sind: → Sonderangebote, → Saisonschlußverkäufe und Jubiläumsverkäufe (nach Ablauf von jeweils 25 Jahren im selben Geschäftszweig).

Dietrich Schmidt

Sortierung

Eine Sortierung (maschinell oder manuell) ist notwendig, wenn vermischt angelieferte verschiedenartige Materialien (z. B. Verpackungsmaterialien) getrennt werden müssen. Dieses Problem stellt sich z. B. bei der Rücknahme verschiedenartiger Transportverpackungen (z. B. unterschiedliche Getränkekisten, unterschiedliche Paletten). Wilhelm Hauser

Sortiment

Als Sortiment wird die Gesamtheit der Produkte oder Leistungen bezeichnet,

die ein Unternehmen zu einem bestimmten Zeitpunkt anbietet. Das Sortiment ist also eine Bestandsgröße, die durch die Art und Zahl der angebotenen Haupt- und Zusatzleistungen (→ Service) bestimmt wird. Die Art der angebotenen Leistungen wird als Inhalt des Sortiments bezeichnet, die Zahl der angebotenen Leistungen nennt man den Umfang des Sortiments.
Synonyme Bezeichnungen für das Sortiment sind: Leistungsangebot, Kollektion, Produkt- Portfolio, Produkt-Mix, Produktpalette, Produktprogramm und Produktionsprogramm. Das Sortiment kann außer den selbst hergestellten Produkten (Eigenleistungen) auch zugekaufte Produkte (Fremdleistungen, Handelswaren) enthalten. In diesem Fall ist das Sortiment umfangreicher als das Produktionsprogramm. HL

Sortimentsbreite

→ Sortimentsdimensionen.

Sortimentsdimensionen

Der Umfang des → Sortiments wird durch die Dimensionen Breite und Tiefe bestimmt.

Die *Sortimentsbreite* gibt an, wieviele Produktlinien angeboten werden. Die Sortimentsbreite ist ein Maß für die Spezialisierung des Anbieters: je breiter das Sortiment ist, um so geringer ist der Grad der Spezialisierung.

Die *Sortimentstiefe* gibt an, wieviele Produktvarianten pro Linie angeboten werden. Wenn man den Umfang des Sortiments durch dessen Breite dividiert, ergibt sich die durchschnittliche Tiefe des Sortiments. Die Sortimentstiefe ist ein Maß für die Differenzierung des Angebots: je tiefer das Sortiment ist, um so höher ist der Grad der Differenzierung (→ Produkt-Differenzierung). HL

Sortimentspolitik

Gegenstand der Sortiments- oder Programmpolitik ist die optimale Gestaltung des Leistungsangebotes einer Firma. Dabei sind grundsätzlich drei Entscheidungen zu treffen:

1. Welche Leistungen sollen angeboten werden? (Sortimentsinhalt)
2. Wieviele Leistungen sollen angeboten werden? (Sortimentsumfang)
3. Wann und wie lang sollen die einzelnen Leistungen angeboten werden? (Produkt-Lebenszyklen)

Die inhaltliche Gestaltung des Sortiments betrifft den Gegenstand des Unternehmens. Damit wird entschieden, welche Märkte bzw. Branchen bearbeitet werden sollen. Ausgangspunkte für die Gestaltung des Sortimentsinhaltes sind:

- die Probleme der Nachfrager
- das Material der Produkte
- das Know How der Anbieter und/ oder
- die Produkte der Konkurrenz.

Der Sortimentsumfang ist durch die Zahl der zu einem bestimmten Zeitpunkt angebotenen Produktlinien und -varianten definiert. Daraus folgt, daß die Breite und Tiefe des Sortiments gleichzeitig optimiert werden müssen. Der Anbieter hat grundsätzlich vier Alternativen:

1. Verbreiterung und Vertiefung
2. Verbreiterung und Verflachung

3. Verengung und Vertiefung oder
4. Verengung und Verflachung.

Für die Lösung dieses simultanen Entscheidungsproblems gibt es bisher kein praktikables Verfahren. Der optimale Sortimentsumfang kann daher nur näherungsweise bestimmt werden.
Das dritte Problem der Sortimentspolitik besteht darin, das Leistungsangebot im Zeitablauf so zu verändern, daß es optimal bleibt. Die dynamische Optimierung des Sortimentsinhaltes und -umfanges erfolgt durch die
- Einführung neuer Produkte
- Veränderung bestehender Produkte und
- Eliminierung alter Produkte,

d. h. durch die aufeinander abgestimmte Gestaltung der Lebenszyklen der einzelnen Produkte (→ Produkt-Lebenszyklus).
HL

Sortimentstiefe

→ Sortimentsdimensionen.

Sozial-Marketing (Social Marketing)

→ Marketing-Begriffe.

Sozio-Marketing

→ Marketing-Begriffe.

Soziodemographische Merkmale

→ Segmentierung, → Marktsegmentierung.

Space Management

→ Regaloptimierung.

Specialty Goods

→ Produktkategorien.

Sponsoring

Planung, Organisation, Durchführung und Kontrolle der Förderung von Sport, Kultur und sozialen Institutionen/Aktivitäten durch ein Unternehmen zur Erreichung oder Unterstützung der Erreichung von Marketing-Zielen. Das Sponsoring ist Teil der Marketing-Kommunikation.
Im Falle reiner Spenden ist der alleinige Zweck die (uneigennützige) Förderung von Sport, Kultur oder sozialen Initiativen. Bekannt ist seit Jahrhunderten das Mäzenatentum.
Die Spendenfreudigkeit und Uneigennützigkeit haben jedoch ihre Grenzen, zumal in einer Gesellschaft, die die neoliberale Lehre, daß Markt und Preise »alles« regeln und die Profitorientierung zum obersten Maßstab erklärte, und in der religiöse Bindungen abnehmen.
Andererseits hat unsere, nach Jahrzehnten des Friedens und inter-/supranationaler Arbeitsteilung reiche Gesellschaft einen »armen« Staat. Dies gilt für die nationale Regierung ebenso, wie für Länder und Kommunen. Selbst die UNO und ihre Körperschaften und die Europäische Union erreichen ihre Verschuldungsgrenzen. Damit können Aufgaben, wie die Förderung von Sport, Wissenschaft, Kunst und sozialen Initiativen nicht mehr ausreichend wahrgenommen werden.
Also gilt es, wo immer Spenden und Steuergelder sich versagen, wo kostendeckende Beiträge oder Eintrittspreise nicht erzielbar sind, neue Wege der Finanzierung zu finden. Just zu diesem Zeitpunkt entdecken die Werbenden, daß ihre Werbung und Propaganda auf Unwillen, mangelnde Aufnahmebe-

reitschaft, Skepsis (Angst vor Übertölpelung), Werbe- und allgemeine Informationsüberflutung stoßen. Auch gut gefüllte Werbeetats verlieren immer mehr an Wirkung.
Was lag also näher, als Sport, Spiel, Kultur und soziale Hilfsorganisationen/Aktionen durch Sponsoren ganz oder zumindest teilweise finanzieren zu lassen, dem Sponsor dabei allerdings die Gegenleistung zu bieten, daß er als solcher genannt, erwähnt, gezeigt wird. Dies ergibt eine Quasi-Werbung, insbesondere mit den Zielen der Erhöhung von Sympathie (z. B. durch Beweis kultureller und sozialer Aufgeschlossenheit) und Bekanntheitsgrad.
Typische Beispiele:
- Ein Sportartikelhersteller fördert ein Sportturnier, ein Sekthersteller ein gesellschaftliches Ereignis, zu dem seine Zielkunden zahlreich erscheinen, ein Hersteller von Oberklasseautomobilen fördert ein Golfturnier und zeigt dort seine Modellpalette in entspannter Atmosphäre.
- In Großbritannien fördern Großunternehmen häufig Theater- und Konzertaufführungen, indem sie zahlreiche Eintrittskarten voll bezahlen und nun Geschäftsfreunde, Politiker oder Zielkunden usw. einladen, dann nach der Aufführung noch zu einem Sektempfang bitten, bei dem die Spitzenmanager des Sponsors Gastgeber spielen.

Sportsponsoring, insbesondere für Fußball, aber auch für Tennis, Golf, Leichtathletik, Motorsport usw. ist kaum noch wegzudenken. In entsprechender Atmosphäre, bei hoher Aufnahmebereitschaft für sympathische Botschaften, werden zumindest Bekanntheitsgrad und Sympathie, manchmal auch Kompetenz vermittelt. Dabei scheint sich ein Trend weg von einer Aufsplitterung der Sponsoringausgaben hin zu gezielter, massiver und dauerhafter Bindung, z. B. an *einen* Fußballverein, abzuzeichnen.

Kultursponsoring leidet gegenüber dem Sportsponsoring an der geringeren Massenwirkung; es wirkt häufig elitär. Es kann durchaus zum angestrebten Image des Unternehmens (→ Corporate Identity, → Corporate Image) passen, etwa bei hochpreisigen Luxusgütern.

Sozio-Sponsoring ist die seltenste Form des Sponsoring. Ein Beispiel hierfür ist das Versprechen einer Bank, Spenden ihrer Kunden für eine Katastrophenhilfe aus Mitteln der Bank jeweils zu verdoppeln. Da diese Katastrophe Presse und Öffentlichkeit zu diesem Zeitpunkt intensiv beschäftigte, wurde erwartet, daß diese Maßnahme sich günstig auf Image (Sympathie) und Bekanntheitsgrad der Bank auswirken.

Sponsoring soll dort stattfinden,
- wo auch die Zielkunden erreicht werden können,
- wo/wenn diese für die spezielle Botschaft ansprechbar sind (entspannt, aufnahmebereit),
- wo auch die Gedächtniswirkung optimal zu werden verspricht
- wo das Gesponsorte gemeinsam mit der Botschaft des Sponsors (assoziativ) gespeichert/gemerkt wird.

Wichtig ist deshalb, daß das Gesponsorte vom Image her zur → Corporate Identity, zum → Corporate Image des Unternehmens paßt (Image-Transfer).
Der Anteil des Sponsoring am Kommunikationsetat von Spitzenunternehmen steigt seit Jahren stark an, ebenso wie auch PR-Arbeit immer wichtiger wurde und wird. Man zielt dabei auf ein besseres Preis-Leistungs-Verhältnis bei der Erreichung von Kommunikationszielen, denn bislang ist eine PR- und Sponsoring-Überflutung oder eine PR- oder Sponsoring-Ablehnung (keine Aufnahmebereitschaft bei Adressaten) nicht festzustellen. Gb

Sprungwerbung

→ Werbung. Herstellerwerbung, die sich, den Handel überspringend, direkt an die Konsumenten (Endverbraucher) wendet. Sie ist somit der Normalfall bei Markenartikelwerbung.

Staatliche Reglementierung der Preispolitik

Entgegen dem Modell der Marktwirtschaft befindet sich »König Kunde« auch heute noch gegenüber Warenanbietern oft in der schwächeren Marktposition. Um den Spielraum für eine personelle → Preisdifferenzierung, d. h. eine sachlich nicht gerechtfertigte Ungleichbehandlung von Kunden oder Kundengruppen möglichst eng zu halten, hat sich der Gesetzgeber entschlossen, das Anbieterhandeln auf den Konsumgütermärkten zu reglementieren und einzelne Formen des Wettbewerbs einzuschränken (→ GWB, → UWG, AGB-Gesetz). Auch bestimmte Formen der Preispolitik sind durch staatliche Reglementierung eingeschränkt oder verboten (→ Rabattgesetz, → Rabatt, → Zugabeverordnung, Preisangabenverordnung (PAnV) → Preisangaben). Im Hinblick auf den teilweise erheblich niedrigeren Verbraucherschutz in den europäischen Nachbarländern hat die Bundesregierung begonnen, europainkonforme Reglementierungen einzubauen.

Die Preisauszeichnungspflicht ist durch die PAngV vorgegeben. Um dem Verbraucher Preisvergleiche zu erleichtern, verpflichtet sie die Einzelhändler (im funktionalen Sinne), die angebotene oder beworbene Ware mit den Endpreisen (einschließlich Mehrwertsteuer, unabhängig von einer Rabattgewährung) nach den Grundsätzen von Preiswahrheit und Preisklarheit auszuzeichnen. Preisschilder bzw. Beschriftung müssen dem Angebot bzw. der Werbung eindeutig zugeordnet, leicht erkennbar und deutlich lesbar oder sonst gut wahrnehmbar sein (§ 1, Abs. 6 PAngV).

Das Prinzip von Preiswahrheit und Preisklarheit wird allerdings durch den Ersatz des Rabattgesetzes durch das Rabattderegulierungsgesetz in seinem Kern verwässert. Während das Rabattgesetz von 1933 Preisnachlässe von mehr als 3 % gegenüber dem ausgezeichneten Preis untersagte, läßt die diskutierte Rabattderegulierung Rabatte gegenüber Endverbrauchern in fast beliebiger Höhe zu. Lediglich Gesamtumsatzrabatte bleiben wegen ihrer Sogwirkung auf den Verbraucher untersagt. Um der Gefahr zu begegnen, daß die Verbraucher durch weit überhöht ausgezeichnete Preise und hohe, werblich herausgestellte Rabatte irregeführt werden, wurde die Mondpreisbildung als Tatbestand der irreführenden Angabe ausdrücklich untersagt (§ 3 UWG). Die Gefahr der Verbrauchertäuschung durch Mondpreisbildung war auch deshalb größer geworden, weil im Vorzug der angestrebten UWG-Novelle die Verbote der Werbung mit mengenmäßig beschränkten Angeboten (§ 6 d UWG) und der blickfangmäßigen Werbung mit Preisgegenüberstellungen (§ 6 e UWG) aufgehoben worden waren.

In dem Bestreben, einen lauteren Leistungswettbewerb zu sichern, betrachtet das Wettbewerbsrecht die außerhalb des regelmäßigen Geschäftsverkehrs stattfindenden Verkaufsveranstaltungen im Einzelhandel skeptisch und kritisch. Verboten sind insbesondere solche Verkaufsveranstaltungen, die den Charakter einer einmaligen Gelegenheit haben und dem Verbraucher suggerieren, so günstig könne er so schnell nicht wieder kaufen. Zulässig sind dagegen Räumungsverkäufe (Ausverkauf), Winter- und Sommerschlußverkäufe sowie Jubiläumsverkäufe. Der Gesetzgeber trägt mit der Erlaubnis der Tatsache Rechnung, daß es bei Saisonware (Schlußverkäufe) zu Marktstockungen kommen kann, bzw. daß im Geschäftsbetrieb Ereignisse eintreten können (Geschäftsaufgabe, Schädigung des Warenbestands, anzeige- und genehmigungspflichtige Baumaßnahmen), die eine Räumung des Lagerbestands nur zu stark herabgesetzten Preisen ermöglichen. Die zeitliche Frist für erlaubte Sonderveranstaltungen beträgt in der Regel 12 Werktage, im Falle der Aufgabe des Gesamtgeschäftsbetriebs 24 Werktage.

Robert Weitz

Stadtmarketing (City-Marketing)

Städte, ob groß oder klein, ob zentrale Orte oder Mittel- bzw. Unterzentren, kämpfen seit längerer Zeit um Gewerbeansiedlungen, Verkehrsanbindungen, den Erhalt von oder den Zuschlag für Behörden, Hochschulen, Akademien, Non-Profit-Organisationen. Dabei bedient man sich des Instrumentariums der Ökonomen, Marktforschung, Public Relations, Werbung, Preis- und Konditionenpolitik im Gewand von z. B. Subventionsangeboten aller Art.

Dabei stellt sich heraus, daß es wichtig ist, primär zu entscheiden, ob den Bürgern einer Stadt reine Luft, kein Gewerbe- und Verkehrslärm, große Erholungsflächen, Spiele, Sport und niedrige örtliche Gebühren und Abgaben sowie niedrige Wohnungsmieten geboten werden sollen – eine eher demagogische Zielsetzung, denn es bleibt offen, wie dies bezahlt werden soll –, *oder* sollen primär Unternehmen und Nonprofit-Organisationen als Arbeitgeber, Steuerzahler angeworben werden, insbesondere sollen Käufer oder Nutzer aus dem weiten Umland möglichst oft und für möglichst allen relevanten Bedarf an Gütern und Dienstleistungen angezogen werden? Letzteres zielt auf Beschäftigung als Voraussetzung des Wohlstandes für alle. Dann allerdings muß den Bürgern erklärt werden, daß dies für sie Anforderungen stellt.

Marketing basiert auf der Grundidee Kundenzufriedenheit, Lösung der speziellen Kundenbedürfnisse und dies erkennbar/deutlich besser als die Wettbewerber. Dies gilt auch für das Marketing von Städten, Citys und Non-Profit-Organisationen. Der Kunde und seine Aufträge sind der Engpaß in einer Gesellschaft des relativen Überflusses.

Die Nachfrage der Kunden muß zudem dauerhaft und auf Vertrauensbasis angezogen werden. Einwohner, Arbeitnehmer, Beamte und Freiberufler aller Art gibt es genug, für sie gilt es Beschäftigung zu erreichen, dann erst kann verteilt werden, was am Markt erzielt wurde. Kunden für Handel, Handwerk, freie Berufe und die Gastronomie, die Kreditwirtschaft und die Nutzer von Nonprofit-Einrichtungen wie Hochschulen, Schulen, Museen, Theatern, Krankenhäusern usw. erwarten Diensteifrigkeit, also muß den Arbeitslosen klar gemacht werden, daß neue Chancen in Berufen mit ungewohnten Arbeitszeiten und dem Erbringen von Dienstleistungen liegen.

Es ist doch wohl nicht erträglich, daß in Großstädten mit hoher Arbeitslosigkeit z. B. Gastronomiebetriebe Probleme haben, für die Stoßgeschäftszeiten (also ≠ normale Industriearbeitszeiten) ausreichendes Personal zu bekommen. Dienen muß wieder vom Stigma des Pejorativen, des Entwürdigenden befreit werden, dies ist z. B. eine Aufgabe im Bereich der Marketing-Personal-Politik einer Stadt.

Ein heißes Thema ist es, ob Parkhäuser, Parkflächen in den Innenstädten geschaffen werden sollen, um alle Parkbedürfnisse auch in Stoßgeschäftszeiten (z. B. samstags früh, freitags nachmittags) abdecken zu können oder, ob man die auswärtigen Käufer, einschließlich aus den Vororten, mittels extrem hoher Parkgebühren zum Umsteigen auf den öffentlichen Nahverkehr, zu »Park and Ride«, veranlassen will. Dabei verwundert es, daß es i.d.R. um Entweder/Oder-Debatten geht, also vermutlich Ideologie Pate steht.

Viele Städte können in Normalzeiten ausreichend Parkmöglichkeiten in der Innenstadt und an deren unmittelbaren Rändern schaffen und erhalten. Für Stoßgeschäftszeiten aber sollte zusätzlich »P + R« professionell geplant, beschildert und durchgeführt werden.

Eine weitere Frage ist, wie innerstädtische Einkaufszentren (meist als Fußgängerzonen gestaltet) auf Dauer lebensfähig gehalten werden. Daher gilt es, ein optimales Branchen-, Betriebstypen- und Betriebsgrößen-Mix zu planen und soweit wie möglich zu gestalten. Also dürfen extreme Ladenmieten nicht – wie so häufig – Mittelständler, insbesondere als Fachgeschäftsinhaber, aus den Innenstädten vertreiben.

Ein Zuviel an Filialisten ist jedenfalls nicht attraktiv, wirkt leicht uniformierend. Sowohl der Ausbau der Fußgängerzonen als auch die explodierenden innerstädtischen Ladenmieten vertrieben Möbelhändler und Convenience-Goods-Anbieter (Discounter) aus den Innenstädten bzw. vertreiben diese fortlaufend mehr und mehr. Deren Ansiedlung auf der »grünen Wiese« aber finden viele Stadtverwaltungen/Stadtparlamente als ein Ausbluten der Innenstädte und bekämpfen diese Großbetriebe auf der »grünen Wiese« durch die Bauordnung (kein Ausweis als

Sondergewerbegebiet), was unsinnig ist. Eine Stadt braucht beides, großflächige Möbelhäuser und Discount-Handel auf der »grünen Wiese« und Fachgeschäfte, Warenhäuser etc. in der Innenstadt.
Will man Touristen in eine Stadt locken, so wird man die Touristenattraktionen leicht zugänglich machen müssen (wie Einzelhandel). Sollen Touristen längere Zeit verweilen, was für die Hotels eine wesentliche Erleichterung der Belegung bringt, was auch dem Einzelhandel meist attraktive Zusatzumsätze verschafft, dann muß für die Touristen eine Art »Animation« geschaffen werden, also Programme, Möglichkeiten im Umkreis des Standortes zu wandern, zu besichtigen, Sport aller Art zu betreiben. Also muß Tourismus-Marketing kooperativ mit dem Umland betrieben werden, Touristen sind keine exklusive Beute für den zufälligen Übernachtungsort.
Stadtmarketing nutzt das gesamte Programm modernen Marketings: Ein Stadtleitbild, eine Strategie und schlüssige Taktiken sind zu planen, zu realisieren und zu kontrollieren. Das Leistungsprogramm ist zu bestimmen, die Einbettung in die geographischen Voraussetzungen und evtl. Verbesserungen der Verkehrsanbindungen sind zu planen und zu realisieren, was meist auf »grünen« Widerstand stößt. Gebühren, Gewerbesteuerhebesätze sind zu beeinflussen. Für das Programm ist Kommunikationspolitik in voller Breite der üblichen Instrumente geboten. Eine ständige Marketing-Kontrolle und Rückkoppelung ist empfehlenswert. (→ Nonprofit-Marketing).
Selbst die Sicherheit der Besucher und Kunden in einer City gilt es zu beachten. Städte, in denen U-Bahnen und deren Bahnhöfe, Parkhäuser und Straßen als unsicher gelten, wo Bettler Passanten häufig belästigen, verjagen auf Dauer zahlungskräftige Kunden und Touristen. Hier sollte den Anfängen negativer Entwicklungen mit nötiger Härte gewehrt werden. Gb

Standortentscheidung

Entscheidung (strategisch, da langfristige Bindung und entscheidend für Erfolg des Unternehmens) über den geographischen Ort bzw. die geographischen Orte, an dem/denen die Produktionsfaktoren zur Leistungserstellung eingesetzt werden.
Die klassische *Standorttheorie* (Weber Alfred, Standortfaktoren; auch: Behrens, K. C., Standortbestimmungslehre) hat ihren Schwerpunkt bei der industriellen Standortentscheidung, die Probleme sind insbesondere Kosten (für Grundstücke, Arbeitskräfte, Energie, aber auch Steuern, Abgaben und Auflagen) und Wege (Transportkosten, Verkehrsanbindung).
Bei der Standortentscheidung im stationären Einzelhandel sind Marketing-Gesichtspunkte/Kundenorientierung entscheidend. Auf diese Problematik wird im folgenden eingegangen.

Kriterien der Standortentscheidung
Standortfaktoren
Entscheidend ist das Absatzpotential, also Bedarf und → Kaufkraft, Konkurrenz und Verkehr (subjektive Erreichbarkeit für potentielle Kunden). Die Standortentscheidung hat einen wesentlichen Ein-

fluß auf eine erfolgreiche → Marketing-Mix-Politik.
Auch Kostengesichtspunkte (s.o.) können (untergeordnet) eine Rolle spielen.

Typologie der Standorte

Einzugsgebiet
Zur Bestimmung des Absatzpotentials eines Standortes ist die Abgrenzung des voraussichtl. Einzugsgebietes notwendig. Entscheidend ist die kritische Zeitschwelle, also die Wegezeit, die der Verbraucher gerade noch in Kauf nimmt (z. B. City einer Großstadt ca. 1 Std., größeres Einkaufszentrum 30 Min., Bankfiliale 10 Min.). Die Bestimmung der Wegezeiten orientiert sich an »ökonomischen« Wegezeiten, die nicht nur Entfernungen, sondern auch Hindernisse (Verkehrsdichte, Ampeln, Flüsse, Bahnlinien, schlechte Straßen usw.) berücksichtigen. Auch die Magnetwirkung konkurrierender Stand-

Verschiedene Betriebstypen und ihre Anforderungen bzgl. ihrer Standorte

Standorttypen des Einzelhandels	Anforderungen	Für welche Betriebstypen geeignet?
innerstädtische Einkaufsstraße	Erreichbarkeit (PKW, öffentliche Verkehrsmittel) Parkplätze, Parkhäuser Agglomeration (alles auf einer Straße nebeneinander)	Kaufhausfilialen Spezialkaufhäuser Fachgeschäfte Fachdiscounter (für Schuhe, Textilien etc.)
innerstädtische Speziallagen (2a/2b Lagen)	leichte Erreichbarkeit Parkplätze	Specialty Goods (Suchkauf)
»grüne Wiese«	Erreichbarkeit Parkplätze (kostenlos) an Hauptausfallstraßen Deglomeration Tankstellen Reifenhandel	Möbelgeschäfte (ab bestimmter Größe) SB-Warenhäuser Baumärkte
»grüne Wiese«: integrierte Einkaufszentren	gleiche Anforderungen wie oben, jedoch: Agglomeration	Fachgeschäfte Kaufhausfilialen Schnellgaststätten Bankzahlstellen Reinigung etc.
Naheinkaufszentrum in Wohnlagen	zu Fuß erreichbar Parkplätze	Metzgerei Bäckerei Lebensmitteldiscounter etc. Apotheke

orte (z.B and. Ober- u. Mittelzentren) schränken das Einzugsgebiet ein. Bei der Entscheidung, in welches der konkurrierenden Zentren Kunden fahren, spielen oft Gewohnheiten/Traditionen eine große Rolle. Konzentrische Kreise (in km) zur Bestimmung des Einzugsgebietes lassen Infrastruktur und Konkurrenz völlig unberücksichtigt.

Wichtige Aspekte bei Festlegung der kritischen Zeitschwelle:
- Welche Güterkategorie? (Convenience Good, Shopping Good oder Specialty Good; → Produktkategorien)
- → Agglomeration (Ballung von Anbietern an einem zentralen Ort, z. B. in Innenstadtlage) oder → Deglomeration.

In der Regel bestimmt man drei verschiedene Entfernungszonen auf der Landkarte
- Kernzone (ca. 80% des Kundenkreises),
- sekundäre Zone (ca. 15%),
- tertiäre Zone (ca. 5%).

Die äußeren Ränder dieser Zonen sind die Isochronenlinien (Linie gleicher Zeitentfernungen/Wegezeiten), die Isochronenlinie der tertiären Zone bildet die kritische Zeitschwelle.
Die Abbildung soll die Eignung von Agglomerations- und Deglomerationsstandorten für verschiedene Güter- oder → Produktkategorien verdeutlichen.

Bei der Auswahl des einzelnen Standortes innerhalb einer Agglomeration (Ein-

Standortentscheidung

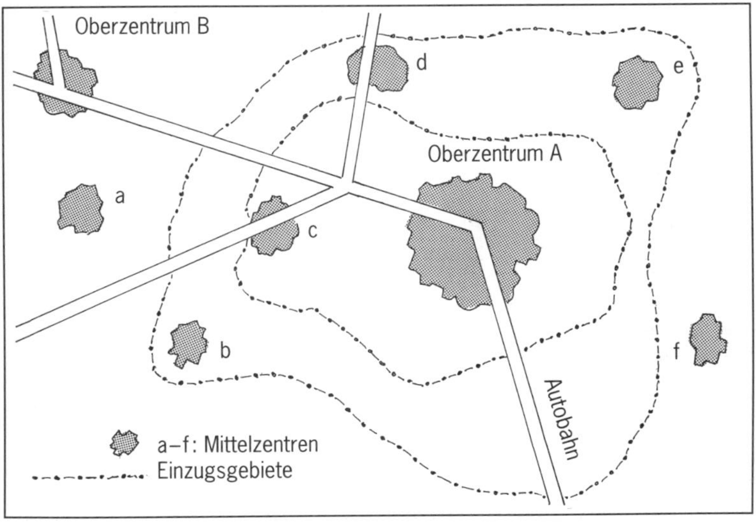

Standortentscheidungsmatrix

Alternativenbewertung		Standortfaktoren: relevanter Bedarf	Dynamik/voraussichtliche Entwicklung des Standortes	Qualität der möglichen Verkaufsflächen[1]	Wettbewerbsintensität	Sonstiges[2]	Summe
Bewertungskoeffizient (in %)		40	10	30	15	5	100
Mindestbedingung		4	5	4	3	3	
Alternative 1	erreichte Bewertungsnote	4	5	5	3	5	
	Note gewichtet mit Bewertungskoeffizient	160	50	150	45	25	430
Alternative 2	erreichte Bewertungsnote	6	6	2	Mindestanforderung nicht erreicht → entfällt		
	Note gewichtet mit Bewertungskoeffizient	240	60	60	Mindestanforderung nicht erreicht → entfällt		
Alternative 3	erreichte Bewertungsnote	5	6	5	3	5	
	Note gegewichtet mit Bewertungskoeffizient	200	60	150	45	25	480

Ergebnis: Alternative 1: möglicher Standort
Alternative 2: als Standort nicht geeignet, da Mindestanforderung nicht erfüllt
Alternative 3: falls nur ein Standort in Frage kommt, ist diese Alternative zu präferieren.

Noten: 0 = unzulänglich
1 = wenig befriedigend
2 = schwach befriedigend
3 = befriedigend
4 = gut
5 = sehr gut
6 = ideal

1) Darunter sind zusammengefaßt: Publikumsverkehr, Zugänglichkeit, Preis pro qm sowie, ob es sich um Miete, Pacht oder Eigentum handelt.
2) Beinhaltet folgende Aspekte: Gewerbesteuerhebesatz, örtliches Gehaltsniveau, Arbeitskraftreserven.

Standortentscheidung

Lokalisierung des Angebotes	Art des Produktes/der Dienstleistung			
	Convenience Goods	Shopping Goods	Specialty Goods sperrige, schwere Güter	Specialty Goods leichte, gut transportable Güter
Agglomeration				
a) Großstadt/ Innenstädte	⊙	⊕⊕	⊖	⊕
b) Wohngebietslagen	⊕	⊙	⊖	⊖
c) EKZ auf grüner Wiese	⊕	⊕	⊙	⊖
d) innerstädt. EKZ (Verkaufsgalerie etc.)	⊙	⊕⊕	⊖	⊙
Deglomeration				
a) auf grüner Wiese	⊕⊕	⊙	⊕⊕	⊖
b) in Wohngebieten	⊕	⊙	⊙	⊖

⊖ nicht üblich ⊙ als Ergänzungsbedarf ⊕ dominant ⊕⊕ fast ausschließlich

kaufszentrum, Innenstadt, Fußgängerzone) sind insbesondere Wegegewohnheiten der Käufer zu beachten. Oft kann ein Standort nur wenige Meter von einer Einkaufsstraße entfernt, nur um die Ecke, fatal sein (Ausnahme: Specialty Goods), da für Anbieter von Shopping Goods der Kundenlauf (die Frequenz) notwendig ist, damit Schaufenster und Außenwerbung als Magnet wirken können.
Ein Möbeleinkaufszentrum dagegen wird vom Verbraucher eher auf der »grünen Wiese« erwartet. Ein Besichtigungstermin kostet oft mehrere Stunden und wird meist als Einzeleinkaufsfahrt unternommen. Gb

Stichprobenumfang

Bei den zufallsgesteuerten Auswahlverfahren konvergiert die Stichprobenverteilung der Mittelwerte mit wachsendem Stichprobenumfang gegen eine Normalverteilung. Bei Zufallsstichproben kann der Stichprobenfehler berechnet werden. Es gibt mathematische Formeln, mit denen die Streuung der Werte in der Grundgesamtheit, die Zufallsstreuung des Mittelwertes von Stichproben und der Abweichungs- bzw. Vertrauensbereich zu berechnen sind. Die Formel für die Stichprobengröße lautet:

$$n = \frac{t^2 \times p \times q}{e^2}$$

t = Sicherheitsgrad ($t=2 \cong 95{,}5\,\%$)
n = Stichprobenumfang
e = Vertrauensintervall
p, q = Prozentsätze der Merkmalsanteile (wenn unbekannt, wird der ungünstigste Fall je 50 % angenommen).

In der Marktforschung wird jedoch teilweise mit nicht zufallsgesteuerten Auswahlverfahren gearbeitet.
Die Fernsehforschung in der Bundesrepublik Deutschland basiert beispielsweise auf etwa in 4.500 Haushalten installierten Geräten, die die Einschaltung und Personenzahl aufzeichnen.
→ Recall-Tests von Verbraucherwerbung in Massenmedien werden häufig bei 200–300 Personen durchgeführt; etwa im gleichem Umfang ist die Auswahl von Testpersonen bei Produkttests von Massenprodukten. Bei Tests bzw. Experimenten und in der Motivforschung liegt die Fallzahl nicht selten unter hundert.
Ge

Store-Test

Beim Store-Test oder kontrollierten Markttest werden einzelne Komponenten des Marketing-Konzepts in einer bestimmten Anzahl von Geschäften getestet (z. B. Preise, Packungen, Verkaufsförderungsaktionen, Plazierungen, Produktvarianten etc.). Marktforschungsinstitute bieten den Test in je 20–30 Geschäften einiger Großstädte bzw. Ballungszentren an. Mit Store-Tests will man entweder die Richtigkeit der Gestaltung eines Instrumentes vor dem endgültigen Einsatz beweisen oder die Auswahl zwischen den Alternativen erleichtern.
Entscheidend ist die Versuchsanordnung; gelegentlich wird erst die Variante 1 und dann die Variante 2 (etwa unterschiedliche Preise oder Packungen) in den gleichen Geschäften verkauft. Dies beinhaltet das Problem, daß die Abverkäufe durch den entsprechenden

Zeitraum beeinflußt sein können. Die Zeiträume für den Abverkauf einer Variante liegen in der Größenordnung von ein paar Wochen. Um den Einfluß des Zeitfaktors zu eliminieren, wird dann häufig parallel in einer gleich großen Anzahl von Geschäften die Variante 1 und die Variante 2 verkauft.

Komplizierter wird die Versuchsanordnung beim Testen von drei Alternativen. Auch hier ist es empfehlenswert, die Anordnung so zu gestalten, daß der zeitliche Einfluß eliminiert wird. Dies erfordert drei Geschäftsgruppen und drei Zeitperioden, also insgesamt neun Felder (Lateinisches Quadrat): Ge

Kombinierter Store-Test mit drei Alternativen

Geschäfts-Testgruppe	Testperiode		
	1	2	3
1	A	B	C
2	B	C	A
3	C	A	B

Strategien

→ Marketing-Strategien.

Strategisches Dreieck (der Marktbeziehungen)

Jedes Unternehmen, jede Nonprofit-Organisation entwickelt und vermarktet ihr Angebot im Spannungsfeld

- eigener Stärken und Schwächen
- der Wettbewerber, einschließlich der potentiellen Wettbewerber (z. B. drohender Aufbau einer Verkaufsorganisation, ausländische Unternehmen, Substitutionswettbewerb) und
- der Bedürfnisse (+ relevante Kaufkraft = Bedarf) der Ge- und Verbraucher (Konsumenten).

Dieses Spannungsfeld nennt man das (traditionelle) Strategische Dreieck der Marktbeziehungen.

In den zumeist oligopolistisch strukturierten Märkten moderner Volkswirtschaften (Wettbewerb weniger, einflußreicher Anbieter; Konzentration in der Wirtschaft) gilt es, bessere Lösungen für die Bedürfnisse der Ge- und Verbraucher optimal zu entwickeln (→ USP), um somit dominanten Qualitäts- und Präferenzenwettbewerb (Ziel: → Dauerkunden) zu betreiben. Die eigenen Stärken gilt es zu erhalten und auszubauen, eigene Schwächen sind zu erkennen und auf Dauer zu beseitigen (z. B. Eigenkapitalarmut durch dominante Innenfinanzierung und neue Eigenkapitalgeber; Kapitalbeteiligungsgesellschaft), Kooperation mit bisherigen Wettbewerbern, besser mit Anbietern aus gleicher Branche, aber auf anderen regionalen Märkten, Vertikalkooperation (→ Kooperatives Marketing).

Für die Mehrzahl der Industrieunternehmen ist der indirekte Absatz über Absatzmittler (Händler) mit flächendeckender Distribution je Ort/Einkaufszentrum üblich und unvermeidlich. Dann aber scheint es aufgrund der entscheidenden Rolle der Absatzmittler für den Erfolg am Markt sinnvoll, diese auch in das strategische Dreieck aufzunehmen, sie also in die strategischen Grundbetrachtungen und Planungen einzubeziehen.

Die Händler wirken vielfach als »Schran-

Das strategische Dreieck der Marktbeziehungen

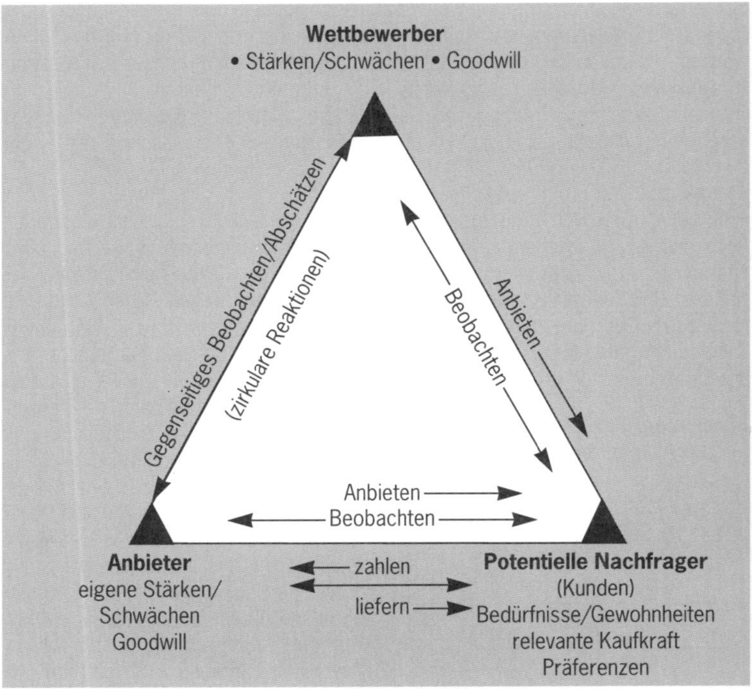

kenwärter« (Gate Keeper): Sie können, wenn ihnen das industrielle Angebot nicht paßt, den Absatz blockieren (keine Listung...). Je vermachteter der Einzelhandel ist (kein Kartellgesetz verhinderte dies), desto eher ist der Zwischenmarkt zwischen Industrie und Handel bilateral (beiderseitig) vermachtet/oligopolisiert (→ Nachfragemacht). Dies bedeutet, daß das Angebot der Industrie für die Zielgruppe der Absatzmittler flächendeckend attraktiv und dauerhaft sinnvoll sein muß. Dies beinhaltet auch, daß das industrielle Markensortiment von den erzielbaren → Handelsspannen her rentabel sein muß, am besten ist es ein →Zugartikel. Gb

Strategische Geschäftseinheiten (SGE)

In SGE sind gegenüber anderen Geschäftsbereichen homogene, eindeutig abgrenzbare Produkt- und Marktsegmen-

Strategisches Dreieck bei Einbeziehung der Absatzmittlerebene

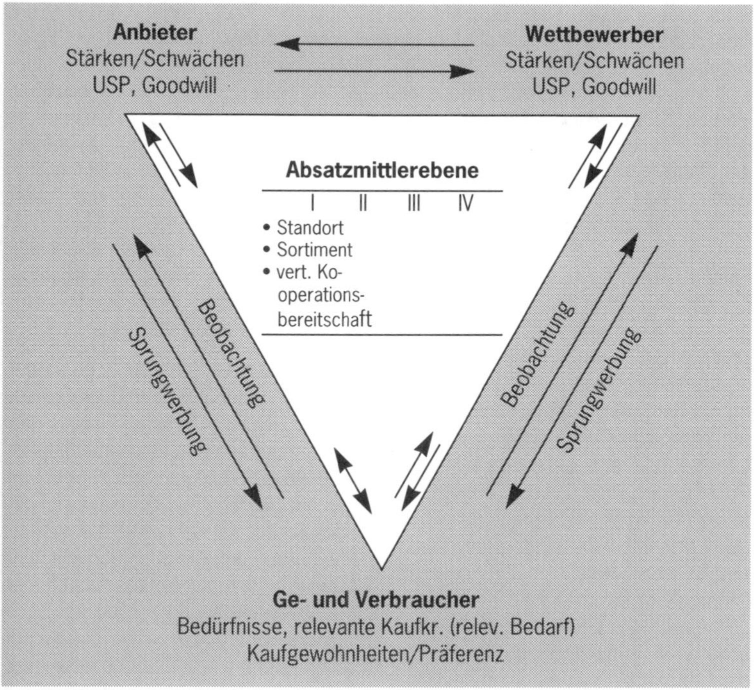

te gebündelt. SGE haben Ergebnisverantwortung.

Strategisches Marketing-Controlling – Allgemeine Aspekte

Im Rahmen der *strategischen Planung* geht es um die Gestaltung von *Strategien* im Sinne der Schaffung und des Ausbaus von *Erfolgspotentialen* in Form von Produkt-Markt-Kombinationen (→ Marktfeld-Strategien). Marketing-Strategien müssen für das Unternehmen typisch sein und sie dürfen nicht zu oft geändert werden, da sie den Einsatz von Ressourcen auf längere Sicht verbindlich festlegen. Des weiteren müssen Strategieänderungen, die in nachvollziehbaren Schritten den Anschluß an bisherige Strategien finden, von den Mitarbeitern des Bereichs nicht nur verstanden und akzeptiert, sondern auch tatsächlich realisiert werden. Alternative Strategien werden nach ihrem Beitrag zur Wertsteigerung beurteilt und Ressourcen sollten vorzugsweise in jene Geschäftsbereiche fließen, die die größten Erfolgspotentiale haben und damit höchste Wertsteigerungen versprechen. Schließlich müssen Marketing-Strategien einzigartig sein, d. h. sie sollten sich von den Strategien der Wettbewerber unterscheiden, weil Unterschiede von Kunden besonders intensiv wahrgenommen werden.

Entsprechend der Langfristorientierung hat das Marketing mehr oder weniger grob zu planen, mit welchen Produkten sich das Unternehmen über seine organisatorisch deutlich voneinander abgegrenzten strategischen Geschäftseinheiten auf welchen Absatzmärkten zu betätigen beabsichtigt. Die dazu geeigneten *Planungstechniken* sind u. a. die Konzepte der strategischen Lücke und des Produkt-Portfolios. Eine *strategische Lücke* wird sichtbar, wenn dem Basisgeschäft (Momentum), ermittelt auf der Grundlage der restlichen bis zum Planungshorizont erwarteten *Produktlebenszyklen*, die von der Geschäftsleitung autonom bestimmte Entwicklungslinie gegenübergestellt wird.
Die zur Schließung einer solchen Lücke geeigneten Maßnahmen (Handlungsempfehlungen oder Normstrategien) sind in Abhängigkeit von Nach-, Weiter- und Neuentwicklungen (Produktvarianten oder -innovationen) sowie in der Reihenfolge zunehmender Risiken: die → Marktdurchdringung, Produktentwicklung und → Markterschließung sowie die → Diversifikation. Beim *Produkt-Portfolio* werden in einer Matrix die Nachwuchs-, Star-, Cash- und Auslaufprodukte entsprechend ihrer Stellung im Lebenszyklus visualisiert, und zwar durch Kreise entsprechend der Höhe der Soll- und/oder Ist-Umsätze. Je nachdem, ob die Hauptachsen einer solchen Matrix eindimensional (Marktanteil und -wachstum als dominante Erfolgsfaktoren) oder mehrdimensional (Marktattraktivität und relative Wettbewerbsvorteile) sind und deren Ausprägungen niedrig-(mittel)-hoch sein sollen, lassen sich konkrete Handlungsempfehlungen für die in den einzelnen Feldern der Matrix befindlichen Produkte ableiten (→ Portfolio-Analyse).

Die *strategische Kontrolle* dient schwerpunktmäßig der laufenden Überwachung der für die strategische Planung verwendeten Prämissen (Annahmen). Erfahrungsgemäß kündigen sich Veränderungen des betrieblichen Umfeldes im Frühstadium nur schwach und damit leicht überhörbar an. Da aber verschiedene Mitarbeiter unterschiedliche Sichtweisen (Perspektiven) ein und desselben Sachverhalts haben, könnte ein die Koordination übernehmendes Controlling möglichst vielen Mitarbeitern des Marketing als *Sensoren* im Sinne eines strategischen Radars das Rastern und Beobachten des bedienten Marktes überlassen. Ist solches Vorgehen ungerichtet, d. h. nicht auf vorgegebene Problemstellungen ausgerichtet, spricht man von *Scanning*.

Ergeben sich Hinweise auf einen für das Marketing kritischen Sachverhalt, kann dem Scanning das folgen, was man *Monitoring* nennt, nämlich das gerichtete und gezielte Untersuchen eines identifizierten Sachverhalts, um vertiefende

Informationen zu erhalten. Zur Erleichterung der Früherkennung von Gelegenheiten und Bedrohungen (Krisen) kann daran gedacht werden, den Sensoren die Beachtung bestimmter *Vorlaufindikatoren* wie Preisentwicklung, Inflationsraten, Wechselkurse, Patentanmeldungen, Auftragseingänge und/oder Kundenreklamationen zu empfehlen. Wird dann für einen kritischen Sachverhalt eine Merkmalskumulation festgestellt, kann versucht werden, ein neues *Handlungsmuster* zu formulieren, das im Vergleich zu bisherigen Mustern einen Perspektivenwechsel erlaubt, der dann bis auf weiteres die Handlungsmöglichkeiten innerhalb der strategischen Planung bestimmt. Die gezielte Suche nach Handlungsmustern ist auch Gegenstand der modernen *Chaosforschung*, deren Ausgangspunkt die Feststellung war, daß zuviel Ordnung bei zu geringen Handlungsspielräumen das Unternehmen bei unerwarteten Störungen leicht in die Krise führen kann. Klaus Ziegenbein

Strategisches Marketing-Controlling – Anwendungsfälle

Das strategische Marketing-Controlling umfaßt in erster Linie:

a. die Analyse des Produkt-Markt-Portfolios (→ Portfolio- Analyse),
b. die strategische Programmpolitik (→ Sortimentspolitik) und
c. die Planung neuer Produkte (→ Innovation).

In diesen Bereichen hat das Marketing-Controlling eng mit dem Marketing-Bereich zusammenzuarbeiten.

Marketing-Controlling hat im strategischen Bereich eine koordinierende und informatorische Unterstützungsfunktion gegenüber dem Marketing-Management. Im Rahmen des strategischen Marketing-Controlling ist die Schwerpunktverschiebung in der Käuferstruktur für bestimmte Produkte rechtzeitig zu erkennen und hinsichtlich ihrer Bedeutung zu überprüfen. Außerdem gehört es zu den Aufgaben des Marketing-Controlling, die Konkurrenz systematisch zu analysieren. Es ist eine Konkurrenz-Datei aufzubauen und die Analyse bezogen auf Produkte, Abnehmer und Aktivitäten durchzuführen. In Zusammenarbeit mit dem Marketing-Management teilt das Controlling die → strategischen Geschäftseinheiten (SGE) ein.

Bei der Erstellung der → Portfolio-Analyse sollte dem Beurteilungs-Team auch Marketing-Controlling angehören.

Es hat dabei die Aufgaben:

- Sicherstellung des effizienten Ablaufs der Analyse
- Unterstützung und Beratung der Marketing-Fachleute bei der Aufstellung operationaler Bewertungskriterien
- Koordination der Beschaffung von Informationen für die Analyse von Kriterien und
- kritische Analyse und Überprüfung der Ergebnisse.

Bei der strategischen Programmpolitik hat Marketing-Controlling die Aufgabe, die Programmüberprüfung systematisch durchzuführen; dies geschieht in Zusammenarbeit mit verschiedenen Bereichen. Für die Entscheidung, ob ein Produkt aus dem Angebotsprogramm herausgenommen werden soll, sind Größen wie Umsätze, Kosten, Deckungsbeiträge und andere zusammenzustellen. Dies betrifft sowohl die vergangenen Jahre, beinhaltet aber auch eine → Prognose. Ferner ist zu analysieren, inwieweit Marketing-Kosten bei der Herausnahme abgebaut werden können.

Auch der Einfluß auf den wirtschaftlichen Erfolg anderer Produkte ist zu untersuchen, ebenso wie »versteckte« Kosten eines Produktes (Vertreterbesuche, Auftragsbearbeitung, Reklamationen, Lieferung). Zu den Aufgaben des Marketing-Controlling gehört es auch, für einzele Produktgruppen bzw. strategische Geschäftseinheiten die Umsätze, Gewinne und Deckungsbeiträge nach Artikeln, Kunden, Gebieten und Vertriebskanälen zu untersuchen sowie eine Vergleichsrechnung Eigenprouktion/Fremdbezug durchzuführen.

Bei der Planung neuer Produkte hat das Marketing-Controlling Kriterien zur Auswahl von Produktideen zu entwickeln, den Einsatz der Auswahlverfahren zu koordinieren (Aufstellung von Checklisten und Bewertungsprofilen), das Marketing-Management bei der Bewertung der einzelnen Produktideen zu unterstützen und das Ergebnis der Vorauswahl abzustimmen und zusammenzufassen. Hinsichtlich der Wirtschaftlichkeit analysiert und bewertet das Marketing-Controlling die zu beurteilenden Produktideen nach Ergebnisgesichtspunkten und erstellt eine Risikoanalyse.

Im Rahmen der Planung neuer Produkte fallen noch weitere Controlling-Aufgaben an: Plankostenrechnung, Berechnung der Marketing-Kosten, Entwicklung alternativer Strategien, → Break-Even-Analyse (Break-Even-Point) und Risikorechnung. Bei letzterer werden unterschiedliche Ergebnisvarianten errechnet (beispielsweise pessimistisch, normal, optimistisch); es können auch alternative Konzepte in die Berechnung einbezogen und für unterschiedliche Ergebnisse Wahrscheinlichkeiten geschätzt werden. Ge

Streckengeschäft

Unter Streckengeschäft (auch als Streckenhandel bezeichnet) versteht man den Handel mit Waren, die nicht das Lager des Handelsbetriebes berühren, sondern vom Lieferanten unmittelbar zum Kunden des Händlers transportiert werden. Der Händler beschränkt sich also auf die → Akquisition und Disposition, d. h. auf die Lenkung der Warenströme. Der Lieferant übernimmt die → physische Distribution bzw. die → Logistik, d. h. die Lagerhaltung und den Transport.

Das Streckengeschäft spielt dort eine bedeutende Rolle, wo große Mengen gleichartiger Waren umgeschlagen werden, also bei Massenprodukten wie z. B. Getreide, Kohle, Baustoffe, Eisen und Stahl. Durch das Streckengeschäft können erhebliche Lagerhaltungs- und Transportkosten eingespart werden. HL

Streuplanung

→ Mediaplanung.

Struktur-Vertrieb

Der Struktur-Vertrieb ist ein mehrstufiges Vertriebssystem, das auch Multi Level

Marketing oder Network Marketing genannt wird. Alle Verkäufer beginnen auf der untersten Stufe mit dem Aufbau eines Kundenkreises. Dabei wenden sie sich meist an Freunde, Verwandte und Bekannte. Wer gute Verkaufsergebnisse erzielt, steigt in die nächsthöhere Stufe auf. Die aufgestiegenen Verkäufer müssen weitere Verkäufer in das Vertriebsnetz einbringen. Diese sog. Geschäftspartner werden i.d.R. aus dem Kundenkreis geworben. Ein Verkäufer in einem Struktur-Vertrieb hat zwei Verdienstquellen:

- die Provision aus dem eigenen Umsatz mit Endverbrauchern und
- die Beteiligung am Umsatz der eingebrachten Vertriebspartner.

Je höher die erreichte Stufe in der Hierarchie des Struktur-Vertriebes ist, desto geringer ist der Anteil der reinen Verkaufstätigkeit und um so mehr gewinnt die Organisationstätigkeit an Bedeutung.

Der Struktur-Vertrieb hat sich vor allem im Privatkundengeschäft als Alternative oder Ergänzung zum traditionellen → Außendienst etabliert. Die meisten Struktur-Vertriebe findet man im Bereich der Finanz-Dienstleistungen. Die größten Probleme in Struktur-Vertrieben sind mangelhafte Kundenberatung und unseriöse Verkaufsmethoden. Unter den Strukturverkäufern (im Jargon »Strukis« genannt) gibt es schwarze Schafe, die nicht kundenbezogen, sondern provisionsorientiert verkaufen (→ Hard Selling). HL

Substitutionalität

→ Preis-Absatz Funktionen.

SWOT-Analyse

entspricht der Analyse der internen Stärken- (Strengths) und Schwächenanalyse (Weaknesses) sowie der externen Chancen- (Opportunities) und Risikenanalyse (Threats) → Planinhalte.

Synergie-Effekt

Der Ausdruck Synergie stammt aus dem Griechischen und bedeutet wörtlich übersetzt Zusammenwirken. In der Wirtschaftswissenschaft versteht man unter Synergie-Effekt (Verbundwirkung), daß die Gesamtwirkung einzelner Maßnahmen größer ist als die Summe ihrer Einzelwirkungen. Kurz: das Ganze ist mehr als die Summe seiner Teile. Häufig werden zur Erklärung von Synergie die Formeln 1 + 1 = 3 oder 2 + 2 = 5 verwendet.

Die Einflußfaktoren können im wirtschaftlichen Bereich insbesondere Personen, Unternehmen oder Organisationen sein. So sollen bei Kooperationen oder auch Zusammenschlüssen durch Konzentration des Eigenkapitals (Konzernierung) Synergie-Effekte erkannt und genutzt werden. Solche Synergie-Effekte entstehen etwa durch gemeinsamen Einkauf (verbesserte Marktkenntnis, höhere Nachfragemacht, verbesserte Mengenrabatte durch gestiegene Nachfragemengen). In der Verwaltung lassen sich Stabsabteilungen gemeinsam nutzen, Know-how aller Art kann ausgetauscht werden, in der Produktion können durch Spezialisierung Degressionseffekte realisiert werden. Im Verkauf werden die bisher getrennten Absatzbeziehungen, die jeweils eigene Absatzorganisation nunmehr evtl. für die Ver-

kaufsprogramme der jetzt zusammenarbeitenden Unternehmen gemeinsam genutzt. Bei Unternehmenskäufen (Konzernierung) spielen mögliche Synergie-Effekte oft eine entscheidende Rolle, was aber voraussetzt, daß hier nicht Wunschdenken, sondern realistische Planung zugrunde liegt.
Die Kooperation in Marketing- oder Einkaufsverbänden, etwa des Handels oder Handwerks, zielt stets auf mögliche Synergie-Effekte ab. Ein Franchise-System dient dem Zweck, das Know-how und den Goodwill des Franchise-Gebers auf die Franchise-Nehmer zu übertragen. Eine lebendige Franchise-Organisation betrachtet die Franchise-Nehmer als Partner, die ihre jeweilige Erfahrung aus den Geschäften vor Ort (mit den Konsumenten) im Rahmen eines »betrieblichen« Vorschlagswesens der gesamten Gruppe nutzbar machen. Auch dies bedeutet eine Nutzung von Synergie-Effekten.

Im Marketing-Bereich gibt es ein großes Potential an Synergie-Effekten. Beispiele dafür sind:

- Sortimentsverbund (→ Komplementarität zwischen Produkten)
- Vertriebsverbund (gemeinsame Nutzung von Vertriebsnetzen, → Mehrfirmen-Vertreter)
- Werbeverbund (Gemeinschaftswerbung, kombinierter Einsatz von Werbeträgern)
- Unternehmensverbund (Gemeinschaftsunternehmen, → Integration, → Diversifikation)
- Zusammenarbeit (Innen- und → Aussendienst, Vertrieb und → Kundendienst).

In der Regel wird unterstellt, daß Synergie-Effekte positiv sind. Synergie-Potentiale können jedoch zu positiven und negativen Synergie-Effekten führen. Das Ausmaß der Synergie-Effekte hängt von den Dispositionen des Managements und von den Handlungen der betroffenen Mitarbeiter ab. Die genaue Messung von Synergie-Effekten ist allerdings schwierig. HL/Gb

Systemlogistik

Unter Systemlogistik versteht man die Belieferung von Kunden mit einem Vollsortiment eines bestimmten Bereiches (z. B. Getränke oder Tiefkühlkost), wobei alle vom Kunden gewünschten Artikel dieses Bereiches – unabhängig vom Hersteller – in einer Lieferung angeboten werden.

Der Systemlieferant sammelt die Produkte verschiedener Hersteller, stellt kommissionierte (→ *Kommissionierung*) Partien mit vom Kunden gewünschten Artikeln und Mengen zusammen und führt die Belieferung des Kunden durch.
Für den Kunden ergeben sich durch diese rationelle Form der Belieferung zahlreiche Vorteile. Führt ein Hersteller die Systemlogistik in eigener Regie durch, so können sich auch für ihn Wettbewerbsvorteile ergeben.

Der Systemlogistiker erbringt zunächst eine Speditionsfunktion, wobei jedoch Zusatzleistungen, die beim Spediteur nicht üblich sind (z. B. Lagerung von umfangreichen Sortimenten, Kommissionierung von Artikeln zu einer Teillieferung, Plazierung der Ware im Verkaufsraum des Kunden, Rechnungsstellung),

Systembelieferung – Vollsortiment in einer Anlieferung

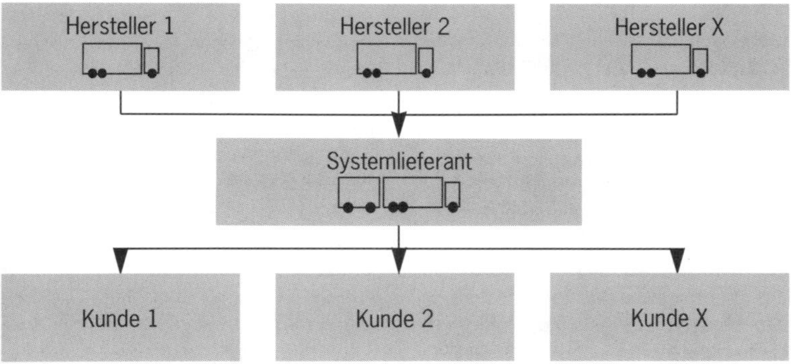

erbracht werden. Um größere Regionen abdecken zu können, arbeiten Systemlogistiker häufig mit mehreren räumlich verteilten Kooperationspartnern zusammen.
Diese Zusammenarbeit mit Kooperationspartnern setzt einen reibungslos funktionierenden Datenaustausch zwischen der Verwaltungszentrale und den einzelnen Partnern voraus. Bei Anwendung entsprechender Informationssysteme, die auch logistische Anforderungen berücksichtigen, können Auslieferungskosten (Reduzierung von Anfahrts-

Vorteile der Systemlogistik

Für den Kunden	Für den Hersteller-Systemlogistiker*
Komplettes Sortiment in einer Lieferung. Häufigere Anlieferungen von kommissionierten Teilmengen, dadurch Lagerraumersparnis. Bessere Steuerung der Anliefertermine. Geringere Belastung der Warenannahme. Ein Ansprechpartner. Rationalisierung in der Verwaltung durch eine Abrechnung. Preise und Konditionen können weiterhin mit Hersteller verhandelt werden.	Bindung des Kunden durch hohe Serviceleistung (Problemlösung) des Herstellers. Hersteller behält durch eigene Logistik intensiven Kontakt zum Kunden. Möglichkeit, eigene Produkte anzudienen. * Hersteller führt Systemlogistik für Kunden durch und liefert dabei auch Produkte von anderen Herstellern aus.

wegen, Leerfahrten und Wartezeiten) eingespart werden. Man kann hier auch von dem Teilbereich → *administrative Logistik* neben der klassischen Logistik sprechen. Wilhelm Hauser

System-Marketing

Das System-Marketing (nach J. Becker: Marketing-Konzeption) ist im Grunde eine Erweiterung des → Imagetransfers, bei dem der Goodwill, das Image einer Marke eben nicht mehr nur für das ursprüngliche Markenprodukt oder Markensortiment, sondern für ganze Markensysteme genutzt wird. Bei der Schaffung solcher Markensysteme wird branchenübergreifend diversifiziert. Dabei wird dann meistens nur noch ein kleiner Teil des gesamten Programms, meist das »ursprüngliche« Markenprodukt oder Markensortiment, selbst hergestellt. Die Komplettierung des Systems erfolgt über Lohnfertigung durch entsprechende Lieferanten oder über Vergabe von entsprechenden Lizenzen. Beispiel: Ursprüngliches Sortiment der Firma Etienne Aigner waren exklusive Lederwaren, erweitert zur Systemmarke wurde durch Oberbekleidung, Accessoires, Schmuck und Kosmetika. Gb

Systemorientierter Ansatz

→ Marketing-Theorie-Ansätze.

Szenario-Technik

Die Szenario-Technik ist eine Methode zur Prognose von Szenarien. Szenarien sind Zukunftsbilder, d. h. Beschreibungen von künftig möglichen Umweltzuständen auf der Basis miteinander vernetzter Einflußfaktoren, Ereignisse und Entwicklungen. Das Ziel dieser Technik besteht darin, relevante Untersuchungsfelder durch ein Trend-Szenario und Extrem-Szenarien »auszuleuchten«. Ein Untersuchungsfeld könnte z. B. die Situation der Gastronomie in Deutschland im Jahr 2000 sein. Im Gegensatz zu klassischen Prognosemethoden berücksichtigt die Szenario-Technik sowohl quantitative als auch qualitative Informationen.

Die Szenario-Technik wird im Rahmen der langfristigen Unternehmensplanung angewendet. Auf der Grundlage von Szenarien können z. B. Marketing-Strategien entwickelt werden.

Ein Vorteil der Szenario-Technik besteht darin, daß sie zum Denken in Alternativen zwingt. Außerdem können frühzeitig Trendveränderungen erkannt und entsprechende Maßnahmen geplant werden. Nachteilig ist der hohe Aufwand, der mit dem Einsatz dieser Technik verbunden ist. HL

T

Tachistoskop

→ Experiment.

Target Costing

→ Preisfindung.

Taktisches Marketing-Controlling

→ Operatives Marketing-Controlling.

Target Pricing

→ Preisfindung.

Tausenderpreis

Preis für die Belegung eines Werbeträgers (Preis pro Anzeigenseite, Preis je 30 Sek. Fernsehspot) x 1.000 geteilt durch die Zahl der Werbeträgerkontakte (Auflage, Zahl der eingeschalteten Fernsehgeräte). → Mediaplanung, → Streuplanung, → Kontaktmaßzahlen, → Reichweite.

Technischer Kundendienst, Unterstützung des

→ Computer Aided Selling.

Tele(fon) Marketing

→ Direct Marketing.

Telefon-Marketing

Auch: Telefon-Verkauf. Das Telefon-Marketing ist dem persönlichen Verkauf zuzuordnen und umfaßt Kundengewinnung, Kundenbetreuung und Auftragsabwicklung per Telefon. Die unaufgeforderte telefonische Kundenakquisition (außer: bestehende Kundenverhältnisse) ist dabei durch das UWG (→ Gesetz gegen den unlauteren Wettbewerb) verboten.

Je mehr Löhne und Lohnnebenkosten in den entwickelten Industrienationen steigen, je mehr in Rush Hours der Straßenverkehr stockt, desto mehr wird von Anbietern und Nachfragern versucht, Routinebestellungen, Beratungen über Produktnutzung oder Service telefonisch oder per Telefax abzuwickeln. So gibt beispielsweise der Kunde Abrufaufträge bei bestehenden Liefervereinbarungen per Fax auf einem Formular des Lieferanten durch, so daß die Bestellung leicht der elektronisch gesteuerten Bearbeitung zugeführt werden kann. Dies ist für eine zeit- und kostensparende Abwicklung für Anbieter und Nachfrager sinnvoll, bei maschinenlesbaren Formularen oder Bestellung per Modem von EDV zu EDV kann eine weitere Verbesserung erreicht werden.

Aber auch Umfragen bei Kunden, Ankündigungen und Vereinbarung von Terminen für die selteneren Kundenbesuche, etwa zur Vorstellung neuer Produkte, zum Anbieten von Verkaufsförderungsaktionen oder Jahresabschlußgesprächen mit dem Ziel, mit allen geeigneten Produkten und deren Varianten gelistet zu werden, trifft man zuvor Absprachen per Telefon oder Fax.

Wenn Handwerker und Einzelhändler in ruhigen Stunden, beispielsweise vor Ladenöffnung oder gegen Abend, bei

Handwerkern auch vor Beginn einer Kundenbesuchstour noch bei einem Stammlieferanten notwendige Bestellungen aufgeben oder Differenzen klären wollen, dann erwarten sie freundliche und kompetente Beratung und Auftragsannahme, und zwar ohne Telefon-Wartezeiten (die oft auch noch mit kindischer und technisch miserabler Musik gefüllt werden). Dies bedeutet ausreichende Besetzung auch außerhalb der üblichen Bürozeiten.

Ein vorbildliches Unternehmen hat also für den Telefon-Kundendienst von 7 bis 19 Uhr kompetente und freundliche Mitarbeiter zur Verfügung (z. B. per Schichtarbeit, ab 15 Uhr zusätzliche Halbtagskräfte). Zudem hat der Dauerkunde die Durchwahlnummern (Telefon und Fax) der unterschiedlichen Sachbearbeiter für Verkauf, Reklamation, Versand, technische Beratung, Kundenbuchhaltung usw., er wählt also stets seinen Wunschpartner an oder dessen Vertreter (ebenfalls genannt) bzw. Platzhalter. Selbstverständlich ist eine ausreichende Anzahl von Leitungen für die ankommenden Gespräche reserviert.

Anrufbeantworter sollten auch sonn- und feiertags sowie nachts nur beschränkt eingesetzt werden. Dieses Instrument wird von vielen Kunden abgelehnt.

Per Telefon kann allerdings keine Werbung und Verkaufsanbahnung für Neukunden erfolgen, dies gilt bei Privatpersonen als Eindringen in deren Privatsphäre und ist zudem auch verboten. Es ist auch wenig ratsam, da es häufig heftige Abwehrreaktionen hervorruft, wenn ein besonders dynamischer Spezialist einen Versuch der Umgehung, etwa durch Tarnung des Anrufes als »Befragung«, unternimmt. Dem Ansehen eines Unternehmens kann so schwerer Schaden zugefügt werden.

Die Kombination von Telefon und Telefax auch beim Verkauf von Wertpapieren aus Steueroasen ist häufig bis zur Perfektion entwickelt. Telefonarbeitsplätze, ergonomisch, beleuchtungsmäßig und klimatisch optimiert, mit PC und Fax ausgestattet, ermöglichen optimales Verkaufen. Bei Arbeitsbeginn wird aus dem Computer abgerufen, welche Beratungsgespräche aktuell sind, z. B. weil Obligationen frei werden (eingelöst), oder weil Zins- oder Dividendengutschriften neu angelegt werden müßten. Aus der Kundenstammdatei wird entnommen, welche Besonderheiten je Kunde zu beachten sind. Dann erst wird geplant telefonisch verkauft, sofort dokumentiert, werden Deckungsgeschäfte veranlaßt, Buchungen und Auszüge ausgelöst und evtl. per Fax bestätigt.

Telefon-Marketing spart Anbietern und Nachfragern Zeit und Kosten und ist zudem im Vergleich zu einem per Auto absolvierten Besuch äußerst umweltfreundlich.

Organisierte → Nachfrager pflegen häufiger nur gelistete Lieferanten (Lieferantenstammdatei) durch Selbstwahl an Sachbearbeiter und Manager heranzulassen, die gelistete Telefonnummer des Anrufers (Stammdatei) erst öffnet den Zugang.

Telefonberater, -verkäufer und deren Vertretungen und Platzhalter werden sinnvollerweise im Telefonieren und der telefonischen Kundenberatung besonders geschult.

Telefon-Marketing-Agenturen übernehmen die systematische Bearbeitung von Routinefällen gegen Gebühr. Dies kann sich lohnen, wenn der Anbieter zu klein ist, um selber professionelles Telefon-Marketing einrichten zu können oder, wenn eine außergewöhnliche Massenaktion kurzfristig durchgeführt werden muß, wofür im eigenen Haus weder Anschlüsse, noch Personal bzw. speziell geschultes Personal zur Verfügung stehen.
Telefon-Marketing-Agenturen bieten häufig auch an, ihre Erfahrung in der Einrichtung von Telefon-Arbeitsplätzen und der Auswahl, Schulung und Einsatzplanung der geeigneten Mitarbeiter zur Verfügung zu stellen. Gb

Telepresence

→ Virtuelle Realität.

Telerim

→ Behavior Scan.

Test

Tests sind Versuchsanordungen ohne Apparateeinsatz. Bei den Tests wird versucht, die Nachteile der apparativen Experimente zu umgehen. Diese werden nämlich in Situationen durchgeführt, die der normalen Verhaltensweise des Abnehmers oder Verbrauchers fremd sind. Bei den Tests wird beispielsweise ein Produkt in Geschäften oder in einem größeren Gebiet verkauft oder der Verbraucher bekommt zwei Produkte zur Benutzung und muß diese beurteilen. Der Test soll entweder ein vorhandenes Gesamtkonzept oder den Einsatz einzelner Instrumente bestätigen oder die Auswahl zwischen Alternativen ermöglichen.
Die häufigsten Tests sind: → Markttest, → Store-Test, → Konzepttest, → Werbetest, → Verladetest und → Produkttest bzw. Blindtest. Ge

Testimonialwerbung

Bei der Testimonialwerbung treten Personen, häufig Prominente aus dem Sport- und Unterhaltungsbereich als Bürgen für das beworbene Produkt auf und stellen sich selber als zufriedene Benutzer dar. Ziel ist es, Nachahmungseffekte zu erzielen und durch das Urteil von Prominenten höhere Glaubwürdigkeit zu erreichen. Auch wird versucht, durch das Interesse an den und die Sympathie für die Prominenten Aufmerksamkeit und Interesse für die Werbung zu erhöhen und die Sympathie auf das Produkt zu übertragen.
Allerdings sind bei der Testimonialwerbung auch zwei Probleme zu sehen, nämlich das der Glaubwürdigkeit der Aussage (Prominenter wirbt nicht aus Überzeugung, sondern um mit der Werbung Geld zu verdienen) und das der Kompetenzzuweisung (Verstehen Sportler wirklich etwas von Autos, Versicherungen, Nudeln usw.?). Gefährlich ist es auch, wenn eine intensiv genutzte Testimonial-Person in der Öffentlichkeit, bei den Fans in Ungnade fällt. Der urprünglich positive Effekt verkehrt sich dann möglicherweise ins Gegenteil. Gb

Testmarkt

→ Markttest.

Top Quality Management

→ Total Quality Management, → Qualitätssicherung.

Totalmodelle

→ Konsumentenverhalten: Modelle.

Total Quality Management (TQM)

→ Qualitätssicherung.

Tourenoptimierung

Im Rahmen der Tourenoptimierung wird versucht, eine Vielzahl von zu beliefernden Kunden, die auf unterschiedlichen Touren bedient werden können, möglichst kostengünstig den einzelnen Touren zuzuordnen.

Die Kunden sind den einzelnen Touren so zuzuordnen, daß folgende Größen optimiert bzw. minimiert werden: gefahrene Kilometer, Einsatzzeiten der Transportmittel und des Personals. Dabei sind unterschiedliche Restriktionen, wie vorgeschriebene Anlieferzeit beim Kunden, gesetzliche Verkehrsbestimmungen (z. B. Höchstgeschwindigkeit, Lenkzeiten des Fahrpersonals) zu beachten.

Zur Tourenoptimierung werden umfangreiche Software-Pakete angeboten. Diese versuchen, mit Hilfe mathematischer Optimierungsmodelle unter Beachtung der Restriktionen, eine bestmögliche Toureneinteilung vorzunehmen. Bei sich ständig ändernden Anforderungen der Kundenbelieferung (z. B. unregelmäßige Warenbezüge der Kunden) ist es jedoch oftmals sinnvoll, neben dem Einsatz von Tourenoptimierungssystemen die Erfahrungen und die Flexibilität von Disponenten mit einzubringen. In diesem Falle erfolgt eine Vorstrukturierung durch eine EDV-Tourenoptimierung, die Feinabstimmung erfolgt durch sinnvolle manuelle Abänderungen der vorgeschlagenen Touren durch den Disponenten.

Wilhelm Hauser

Tourenplanung

→ Tourenoptimierung.

Tourentransport

Von einem Tourentransport spricht man, wenn auf einer Belieferungsfahrt (Belieferungstour) mehrere Kunden bedient werden.

Wird eine Vielzahl von Kunden in unterschiedlichen Touren bedient, so stellt sich das Problem der → Tourenoptimierung, also die Frage, welche Kunden sollen welchen Touren zugeordnet werden, um möglichst günstige Gesamtkosten bei der Kundenbedienung zu erhalten.

Wilhelm Hauser

Touristik-Marketing

Im Tourismus fand die Tendenzwende vom → Verkäufermarkt zum → Käufermarkt weltweit erst gegen Mitte der 70er Jahre statt. Hotel- und Restaurantbetriebe, Reiseveranstalter, Reisebüros, touristische Spezialverkehrsbetriebe (etwa Fluglinien), Ferienorte und Verkehrsverbände versuchen das Konzept des Marketing seit einiger Zeit anzuwenden. Dabei werden in den verschiedenen Branchen unterschiedliche Schwerpunkte im Instrumentarium gesetzt. Die Marketingpolitik zur Erreichung vorgegebener Marktziele läuft nach dem gleichen Schema ab, wie das Marketing in Industrie und Handel, allerdings mit einigen spezifischen Aspekten:

1. Situationsanalyse:
a. Interne Analyse: bei stationären Anbietern (Hotels, Restaurants) spielt die *Standortanalyse* eine große Rolle.
b. Externe Analyse: es gibt Spezialuntersuchungen auf dem Tourismusmarkt (z. B. *Reiseanalyse*).

2. Ziele und Strategien:
Ziele in der Hotellerie sind etwa *Gästezahlen* und *Betten-/Zimmerbelegungen*; bei Tourismusorten *Ankunfts- und Übernachtungszahlen* der Gäste. Eine wichtige Rolle spielen auch Ausgaben pro Kopf.
Strategisch erfolgt eine Marktsegmentierung etwa nach *Reiseanlässen* und Gewohnheiten. Gebiete und Orte entwickeln immer häufiger ein *Leitbild*.

3. Marketing-Mix:
Zunehmend spielen *Erlebniswerte* eine Rolle; der Tourist erwartet neben einem Zimmer und der Verpflegung Atmosphäre, Unterhaltung, Kultur und Freizeitangebote
(→ Erlebnismarketing). Ge

TQM

→ Total Quality Management, → Qualitätssicherung.
Umfassendes Verständnis der Qualitätssicherung, bei dem Qualitätsprüfungen nicht erst bei oder nach der Produktion einsetzen, sondern alle Phasen des betrieblichen Leistungsprozesses und alle Funktionsbereiche umfassen. Dabei liegt die Überlegung zugrunde, daß je früher Störquellen ermittelt und beseitigt werden, desto kostengünstiger die Qualitätssicherung ist.

Trading Down

Gegensatz zu → Trading Up.

Trading Up

Kunden werden durch ein qualitativ verbessertes Angebot an das Unternehmen gebunden, gleichzeitig wird versucht, Kunden eines höheren Marktsegmentes hinzuzugewinnen. Der vorher niedrigere Qualitätsstandard kann absichtlich gewesen sein, um durch Niedrigpreispolitik in den Markt einzusteigen und Kunden zu gewinnen, oder technisch bedingt.

Transaktionsanalyse

Die Transaktionsanalyse ist ein Ansatz der Psychotherapie, der auf die Erklärung und Gestaltung von Interaktionen beim → persönlichen Verkauf angewendet wird. Die Transaktionsanalyse geht davon aus, daß jeder Mensch drei Ich-Zustände hat:
- Eltern-Ich (Programm-Mensch)
- Erwachsenen-Ich (Verstandes-Mensch)
- Kindheits-Ich (Gefühls-Mensch).

Der jeweilige Ich-Zustand einer Person läßt sich an verbalen und non-verbalen Äußerungen (→ Körpersprache) erkennen. Jede Botschaft aus einem der Ich-Zustände provoziert eine Reaktion aus einem der Ich-Zustände des Kommunikationspartners. Zu unterscheiden sind offene und verdeckte sowie Parallel- und Überkreuz-Transaktionen:
- Parallel-Transaktionen finden zwischen gleichen Ich-Zuständen der Partner statt. In diesen Fällen verläuft die Kommunikation ohne Schwierigkeiten.

- Überkreuz-Transaktionen sind dadurch gekennzeichnet, daß die Aussagen und Erwiderungen aus unterschiedlichen Ich-Zuständen erfolgen. Solche Transaktionen führen beim Kommunikationspartner i.d.R. zu Verstimmungen.
- Verdeckte Transaktionen sind bei offenen Transaktionen mitschwingende Botschaften, die durch emotionalisierende Wörter und non-verbale Kommunikation einen zweiten Ich-Zustand des Partners ansprechen. Die verdeckte Transaktion bestimmt i.d.R. den Ausgang der Kommunikation.

Die Anwendung der Transaktionsanalyse in Verkaufsgesprächen erfordert eine intensive Schulung und Übung der Verkäufer. Problematisch ist, daß die Transaktionsanalyse bei entsprechender Kompetenz des Verkäufers gegen die Interessen des Kunden eingesetzt werden kann (→ Manipulation). HL

Transportkosten

Zu den Transportkosten zählen alle Kostenarten, die bei der Warenverbringung vom Absendeort zum Bestellungsort entstehen.

Bei einem Transport mit eigenen Lastkraftwagen setzen sich die Transportkosten aus folgenden Kostenarten zusammen:

- Personalkosten des Fahrers
- Treibstoffkosten
- Sonstige Betriebskosten (z. B. Schmierstoffe, Reifenabnutzung)
- Instandhaltung der Lastkraftwagen
- Abschreibungen
- Zinskosten
- Kosten für Steuern und Versicherungen
- evtl. Straßenbenutzungsgebühren.

Werden die Transporte nicht selbst, sondern mit Speditionen durchgeführt, so entstehen die vom Spediteur in Rechnung gestellten Kosten.

Um dispositive Entscheidungen (z. B. Durchführung eines Transports mit eigenen Lastkraftwagen oder Vergabe an einen Spediteur) treffen zu können, ist es wichtig, die relevanten Transportkosten – unterteilt in fixe und variable Bestandteile – zu kennen.

Wilhelm Hauser

Transportverpackung

Die Transportverpackung hat die doppelte Funktion, einmal die zu transportierende Ware vor Beschädigungen zu schützen und andererseits eine optimale Verladung und einen optimalen Transport zu gewährleisten.

Die am häufigsten eingesetzte Transportverpackung stellen Paletten (als Einweg bzw. Mehrweg) dar. Bei den Mehrwegpaletten gibt es standardisierte Maße (Europalette), daneben haben einzelne Industriezweige eigene Paletten mit unterschiedlichen Maßen (z. B. Brauereipalette) im Einsatz.

Es haben sich Organisationen (z. B. Chep) gebildet, die standardisierte Paletten durch Poolbildung auch grenzüberschreitend sammeln und zurückführen.

Wilhelm Hauser

Trend

Darunter wird einerseits eine Entwicklungstendenz bei wirtschaftlichen Größen verstanden. Andererseits ist darunter eine geschmackliche Veränderung (Design, Farben etc.) gemeint (»etwas liegt im Trend«).

Trendextrapolation

Bei der Trendextrapolation wird auf die Analyse der einzelnen Komponenten verzichtet, es wird nur der Trend in die Zukunft extrapoliert. Eine Möglichkeit ist die graphische Trendextrapolation. Dabei wird durch Punkte der Vergangenheit eine Trendlinie gelegt. Diese Methode ist ungenau und unterliegt subjektivem Einfluß. Deswegen werden analytische Verfahren vorgezogen. Graphisch wird bestimmt, ob es sich um einen linearen, exponentiellen oder logistischen Trend handelt; danach wird die Trendfunktion ermittelt. Neben Trendbestimmungen durch graphische Extrapolation gibt es noch die Methode der gleitenden Durchschnitte und des exponentiellen Glättens. Ge

Triffin-Koeffizient

→ Preis-Elastizität.

Turbo-Marketing

Im Turbo-Marketing wird der Faktor Zeit zu einer erfolgskritischen Größe. »Je schneller, desto besser« heißt das gnadenlose Dogma im Zeitwettbewerb. Alle Funktionsbereiche eines Unternehmens, von der F&E-Abteilung bis zum Absatzbereich, sind davon betroffen. Blieben für die Vermarktung des Drehscheibentelefons immerhin 70 Jahre Zeit, so muß die 3-Milliarden-Investition für ein digitales Nebenstellensystem heute in 12 Jahren amortisiert werden. Beim Turbo-Marketing rücken zeitorientierte Strategien in den Vordergrund, die durch eine Beschleunigung der Entwicklungs-, Fertigungs- und gesamten Auftragsabwicklungszeiten Wettbewerbsvorteile generieren. Peter Hanser

Typische Auswahl

→ Auswahlverfahren.

U

Ubiquität

Nationale Überallerhältlichkeit der Produkte eines Unternehmens, d. h. vollständige Abdeckung des Inlandsmarktes (z. B. Bundesrepublik Deutschland). Die Ubiquität ist eine Voraussetzung für die Schaffung von → Markenartikeln. HL

UMP

→Differenzierung.

Umsatz-Rendite

→ ROI.

Umsatz-Rentabilität

→ ROI.

Umschlagshäufigkeit des Kapitals

→ ROI.

Unerlaubte Werbung

U.W. beinhaltet alle Werbemaßnahmen, die nach den gesetzlichen Vorschriften, insbesondere dem → UWG und seinen Nebengesetzen, unzulässig sind. Beispiele: → irreführende Werbung (§ 3 → UWG), Werbung mit der Angst, Werbung mit → Sonderveranstaltungen, bestimmte Formen der Mitleidswerbung usw., ferner Werbung mit → Rabatten und → Zugaben.

Unique Selling Proposition (USP)

Einzigartiges Verkaufsangebot. Produktnutzenvorteil.

Es gilt, wenigstens in einem für die Abnehmer entscheidenden Punkt, mit seinem Produkt besser zu sein als die Konkurrenz (Wettbewerber und Substitutionswettbewerber, (→ Strategisches Dreieck). Dies kann sich z. B. beziehen auf Design, Technik, → Service, Speziallösungen für spezielle → Käufersegmente. Auch in der → Distributionspolitik kann ein USP liegen, z. B. wenn durch optimales → Franchising dem Absatzmittler vor Ort jeweils eine echte und dauerhafte Chance zum Erfolg geboten wird.

Unique Marketing / Selling Proposition UMP/USP

Wenigstens in einem Punkt, der für die Kunden wichtig erscheint, *besser sein als die Konkurrenz.*

Konsumenten
Präzise, bestmögliche Lösung seiner/ihrer Probleme zu einem akzeptablen Preis.

Absatzmittler
Ein Angebot, mit dem verdient werden kann und das *»Goodwill«* und *Zusatzumsätze* verspricht.

Wettbewerber
Qualitätswettbewerb (nicht Preiswettbewerb)

(Grundkonzeption des modernen Marketing)

Der USP ist in der Werbung als die zentrale Werbebotschaft herauszustellen, um das besondere des eigenen Produktes zu betonen. Gb

Unlauterer Wettbewerb

Als u.W. bezeichnet man jede Form des Wettbewerbs, die sich nicht auf die Leistung als zulässiges Mittel der Auseinandersetzung mit der Konkurrenz beschränkt, sondern sich unfairer, d. h. unlauterer Verhaltensweisen bedient. Welche Praktiken unlauter sind, ist vor allem durch das → UWG geregelt.

Unternehmenskultur

Jedes Unternehmen hat – bewußt oder unbewußt – eine gewisse Kultur. Die Unternehmenskultur umfaßt alle Werte und Normen, die das Verhalten der Führungskräfte und Mitarbeiter prägen. Werte sind generelle Wegweiser für das Verhalten aller Führungskräfte und Mitarbeiter des Unternehmens. Normen sind spezielle Verhaltensregeln, die für einzelne Personen gelten. Das Verhalten des gesamten Personals ist ein Teil der Unternehmenspersönlichkeit (→ Corporate Identity).

Die Unternehmenskultur bestimmt die Strategie und Taktik, mit der das Geschäft betrieben wird. Die Kultur des Unternehmens beeinflußt somit auch dessen Marketingpolitik. Dabei erhebt sich die Frage, ob das Unternehmen die Kultur hat, die erforderlich ist, um auf dem Markt erfolgreich zu sein.

Die Unternehmenskultur orientiert sich an Faktoren, die zum Erfolg des Unternehmens beitragen. Die wichtigsten Grundorientierungen sind:

- Kundenorientierung,
- Mitarbeiterorientierung,
- Leistungsorientierung,
- Innovationsorientierung,
- Unternehmensorientierung,
- Kostenorientierung und
- Technologieorientierung.

Wenn man die Ausprägungen der einzelnen Grundorientierungen ermittelt, ergibt sich das Profil der Ist-Kultur des Unternehmens. Eine ideale Kultur, die gleichsam als Vorbild für alle Unternehmen gelten könnte, gibt es nicht. Ob eine Unternehmenskultur gut oder schlecht ist, hängt von der Strategie ab. So bedingt beispielsweise eine → Preis-Mengen-Strategie eine andere Unternehmenskultur als eine → Präferenz-Strategie. Die Unternehmenskultur ist optimal, wenn sie strategiekonform ist. In diesem Fall stimmt die Ist-Kultur mit der Soll-Kultur überein.
Passen Strategie und Kultur nicht zusammen, dann muß entweder die Kultur oder die Strategie bzw. beides geändert werden. Dabei gilt grundsätzlich, daß Geschäftsstrategien leichter zu verändern sind als die Unternehmenskultur.

Wenn man das Soll-Profil mit dem Ist-Profil vergleicht, ergeben sich Ansatzpunkte für die Gestaltung der Unternehmenskultur:

- Stimmen die beiden Profile überein, so besteht eine hohe Wahrscheinlichkeit, daß die Strategie realisiert werden kann. Die Stoßkraft der Marketingpolitik ist groß. In diesem Fall

Profile der Soll- und Ist-Kultur (Beispiel)

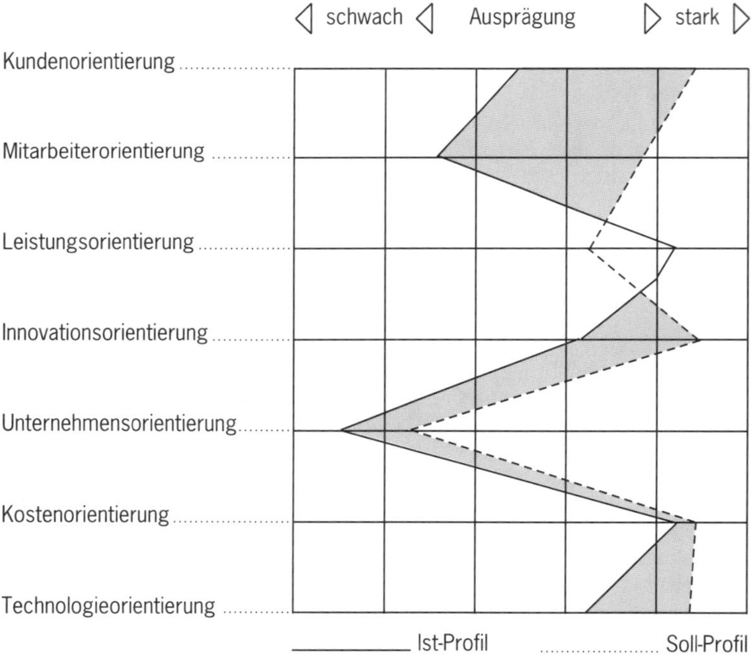

gilt es, die Unternehmenskultur bewußt zu pflegen und zu fördern. Allein um den Ist-Zustand zu erhalten, bedarf es großer Anstrengungen. Wer z. B. das kundenorientierte Denken und Handeln aller Führungskräfte und Mitarbeiter nicht ständig pflegt, fällt zurück.

- Gibt es bei einzelnen Grundorientierungen schwache Soll-Ist-Abweichungen, so ist eine gezielte Verbesserung der Unternehmenskultur erforderlich.
- Weichen die Profile bei einer Grundorientierung stark voneinander ab, so ist es notwendig, die Kultur und eventuell die Strategie anzupassen.
- Weichen die Profile bei mehreren Orientierungen stark voneinander ab, so ist eine Anpassung der Strategie

zu empfehlen. Eine völlige Neu-Orientierung der Unternehmenskultur wäre sehr schwierig, d. h. zu einschneidend und zu aufwendig.

- Es ist aber auch denkbar, daß die Kultur des Unternehmens insgesamt schwach ausgeprägt ist. In diesem Fall wäre es notwendig, zunächst ein kulturelles Bewußtsein zu wecken. Erst danach können gezielt verhaltensprägende Werte und Normen entwickelt werden, die der Strategie entsprechen.

Das Verändern der Unternehmenskultur ist der schwierigste Fall der Gestaltung. Wenn ein Unternehmen seine Kultur verändern will, müssen gewachsene Wertvorstellungen und übliche Normen von Führungskräften und Mitarbeitern verändert werden. Dies bedeutet, daß vertraute Verhaltensweisen aufgegeben oder angepaßt werden müssen. Die Veränderung der Unternehmenskultur ist nur über einen langfristigen Lernprozeß des gesamten Personals im Innen- und Außendienst möglich. Grundvoraussetzung für eine strategiekonforme Veränderung der Unternehmenskultur ist, daß die Führungskräfte die gewünschte Kultur vorleben, d. h. Sagen und Handeln müssen übereinstimmen. Das Vorbild der Führungskräfte im Sinne der angestrebten Unternehmenskultur trägt wesentlich dazu bei, daß die gemeinsamen Werte und Normen bei den Mitarbeitern das gewünschte Verhalten auslösen. HL

Unternehmensleitbild

→ Corporate Identity.

Unternehmensziele

→ Marketing-Ziele.

Untersuchungen über Kaufvorhaben

Bei teureren und längerlebigen Produkten erlauben Untersuchungen über Kaufvorhaben eine Prognose über die künftigen Absatzzahlen eines Unternehmens oder des ganzen Marktes. Bei Produkten des täglichen Bedarfs, die ohne große Überlegungen gekauft werden (Convenience Goods), kommt eine solche Erhebung nicht in Betracht. Angewendet werden kann sie bei Automobilen, Möbeln, Fernsehgeräten etc.

Untersuchungs-Design

Unter dem Design einer Marktuntersuchung ist die Festlegung von Methoden und Verfahrensregeln zur Beschaffung der Informationen zu verstehen, die für die Strukturierung bzw. Lösung von Informationsproblemen erforderlich sind. Aus dem Arbeitsplan bzw. dem Bezugsrahmen für ein Marktforschungsprojekt geht hervor, welche Informationen aus welchen Quellen mittels welcher Verfahren zu beschaffen sind. Ein gutes Forschungsdesign ist die Voraussetzung, daß mit objektiven und möglichst wissenschaftlichen und wirtschaftlichen Verfahren gearbeitet wird. Untersuchung-Designs lassen sich auf vielerlei Merkmale hin unterscheiden, ein wichtiges ist der Forschungszweck. Danach gibt es explorative, deskriptive und kausalanalytische Desing-Arten.

Wenn das vorhandene Wissen noch unzureichend ist, steht am Anfang häufig

Ablauf einer Untersuchung

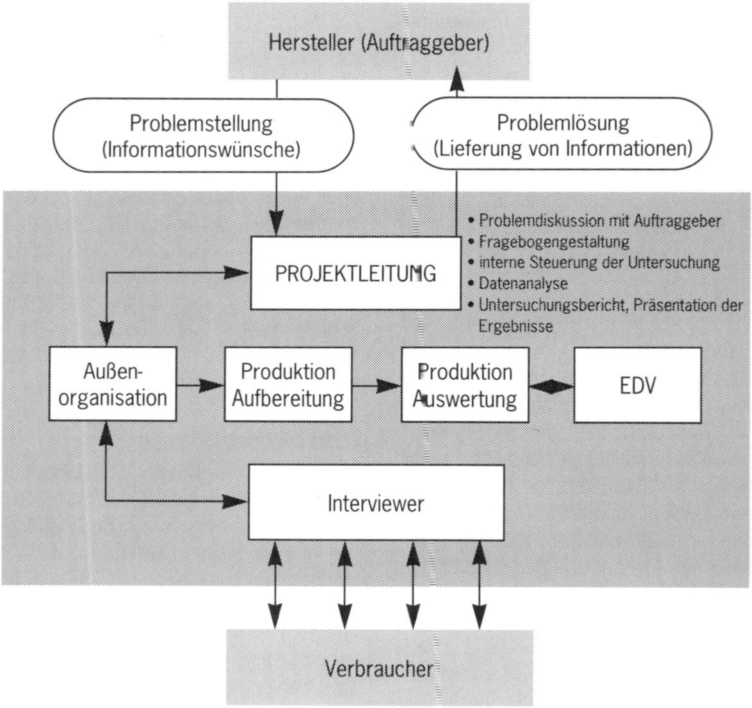

eine explorative Studie. Der Hauptzweck besteht in der Problemerkennung, der Problemformulierung sowie der Formulierung neuer Handlungsalternativen. Für die Durchführung ist folgende Reihenfolge typisch: Durchsicht von Sekundärquellen, Expertenbefragung und Analyse ähnlich gelagerter Problemfälle.

Deskriptive Studien erfassen und beschreiben bestimmte Marktgegebenheiten, wie beispielsweise die Marktgröße, die Anzahl der Anbieter oder der Abnehmer, den Marktanteil etc.

Kausalanalytische Untersuchungen fragen nach den Ursachen der aufgetretenen Ergebnisse. Es wird also beispielsweise nicht nur festgestellt, daß der Umsatz einer Marke gestiegen ist, sondern auch danach gefragt, warum dies erfolgte. Kausale Fragen werden häufig durch

Tests bzw. Experimente beantwortet. Im Untersuchungsdesign werden ferner die Sekundär- und Primärinformationsquellen sowie die methodische Vorgehensweise bei der Primärforschung festgelegt.

Eine Marktuntersuchung läuft sinnvollerweise folgendermaßen ab: am Anfang steht die Definition des Problems bzw. der benötigten Information; es schließt sich die Design-Festlegung an. Dann folgt die Gestaltung des Fragebogens, der an die Interviewer-Organisation geht. Die Interviewer führen ihre Erhebungen durch und geben die ausgefüllten Fragebogen zurück. Das Institut erstellt die Datenanalyse, wobei in starkem Maße elektronische Datenverarbeitung eingesetzt wird. Es wird ein Untersuchungsbericht verfaßt, der in einer Auswertung der Erhebung und in der Interpretation der Ergebnisse besteht. Die Ergebnisse und deren Interpretation bzw. Schlußfolgerungen werden dem Auftraggeber präsentiert und danach mit diesem besprochen. Am Anfang eines Marktforschungsauftrages hat das Marktforschungsinstitut neben der Vorgehensweise auch die Kosten zu beziffern. Ge

UPC-System

→ Artikelnumerierungssysteme.

USP

→ Unique Selling Proposition.

UWG

→ Gesetz gegen den unlauteren Wettbewerb.

V

Validität

kennzeichnet die Gültigkeit einer Messung bzw. eines Meßinstruments.
Es erhebt sich etwa in der Marktforschung die Frage, ob ein Verfahren das mißt, was gemessen werden soll. Für marketingrelevante Größen wie Einstellungen, Meinungen, Erinnerungs- und Aufmerksamkeitswerte u. ä. ist dies schwierig und erfolgt meist durch Messung mittels des Instrumentes Skalierung (→ Skalieren).

Variable

Im Gegensatz zur Konstante eine veränderliche Größe, also eine, die verschiedene Werte annehmen kann. In der Mathematik als Platzhalter stellvertretend für Zahlen, Quantitäten, Aussagen und Werte eines Objektbereiches, der diesem zugeordnet werden kann. In der Statistik nennt man die Variable Merkmal und den Wert der Variablen Realisation oder Ausprägung.
Abhängige und unabhängige Variablen: Eine abhängige Variable ist von einer anderen Größe (einer unabhängigen Variablen) abhängig. Beispiel $y = f(x)$. Hierbei ist y von x als unabhängiger Variable abhängig. Intervenierende Variable: → Konsumentenverhalten, Modelle.

Varianzanalyse

Mit Hilfe der Varianzanalyse läßt sich für eine Vielzahl von Versuchsanordnungen überprüfen, ob sich unterschiedliche Werte einer oder mehrerer abhängigen Variablen auf die Wirkung einer oder mehrerer unabhängigen Variablen zurückführen lassen. Die Varianzanalyse untersucht auch die Beeinflussung der abhängigen Variablen durch die unabhängigen Variablen. Im Marketing werden Varianzanalysen hauptsächlich zur Überprüfung der Wirkung von Marketing-Maßnahmen auf Erfolgsgrößen untersucht (Nieschlag/Dichtl/Hörschgen).

Veblen-Effekt

→ Preis-Absatz-Funktionen.

Verbraucher

End- oder Letztkonsument materieller oder immaterieller Güter. → Konsumentenverhalten, → Konsumerismus (-Bewegung)

Verbraucherforschung

→ Abnehmerforschung, → Marktsegmentierung.

Verbrauchermärkte

Verbrauchermärkte sind Großraumläden des Einzelhandels mit einer Verkaufsfläche von mindestens 1000 qm. Sie haben ein ähnliches Sortiment wie → Warenhäuser und verkaufen in Form der Selbstbedienung. Das Preisniveau ist relativ niedrig, die zum Teil aggressive Preispolitik beruht auf der → Ausgleichskalkulation. Verbrauchermärkte mit einer Verkaufsfläche von mehr als 4000 qm werden

SB-Warenhäuser genannt. Allen Erscheinungsformen der Verbrauchermärkte ist gemeinsam, daß sie an verkehrsgünstigen Standorten liegen, große Kundenparkplätze aufweisen und daher für Autofahrer attraktiv sind. HL

Verbraucherorientierter Ansatz

→ Marketing-Theorie-Ansätze, → Konsumentenverhalten.

Verbraucherpanel

Verbraucherpanels werden in Vor- und Endverbraucherpanels eingeteilt, letztere in → Haushaltspanel und Einzelpersonenpanel allgemeiner (Individualpanel) oder spezieller Art (Baby-, PKW-Fahrer-Panel). → Panel. Ge

Verbraucherpolitik

→ Konsumerismus, → Konsumerismusbewegung, Gesetz gegen den unlauteren Wettbewerb (→ UWG).

Gesamtheit staatlicher und staatlich unterstützter Maßnahmen zur Unterstützung und Durchsetzung von Interessen der Verbraucher (Konsumenten). Als notwendig wird dies erachtet, weil sowohl beim Wissen (Produkt- und Marktwissen) (→ Informationen: Asymmetrie der I.) als auch bei der Macht von einer Überlegenheit der Anbieter im Wettbewerb ausgegangen wird.

Ziele der Verbraucherpolitik sind etwa die Erhaltung und Stärkung des Wettbewerbs in allen Wirtschaftsbereichen, Information des Verbrauchers (z. B. über wirtschaftliche Zusammenhänge, Marktgeschehen, Preise und Qualitäten, sinnvolles Marktverhalten, rationale Haushaltsführung), der Schutz der Verbraucher vor Irreführung, unlauteren Verkaufspraktiken und Einschränkung ihrer Rechte und Interessenvertretung der Verbraucher gegenüber Wirtschaft und Staat. Gb

Verbrauchertypologien

Sie versuchen die Verbraucher allgemein oder spezieller Warengruppen bzw. Nutzer bestimmter Medien auf der Basis von Einstellungsmerkmalen einschließlich Motiven und Verhaltensmerkmalen, aber auch sozio-demographischer Merkmale, in gewisse Cluster einzuteilen. Die Untersuchungen werden überwiegend von den großen Verlagen durchgeführt (Frauentypologien, Männertypologien sowie Typologien verschiedener Warengruppen).

Verbrauchsgüter

Verbrauchsgüter sind materielle Produkte, die nur einmal verwendet werden können (Gegenteil: → Gebrauchsgüter). Sie werden daher auch als kurzfristige Güter (Non Durables, Perishable Goods) bezeichnet. Beispiele: Lebensmittel und Benzin. Verbrauchsgüter sind je nach ihrem Verwendungszweck entweder → Konsumgüter oder → Produktionsgüter. Kennzeichnend für den Absatz derartiger Güter sind eine hohe Kaufhäufigkeit und eine relativ breite Distribution. HL

Verbundkauf – Verbundverkauf

Gemeinsames Anbieten (Verbundverkauf) bzw. Nachfragen (Verbundkauf) sachlich zusammengehöriger oder aus Zeitökonomie zusammenpassender Güter und/oder Leistungen.

Jeder Artikel, jede einzelne Leistung, die ein moderner Verbraucher nachfragt, einzeln zu kaufen, würde den Konsumenten zeitlich völlig überbeanspruchen. Es bliebe dann weder genug Zeit zum Gelderwerb, noch zur Erfüllung privater Verpflichtungen und Vergnügungen. Das → Ladenschlußgesetz engt zudem die verfügbare Zeit zum Einkaufen stark ein. Also kauft der Konsument möglichst alle Güter des laufenden Bedarfs (Convenience Goods) in einem Geschäft, häufig in einem Verbrauchermarkt, SB-Warenhaus oder bei einem Discounter. Einkaufszentren, ob gewachsen oder integriert (grüne Wiese), bieten fast alle Güter und Leistungen, insb. des Bedarfs an Shopping und Specialty Goods zusammengefaßt an.

Der Konsument präferiert solche Verbundangebote, da sie ihm Zeitersparnis ermöglichen. Zudem muß er nur einmal den Ärger mit öffentlichen Verkehrsmitteln oder verstopften Zufahrtsstraßen und Parkplatzsuche auf sich nehmen. Einkaufszentren haben zudem den Vorteil, daß der Konsument verschiedene Angebote vergleichen kann, was für das Treffen einer Kaufentscheidung häufig entscheidend ist, da man hofft, das Richtige gefunden zu haben. Ein Einkaufsweg in einem Einkaufszentrum wird häufig benutzt, um neben den geplanten Einkäufen auch noch zusätzlichen und Spontanbedarf zu stillen (→ Kaufentscheidung).

Manche Güter und Leistungen werden in der Regel als Komplexe nachgefragt. So wünscht der Gast in einem Ferienhotel zahlreiche Leistungen aus einer Hand, also neben Hotelbett auch Restaurant, Parkhaus, Sauna, Schwimmbad und Animationsprogramm bis hin zu Tageszeitungen und Illustrierten. Ein Autokäufer sucht kundige Beratung vor dem Kauf, die Gebrauchsanweisung, Reparatur- und Wartungsdienste, Ersatzteil- und Zubehörangebot (über gesamte Nutzungsdauer hinweg) und dann ein angemessenes Neuangebot (z. B. vor Preiserhöhungen, nicht vor Modellwechsel) verbunden mit einem attraktiven Inzahlungsnahmepreis für den Altwagen.

Eine Hochseefähre bietet neben dem Transport »an sich« auch Kabinen, Speisen, Getränke, Unterhaltung und einen Duty-free-Shop.

Solche Leistungen gehören zu einem solchen Kaufverbund, der Konsument erwartet diese Leistungen aus einer Hand. Findige Anbieter haben seit jeher versucht, den Konsumenten möglichst intensiv an sich zu binden, ihm möglichst viele Leistungen und Produkte aus einer Hand anzubieten, um auf diese Weise ausreichende Deckungsbeiträge, die angemessene Renditen ermöglichen, zu erzielen. So bot die traditionelle Einzelhandelskonzeption des neunzehnten Jahrhunderts, der Gemischtwarenhändler vor Ort bzw. in der Kleinstadt, von Kattun und Nadel und Faden bis zum Salz und Salzhering alles Übliche unter einem Dach an, oft auch verbunden mit Kneipe, Poststelle und Tabakverkauf. Autohändler bieten zusätzlich oft auch Tankstelle, Waschanlage und Gebrauchtwagenverkauf.

Aber auch auf organisierten Märkten gilt es häufig, Verbundkauf/Verbundverkauf zu praktizieren. Ein Großhändler setzt Mindestabnahmemengen oder -beträge

fest. Also müssen die gewerblichen Kunden in der Regel Sortimentseinkauf betreiben, wollen sie beliefert werden. Ein Einkaufsverband des Handels oder Handwerks setzt voraus, daß die Mitglieder die mehr oder weniger kompletten Leistungen nutzen und damit den Verbund mittragen. Ein Franchisingsystem setzt voraus, daß der Franchisingnehmer das System komplett übernimmt, denn nur so ist das Synergiepotential eines solchen Verbundes zu realisieren.
Die Marketingplanung eines Unternehmens oder eines Verbundes, etwa von Mittelständlern, bemüht sich also, die Kaufverbundbedürfnisse der Zielkunden zu ermitteln und darauf aufbauend ein Verbundkauf-Angebot zu planen und zu realisieren.
Ein traditionelles Warenhaus in einer Metropole ist nicht selten ein Konsumtempel, in dem dann auch Bankleistungen, Friseur, Reisebüro, Cafeteria, Gaststätte, Schlüsselservice und Paßbildautomat verbunden zu finden sind.

Wenn allerdings Konsumenten einen Möbeleinkauf planen, so ist dies zumeist besichtigungs- und beratungsbedürftig, so daß ein solcher Einkauf in der Regel unverbunden stattfinden soll. Verbunden benötigt wird dann aber bei teuren Möbeln Beratung, Verkauf, Anlieferung und Montage vor Ort sowie eventuelle After-Sale-Services, bei Anbauprogrammen auch die langjährige Nachkaufgarantie. Auch der Kauf eines PKW wird nicht im Verbund mit Textilien, Kurzwaren, Feinkost und Büchern ausgeführt. Das gleiche gilt, wenn ein Haus oder eine Eigentumswohnung beschafft werden soll.
Bewährt hat sich aber vielfach für Konsumenten und auch mittelständische Gewerbetreibende, ihren Versicherungsbedarf aus einer Hand und systematisch geplant und beraten zu decken, also als Verbundkauf.

Für die Marketing-Aktivität eines Unternehmens ergibt sich aus diesem Zusammenhang folgendes:
Ein Sortiment soll stets die volle Zufriedenheit der Nachfrager abdecken. Aus Bequemlichkeit, zur Zeit- und Kostenersparnis wollen Käufer eben vielfach Sortimente aus einer Hand angeboten erhalten. Oft wird vermutet, daß Produkt, Wartung und Reparatur optimal aus einer Hand geboten werden müssen. Also gilt es zu ermitteln, womit sich Wettbewerbsvorteile/höhere → Präferenzen bei den Zielkunden, also treuen Dauer- und Sortiments-/Verbundkaufkunden gewinnen lassen. Oft wird man einige Leistungen als Unternehmen selbst erbringen, anderes »zukaufen«, durch Vertragspartner erbringen lassen, aber dem Kunden wird eine gesamthafte Leistung erbracht. Nochmals: ein Sortiment muß aus der Sicht des Anbieters wirtschaftlich sein, es muß aber *gleichzeitig* (simultan geplant) für die Nachfrager ausreichend vielfältig und komplett und insbesondere Zeit und Mühe ersparend sein.

Hieraus ergibt sich dann, daß in der Marketing-Kommunikation dieser Verbund in seiner Vorteilhaftigkeit für die potentiellen Käufer herausgestellt werden muß. Werden einzelne, z. B. aktuelle Sortimentsbestandteile beworben, so gilt es, den »Spill Over«-Effekt zu realisieren, also das übrige Produktions- und Leistungsspektrum mit zu verkaufen. Im Zeitverbund will ein Anbieter seinen Dauerkunden immer wieder aufs Neue seine Leistungen verkaufen.

Ein Einzelprodukt, ein Einzelverkauf ist in der Regel weder für Anbieter noch Nachfrager ein ausreichendes Ziel, womit eine tragende Prämisse der mikroökonomischen traditionellen Preistheorie sich als grundlegend wirklichkeitsfremd erweist.

Gb

Vergleichende Werbung

Eine Form der Werbung, bei der das eigene Produkt mit dem oder den Produkten eines oder mehrerer Konkurrenten verglichen wird (»Schneeweiß wäscht weißer als Blütenweiß«). Auch wenn der Vergleich wahr ist (unwahre W. ist ohnehin nach § 3 → UWG verboten), ist er dennoch dann unzulässig, wenn in dem Vergleich ein bestimmter Konkurrent genannt oder zumindest aus den Umständen erkennbar wird. Ausnahmsweise Zulässigkeit: wenn der Vergleich zur Abwehr der unzulässigen Werbung eines Konkurrenten notwendig ist oder in besonderer Weise der sachgemäßen Aufklärung der Kunden dient.

Dietrich Schmidt

Verhaltenswissenschaftlicher Ansatz

→ Marketing-Theorie-Ansätze.

Verkäufermarkt

Ein Verkäufermarkt (Gegenteil: → Käufermarkt) ist dadurch gekennzeichnet, daß die Nachfrage größer ist als das Angebot. Auf einem Verkäufermarkt besteht also ein Mangel an Gütern bzw. ein Überfluß an Kunden. Der Absatz ist hierbei kein Problem. Die Nachfrager stehen Schlange und machen sich gegenseitig Konkurrenz, indem sie um die Gunst der Anbieter werben. Die Anbieter verhalten sich absatzpolitisch passiv, weil sie den Markt beherrschen. Der Markt wird sozusagen »verwaltet«. Dieses Anbieterverhalten war in Deutschland nach dem Zweiten Weltkrieg bis in die fünfziger Jahre typisch. Heute ist ein solches Verhalten selten zu beobachten, weil sich die meisten Absatzmärkte vom Verkäufermarkt zum → Käufermarkt gewandelt haben.

HL

Verkauf

Der Verkauf ist das zentrale Problem fast aller Anbieter, weil die meisten Absatzmärkte durch einen Angebotsüberschuß bzw. Mangel an Kunden gekennzeichnet sind. Der Verkauf ist die Speerspitze des Marketing, d. h. eines der wichtigsten Marketing-Instrumente.

Es gibt grundsätzlich fünf Möglichkeiten, etwas zu verkaufen:

- persönlich (Personal Selling)
- telefonisch (Telefonverkauf)
- schriftlich (Mail Order, Versandhandel)
- elektronisch (Kabelfernsehen, Bildschirmtext)
- automatisch (Automatenverkauf).

Die bedeutendste Methode ist der → persönliche Verkauf.

HL

Verkaufsbezirk

→ Absatzgebiet.

Verkaufsförderung

→ Kooperatives Marketing

Ziele und Aufgaben

Ziel der Verkaufsförderung ist die Absatzsteigerung durch Information und Motivation aller am Absatzprozeß beteiligten Organe:

- Verkaufspromotions: Außendienst, Innendienst;
- Händlerpromotions: Training, Unterstützung (im Sinne einer → Push-Strategie);
- Information an Endverbraucher (Verbraucherpromotions) (im Sinne einer → Pull Strategie) sowie durch → Zugaben, Preisausschreiben, Produktproben.

Verkaufspromotions

- Schulung (Allgemeinbildung, Kenntnisse über: Markt, Unternehmen, Produkte usw., akquisitorische Fähigkeiten: Verkaufsgesprächsführung, Sprechtechnik usw.).
- Unterstützung durch Material (Preislisten, Referenzlisten, Kataloge, Prospekte, Muster, Proben, Veröffentlichungen, Fachaufsätze usw., insb. bei Investitionsgütern, auch: Video, Industriefilm, Multimedia-CD, Tonbildschau etc.).
- Motivation durch Prämien, Provisionen, Aktions- und Verkaufswettbewerbe, aber auch: Verkaufstreffen (Sales Meetings) zu neuen Produkten und Verkaufstechniken.

Händlerpromotions

- Ausbildung, Information (Händlerzeitschriften, -treffen, -tagungen, Schulung: Händler, Verkäufer, Kundendienstinformationen).
- Beratung: Gestaltung der Verkaufsräume: Warenplazierung, Lagerung, Gestaltung Verkaufsfläche, Liefern von Displaymaterial.
- Preisliche Beratung und Förderung (Kalkulationshilfen, betriebswirtschaftliche Beratung, Verkaufsaktionen (Rabatte etc.).
- Motivation: Wettbewerbe, Preisausschreiben, Produktdemos, Plazierungs-/Schaufensterwettbewerbe.

Verbraucherpromotions

Möglichkeiten der Verbraucherpromotions (und deren Ziele) können sein:

- Displays, Produktproben: Auf Produkte aufmerksam machen.
- Proben, Preisausschreiben: Körperlicher Kontakt zwischen Produkt und Konsument.
- Preisausschreiben: Aktive Auseinandersetzung mit Produkt.
- Produktproben: Zusammenbringen von Produkt und Konsument.
- Zusätzliche Anreize: Verlosung, Befragung, Preisausschreiben.
- Besondere Vorteile beim Kauf des Produktes: Sonderpreise, Preisausschreiben. Gb

Verkaufsgebiet

→ Absatzgebiet.

Verkaufskonzeption (Selling oder Sales Concept)

→ Marketing-Konzepte.

Verkaufspersonal

→ Persönlicher Verkauf.

Verkaufspsychologie

Die Verkaufspsychologie ist kein eigenständiges Forschungsgebiet, sondern eine Sammlung von psychologischen Erkenntnissen zur Erklärung und Verbesserung des Verkaufserfolges. Anregungen für die Praxis liefern z. B. die Lerntheorie (→ Lernen), die Motivationstheorie (→ Motivation), die Interaktionstheorie (→ Transaktionsanalyse), die Theorie der → kognitiven Dissonanz und die Kommunikationsforschung. HL

Verkaufsstrategien und -taktik

Verkaufsstrategien sind grundsätzliche Einstellungen gegenüber Kunden, die sich im Verhalten bzw. Verhandlungsstil der Verkäufer äußern. Zu unterscheiden sind → Hard Selling und Soft Selling.

Beim Hard Selling werden die Kunden als Gegner betrachtet. Die Verkäufer werden an die »Front« geschickt, um die Kunden zu besiegen. Im schlimmsten Fall werden den Kunden Produkte »angedreht«, die sie gar nicht brauchen, d. h. es werden ihnen Probleme verkauft. Hard Selling bedeutet insofern Verkaufen nach dem Prinzip der verbrannten Erde. Da die Kunden nicht zufriedengestellt werden, kaufen sie bei dem betreffenden Unternehmen vermutlich nur einmal. Die Hochdruckverkäufer sind also gezwungen, ständig neue Kunden zu suchen. Mit Hard Selling können keine langfristigen Geschäftsbeziehungen aufgebaut werden. Diese Verkaufsstrategie ist nur für »schnelle Geschäfte« geeignet.

Beim Soft Selling werden die Kunden als Partner betrachtet und dementsprechend behandelt. Den Kunden werden Produkte verkauft, die ihre Bedürfnisse befriedigen bzw. die ihnen bei der Lösung ihrer Probleme helfen. Mit Soft Selling können langfristige Geschäftsbeziehungen aufgebaut werden, die für beide Partner vorteilhaft sind.

Die Verkaufstaktik umfaßt eine Vielzahl von Techniken, mit denen Kunden von Verkäufern beeinflußt werden können. Dabei handelt es sich im wesentlichen um Fragetechniken, Argumentationstechniken (→ Argumentation), Demonstrations- und Abschlußtechniken. Die Verkaufstaktik muß der gewählten Verkaufsstrategie entsprechen. Beim Hard Selling ist die Taktik aggressiv, das bedeutet z. B. → Manipulation durch suggestive Fragen und Überredung durch einseitige Argumentation. Beim Soft Selling ist die Taktik adaptiv, das heißt z. B. Bedarfsermittlung durch offene Fragen und aktives Zuhören, Überzeugung durch zweiseitige Argumentation sowie Betreuung nach dem Kauf (→ Service). HL

Verkaufstaktik

→ Verkaufsstrategien und -taktik.

Verkaufsveranstaltung

→ Sonderveranstaltung.

Verkehrsgeltung

Die Marke als geschützte Kennzeichnung der Waren oder Dienstleistungen eines Unternehmens zur Unterscheidung von denjenigen anderer Unternehmen entsteht zwar ganz überwiegend durch Eintragung in das → Markenregister, kann aber auch durch Erlangung der sog. V. entstehen. Diese liegt dann vor, wenn ein Zeichen innerhalb beteiligter Verkehrskreise, d. h. eines erheblichen Teils der Kunden derartiger Produkte als Zeichen der Produkte eines bestimmten Unternehmens erkannt wird.

Dietrich Schmidt

Verladetest

Beim Verladetest wird in ein Testgebiet ohne Kenntlichmachung ein etwas anderes Produkt geliefert. Es soll ermittelt werden, ob die Produktänderung einen Einfluß auf den Umsatz hat. Dieser Test wird insbesondere bei Produktänderungen zum Zweck der Kosteneinsparung angewandt. Bevor man die Produktänderung (z. B. andere Bestandteile) endgültig im gesamten Verkaufsgebiet einführt, schaltet man diesen Produkt-Test vor.

Vermittlungsvertreter

→ Handelsvertreter.

Verpackung

Die Verpackung der Produkte hatte ursprünglich vor allem eine logistische Funktion, d. h. sie sollte den Inhalt bei der Lagerung und beim Transport vor Beschädigung und Verderb schützen (→ Transportverpackung). Heute konzentriert sich das Interesse der Industrie und des Handels auf die Akquisitionsfunktion der Verpackung:

- In Selbstbedienungsläden und beim Absatz über Automaten muß die Verpackung das Verkaufsgespräch bzw. den Verkäufer ersetzen
- Die Verpackung ist ein wichtiger Werbeträger; sie übermittelt Informationen im Schaufenster, im Regal, an der Kasse, auf dem Weg nach Hause und in der Wohnung
- Die Entwicklung eines → Markenartikels setzt eine Verpackung voraus, die der angestrebten Marken-Persönlichkeit entspricht.

Bei der Gestaltung der Verpackung sind vielfältige Anforderungen aus der Sicht des Herstellers, des Handels und der Verbraucher zu berücksichtigen (vgl. Dichtl, 1987, S. 139):

Anforderungen des Herstellers
- Eignung zur → Differenzierung und Profilierung
- Eignung als Informationsträger
- Vermittlung von Wertvorstellungen
- Hohe Abfüllgeschwindigkeit
- Schutz des Inhalts.

Anforderungen des Handels
- Stapelfähig
- Palettierungsfähig
- Raumsparend
- Scanningfähig (→ Scanning)
- Selbstbedienungsgerecht.

Anforderungen der Verbraucher
- Leicht zu öffnen und zu verschließen
- Sichtbarkeit des Inhalts
- Haltbarkeit des Inhalts
- Bedarfsgerechte Größe
- Umweltfreundliches Material.

Die optimale Gestaltung der Verpackung ist aufgrund der vielfältigen Anforderungen eine schwierige Aufgabe, bei deren Lösung Marketing-Experten, Designer, Psychologen und Ingenieure zusammenarbeiten müssen. Falls ein Unternehmen über derartige Fachleute verfügt, kann die Gestaltung intern erfolgen. In vielen Fällen wird es jedoch zweckmäßig sein, die Verpackung extern gestalten zu lassen. Die Gestaltungsaufträge können an qualifizierte Werbeagenturen oder an spezielle Institute vergeben werden. HL

Versandhandel

Der Versandhandel ist eine Betriebsform des Einzelhandels, bei der den Konsumenten Waren und Dienstleistungen auf schriftlichem Weg (Direct Mail, Kataloge, Prospekte und Anzeigen) angeboten werden. Um den »Distanzkauf« zu personalisieren, werden oft auch → Absatzhelfer wie z. B. Vertreter, Sammelbesteller und Verkaufsagenturen (→ Agentur-System) eingeschaltet. Die bestellten Waren werden den Kunden durch öffentliche Verkehrsbetriebe (Bahn, Post), durch private Paketzustelldienste, durch eigene Transportmittel und/oder über die Absatzhelfer in die Wohnung geliefert.

Nach der Sortimentsstruktur sind der Sortimentsversandhandel und der Spezial- oder Fachversandhandel zu unterscheiden. Der Fachversandhandel hat ein schmales Sortiment, d. h. er ist auf wenige Warengruppen spezialisiert. Der Sortimentsversandhandel hat dagegen ein breites Sortiment und ist insofern mit den → Warenhäusern vergleichbar.

Besonderheiten des Versandhandels:
- das Angebot ist überall erhältlich (→ Ubiquität)
- bequemes Aussuchen zu Hause
- unabhängig von → Ladenschlußzeit
- die Preise sind während der Geltungsdauer des Katalogs stabil
- uneingeschränktes Rückgaberecht gegen Erstattung des Kaufpreises.

HL

Vertikales Marketing

Wenn ein Hersteller seine Produkte auf indirektem Weg vermarktet (→ indirekter Vertrieb), hat er grundsätzlich zwei Abnehmergruppen bzw. -stufen:
- Zwischenabnehmer (Absatzmittler, Händler)
- Endabnehmer (Verbraucher, Verwender).

Manche Hersteller orientieren ihr Verhalten primär an der Endstufe, d. h. an den Bedürfnissen und Erwartungen der Verbraucher. Marketing wird in diesem Fall als bewußte Pflege von Hersteller-Verbraucher-Beziehungen aufgefaßt. Die Absatzmittler werden dabei lediglich als Distributionsfaktoren, d. h. als Warenverteiler betrachtet. Dieses Rollenverständnis entspricht jedoch nicht den gegenwärtigen Marktverhältnissen. Aufgrund der Konzentration im Handel ist dessen Marktmacht stark gestiegen. Der Handel sieht sich daher nicht mehr bloß als Distributionsapparat der Industrie, sondern er erhebt Anspruch auf eigenständige Gestaltung des Marktes. Die Absatzmittler müssen folglich in den Marketing-Konzepten der Industrie als Partner mit eigenen Zielen und Strategien berücksichtigt werden. Das Marketing der Hersteller und Händler muß also vernetzt werden. Die bewußte Gestaltung und Pflege der Beziehungen zwischen Hersteller und Handel sind Gegenstand des vertikalen Marketing.

Das vertikale Marketing umfaßt drei Bereiche:
- Marketing-Ziele
- Marketing-Strategien
- Marketing-Mix.

Die Ziele im vertikalen Marketing beinhalten vor allem die Frage, wie die Funktionen und Margen zwischen Hersteller und Handel aufgeteilt werden sollen. Dabei ist zu beachten, daß die Ziele der beiden Seiten oft divergieren.

Typische Beispiele:

Herstellerziele	Handelsziele
Forcierung der → Herstellermarke	Forcierung der → Handelsmarke
Verminderung der → Handelsspanne	Erhöhung der Handelsspanne
Hohe → Distributionsdichte (→ Ubiquität)	geringe Distributionsdichte (schwacher → Intrabrand-Wettbewerb)

Aufgrund der konkurrierenden Ziele ist es schwierig, die Zusammenarbeit von Industrie und Handel zu harmonisieren (→ Kooperatives Marketing).

Die Strategien im vertikalen Marketing betreffen z. B. die Frage, wie die Endabnehmer stimuliert werden sollen. Viele Hersteller verfolgen die → Präferenz-Strategie, während immer mehr Händler die → Preis-Mengen-Strategie praktizieren. In einem Marketing-Konzept muß versucht werden, die Strategien der Marktpartner aufeinander abzustimmen.

Im Rahmen des Marketing-Mix sind die → Produktpolitik, → Servicepolitik, → Logistik sowie die → Konditionen- und → Kommunikationspolitik gegenüber dem Handel festzulegen. In der Vergangenheit hat sich das vertikale Marketing oft auf die Konditionenpolitik konzentriert.
Im Interesse einer guten Zusammenarbeit muß jedoch versucht werden, das gesamte Marketing-Mix handelsbezogen zu optimieren.

Konflikte zwischen Industrie und Handel werden immer bestehen. Dabei erhebt sich die Frage, wie diese reduziert bzw. gehandhabt werden sollen. Praktikable Möglichkeiten dazu werden unter dem Stichwort → Kontraktmarketing erläutert. HL

Vertragshändlersysteme

→ Kooperatives Marketing.

Vertrauensgüter

→ Erfahrungsgüter.

Vertrieb

→ Absatz.

Vertriebsbindung

Vertriebsbindungen sind mit → Absatzmittlern abgeschlossene Verträge, durch die ein Hersteller den → Vertriebsweg seiner Produkte bis zum Verwender kontrollieren will. Die Handelsbetriebe werden gebunden, indem ihnen Beschränkungen hinsichtlich der Weiterlieferung der Vertragswaren auferlegt werden. Zu unterscheiden sind:

- räumliche Vertriebsbindung, d. h. Beschränkung des Vertriebs auf bestimmte → Absatzgebiete
- personelle Vertriebsbindung, d. h. Beschränkung des Vertriebs auf bestimmte Abnehmerkreise
- zeitliche Vertriebsbindungen, z. B. Beschränkungen bezüglich der Vertriebszeit auslaufender Modelle oder hinsichtlich der Lagerungsdauer verderblicher Waren. HL

Vertriebserfolgsrechnung

Die Vertriebserfolgsrechnung hat die Aufgabe, den Erfolg in bestimmten Absatzsegmenten zu ermitteln. Absatzsegmente sind verschiedene Bereiche innerhalb des Marketing, wie z. B. Produkte oder Produktlinien, Kunden oder Kundengruppen, Absatzkanäle, Absatzgebiete und Verkäufer. Als Maßstab für die Erfolgsträchtigkeit der einzelnen Segmente wird i.d.R. deren Deckungsbeitrag verwendet. Der segmentspezifische Deckungsbeitrag wird grundsätzlich wie folgt ermittelt:

	Brutto-Umsatz des Segmentes
–	Erlösschmälerungen
=	Netto-Umsatz des Segmentes
–	Herstellkosten
–	direkt zurechenbare Vertriebskosten
=	Deckungsbeitrag des Segmentes

Der so ermittelte Deckungsbeitrag sagt aus, in welchem Ausmaß das betreffende Absatzsegment zur Deckung der nicht verrechneten (Gemein-) Kosten und zum Gewinn des Unternehmens beigetragen hat.

Der Deckungsbeitrag ist eine wichtige Informationsbasis für taktische Entscheidungen über einzelne Absatzsegmente. Vertriebsentscheidungen auf der Grundlage von Deckungsbeiträgen haben jedoch den Nachteil, daß dabei das jeweils investierte Kapital nicht berücksichtigt wird. Eine Verbindung zwischen Deckungsbeitrag und gebundenem Kapital kann durch den Return On Investment (→ ROI) hergestellt werden. Die segmentspezifische Rentabilität (R) des investierten Kapitals wird folgendermaßen definiert:

$$R = \frac{\text{Deckungsbeitrag des Segmentes}}{\text{Kapitalbindung im Segment}}$$

Die Analyse der einzelnen Absatzsegmente wird i.d.R. ergeben, daß die Rangfolge nach Deckungsbeiträgen und Kapitalrentabilitäten voneinander abweicht. Die Ursachen dafür liegen vor allem in der unterschiedlich hohen Kapitalbindung in den Lager- und Forderungsbeständen der Absatzsegmente. Dies wird deutlich, wenn man die Rentabilitätsformel in zwei Teile zerlegt:

$$R = \frac{\text{Deckungsbeitrag des Segmentes}}{\text{Umsatz des Segmentes}} \times \frac{\text{Umsatz des Segmentes}}{\text{Kapitalbindung im Segment}}$$

Der linke Teil der Formel ist der Deckungsgrad des Segmentes. Er wird einerseits durch die Mengen und Preise der abgesetzten Produkte beeinflußt sowie andererseits durch die segmentspezifischen Einzelkosten. Der rechte Teil ist die Umschlagshäufigkeit des Kapitals in dem betreffenden Segment. Durch diese Trennung ergeben sich wertvolle Hinweise auf Verbesserungsmöglichkeiten im Vertrieb. HL

Vertriebsinformationssystem

→ Database Marketing.

Vertriebskostenrechnung

→ Vertriebserfolgsrechnung.

Beispiel für eine Marketing-/Vertriebskostenrechnung

Listenpreis (ohne Mehrwertsteuer)
- Sonderkonditionen umsatzabhängig
- Sonderkonditionen aktionsabhängig
- Skonti
- Boni

= Nettoerlös
- Frachtkosten
- proportionale Herstellkosten
- umsatzvariable Absatzkosten (Vertreterprovisionen, Versandkosten, Auftragsbearbeitungskosten)

= Deckungsbeitrag I
- Kosten Marketing-Maßnahmen

= Deckungsbeitrag II
- Gemeinkosten (Verwaltung, Vertrieb etc.)

= Gewinn

Teilweise wird bei den betrieblichen Kalkulationssystemen noch eine Zwischensumme Nettoerlös I und dann am Schluß Nettoerlös II gebildet. Unterschiede nach Branchen oder bei Unternehmen ergeben sich auch daraus, daß die einzelnen Bestandteile in unterschiedlicher Reihenfolge abgezogen werden. Zieht man den Aktionsrabatt zuerst vom Listenpreis ab, so ergibt sich für die folgenden Rabatte eine reduzierte Basis; die Rabatte sind in absoluten Beträgen niedriger und der Nettopreis wird damit höher. Wird der Aktionsrabatt erst am Schluß abgezogen, prozentual aber vom Listenpreis gerechnet, so sind absolut höhere sonstige Rabatte und ein niedrigerer Nettoerlös die Folge. Hier sind viele Kombinationsmöglichkeiten denkbar. Während früher mehr über Rabatte verkauft wurde, konzentriert sich das Gespräch beim Kunden heute überwiegend auf den Nettopreis.

Sofern die einzelnen Abzugsposten durch Marktgepflogenheiten gegeben sind, sollten die Preise unter Berücksichtigung der Auswirkung der einzelnen Abzugsposten festgelegt werden. Ferner gilt es zu beachten, daß die Mehrzahl der Abnehmer i.d.R. fest umrissene Vorstellungen und Erwartungen hinsichtlich der → Konditionen haben. Je nach Sachlage werden aber auch gelegentlich Sonderrabatte eingeräumt, um einen besonders hart umkämpften Auftrag zu bekommen. Dies geschieht in der Hoffnung, daß dieser Rabatt einmalig bleiben wird, was nicht immer durchzuhalten gelingt. Ge

Vertriebsschiene

→ Absatzwege.

Vertriebssteuerung

→ Außendienststeuerung.

Vertriebsweg

→ Absatzwege.

Virtuelle Realität

Engl. Virtual Reality, auch Artificial Reality, Virtual Environments, Telepresence oder Cyberspace genannt, ist ein Begriff, der zur Zeit in den Medien, in der Praxis und Wissenschaft intensiv diskutiert wird.

Bei der Virtuellen Realität (VR) handelt es sich um eine neuartige Schnittstellen-Technologie zwischen Mensch und Maschine. Der Einsatz der VR zielt darauf ab, dem Benutzer eines Computer-Systems den Eindruck zu vermitteln, als ob er sich innerhalb des dargestellten Szenariums befände. Im Bereich Marketing gibt es z. B. folgende Anwendungsmöglichkeiten (→ Virtuelles Marketing):

- anschauliche Präsentation von materiellen und vor allem immateriellen Produkten (Dienstleistungen);
- optimale Gestaltung von Ausstellungs- und Verkaufsräumen;
- optimale Gestaltung von Messeständen;
- Simulation von Verkaufsgesprächen usw. HL

Virtuelles Marketing

Der Ursprung des Begriffs »virtuell« liegt in der Informatik. Die »virtuelle« Realität ist eine mit Hilfe der Elektronik geschaffene künstliche Welt, in die Nutzer versetzt und interaktiv eingebunden werden können. Die konsequente Nutzung der Informationstechnologie sowohl bei der Kundenintegration als auch bei der inneren Führung ist das Fundament virtueller Unternehmen. Peter Hanser

VIS

Vertriebsinformationssystem, → Database Marketing.

Vorwand

Vorwände von Kunden sind vorgeschobene Gründe, d. h. Scheingründe oder Ausreden. Der Kunde stellt eine Wand vor sich auf (z. B. zu teuer), weil er über den wahren Grund der Ablehnung (z. B. kein Geld) nicht sprechen will.
Gegen Vorwände darf man nicht argumentieren (→ Argumentation). Wenn der Verkäufer dagegen argumentiert, beweist er dem Kunden, daß dieser gelogen hat. Er zertrümmert gewissermaßen dessen Schutzschild und der Kunde ist blamiert. Der Verkäufer bringt dem Kunden eine psychologische Niederlage bei, das Verkaufsgespräch ist gescheitert. Daraus ergibt sich folgende Grundregel: Man sollte nicht sofort gegen den ersten Ablehnungsgrund des Kunden argumentieren, sondern zunächst zu klären versuchen, ob es sich dabei um einen Vorwand oder um einen → Einwand handelt. HL

W

Waggonrabatt

→ Rabatte.

Wahrnehmung

Unter Wahrnehmung versteht man die kognitive Repräsentation von Informationen (Stimuli) im Bewußtsein, die aus der Reizung von Sinnesorganen entsteht.
Wahrnehmung und → Lernen gehören in der Konsumentenforschung (→ Konsumentenverhalten) zu den sog. kognitiven Prozessen, also der Informationsverarbeitung des Konsumenten.
Wahrnehmung könnte man auch als Informationsaufnahme und Informationsverarbeitung, Lernen als Informationsspeicherung ansehen. Dies bedeutet, daß die Wahrnehmung heute im Sinne eines Informationsprocessing auch weitergehend neben der Informationsaufnahme auch das Interpretieren, Bewerten, Akzeptieren und Behalten von Informationen beinhaltet.
Wahrnehmung erfolgt über die Sinnesorgane. Hierzu zählen das visuelle System (Sehen), das auditive System (Hören), der Geruchssinn (Riechen), der Geschmackssinn (Schmecken), das haptische System (Berührungs-, Kälte- und Wärmeempfinden) sowie der allgemeine Orientierungssinn. Etwa 90% aller vom Menschen verarbeiteten Informationen stammen aus dem visuellen System.
Das ins Auge durch die Pupille einfallende Licht reizt die lichtempfindlichen Sinneszellen auf der Netzhaut (Retina). Nur in der Mitte der Netzhaut (Fovea) kann scharf und farbig gesehen werden. Das Sehen am Rand der Netzhaut (peripheres Sehen) dient lediglich der Steuerung des fovealen Sehens.
Scharfe Bilder brauchen zum Aufbau etwa 1/20 bis 1/33 Sekunde. Deshalb ist »unterschwellige Werbung« zumindest über das Sehen nicht möglich.
Die gesehenen Eindrücke werden ergänzt und zur einfachen, geschlossenen Form umgedeutet, es werden Ähnlichkeiten zu vorhandenen (gespeicherten) Informationen gesucht. Dies ergibt die Möglichkeiten von optischen Täuschungen.
Die Impulse werden auf Merkmale untersucht, es wird geprüft, ob eine Ansammlung zusammengehöriger Reize ein schon bekanntes Muster ergibt (Mustererkennung).
Die eingehenden Informationen kommen zunächst in einen sogenannten sensorischen Speicher, wo eine Vorauswahl interessanter Informationen erfolgt. Ist Interesse vorhanden, wird die Information ins Kurzzeitgedächtnis (max. 15 Sekunden) übernommen. Nach weiterer Prüfung kann eine Übernahme ins Langzeitgedächtnis erfolgen.
Auch wenig interessante Informationen können ins Langzeitgedächtnis kommen, wenn sie öfters wiederholt werden, insbesondere dann, wenn mehrere Sinnesorgane genutzt werden (Mehrkanaligkeit). Gb

Wahrnehmung: Vorteile der Mehrkanaligkeit

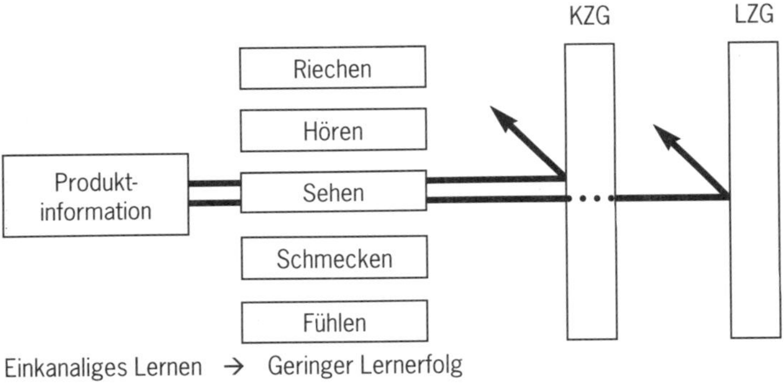

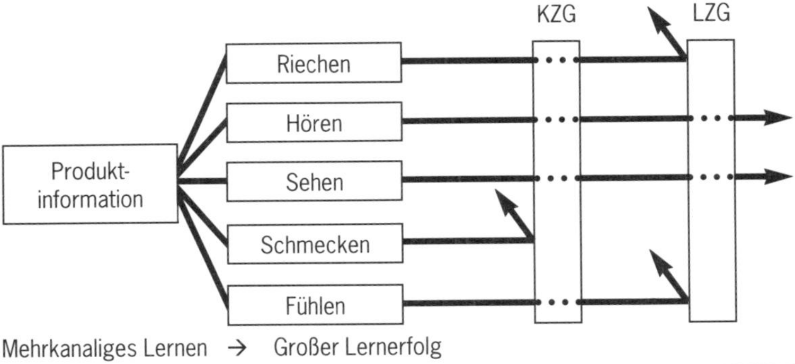

Warenhäuser
Warenhäuser sind Großbetriebe des stationären Einzelhandels, die an City-Standorten Waren aus mehreren Branchen anbieten, darunter sind i.d.R. immer Textilien. Im Rahmen des → Trading Up haben die Warenhäuser neue Präsentationsformen entwickelt, die das Einkaufen zum Erlebnis machen sollen (→ Erlebniskauf und → Erlebnis-Marketing). Durch Straffung und Profilierung des Sortiments haben die einzelnen Abteilungen den Charakter von → Fachgeschäften (Shop-in-the-Shop-System) erhalten. Außerdem werden zunehmend Dienstleistungen angeboten, um die → Kundenbindung zu verstärken. Beispiele: unentgeltliche Warenzustellung, Änderungsdienst, Kinderhort, eigene → Kundenkreditkarten usw. HL

Warenorientierter Ansatz

→ Marketing-Theorie-Ansätze.

Warenwirtschaftssysteme

Warenwirtschaftssysteme sind Informationssysteme im Handel, die im wesentlichen folgende Aufgaben haben (vgl. Zentes, 1988, S. 440–442):

- Disposition
- Bestellwesen
- Erfassung des Wareneingangs
- Rechnungsprüfung
- Erfassung des Warenausgangs
- Kassenabwicklung
- Ableitung warenbezogener Steuerungsinformationen.

Diese Aufgaben können entweder manuell oder mit Hilfe der EDV erledigt werden. Rechnergestützte Warenwirtschaftssysteme werden durch die zunehmende Verbreitung überbetrieblicher/einheitlicher → Artikelnumerierungssysteme ermöglicht.

Warenwirtschaftssysteme liefern eine Fülle von Informationen, mit denen das Handelsmarketing fundiert werden kann.

Beispiele:

- Optimierung der Bestellmengen
- Optimierung der Lagerbestände
- Optimierung der physischen Distribution
- Optimierung der → Konditionen
- Verhandlungen mit Lieferanten (→ Key Account Manager)
- Selektion von Lieferanten. HL

Warenzeichen

→ Marke.

Warenzeichenregister

→ Markenregister.

Weiße Produkte

Darunter versteht man Produkte, die überwiegend der Lebensmittelhandel als eigene → Gattungsmarken mit einer ursprünglich weißen Verpackung, die nur die Produktbezeichnung trägt, einführte.

Werbeagentur

Werbeagenturen betreiben Werbeplanung, erstellen Werbeentwürfe und führen → Werbung für ihre Auftraggeber, – i.d.R. Unternehmen oder bedeutende Nonprofit-Organisationen – aus.
Je größer Industrieunternehmen wuchsen, je weiter deshalb die räumliche Distanz zum Absatz der wachsenden Produktionsmengen (Ziel: Ausnutzung von Kostendegressionseffekten) ausgedehnt wurde, desto mehr wuchs der Bedarf nach systematischer → Marketing-Kommunikation, insbesondere in Form von Konsumentenwerbung, dann aber auch von Umwerbung der Absatzmittler, etwa in ihren Fachzeitschriften und Fachzeitungen, durch Werbebriefe und Werbegeschenke.
Schon vor der Wende zum zwanzigsten Jahrhundert gab es Annoncenexpeditionen, die dem Industriellen den Verkehr mit den meist zahlreichen lokalen und regionalen Zeitungen und Zeitschriften abnahmen. Die Zahl unabhängiger, lokaler Zeitungen war damals deutlich größer als heute; so gab es in Trier vor wenigen Jahrzehnten noch drei Tageszeitungen, heute nur noch eine, die zudem von einem Pressekonzern abhängig ist.

Auch mußten Litfaßsäulen und Plakatanschlagswände belegt werden. Dies erforderte Spezialisten, die dies aus Wirtschaftlichkeitsgründen stets für zahlreiche Unternehmen besorgten und traditionell Provisionen in Höhe von etwa 15 % erhielten.
Solche Anzeigenexpeditionen hatten dann recht bald Erfahrung in der Gestaltung von Anzeigen und Plakaten, sei es Design oder Text. Auch entwickelte sich fundiertes Wissen, welche Medien für welche Produkte zu welchen Zeitpunkten als Werbeträger sinnvoll zu nutzen seien. So wandelten sich Annoncenexpeditionen zu Werbeagenturen.

Eine Werbeagentur beschäftigt:

- *Kundenkontakter, Kundenberater*
  Sie sind für Akquisition und Beratung der Kunden zuständig, ebenfalls für die Präsentation einer Werbekampagne (Entwurf, Vorschlag) beim Kunden.

- *Kreative*
  Anhand des → Briefings des werbetreibenden Unternehmens als Kunde der Agentur werden Entwürfe für Anzeigen, Fernsehspots (Storyboard) bzw. POS-Werbehilfen entwickelt. Dabei müssen Graphiker, Texter, Fotographen und evtl. freiberufliche Experten (auch: Mannequins, Dressmen, Schauspieler) zusammenwirken, was in großen Agenturen ein Koordinator (Kreativdirektor) steuert.

- *Mediaplaner*
  Sie beschäftigen sich mit den Fragen, welche Medien welche Zielgruppen der Werbekunden wie gut erreichen, welcher Media-Mix jeweils empfehlenswert ist und was Schaltungen der einzelnen Medien (incl. Mengenrabatten) kosten.

- *Marketing-Experten*
  Ein Archiv- und Informationssystem (als Datenbank) sorgt für ständig aktualisiertes Wissen zum Marketing insgesamt, zu den einzelnen Medien, ihren Preisen, ihren erreichten Zielgruppen und ihrer Kompetenzzuweisung durch die Mediennutzer. Hier wird also spezialisierte Marktforschung betrieben, was kleineren Agenturen oft nur unvollkommen im Wettbewerb mit weltweit organisierten Großagenturen gelingen kann. Auch Marketing-Beratung im Sinne, daß eine Werbekampagne Teil eines optimalen Marketing-Mix sein sollte, erfordert stets einfühlsame Beratung der oft unsicheren und daher um so empfindlicheren Marketingexperten mancher Auftraggeber.

- *Media-Abwicklung und Abrechnung*
  Zu einer Werbeagentur gehören auch Media-Abwicklung, Abrechnung, eine allgemeine Verwaltung und, bei größeren Agenturen, eine Geschäftsführungsebene.

Werbeagentur oder Do-it-yourself?
Versuche großer Unternehmen, mit eigenen Werbeabteilungen oder konzerneigenen Werbeagenturen Kosten zu drücken oder die intelligenteren, durchschlagenderen Werbekampagnen zu erreichen, scheiterten vielfach. Offenbar ist Werbung allzu sehr auf Kreativität, auf schnelle Reaktionen auf das Erkennen und Prüfen neuer Ideen und Wege des Werbens angewiesen. Dies läßt sich in zentralisierten, schwerfälligen Bürokra-

tien verkrusteter Großunternehmen und Konzerne kaum durchsetzen. Mitarbeiter von Werbeagenturen, insbesondere Kreative, brauchen offenbar notwendigerweise eine große Freiheit, manche Außenstehende meinen, dort gehe es allzu undiszipliniert zu. Aber Kreativität kann nicht am Schreibtisch ersessen werden.

Daher arbeiten auch Konzerne meist mit Werbeagenturen, häufig vertrauensvoll über viele Jahre kontinuierlich zusammen. Leider werden in Krisenzeiten dann oft Sündenböcke gebraucht: Klappt der Absatz nicht, wird zuerst einmal die Werbeagentur gewechselt. Die eigentlich Verantwortlichen haben dann allerdings nur für wenige Monate ihre Haut gerettet. Denn eine Werbeagentur muß ihre Etats (an Werbegeldern der werbetreibenden Unternehmen) mit großer Fach- und Sachkenntnis planen und ausführen. Dazu braucht man umfassendes Spezialwissen und Spezialerfahrung, die eben meist nur in längerer Zusammenarbeit mit dem Auftraggeber der Werbung auf Dauer erlangt wird. »Neue Besen kehren gut« – aber komplexe Beratungs- und Gestaltungsleistungen benötigen umfassendes Wissen und langfristige Erfahrung. Gb

Werbebotschaft (zentrale)

→ Unique Selling Proposition.

Werbeetat

→ Werbeintensität und Werbeetat.

Werbeintensität und Werbeetat

Werbeintensität ist die aus dem Werbeetat und der Werbeplanung resultierende Stärke, mit der die Werbung eines Unternehmens auf die Zielgruppen einwirkt.

Der Werbeetat ist die Summe, die innerhalb einer Periode oder für eine bestimmte Aktion für Werbemaßnahmen zur Verfügung steht.

Werbung trägt nur Früchte, wenn die Werbung ausreichend intensiv und dauerhaft betrieben wird.

Lernen geschieht in der Regel per Wiederholung, per Einschleifen. Auch Werbebotschaften müssen wiederholt, ausreichend intensiv dargeboten werden (Wahrnehmungsschwelle, Interesseweckungsschwelle, Schwelle für Botschaften, die gespeichert/gemerkt werden) und als Endziel müssen Verhaltensweisen beeinflußt werden, die Botschaft muß zur Tat führen (Kauf, Wiederkauf, Weiterempfehlung).

Damit erfüllt Werbung die Prämissen (Voraussetzungen), die zum sog. »Allgemeinen Ertragsgesetz« der Volkswirtschaftstheorie führen.

Es gilt wenigstens so viel Werbung zu betreiben, daß die Zielgruppen im Handel und bei den Ge- und Verbrauchern das Angebot ernst nehmen, prüfen und möglichst auch realisieren (kaufen). Danach läßt sich die Werbeintensität mit allerdings leicht rückläufigem Mehrerfolg (Grenzertrag) weiter steigern. Sogenannte Dampfwalzenwerbung (→ werbliche Dampfwalze, also massive, fast unangenehme und lästige Werbung) führt ab dem Scheitelpunkt der Ertragsgesetzkurve zu einer negativen Wirkung, der Werbewiderstand (Propagandawiderstand) wird wirksam, Werbung wird abgelehnt (→ Werbeüberflu-

Die Ermittlung der Sättigungsgrenze

Der Punkt, an dem trotz verstärkter Werbung kein Umsatzzuwachs erzielt wird.
Gefahr: → Reizüberflutung.

Ermittlung: Gebrauchsgütermarkt: $\frac{\text{Zahl der tats. Besitzer x 100}}{\text{Zahl der potent. Besitzer}}$

Andere Märkte (Modetrends)

Sättigungsgrenze = allg. Ertragsgesetz

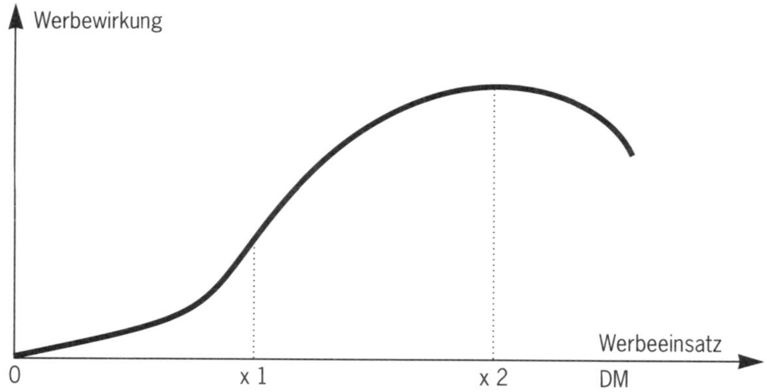

tung), es wird vor der Werbung geflüchtet (Zapping, Überblättern von Werbung in Printmedien, Wegwerfen von Prospekten, Werbedrucksachen und Prospektbeilagen, Schilder »Bitte keine Werbung« auf dem Briefkasten).

Der Werbeetat eines Unternehmens muß genügend Aufwand vorsehen, damit die Produkte ausreichend bekannt, ernstgenommen und gekauft werden. Weiterhin gilt es, die Werbeadressaten immer wieder an das spezifische Angebot, die Marke zu erinnern (Unterbrechen der Vergessenskurve). Daher muß selbst in einer gesamtwirtschaftlichen Krise mit objektiv geringen oder fehlenden Absatzchancen für ein Produkt, eine Marke »Erhaltungswerbung« betrieben werden. Nach dem Zweiten Weltkrieg und den ersten Nachkriegsjahren stiegen Marken wie Phönix aus der Asche, die in all diesen Krisenjahren (wertlose Reichsmark) weiter in Werbung investiert, die Sehnsucht nach Qualität, nach einer Spitzenmarke gepflegt und erhalten hatten. Werbung ist eine Art Investition in Marktbedeutung, zielt auf → Präferenzen, auf

Aufschaukeln des Bekanntheitsgrades durch laufend/periodisch wiederholtes Werben (mit real gleichen Beträgen, real gleicher Werbung)

Methodische Anmerkung:
Isolierende Betrachtungsweise, ceteris paribus (also alle anderen Einflußfaktoren vernachlässigt), vereinfacht. Aussage ist daher nur »eingeschränkt« richtig. Simplifizierung eines komplexen Tatbestandes.

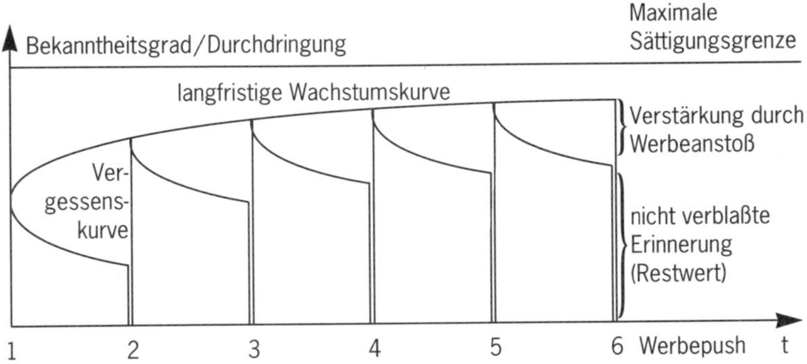

Dauerkunden. Also muß ständig in Werbung investiert werden: Marktaufbau, Marktausbau, Marktverteidigung, Neuinvestition, Erweiterungsinvestition, Rationalisierungsinvestition. Gb

Werbekostenzuschuß (WKZ)

→ Rabatte.

Werbemedium

→ Werbung, → Werbepolitik. Die Werbebotschaft muß mittels eines Mediums zum Werbeadressaten transportiert werden. Medien hierfür sind:

- elektronische Medien: Rundfunk, Fernsehen, Filmwerbung/Kinowerbung.
- Printmedien (gedruckt): Zeitungen und Zeitschriften aller Art, Anzeigen in Fachbüchern etc.
- Außenwerbung: Plakatwände, Litfaßsäulen, Leuchtmittelreklame, Schaufenster- und Schaukastenwerbung.
- Massendirektwerbung: Prospektverteilung, Beipackverteilung (zu Zeitungen, Zeitschriften usw.), Massenwerbebriefe.
- Individuelle Direktwerbung: Telefonverkauf (→ Telefon-Marketing), Briefwerbung, Faxwerbung, persönliche Ansprache, Haustürverkauf.
- (→ Sponsoring, → Product Placement).

Die Media-Planung und -Selektion ist meist Aufgabe der eingeschalteten Werbeagentur, zumindest gehört es zur Präsentation einer Werbekampagne (z. B. für das kommende Geschäftsjahr), einen begründeten Vorschlag zur Media-Auswahl vorzulegen. Dabei gilt es, die Zielgruppe für den Verkauf an die Konsumenten und die Zielgruppen der Handelswerbung optimal zu treffen. Werbemedien sollen also im Idealfall einmal die gleiche Zielgruppe wie das werbetreibende Unternehmen haben und zudem bei diesen Zielgruppen optimal als kompetent und vertrauenswürdig gelten. Zudem müssen die geschalteten Medien die Werbeadressaten zum optimalen Zeitpunkt erreichen. Häufig gilt es, ein optimales Media-Mix zu entwickeln, das einerseits die Bekanntheit verbessert, zum Konsum anregt und kaufanregend wirkt, andererseits neben der Imageförderung der konkreten Kaufanregung dient, was nur durch ein Media-Mix zu erreichen ist. Gb

Werbemittel

→ Werbung, → Werbemedien. Medium des Transports der Werbebotschaft vom werbenden Unternehmen zum Empfänger. Werbemittel sind z. B. Plakate, Anzeigen, TV-Spots. Die Medien, in denen das Werbemittel an die Zielpersonen herangebracht wird, nennt man dagegen → Werbeträger oder Werbemedien (also z. B. Litfaßsäule oder Plakatwand, Zeitung oder Zeitschrift, Radio oder Fernsehen).

Werbetests

Hierbei handelt es sich um Untersuchungen, die die Wirkung von Werbemaßnahmen überprüfen.

Bei der Erforschung der → Werbewirkung sind einerseits Verfahren der Messung der Zielerreichung (ökonomische und außerökonomische Ziele) und Ver-

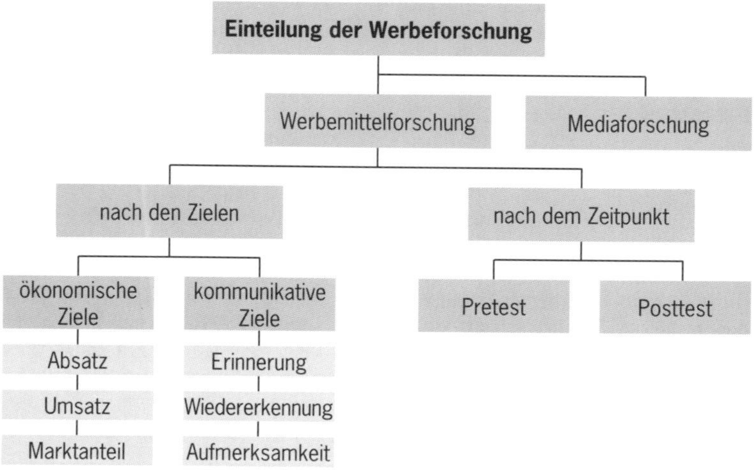

fahren vor oder nach dem Werbeinsatz (Pre-Test und Post-Test) zu unterscheiden.

Pretests finden vor der Schaltung bzw. vor dem Einsatz im Markt statt. Diese werden mit fertigen Werbemitteln (etwa einem Fernseh- oder Radiospot, der einmalig ausgestreut und getestet wird) oder mit teilweise ausgearbeiteten Werbemitteln (Scribbles u. a.) durchgeführt. Posttests werden nach der Streuung durchgeführt.

Das Problem der Werbetests liegt darin, daß die Wirksamkeit einer Werbemaßnahme oft nicht eindeutig zugeordnet werden kann, zumindest was den wirtschaftlichen Erfolg (Absatz, Umsatz, Marktanteil) anbelangt. Absatzerfolge sind von einer Vielzahl von Faktoren abhängig: den anderen Marketing-Instrumenten, dem Wettbewerb, den allgemeinen Rahmenbedingungen etc.

Häufig greift man deshalb auf Kriterien zurück, die vor dem Verkaufserfolg liegen. Der *außerökonomische Werbeerfolg* wird häufig vor der Streuung ermittelt. Entscheidend ist die Frage, wie ein Werbemittel wirkt. Es werden über ein Medium nur diejenigen Personen der Zielgruppe erreicht, deren Aufmerksamkeit durch die Werbung erweckt wird; ferner ist es nötig, daß das Interesse geweckt wird und sich die Zielgruppe ausreichend lang mit dem Werbemittel beschäftigt und es auch versteht und die Aussagen als glaubwürdig empfindet. Damit verändert sich die Vorstellung von dem angebotenen Produkt positiv und die Verbraucher erinnern sich an das Produkt und kaufen es schließlich. Die Werbeerfolgskontrolle orientiert sich an dieser Wirkungskette. Ein häufig angewandter Werbetest, der die *Erinnerungswirkung* untersucht, ist der → Recall-Test.

Bei dem *Wiedererkennungsverfahren* (Recognition-Test) geben die Testpersonen an, wie bekannt ihnen bestimmte Werbemittel sind. Mit den Probanden wird ein Werbemedium (z. B. eine Zeitschrift) durchgegangen und diese haben anzugeben, welche Anzeige sie gesehen, betrachtet und gelesen haben. Eine Sonderform ist der sog. → Folder-Test. Bei diesem werden nur Anzeigen vorgelegt und die Wiedererkennung abgefragt.

Die *Aufmerksamkeitswirkung* bzw. Aktivierung wird durch apparative Einrichtungen gemessen. Eine wichtige Frage ist dabei, inwieweit sich die Tests bzw. Experimente an der natürlichen Kommunikationssituation der Zielgruppe orientieren. Teilweise handelt es sich um apparative Verfahren, bei denen die Versuchsperson an Geräte angeschlossen wird, die Körperfunktionen messen (Gehirnströme, Blutdruck, Pulsfrequenz, Schweißabsonderung), um so auf die → Aktivierung Rückschlüsse ziehen zu können.

Mit einer apparativen Einrichtung, einem Blickaufzeichnungsgerät, welches die Probanden aufgesetzt bekommen, wird der Blickverlauf meistens bei Printmedien gemessen. Es gibt jedoch auch apparative Verfahren, die in einer einigermaßen natürlichen Situation wirken. Eines davon ist die versteckte Augenkamera (→ Anzeigen-Test).

Bei der Messung des ökonomischen Werbeerfolgs kommen als Maßgrößen hauptsächlich der Umsatz, der Marktanteil und der Gewinn in Betracht. Häufig fehlt es an der Möglichkeit, zwei alternative Werbekonzepte gegeneinander abzutesten. Diese Werbekonzepte können in einem unterschiedlichen Medieneinsatz bestehen. Meistens hat man eine nationale Kampagne und testet in einem Testmarkt eine zweite Variante. Man kann hier nun die Entwicklung der Umsätze und Marktanteile verfolgen und davon ausgehen, daß diese Entwicklung im wesentlichen durch unterschiedliche Werbung geprägt wird, da der Einsatz aller anderen Instrumente konstant ist.

Manchmal wird auch versucht, Jahre mit unterschiedlichen Werbeausgaben miteinander vom Ergebnis her zu vergleichen. Häufig läßt sich dann der Zusammenhang herauslesen, daß mit weniger Werbung der Marktanteil niedriger war. Ein eindeutiger Zusammenhang ist jedoch nicht gegeben, da auch Einflüsse vom Einsatz der eigenen anderen Instrumente und vom Wettbewerb ausgehen können.

Die Wirkung von Fernseh-Spots, aber auch von Print auf das Kaufverhalten von Testhaushalten wird durch → Behavior Scan und Telerim untersucht. Ge

Werbeträger

→ Werbung, → Werbemedien. Organ der Informationsübermittlung in der Werbung. Dient der Verbreitung des → Werbemittels. So sind etwa Zeitungen, Fernsehen und Plakatwände Werbeträger – Anzeigen, Werbespots und Plakate jedoch Werbemittel.

Werbeüberflutung

Alle Informationen, die uns als Verbraucher, aber auch als Spezialisten in den Berufen, täglich erreichen, zu erkennen, zu erfassen und bewertet zu speichern, ist schier unmöglich.
Insbesondere seit
- Entstehen der Vielzahl ganztägiger privater Fernsehprogramme
- mit häufiger, über den ganzen Tag verteilter Werbung
- mit (oft mehrfacher) Unterbrechung von Sendungen für Werbepausen
- mit der Flut von Prospekten, Anzeigen, Plakaten, Leuchtmittelwerbung etc.

spricht man von einer Informations- und Werbeüberflutung. Diese führt dazu, daß jeder einzelne noch stärker selektiert, was wahrgenommen, analysiert und im Gedächtnis gespeichert wird.
Fachleute schätzen, daß Verbraucher in modernen Wohlstandsgesellschaften sich der Informationsüberflutung bis zu 99% »verweigern«, da weder Zeit noch Interesse hierfür bestehen.
Daher ist die → Werbeplanung heute noch intelligenter und fachkundiger durchzuführen, als in früheren Jahrzehnten. Insbesondere Unternehmen oder Körperschaften, die sich keine »Dampfwalzenwerbung« (→ werbliche Dampfwalze) leisten können, müssen die jeweilige situative Aufnahmebereitschaft für die spezielle Werbebotschaft, die Zeiten, wann die Adressaten mittels welchen Mediums erreichbar sind, beachten. Der

Adressat (bzw. sein Segment) ist also zur richtigen Zeit am richtigen Ort mittels des richtigen Mediums mit einer für ihn *dann* interessanten Botschaft anzusprechen. Gb

Werbewirkungen

→ Werbung.

Werbeziele

→ Werbung. Die Werbeziele leiten sich aus den → Marketing-Zielen ab. Beispiele für Werbeziele sind Umsatzsteigerungen, Imageverbesserung, Steigerung des Bekanntheitsgrades der Marke, des Unternehmens, der Produkte oder auch der speziellen Werbebotschaft. Häufig handelt es sich bei den Werbezielen um zu operationalisierende qualitative Ziele, etwa, wenn es um die Weckung von Aufmerksamkeit, Berührung oder Interesse beim Rezipienten geht.
Die Werbeziele (als »Soll«) stehen in engem Bezug zu den → Werbewirkungen (als »Ist«). Insofern können die Stufenmodelle der Werbewirkung (→ AIDA-Formel) auch als Aufzählung von Werbezielen verstanden werden.

Denkbare Werbeziele sind insbesondere:
- Bekanntmachung von Produkten,
- Bekanntheitsgrad erlangen, erhalten, erhöhen,
- Informationen über die Produkte (Funktion, Einsatzmöglichkeiten, Kosten/Nutzen Relation),
- Stärkung des Vertrauens in das Produkt (Image, Präferenzen, Vermeidung kognitiver Dissonanzen),
- Unterstützung der Absatzchancen (Schaffung eines → USP, Liefern von Argumenten für Kaufentschluß, Senkung der Vertriebskosten, gezieltes Timing der Werbung). Gb

Werbliche Dampfwalze

Manche Unternehmen, aber gelegentlich auch Nonprofit-Organisationen, wie etwa Parteien vor Wahlterminen, betreiben eine sehr intensive Werbung über möglichst viele Massenmedien gleichzeitig und mit ständiger Wiederholung. Ein mögliches Werbeziel wird auf diese Weise jedenfalls erreicht: Der Bekanntheitsgrad steigt gegen 100%, und das aktivisch und nicht nur passivisch als »Erinnerung« bei Wiederholung der Botschaft. Wenn im gleichen Fernseh-Werbeblock das gleiche Produkt, die gleiche Marke oder gar der gleiche Spot zweimal erscheint, wenn im Abendprogramm eines oder mehrerer Sender die gleiche Marke wiederholt mit einem Werbespot erscheint, wenn dies über längere Zeit geschieht und die gleiche Werbung noch über weitere Medien gleichzeitig geschaltet wird, dann spricht man von der »werblichen Dampfwalze« oder »Dampfwalzenwerbung«.

Wer allerdings mit einem begrenzten, sparsamen Werbeetat versuchen muß, die Werbeadressaten ausreichend zu erreichen und zu motivieren, wird auf »Blattschuß-Strategien« (gezielte Werbung) zurückgreifen, und nicht auf Schrotschußmethoden oder besser werbliches Dauer-Flächenbombardement.
Werbliche Dampfwalzen sind regelmäßig das Vorrecht der marktbeeinflussenden oder marktbeherrschenden Anbie-

ter. Ziel ist es dabei, Wettbewerber auszuschalten oder zumindest werblich zu überdecken.
Als Reaktion der Werbeadressaten ist allerdings nicht selten Verdruß, Ablehnung oder bewußte Ablehnung solcher »Gehirnwäsche« zu erwarten (vgl. Ertragsgesetz; in: → Werbeintensität).

Gb

Werbung

Werbung stellt ein planmäßiges Vorgehen dar, das darauf abzielt, Menschen für sich oder für etwas zu gewinnen. Sie ist dabei im → Marketing-Mix als Bestandteil der → Kommunikationspolitik anzusehen.
Werbung ist eine Kommunikation, die in der Regel von Anbietern von Gütern und Dienstleistungen in Richtung der Abnehmer/Käufer gerichtet ist, mit dem Ziel, das Angebot, den Anbieter bekannt zu machen, um Vertrauen zu werben, um Käufe zu erreichen. Werbung ist einseitig aktive Kommunikation, der Adressat ist also stets passiv; er verweigert die Annahme der Botschaft oder er prüft sie, aus der Sicht des Werbetreibenden nimmt er sie hoffentlich positiv auf.
Je mehr Massenproduktion betrieben wird, je stärker sich Produzenten und Dienstleister von ihren Ge- und Verbrauchern entfernen (häufig sogar geistig und entfernungsmäßig), je mehr Technik, Stil- und Modeentwicklung hektisch zu immer neuen Lösungen führen, um so mehr ist eine Unterrichtung der Ge- und Verbraucher über das aktuelle Angebot notwendig, zumal wenn es Güter und Leistungen zu vermarkten gilt, die nicht lebensnotwendig sind.
Die Einschaltung von Einzelhändlern und Warenhandwerkern als Distributionsorgane für Massenprodukte führte auch dazu, daß diese Absatzmittler umworben werden müssen, denn ohne deren Mitwirken (hoffentlich freundlich, motiviert, sachkundig) ist der Industrieabsatz nicht darzustellen.
Eine arbeitsteilige moderne Industriegesellschaft ist auf Werbung selbst für Nonprofit-Organisationen angewiesen. Der Bürger muß für die staatstragenden Parteien, Kammern, Verbände, für die Vielzahl der Vereine und Vereinigungen im gesellschaftlichen Bereich, möglicherweise auch für die großen Kirchen, positiv gestimmt werden und sowohl an Mitarbeit und Förderung erinnert werden, als auch an die Inspruchnahme der Angebote.

Werbeadressaten (→ Segmentierung, → Zielkunden). Im Rahmen der Marktsegmentierung werden gleichzeitig diejenigen Personen und Personengruppen festgelegt, die durch die Werbung angesprochen werden sollen. Bei diesen Werbeadressaten kann es sich einerseits um aktuelle/bisherige Kunden und andererseits um potentielle Kunden (auch zukünftige Kunden, wie z. B. Kinder, → Carry over-Effekt, → Werbung) handeln.
Ge- und Verbraucher sind sicherlich die Hauptzielgruppe der Werbung.
Nicht immer sind die Käufer auch die (alleinigen) Kaufentscheider. Daher sind auch (Mit-) Entscheider und Empfehler, z. B. → Meinungsführer, speziell zu umwerben. So entscheiden Ärzte über den Kauf von Pharmaprodukten, Lehrer über Schulbücher etc. weitaus intensiver

und wirksamer als der eigentliche Käufer.
Selbst Kleinkinder gilt es per Werbung in unsere Konsumwelt, ihre Marken und Markenprofile einzuführen, hier leistet die Fernsehwerbung (ARD/ZDF nur vor 20 Uhr) wirklich ganze Arbeit.
Die Absatzmittler (Händler), ihre Verbände und Mitarbeiter sind insbesondere in Fachzeitschriften zu umwerben, um ihr Mitwirken am mehrstufigen Absatz zu veranlassen.

Werbeinhalte
Werbung kann auf allgemeines Bekanntmachen und Erinnern an eine Marke oder ein Produkt bzw. ein Unternehmen gezielt sein (Bekanntheitsgrad).
Werbung kann auf Erhalt und Stärkung von *Vertrauen* oder *Kompetenzzuweisung* hinzielen (Goodwill).
Werbung wird häufig genutzt, um aktuelle Angebote bekanntzumachen (Kaufanreiz) (→ Unique Selling Proposition USP).

Werbewirkungen
Werbewirkungen sind zu unterscheiden: nach der zeitlichen Wirkungsrichtung/-dauer sowie dem propagierten Produkt bzw. der propagierten Leistung.

Eine Schaufensterwerbung, ein Werbebrief mit einem Sonderangebot (mit zeitlich beschränkten Preisanreizen) zielen primär auf »turnover now« (Umsatz jetzt). Traditionelle Fernsehwerbung zielt in der Regel auf Goodwill, auf die Propagierung des Sortiments und auf Dauerwirkung (»Carry Over«). Ein Prospekt eines Sortimentshändlers zielt auf den Sortimentsverkauf, auch wenn nur einzelne Produkte herausgestellt werden (»Spill Over«).

Werbewirkungen

A
turn over now
Umsatz in Periode der Werbung

B
spill over
gekauft wird ein nicht beworbenes Produkt = Sortimentseffekt (insbes. bei Markenprodukten, Sortimentsanbietern)

C
carry over
Werbung wirkt erst in späteren Perioden verkaufsfördernd

Lockvogelangebote (mit bewußter Preisunterbietung, oft zu oder unter Selbstkosten) zielen auf Sortimentswirkung.
Die Bewerbung von *Zugartikeln* (d. h. besonders attraktiven Artikeln/Angeboten mit »normaler« Kalkulation) zielt auf den Verkauf des Zugartikels und *gleichzeitig* auf Sortimentswirkung.

Werbepsychologie
Seit jeher wird in diesem Zusammenhang die AIDA-Regel zitiert, die die verschiedenen aufeinanderfolgenden Stufen der Werbewirkung beschreibt:
- *Attention* (Aufmerksamkeit, d. h. Wahrnehmung insbesondere der Werbebotschaft.)

Werbewirkungen

Zeitliche Wirkung		Gekauft wird was?			
		beworbene(s) Produkt/ Marke	Konkurrenz- marke	Substitutions- gut	aus Sortiment des Webetreibenden ***– spill over –***
sofort/kurzfristig					
mittelfristig					
langfristig	***carry over***				
in späterem Lebensabschnitt/ Lebenszyklus- abschnitt					

- *Interest* (Interesse gilt es zu wecken, da nur Botschaften aufgenommen werden, die aktuell/interessant sind.)
- *Desire* (Verlangen, Besitzwunsch)
- *Action* (Kaufhandlung. Nur der Kauf, die Krönung der Aktivierungswirkungen erfüllt die Ziele des Werbetreibenden/Senders).

Werbung muß beachten, daß der Mensch tendenziell ganzheitlich erfaßt und beurteilt. Hören, Sehen, Riechen, Schmecken und Fühlen müssen insgesamt, wenn es geht simultan geplant angesprochen werden, dürfen jedenfalls nicht negativ beeinflußt werden. Zudem prüft der Mensch regelmäßig aktuelle Botschaften darauf, was sein Gedächtnis hierzu gespeichert hat. Wer als Anbieter bei Werbeadressaten negativ gespeichert ist, weil schlechte Erfahrungen, negative Mundpropaganda o.ä. eingetreten waren, erinnert mit jeder aktuellen Werbung auch an dieses »Wissen« und sorgt dafür, daß es nicht dem Vergessen anheimfällt. Werbung kann also in der Regel nur Sinn bringen, wenn für die Adressaten positives erinnert werden kann, wenn ggf. positive Nachrichten zu vermitteln sind. (→ kognitive Dissonanz)

Werbung erfolgt mittels Sprache (auch Rundfunk, Werbeausrufe, Gespräche), mittels Bildern, wobei Farben, Formen, Größen usw. zu beachten sind. Nicht zuletzt auch dürfen Geruchsnerven nicht unbeachtet bleiben (olfaktorische Reize). Ein Werbebrief, der »technisch riecht«, wirkt unsympathisch. Eine Gaststätte darf nicht nach altem Fritierfett riechen. Vor Bäckereien und Brottheken wird immer für frischen Brotduft gesorgt.

Werbemedien
Man unterscheidet zwischen → Werbeträgern (z. B. Zeitung, Plakatwand) und → Werbemitteln (z. B. Anzeige in einer Zeitung, Plakat).
Werbung erfolgt per
- Sprache direkt (Ausrufe)
- Rundfunk als technisch transportierte Sprache
- Plakat
- Außenwerbung an Gebäuden
- Schaufenster
- Warenpräsentation vor Ort
- Fernsehen
- Zeitungs- und Zeitschrifteninserate
- Faltblätter, Prospekte (als Sonder- oder Wochenangebote in Hausbriefkästen verteilt oder als Beilage in Printmedien)
- Produktverpackung
- Kataloge
- Messen und Ausstellungen
- Kinowerbung
- Werbebriefe.

Das *wichtigste Werbemedium* ist oft die *langjährige gute Erfahrung* mit einem Produkt oder einer Dienstleistung. Also gilt es, zwar diskret, aber doch gut wahrnehmbar, Produkte mit dem Warenzeichen, der Marke des Herstellers zu versehen, so daß der erfolgreiche Gebrauch stets aufs neue an die »Marke« erinnert. Selbstverständlich ist ein guter → Service vor dem Kauf (Beratung, Erprobung, Anprobe), bei der Übergabe/Kaufabwicklung (Gebrauchseinweisung) und als After-Sales-Service bei der Wartung und Reparatur mit dem Ziel, spätere Ersatz- und Wiederkäufe (→ Dauerkunden) anzustreben. Hier sind also die Leistungen des Absatzmittlers vor Ort, seines Personals, äußerst wirksam, denn nur hier erfährt der Ge-/Verbraucher die Marke direkt und persönlich (→ Marketing-Personal).

Mediaplanung
Jeder Werbetreibende muß primär klarstellen,
- wer seine Zielpersonen/Adressaten sind (→ Segmentierung),
- welche Botschaft aktuell zu vermitteln ist,
- welche Nebenwirkungen diese Botschaft auslösen kann,
- welche Medien hier besonders geeignet sind, weil Mediennutzer und Zielgruppen möglichst gut übereinstimmen.

Dies weil ein Medium von den Zielgruppen ausreichend genutzt, beachtet und als kompetent angesehen wird und von den Werbeadressaten in Situationen und zu Zeiten beachtet wird, wenn diese Adressaten für die jeweilige Botschaft offen und ansprechbar sind (Aufnahmebereitschaft für Thema und tonische Aktivierung).
Schließlich muß die Mediaplanung zu einer Kosten-Nutzen-Analyse führen: Welche Mediennutzung führt angesichts deren Kosten zu einer optimalen Werbewirkung. Reine Kopfzahlen zu erreichender Adressaten sind also keine ausreichende

Begründung oder fachkundige Werbeplanung.
Mediaplanung gehört in die Hände von Spezialisten. Insbesondere, wenn mit einem »beschränkten« Werbeetat der Umsatz deutlich verbessert werden muß, ist Präzisionsarbeit gefordert, nicht aber für Werbeagenturen zu oft schnell verdienten Provisionen führende Massen-Fernsehwerbung als wesentlicher Teil des Media-Mix.

Gb

Werbung für High und Low Involvement Products (Goods)

Definition: → Produktkategorien.

a. Bei bestimmten Bedarfsgütern (meist höherpreisig, längere Bindungsdauer) haben Ge- und Verbraucher je individuell starke → Präferenzen für bestimmte Marken oder Dienstleister (z. B. Friseur, Hausarzt). Das Gut oder die Leistung sind für den Konsumenten wichtig oder gar essentiell. Man benutzt hier den Begriff »High Involvement Products«, der sich weitgehend mit dem der »Shopping Goods«, aber auch dem der »Specialty Goods« deckt (→ Produktkategorien).

Durch Werbung hier einen Marken-/Dienstleisterwechsel zu bewirken ist äußerst schwierig. Neben Sachargumenten von hoher Einsichtigkeit wäre auch eine starke Emotionalisierung zur Verhaltensänderung notwendig. Zahlreiche Werbeimpulse könnten hier vielleicht auf Dauer eine Wirkung erzielen. Lediglich beim Auftreten einer → kognitiven Dissonanz, also einer schlechten Erfahrung mit dem bisher nachgefragten Produkt, der bisher präferierten Leistung, kann ein durchschlagender und dauerhafter sofortiger Marken-/Dienstleisterwechsel ausgelöst werden. Es ist zwar sehr erfreulich, wenn die Kunden einem Anbieter oder einer Marke voll vertrauen, ihm Kompetenz zuerkennen, aber schon geringfügige, einmalige Pannen (»Vertrauen mißbraucht«) können von heute auf morgen den Zusammenbruch der Absatzbeziehung auslösen.

b. Für viele Güter und Leistungen des täglichen Bedarfs (relativ niedrigpreisig, häufig nachgefragt, Fehlkauf ist keine »Katastrophe«) gilt ein Einkaufsverhalten der Konsumenten, das mit »Low Involvement« bezeichnet wird. Die entsprechenden Güter nennt man somit »Low Involvement Products«. Dieser Begriff ist weitgehend deckungsgleich mit dem der »Convenience Goods« (→ Produktkategorien). Beim Einkauf dieser Güter präferieren Verbraucher den problemlosen und schnellen Discount-Handel (Selbstbedienung).

   Meist werden periodisch (z. B. Wocheneinkauf) die gleichen Marken/Produkte und Packungsgrößen gekauft (→ habitualisiertes Kaufverhalten). Bei »Low Involvement Products« ist durch preisaggressive Angebote, Musterverteilung, geschickte Werbung und Plazierung am → POS (Point of Sale) oft und leicht ein Markenwechsel erreichbar, der aber meist nicht dauerhaft ist.

Dies steht im Gegensatz zu den »High Involvement«-Gütern/Leistungen, wo ein Markenwechsel dann oft dauerhaft wirkt. Werbung für »High Involvement Goods«

muß also argumentative Elemente enthalten und regelmäßig wiederholt werden. Sie wird erst bei der Nutzung solcher Werbemedien nachhaltigen Erfolg bringen, die nicht nur kurz, beiläufig und mit Wiederholungen wahrgenommen werden, also z. B. Rundfunk, Fernsehen, Plakatanschläge. Bei High Involvement Products sind Werbebriefe, Kataloge, ausführliche Prospekte, geschickte Präsentation am POS und eine Kombination von Verkaufstechnik und Sachkunde beim Verkäufer vor Ort erst erfolgsauslösend.

Empfehlenswert ist auch eine nach Verhaltenstypen unterschiedliche Werbung. Je nach psychographischer Segmentzugehörigkeit, also Verhaltenstyp, (→ Segmentierung) ist auch der Ge-/Verbraucher bei »High Involvement«-Kaufentscheidungen sehr unterschiedlich im Verhalten und demgemäß auch differenziert zu bearbeiten. Dynamische, risikofreudige Innovatoren brauchen andere Argumente, als vorsichtige risikoscheue »späte Anpasser« und »pedantische Analysierer«. Gb

Werksverkauf

→ Fabrikverkauf.

Werkverkehr

Werden Kunden mit werkseigenem Fuhrpark bedient, so spricht man von Werkverkehr.

Im Rahmen des Werkverkehrs bietet sich die Möglichkeit, auf Rückfahrten vom Kunden benötigte Waren mitzunehmen, und so Anlieferkosten zu sparen.

Anlieferung von Materialien durch eigenen Fuhrpark als Rückladung

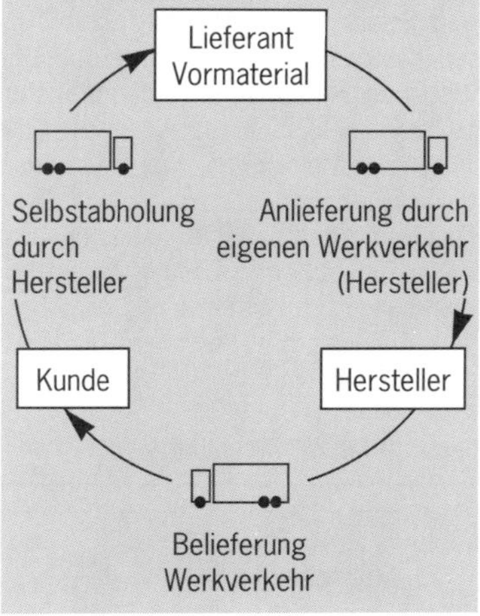

Hierzu ist zu bemerken, daß die Mitnahme von Waren nach den Vorschriften des Güterkraftverkehrsgesetzes z. Z. nur für das eigene Unternehmen erlaubt ist. Mitnahmen von Waren für andere Unternehmen sind z. Z. noch verboten; hier ist jedoch eine gesetzliche Änderung zu erwarten. Wilhelm Hauser

Wertanalyse

Die Wertanalyse ist eine von dem amerikanischen Ingenieur Miles entwickelte Methode, mit deren Hilfe die Produktionskosten gesenkt werden können (→ Produkt-Variation). Der Ansatzpunkt der Wertanalyse ist die Funktion eines Produktes, d. h. die Aufgabe, die ein Produkt zu erfüllen hat.

Beispiel:
Eine Schraube dient der Verbindung zweier Teile. Diese Verbindung kann durch verschiedene Arten und Größen von Schrauben, aber auch durch Nieten, Kleben usw. hergestellt werden. Der Wertanalytiker sucht nicht den billigsten Lieferanten für Schrauben, sondern die günstigste Möglichkeit, zwei Teile zu verbinden.
Das Wesen der Wertanalyse besteht also darin, die bisherige Lösung eines Problems in Frage zu stellen und nach besseren Lösungen zu forschen. Die Wertanalyse ist eine → Kreativitätstechnik, die durch schöpferischen Skeptizismus gekennzeichnet ist.

Die folgende Abbildung zeigt den Ablauf einer Wertanalyse. HL

Wertkette

Die Wertkette ist ein Diagnoseinstrument zur systematischen Durchleuchtung eines Unternehmens oder einer strategischen Geschäftseinheit (nach Porter). Sie stellt das Unternehmen bzw. die SGE als eine Kette von wertsteigernden Akti-

Arbeitsplan der Wertanalyse (WA) nach DIN 69910

Grundschritt 1 Vorbereitende Maßnahmen	*Teilschritt 1:* Auswählen des WA-Objekts und Stellen der Aufgabe *Teilschritt 2:* Festlegen des quantifizierten Zieles *Teilschritt 3:* Bilden der Arbeitsgruppe *Teilschritt 4:* Planen des Ablaufs
Grundschritt 2 Ermitteln des IST-Zustandes	*Teilschritt 1:* Informationen beschaffen und Beschreibung des WA-Objekts *Teilschritt 2:* Beschreiben der Funktionen *Teilschritt 3:* Ermitteln der Funktionskosten
Grundschritt 3 Prüfen des IST-Zustandes	*Teilschritt 1:* Prüfen der Funktionserfüllung *Teilschritt 2:* Prüfen der Kosten
Grundschritt 4 Ermitteln von Lösungen	Suche nach allen denkbaren Lösungen
Grundschritt 5 Prüfen der Lösungen	*Teilschritt 1:* Prüfen der sachlichen Durchführbarkeit *Teilschritt 2:* Prüfen der Wirtschaftlichkeit
Grundschritt 6 Vorschlag und Verwirklichen einer Lösung	*Teilschritt 1:* Auswählen der Lösung(en) *Teilschritt 2:* Empfehlen einer Lösung *Teilschritt 3:* Verwirklichen einer Lösung

vitäten dar. Die fünf primären Aktivitäten befassen sich mit der Erstellung eines Produktes, seiner Vermarktung und dem Kundendienst:

- Eingangslogistik
- Operationen
- Marketing und Vertrieb
- Ausgangslogistik
- Kundendienst.

Die vier unterstützenden Aktivitäten können bei jeder primären Aktivität anfallen und halten diese durch die Beschaffung von Produkten, Technologie und Personal aufrecht:

- Unternehmensinfrastruktur
- Personalwirtschaft
- Technologieentwicklung
- Beschaffung.

Die Differenz zwischen den Marktpreisen und den Kosten der Wertschöpfungskette ergeben die Gewinnspanne.
Die Analyse der Wertkette zeigt Ansatzpunkte für die Schaffung von strategischen Wettbewerbsvorteilen. Ge

Wertschöpfung

Als Wertschöpfung bezeichnet man die Differenz zwischen dem Umsatz eines Unternehmens und dem Wert der von außen bezogenen Vorleistungen: Wertschöpfung = Umsatz – Vorleistungen.

Die Wertschöpfung ist ein Maßstab für die von einem Unternehmen erbrachte Leistung. Die Wertschöpfung ist um so höher, je mehr die Leistung des Unternehmens von seinen Kunden geschätzt wird. »Die Wertschöpfung liegt in der Wertschätzung« (Claudia Mast).

Aus der Wertschöpfung sind die Kontrakt-Einkommen der Mitarbeiter (Löhne, Gehälter und gegebenenfalls Pensionen), die Zinsen für die Fremdkapitalgeber sowie die Steuern an den Staat zu bezahlen. Die verbleibende Restgröße stellt den Gewinn oder Verlust des Unternehmens dar, d. h. die Verzinsung des eingesetzten Eigenkapitals. Soweit der Gewinn nicht an die Kapitaleigner ausgeschüttet wird, stärkt er die Finanzkraft und damit die Überlebensfähigkeit des Unternehmens. HL

Wettbewerb

ist ein Ordnungs- und Steuerungsprinzip der Marktwirtschaft. Man versteht darunter marktbezogene Rivalitätsbeziehungen zwischen Wirtschaftssubjekten, in der Regel Anbietern oder Nachfragern.
Die Intensität der Wettbewerbsbeziehungen hängt hauptsächlich von der → Marktform ab. Die Unternehmen setzen im Wettbewerb die Marketing-Instrumente ein.

Wettbewerbsbeschränkung

W. ist die Beschränkung des freien Wettbewerbs durch horizontale W. (z. B. Kartelle), vertikale W. (z. B. → Preisbindung) oder durch die mißbräuchliche Ausnutzung einer starken Marktstellung (z. B. → marktbeherrschende Unternehmen). W.en gefährden den freien Wettbewerb und sind daher nach dem → Gesetz gegen W.en verboten oder nur bei Vorliegen bestimmter Voraussetzungen zulässig.

Horizontale Wettbewerbsbeschränkungen:
H.W. sind solche, die durch potentielle Wettbewerber, d. h. auf gleicher Wirtschaftsstufe (horizontal) tätige Unternehmen herbeigeführt worden sind. Zu h.W. kommt es bei der Bildung eines → Kartells, durch → abgestimmtes Verhalten oder durch Zusammenschluß mehrerer Unternehmen, wenn hierdurch eine → marktbeherrschende Stellung entsteht.
Vertikale Wettbewerbsbeschränkungen
V.W. sind Beschränkungen, die zwischen Unternehmen verschiedener Wirtschaftsstufen vereinbart werden (im Gegensatz zu den horizontalen Wettbewerbsbeschränkungen, die von Unternehmen der gleichen Wirtschaftsstufe zu einem gemeinsamen Zweck festgelegt werden). Das → GWB befaßt sich mit den v.W. in dreierlei Hinsicht (vgl. §§ 15–21): zum ersten werden Inhaltsbindungen verboten, d. h. einem anderen Unternehmen vorzuschreiben, zu welchen Bedingungen und Preisen es seine Verträge mit Dritten gestalten soll (Hauptfall: → Preisbindung), zum zweiten werden sog. Abschlußbindungen (das sind Ausschließlichkeits-, Verwendungs- und → Vertriebsbindungen) zwar nicht verboten, aber einer Mißbrauchsaufsicht unterstellt, und drittens wird die Zulässigkeit von Bindungen des Lizenznehmers durch den Lizenzgeber in Lizenzverträgen festgelegt. Dietrich Schmidt

Wettbewerbseinheit, strategisch, operativ

Im klassischen Modell des Wettbewerbs ging man von je einzeln machtlosen und unverbundenen Anbietern und Nachfragern aus.

Bei Absatz von PKWs etwa liegt ein landesweites, evtl. europa- oder sogar weltweites Distributionsnetz vor, das über die Zentrale des Herstellers, evtl. auch (zusätzlich) über Landesvertriebsgesellschaften den Verkauf steuert. Aber immer findet der direkte Verbraucherkontakt, sei es Kaufberatung, Kauf, Fahrzeugübergabe, Produkteinweisung, Wartung oder Reparatur *vor Ort* beim jeweils vom Verbraucher gewählten (weil nahen) Vertragshändler oder einer Verkaufsniederlassung statt. Die Werbung verlagert sich seit einigen Jahren noch stärker zur Verbund- oder → Geleitzugwerbung, bei der Händler und Hersteller koordiniert um den Verbraucher werben.

Ein solches Vertriebssystem gilt als *strategische Wettbewerbseinheit.* Diese wird entweder per Macht, Befehl und oft Spezialistenwissen zentral geplant und geleitet, besser funktionierende Systeme dagegen mit kooperativem Führungsstil, d. h. die jeweiligen Vertriebspartner vor Ort werden, wie im Modell des kooperativen Führungsstils, als Partner behandelt, um Mitwirkung, Anregungen, Verbesserungsvorschläge gebeten. Ein solches System ist beispielsweise eine weltweit besonders erfolgreiche Fastfood-Kette, während PKWs offenbar vielfach noch von Technikern zentralplanwirtschaftlich vermarktet werden, wobei die Vertragshändler als »lästige Spannenverursacher« per Dienstvorschrift (Händlerhandbücher) per Rabatt (-kürzungen) und Mindestmengenabnahmen gesteuert werden.

Ein Franchise-System, ein Einkaufsverbund (heute vielfach »Marketingverbund«) von Einzelhändlern oder Handwerkern gilt als Gesamtheit, als strategische Wettbewerbseinheit.
Einzelne Mitglieder eines solchen Verbundes vor Ort nennt man die *operativen Wettbewerbseinheiten*. Dort finden die Kundenkontakte fast alleinig statt.
Sinnlos ist etwa die Regelung mancher Kfz.-Konzerne, ihren (direkten) Mitarbeitern Werksangehörigenrabatte einzuräumen, dies aber nicht für die wirklich kundenkontaktepflegenden Mitarbeiter der Vertriebspartner vor Ort zu tun. Dem Konsumenten ist es in der Regel nämlich nicht bewußt, ob er etwa insbesondere auf Reisen eine »XY«-Vertriebsfiliale oder einen Vertriebspartner um Hilfe bitten muß (→ Corporate Identity/ → Corporate Design ist eben einheitlich). Er erwartet aber, daß die Mitarbeiter vor Ort von den von ihnen zu verkaufenden, zu wartenden und zu reparierenden Produkten selbst überzeugt sind, diese also auch selbst nutzen. Gb

Wettbewerbsforschung

Gewünschte Wettbewerbsinformationen	Informationsquelle
Produkt, Programm, Packung	Ankauf und Analyse, Kataloge, Messen, Außendienst
Künftige Produkte	Patentanmeldungen, Testmarkt
Preise und Rabatte	Aus der Preisliste und den Konditionen, über den Außendienst und den Handel
Marktanteile, Distribution etc.	Aus den Panel-Marktforschung, Branchen- und Verbandsmitteilungen
Werbeinhalte und -gestaltung	Beobachtungen der Werbemittel und der Medien
Ausgaben in den einzelnen Medien	Werbeforschungsinstitute, eigene Erhebungen
Verkaufsförderungsmaßnahmen	Über den Handel und den eigenen Außendienst
Gewinn, Kosten	Betriebsvergleich (Ge)

Wettbewerbsrecht

Oberbegriff für alle Bestimmungen, die den freien Wettbewerb sichern sollen. Hierzu gehören vor allem das → Gesetz gegen den unlauteren Wettbewerb (UWG), das → Markengesetz sowie das → Gesetz gegen Wettbewerbsbeschränkungen (GWB). D. Schmidt

Wettbewerbsstrategien

Ein Unternehmen muß seine Marketing-Strategie an der Umwelt ausrichten, wobei neben den Verbrauchern bzw. Abnehmern der Wettbewerb eine große Rolle spielt.

Ein Markt wird im wesentlichen von folgenden Faktoren bestimmt:

1. Verhandlungsstärke der Abnehmer
2. Verhandlungsstärke der Lieferanten
3. Bedrohung durch neue Konkurrenten
4. Gefahr durch Substitutionsprodukte
5. Der Grad der Wettbewerbsintensität zwischen Konkurrenten.

Entscheidend für die Wettbewerbsposition eines Unternehmens ist neben der Branchenstruktur das → Strategische Dreieck: die eigene Leistungsfähigkeit, die der Wettbewerber sowie die Erwartungen und Wahrnehmungen der Kunden.

Um erfolgreich zu sein, braucht ein Unternehmen bzw. brauchen seine Produkte bzw. Dienstleistungen positive Differenzierungen bzw. Vorteile gegenüber der Konkurrenz.

Wettbewerbsstrategien

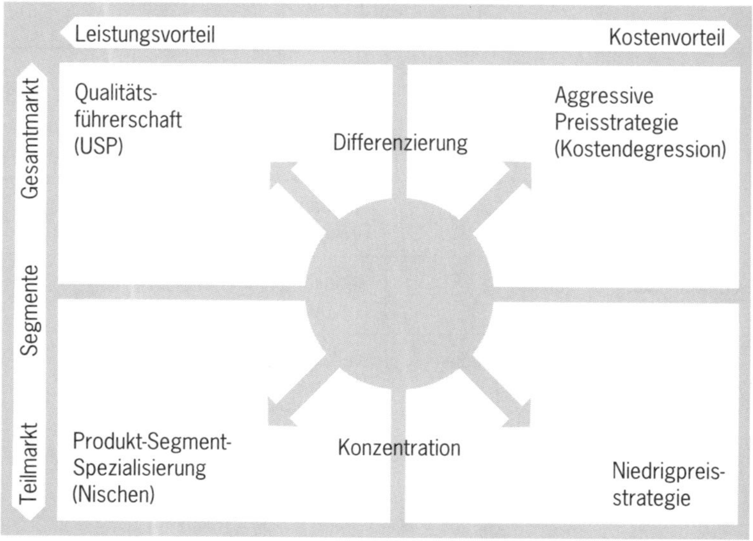

Es gibt folgende Möglichkeiten (nach Porter):

1. *Kostenführerschaft*

Strategisches Ziel eines Unternehmens ist die Erlangung der günstigsten Kostenstruktur innerhalb einer Branche durch
- Ausnutzung erfahrungsbedingter Kostensenkungen
- große Produktionsmengen → Erfahrungskurve und
- strikte Kostenkontrolle.

Die Analyse der → Wertkette kann Ansatzpunkte für eine Kostenführerschaft oder eine Verringerung der Fertigungstiefe verbunden mit der Selektion im Kundenbereich zeigen. Die → Preispolitik ist ein wichtiges Instrument bei der Strategie der Kostenführerschaft. Unternehmen betreiben oft ein → Trading Down, also eine Qualitätsreduzierung, um eine → Preis-Mengen-Strategie umsetzen zu können.

2. *Differenzierung durch Qualitätsführerschaft*

Diese Strategie versucht ein möglichst einzigartiges Angebot zu schaffen. Die Ansätze können viele Formen annehmen, etwa:
- das Design
- den Markennamen
- die Technologie
- den Kundendienst
- die Werbeaussage
- das Händlernetz (→ Differenzierung).

3. *Konzentration auf Schwerpunkte*

Diese Strategie konzentriert sich auf Marktnischen, also auf
- bestimmte Abnehmergruppen
- bestimmte Teile des Produktprogramms oder
- einen geographisch abgegrenzten Markt.

Ge

Wirtschaftsethik

Wirtschaftsethik ist die philosophische vernunftsbegründete Sittenlehre.
Auch im Wirtschaftsleben als einem wesentlichen Feld zwischenmenschlicher Kommunikation gilt es, anerkannte sittliche Normen zu beachten. Daß Übervorteilung von unkundigen Verbrauchern, die Ausnutzung der Notlage eines Kunden unsittlich ist, darüber war man sich unter vernünftigen Menschen schon immer einig. Die Erhaltung einer lebenswerten Umwelt, auch für die folgenden Generationen, ist seit einigen Jahrzehnten von Jahr zu Jahr verstärkt als eine Aufgabe, als eine Norm in das Bewußtsein vieler Menschen gelangt. Die Schaffung und Ausnutzung von Marktübermacht gilt für liberale Volkswirte und Wirtschaftspolitiker als verwerflich, solche Übermacht gilt es durch Wettbewerbsgesetze zu bekämpfen, zu verhindern. Die Beschäftigung von Arbeitnehmern bürdet dem jeweiligen Arbeitgeber und den von ihnen beauftragten Vorgesetzten Fürsorgepflichten auf.

Unsere Produkte und Dienstleistungen sollen den Ge- und Verbrauchern Nutzen bringen, sie dürfen also keine direkten oder indirekten Schäden auslösen oder ermöglichen (→ Produzentenhaftung).

Wirtschaftsethik steht im eklatanten Gegensatz zum altliberalen »Profitmaximierungsprinzip«, nachdem jedes einzelne

Geschäft so ausgereizt werden soll, daß der Anbieter seinen höchstmöglichen (Einzelfall-) Gewinn erzielt. Schon Verstandesüberlegungen zeigen aber, daß es in unseren Märkten, bei unseren heutigen Produkten und Leistungen sogar unvernünftig ist, da meist recht bald die Kunden ihre Ausbeutung durch Profitmaximierung des Anbieters bemerken, dann aber nach → kognitiver Dissonanz diesem »Ausbeuter« das Vertrauen für zumeist immer entziehen. Die Beachtung wirtschaftsethischer Postulate führt in der Regel zu Dauererfolgen, zielt auf Vertrauenskunden, die habituell (ungefährdet) bei ihren Stammlieferanten/Stammhandwerkern immer wieder ihren Bedarf decken können. Umweltschutz zahlt sich zumeist nicht so schnell aus, oft winken Folgeschäden aus Umweltsünden erst viele Jahre später, gelegentlich erst ein bis zwei Generationen später. Daher gilt es hier, wirtschaftsethische Überlegungen den Verantwortlichen in Unternehmen und Gesellschaft ausreichend häufig und intensiv in Erinnerung zu bringen. Soweit noch Bindungen an eine der großen Religionsgemeinschaften bestehen, kann verstärkend und bestätigend auf die jeweiligen religiösen Normen (z. B. 10 Gebote) hingewiesen werden (= Moral). Kundenfreundlichkeit, die Erfüllung nachhaltiger Bedürfnisse vernünftiger Kunden, das Bemühen um auf Vertrauensbasis gewonnene und erhaltene Dauerkunden entspricht grundsätzlich wirtschaftsethischen Grundauffassungen.

Die Gesetze des Staates oder der Europäischen Gemeinschaft setzen weitgehend »Mindestnormen«, wer diese nicht beachtet, fordert Sanktionen heraus. Ethische und moralische Postulate zu erfüllen, erfordert meist deutlich höheres Wohlverhalten, längerfristigeres Denken, Kalkulieren und Handeln. Gb

Workflow Management

→ Computer Aided Selling.

Workgroup Computing

→ Computer Aided Selling.

Wortzeichen

W. sind → Marken für Waren oder Dienstleistungen, die aus einem oder mehreren Worten oder einem kurzen Satz bestehen (Beispiele: Persil, Hör Zu, Hoffentlich Allianz versichert), aber auch aus Buchstaben oder Zahlen gebildet werden können (z. B. AEG, 8x4). W. stellen die mit Abstand häufigste Form der → Marken dar. Dietrich Schmidt

Z

Zapping

Umschalten des Fernsehprogramms (per Fernbedienung) zur Umgehung von Werbeblocks als Folge der Informations- und → Werbeüberflutung. Neben den »Zappern« (ca. 15%) gehen dem Werbefernsehen etwa weitere 50% Zuschauer durch geistig oder physisch abwesende Zuschauer verloren.

Zeitwettbewerb

Insbesondere bei der Einführung von Innovationen (aber auch bei anderen strategischen Entscheidungen, wie etwa Markteintritt) spielt das Timing eine große Rolle. Dauert etwa der Weg einer Innovation von Forschung und Entwicklung bis hin zur Markteinführung zu lang, so sind Wettbewerber möglicherweise schneller (Zeitfalle). Möglichkeiten der Verkürzung des Prozesses liegen z. B. in der Verringerung der Forschungstiefe, Kooperation im F. u. E.-Bereich, in der Beschaffung und in besserer Organisation.

Zentrallager

Bei einer Belieferung über Zentrallager erfolgt die Auslieferung der Waren über ein einziges zentrales Lager. Alle Warenbewegungen werden über dieses Lager abgewickelt.
Eine Auslieferung über Zentrallager erfolgt in der Regel dann, wenn große Liefermengen über weite Entfernungen zu transportieren sind. Eine Auslieferung über dezentrale Läger ist normalerweise vorteilhaft, wenn auf einer Tour mehrere, räumlich nahe zusammenliegende Kunden mit kleineren Mengen bedient werden. Bei einer Auslieferung über räumlich verteilte Läger (Niederlassungen) wird meist eine größere Flexibilität bei der Kundenbelieferung (räumliche Nähe zum Kunden, kurze Transportwege) erreicht. Die Auslieferung über Zentrallager ist oftmals mit geringeren Kosten pro Transporteinheit als die Auslieferung über dezentrale Läger verbunden. Es ist jedoch nach betriebsindividuellen Gesichtspunkten festzulegen, ob eine Belieferung über Zentrallager (kostengünstig) einer Belieferung über dezentrale Läger (höherer Lieferservice) vorzuziehen ist.

Wilhelm Hauser

Zentralregulierung

→ Rabatte.

Zielausmaß

→ Anspruchsniveau.

Ziele

→ Marketing-Ziele.

Zielerreichung

→ Anspruchsniveau.

Zielgruppe

Die Zielgruppe umfaßt diejenigen Personen, Firmen etc., an die ein Unternehmen absetzen möchte bzw. auf die es als Verwender abzielt. Dabei handelt es sich häufig um eine Grobvorstellung nach verschiedenen Kriterien (→ Marktsegmentierung, → Segmentierung). Das → Marketing-Mix wird dementsprechend auf die Zielgruppe ausgerichtet.

Zieltransport

Von einem Zieltransport spricht man, wenn Ware von einem Absendeort zu einem Zielort transportiert wird; man hat also lediglich eine Beladestelle und eine Abladestelle. Wilhelm Hauser

Zufallsauswahl

Es ist zwischen einfacher Zufallsauswahl und verschiedenen Sonderformen zu unterscheiden:

a. einfache Zufallsauswahl
Jedes Element der Grundgesamtheit hat eine gleich große und berechenbare Wahrscheinlichkeit, in die Stichprobe zu gelangen (Auswahlprinzip der Lottozahlen). Die Stichprobe wird durch ein Zufallsverfahren aus der Grundgesamtheit gezogen, etwa aus einer Kartei. Es wird jede x.te Anschrift oder Person genommen, wobei der Start zufällig ist. Aus EDV-Dateien kann computergesteuert ebenfalls mit dem einfachen Zufallsverfahren ausgewählt werden.

b. Flächenstichprobe
Bei der Flächenstichprobe wird eine Region in Teilgebiete aufgespalten, aus denen dann die Stichproben gezogen werden. Bei der einstufigen Flächenstichprobe erfolgt die Auswahl auf einer Ebene, d. h. zum Beispiel die Auswahl von Straßenvierteln; bei der mehrstufigen Flächenstichprobe wird die Auswahl in mehreren Stufen vorgenommen, z.B. zuerst die Auswahl von Bundesländern, Wahlbezirken oder Städten, Ortsteilen, Straßen und schließlich von Haushalten bzw. Personen.

c. Geschichtete Zufallsauswahl
Bei der geschichteten Auswahl wird die Grundgesamtheit nach bestimmten Merkmalen in verschiedene Schichten aufgeteilt. Beispielsweise können Abnehmer nach Umsatzklassen, Verbraucher nach Familiengröße etc. geschichtet werden. In jeder Schicht wird nun eine Stichprobe für sich gezogen. Bei der proportional geschichteten Auswahl ist der Umfang der Stichprobe jeder Schicht proportional zum Anteil der entsprechenden Schicht an der Grundgesamtheit. Bei der disproportional geschichteten Auswahl werden manche Schichten überrepräsentiert und manche unterrepräsentiert; dies geschieht beispielsweise bei unterschiedlichen Umsatzklassen von Abnehmern oder Händlern. Hier versucht man, die umsatzstärkeren Unternehmen überproportional in die Stichprobe hineinzunehmen. Mit einer solchen disproportinalen Stichprobe arbeiten beispielsweise die Firmen Nielsen und GfK in ihren Panel-Untersuchungen.

Bei der mehrstufig geschichteten Auswahl erfolgt die Auswahl in mehreren Stufen, etwa dergestalt, daß man zunächst Gemeinden auswählt und aus den gewählten Kommunen eine Auswahl unter den Haushalten trifft.

d. Klumpenverfahren (Cluster Sampling)
Eine häufig angewandte Variante mehrstufiger Auswahlverfahren ist das Klumpenverfahren (Cluster Sampling). Die Grundgesamtheit wird in geschlossen zu erfassende, oft regional abgegrenzte Elementengruppen (»Klumpen«, z. B. Wohnblocks, Häuser, Betriebe) zerlegt, aus denen per Zufall einzelne ausgewählt werden. Innerhalb dieser sind dann sämtliche Elemente zu erheben. Ein Vorteil des Verfahrens liegt in der leichteren Verfügbarkeit der Elemente der Grundgesamtheit und der damit verbundenen Zeit- und Kostenersparnis. Ein Nachteil ist die Gefahr von sog. Klumpeneffekten, d. h. Erhöhungen des Stichprobenfehlers aufgrund einer untypisch großen Anzahl sehr ähnlicher Elemente in den Klumpen.

Ge

Zugabe

Z. ist eine unentgeltliche Nebenware oder Nebenleistung, deren Gewährung vom entgeltlichen Erwerb einer Hauptware oder Hauptleistung abhängt. Erfolgt die Z. in Geld, so spricht man von → Rabatt. Da je nach Art der Z.n der Kunde vom Erwerb der Hauptware oder Hauptleistung unzulässig beeinflußt werden kann, sind Z.n grundsätzlich verboten: so die in Ergänzung zum → UWG ergangene → Zugabeverordnung vom 9.3.1932. Ausnahmen bilden geringfügige Reklamegegenstände und Kleinigkeiten (z. B. Kleiderbügel), handelsübliches Zubehör (Kaffeedosen, Senfgläser), handelsübliche Nebenleistungen (kostenloses Parken) sowie Kundenzeitschriften und Verbraucherinformationen.

Dietrich Schmidt

Zugabeverordnung

Bezeichnung für die Verordnung des Reichspräsidenten zum Schutze der Wirtschaft, I. Teil: Zugabewesen, vom 9.3.1932. → Zugabe.

Zugartikel

Hierbei handelt es sich um einzelne Artikel oder Teilsortimente, die aus Gründen der aktuellen Mode, des technischen Fortschritts, der Jahreszeit oder der Wetterlage besonders begehrt sind und im Angebot des Handels herausgestellt werden, um Kunden in das Geschäft zu locken (Magnetwirkung). Im Gegensatz zum → Lockvogelangebot werden Zugartikel nicht zu besonders niedrigen Preisen, sondern normalpreisig angeboten. Das Argument für den Kunden soll besondere Geeignetheit und Qualität sein. Somit bieten Zugartikel selbst schon auskömmliche Spannen, zielen aber zusätzlich auch auf den Spill-Over-Effekt (Sortiments- oder Verbundeffekt; → Werbung).

Immer wieder geeignete Zugartikel zu finden, die befriedigende Deckungsbeiträge liefern und auch helfen, andere Güter mit zu verkaufen, erfordert Fleiß, Intelligenz, Einfühlungsvermögen und gute Kenntnisse über aktuelle und potentielle Kunden sowie deren Bedürfnisse. Betriebliche Verbesserungsvorschlagssysteme beziehen sich sinnvollerweise auch darauf, daß Mitarbeiter aller Hierarchiestufen und Funktionen angeregt werden, begründete Vorschläge dazu zu machen, was als Zugartikel genutzt und beworben werden soll, z. B. durch → Schauwerbung. Fehlen nämlich geeignete Ideen für Zugartikel, bleibt oft nur die weniger rentable Nutzung von → Lockvogelangeboten, die zudem die Gefahr zirkularer Reaktionen der Wettbewerber in sich bergen. Gb

Zusatzgeschäfte

Zusätzliche Aufträge sind oft dadurch charakterisiert, daß sie zu einem Erlös getätigt werden können, der nicht die vollen Kosten, aber mehr als die variablen Kosten deckt. Hier ist die Frage zu beantworten, was sich bei den Erlösen und den Kosten durch den zusätzlichen Auftrag ändert und welcher Deckungsbeitrag übrigbleibt. Festzusetzen ist auch die → Preisuntergrenze, die bestimmt wird durch die Grenzkosten oder die zusätzlichen Kosten des Auftrags. Voraussetzung für die Hereinnahme eines Zusatzgeschäftes, welches keinen Erlös in Höhe der Gesamtkosten, aber zusätzliche Umsätze über den variablen Kosten erbringt und damit einen Beitrag zur Deckung des Fixkostenblockes leistet, ist das Vorhandensein von freier Kapazität. Zusatzgeschäfte dürfen auch nicht den gesamten oder überwiegenden Teil des Umsatzes ausmachen wegen der Gefahr, daß ansonsten Fixkosten nicht voll gedeckt werden können. Ge

Zusatzleistungen

→ Service.

Zusatznutzen

→ Nutzen.

Zweitplazierungen

Unter Zweit- oder Sonderplazierung versteht man im Handel eine zweite Plazierung von Waren zusätzlich zu der Plazierung im »Stamm«-Regal. Bei Zweitplazierungen handelt es sich meist um Aktionsplazierungen (in Verbindung mit → Verkaufsförderungsaktionen, Sonderangeboten) oder Saisonplazierungen (z. B. vor Festen wie Weihnachten, Ostern usw.) meist in den Gängen oder in Kassennähe.

Literaturverzeichnis*

1. Bücher zum Marketing

1.1 Aktuelle Management-Literatur

Berth, R., *Visionäres Management*, Econ Verlag, Düsseldorf 1990

Blecher, K., *Das Konzept Integriertes Management*, 2. Aufl., Campus Verlag, Frankfurt/M. 1992

Bossle, R., *Überlegenheitsmanagement*, E. Albrecht Verlag, Gräfelfing 1993

Bösenberg, D.; Metzen, H., *Lean Management*, Verlag Moderne Industrie, Landsberg am Lech 1993

Brown, M., *Kampf dem Dinosaurier*, Campus Verlag, Frankfurt/M. 1991

Carlzon, J., *Alles für den Kunden*, Campus Verlag, Frankfurt/M. 1989

Clancy, K. J.; Shulman, R. S., *Die Marketing-Revolution – Vom Wunschdenken zur Realität*, Campus Verlag, Frankfurt/M. 1993

Czichlos, R., *Creativität & Chaos-Management*, Verlag E. Reinhardt, München 1993

Drucker, P. F., *Die Zukunft managen*, Econ Verlag, Düsseldorf 1992

Ebert, H. J., *Die neue Generation der Key Account Manager*, Bayerische Verlagsanstalt, Bamberg 1993

* Erstellt auf der Basis des im »Marketing Praxis Kalender '95« abgedruckten Literaturverzeichnisses (Nachdruck mit freundlicher Genehmigung der Verlagsgruppe Handelsblatt GmbH) und erweitert von den Autoren des »kleinen Marketing-Lexikons«.

Fuchs, J. (Hrsg.), *Das biokybernetische Modell: Unternehmen als Organismen*, Gabler Verlag, Wiesbaden 1992

Gomez, P.; Zimmermann, T., *Unternehmensorganisation; Profile, Dynamik, Methoden*, Campus Verlag, Frankfurt/M. 1992

Henkelmacher, S., *Vom Teen-Ager zum Man-Ager*, Gabler Verlag, Wiesbaden 1992

Peters, Th. J.; Waterman jr., R. H., *Auf der Suche nach Spitzenleistungen*, 6. Aufl., Verlag Moderne Industrie, Landsberg am Lech 1984

Probst, G. J. B.; Gomez, P. (Hrsg.), *Vernetztes Denken*, 2. Aufl., Gabler Verlag, Wiesbaden 1991

Rommel, G.; u. a., *Einfach überlegen. Das Unternehmenskonzept, das die Schlanken schlank und die Schnellen schnell macht*, Schäffer-Poeschel Verlag, Stuttgart 1993

Sprenger, R. K., *Mythos Motivation*, Campus Verlag, Frankfurt/M. 1992

Staehle, W. H., *Handbuch Management*, Gabler Verlag, Wiesbaden 1991

Töpfer, A.; Sommerlatte, T. (Hrsg.), *Technologie-Marketing*, Verlag Moderne Industrie, Landsberg 1991

Toepfer, A.; Mehdorn, H., *Total Quality Management*, Verlag Luchterhand, Neuwied 1993

Womack, J. P.; Jones, D. T.; Roos, D., *Die zweite Revolution in der Autoindustrie*, Campus Verlag Frankfurt/M. 1991

Wyss, W., *New Marketing*, DemoScope Verlag, Adligenswil 1992

1.2 Grundlagenwerke

Becker, J., *Marketing-Konzeption*, 5.Auflage, Verlag Vahlen, München 1993

Berekoven, L., *Grundlagen der Absatzwirtschaft*, 3. Aufl., NWB, Herne/Berlin 1978

Berekoven, L., *Grundlagen des Marketing*, 5. Aufl., NWB, Herne/Berlin 1993

Borschberg, E.; Staffelbach, B., *Marketing für kleine und mittlere Unternehmen*, Verlag Paul Haupt, Bern 1991

Bruhn, M., *Marketing – Grundlagen, Fallstudien, Problemlösungen*, Gabler Verlag, Wiesbaden 1990

Bruhn, M.; Meffert, H.; Wehrle, F. (Hrsg.), *Marktorientierte Unternehmensführung im Umbruch. Effizienz und Flexibilität als Herausforderungen des Marketing*, Schäffer-Poeschel Verlag, Stuttgart 1994

Dichtl, E., *Der Weg zum Käufer*, Verlag Vahlen, München 1987

Freyer, W., *Handbuch des Sportmarketing*, Forkel Verlag, Wiesbaden 1990

Fritz, W., *Marktorientierte Unternehmensführung und Unternehmenserfolg*, Schäffer-Poeschel Verlag, Stuttgart 1992

Geisbüsch, H.-G., *Die organisierte Nachfrage. Organisation und Strategie marktbeeinflussender oder marktbeherrschender Nachfrager*, Carl Heymann, Köln u. a. 1964

Geisbüsch, H.-G., »Die Verhaltensweisen organisierter Nachfragen«, in: Gutersohn, A; Geisbüsch, H.-G., *Das Gegengewichtsprinzip der Wirtschaftsordnung, Band II: Machtungleichgewichte und Gegengewichtsbildungen in der Wirtschaftswirklichkeit*, Carl Heymann, Köln u.a. 1966

Geisbüsch, H.-G.; Geml, R.; Lauer, H. (Hrsg.), *Marketing*, 2. Aufl., Verlag Moderne Industrie, Landsberg am Lech 1991

Geml, R., *Die betriebliche Marketing-Praxis: mit Formblättern und Checklisten für die Marketing-Planung*, 2. aktualisierte u. erw. Auflage, Expert-Verlag, Ehningen 1992

Gutenberg, E., *Grundlagen der Betriebswirtschaft, 2. Band: Der Absatz*, 17. Aufl., Springer Verlag, Berlin u. a. 1984

Hill, W.; Rieser, J., *Marketing-Management*, UTB/Haupt, Bern/Stuttgart 1990

Köhler, R. *Beiträge zum Marketing-Management*, 3. Aufl., Poeschel Verlag, Stuttgart 1993

Kotler, Ph., *Marketing für Nonprofit-Organisationen*, Poeschel Verlag, Stuttgart 1978

Kotler/Bliemel, *Marketing-Management*, 7. Auflage, Poeschel Verlag, Stuttgart 1992

Kotler, Ph.; Roberto, E., *Social Marketing*, Düsseldorf u. a. 1991

Kroeber-Riel, W., *Konsumentenverhalten*, 5. Aufl., Verlag Vahlen, München 1992

Liebl, W. F., *Erfolgreiches Marketing-Management*, Verlag Moderne Industrie, Landsberg am Lech 1992

Meffert, H., *Marketing*, 7. Aufl., Gabler Verlag, Wiesbaden 1986

Meffert, H., *Marketing Management. Analyse, Strategie, Implementierung*, Gabler Verlag, Wiesbaden 1994

Meffert, H.; Bruhn, H., *Marketing. Fallstudien. Fallbeispiele, Aufgaben, Lösun-*

gen, 2. Aufl., (sowie Dozentenexemplar in 2 Bdn.: Text, Abbildungen), Gabler Verlag, Wiesbaden 1993

Meyer, P.; Mattmüller, R. (Hrsg.), *Strategische Marketingoptionen*, Kohlhammer Verlag, Stuttgart 1992

Meyer, Paul W.; Meyer, A. (Hrsg.), *Marketing-Systeme*, Kohlhammer Verlag, Stuttgart 1990

Nieschlag, R.; Dichtl, E.; Hoerschgen, H., *Marketing*, 17. Auflage, Duncker & Humblot, Berlin 1991

Preißler; Höfner; Paul; Stroschein, *Marketing in der Praxis*, Verlag Moderne Industrie, Landsberg am Lech 1982

Seiler, A., *Marketing*, Orell Füssli Verlag, Zürich und Wiesbaden 1991

Specht, G.; Silberer, G.; Engelhardt, W. H. (Hrsg.), *Marketing-Schnittstellen: Herausforderungen für das Management, Poeschel Verlag, Stuttgart 1989*

Tietz, B., Marketing, *2. Aufl., Werner-Verlag, Düsseldorf 1989*

Weeser-Krell, L. M., Marketing. Einführung, 3. Aufl., Oldenbourg Verlag, München 1991

Weinberg, P., *Erlebnismarketing*, Verlag Vahlen, München 1992

Weiss, H. C., *Marketing*, 8. Aufl., Kiehl Verlag, Ludwigshafen 1993

Weismann: *Marketing-Strategie. 10 Stufen zum Erfolg*, Verlag Moderne Industrie, Landsberg/Lech 1990

Zentes, J., *Grundbegriffe des Marketing*, 2. Aufl., Poeschel Verlag, Stuttgart 1988

Öko-Marketing

Dyllick, T., *Management der Umweltbeziehungen*, Gabler Verlag, Wiesbaden 1989

Hopfenbeck, W., *Umweltorientiertes Management und Marketing*, 2. Aufl., Verlag Moderne Industrie, Landsberg am Lech 1991

Huber, J., *Unternehmen Umwelt*, S. Fischer Verlag, Frankfurt/M. 1991

Kirchgeorg, M., *Ökologieorientiertes Unternehmensverhalten*, Gabler Verlag, Wiesbaden 1990

Meffert, H.; Kirchgeorg, M., *Marktorientiertes Umweltmanagement*, 2. Aufl., Poeschel Verlag, Stuttgart 1993

Meuser, T., *Umweltschutz und Unternehmensführung*, Deutscher Universitäts-Verlag, Wiesbaden 1993

Schreiner, M., *Umweltmanagement in 22 Lektionen*, 2. Aufl., Gabler Verlag, Wiesbaden 1991

Stähler, C., *Strategisches Ökologiemanagement*, Verlag Barbara Kirsch, München 1991

Steger, U., *Umweltmanagement*, 2. Aufl., Gabler Verlag, Wiesbaden 1993

Wicke, L.; u. a., *Betriebliche Umweltökonomie*, Verlag Franz Vahlen, München 1992

Winter, G., *Das umweltbewußte Unternehmen. Handbuch der Betriebsökologie mit 28 Check-Listen für die Praxis*, 5. Aufl., Verlag C. H. Beck, München 1993

1.3 Strategisches Marketing

Aaker, D., *Strategisches Markt-Management*, Gabler Verlag, Wiesbaden 1989

Arnold, »Global Sourcing«, in: Welge, H. K. (Hrsg.), *Globales Management*,

C. E. Poeschel Verlag, Stuttgart 1990

Brauchlin, E.; Wehrle, H. P., *Strategisches Management: Lehrbuch mit Fallstudien*, Oldenbourg Verlag, München 1991

Droege & Comp. (Hrsg.), *Zukunftssicherung durch strategische Unternehmensführung*, Wirtschaftswoche/Verlagsgruppe Handelsblatt GmbH, Düsseldorf 1991

Hahn, D.; Taylor, B. (Hrsg.), *Strategische Unternehmensplanung und Strategische Unternehmensführung: Stand und Entwicklungstendenzen*, 5. Aufl., Physica Verlag, Heidelberg 1990

Henzler, H. (Hrsg.), *Handbuch Strategische Führung*, Gabler Verlag, Wiesbaden 1988

Hörschgen; Kirsch; Käßer-Pawelka; Grenz, *Marketing-Strategien – Konzepte zur Strategiebildung im Marketing*, Verlag Wissenschaft & Praxis, Ludwigsburg 1993

Leimer, W. K., *Die Integration akquirierter Unternehmungen*, Verlag Paul Haupt, Bern 1991

Lewis, J. C., *Strategische Allianzen*, Campus Verlag, Frankfurt/M. 1991

Meffert, H., *Strategische Unternehmensführung und Marketing*, Gabler Verlag, Wiesbaden 1988

Ohmae, K., *Macht der Triade*, Gabler Verlag, Wiesbaden 1985

Peters, Th. J.; Waterman, R. H., *Auf der Suche nach Spitzenleistungen*, Verlag Moderne Industrie, Landsberg am Lech 1986

Peters, T., *Kreatives Chaos*, Hoffmann & Campe Verlag, Hamburg 1988

Porter, M., *Wettbewerbsstrategie*, 7. Auflage, Campus Verlag, Frankfurt/M. 1992

Porter, M., *Wettbewerbsvorteile*, Campus Verlag, Frankfurt/M. 1989

Pümpin, C., *Strategische Erfolgspositionen*, Verlag Paul Haupt, Bern 1992

Reutner, F., *Die Strategie-Tagung. Strategische Ziele systematisch erarbeiten und Maßnahmen festlegen*, Gabler Verlag, Wiesbaden 1992

Riekhof, H.-C. (Hrsg.), *Strategieentwicklung*, C. E. Poeschel Verlag, Stuttgart 1989

Simon, H., *Wettbewerbsvorteile und Wettbewerbsfähigkeit*, Schäffer Verlag, Stuttgart 1988

Simon, H., *Herausforderung Unternehmenskultur*, Schäffer Verlag, Stuttgart 1990

Wildemann, H. (Hrsg.), *Qualität und Produktivität. Erfolgsfaktoren im Wettbewerb*, FAZ Blickbuch Wirtschaft, Frankfurt/M. 1994

1.4 Marketing-Mix

Produkt- und Markenpolitik

Brockhoff, K., *Schnittstellen-Management: Abstimmungsprobleme zwischen Marketing und Forschung und Innovation*, Poeschel Verlag, Stuttgart 1989

Crawford, C. M., *Neuprodukt-Management*, Campus Verlag, Frankfurt/M. 1992

Draeger, W., *Innovation-Invention-Kreativität*, VDI-Verlag, Düsseldorf 1991

Gussek, F., *Erfolg in der strategischen Markenführung*, Gabler Verlag, Wiesbaden 1992

Haedrich, G.; Tomczak, T., *Strategische Markenführung*, UTB, Bern/Stuttgart 1990

Herrmann, A., *Produktwahlverhalten*, Schäffer-Poeschel Verlag, Stuttgart 1992

Hüttel, K., *Produktpolitik*, Kiehl Verlag, Ludwigshafen 1988

Kapferer, J.-N., *Die Marke. Kapital des Unternehmens*, Verlag Moderne Industrie, Landsberg am Lech 1992

Karmasin, H., *Produkte als Botschaften*, Wirtschaftsverlag Carl Ueberreuter, Wien 1993

Koppelmann, U., *Produktmarketing*, 3. Aufl., Kohlhammer Verlag, Stuttgart 1993

Lorenz, C., *Die Macht des Design*, Campus Verlag, Frankfurt/M. 1992

Sabisch, H., *Produktinnovationen*, Poeschel Verlag, Stuttgart 1991

Staudt, E., (Hrsg.), *Das Management von Innovationen*, FAZ/Blick durch die Wirtschaft, Frankfurt/M. 1986

Preispolitik

Detroy, E. N., *Sich durchsetzen in Preisgesprächen und -verhandlungen*, 6. Aufl., Verlag Moderne Industrie, Landsberg am Lech 1992

Diller, H., *Preispolitik*, 2. Aufl., Kohlhammer Verlag, Stuttgart 1992

Schmalen, H., *Preispolitik*, Springer Verlag, Berlin/New York 1982

Simon, H., *Preismanagement*, 2. Aufl., Gabler Verlag, Wiesbaden 1992

Distribution und Logistik

Ahlert, D., *Distributionspolitik*, UTB, Stuttgart u. a. 1985

Bleicher, H.; Hermann, R., *Joint-Venture-Management*, Schäffer Verlag, Stuttgart 1991

Darr, W., *Integrierte Marketing-Logistik: Auftragsabwicklung als Element der marketing-logistischen Strukturplanung*, Deutscher Universitäts-Verlag, Wiesbaden 1992

Duerler, B. M., *Logistik als Teil der Unternehmensstrategie*, Verlag Paul Haupt, Bern 1990

Ebert, H. J., *Der Key-Account-Manager im Spannungsfeld zwischen Industrie und Handel*, Bayerische Verlagsanstalt, Bamberg 1991

Fey, P., *Logistik-Management und integrierte Unternehmensplanung*, Verlag Kirsch, Herrsching 1989

Irrgang, W., *Strategien im vertikalen Marketing*, Verlag Vahlen, München 1989

Pauli, K., *Franchising*, Econ Verlag, Düsseldorf 1990

Specht, G., *Distributionsmanagement*, Kohlhammer Verlag, Stuttgart 1988

Steffenhagen, H., *Konflikt und Kooperation in Absatzkanälen. Ein Beitrag zur verhaltensorientierten Marketingtheorie*, Hornung Verlag, München 1971

Zentes, J., *Moderne Distributionskonzepte in der Konsumgüter-Wirtschaft*, C. E. Poeschel Verlag, Stuttgart 1992

Kommunikation und Verkauf

Antonoff, R., *Corporate Identity*, FAZ, Frankfurt/M. 1982

Antonoff, R., *Die Identität des Unternehmens. Ein Wegbegleiter zur Corporate Identity*, FAZ/Blick durch die Wirtschaft, Frankfurt/M. 1987

Bednarczuk, P., *Strategische Kommunikationspolitik*, Dieter Falk Verlag, Offenbach 1990

Bernd, R.; Hermanns, A. (Hrsg.), *Handbuch Marketing-Kommunikation*, Gabler Verlag, Wiesbaden 1993

Bird, D., *Praxis-Handbuch Direktmarketing*, Verlag Moderne Industrie, Landsberg am Lech 1990

Birkenbihl, M., *Schnellkurs zum »totalen« Verkäufer*, Bayerische Verlagsanstalt, Bamberg 1991

Birkigt, K.; Stadler, M., *Coporate Identity. Grundlagen, Funktionen, Fallbeispiele*, 2. Aufl., Verlag Moderne Industrie, Landsberg am Lech 1985

Brepohl, K., *Medien – Fakten und Zahlen*, Deutscher Instituts-Verlag, Köln 1992

Bruhn, M., *Integrierte Unternehmenskommunikation*, Poeschel Verlag, Stuttgart 1992

Brüne, G., *Meinungsführerschaft im Konsumgütermarketing*, Physica-Verlag, Heidelberg 1989

Bürger, J., *PR – Gebrauchsanleitungen für praxisorientierte Öffentlichkeitsarbeit*, Verlag Moderne Industrie, Landsberg am Lech 1989

Dallmer, H. (Hrsg.), *Handbuch Direct Marketing*, 6. Aufl., Gabler Verlag, Wiesbaden 1990

Dörrbecker, K.; Rommerskirchen, T. (Hrsg.), *Kommunikationsmanagement*, Verlag Rommerskirchen, Remagen 1990

Drescher, U. H., *Strategisches Katalogmarketing*, Verlag Moderne Industrie, Landsberg am Lech 1992

Fischer, H.; Boessneck, B. (Hrsg.), *Die besten Direktmarketing-Kampagnen 2*, Verlag Moderne Industrie, Landsberg am Lech 1992

Holland, H., *Direkt-Marketing*, Verlag Vahlen, München 1992

Huth, R.; Pflaum, D., *Einführung in die Werbelehre*, 4. Aufl., Kohlhammer Verlag, Stuttgart 1991

Jones, P. J., *Macht sich Werbung bezahlt?*, Campus Verlag, Frankfurt/M. 1991

Kaiser, A., *Werbung. Theorie und Praxis werblicher Beeinflussung*, Verlag Vahlen, München 1980

Kirchner, G.; Sobeck, S., *Lexikon des Direktmarketing*, Verlag Moderne Industrie, Landsberg am Lech 1989

Koinecke, J., *Mehr verkaufen durch betriebswirtschaftliches Praxiswissen*, Verlag N. Müller, München 1993

Kroeber-Riel, W., *Strategie und Technik der Werbung*, Kohlhammer Verlag, Stuttgart 1989

Kroeber-Riel, W., *Strategie und Technik der Werbung. Verhaltenswissenschaftliche Ansätze*, Kohlhammer Verlag, Stuttgart 1988

Kroeber-Riel, W.; Meyer-Hentschel, G., *Werbung – Steuerung des Konsumentenverhaltens*, Physica-Verlag, Heidelberg 1982

Lammoth, F., *Mit Response-Anzeigen mehr verkaufen*, Verlag Moderne Industrie, Landsberg am Lech 1992

Leitherer, E., *Werbelehre*, 2. Aufl., Poeschel Verlag, Stuttgart 1975

Meffert, H., *Werbung die sich auszahlt. Anders als die Großen, besser als Ihr Konkurrent*, Rowohlt Verlag, Reinbek 1990

Merbold, C., *Business to Business-Kommunikation. Bedingungen und Wirkungen*, Verlag Der Spiegel, Hamburg 1994

Meyer-Hentschel, G., *Erfolgreiche Anzeigen*, Gabler Verlag, Wiesbaden

Pflaum, D.; Eisenmann, H., *Verkaufsförderung*, Verlag Moderne Industrie, Landsberg am Lech 1993

Pflaum, D.; Eisenmann, H., *Einführung in die Handelswerbung*, Kohlhammer Verlag, Stuttgart 1988

Poth; u. a., *Praktisches Lehrbuch der Werbung*, 4. Aufl., Verlag Moderne Industrie, Landsberg am Lech 1988

Rademacher, P., *Highlights der Werbung*, Verlag Moderne Industrie, Landsberg am Lech 1992

Rehorn, J., *Werbetests*, Luchterhand Verlag, Neuwied 1988

Reineke, W.; Eisele, H., *Taschenbuch Öffentlichkeitsarbeit*, I. H. Sauer Verlag, Heidelberg 1991

Rogge, H.-J., *Werbung*, Kiehl Verlag, Ludwigshafen 1993

Roth, P., *Kultur-Sponsoring. Meinungen, Chancen und Probleme, Konzepte, Beispiele*, Verlag Moderne Industrie, Landsberg am Lech 1989

Schweiger, G.; Schrattenecker, G., *Werbung*, G. Fischer/UTB, Stuttgart u. a. 1986

Weeser-Krell, L., *Reklame oder Verbraucheraufklärung. Informationen eines Insiders über Werbung in Deutschland*, Droste Verlag, Düsseldorf 1973

Weiber, R., *Diffusion von Telekommunikation. Problem der kritischen Masse*, Gabler Verlag, Wiesbaden 1992

Weis, H. Chr., *Verkaufsgesprächsführung*, Kiehl Verlag, Ludwigshafen 1992

Weis, H. Chr., *Verkauf*, 3. Aufl., Kiehl Verlag, Ludwigshafen 1993

Werler, H., *Millionengrab Werbung*, Schäffer-Poeschel Verlag, Stuttgart 1993

1.5 Konsumentenverhalten

Bänsch, A., *Käuferverhalten*, Oldenbourg Verlag, München/Wien 1983

Eicke, U., *Die Werbelawine. Angriff auf unser Bewußtsein*, Verlag Knesebeck & Schuler, München 1991

Kroeber-Riel, W., *Konsumentenverhalten*, 5. Aufl., Verlag Vahlen, München 1992

Kuß, A., *Käuferverhalten*, G. Fischer/UTB, Stuttgart 1991

Müller-Hagedorn, L., *Das Konsumentenverhalten. Grundlagen für die Marktforschung*, Gabler Verlag, Wiesbaden 1986

Raffée, H.; Silberer, G., *Informationsverhalten des Konsumenten. Ergebnisse empirischer Studien*, Gabler Verlag, Wiesbaden 1981

Schub von Bossiazky, G., *Psychologische Marketingforschung*, Verlag Vahlen, München 1992

Weinberg, P., *Das Entscheidungsverhalten des Konsumenten*, UTB (Schöningh), Paderborn 1981

Wiswede, G., *Einführung in die Wirtschaftspsychologie*, UTB (Reinhardt), München und Basel 1991

1.6 Güterspezifisches Marketing

Investitionsgüter-Marketing

Backhaus, K., *Investitionsgüter-Marketing*, 3. Aufl., Verlag Vahlen, München 1992

Backhaus, K.; Siepert, H. M. (Hrsg.), *Auftragsfinanzierung im industriellen Anlagengeschäft*, Poeschel Verlag, Stuttgart 1987

Chinall, P. M., *Strategic Industrial Marketing*, 2. Aufl., Prentice-Hall, London 1989

Droege, W. P. J.; Backhaus, K.; Weiber, R., *Strategien für Investitionsgüter-Märkte*, Verlag Moderne Industrie, Landsberg am Lech 1993

Engelhardt, W. H.; Günter, B., *Investitionsgüter-Marketing*, Kohlhammer Verlag, Stuttgart 1981

Forschner, G., *Investitionsgüter-Marketing mit funktionellen Dienstleistungen*, Verlag Duncker & Humblot, Berlin 1989

Heger, G., *Anfragenbewertung im industriellen Anlagengeschäft*, Verlag Duncker & Humblot, Berlin 1988

Hofmaier, R. (Hrsg.), *Investitionsgüter- und High-Tech-Marketing*, Verlag Moderne Industrie, Landsberg 1992

Kliche, M. (Hrsg.), *Investitionsgüter-Marketing 1990*, Gabler Verlag, Wiesbaden 1990

Muchna, C., *Strategische Marketing-Früherkennung auf Investitionsgütermärkten*, Deutscher Universitäts-Verlag, Leverkusen 1988

Reichardt, W., *Gegengeschäfte im Osthandel*, MJ/Poller Verlag, Landsberg am Lech 1990

Rudolph, M., *Mehrstufiges Marketing für Einsatzstoffe*, Verlag Peter Lang, Frankfurt/M. u. a. 1989

Schuster, F., *Countertrade*, Gabler Verlag, Wiesbaden 1988

Dienstleistungs-Marketing

Berry, L. L.; Parasuraman, A., *Service Marketing*, Campus Verlag, Frankfurt/M. 1992

Bruhn, M.; Stauss, B. (Hrsg.), *Dienstleistungsqualität*, Gabler Verlag, Wiesbaden 1991

Davidow, W. H.; Uttal, B., *Service Total*, Campus Verlag, Frankfurt/M. 1991

Dunckel, J.; Taylor, B., *Perfekter Kundenservice*, Verlag Die Wirtschaft, Berlin/München 1992

Hamer; Linke, *Marketing-Handbuch für das Handwerk*, Schlütersche Verlagsanstalt, Hannover 1981

Hentschel, B., *Dienstleistungsqualität aus Kundensicht*, Deutscher Universitäts-Verlag, Wiesbaden 1992

Heskett, J., *Management in den Dienstleistungsunternehmen*, Gabler Verlag, Wiesbaden 1988

Hilke, W., *Dienstleistungs-Marketing*, Gabler Verlag, Wiesbaden 1989

Horovitz, J., *Service entscheidet im Wettbewerb um den Kunden*, Campus Verlag, Frankfurt/M. 1989

Jacob, H.; Hilke, W., *Dienstleistungsmarketing*, Gabler Verlag, Wiesbaden 1988

Maleri, R., *Grundlagen der Dienstleistungsproduktion*, 2. Aufl., Springer Verlag, Heidelberg 1991

Meyer, A., *Dienstleistungs-Marketing*, FGM Verlag, Augsburg 1983

Peters, M., *Dienstleistungsmarketing in der Praxis – am Beispiel eines Messeunternehmens*, Deutscher Universitäts-Verlag, Opladen 1992

Simon, H. (Hrsg.), *Industrielle Dienstleistungen*, Verlag Schäffer-Poeschel, Stuttgart 1993

Weber, M. R., *Erfolgreiches Service-Management. Gewinnbringende Vermarktung von Dienstleistungen*, Verlag Moderne Industrie, Landsberg am Lech 1989

Weber, R., *Service Management*, Verlag Moderne Industrie, Landsberg am Lech 1991

Zeithaml, V. A.; Parasuraman, A.; Berry, L. L., *Qualitätsservice*, Campus Verlag, Frankfurt/M. 1992

Handels-Marketing

Barth, K., *Betriebswirtschaftslehre des Handels*, Gabler Verlag, Wiesbaden 1988

Berekoven, L., *Erfolgreiches Einzelhandelsmarketing*, C. H. Beck Verlag, München 1990

Bühler, T., *City Center*, Deutscher Universitäts-Verlag, Wiesbaden 1990

Bürger, J. H.; Berlemann, F. R., *Merchandising*, Verlag Moderne Industrie, Landsberg am Lech 1987

Depaoli, M. A., *Die Sprache der Ware*, Verlag Ueberreuter, Wien 1992

Falk, B.; Wolf, J., *Handelsbetriebslehre*, 10. Aufl., Verlag Moderne Industrie, Landsberg am Lech 1991

Hansen, U., *Absatz- und Beschaffungsmarketing des Einzelhandels*, 2. Aufl., Verlag Vandenhoeck & Ruprecht, Göttingen 1990

Hansen, U.; Algermissen, J., *Handelsbetriebslehre (Bd. 1+2)*, UTB, Göttingen 1979

Hartmann, R., *Strategische Marketingplanung im Einzelhandel*, Deutscher Universitäts-Verlag, Wiesbaden 1992

Howe, W. S., *Retailing Management*, Macmillan Publishers, London 1992

Kemna, H., *Key Account Management in den 90er Jahren*, Kemna Dienstleistung und Handel GmbH, Hamburg 1990

Müller-Hagedorn, L., *Handelsmarketing*, Kohlhammer Verlag, Stuttgart 1984

Oehme, W., *Handelsmarketing*, 2. Aufl., Verlag Vahlen, München 1992

Oehme, W., *Handels-Management*, Verlag Vahlen, München 1993

Patt, P.-J., *Strategische Erfolgsfaktoren im Einzelhandel*, Verlag Peter Lang, Frankfurt/M. u. a. 1988

Pflaum, D.; Eisenmann, H., *Einführung in die Handelswerbung*, Kohlhammer Verlag, Stuttgart 1988

Rudolph, T. C., *Positionierungs- und Profilierungsstrategien im europäischen Einzelhandel*, Verlag Thexis, St. Gallen 1993

Seyffert, R., *Wirtschaftslehre des Handels*, 4. Aufl., Westdeutscher Verlag, Köln und Opladen 1961

Siebenbrock, H., *Abteilungen mit Unternehmersinn (AMU) im Handel*, Verlag Peter Lang, Frankfurt/M. 1992

Tietz, B., *Der Handelsbetrieb: Grundlagen der Unternehmenspolitik*, Verlag Vahlen, München 1993

Trommsdorff, V., *Handelsforschung 1988*, Physica-Verlag, Heidelberg 1988

1.7 Marketing-Methoden

Marktforschung und Informationsmanagement

Bausch, T., *Stichprobenverfahren in der Marktforschung*, Verlag Vahlen, München 1990

Berekoven, L.; Eckert, W.; Ellenrieder, P., *Marktforschung. Methodische Grundlagen und praktische Anwendung*, 6. Aufl., Gabler Verlag, Wiesbaden 1993

Böhler, H., *Marktforschung*, 2. Aufl., Kohlhammer Verlag, Stuttgart 1992

Graumann, J.; Weissmann, A., *Marktforschung und Konkurrenzbeobachtung preiswert selbst gemacht*, Verlag Norbert Müller, München 1991

Green, P. E.; Tull, D. S., *Methoden und Techniken der Marketingforschung*, 4. Aufl., Poeschel Verlag, Stuttgart 1982

Hamann, P.; Erichson, B., *Marktforschung*, 2. Aufl., UTB (G. Fischer), Stuttgart u. a. 1990

Heinrich, L.; Burgholzer, P., *Informationsmanagement*, 4. Aufl., Oldenbourg Verlag, München 1992

Hüttner, M., *Grundzüge der Marktforschung*, 4. Aufl., Verlag Walter de Gruyter, Berlin 1988

Martin, J., *Einführung in die Datenbanktechnik*, 6. Aufl., Hanser Verlag, München 1990

Meffert, H., *Marketingforschung und Käuferverhalten*, 2. Aufl., Gabler Verlag, Wiesbaden 1992

Rogge, H.-J., *Marktforschung. Elemente und Methoden betrieblicher Informationsgewinnung*, Hanser Verlag, München u. a. 1981

von Reibnitz, U., *Szenarien. Optionen für die Zukunft*, Verlagsgruppe McGraw-Hill, Hamburg u. a. 1987

Weis, H. Chr.; Steinmetz, P., *Marktforschung*, 2. Aufl., Kiehl Verlag, Ludwigshafen 1995

Wolf, J., *Marktforschung*, Verlag Moderne Industrie, Landsberg am Lech 1988

Wyss, W., *Marktforschung von A–Z*, DemoScope Verlag, Adligenswil 1992

PC-Einsatz im Marketing

Backhaus, K. et al., *Multivariate Analysemethoden – Eine anwendungsorientierte Einführung*, 4. Aufl., Springer Verlag, Berlin/New York 1987

Buzzell, R. D. (Hrsg.), *Marketing im Zeitalter der »Compunications«*, Gabler Verlag, Wiesbaden 1988

Grawe, H., *Personal Computing im Marketing*, Gabler Verlag, Wiesbaden 1987

Hansen, H. R., *Wirtschaftsinformatik I. Einführung in die betriebliche Datenverarbeitung*, 6. Aufl., UTB, Stuttgart u. a. 1992

Heinrich, L.; Lehner, F.; Roithmayer, F., *Informations- und Kommunikationstechnik für Betriebswirte und Wirtschaftsinformatiker*, Oldenbourg Verlag, München 1988

Hermanns, A.; Prieß, S., *Computer Aided Selling (CAS), Computereinsatz im Außendienst von Unternehmen*, Verlag Vahlen, München 1987

Husemann, P., *Computerunterstützung im Portfoliomanagement*, Gabler Verlag, Wiesbaden 1988

Martens, R.; Wiedling, H., *Statistische Analyse und Prognose mit dem PC*, Gabler Verlag, Wiesbaden 1990

Meyer, J. A., *Computer Integrated Marketing*, Verlag Vahlen, München 1992

Schaller, G., *Markterfolge aus der Datenbank*, Verlag Moderne Industrie, Landsberg am Lech 1988

Schüring, H., *Database-Marketing*, Verlag Moderne Industrie, Landsberg 1992

Marketing-Controlling

Böcker, F., *Marketing-Kontrolle*, Kohlhammer Verlag, Stuttgart 1988

Coenenberg, A. G.; Baum, H.-G., *Strategisches Controlling*, Schäffer Verlag, Stuttgart 1987

Ehrmann, H., *Marketing-Controlling*, Kiehl Verlag, Ludwigshafen 1991

Grögl, P., *Marketing-Controlling*, Service Fachverlag, Wien 1988

Horvath, P. et al., *Prozeßkostenmanagement*, Verlag Vahlen, München 1991

Liebl, W. F., *Marketing Controlling: Theorie, Praxis, Möglichkeiten*, Gabler Verlag, Wiesbaden 1989

Ohland, L. R., *Strategische Kontrolle*, Verlag Peter Lang, Frankfurt/M. 1988

Preißler, P., *Verbesserung des Kosten/Nutzen-Verhältnisses im Absatzbereich*, RKW-Verlag/Verlag TÜV Rheinland, Eschborn und Köln 1990

Zahn, E., *Marketing- und Vertriebscontrolling*, Verlag Moderne Industrie, Landsberg am Lech 1987

Ziegenbein, K., *Controlling*, 5. Aufl., Kiehl Verlag, Ludwigshafen 1995

1.8 Internationales Marketing

Austin, J. E., *Management in Entwicklungsländern*, Campus Verlag, Frankfurt/M. 1991

Berekoven, L., *Internationales Marketing*, 2. Aufl., NWB, Herne/Berlin 1985

Drumm, H.-J.; Böcker, F. (Hrsg.), *Die europäische Herausforderung*, Springer Verlag, Berlin 1990

Ferk, H. (Hrsg.), *Handbuch für erfolgreiche Auslandsgeschäfte*, Verlag Moderne Industrie, Landsberg am Lech 1990

Gaugler, E.; Grochla, E. (Hrsg.), *Handbook of German Business Management*, Poeschel Verlag Stuttgart und Springer Verlag Berlin 1989

Gibbs, P., *Euro-Management*, Verlag Orell Füssli, Wiesbaden 1991

Kreutzer, R., *Global Marketing*, Gabler Verlag, Wiesbaden 1989

Macharzina, K.; Welge, M. K. (Hrsg.), *Handwörterbuch Export und Interna-*

tionale Unternehmung, Poeschel Verlag, Stuttgart 1989
Meissner, H. G., *Strategisches Internationales Marketing*, Springer Verlag, Berlin 1987
Porter, M., *Nationale Wettbewerbsvorteile – Erfolgreich konkurrieren auf dem Weltmarkt*, Droemer Knaur Verlag, München 1991
Porter, M. (Hrsg.), *Globaler Wettbewerb*, Gabler Verlag, Wiesbaden 1989
Rother, K., *Das internationale Geschäft*, Hanser Verlag, München 1991
Schneidewind, D.; Töpfer, A. (Hrsg.), *Der asiatisch-pazifische Raum*, Verlag Moderne Industrie, Landsberg am Lech 1991
Segler, K., *Basisstrategien im internationalen Marketing*, Campus Verlag, Frankfurt/M. 1987
Schneider, D. J. G. (Hrsg.), *Das Südostasiengeschäft*, Gabler Verlag, Wiesbaden 1988
Schütz, P., *Absatzstrategien für »angepaßte« Investitionsgüter in Entwicklungsländern*, Verlag Peter Lang, Frankfurt/M. 1990
Stahr, G., *Internationale Strategische Unternehmensführung*, Kohlhammer Verlag, Stuttgart 1988
Stahr, G., *Internationales Marketing*, Kiehl Verlag, Ludwigshafen 1991
Tietz, B., *Euro-Marketing*, 2. Auflage, MJ/Poller-Verlag, Landsberg am Lech 1990
Walldorf, E., *Auslands-Marketing*, Gabler Verlag, Wiesbaden 1987
Wissmeier, U. K., *Strategien im internationalen Management*, Gabler Verlag, Wiesbaden 1992

1.9 Marketing und Recht

Ahlert, D.; Schröder, H., *Rechtliche Grundlagen des Marketing*, Kohlhammer Verlag, Stuttgart 1988
Backhaus, K.; Plinke, W., *Rechtseinflüsse auf betriebswirtschaftliche Entscheidungen*, Kohlhammer Verlag, Stuttgart 1986
Bartel, H., *Produkthaftung nach neuem EG-Recht*, Verlag Moderne Industrie, Landsberg am Lech 1988
Baumbach, A.; Hefermehl, W., *Wettbewerbsrecht*, 15. Aufl., C. H Beck Verlag, München 1988
Fees-Dörr, E.; Prätorius, G.; Steger, U., *Umwelthaftungsrecht*, Gabler Verlag, Wiesbaden 1992
Francke, L., *Erlaubtes und Unerlaubtes in der Verkaufsförderung und in der Werbung von A–Z*, 2. Aufl., Deutscher Taschenbuchverlag, München 1992
Hönn, G., *Wettbewerbs- und Kartellrecht, Band 7/3*, C. F. Müller Juristischer Verlag, Heidelberg 1988
Kirchhoff, W., *Die kartellrechtliche Beurteilung vertikaler Vertriebsverträge*, Carl Heymanns Verlag, Köln u. a. 1990
Küstner, W.; Manteuffel, K., *Handbuch des gesamten Außendienstrechts*, 2. Aufl., Verlag Recht und Wirtschaft, Heidelberg 1992
Leske, J., *Produkthaftung*, Wilhelm Heyne Verlag, München 1990
Niebling, J., *Vertriebsrecht von A–Z*, Verlag C. H. Beck, München 1992
Schotthöfer (Hrsg.), *Handbuch des Werberechts in den EG-Staaten, Österreich, Schweiz und USA*, Verlag O. Schmidt, Köln 1991

Vedder, C., *Das neue Europarecht und die Folgen*, Gabler Verlag, Wiesbaden 1992

Wischermann, B., *Produzentenhaftung und Risikobewältigung*, Verlag V. Florentz, München 1991

2. Nachschlagewerke

Marketing und Management

Behrens, K. Ch. (Hrsg.), *Handbuch der Marktforschung*, Gabler Verlag, Wiesbaden 1977

Bernd, R.; Hermanns, A. (Hrsg.), *Handbuch der Marketing-Kommunikation*, Gabler Verlag, Wiesbaden 1993

Bruhn, M., *Handbuch des Marketing*, C. H. Beck Verlag, München 1990

BVM Handbuch Marktforschungsinstitute und -Berater, hrsg. vom Berufsverband Deutscher Markt- u. Sozialforscher e. V., Offenbach, Poeschel Verlag, Stuttgart 1991/92

Dichter, E., *Das große Buch der Kaufmotive*, Econ-Verlag Düsseldorf 1981

Diller, H. (Hrsg.), *Vahlens Großes Marketing-Lexikon*, Verlage C. H. Beck/Vahlen, München 1992; dtv, München 1994

Falk, B. R.; Wolf, J. (Hrsg.), *Handlexikon für Handel und Absatz*, Verlag Moderne Industrie, Landsberg 1979

Handbuch der Informations- und Beratungs-Angebote für die Wirtschaft: »Wer informiert worüber«, hrsg. von Gesellschaft für Informationsmarktforschung, Detmold 1986.

Handbuch der Marktforschungsunternehmen 1986/87, hrsg. vom Bundesverband Deutscher Markt- und Sozialforscher, Econ Verlag, Düsseldorf 1986

Handbuch Unternehmensberatung in Deutschland '92, Wirtschaftsverlag Bachem, Köln 1992

Juegens, G.; McCarthy, P. (Hrsg.), *Handbuch der Werbethemen (Basic Advertising Themes and their Presentation)*, Verlag Visual Publications Ltd., The Street Rustinton/England

Kapferer, C., *Kapferers Marketing-Wörterbuch*, Verlag Marketing-Journal, Hamburg 1979

Koinecke, J. (Hrsg.), *Handbuch des Marketing*, Deutscher Betriebswirte-Verlag, Gernsbach/Baden 1978

Koschnik, W. J., *Standard Dictionary of Advertising Mass Media and Marketing (English-German)*, de Gruyter Verlag, Berlin 1983

Küstner, W. L., *Handbuch des gesamten Außendienstrechts, Bd. I und II*, Verlagsgesellschaft Recht und Wirtschaft, Heidelberg 1979

Langer, H.; Sand, H., *Erfolgreiche Marktforschung im Investitionsgütervertrieb – Handbuch der Informationsquellen, Methoden, Anwendungsbereiche*, Siemens AG, Berlin/München 1983

Leitende Männer und Frauen der Wirtschaft. Verlag Hoppenstedt & Co., Darmstadt, jährlich

Macharzina, K.; Welge, M. (Hrsg.), *Handwörterbuch Export und Internationale Unternehmung*, Poeschel Verlag, Stuttgart 1989

Ott, W. (Hrsg.), *Handbuch der praktischen Marktforschung*, Verlag Moderne Industrie, Landsberg

Pflaum, D.; Bäuerle, F., *Lexikon der Werbung*, Verlag Moderne Industrie, Landsberg am Lech 1983

Pflaum, D.; Pieper, W., *Lexikon der Public Relations*, Verlag Moderne Industrie, Landsberg am Lech 1989

Poretschkin, P., *International Guide to Market Research, Vol. 1: Market Research Companies*, Behr's Verlag, Hamburg 1982. *Vol. 2: Market Research Reports* (1827 Studien von 173 Marktforschungsinstituten in 32 Ländern), Hamburg 1985

Poth, L. G. (Hrsg.), *Marketing* (Lose-Blatt-Sammlung), Luchterhand Verlag, Neuwied 1981

Rost, D.; Strothmann, K.-D. (Hrsg.), *Handbuch Werbung für Investitionsgüter*, Gabler Verlag, Wiesbaden 1983

Schöttle, K. M. (Hrsg.), *Jahrbuch des Marketing*, Gabler Verlag, Wiesbaden 1989

Stahr, G., *Exportpraxis – Handbuch für den deutschen Exporteur*, Behr's Verlag, Hamburg 1983

Tietz, B. (Hrsg.), *Handwörterbuch der Absatzwirtschaft*, Poeschel Verlag, Stuttgart 1974

Wage, J. L. (Hrsg.), *Handbuch des Verkaufstrainings*, Verlag Moderne Industrie, Landsberg am Lech 1978

Wer leitet? – Das Middlemanagement der deutschen Wirtschaft. Verlag Hoppenstedt & Co., Darmstadt, jährlich

Wirtschaft, Verlag Hoppenstedt & Co., Darmstadt, jährlich

Who's Who – Edition European Business and Industry 1994–1995, 6. Aufl. 1994, Who's Who Edition GmbH, Herrsching

Wyss, W., *Marktforschung von A–Z. Eine Einführung aus der Praxis, für die Praxis*, Verlag DemoSCOPE, Adligenswil 1991

Zentes, J., *Grundbegriffe des Marketing*, 3. Aufl., Poeschel Verlag, Stuttgart 1992

Kommunikation

BDW-Mitgliederverzeichnis, enthält Namen, Anschriften und sonstige Informationen über BDW-Mitglieder, jährlich

creativ collection, Motiv-Sammelwerk für Gestalter und Werbeleute in 4 Ordnern mit zweimonatlichen Ergänzungslieferungen; creativ collection Verlagsgesellschaft mbH, Freiburg

Das blaue Buch, Beratungs-, Informations- und Serviceleistungen für das Management, Hrsg.: Redaktion »Unternehmen im Wettbewerb«, Verlag Gesellschaft für Betriebliche Weiterbildung, Berlin

Deutscher Werbekalender, Taschenbuch für Marketing und Werbung, Verlagsgruppe Handelsblatt GmbH, Düsseldorf, jährlich

Effizienz in der Werbung, GWA (Hrsg.), Siegmund Verlag, Moisburg

Europa-Handbuch der Werbegesellschaften (jährlich), Team-Fachverlag, Karlstein/Main

Gaede, W., *Vom Wort zum Bild (Kreativ-Methodik der Visualisierung)*, Wirtschaftsverlag Langen-Müller Herbig, München 1981

Gass, F. U., *Was kommt an in Wort und Bild?* Verlag Hoppenstedt & Co., Darmstadt 1984

Klein-Blenkers, F. (Hrsg.), *Bibliographie der Werbeliteratur – Verzeichnis deutschsprachiger Literatur ab 1945*, 2. Aufl., Poeschel Verlag, Stuttgart 1981

Marken-Handbuch (jährlich), Werbeagenturen in Deutschland, Spezialmittler und -unternehmen, Firmen und Marken, Team-Fachverlag, Karlstein/Main

Marken und Mittler, Verlag Helga Joos, Karlsruhe, jährlich

Oeckl, A. (Hrsg.), *Taschenbuch des Öffentlichen Lebens*, Festland-Verlag GmbH, Bonn

Porträts deutscher Werbeagenturen, Märkte und Medien Verlagsgesellschaft GmbH, Hamburg, jährlich

Schalk, W.; Thoma, H. (Hrsg.), *Jahrbuch der Werbung, Marketing-Kommunikation in Deutschland, Österreich und der Schweiz*, Econ-Verlag Düsseldorf

Stamm, Leitfaden durch Presse und Werbung, Presse- und Medien-Handbuch, Stamm-Verlag, Essen

Tietz, B. (Hrsg.), *Die Werbung – Handbuch der Kommunikations- und Werbewirtschaft, 3 Bde.*, Verlag Moderne Industrie, Landsberg 1981/82

Verbände, Behörden, Organisationen der Wirtschaft, Verlag Hoppenstedt & Co., Darmstadt, jährlich

Verkaufsförderung in der Praxis, Hrsg.: Sales Promoter Report, gesma-Gesellschaft für Manager-Information mbH, München

VDID Designer Porträt (mit Informationen über mehr als 500 Designer), hrsg. von VDID, Düsseldorf

Der Werbeberater – Ideenservice für erfolgreiche Werbung und Öffentlichkeitsarbeit (Loseblattwerk), Verlag Norman Rentrop, Bonn

Werbung in Deutschland, Hrsg.: ZAW, Postfach 201414, 53144 Bonn

Media-Planung

agenturen + marken adress, Handbuch für Werbung und Verkauf, Media-Daten-Verlagsgesellschaft, Mainz-Gonsenheim, (2 x jährlich)

ARD-Jahrbuch, Verlag Hans-Bredow-Institut, Hamburg

AUMA-Kalender – Messeplatz Deutschland – Messen und Ausstellungen und Vorschau auf die folgenden Jahre, Ausstellungs- u. Messe-Ausschuß der Deutschen Wirtschaft e. V., Köln

Handbuch des Direct-Marketing, Hrsg.: H. Dallmer, R. Thedens, 6. Auflage, Gabler Verlag, Wiesbaden 1981

IVW-Auflagenliste (4 x jährlich), Auflagenmeldungen der Tageszeitungen, Wochenzeitungen, Anzeigenringe, Supplements, Publikumszeitschriften, Fachzeitschriften, Kundenzeitschriften, Kalender, Handbücher; Wirtschaftsadreßbücher, Branchen-Fernsprechbücher Gelbe Seiten

Media-Daten, Handbuch der deutschen Werbeträger (Ausgabe Zeitungen/Anzeigenblätter, 7 x jährlich; Ausgabe Zeitschriften, 7 x jährlich; Ausgabe Fachzeitschriften, 7 x jährlich), Media-Daten-Verlagsgesellschaft, Mainz-Gonsenheim

Media-Plakat (1 x jährlich), Allgemeinstellen, Ganzstellen, Groß- und Kleinflächen, Verkehrsmittelwerbung, Media-Daten Verlag GmbH, Wien

Medienatlas Nordrhein-Westfalen, Grundlagen der Kommunikation – von Lange, B. P./Pätzold, U., 3 Bde., Verlag Schürmann & Klagges, Bochum 1984

m+a Messeplaner (2 x jährlich), Messen und Ausstellungen International, m+a Verlag GmbH, Mainzer Landstr. 251, 60326 Frankfurt/Main, Tel. 069/759502

Offizielles Verzeichnis der bei den Mitgliedern des Verbandes Deutscher Adreßbuchverleger e. V. erscheinenden Adreßbücher und Fernsprechbücher, enthält für Adreßbücher folgende Angaben: Titel, Verlag, Inhaltsbeschreibung, Erscheinungsweise, Umfang, Kaufpreis

Quellen-Lexikon für Branchen- und Zielgruppen-Informationen, Hrsg.: Gruner + Jahr Marketing-Services, Hamburg

Zahlen und Daten für die Mediaplanung, Hrsg.: GWA, Friedensstr. 11, 60311 Frankfurt

ZDF-Jahrbuch, Zweites Deutsches Fernsehen, Mainz

3. Fachzeitschriften

absatzwirtschaft – Zeitschrift für Marketing, Kasernenstr. 67, 40213 Düsseldorf, Telefon 0211/887–1422/23, Telefax: 0211/887–1420

acquisa – Fachzeitschrift für erfolgreiches Verkaufen, Robert-Koch-Str. 34–36, 97080 Würzburg, Tel. 0931/20038–0, Telefax: 0931/20038–38

Direkt-Marketing, Freiburger Str. 7, 75179 Pforzheim, Tel. 07231/9190–0, Telefax: 07231/9190–90

Distribution, Lise-Meitner-Str. 2, 55129 Mainz, Tel. 06131/99201

dnv – der neue vertrieb, Eidelstedter Weg 22, 20255 Hamburg, Tel. 040/565031–33, Telefax: 040/5602920

DHI – Deutsches Handelsinstitut GmbH, Redaktion: dynamik im handel, Spichernstr. 55, 50672 Köln, Tel. 0221/57993-0, Telefax: 0221/5799345

form, Zeitschrift für Gestaltung, Redaktion: Postfach 300943, 51338 Leverkusen, Tel. 02171/54144, Telefax: 0211/719314. Verlag: Deutschherrnufer 32, 60594 Frankfurt, Tel. 069/612083

franchise international, Verlag Blenheim Mauritius GmbH, Neusser Str. 111, 40219 Düsseldorf, Telefon 0211/90191–0, Telefax: 0211/304887

Graphis, Die internationale Zeitschrift für Design und Kommunikation, Dufourstr. 107, CH-8008 Zürich, Tel. 00411/3838211

Horizont – Zeitung für Marketing, Werbung und Medien, Mainzer Landstr. 251, 60264 Frankfurt am Main, Tel. 069/75951602, Telefax: 069/75951600

Incentive Journal, EC-GmbH, Schulstr. 64, 65719 Hofheim/Taunus, Tel. 06192/39007, Fax: 06192/39049.

Jahrbuch der Absatz- und Verbrauchsforschung, (vierteljährlich), Hrsg.: GfK-Nürnberg, Gesellschaft für Konsum-, Markt- und Absatzforschung e. V.,

90319 Nürnberg, Nordwestring 101, Tel. 0911/395–2231, Telefax: 0911/395–2715. Verlag: Duncker & Humblot, Berlin

Lürzer's Archiv, Hamburger Allee 45, 60486 Frankfurt/M., Tel. 069/ 2477170, Telefax: 069/24771760

management & seminar, Verlag Neuer Merkur GmbH, Ingolstädter Str. 63 a, 80939 München, Tel. 089/318905– 0

Markenartikel, Schöne Aussicht 59, 65193 Wiesbaden, Tel. 0611/ 5867– 0

Marketing, Zeitschrift für Forschung und Praxis, Wilhelmstr. 9, 80801 München, Tel. 089/381890

Marketing Journal, Koopstr. 20–22, 20144 Hamburg, Tel. 040/4103148/ 4102541, Telefax: 040/4101276

Marktforschung & Management, Verlag: Schäffer-Poeschel, Werastr. 21–23, 70182 Stuttgart, Tel. 0711/21940

Media Perspektiven (hrsg. im Auftrag der Arbeitsgemeinschaft der ARD-Werbegesellschaften), Am Steinernen Stock 1, 60320 Frankfurt, Tel. 069/1553437, Telefax: 069/1552857

Media-Daten Verlag GmbH, Redaktion: Media Spectrum, 65032 Wiesbaden, Tel. 06123/700–0, Telefax: 06123/700–122

novum gebrauchsgraphik, Internationale Monatszeitschrift für Kommunikationsdesign, Bruckmann Verlag, München, Nymphenburger Straße 86, 80636 München, Tel. 089/1257322, Telefax: 1257376

planung und analyse, Verlagsgruppe Deutscher Fachverlag, Mainzer Landstr. 251, 60326 Frankfurt/M., Tel. 069/7595–2018

pr magazin, Rolandshof, 53424 Remagen-Rolandseck, Tel. 02228/931-0, Telefax: 02228/931–149

Pro. . . Below the Line, Zeitschrift für integriertes Marketing, Augustenstr. 33, 80333 München, Tel. 089/542629–0, Telefax: 089/542629–28

Sales Profi, Gabler Verlag, Taunusstr. 54, 65183 Wiesbaden, Tel. 0611/534–0 (Durchwahl Objektleitung -137, Redaktion -241)

Verkauf und Marketing Kommunikation, Aemtlerstr. 201, CH-8040 Zürich, Tel. 00411/4917045, Telefax: 00411/4917073

Werbeartikel direkt, Max-Planck-Str. 7–9, 97082 Würzburg, Tel. 0931/418–2565, Telefax: 0931/4182022

Werbeforschung & Praxis, Hrsg.: Werbewissenschaftliche Gesellschaften Bonn/Wien, Königswinterer Str. 552, 53227 Bonn, Tel. 0228/444560 + 61, Telefax: 0228/444503

w & v – werben und verkaufen, Thomas-Dehler-Str. 27, 81737 München, Tel. 089/67804–292

Wirtschaft und Wettbewerb, Verlagsgruppe Handelsblatt GmbH, Kasernenstr. 67, 40213 Düsseldorf, Tel. 0211/887–0

Zeitschrift für Markt-, Meinungs- und Zukunftsforschung, Hrsg.: Günter Wickert, Demokrit-Verlag, Tübingen, Rechbergstraße, 89279 Illereichen, Tel. 08337/1613, Telefax: 08337/1045

Englischsprachige Fachzeitschriften

Advertising Age, 740 Rush St., Chicago, Illinois 60611

Business Marketing (Anschrift siehe Advertising Age)

European Journal of Marketing, 200 Keighley Road, Bradford, West Yorkshire, England BD 9 4 JZ

Harvard Business Review, Harvard University, Boston, M A 02163

Industrial Marketing Management, North-Holland (A Division of Elsevier Science Publishers), P. O. Box 1991, 1000 BZ Amsterdam/Holland

Journal of Marketing, American Marketing Association, 250 S. Wacker Drive, Chicago, Illinois 60606–5819

Journal of Marketing Research, American Marketing Association, 250 S. Wacker Drive, Chicago, Illinois 60606–5819

management international review, Gabler Verlag, 65183 Wiesbaden, Taunusstr. 54, Tel. 0611/5341

Sales & Marketing Management, 355 Park Avenue S. BFL, New York, N. Y. 10010–1706

4. Informationsdienste

AV Report Verlags- und Agentur GmbH, Weissenstädter Str. 6, 95234 Sparneck, Tel. 09251/80970, Telefax: 09251/80865, Kaiser-Friedrich-Str. 18, 10585 Berlin, Tel. 030/3415251, Telefax: 030/3410340, Theresienstr. 7, 80099 München, Tel. 089/283213, Telefax: 089/281741

Context, Leostraße 73a, 40545 Düsseldorf, Telefon 0211/576012, Telefax: 0211/578830

DDV-Report (nur für Mitglieder), Hasengartenstr. 14, 65189 Wiesbaden, Telefon 0611/723374, Telefax: 0611/723370

»YETAGE«-Chef-Informationen, Konradstr. 16, 80801 München, Tel. 089/344012/335015, Fax: 089/390662

Euromarketing, Crain Communications, 75–77 Cowcross-Street, London EC1M 6BP, Tel. 004471/6082774, Telefax: 004471/6081173

Extrablatt des Deutschen Werberates (Hrsg.: ZAW), Postfach 201414, 53144 Bonn, Tel. 0228/82092-0, Telefax: 0228/357583

Innovation Trend Communication (Hrsg.: Dr. Hans J. Richter), Wiener Straße 61, 60599 Frankfurt/M., Tel. + Telefax 069/657260

InSight Kommunikation, Rolandshof, 53424 Remagen, Tel. 02228/931-0, Telefax: 02228/931–149, Hrsg.: Deutscher Kommunikations-Verband (BDW) und Verlag Rommerskirchen

IW-REPORT, Hamburger Str. 23, 22083 Hamburg, Tel. 040/2292603, Telefax: 040/2278676

Der Kontakter, Große Elbstr. 14, Postfach 501060, 22710 Hamburg, Tel. 040/311651–0, Telefax: 040/316658

Kress-Report, Traubergstr. 13, 70186 Stuttgart, Tel. 0711/461051, Telefax: 0711/484831

M & A Review (Mergers and Acquisitions), Kasernenstr. 67, 40213 Düsseldorf, Tel. 0211/8871406, Telefax: 0211/8871400

Mail Marketing, Hamburger Str. 23, 22083 Hamburg, Tel. 040/2292603, Telefax: 040/2278676

markt intern, Grafenberger Allee 30, 40237 Düsseldorf, Tel. 0211/66980

MEDIA Selection – Nachrichten und Meinungen der internationalen Presse, Konradstr. 16, 80801 München, Tel. 089/344012/335015, Telefax: 089/390662

Münchner Kabel-Kurier, Informationsdienst der Münchner Gesellschaft für Kabel-Kommunikation, Bahnhofstraße 33, 85774 Unterföhring, Tel. 089/950820, Telefax: 089/95082113

new business, Buchwaldstr. 23, 22143 Hamburg, Tel. 040/6774055

PRR-Public Relations Report, Hamburger Str. 23, 22083 Hamburg, Telefon 040/2292602, Fax: 040/2278676

Sponsor News – Trends – Tips – Hintergründe, Postfach 810564, 81905 München, Tel. 089/9301101, Telefax: 089/9301102

text intern, Hamburger Straße 23, 22083 Hamburg, Tel. 040/2292603, Telefax: 040/2278676

ZAW-Service, Informationsdienst der Werbewirtschaft, Postfach 201414, 53144 Bonn, Tel. 0228/82092–0, Telefax: 357583

Fachorganisationen und -verbände*

Organisationen im Marketing

Deutsche Marketing-Vereinigung e. V.

Geschäftsstelle: Haroldstr. 14, 40213 Düsseldorf, Telefon: 0211/864060, Fax: 8640640. *Geschäftsführerin:* Dipl.-Oec. Brigitte Pfeiffer

Die Deutsche Marketing-Vereinigung, Berufsverband des Marketing-Managements, koordiniert und fördert die Interessen der deutschen Marketing-Clubs auf Bundesebene. Rund 9 500 Mitglieder sind in 56 Marketing-Clubs organisiert.

Präsident: Dr. Uwe Specht, Henkel KGaA, Düsseldorf, *Vizepräsidenten:* Martina Breitzmann, Europa Linien A/S, Rostock; Werner Dohnt, Ulm; Prof. Dr. Dr. h. c. Klaus E. Goehrmann, Deutsche Messe AG, Hannover; Hans G. Güldenberg, A. C. Nielsen International, Frankfurt; Prof. Dr. Peter Hammann, Ruhr-Universität Bochum; Peter Körfer-Schün, Friedrich Grohe Armaturenfabrik AG, Hemer; Dieter Lübcke, BMS Marketing-Service GmbH, Wuppertal; Erwein Graf Matuschka-Greiffenclau, Inhaber Weingut Schloß Vollrads, Oestrich-Winkel; Axel Rössler, P. M. Schwarz GmbH, Memmingen; Dr. h. c. Walter Trux, Deutsche Post AG; Rüdiger Wiechers, Dresdner Bauspar AG, Frankfurt; Klaus Zimmermann, Düsseldorf.

* © Marketing Praxis Kalender '95. Auszugsweiser Nachdruck mit freundlicher Genehmigung der Verlagsgruppe Handelsblatt GmbH.

Marketing-Clubs

Die Marketing-Clubs sind regionale Zentren für den Erfahrungsaustausch. Sie vermitteln ihren Mitgliedern Informationen und Wissen über alle Bereiche des Marketingmanagements und seiner Instrumente. Mitglieder sind Unternehmensleiter und mit Marketing befaßte Führungskräfte sowie Führungsnachwuchskräfte als Juniormitglieder.

MC Aachen e. V.
Präsident: Ruth Crumbach-Trommler, Erfrischungsgetränke Aachen GmbH; *Gf. Vorstand:* Leopold Neumayer Unternehmensberatung, Wilhelmstr. 74, 52070 Aachen, Tel. 0241/24194, Fax: 0241/21729

MC Allgäu e. V.
Präsident: Dipl.-Oec. Axel Rössler, P. M. Schwarz GmbH, Memmingen; *Gf. Vorstand:* Rainer Schaidnagel, Bankdirektor, Raiffeisenbank Kempten eG, Bahnhofstr. 70, 87435 Kempten, Telefon 0831/252220, Fax: 0831/252244

MC Augsburg e. V.
Präsident: Dr. Bernd W. Dornach, Uni Marketing Dr. Dornach & Partner,

Augsburg; *Gf. Vorstand:* Gerhard Grießer, KUKA Schweißanlagen und Roboter GmbH, Blücherstr. 140, 86165 Augsburg, Tel. 0821/797–1645, Fax: 821/7971896

MC Bergisch Land e. V.
Präsident: Thomas Meister, Meister-Werkzeuge, Wuppertal; *Gf. Vorstand:* Dipl.-Kfm. Thomas Harms, Vorwerk & Co. Elektrowerke KG, Mühlenweg 17–37, 42275 Wuppertal, Telefon 0202/5641704, Fax: 0202/5641802

MC Berlin e. V.
Präsident: Hans-Jürgen Buschmann, RKW e. V., Berlin; *Gf. Vorstand:* Jacqueline Rieger, Kommunikativ Marketing, Cranachstr. 12–IV, 12157 Berlin, Tel.: 030/8558546, Fax: 030/8558508

MC Bielefeld e. V.
Präsident: Prof. Jürgen Witt, FH Bielefeld; *Gf. Vorstand:* Dr. Klaus Unger, Data-Concept Dr. Unger OHG, Kurfürstenstr. 8, 32052 Herford, Telefon: 05221/55788, Fax: 05221/55889

MC Bodensee e. V.
Präsident: Dietmar Pfister, Zahnradfabrik AG, Friedrichshafen; *Gf. Vorstand:* Gudrun Lohr, Franz Lohr GmbH, Steinbeißstr. 10, 88214 Ravensburg, Telefon: 0751/881–111, Fax: 0751/88118

MC Braunschweig e. V.
Präsident: Otto Vocke, AOK Braunschweiger Land, Braunschweig; *Gf. Vorstand:* Peter Susat, Oskar-Kämmer-Schule, Jasperallee 23, 38102 Braunschweig, Tel. 0531/333336, Fax: 0531/2343150

MC Bremen e. V.
Präsident: Heinrich Behrmann, Bankhaus Neelmeyer AG, Bremen; *Gf. Vorstand:* Dieter Pagel, Taylorix Bremen, Heidenburger Str. 17, 28207 Bremen, Tel. 0421/444038

MC Chemnitz e. V.
Präsident: Dipl.-Ing. Dieter Gertler, REA Reinigungssysteme und Warmlufttechnik GmbH, Chemnitz; *Gf. Vorstand:* Dr. Volker Türschmann, René Weber GmbH und Partner, Kanzlerstr. 4, 09112 Chemnitz, Tel.: 0371/38141, Fax: 0371/443004

MC Cottbus e. V.
Präsident: Monika Kislinger, EDV-Frau Schule GmbH, Cottbus; *Gf. Vorstand:* Frank Feindura, Geschäftsführer Hotel Branitz GmbH, LCC, Heinrich-Zille-Str., 03042 Cottbus, Tel.: 0355/7510–157

MC Dortmund e. V.
Präsident: Dr. Michael R. C. Gerstenberger, Bochum; *Gf. Vorstand:* Wulf von Klitzing, Zedernweg 4, 59324 Unna, Tel. 02303/89569, Fax: 02303/89570

MC Dresden e. V.
Präsident: Dr. Ing. Hannes Walter, Staatl. Porzellan-Manufaktur Meißen GmbH, Meißen; *Gf. Vorstand:* Bernd Uebigau, ascotec Anlagenbau GmbH, Förstereistr. 40, 01099 Dresden, Telefon 0351/52261, Fax: 0351/5623204

MC Düsseldorf e. V.
Präsident: Manfred Esser, Manfred Esser Werbeagentur GmbH, Düsseldorf; *Gf. Vorstand:* Dipl.-Kfm. Dr. Wolfgang Schulz, Deutsche Wheelabrator Strahlmittelgesellschaft mbH, Hans-Böckler-Str. 15, 47877 Willich, Tel. 02154/428491, Fax: 02154/429366

MC Erfurt e. V.
Präsident: Dr. Hermann Bauer, Multicar GmbH, Waltersleben; *Gf. Vorstand:* Dr. Knut Schiecke, Parkstr. 6, 99096 Erfurt, Tel.: 0361/29820

MC Essen e. V.
Präsident: Wolfgang Timpen, Coca-Cola Deutschland Verkauf GmbH & Co. KG, Essen; *Gf. Vorstand:* Dr. Armin Schirmer, BMW Niederlassung Essen, Bamlerstr. 102–110, 45141 Essen, Tel.: 0201/83180, Fax: 0201/8318–281

MC Frankfurt e. V.
Präsident: Hans-Joachim von Schön-Angerer, büro actuell e. G., Frankfurt; *Gf. Vorstand:* Wolf-Dieter Vaupel, Saatchi & Saatchi Advertising, Wiesenau 38–40, 60323 Frankfurt, Tel. 069/7142396, Fax: 069/7142401

MC Frankfurt/Oder e. V.
Präsident: Dr. Gunter Müller, Stahlleichtbau GmbH, Frankfurt/Oder; *Gf. Vorstand:* Dipl.-Jur. Ursula Jung, Best Western Kongreßhotel »Frankfurter Hof«, Logenstr. 2, 15230 Frankfurt/Oder, Tel. 0335/5536400, Fax: 0335/5536587

MC Göttingen e. V.
Präsident: Ernst Dieter Walterscheid, Alcan Deutschland GmbH, Göttingen; *Gf. Vorstand:* Gerhard Sauer, Marketing Service GmbH, Nikolaikirchhof 1, 37073 Göttingen, Tel.: 0551/496010, Fax: 0551/4960149

MC Hagen e. V.
Präsident: Dr. Markus Hoffmeister, Hoffmeister-Leuchten GmbH & Co. KG, Lüdenscheid; *Gf. Vorstand:* Albert Hirsch, Hussel GmbH, Kabeler Str. 4, 58099 Hagen, Tel. 02331/690368, Fax: 02331/690647

MC Halle e. V.
Präsident: Dr. Werner Hannemann, Datenverarbeitungszentrum Halle; *Gf. Vorstand:* Hans-Dieter Huncia, Abt. Außenhandel der IHK Halle, Georg-Schumann-Platz 5, 06110 Halle, Tel. 0345/50086284, Fax: 0345/29649

MC Hamburg e. V.
Präsident: Prof. Franz Zeithammer, Hamburg Messe und Congress GmbH; *Gf. Vorstand:* Hans-Jürgen Klußmann, Unternehmensberatung, Hempenkamp 7, 22359 Hamburg, Tel. 040/6037031, Fax: 040/6032622

MC Hannover e. V.
Präsident: Dr. Dierck Schwartländer, Kali-Chemie-Pharma GmbH, Hannover; *Gf. Vorstand:* Michael Schröder, Verlagsvertretung Vogel Verlag KG Würzburg, Postfach 3242, 31524 Neustadt, Tel. 05032/62324

MC Harz e. V.
Präsident: Jochen Stöbisch, Stöbisch Brandschutz GmbH, Goslar; *Gf. Vorstand:* Harald Stummer, Stadtsparkasse Goslar, Rammelsberger Str. 2, 38640 Goslar, Telefon: 05321/706326, Fax: 05321/706360

MC Heilbronn e. V.
Präsident: Dipl.-Kfm. Eggebrecht Viering, AGRIA WERKE GmbH, Möckmühl; *Gf. Vorstand:* Friedrich W. Klump, Konzept Team Klump & Partner, Werbeagentur GmbH, Karlstr. 51, 74072 Heilbronn, Tel. 07131/629414, Fax: 07131/9354–44

MC Karlsruhe e. V.
Präsident: Dipl.-Ing. Hans Bretz, Vollack Industriebau GmbH & Co, Karlsruhe; *Gf. Vorstand:* Jochen Heine, AV Studio Jochen Heine GmbH, Liststr. 24, 76185 Karlsruhe, Tel. 0721/557061–3, Fax: 0721/552976

MC Köln-Bonn e. V.
Präsident: Dr. Kurt F. Troll, Hürth; *Gf. Vorstand:* Klaus Dieter Heinze, Herberts GmbH, Postfach 200843, 42271 Wuppertal, Tel. 0202/5292603, Fax: 0202/529815

MC Leipzig e. V.
Präsident: Johannes Böhme, Dresdner Bank AG, Leipzig; *Gf. Vorstand:* Dr. Joachim Bernhardt, Gärtnerstr. 149, 04209 Leipzig, Tel.: 0341/4127075, Fax: 0341/4127075

MC Magdeburg e. V.
Präsident: Horst Sporkenbach, Sporkenbach & Co. GmbH, Magdeburg; *Gf. Vorstand:* Prof. Otto Wallat, Haverlaher Str. 11, 39110 Magdeburg, Tel.: 0391/7312428

MC Mainfranken e. V.
Präsident: Manfred Deutsch, Klöckner Stahlhandel, Würzburg; *Gf. Vorstand:* Klaus P. Meier-Gerssler, MG Industrie-Publikationen, Zeisigweg 3, 97816 Lohr, Tel. 09352/1311, Fax: 09352/1331

MC Mainz-Wiesbaden e. V.
Präsident: Wolf Michael Pietzsch, Douwe Egberts Getränke-Service, Mainz; *Gf. Vorstand:* Heinz Meloth, Canon Deutschl. GmbH, Zukunftstr. 21, 55130 Mainz, Tel.: 06131/883430; Gerhard Haas, Mentis Personalberatung GmbH, Fürther Str. 2, 90429 Nürnberg, Tel.: 0911/929700

MC Mittelhessen e. V.
Präsident: Jochen Wienbeck, Mettler-Toledo GmbH, Gießen; *Gf. Vorstand:* Wilfried Behrens, Karstadt AG, Seltersweg 64, 35390 Gießen, Tel. 0641/7004–1

MC Mönchengladbach e. V.
Präsident: Hermann J. Oellers, Kapak GmbH, Korschenbroich; *Gf. Vorstand:* Rolf Kalthöfer, Ewald Kalthöfer GmbH, Diebesweg 59, 41065 Mönchengladbach, Tel.: 02161/96960

MC München e. V.
Präsidentin: Ursula Mertig, MM Mertig Marktkommunikation, München; *Gf.*

Vorstand: Georg Battran, Battran Fenster, Springlbacher Str. 10, 83539 Forsting/Obb., Tel. 08094/1026, Fax: 08094/1645

MC Münster/Osnabrück e. V.
Präsident: Klaus W. Krueger, Dresdner Bank AG; *Gf. Vorstand:* Hans-Jürgen Ulmer, Anton Cramer AG, Greven, Kuckucksweg 58, 48268 Greven, Tel.: 02575/8330

MC Neckar-Alb e. V.
Präsident: Dr. Adolf Strohm, EVG Württ. Meisterbetriebe eG. Reutlingen; *Gf. Vorstand:* Werner Pasler, Kreissparkasse Reutlingen, Tübinger Str. 74, 72762 Reutlingen, Tel. 07121/331431

MC Neubrandenburg e. V.
Präsident: Friedrich-Wilhelm Wolff, Wilhelm Wolff, Altentreptow; *Gf. Vorstand:* Kai Kricheldorff, Nordkurier, Flurstr. 2, 17034 Neubrandenburg, Telefon: 0395/4575–355, Fax: 0395/4575–330

MC Niederbayern e. V.
Präsidentin: Claudia Heinzel, Heinzel GmbH & Co KG, Landshut; *Gf. Vorstand:* Lothar Roger Bauer, Grillweg 28, 84036 Landshut, Tel. 0871/89710, Fax: 0871/89296

MC Nordhessen e. V.
Präsident: Ewald Griesel, Stadtsparkasse Kassel; *Gf. Vorstand:* Werner Bauer, Bauer & Partner Public Relations, Lilienthalstr. 7—25, 34123 Kassel, Tel. 0561/55089, Fax: 0561/573236

MC Nürnberg e. V.
Präsident: Ingo Saupe, BMW-Niederlassung, Nürnberg; *Gf. Vorstand:* Sibylle Lingner, Sibylle Lingner GmbH, Karolinenstr. 17, 90763 Fürth, Tel. 0911/770404, Fax: 0911/770492

MC Ostthüringen e. V.
Präsident: Dipl.-Ing. oec. Peter Schmeißer, gerana cosmetic GmbH, Gera; *Gf. Vorstand:* Tibor Hoffmann, Hoffmann Werbeteam KG, Feuerbachstr. 49, 07548 Gera, Tel. 0365/26735, Fax: 0365/26318

MC Paderborn e. V.
Präsident: Rudolf Wildtraut, Westaflexwerk GmbH & Co. KG, Gütersloh; *Gf. Vorstand:* Dipl.-Oec. Gerd Landgraf, Hofmann GmbH, Detmolder Str. 107, 33100 Paderborn, Tel. 05251/154–113

MC Regensburg e. V.
Präsident: Peter Esser, Mittelbayerische Druckerei- und Verlagsgesellschaft, Regensburg; *Gf. Vorstand:* Herbert Reinhard, EPA Direktmarketing Reinhard & Partner KG, Im Gewerbepark D 14, 93059 Regensburg, Tel. 0941/45058, Fax: 0941/40364

MC Rhein-Mosel e. V.
Präsidentin: Prof. Ingeborg Henzler, Jac. Brien Söhne Nachf. Vier Türme GmbH & Co., Koblenz; *Gf. Vorstand:* Horst Lange, Blaue Quellen Mineral- und Heilbrunnen AG, Brunnenstr. 2–8, 56321 Rhens, Tel. 02628/66–0, Fax: 02628/3035

MC Rhein-Neckar e. V.
Präsident: Horst-Dieter Grundmann, Robert Haider GmbH, Mannheim; *Gf. Vorstand:* Armin Tannenberg, Geschäftsführer SLT Schriften Lackier Technik GmbH, Marie-Curie-Str. 7, 68519 Viernheim, Tel. 06204/2058

MC Rostock e. V.
Präsidentin: Martina Breitzmann, Europa-Linien, Rostock; *Gf. Vorstand:* Birgit Heinze, Hinstorff-Verlag GmbH, Lagerstr. 7, 18055 Rostock, Tel. 0381/34441, Fax: 0381/34601

MC Saar e. V.
Präsident: Michael Witt, Offsetdruck Klinke & Co., Saarbrücken; *Gf. Vorstand:* Rudi H. Gorius, Karlsberg Brauerei KG Weber, Cecilienstr. 7, 66111 Saarbrücken, Tel.: 0681/309050, Fax: 0681/32905

MC Schleswig-Holstein e. V.
Präsident: Roland Reime, Provinzial-Versicherungen, Kiel; *Gf. Vorstand:* Rainer Kraatz, Abteilungsdirektor Marketing-Kommunikation Sparkasse Kiel, Lorentzendamm 28–30, 24103 Kiel, Tel. 0431/592–1301, Fax: 0431/592–1799

MC Schwerin e. V.
Präsident: Peter Maschke, Perstorp Norkun GmbH, Sacktannen; *Gf. Vorstand:* Günter Golling, Hemscheidt Maschinentechnik GmbH, Werkstr. 2, 19061 Schwerin, Tel.: 0385/347239, Fax: 0385/347242

MC Siegen e. V.
Präsident: Dipl.-Vw. Klaus Hartmann, Hering Bau Miet- u. Instandhaltungs GmbH, Burbach; *Gf. Vorstand:* Dr. Ernst Helmut Wilms, IHK Siegen, Koblenzer Str. 121, 57072 Siegen, Tel. 0271/330247, Fax: 0271/330237

MC Stuttgart e. V.
Präsident: Siegfried Kramer, Kramer & Partner GmbH, Esslingen; *Gf. Vorstand:* Hans-Jürgen Weber, Südwestbank AG, Rotebühlstr. 125, 70178 Stuttgart, Tel.: 0711/6644–2810, Fax: 0711/6644–440

MC Südbaden e. V.
Präsident: Hans-Peter Zinger, Brauerei Ganter GmbH & Co KG, Freiburg; *Gf. Vorstand:* Martin Knoll, Verlagsbüro BDV, Schillerstr. 21, 79312 Emmendingen, Tel. 07641/52240, Fax: 07641/52450

MC Trier e. V.
Präsident: Walter Bögel, Bitburger Brauerei Fa. Simon GmbH, Bitburg; *GF. Vorstand:* Karl-Heinz Kessel, Bastian Druck GmbH, Ansoniusstr. 1, 54347 Neumagen-Dhron, Tel.: 06507/92560, Fax: 06507/925656

MC Ulm/Neu-Ulm e. V.
Präsident: Wolfgang Lorenz, WMF AG, Geislingen; *Gf. Vorstand:* Manfred Hörger, Inhaber der Hörger & Partner Werbeagentur GmbH, Frauenstr. 65, 89073 Ulm, Tel. 0731/69911, Fax: 0731/69913

MC Weser-Ems e. V.
Präsident: Wolfgang Tasch, Autohaus Rosier GmbH & Co. KG; *Gf. Vorstand:* Karl-Heinz Kleimann, Vector GmbH, Staulinie 12, 26122 Oldenburg, Tel.: 0441/12933, Fax: 0441/27733

MC Zwickau e. V.
Präsident: Peter Hampel, Color-Druck Zwickau GmbH & Co. KG, Zwickau; *Gf. Vorstand:* Harald Mangold, Mecklenburgische Versicherungsgruppe, Reichenbacher Str. 67, 08056 Zwickau, Tel. 0375/816320, Fax: 0375/816320

Sonstige Organisationen im Marketing

AWG Absatzwirtschaftliche Gesellschaft Nürnberg e. V., Bucher Str. 43, 90419 Nürnberg, Tel. 0911/335280

Markenverband e. V., Schöne Aussicht 59, 65193 Wiesbaden, Tel. 0611/5867–0, Fax: 0611/5867–27

MMM-Club zur Pflege des Erfahrungsaustausches über Moderne Markt-Methoden e. V. München, Ludwig-Dürr-Str. 10, 82057 Icking b. München, Tel. 08178/1215, Fax: 08178/1375

Statistische Ämter und Wirtschaftsdokumentationsstellen (Marketing-Sekundärmaterial)

Amt für amtliche Veröffentlichungen der Europäischen Gemeinschaften, 2 Rue Mercier, L-2985 Luxemburg, Tel. 00352/49928–1

gesma, Gesellschaft für Marketing-Service GmbH, Mailänder Str. 9, 81545 München, Tel. 089/646758

Gruner + Jahr AG & Co – Marktanalyse, Am Baumwall 11, 20459 Hamburg, Postanschrift: 20444 Hamburg, Tel: 040/3703–2983. Leistungsangebot u. a.: Schnellinformationssystem MARIA (Marketing Information für den Absatz) über mehr als 600 Produktfelder/-gruppen und über 2 000 Firmen (vgl. Service-Leistungen 1994)

HWWA – Institut für Wirtschaftsforschung – Hamburg, Neuer Jungfernstieg 21, 20347 Hamburg, Tel. 040/35620, Fax: 040/351900 + 3562262

Institut der Deutschen Wirtschaft e. V., Gustav-Heinemann-Ufer 84–88, 50968 Köln, Tel. 0221/370801

M–I-D Marktinformationsdienst GmbH, Schirmerstr. 80, 40211 Düsseldorf, Tel. 0211/353541, Fax: 0211/162732. Leistungsangebot: Beschaffung und Bereitstellung sekundär-statistischer Daten, Informationen und Anzeigen für den einmaligen oder laufenden Bedarf bei der Marketing- und Werbeplanung und Wettbewerbsbeobachtung.

Rationalisierungs-Kuratorium der Deutschen Wirtschaft (RKW) e. V., Düsseldorfer Str. 40, 65760 Eschborn, Tel. 06196/495336, Fax: 06196/495307

Rheinisch-Westfälisches Wirtschaftsarchiv zu Köln e. V., Unter Sachsenhausen 10-26, 50667 Köln, Tel. 0221/1640106, Fax: 0221/1640312

A. C. Nielsen Werbeforschung S+P GmbH, Heidenkampsweg 74, 20097 Hamburg, Tel. 040/23642–0

Eurostat, Statistisches Amt der Europäischen Gemeinschaften, Bâtiment Jean Monnet, L-2920 Luxemburg, Tel. 00352/4301–34567, Fax: 00352/436404

Statistisches Bundesamt, Gustav-Stresemann-Ring 11, 65189 Wiesbaden, Tel. 0611–75–1

Verband Deutscher Maschinen- und Anlagenbau e. V. (VDMA), Lyoner Straße 18, 60528 Frankfurt/Main-Niederrad, Tel. 069/66030

Registrier-, Prüf- oder Überwachungsstellen

Deutsche Gesellschaft für Produktinformation mbH (DGPI), c/o DIN, Berlin, Burggrafenstr. 6, 10787 Berlin, Tel. 030/2601–2453

Deutscher Presserat, Thomas-Mann-Str. 54, 53111 Bonn, Tel. 0228/98572–0, Fax: 0228/98572–99

Deutscher Schutzverband gegen Wirtschaftskriminalität e. V., Landgrafenstr. 24 b, 61348 Bad Homburg, Tel. 06172/12150

Deutscher Werberat, Postfach 201414, 53144 Bonn, Tel. 0228/82092–0, Fax: 0228/357583

Deutsches Patentamt, Zweibrückenstr. 12, 80331 München, Tel. 089/2195–0, Fax: 089/2195–2221

Gesellschaft zur freiwilligen Kontrolle von Messe- und Ausstellungszahlen (FKM), Lindenstr. 8, 50674 Köln, Tel. 0221/209070, Fax: 0221/2090761. Mitglieder: 49 Messe- und Ausstellungsveranstalter; prüft und veröffentlicht Aussteller-, Flächen- und Besucherzahlen sowie Besucherstrukturen von deutschen Messen und Ausstellungen.

IVW Informationsgemeinschaft zur Feststellung der Verbreitung von Werbeträgern e. V., Villichgasse 17, 53177 Bonn, Tel. 0228/82092–50

maz Meldestelle im Anzeigengeschäft von Zeitschriftenverlagen e. V., Stüberg 14 h, 22844 Norderstedt, Tel. 040/5223498

RAL Deutsches Institut für Gütesicherung und Kennzeichnung e. V., Siegburger Str. 39, 53757 Sankt Augustin, Tel. 02241/1605–0, Fax: 02241/160511

Schutz-Marken-Dienst-Archivgesellschaft mbH & Co. KG, Manhagener Allee 76, 22926 Ahrensburg/Holstein, Tel. 04102/51171, Telex: 2189822, Fax: 04102/1435. Leistungsangebot: Warenzeichenrecherchen, Firmennamenrecherchen, Warenzeichen-Kollisionsüberwachung, Warenzeichen-Lexikon, Warenzeichen-Index.

Stiftung Verbraucherinstitut, Reichpietschufer 74–76, 10785 Berlin, Tel. 030/2549020, Fax: 030/25490227

Stiftung Warentest, Lützowplatz 11–13, 10785 Berlin, Tel. 030/2631–1

Zentrale zur Bekämpfung unlauteren Wettbewerbs e. V., Landgrafenstr. 24 b, 61348 Bad Homburg v. d. H., Tel. 06172/12150

Messen und Ausstellungen

Ausstellungs- und Messe-Ausschuß der Deutschen Wirtschaft e. V. (AUMA), Lindenstr. 8, 50674 Köln, Tel. 0221/209070, Fax: 0221/2090712. Mitglieder: 50 Wirtschaftsorganisationen und Messeveranstalter. Zentralverband der deutschen Messewirtschaft.

Fachverband Messe- und Ausstellungsbau (FAMAB) e. V., Berliner Str. 26, 33378 Rheda-Wiedenbrück, Tel. 05242/47887, Fax: 05242/47890

Fachverband Messen und Ausstellungen e. V. (FAMA), Messezentrum, 90471 Nürnberg, Tel. 0911/8147102

Organisationen im Bereich der Kommunikation

Dachorganisation der deutschen Werbewirtschaft

Zentralverband der deutschen Werbewirtschaft e. V. (ZAW), Villichgasse 7, 53177 Bonn, Postfach 201414, 53144 Bonn, Tel. 0228/82092–0, Fax: 0228/357583

Plakatanschlag und Verkehrsmittelwerbung

Deutsche Eisenbahn-Reklame GmbH, Bürgermeister-Brunner-Str. 2, 34117 Kassel, Tel. 0561/7002–0, Fax: 0561/7002–230

Verkehrsmittel-Werbung GmbH, Postfach 1547, 65800 Bad Soden/Ts., Tel. 06196/28344

Deutsche Telekom Medien GmbH, Wiesenhüttenstr. 18, 60329 Frankfurt, Tel. 069/2682–0, Fax: 2682–218

Fachverband Außenwerbung e. V., Ginnheimer Landstr. 11, 60487 Frankfurt/Main, Tel. 069/709059, Fax: 069/7074969

Public Relations

Deutsche Public-Relations-Gesellschaft e. V. (DPRG), Königswinterer Str. 552, 53227 Bonn, Tel. 0228/444500, Fax: 0228/444503

Gesellschaft Public Relations Agenturen e. V. (GPRA), Schillerstr. 4, 60313 Frankfurt/M., Tel. 069/20628, Fax: 069/20700

Verlage

(AdZ) Anzeigenblätter der Zeitungen, Riemenschneiderstr. 10, 53175 Bonn, Tel. 0228/81004–0, Fax: 0228/8100415

Arbeitsgemeinschaft Organisationsgebundene Landpresse, Taunusstr. 151, 61381 Friedrichsdorf/Ts., Tel. 06172/71060

Arbeitskreis Kennziffer-Fachzeitschriften (akz), Altkönigstr. 24, 61194 Niddatal

BDV Berufsverband der Medienvertreter e. V., Zeil 65–69, 60313 Frankfurt/Main, Tel. 069/288891, Fax: 069/20940

Börsenverein des Deutschen Buchhandels e. V., (Arbeitsgemeinschaft Zeitschriftenverlage – AGZV), Großer Hirschgraben 17–21, 60311 Frankfurt/Main, Tel. 069/1306–326

Bundesverband der Mediendienste und -agenturen e. V., Postfach 1106, 21451 Reinbek b. Hbg., Tel. 040/7222227

Bundesverband Deutscher Anzeigenblätter e. V. (BVDA), Adenauerallee 113, 53113 Bonn, Tel. 0228/225095, Fax: 0228/225098

Bundesverband Deutscher Zeitungsverleger e. V. (BDZV), Riemenschneiderstr. 10, 53175 Bonn, Tel. 0228/810040, Fax: 0228/8100415

DZS, Zeitschriften-Marketing-Service GmbH, Winterstr. 50, 53177 Bonn, Tel. 0228/38203–43

Konpress-Anzeigen e. G., (Anzeigenring für 38 regionale und überregionale evangelische und katholische Sonntagsblätter), Königswall 14, 45657 Recklinghausen, Tel. 02361/23011/12, Fax: 02361/23201

Regionalpresse, (Arbeitsgemeinschaft regionaler Abonnementszeitungen e. V.), Schmidtstr. 53, 60326 Frankfurt/Main, Tel. 069/973822–0, Fax: 069/973822–53

Standortpresse GmbH, Herzogsfreudenweg 2 b, 53125 Bonn, Tel. 0228/259151

Verband Deutscher Adreßbuchverleger e. V., Grabenstr. 5, 40213 Düsseldorf, Tel. 0211/320909, Fax: 0211/326992

Verband Deutscher Zeitschriftenverleger e. V., Winterstr. 50, 53177 Bonn, Tel. 0228/38203–0

Werbeagenturen

Gesamtverband Werbeagenturen GWA, Friedensstr. 11, 60311 Frankfurt/Main, Tel. 069/2560080

Werbefachverbände und andere Organisationen der Werbewirtschaft

Adreßbuchausschuß der Deutschen Wirtschaft (ADRA), Adenauerallee 148, 53113 Bonn, Tel. 0228/104322

Deutscher Kommunikationsverband BDW e. V., Königswinterer Str. 552, 53227 Bonn, Tel. 0228/444560 + 61, Fax: 0228/444503. Mit 25 regionalen BDW-Clubs (4 520 Mitglieder).

Deutsche Werbewissenschaftliche Gesellschaft e. V. (DWG), Königswinterer Str. 552, 53227 Bonn, Tel. 0228/444560 + 61, Fax: 0228/444603

DDV Deutscher Direktmarketing Verband e. V., Hasengartenstr. 14, 65189 Wiesbaden, Tel. 0611/723372, Fax: 0611/723370

Fachverband der Medienberater e. V. (FdM), Hegnacher Str. 30, 71336 Waiblingen, Tel. 07151/22206, Fax: 07151/23338

Fachverband Kalender und Werbeartikel e. V., Ritterstr. 19, 33602 Bielefeld, Tel. 0521/171203–04, Fax: 0521/171908

Fachverband Lichtwerbung e. v. (FVL), Vangerowstr. 20, 69115 Heidelberg, Tel. 06221/912940, Fax: 06221/912930

Fördergemeinschaft Audiovisual Communication, c/o Medienreport Verlags-GmbH, Hegnacher Str. 30, 71336 Waiblingen, Tel. 07151/23331, Fax: 07151/23338

Gesamtverband der Werbeartikel-Wirtschaft e. V. (GWW), Neusser Str. 111, 40219 Düsseldorf, Tel. 0211/90191–88, Fax: 0211/90191–80

Verband Deutscher Lesezirkel e. V., Grafenberger Allee 241, 40237 Düsseldorf, Tel. 0211/685423, Fax: 0211/674947

Verein zur Förderung der Medienkommunikation e. V., Hegnacher Str. 30, 71336 Waiblingen, Tel. 07151/23331, Fax: 07151/23338

Zentralverband Werbetechnik, Bundesinnungsverband der Schilder- und Lichtreklamehersteller, Lange Reihe 62, 44143 Dortmund, Tel. 02351/5177122

Organisationen im Dienste der Verbraucheraufklärung

AID Auswertungs- und Informationsdienst für Ernährung, Landwirtschaft und Forsten e. V., Konstantinstr. 124, 53179 Bonn, Tel. 0228/8499–0

Arbeitsgemeinschaft der Verbraucherverbände (AgV) e. V., Zusammenschluß von 38 Verbänden und Institutionen (darunter 16 Verbraucherzentralen) Heilsbachstr. 20, 53123 Bonn, Tel. 0228/6489–0

Stiftung Warentest, Lützowplatz 11–13, 10785 Berlin, Tel. 030/2631–1

Verbraucherschutzverein (e. V.), mit 22 Mitgliedern (AGV, Arbeitsgemeinschaft Hauswirtschaft, 16 Verbraucherzentralen, Stiftung Warentest, Deutscher Hausfrauenbund, Institut für angewandte Verbraucherforschung, Stiftung Verbraucherinstitut), Lützowstr. 33–36, 10785 Berlin, Tel. 030/2549070, Fax: 030/25490726

Internationale Organisationen und Verbände

American Marketing Association (AMA), 250 S. Wacker Drive, Chicago, Illinois 60606–5819 USA, Tel. 001312/648–0536

Association Européenne des Industries des Produits de Marque (A. I. M.), 9, Avenue des Gaulois, B-1040 Brüssel, Tel. 00322/736.03.05, Fax: 00322/734.67.02

EDMA European Direct Marketing Association, 36, Rue du Gouvernement Provisoire, B-1000 Brüssel, Tel. 00322/2176309, Fax: 00322/2176985

ESOMAR European Society for Opinion and Marketing Research, J.J. Viottastraat 29, NL-1071 JP Amsterdam, Tel. 003120/6642141, Telex: 18535, Fax: 003120/6642922

Euromarketing Club 55, Postfach 81, CH-1211 Genf 18, Tel. 004122/3449580

European Association of Advertising Agencies (EAAA), 5, Rue Saint Quentin, B-1040 Brüssel, Tel. 00322/2801603

European Marketing Confederation (EMC), Mrs. J. Ritsdale-Saw, 1–5 Avenue de la Joyeux Entrée, B-1040 Brüssel, Tel. 00322/2850029

European Sponsorship Consultants Association (ESCA), 2, High Street, Chesham, Bucks HP5, 1EP, UK, Tel./Fax 0044494/791760

FEACO (Fédération Européenne des Associations de Conseils en Organisation), 1–5 Av. de la Joyeuse Entrée, B-1040 Brüssel, Tel.: 00322/2850025, Fax: (00322) 2850024

International Advertising Association I. A. A., 342 Madison Avenue, Suite 2000, New York, N. Y. 10017, Tel. 212/5571133, Fax: 212/9830455

International Institute for Management Development – IMD (World Economic Forum), Chemin de Bellerive 23, CH-1001 Lausanne, Tel. 004121/618011

International Marketing Federation I. M. F., c/o ADETEM, 221, Rue de la Fayette, F-75010 Paris, Tel. 00331/40389710

Internationale Handelskammer (ICC), 38, Cours Albert 1er, F-75008, Paris, Tel. 00331/49532828, Fax: 00331/42258663

Deutsche Landesgruppe der ICC: Kolumbastr. 5, 50667 Köln, Tel. 0221/2575571–72, Abt. Vertrieb: 0221/2575565, Fax: 0221/2575593

Internationale Vereinigung des Handels (A. I. D. A.), 34, Rue Marianne, B-1180 Brüssel, Tel. 00322/3459923

IVE Internationale Vereinigung von Einkaufsverbänden, Vorgebirgsstr. 43, 53111 Bonn, Tel. 0228/98584–0

Japan Marketing Association, Wako Building No. 8–5, 4-Chome, Roppongi, Minato-Ku, Tokyo 106, Tel. 00813/3403–5101

NRMA National Retail Merchants Association, 100 W.31 St., New York, N. Y. 10001, USA, Tel. 001212–244/8780

Sales and Marketing Executives International, World Headquarters, Statler Office Tower, Cleveland, Ohio 44115, USA, Tel. 001216/771–6650

Union des Foires Internationales (UFI), 35, Rue Jouffroy, F-75017 Paris, Tel. 00331/42679912, Fax: 00331/42271929

World Federation of Advertisers (W. F. A.), 24, Rue des Colonies, B.6., B-1000 Brüssel, Tel. 00322/5025740, Fax: 00322/5025666

Stichwortverzeichnis